《湖北省中小学生研学旅行课程资源指南》编委会
湖北省中小学校长协会校外教育管理专业委员会 编

# 湖北省中小学生
# 研学旅行课程资源指南

付小林 袁先潋◎主编

华中科技大学出版社
http://www.hustp.com
中国·武汉

**图书在版编目(CIP)数据**

湖北省中小学生研学旅行课程资源指南 / 付小林，袁先潋主编. -- 武汉：华中科技大学出版社，2020.6
ISBN 978-7-5680-6264-0

Ⅰ.①湖… Ⅱ.①付… ②袁… Ⅲ.①中小学—素质教育—湖北—指南 Ⅳ.①G631-62

中国版本图书馆 CIP 数据核字(2020)第 099836 号

**湖北省中小学生研学旅行课程资源指南** 付小林 袁先潋 主编
Hubeisheng Zhongxiaoxuesheng Yanxue Lüxing Kecheng Ziyuan Zhinan

策划编辑：靳 强 郭妮娜

责任编辑：刘 丽

封面设计：廖亚萍

责任校对：曾 婷

责任监印：周治超

出版发行：华中科技大学出版社(中国·武汉)　　　　电话：(027)81321913
　　　　　武汉市东湖新技术开发区华工科技园　　　邮编：430223

印　　刷：湖北恒泰印务有限公司

开　　本：889mm×1194mm　　　1/16

印　　张：37　插页：2

字　　数：1183 千字

版　　次：2020 年 6 月第 1 版第 1 次印刷

定　　价：480.00 元

# 《湖北省中小学生研学旅行课程资源指南》
# 编纂委员会

# 习近平总书记在全国教育大会上指出

培养什么人，是教育的首要问题。我国是中国共产党领导的社会主义国家，这就决定了我们的教育必须把培养社会主义建设者和接班人作为根本任务，培养一代又一代拥护中国共产党领导和我国社会主义制度、立志为中国特色社会主义奋斗终身的有用人才。这是教育工作的根本任务，也是教育现代化的方向目标。

要在坚定理想信念上下功夫，教育引导学生树立共产主义远大理想和中国特色社会主义共同理想，增强学生的中国特色社会主义道路自信、理论自信、制度自信、文化自信，立志肩负起民族复兴的时代重任。要在厚植爱国主义情怀上下功夫，让爱国主义精神在学生心中牢牢扎根，教育引导学生热爱和拥护中国共产党，立志听党话、跟党走，立志扎根人民、奉献国家。要在加强品德修养上下功夫，教育引导学生培育和践行社会主义核心价值观，踏踏实实修好品德，成为有大爱大德大情怀的人。要在增长知识见识上下功夫，教育引导学生珍惜学习时光，心无旁骛求知问学，增长见识，丰富学识，沿着求真理、悟道理、明事理的方向前进。要在培养奋斗精神上下功夫，教育引导学生树立高远志向，历练敢于担当、不懈奋斗的精神，具有勇于奋斗的精神状态、乐观向上的人生态度，做到刚健有为、自强不息。要在增强综合素质上下功夫，教育引导学生培养综合能力，培养创新思维。要树立健康第一的教育理念，开齐开足体育课，帮助学生在体育锻炼中享受乐趣、增强体质、健全人格、锤炼意志。要全面加强和改进学校美育，坚持以美育人、以文化人，提高学生审美和人文素养。要在学生中弘扬劳动精神，教育引导学生崇尚劳动、尊重劳动，懂得劳动最光荣、劳动最崇高、劳动最伟大、劳动最美丽的道理，长大后能够辛勤劳动、诚实劳动、创造性劳动。

要努力构建德智体美劳全面培养的教育体系，形成更高水平的人才培养体系。要把立德树人融入思想道德教育、文化知识教育、社会实践教育各环节，贯穿基础教育、职业教育、高等教育各领域，学科体系、教学体系、教材体系、管理体系要围绕这个目标来设计，教师要围绕这个目标来教，学生要围绕这个目标来学。凡是不利于实现这个目标的做法都要坚决改过来。

要深化教育体制改革，健全立德树人落实机制，扭转不科学的教育评价导向，坚决克服唯分数、唯升学、唯文凭、唯论文、唯帽子的顽瘴痼疾，从根本上解决教育评价指挥棒问题。

## 国务院：支持研学旅行发展 建立健全安全保障机制

国务院办公厅在《关于进一步促进旅游投资和消费的若干意见》（以下简称"《意见》"）中指出，要支持研学旅行发展。

《意见》表示，支持研学旅行发展。把研学旅行纳入学生综合素质教育范畴。支持建设一批研学旅行基地，鼓励各地依托自然和文化遗产资源、红色旅游景点景区、大型公共设施、知名院校、科研机构、工矿企业、大型农场开展研学旅行活动。建立健全研学旅行安全保障机制。旅行社和研学旅行场所应在内容设计、导游配备、安全设施与防护等方面结合青少年学生特点，寓教于游。加强国际研学旅行交流，规范和引导中小学生赴境外开展研学旅行活动。

## 中共中央 国务院《关于全面加强新时代大中小学劳动教育的意见》指出

中共中央 国务院《关于全面加强新时代大中小学劳动教育的意见》指出："根据各学段特点，在大中小学设立劳动教育必修课程，系统加强劳动教育。中小学劳动教育课每周不少于1课时，学校要对学生每天课外校外劳动时间作出规定。职业院校以实习实训课为主要载体开展劳动教育，其中劳动精神、劳模精神、工匠精神专题教育不少于16学时。普通高等学校要明确劳动教育主要依托课程，其中本科阶段不少于32学时。除劳动教育必修课程外，其他课程结合学科、专业特点，有机融入劳动教育内容。大中小学每学年设立劳动周，可在学年内或寒暑假自主安排，以集体劳动为主。高等学校也可安排劳动月，集中落实各学年劳动周要求。"

"将劳动素养纳入学生综合素质评价体系，制定评价标准，建立激励机制，组织开展劳动技能和劳动成果展示、劳动竞赛等活动，全面客观记录课内外劳动过程和结果，加强实际劳动技能和价值体认情况的考核。建立公示、审核制度，确保记录真实可靠。把劳动素养评价结果作为衡量学生全面发展情况的重要内容，作为评优评先的重要参考和毕业依据，作为高一级学校录取的重要参考或依据。"

# 《湖北省中小学生研学旅行试点管理办法》规定

"我省中小学生研学旅行工作由省中小学生研学旅行工作协调小组统一领导,各成员单位按照各自的职责分工,研究制定相关政策。省中小学生研学旅行试点日常工作由省中小学生研学旅行工作协调小组办公室牵头,各成员单位相关处室、省校外教育管理专业委员会指定专人参加。"

"各试点地区试点工作在教育行政部门统一领导下进行,成立中小学生研学旅行工作协调小组,办公室设在教育行政部门相关科室(处)(一般在基教科),负责细化试点工作方案,确定试点学校,对各学校上报的研学旅行主题活动方案和安全预案进行核查、备案,定期检查督导研学旅行工作开展情况,发现典型,总结经验,进行推广。各地青少年校外活动中心协助做好研学旅行相关工作。"

"各试点学校要成立研学旅行试点工作领导小组,由校长担任组长,学校德育室(大队部)、教导室、医务室、安保室人员及教师和家长代表为成员;每学期要制定研学旅行计划,确定研学旅行主题活动方案和安全预案,并认真组织实施;要认真做好工作总结和过程性资料的收集整理归档工作;加强研学旅行的宣传工作,及时上报工作进展情况和重要信息。"

"服务单位(指资质完备、社会信誉度高、无安全责任事故的旅行社、校外教育基地、旅游名镇名村、休闲农庄等)要按照中小学生研学旅行试点的相关文件精神、根据研学旅行内容的具体要求,制定科学合理的研学主题活动方案和安全保障方案,确保研学旅行过程中吃、住、行等方面的安全。"

"接待单位(指研学旅行学生所到达的目的地,如实践基地、现代企业、主题景区、特色院校、旅游名镇名村、特色农庄、体验场所等)要精心组织,确定主题,突出研学特色,编印介绍材料;要选派优秀讲解人员,按照不同年龄段学生特点和接受能力,注重知识的难易程度,区别讲解;要尽可能为学生在现场提供亲身体验和交流互动的项目和机会。"

"加强中小学生研学旅行审查管理。坚持属地管理原则,学校组织研学旅行活动应提前制订活动方案,报所在县市区教育行政部门审查。各试点地区市县教育行政部门,要探索研学旅行检查考核机制,将研学旅行检查考核情况纳入中小学校年度考核指标体系,对违规违纪行为进行严肃查处。"

"合理安排研学旅行时间。我省中小学生研学旅行试点工作利用教学时间或综合实践活动课时开展,一般情况下在3至5月、9至11月等6个月中进行。原则上每学年累计时间小学4至6年级4-5天,初中1至2年级5-6天,高中1至2年级5-7天,学校可根据教育教学计划、学生活动实际情况灵活安排。禁止学校在寒暑假及法定长假、小长假期间安排研学旅行。"

# 湖北省中小学生研学旅行协调小组成员单位职责

**湖北省教育厅**：负责加强与教育部、省级相关部门联系沟通，明确政策要求；牵头制定相关落实文件，组织召开联席会议；安排部署工作任务，协调解决有关具体问题；将研学旅行纳入学校课程计划，纳入教育督导项目，形成工作常态；组织开展相关督导检查，汇总情况、上报信息、定期通报，指导试点地区完成试点任务。

**湖北省发展和改革委员会**：负责将研学旅行、营地建设纳入教育事业发展规划，给予政策支持。

**湖北省旅游发展委员会**：负责将研学旅行纳入旅行社业务管理，引导旅游相关单位开辟绿色通道、优惠减免景点门票，做好研学旅行服务、接待工作，确保行业诚信。

**湖北省财政厅**：积极支持研学旅行工作，配合相关部门探索建立政府、学校、社会、家庭共担的经费筹措机制，逐步发挥政府引导作用。

**湖北省公安厅**：负责指导、监督、协调研学旅行相关安全管理工作，积极支持学校对师生研学旅行进行安全教育。

**湖北省交通运输厅**：负责加强对参与研学旅行服务工作的运输企业、交通运输工具、交通运输从业人员进行规范管理。

**湖北省文化厅**：负责博物馆、纪念馆、美术馆等公益性文化场所对学生免费开放。

**湖北省食品药品监督管理局**：负责对研学旅行实践基地的食品安全加强监管，防止食物中毒。

**湖北省物价局**：负责加强对研学旅行收费工作的事中事后监管，督促落实交通、旅游等方面价格优惠政策，查处违规乱收费行为。

**湖北省卫生和计划生育委员会**：负责加强对研学旅行医疗救护、疾病防控等工作的指导，协调做好相关工作。

**湖北省体育局**：积极整合体育运动资源支持中小学生研学旅行工作，负责指导研学旅行体育文化等相关活动。

**湖北保监局**：负责加强对保监分局、各保险行业协会、保险公司的指导，监督各公司认真履行保险合同，维护参保师生的合法保险权益。

**共青团湖北省委**：积极支持研学旅行工作，负责开展社会捐赠、公益支持研学旅行活动。

**武汉铁路局**：负责研学旅行车辆调度和车票优惠政策。

# 以课程建设为核心　全面推进研学旅行

## ——写在《湖北省中小学生研学旅行课程资源指南》出版之际

教育部教育发展研究中心研学旅行研究所所长　王晓燕

自2016年教育部等11部门联合发布《关于推进中小学生研学旅行的意见》(以下简称《意见》)以来,仅仅三年多时间,研学旅行已如雨后春笋在全国蓬勃发展、快速推进,成为新时代学校教育与校外教育有效衔接的一种新形式,成为综合实践育人的一种新途径。

三年多来,教育部以及其他各部委,全国各省、自治区、直辖市政府高度重视,制定具体的实施意见,建立领导小组、组织管理、运营保障体系,积极推进研学旅行。

从宏观层面来看,目前已经初步形成了全国的研学旅行布局。从2017年到2018年,教育部在中央专项彩票公益金的支持下,分两批在全国遴选命名了621个国家级研学实践教育基地和营地,构建起了以营地为枢纽、基地为站点的研学实践教育网络,并且建立了全国中小学生研学实践教育平台。

从中观层面来看,目前研学旅行已经得到规模化推进。教育部教育发展研究中心研学旅行(实践教育)研究所2018年对全国31个省(自治区、直辖市)进行的中小学生研学旅行实施情况调研结果显示:2017年全国中小学校参与率平均为38%,2018年已经达到50%以上。

从微观层面来看,目前研学旅行的精品课程开发、线路设计、组织运营、评价体系等正在初步成型。在全国各地形成了以优秀传统文化、革命传统教育、国情教育、国防科工、自然生态、劳动教育等板块为主题的一批精品课程和精品线路。

湖北省作为荆楚文明的发源地,在研学旅行的目的地中具有独特的教育价值和地位。在教育部等11部门的《意见》发布后,迅速出台了《湖北省中小学生研学旅行试点实施意见》《湖北省中小学生研学旅行试点管理办法》《湖北省中小学生研学旅行服务单位基本条件》《湖北省中小学生研学旅行课程指南(试行)》等一系列配套政策,并且集聚各方力量,依据乡土乡情、县情市情、省情国情,将全省的研学资源进行收集、整合、分类,编辑成这本《湖北省中小学生研学旅行课程资源指南》(以下简称《指南》),应该说对省域内的各学校甚至在全国其他地区都具有指导和示范意义。

第一,抓住了学习资源建设这个关键。在统筹谋划、系统推进上下功夫,整体建构了湖北省域层面推进研学旅行的标志性教育内容,开发并整合了历史文化、荆楚文明、红色足迹、自然课堂、爱国教育、成长实践、走进高校、工业体验、劳动教育、科普教育等十大主题的课程资源,明确了具体的线路。以资源建设整合为切入点,努力将历史文化、自然社会等各种资源转化为教育资源,将教育资源转化为课程资源,一方面从顶层设计上保证了研学旅行在湖北的系统推进和规范发展，另一方面也确保了研学旅行的地域特色与正确方向。

第二，抓住了课程建设这个核心。课程是育人的蓝图，是教育目标和教育内容的重要载体，是保障研学旅行质量的一个核心环节。研学旅行课程是从真实生活和发展需要出发，引导学生走出课堂、走向社会，把书本知识和社会实践相结合，把研究性学习与旅行体验、价值体认相结合，让学生学会在大自然和社会生活中用自己的脚步丈量社会，用自己的眼睛观察社会，用自己的思考探究社会，在了解乡土乡情、县情市情、省情国情中，开阔眼界、增长知识，提高社会责任感、创新精神和实践能力。

通过这本《指南》，湖北省成功搭建了校内和校外教育相衔接的桥梁与纽带，学校可根据教育目标，根据域情、校情和生情特点，有计划、有目的、有重点地选择研学主题和精品线路，切实做到"活动有方案，行前有备案，应急有预案"，保障研学旅行的质量和效果。

第三，抓住了制度建设这个根本。带领大批学生走出校园进行研学旅行，各级教育部门承担主要责任，同时也需要交通、旅游、食品药品监管、文化、财政、公安等相关部门进行配合。《指南》中明确了湖北省教育厅、发改委、财政厅、旅游委、交通运输厅、食品药品监管局、保监局等各方单位的权责，建立了一套制度严密、管理规范、责任清晰、保障安全的工作机制。应该说，制度建设中最要紧的是安全保障，这是全面推进研学旅行的首要前提。《指南》中专门设置了"安全保障"篇，在安全风险防控体系建设等方面做了详细而具体的规定。另外，从教育局组织、基（营）地组织和学校教育教学组织层面还提供了经验案例，具有很强的可操作性。

新时代，我们需要与时俱进，需要以一种全新的视角来看待教育，需要用新的教育形式去培养孩子。面向未来，读书是学习，实践是更重要的学习。通过实践性教育，旨在打破当前青少年成长发展中存在的知识学习与行为的分离，消除人与自然之间的屏障，消解单纯的科学知识学习所造成的人与社会的割裂，建立起知识、文化与人格完善的桥梁，实现人的全面发展。

未来，从宏观层面来看，研学旅行将构筑起中国学校教育与校外教育之间的桥梁，成为校内外教育衔接合作、协同创新的一种新形式。为此，我们还需要在理论层面和实践层面作更加深入的探索和研究。从微观层面来看，健康快速稳妥地推进研学旅行，真正使顶层设计的政策理念精准落实到教育活动中，还必须进行科学引导、大力宣传、注重总结、不断提炼典型经验，全面推进研学旅行的健康、可持续发展，构建一个中小学生广泛参与、活动品质持续提升、组织管理规范有序、基础条件保障有力、安全责任落实到位、文化氛围健康向上的研学旅行发展体系。湖北省在这些方面率先作出了积极探索，这本《湖北省中小学生研学旅行课程资源指南》非常具有参考、指导和实用价值。也希望全国各地更多关心教育的社会各界仁人志士加入到研学旅行这份事业中来，共同为落实立德树人根本任务、为培养德智体美劳全面发展的社会主义建设者和接班人贡献力量。

应编委会之邀，要我写个序言，谨以此与大家交流共勉。

# 目　录

## 第一篇　线路版图

## 第二篇　课程线路

## 第十单元　科普教育

# 第三篇　经验案例

## 第一单元　教育局组织推进经验案例

## 第二单元　基（营）地经验案例

### 第三单元 中小学校经验案例

# 第四篇 综 合 评 价

# 第五篇 政 策 护 航

# 第六篇 安 全 保 障

# 第七篇 资质查询

## 第一单元 教育部研学基（营）地名单

## 第二单元 湖北省教育厅研学基（营）地名单

## 第三单元 湖北省研学资源点

# 第一篇
## 线 路 版 图

# 导语

　　基(营)地、线路、课程是研学旅行实践教育教学活动实施中的关键要素。如何利用当地资源因地制宜地开发适合不同学段研学课程，是各地中小学校开展研学的必修课。湖北省居"天下"之中，"得中独厚"，这里山明水秀，物华天宝，人杰地灵，古时是中华文明的重要发源地之一。本篇用图表形式，清晰明了地展示了湖北省中小学生研学旅行课程线路、重要基(营)地分布图等。

　　在本篇中，"课程主题"以全省中小学研学旅行资源为基础，围绕教育部等 11 部门、省教育厅等 14 部门关于研学旅行的意见中提出的研学旅行教育目标，经过专家讨论后，确定了十大主题，分别是：历史文化、荆楚文明、红色足迹、自然课堂、爱国教育、成长实践、走进高校、工业体验、劳动教育、科普教育。在课程场地选择方面，重点推荐湖北省内已开展研学旅行，并且有成熟课程体系的基(营)地。个别资源虽然较好，但至目前既没开展活动又未开发课程的基(营)地此次没有入选。"课程资源"选取该场地最有特色的资源进行介绍。

# 第一单元

基(营)地名单

# 湖北省中小学生研学旅行实践教育基(营)地名单

## 全国中小学生研学旅行试验区
### (湖北省)

责任单位

武汉市教育局　　　　　　麻城市教育局

## 全国中小学生研学实践教育营地
### (湖北省)

荆门市示范性综合实践基地　　　　　　宜昌市青少年实践教育基地

## 全国中小学生研学实践教育基地
### (湖北省)

| | |
|---|---|
| 中国航天三江集团公司 | 中国长江三峡集团公司 |
| 武钢工业文化区 | 中国科学院武汉植物园 |
| 武汉铁路局武汉二七纪念馆 | 武汉高速铁路职业技能训练段 |
| 湖北省博物馆 | 辛亥革命武昌起义纪念馆 |
| 中国地质大学逸夫博物馆 | 长江三峡旅游管理区 |
| 荆门爱飞客航空小镇 | 随州炎帝故里 |
| 隆中文化园 | 黄冈市东坡赤壁文物所 |
| 屈原故里文化旅游区 | 神农架生态旅游区 |
| 黄石矿博园 | 三国赤壁旅游区 |
| 红安县青少年学生校外活动中心 | 郧阳恐龙蛋化石群国家地质公园 |
| 潜江市龙虾产业发展服务中心 | 襄阳市三道河水电工程管理局 |
| 长江文明馆(武汉自然博物馆) | 长江水利委员会长江博物馆 |
| 丹江口水利枢纽管理局丹江口工程展览馆 | |

## 湖北省首批中小学生研学旅行试点地区

责任单位

| | | |
|---|---|---|
| 武汉市教育局 | 黄冈市教育局 | 荆州市教育局 |
| 宜昌市教育局 | 鄂州市教育局 | 荆门市教育局 |
| 孝感市教育局 | 麻城市教育局 | |

## 湖北省中小学生研学旅行实践教育营地

武汉中小学校外教育活动中心 武汉青少年社会实践活动教育基地

武汉国防野战园 襄阳隆中文化园（襄阳古隆中）

黄石市龙凤山中小学校外教育活动中心 宜昌市青少年综合实践学校

湖北东方年华三峡国际青少年营 湖北当代研学旅行营地

荆州市中小学生社会实践基地 湖北浠水运动休闲小镇研学营地

荆门市示范性综合实践基地 鄂州市学生综合实践基地

孝感市中小学生综合实践基地 黄冈市学生综合实践基地

红安县青少年学生校外活动中心 黄梅向日葵研学实践教育营地

湖北三国赤壁研学营地 潜江市校外教育中心

武当山国际武术学院 三峡大坝青少年实践教育基地

黄陂农耕年华青少年素质教育拓展培训学校

## 湖北省中小学生研学旅行实践教育基地

辛亥革命武昌起义纪念馆 湖北省博物馆

武汉市黄陂区田田素质教育培训中心 中国科学院武汉植物园

武汉天下先现代农业发展专业合作社 武汉科学技术馆

中国地质大学逸夫博物馆 黄石矿博园

屈原故里研学旅行基地 武汉海昌极地海洋世界

武汉花博汇 郧阳恐龙蛋化石群国家地质公园

荆门爱飞客航空小镇青少年实践基地 梁子湖绿色食品开发基地

黄冈市东坡赤壁（东坡赤壁文物所） 安陆市白兆山李白文化园

武汉市蔡甸区知音健康谷青少年实践教育基地 武汉凤娃古寨

武汉市新洲区海帆素质教育培训中心 湖北汉城青少年研学基地

湖北力帆农业科技实践教育基地 昭君故里

宜昌百里荒生态农业实践基地 宜昌梦想城青少年校外综合实践基地

荆州古城 荆楚非物质文化遗产技能传承院

大洪山国家级风景区青少年实践基地 彭墩乡村世界

童玩谷生态园研学基地 随州市博物馆

随州炎帝故里 恩施州华盾克瑞斯户外教育培训基地

潜江市龙虾产业发展服务中心 神农架青少年实践教育基地

第二单元

线路版图

# 湖北省中小学生研学旅行第一批主题线路 | 分布图

## 历史文化

**寻觅东坡遗迹 研学文豪诗词**
东坡赤壁 黄冈市黄州区公园路11号

**人文黄冈 水韵遗爱**
黄冈市黄州区城东新区综合实践基地

**品味四贤精髓 弘扬传统文化**
广水市中小学生校外活动中心
湖北省广水市东正街5号附近

**万里茶道寻缘 第一古镇探幽**
赤壁市青少年校外活动中心
赤壁市陆水湖大道1号

**李白碧山留胜迹 我辈复登探诗魂**
安陆市白兆山李白文化研学基地
安陆市白兆山李白文化旅游景区

**践行"孝文化" 行孝道传爱心**
孝感市中小学生综合实践基地
孝感市孝南经济开发区李武大道530号

**品读三国 智安天下**
赤壁市三国古战场景区
赤壁市赤壁古战场风景区

**穷达千年梦 再现万朝城**
汉城大汉文化产业投资有限公司
襄阳市唐城汉城影视基地
建设东路汉城景区

**炎帝故里寻根 编钟之乡溯源**
随州炎帝故里青少年研学实践教育基地
随州市历山镇炎帝大道

**寻访历史遗迹 重拾传统记忆**
天门市青少年学生活动中心
天门市东湖路81号附近

**走进古今荆州 探寻历史文脉**
荆州市中小学生社会实践基地
公安县荆州市公安县黄金口工业园区

**三国源头 智慧古隆中**
鄂旅投古隆中中小学生研学实践教育营地
襄阳市隆中风景区隆中大道

**明风楚韵 长寿钟祥**
钟祥市青少年学生活动中心
钟祥市显陵景区

**触摸历史 珍爱家园**
荆门市掇刀区青少年学生活动中心
荆门市掇刀区长坂坡路49号

荆楚文明

地图审图号：鄂 S(2018)009 号

考察郧阳古人类发祥地
寻访楚文化源头
十堰市郧阳区青少年活动中心
十堰市郧阳区青少年活动中心
郧关镇堰河村六组

中国山区幸福村
让梦想启程远航
保康县中小学生研学旅行营地
襄阳市保康县尧治河村

领略楚汉文化
体验航天梦想
襄阳市人民北路 47 号

探楚国发迹地
讲三国源头故事
南漳县青少年校外活动中心
南漳县城关镇玉印路 38 号

走进金色农谷营地
探究屈家岭农耕文明
湖北省金色农谷青少年实践综合管理区
荆门市示范性综合实践基地
荆门市总部基地冰斗本大道 16 号

登船长 9 号
赏江城神韵
长江海外国际旅游（武汉）有限公司
武汉市江岸区沿江大道 134 号
长江轮船
（近多远号 23 码头）

弘扬季时珍精神
传承中医药文化
蕲春县中小学研学旅行
综合实践教育基地
蕲春县漕河镇八里湖街道 289 号

学演正宗黄梅戏
习练传统岳家拳
黄冈市黄梅县
黄梅县日英研学实践教育营地
五祖镇横山公路

传承荆楚民族文化自信
武汉市青少年社会实践活动教育基地
武汉市江夏区五里界
锦绣山庄

传千年古韵
承荆楚文明
荆州古城历史文化旅游开发集团有限公司
荆州古城历史文化旅游区研学基地
荆州市荆州区
江津西路 468 号

踏水乡园林
品荆楚文化
潜江市中小学综合实践基地
潜江市青少年活动中心
潜江市 G318（沪蓉线）

探寻巴蜀文化
领略三峡风光
宜昌市青少年实践教育基地
宜昌市夷陵区一中路 2 号
五峰长途

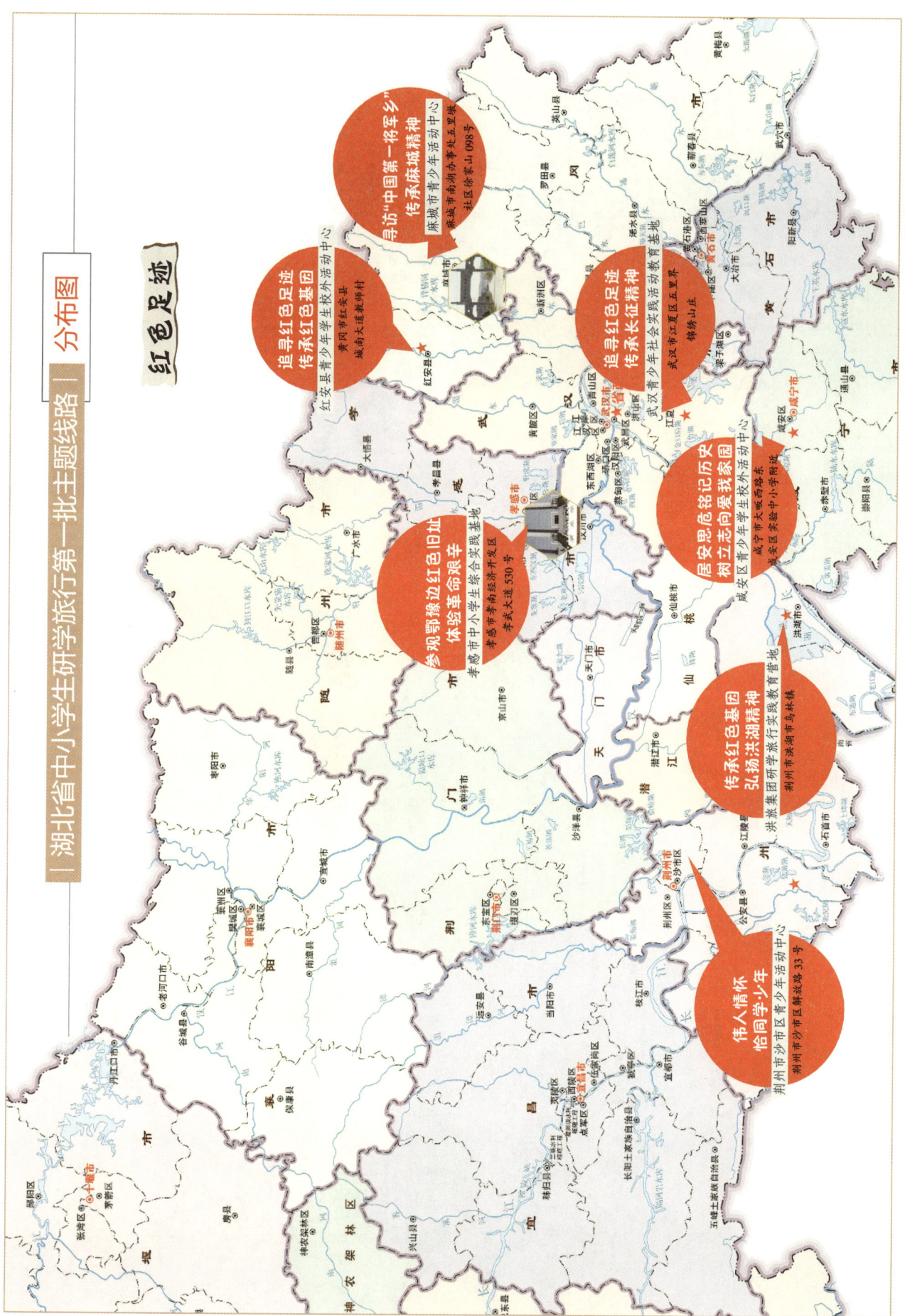

# 红色足迹

寻访"中国第一将军乡"
传承麻城精神
麻城市南湖青少年活动中心
麻城市体家山098号

追寻红色足迹
传承红色基因
黄冈青少年学生校外活动中心
红安县红安县大道教师村

追寻红色足迹
传承长征精神
武汉青少年社会实践活动教育基地
武汉市江夏区五里界
骆绣山庄

参观鄂豫边红色旧址
体验革命艰辛
孝感市中小学生综合实践基地
孝感市孝南经济开发区
武汉大道530号

居安思危铭记历史
树立志向爱家园
咸宁市青少年校外活动中心
咸安区青龙山大敏雪乐
咸安区实验中小学附近

传承红色基因
弘扬洪湖精神
荆州研学旅行实践教育营地
荆州市洪湖市乌林镇

伟人情怀
恰同学少年
荆州市沙市区青少年活动中心
荆州市沙市区解放路33号

地图审图号：鄂 S(2018)009 号

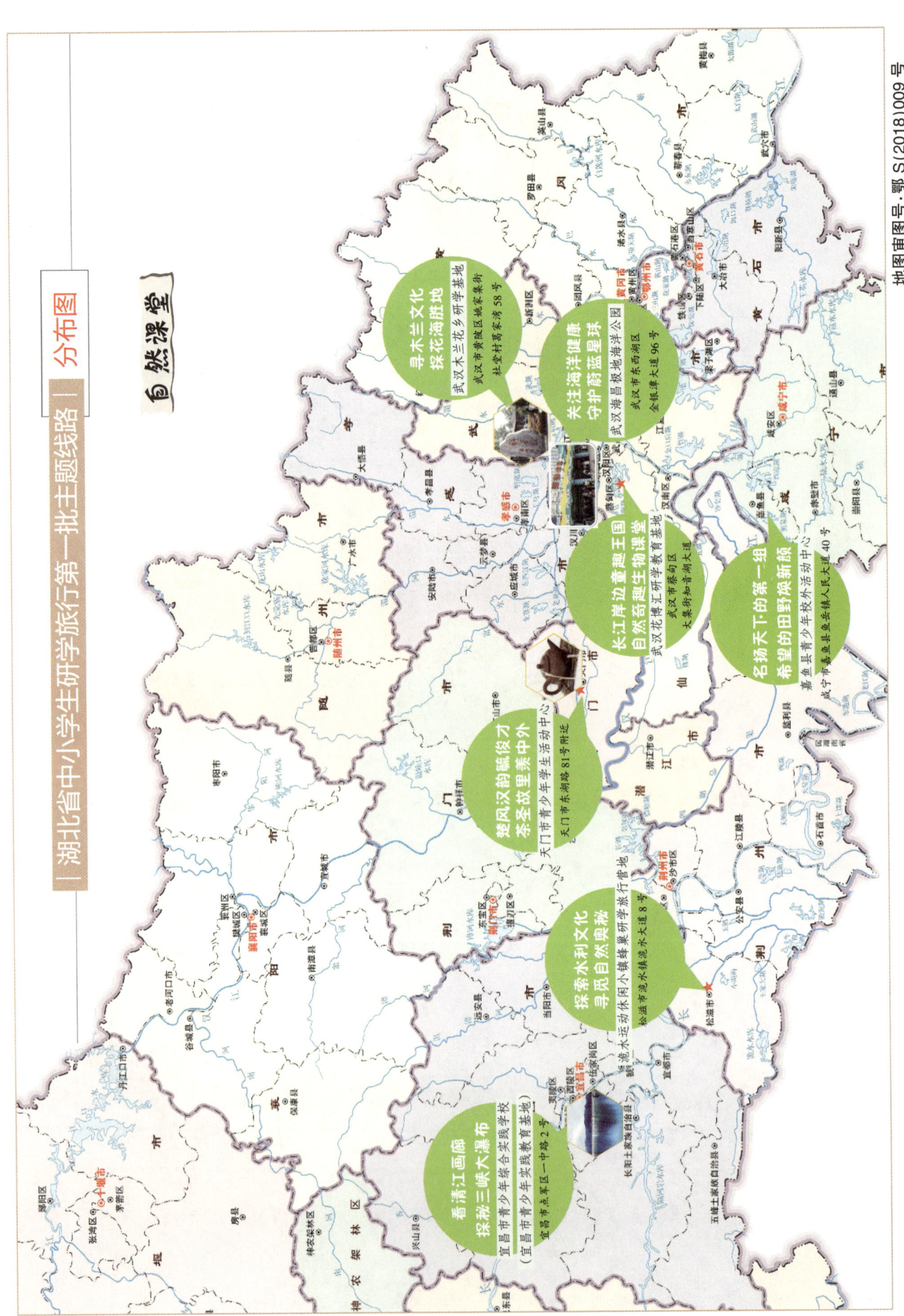

## 湖北省中小学生研学旅行第一批主题线路｜分布图

自然课堂

**寻木兰文化**
**探花海胜地**
武汉市黄陂区姚家集街
杜堂村花乡茶谷58号

**关注海洋健康**
**守护蔚蓝星球**
武汉海昌极地海洋公园
武汉市东湖新技术开发区
金港澳大道96号

**长江岸边童趣王国**
**自然苍趣生物课堂**
武汉花博汇研学教育基地
武汉市蔡甸区
大集街知音湖大道

**名扬天下的第一组**
**希望的田野绽新颜**
嘉鱼县官桥八组
咸宁市嘉鱼县鱼岳镇人民大道40号

**楚风汉韵巍俊才**
**茶圣故里表中外**
天门市青少年校外活动中心
天门市东湖路81号附近

**探查水利文化**
**寻觅自然奥秘**
松滋市洈洺水镇蜜蜂巢研学旅行营地
松滋市洈洺水镇洈水大道8号

**看清江画廊**
**探秘三峡大瀑布**
宜昌市青少年综合实践学校
（宜昌市青少年校区一中路2号
宜昌点军综合实践教育基地）

地图审图号：鄂S(2018)009号

爱国教育

湖北省中小学生研学旅行第一批主题线路 | 分布图

地图审图号：鄂 S(2018)009 号

开展国防教育
增强国防意识
湖北省金色农谷青少年实践教育基地
（荆门市原家岭综合营理区）
荆门市象家岭综合营理区
水谷大道东 16 号

回望英雄历史
守护碧水蓝天
湖北文理学院附属中学
襄阳市环城路奇基口
孟丰路 9 号

船说大国重器
拥抱长江母亲
宜昌交运长江游轮研学基地
宜昌市猇亭大道 142 号
三峡游客中心

远古爱国情
今日强国梦
湖北东方年华三峡国际营地
宜昌市枝江市安福寺镇

11

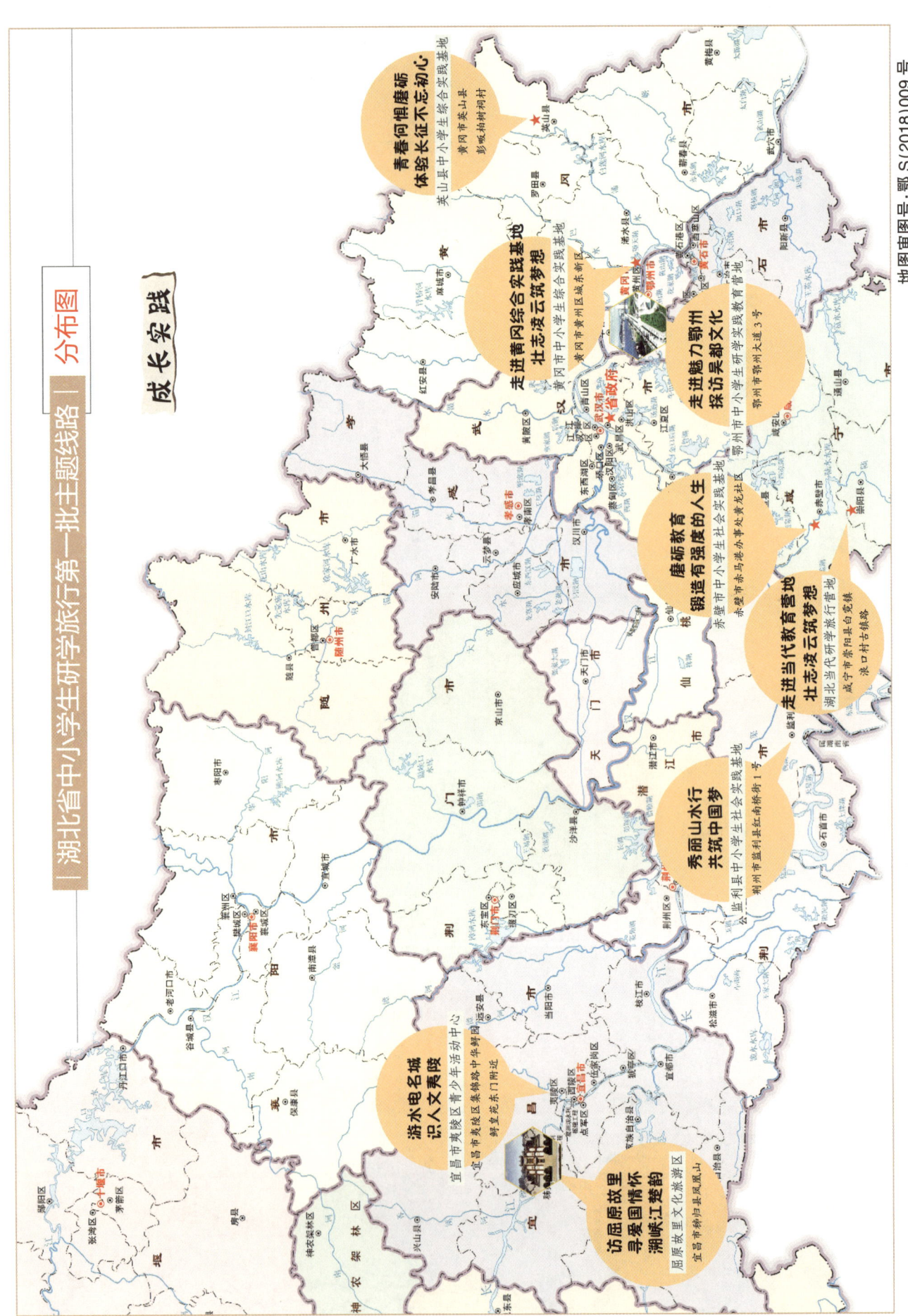

湖北省中小学生研学旅行第一批主题线路 | 分布图

成长实践

青春何惧磨砺
体验长征不忘初心
黄冈市英山县中小学生综合实践基地
彭畈柏树村村

走进黄冈综合实践基地
壮志凌云筑梦想
黄冈市中小学生研学实践基地 黄州区城东新区

走进魅力鄂州
探访吴都文化
鄂州市中小学生研学实践教育营地
鄂州市鄂州大道3号

磨砺教育
锻造有强度的人生
赤壁市中小学生社会实践基地 黄龙社区

走进当代教育营地
壮志凌云筑梦想
湖北当代教育研学营地
咸宁市崇阳县白霓镇

秀丽山水行
共筑中国梦
监利县中小学生社会实践基地
荆州市监利县红南桥街1号

游水电名城
记人文夷陵
宜昌市夷陵区青少年活动中心
宜昌市夷陵区集锦路中华鲟园活宝苑

访屈原故里
寻爱国情怀湘峡江楚韵
屈原故里文化旅游区
宜昌市秭归县凤凰山

地图审图号:鄂 S(2018)009 号

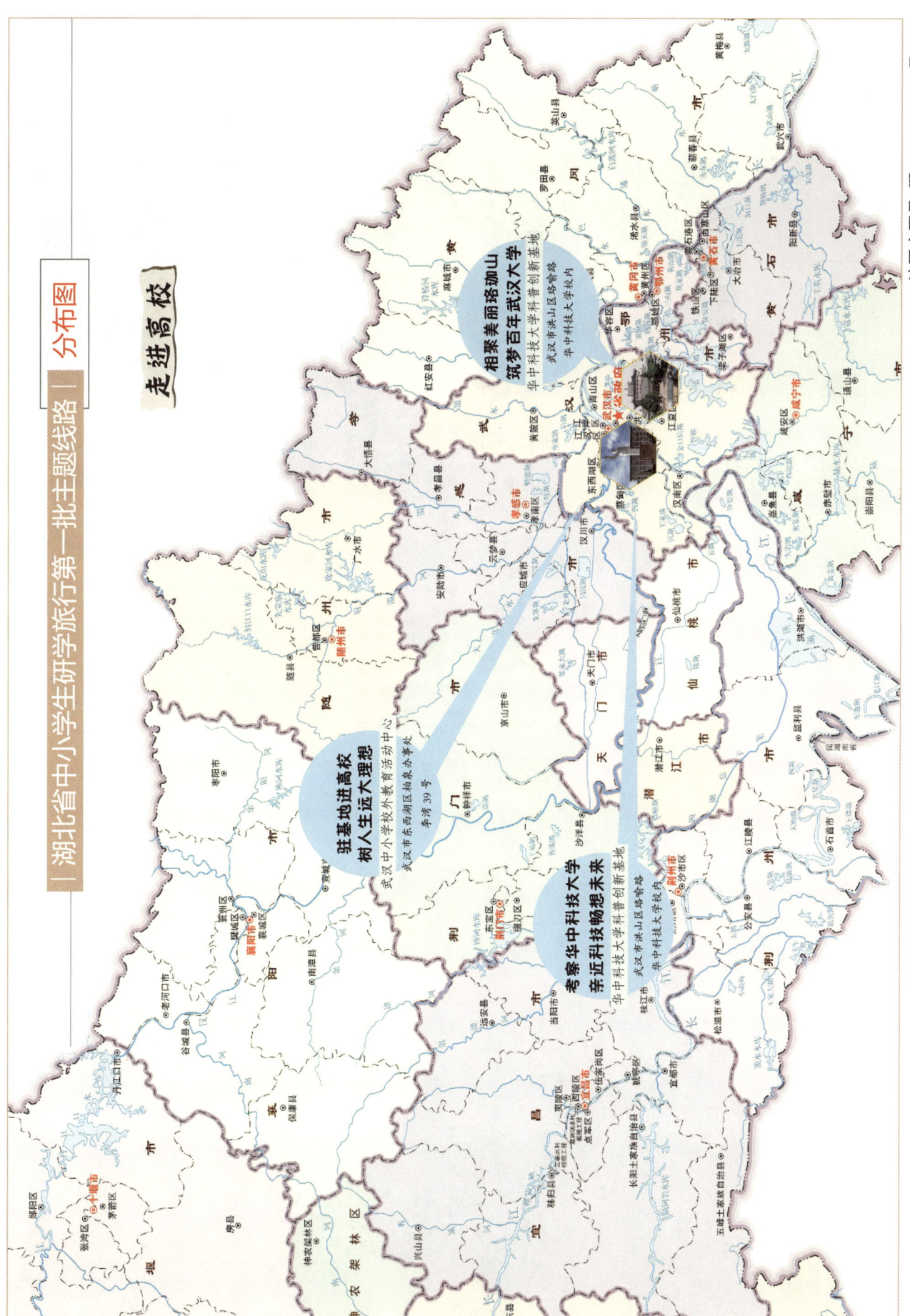

走进高校

**| 湖北省中小学生研学旅行第一批主题线路 |**
**分布图**

**相聚美丽珞珈山**
**筑梦百年武汉大学**
武汉大学科普创新基地
武汉市洪山区珞狮路
华中科技大学校内

**驻基地进高校**
**树人生远大理想**
武汉市小学校外教育活动中心
武汉市东西湖区柏泉东办事处
李滩 39 号

**考察华中科技大学**
**亲近科技畅想未来**
华中科技大学科普创新基地
武汉市洪山区珞狮路
华中科技大学校内

地图审图号：鄂 S(2018)009 号

# 湖北省中小学生研学旅行第一批主题线路 分布图

## 工业体验

感受美丽十堰
——仙山 秀水 汽车城
郧西县青少年学生校外活动中心
十堰市郧西县城关镇
郧西天河景区职业技术学校东北
感受膏都盐海魅力
增强科技创新能力
应城市青少年研学旅行
实践教育营地
应城市汤八路11千米处
实践启迪智慧
学工增长才干
武汉中小学校外教育活动中心
武汉市东西湖区柏泉
办事处李湾39号
走进矿博识瑰宝
跟着劲牌去旅行
黄石市龙凤山中小学
校外教育活动中心
黄石市大冶市刘仁八镇
中国科普胜地
世界地矿名城
黄石市文化旅游投资集团有限公司
黄石市大冶湖新区
国博大道2号
十堰市
襄阳市
随州市
孝感
荆门市
宜昌市
荆州市
武汉市
★省政府
黄冈市
鄂州
黄石市
天门市
潜江市
仙桃市
神农架林区


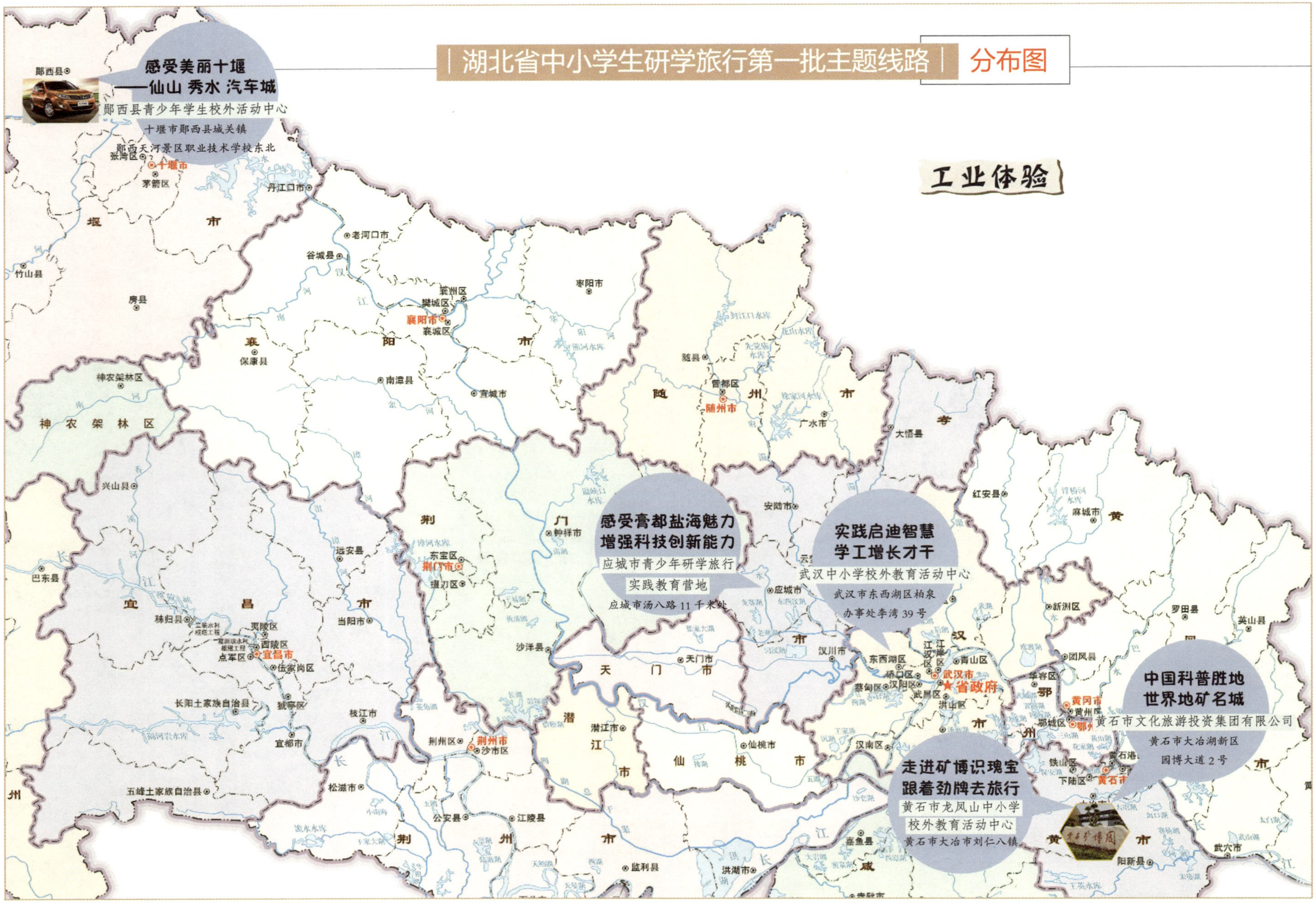

地图审图号：鄂S(2018)009号

# 湖北省中小学生研学旅行第一批主题线路 分布图

劳动教育

地图审图号：鄂S(2018)009号

**劳动最光荣 追寻中国梦**
鄂州市梁子湖区沼山镇 梁湖青少年研学基地

**体验绿色农业 感受劳动快乐**
天门市青少年校外活动中心 天门市东湖路81号附近

**探索自然奥秘 感受劳动乐趣**
咸安区青少年校外活动中心 咸安区实验中小学附近

**探究农谷新能源 动手体验寻乐趣**
湖北省金色农谷青少年实践教育基地（荆门市禾源生活管理区）荆门市禾源大道东16号

**乡伴水城 魅力童行**
沙洋县青少年校外活动中心 荆门市沙洋县汉津大道21号

**走进新乡村 体验新农耕**
荆门市青少年活动中心 荆门市象山大道120号

**课堂搬进美丽乡乡 爱国爱市爱家乡**
襄阳市青少年校外活动中心 老河口市老河口市王青洲村

**走进三峡特色农业 体验新农村生活**
湖北东方少年三峡国际青青华镇 宜昌市枝江市安福寺镇

**传承天河农耕文化 体验现代电商科技**
郧西县青少年校外活动中心 郧西县郧西河子职业技术学校东北堰

科普教育

中国铁路
与中国高铁成就
武汉高速铁路职业技能训练段
武汉市洪山区花山山一路

领略科技生活
展望科技未来
武汉青少年社会实践活动教育基地
武汉市江夏区五里界
锦绣山庄

观正大现代农业
品汉唐特色文化
襄阳市襄州区青少年校外活动中心
襄阳市襄州区张湾镇
航空路72号

考察襄阳生态文明
感受美丽自然风光
湖北文理学院附属中学
襄阳市环城路西巷口
盛丰路9号

普及航空知识
体验飞行之旅
荆门市东宝区青少年活动中心
荆门市东宝区象山大道9号

守护远古生命
保护生态环境
探秘恐龙世界
十堰市郧阳区郧阳国家地质公园
十堰市郧阳区郧阳镇

秘境神农架
物种基因库
湖北神农架旅游投资集团有限公司
神农架林区松柏镇林荫路31号

极客启航
飞天逐梦
荆门市爱飞客航空小镇
荆门市漳河新区爱飞客镇

赏山川之奇
探科学奥秘
远安县青少年校外风情科技42号
宜昌市远安县鸣凤青少年校外活动中心

地图审图号: 鄂 S (2018) 009 号

# 湖北省中小学生研学旅行基地

## 分布图

图例：
- ★ 辛亥革命武昌起义纪念馆
- ★ 湖北省博物馆
- ★ 中国科学院武汉植物园
- ★ 武汉科学技术馆
- ★ 中国地质大学逸夫博物馆
- ★ 武汉海昌极地海洋世界

地图审图号：鄂 S(2018)009 号

童玩谷生态园研学基地

武汉市凤娃古寨
武汉市新洲区海帆素质教育培训中心
武汉天下先现代农业发展专业合作社

辛亥革命武昌起义纪念馆
湖北省博物馆
中国科学院武汉植物园
武汉科学技术馆
中国地质大学逸夫博物馆
武汉海昌极地海洋世界

黄冈市东坡赤壁
（东坡赤壁文物所）
黄石矿博园

梁子湖绿色食品开发基地

安陆市白兆山李白文化园

随州市炎帝故里
随州市博物馆

武汉花博汇

武汉市蔡甸区知音健康
青少年实践教育基地

荆楚非物质文化遗产技能传承院

湖北汉城青少年研学基地

湖北力帆农业科技实践教育基地

荆门爱飞客航空小镇青少年实践基地

彭墩乡村世界

大洪山国家级风景区
宜昌百里荒青少年农业实践基地

潜江市龙虾产业发展服务中心

荆州古城

郧阳恐龙蛋化石群国家地质公园

神农架青少年实践教育基地

昭君故里

屈原故里研学旅行基地

宜昌梦想城青少年校外综合实践基地

恩施州唐克瑞斯户外教育培训基地

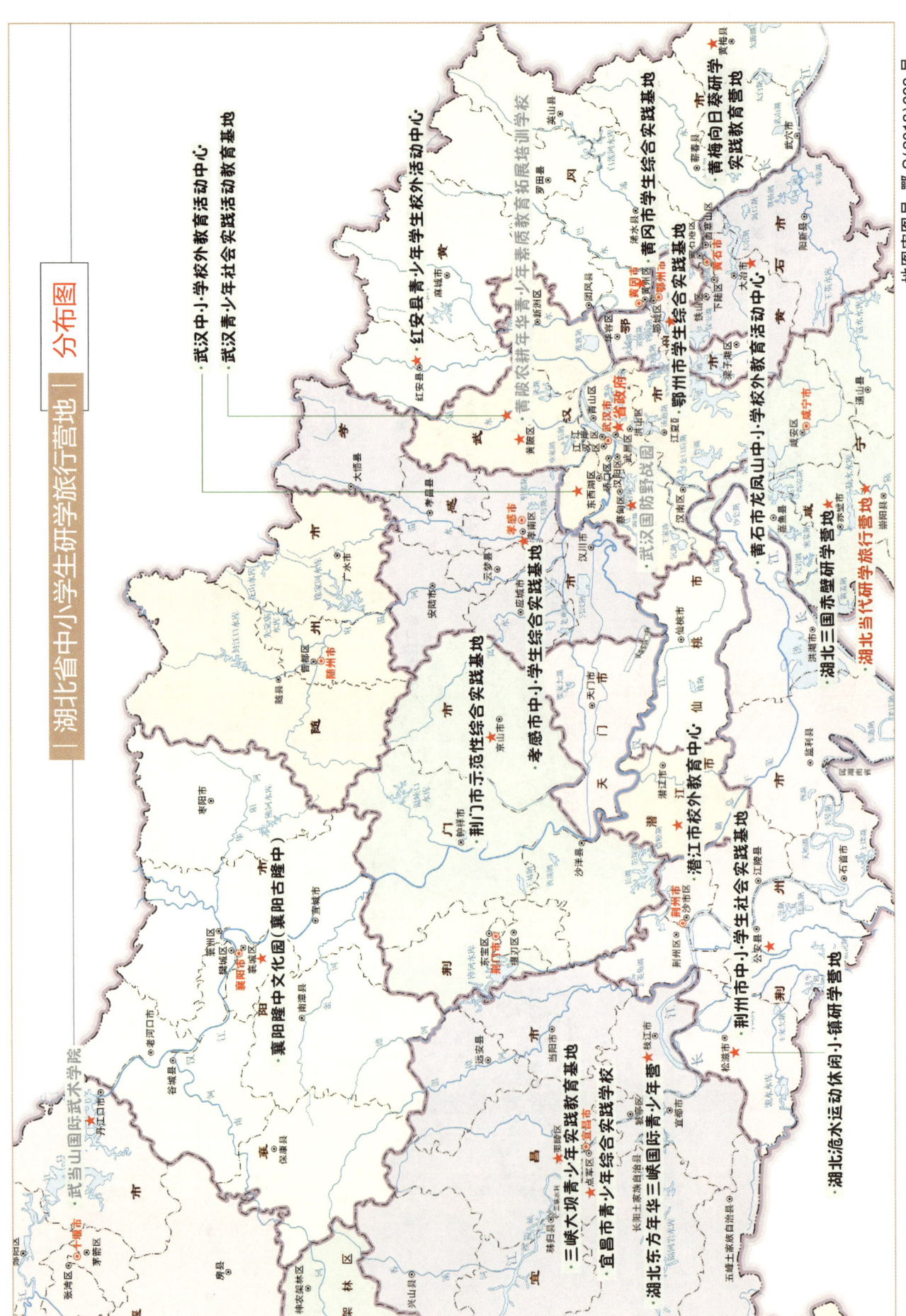

# 湖北省中小学生研学旅行营地 分布图

武汉中小学校外教育活动中心

武汉青少年社会实践活动教育基地

红安县青少年学校外活动中心

青少年素质教育拓展培训学校

黄冈市学生综合实践基地

黄梅向日葵研学实践教育营地

鄂州市学生综合实践基地

黄石市凤凰山中小学校外教育活动中心

湖北当代赤壁研学营地

黄石市龙凤山亦鉴研学旅行营地

潜江市校外教育基地

荆州市中小学生社会实践基地

荆州市中小学闲小镇研学营地

湖北沧水运动休闲小镇研学营地

孝感市中小学生综合实践基地

荆门市市示范性综合实践基地

襄阳隆中文化园（襄阳古隆中）

三峡大项青少年实践教育基地

宜昌市青少年综合实践学校

长阳土家族自治县青少年营

宜昌东方年华三峡国际青少年营

湖北东方年华三峡国际综合实践学校

武当山国际武术学院

地图审图号：鄂 S（2018）009 号

# 第二篇
## 课 程 线 路

# ┃ 导 语 ┃

　　中小学生研学旅行的核心与难点在课程开发，课程开发的重点在顶层设计。湖北省自 2018 年全面推行中小学生研学旅行以来，各地相关部门积极开发课程，特别是湖北省 8 个试点地市学校、各基(营)地，纷纷成立课程开发小组。本篇呈现的是具体体现湖北研学资源特色的 10 大课程线路：历史文化、荆楚文明、红色足迹、自然课堂、爱国教育、成长实践、走进高校、工业体验、劳动教育、科普教育。通过这些课程线路开展研学，中小学生在饱览荆楚大地物华天宝的自然之美的同时，接受生动的爱国主义教育、革命传统教育、楚文化熏陶。进一步体悟湖北荆楚文化中的人文精神底蕴：筚路蓝缕、以启山林，不鸣则已、一鸣惊人的楚文化；辛亥首义、红旗漫卷的革命文化和红色文化；机器生产、实业兴国的近代工业文化；尝草问药、格物致知的求实文化；饭稻羹鱼、耕织结合的农耕文化。湖北山川与文脉齐秀，地灵与人杰竞辉。只有深入了解湖北历史、地理、经济与文化，才能激发中小学生爱国爱乡之情，在秉承优良传统的基础上奋发有为，延续人文根脉，开创湖北发展新辉煌。

第一单元

历史文化

# 走进古今荆州　探寻历史脉络

**【项目实施单位】**

荆州市中小学生社会实践基地

**【项目组专家】**

李小平

**【指导教师】**

张生祥

**【课程主题】**

走进古今荆州　探寻历史脉络

**【适用学段】**

小学、初中

**【研学时间】**

2～3 天

**【线路安排】**

学校 → 荆州市中小学生社会实践基地 → 荆州古城 → 荆州市中小学生社会实践基地 → 学校

**【资源特色】**

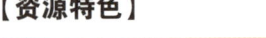

> ·湖北省中小学生研学旅行实践教育营地·
>
> ·国家级示范性综合实践基地·

## 荆州市中小学生社会实践基地

　　荆州市中小学生社会实践基地是利用教育部、财政部中央专项彩票公益金建设起来的全国示范基地,亦称青少年校外活动营地。它地处江汉平原腹地,紧邻 207 国道及荆东高速,交通便利。这里百湖围绕,风景怡人,生态资源丰富,还是一片鹭鸟栖息地。基地的任务就是让学生有动手实践的机会,练习逃生的机会,相互对抗的机会,自己生活的机会。基地投资近一个亿,占地面积 10 万平方米,每期可接待学生近 1000 人,年接待量将达到 3 万人次。

　　目前基地建有实践大楼、主题教育馆、学农实践区、户外拓展实训区等十二个功能区域,设计活动项目 100 多个,集社会实践、科普教育、体能训练、休闲娱乐于一体。拥有具备丰富夏令营活动组织经验的资深素质教育专家团队,结合中国青少年的现实情况,以培养现代青少年独立自主、自信勇敢、团结协作、吃苦耐劳的精神为目标,通过体验式的活动形式,丰富多彩的活动内容,让现代青少年在活动中成长,在训练中成材。

## 荆州古城

　　浩浩长江在荆楚大地曲折蜿蜒,孕育了江汉平原一颗璀璨明珠——荆州,她素有"文化之邦、鱼米之乡"的美誉,是一座古老文化与现代文明交相辉映的滨江城市。全市面积 1.41 万平方千米,人口约 660 万。自古以来,在这片神奇的土地上演绎了一个个精彩的故事,成就了荆州丰富的历史文化内涵。

　　这是一座经岁月雕琢、时光浸润的历史古城。禹划九州,始有荆州。荆州历史悠久,鸡公山遗址告诉我们,早在 5 万多年前的旧石器时代,人类就在这里繁衍生息。作为我国修建时间最早、跨越朝代最多、保存最为完好的古城墙之一,荆州古城墙见证和记录了荆州 2700 余年历史的演变,成为今天依然可以触摸的历史真实。

　　这是一座文脉永续、神韵悠然的诗意美城。千百年来,这片土地上的人们栉风沐雨、自强不息,孕育了博大精深的楚文化、三国文化,荆州被誉为"楚国故都、三国名城"。而优秀文化基因,已经烙印在现代荆州人的骨子里。"九八抗洪"展现的大智大勇,"东方之星"号客轮翻沉救援中展现的大义大爱,都是荆州人积极向上精神的体现。

　　这是一座追寻梦想、激情迸发的活力新城。现在的荆州,正在积极抢抓"一带一路"、长江经济带发展和"壮腰工程"等战略机遇,全力打造江汉平原现代化中心城市和长江中游重要的中心城市。一个产业实力雄厚、交通条件便捷、城市组团发展的现代水乡园林城市,正展现在世人面前。

**【教学案例】**

### 古今荆州　探寻历史脉络

　　荆州,从 5 万年前走来,由旧石器时代的一个原始聚落,发展成了今天的现代城市,构建了城市完整的、举世少有的历史发展序列。通过考古发掘,在荆州城周围相继发现了旧石器时代遗址 2 处、新石器时代遗址 21 处。遗址呈现出完整的生活居住场景,这是我国首次在平原地区发掘出原始居住遗址,填补了我国考古史上一大空白,并包含了从城背溪文化、大溪文化到屈家岭文化、石家河文化这样完整的发展阶段。荆州高度发达的史前文明及夏商文化,为此后的楚文化的蓬勃发展奠定了坚实而雄厚的基础。公元前 689 年,楚国都城徙郢,称纪郢、南郢、纪南城。楚人都郢而强。经过 20 代楚王 412 年连续不断地开拓、经营,创造了超越周王朝及各诸侯国的精神文化和物质文化,形成了以铜铁冶炼、丝织刺绣、漆器制作、玉石琢磨、道家哲学、庄骚文学、书法绘画、音乐舞蹈八大要素为主的完备体系,堪与雅典媲美。东汉末年,群雄逐鹿,豪杰争战。荆州由于"北据汉沔,利尽南海,东连吴会,西通巴蜀"的战略地位,成为魏、蜀、吴争夺的重点,在荆州留下了数以百计的三国遗迹和流传至今的三国故事,形成了荆州独有的三国文化。在荆州多姿多彩的三国文化中,关羽文化是其中的一朵奇葩,并当之无愧地成为荆州三国文化的核心,是荆州耀眼的城市名片。

**一、学习目标**

从文化遗址、出土文物等方面了解荆州历史更迭。

**二、课程内容**

博物馆精品馆藏文物介绍。

**三、课程链接**

江汉平原原始文化展、凤凰山 168 号汉墓展、古代漆木器精品展、楚汉织绣品展。

### 金戈铁马　追忆三国历史

　　提起三国,使人想到荆州;说到荆州,又使人想起三国。在三国时代,荆州是三国必争之地,荆州之争是决定国家命运的关键。从三国形成之初到国家重新统一之时，围绕荆州归属展开的三国争夺一直没有停息，荆州之争的情势在很大程度上关系到三方力量的消长和三国历史的进程。一些脍炙人口的三国故事，诸如刘备借荆州、关羽守荆州、吕蒙袭荆州等等，都发生在荆州；三国时期涉及三分形势形成与发展、变化的一些重要事件，如赤壁之战、夷陵之战以及关羽北攻襄阳失荆州等，也都以荆州为中心舞台。三国与荆州的特殊关系，是由特定的社会历史条件形成的，也跟荆州在当时所处的重要地位分不开。汉代荆州，所辖地域包括今湖北、湖南两省全境，河南南阳盆地，广东、广西和贵州边缘地区，大致与上古荆州之域相当。下领七郡：南郡、江夏、南阳、武陵、长沙、零陵、桂阳。汉献帝时从南阳郡分设章陵郡，增至八郡，史称荆州有"百城八郡"。汉代荆州，地跨大江南北，幅员辽阔。它前有长江天然防线，后有荆襄门户与汉水之阻，西有夷道三峡之险，东与吴、越一江相连，地势险要，能攻可守，加之经济、社会发展水平较高，军需充裕，作战给养可靠，是举足轻重的战略要地，为三国政治家、军事家所格外看重。

**一、学习目标**

通过实地参观，了解三国历史，以及冷兵器时代特有的建筑。

**二、课程内容**

介绍宾阳楼、马道、藏兵洞、瓮城、烽火台等古迹，一览原汁原味的三国风貌，了解三国历史，触摸三国文化。

**三、课程链接**

三国演义中在荆州发生的故事。

## 宰相之城　汇聚治国能臣

荆州历史悠久，文化灿烂，人文荟萃，名人辈出。荆州是宰相故里。据考证：历史上在荆州出生或任过职的宰相共有 137 人，占中国历代宰相总数的百分之十以上。最著名的是"宰相之杰"明万历首辅张居正，还有循吏之首楚国令尹孙叔敖，蜀汉名相诸葛亮，唐"一门三相"岑文本、岑长倩、岑羲，谏诤名相刘洎，开元名相张九龄，明初名相杨溥等。他们都为我国各个历史时期的发展作出过一定的贡献。

**一、学习目标**

学习张居正一生以天下为己任的强烈的责任感、过人的胆识和胸怀。

**二、课程内容**

在张居正故居讲解其生平事迹。

**三、课程链接**

张居正的诗词、治国方略。

## 守望生命　安全警钟长鸣

"身体是革命的本钱"，然而在日常生活中难免发生或遇上各种意外事件，出现来不及就医、需要立即处理的情况，这就要我们学一点急救知识和方法来进行自救或互救。

**一、学习目标**

学习在不同的危险情况下相对应的生存技能，掌握生存方法，保护生命安全。生命是美好而脆弱的，通过学习生命安全课程，学生明确生命的意义，感恩生活，感恩美好。

**二、课程内容**

1. 心肺复苏。

(1)认知学习：学生学习如何在事故现场判断伤员意识是否清醒、呼吸和心跳是否存在，再在老师的讲解和示范下学习心肺复苏的动作要领。

(2)动手实践:在心肺复苏模型上进行人工呼吸和胸外心脏按压的操作。通过训练,加深学生对心肺复苏重要性的认识,并能在遇到此类问题时及时搭救伤员,挽救生命。

2.消防安全。

(1)认知学习:通过老师讲解以及模拟火灾现场,让学生掌握各种灭火设备的使用方法,熟悉基本的防火知识,并学会一些应对火灾的紧急常识。理论与实践相结合,更加有利于提高学生的消防意识和自我防范意识,以便在遇到火险时及时逃生,保护生命。

(2)动手实践:在专业教官的指导下进行仿真演练,实际操作灭火器灭火,并根据教官口令模拟火灾逃生。

3.战地救护。

(1)认知学习:学习战地救护是为了在伤害发生的第一时间用自己的力量保护自己及他人,将伤害程度降低,这些救护技术不仅仅在战地现场,在我们的日常生活中也可以发挥很大的作用。

(2)动手实践:在专业教官的指导下,动手为"伤员"包扎绷带,操练野外制作担架。

## 超越自我　团结就是力量

团队精神是大局意识、协作精神和服务精神的集中体现,核心是协同合作,反映的是个体利益和整体利益的统一,有助于保证组织的高效率运转。团队精神的形成并不要求团队成员牺牲自我,相反,挥洒个性、表现特长保证了成员共同完成任务目标,而明确的协作意愿和协作方式则能促进真正的内在动力产生。

**一、学习目标**

提升学生的勇气和团队协作能力,锻炼学生的心理素质,培养学生的个人意志力、团队信任能力。

**二、课程内容**

1.趣味运动会。

关于传统运动,很多同学都只是"纸上得来"却没有"躬行"过。童年趣味运动会——一场关于"记忆"的比赛,将带领同学们穿越时空,一起去体验我国古代那些别开生面的运动项目。

2.趣味拓展。

学生在袋鼠玩趣城参与包括指压板、不倒森林、群龙取水等课程,在愉悦的教育氛围中磨炼团队精神,体验体育的乐趣,锻炼心理素质,树立挑战困难的勇气,以及培养迎难而上、战胜困难的品质。

## 探索远古　袋鼠考古模拟

探索远古世界,寻找埋藏在地下的恐龙化石,对考古、科普产生一定的感性认识,激发探索自然、思考生命的兴趣,了解生命演化过程以及地球结构。在挖掘恐龙化石的过程中,提升动手能力,体验快乐、艰辛、惊险、成就感!

**一、学习目标**

模拟考古挖掘,了解恐龙挖掘的方式;组合恐龙骨架,重塑恐龙身体结构。

**二、课程内容**

在袋鼠玩趣城模拟考古挖掘现场。

**三、课程链接**

考古挖掘课程。

## 走近科学　袋鼠趣味小课堂

了解伯努利原理、最速曲线原理等原理是如何在生活中体现的,将物理学习与科技知识及生活实际相结合。介绍物理小知识,增长学生的现代科技知识,提高学生的科学素养,培养学生用科学知识解决实际问题的能力,并提高学生的学习兴趣。

**一、学习目标**

学习生活中的物理知识。

**二、课程内容**

物理知识介绍。

**三、课程链接**

生活中的物理学。

**【思考探究】**

1. 请讲讲"筚路蓝缕""不鸣则已,一鸣惊人""刮骨去毒""毛遂自荐""大意失荆州"等古代荆州故事。

2. 楚王车马阵是目前国内乃至世界所见规模最大、保存最好、陵园分布最完整的楚国贵族墓地,也是春秋战国时期楚文化最高水平的杰出代表,被众多国内文物考古专家誉为"北有秦始皇兵马俑,南有楚王车马阵",那么两者又有什么区别呢?

# 品读三国　智安天下

**【项目实施单位】**

　　赤壁市三国古战场营地

**【项目组专家】**

　　谢蕾萍

**【指导教师】**

　　王忠文　王慧

**【课程主题】**

　　品读三国　智安天下

**【适用学段】**

　　小学、初中、高中

**【研学时间】**

　　2～3 天

**【线路安排】**

　　学校 → 赤壁市三国古战场营地 → 赤壁市博物馆 →学校

**【资源特色】**

·湖北省中小学生研学旅行实践教育营地·

·教育部全国中小学生研学实践教育基地·

## 赤壁市三国古战场营地

　　三国赤壁古战场、赤壁之战发生地，位于湖北省赤壁市西北的长江南岸，北依武汉，南临岳阳，是我国古代"以少胜多，以弱胜强"的七大战役中唯一尚存原貌的古战场。赤壁矶头临江悬崖上的"赤壁"二字，相传为周瑜所书，故也有人称此地为"周郎赤壁"，该石刻是赤壁现存最古老的文化遗迹。主要景观有：赤壁摩崖石刻、周瑜石像、拜风台、凤雏庵、翼江亭、赤壁大战陈列馆、赤壁碑廊、赤壁塔、合金城、三国雕塑园等数十处。是国家 5A 级旅游景区，国家重点文物保护单位，湖北省爱国主义教育基地，湖北省文化产业示范基地。研学活动设施完备，有各类研学课堂及可同时容纳 1300 人食宿的研学营地，设施齐全的拓展基地，配备有专业的拓展师、安保及医护人员。赤壁古战场景区秉承"知行合一、寓教于乐"的研学宗旨，现已成为华中地区规模最大的三国文化研学体验基地。

## 赤壁市博物馆

　　赤壁市博物馆成立于 1958 年 12 月，隶属赤壁市文物局，1998 年 10 月起异地重建于秀丽的陆水河畔，2002 年 1 月重新对外开放。赤壁市博物馆馆舍建筑面积 3400 平方米，其中展厅面积 2800 平方米，库房面积

600平方米。赤壁市博物馆内设四大基本展览：赤壁鏖战浮雕展、千古风流——赤壁之战历史展、历史文物精品展、茶乡古道——赤壁茶文化展。赤壁市博物馆馆藏一级文物1件，二级文物28件，三级文物68件。馆藏的凤纹弩机、上大将军弩机、鎏金神兽镜、沙羡铭文鼎、铭文丹阳镜、青龙白虎手柄等三国赤壁古战场出土文物享誉全国。

【教学案例】

## 我是小导游

### 一、活动准备

1. 道具准备：三国导游服、导游旗及耳麦。

2. 分组准备：学生按实践活动场地分为金鸾山、南屏山和赤壁山三组。

3. 内容准备：学生分组撰写、记忆导游词。

### 二、活动指导

1. 辅导员规范学生的讲解礼仪：优秀的导游讲解＝7%导游词＋38%语音语调＋55%面部表情。

（1）保持微笑，耐心解答，语速不要太快，不要背书式地讲解，要抑扬顿挫，绘声绘色。

（2）讲解过程中卡壳或忘词了怎么办？临时实在记不起，可以不说，宁可不说，也不要编造内容。

（3）注意控制讲解的节奏，若人数较多，根据具体情况加快或放慢讲解节奏。

（4）在回答游客提出的问题时不能绷着脸，要微笑服务。游客提的问题如果没有听清楚，不能生硬地反问游客"您是什么意思"，应委婉地请游客再说一次。

2. 撰写、记忆导游词，为模拟讲解做准备。

### 三、实践体验

辅导员引导学生带着任务开展活动，走进三国赤壁旅游景区，为来自五湖四海的游客进行讲解，在实践中不断反思、改进。

主要方法：分组实践（各组辅导员带领各自的学员到景点进行实践活动），提出要求。

（1）对学生的要求：统一着三国导游服，配耳麦与导游旗；遵守纪律，注意安全；与人交谈时注意文明礼貌；注意聆听游客的要求；同组同学讲解时注意倾听，取长补短，讲解结束后多多交流。

（2）对辅导员的要求：随时注意学生安全，及时处理突发事件，针对学生出现的问题，待讲解结束后及时作出评价、提出改进意见。

导游词：游客朋友们，大家上午（下午）好，欢迎来到千古赤壁、吉祥宝地——三国赤壁古战场游览观光，我是小导游×××，非常荣幸今天能为大家做讲解服务。

（1）金鸾山组：带队游览银杏树、凤雏庵、"赤壁古风"门楼、吴王台、桃园三结义、长坂桥、八卦阵、凤仪亭等景点。

银杏树导游词：人去物存，走进金鸾山，我们首先看到的是这棵高大的银杏树。传说它是庞统亲手所种，距今已有1800多年的历史。这棵银杏树与赤壁大战是同一时期的，也就是赤壁大战历史的见证者，它若有知，可就是赤壁之战时，目睹那一场龙争虎斗大厮杀的幸存者了。树上长有3个倒垂的树瘤。据林业专家介绍，树生千年方长瘤，而这三个大树瘤不知已存在了几朝几代，人们因此对其更生崇敬之心。

银杏树是古代银杏类植物在地球上存活的唯一品种，因此植物学家把它看作是植物"活化石"。银杏树又称"鸭脚树""白果树"和"公孙树"，集药用、材用、食用、观赏功能于一体，是浑身是宝的"摇钱树"。它与雪松、南阳杉和金钱松一起被称为世界四大园林树木。我国园艺学家也常常把它和牡丹、兰花并称，誉为"园林三宝"。银杏树为落叶乔木,每年的五月开花,其果实十月成熟。这棵银杏树连理共生,看,这两株树干枝叶交错,相拥而立,犹如一对夫妻,携手走过了1800多年的风霜雪雨,正因为如此,人们对它倍加珍爱,一代又一代地保护这棵大树。千百年过去了,这棵巨大的银杏树更显得枝繁叶茂,生机勃勃。如今这高大的银杏树撑开巨大的绿伞,喜迎八方贵宾。

这里还有一个故事和这棵千年古树有关呢。相传在赤壁大战未开战之前,庞统有一天在银杏树下阅读兵书,一阵清风徐来送他入眠,睡梦中一位鹤发童颜的老人在庞统的头上敲了三下并留下这样四句话:"遇蒋而动、择刘而辅、遇凤而止、还本而栖",并告诫他须牢记。可是建安十六年(211年),他作为副军师中郎将随刘备入川,为了早立大功,时机尚未成熟便急躁冒进出击,在雒县落凤坡(今四川境内)不幸中箭身亡。这句话印证了庞统一生的际遇,是对他一生命运的真实写照。

(2)南屏山组:带队游览拜风台、赤壁碑廊等景点。

拜风台导游词:拜风台是在当年诸葛亮借东风遗址上重新修建的。始建于宋朝,明万历三十八年(1610年)正式定名为"拜风台"。拜风台又名武侯宫。武侯是诸葛亮,因其生前功劳大,死后被刘禅封为忠武侯。所以,千百年来,拜风台的香火一直都很旺盛。据传祭风台本是临时搭建的一个土台子,台高九尺,分上、中、下三层,可容纳士兵120名。经过1800多年的风雨洗礼,过去的土台子早已不复存在。1936年赤壁道人在重建拜风台前殿时还掘出有"祭风台"三个大字的残碑,这样也就更能证实当年诸葛亮就是在这个地方借东风的。

(3)赤壁山组:带队游览赤壁摩崖石刻、周瑜石像、赤壁大战陈列馆、翼江亭、赤壁矶头等景点。

赤壁摩崖石刻导游词:景区的核心景观赤壁摩崖石刻,是景区年代最久远的标志性景点。陡峭崖壁上书写有"赤壁"二字。"赤壁"二字各长150厘米,高104厘米。

赤壁之战后,周瑜于船上摆酒庆功时回想起大战时激烈壮观的斗争场面,为纪念战功,在临江崖壁上刻下了"赤壁"二字。大家看,"赤壁"二字,上下各有一"土"字,而在古代,"土"则代表着疆域、领土、天下,所谓"普天之下,莫非王土"正是此意。且二"土"则为一"圭"字,"圭"是什么呢?它是一种礼器,象征着地位与权势。"赤壁"二字旁还篆刻有游人诗赋,其字迹模糊,已无法辨认。仅有明洪武年间王奉写的《过赤壁偶成绝句》两首诗清晰可辨。

赤壁横崖瞰大江,周瑜于此破曹郎。天公已定三分势,可叹奸雄不自量。

孟德雄心实啖吴,皇天未肯遂其图。水军八十万东下,赤壁山前一火无。

这两首绝句受了当时尊刘抑曹思想的影响,对曹操在赤壁之战中的失败进行了辛辣的讽刺与嘲骂。

**【思考探究】**

　　1.各学段学生表演不同层次的舞台剧,如《蒋干中计》《草船借箭》《连环计》《火烧赤壁》等,演绎、探究三国智谋;初高中学生探究《关云长义释曹操》是诸葛亮谋略的失误还是高明之处。

　　2.在研学旅行过程中,借助新媒体制作音频、视频;借助营地丰富的植物资源制作各种动植物标本。

　　3.搜集关于三国赤壁的俗语、歇后语及传奇故事,背诵记忆景区其余各景点导游词。

# 践行"孝文化" 行孝道传爱心

**【项目实施单位】**

孝感市中小学生综合实践基地

**【项目组专家】**

刘新甫 徐高斌

**【指导教师】**

阳玲 雷炬章 汪天瑞 潘亮明 陈诚 王彬 严义

**【课程主题】**

践行"孝文化" 行孝道传爱心

**【适用学段】**

小学高年级、初中、高中

**【研学时间】**

2～3天

**【线路安排】**

孝感市中小学生综合实践基地 → 董永公园或丹阳古镇 → 湖北金卉庄园 → 孝感市社会福利院或孝感市特殊教育学校

**【课程目标】**

1. 磨砺意志,熔炼团队——通过集体活动和个人展示,增强集体荣誉感和自信心。通过丰富多彩的实践活动,培养创新精神和实践能力,提高自理能力、劳动能力、动手能力和团队协作精神。

2. 传承孝文化——走进董永公园,品味行孝故事,感受"百善孝为先"的内涵,坚定"传承孝文化,做阳光美少年"的决心;走进中国孝德文化第一古镇——丹阳古镇,在参观感悟的同时,提升自我认知,自觉传承孝德文化,传承中华民族传统美德,学会感恩。

**【资源特色】**

·湖北省中小学生研学旅行实践教育营地·

·国家级示范性综合实践基地·

### 孝感市中小学生综合实践基地

位于中国孝文化发源地、中华孝文化名城的孝感市中小学生综合实践基地,是国家级示范性青少年综合实践教育基地,坚持"服务学生"是宗旨,"实践育人"是核心,"体验教育"是途径,"培养学生的创新精神和实践能力"是重点,"设置学生

喜闻乐见的实践课程"是关键。根据不同学生的年龄特点和认知规律,所设置的课程突出传承孝文化,融开放性、实践性、创新性、教育性于一体。

基地开发了一系列精品课程,设计了孝文化馆,开设了孝文化讲坛。课程结构涵盖生存体验、素质拓展、科学实践、专题教育四大领域,共20多个模块、100多个活动项目,涵盖小学、初中、高中三个学段,日均可接待参训学生1600人、带队教师90人。

室内综合实践课程包含六大中心的36门课程,分别为:通用技术中心(含陶艺、金工、木工、糕点制作、手工制作);孝感文化中心(含孝文化、孝感红色文化、孝感英模、孝感农耕文化、孝感民俗文化、孝感市情);安全教育中心(含防空防灾、健康教育、禁毒教育、国防教育、公共安全教育、民主与法制教育);思维创意中心(含益智创意、3D立体创意、多米诺、沙雕、室内射击、室内射箭、吹箭、科技互动);多元技术中心(含机器人、现代通信、智慧物联、模拟驾驶、动漫创意、魔术揭秘、现代技术);科学实践中心(含趣味物理、趣味化学、趣味生物、天文地理)。

室外综合训练课程由真人CS(模拟反恐游戏)、军事拓展项目、高空项目、场地项目、水上项目、野外定向共六类35门课程组成,主要功能是培养学生团队合作的精神、挑战自我的勇气,增强学生的自信心,增强学生体质。

## 董永公园

董永公园是国家3A级旅游景区,位于孝感市城区槐荫大道东段,距武汉市60千米。公园于1984年建成,占地5万平方米。

园内有孝子祠、仙女池、槐荫树、鸳鸯楼、理丝桥、涤丝亭、百步梯和升仙台等12处景点。景点按董永卖身葬父、孝行感天、仙女下凡、百日姻缘等情节为线索建造,歌颂了孝感人民尊老爱幼的传统美德。位于公园中部的"孝子祠",屋顶青色古瓦,门院粉壁花墙,院内正厅坐北向南,多开的雕花门屏,四周花卉盆景,古色古香协调匀称。祠正堂立着记载董永生平的横匾,两旁陈列着有关的文物、碑石、族谱和名人字画。祠院正中耸立着董永和七姐满工回家的汉白玉雕像,祠院围墙的十六面窗花,以浮雕形式展示了民间传说中的16个孝子故事。公园后门处,有一马鞍形的山丘,上山台阶谓"百步梯",直到"升仙台"山顶,有一镂花香炉,相传七姐在满工回家途中,上"百步梯"到"升仙台",随着袅袅青烟,含恨离别人间。这里四周环水,山洞曲径通幽,崎岖小路和桥、函、亭、景相间。在"升仙台"上可观公园全景。

## 中国孝德文化第一古镇——丹阳古镇

中国孝德文化第一古镇,以孝德文化、荆楚文化为灵魂,吸收了孝感乃至湖北地区优秀的历史文化、饮食文化、非遗文化资源。"七笔成孝字,七街成孝道",特色的街区组织形成了丹阳古镇标志性的空间格局。

丹阳楼——城市之根:作为丹阳古镇内最大的室内"文化博物馆",从一楼到三楼,分别展示不同的文化内容。第一层为孝心名人馆,展示古代二十四孝故事和现代孝子故事。

第二层是叶家庙遗址博物馆,叶家庙遗址作为新时代的古遗址,将孝感的历史向前推进了2000多年,叶家庙遗址博物馆将带领大家进一步探寻孝感的"城市之根"。第三层是"王新亭将军纪念馆"。王新亭将军作为中国人民解放军的重要将领,戎马一生,身经百战,屡建奇功。

孝德阁:孝德阁整体气势磅礴,采用荆楚建筑风格,彰显巍峨气势,寄托每一个孝子对家庭、对社会、对国家"孝德"的祈祷和祝福。

孝德国学馆:孝德国学馆以国学为根基,以孝文化为核心,培养人们对中国优秀传统文化的认知,从而修身养性、传承文化、提升自我。孝德国学馆通过孝德礼仪、儒雅习性、知识培训、实践拓展、人际相处等多个方面的内容,传授人们孝德理念。

"四世同堂"戏园:整个戏园是古镇日常演艺的舞台,每晚上演一到两场的固定曲目,同时定期开唱孝感地方特色的曲艺,宣传孝文化等优秀传统文化。

礼贤会馆:礼贤会馆之名取自"礼贤下士",蕴含对贤者的尊敬和敬仰,也传达主人的贤士风范。会馆在建筑和景观打造上融入孝文化特色,体现建筑中的仪礼孝道。

七街五巷:将孝感剪纸艺术、汉川善书、董永传说、楚剧等元素融入街区之中,同时打造主题客栈、文化会馆、名人博物馆、米酒作坊、麻糖作坊等,体现古镇的文化韵味。

## 湖北金卉庄园

湖北金卉庄园是一个散落于荆楚大地的美丽之梦,梦中的乡村、梦中的田园、梦中的泥土、梦中的芳香、梦中的春夏秋冬……古树、老井、菜园、小桥、流水、农家、原始手工作坊、碧水、绿树、家禽、鸟蝶、炊烟、船舶、渔翁、农夫……构成和谐的诗情画卷;羊咩、牛哞、鸡啼、犬吠、蝉叫、蛙鸣……,谱就自然共融的交响乐章。

这里是一方净土,亲亲菜园、风情古街、绿野梯田、四季花海、乡村茶舍、泥巴公社、趣味果林、老家食肆、戏水乐园……所有的一切,组成了金卉庄园美丽之梦的完美拼图。这是一个集"农业科普观光、四季花海展示、果蔬采摘体验、乡村特色美食、田园会议住宿、户外培训拓展、运动娱乐健身、水上欢乐世界、艺术文化交流、婚纱摄影及婚庆文化活动举办"为一体的生态休闲旅游度假庄园,是孝感市摄影家协会创作基地、农业科普教育基地。

## 孝感市社会福利院医疗康复中心

孝感市社会福利院医疗康复中心是一家集养老、康复、休养、科研和教学于一体的公益性事业单位。由孝感市社会福利院、儿童福利院、康复中心、特殊教育学校四部分组成,是"全国爱心护理工程示范基地""全国异地养老定点接待单位""全国模范养老机构""全国敬老文明号""孝感市中小学生社会实践活动基地、感恩教育基地"等。

## 孝感特殊教育学校

孝感特殊教育学校为全日制九年义务教育学校,目前为听力障碍、智力障碍、语言障碍、情绪与行为障碍等适龄少年儿童提供专业特殊教育的学校,校内的残障儿童在专业教师和社会爱心人士的教育与关心爱护下,正在快乐健康成长。

**【教学案例】**

第一部分(3小时):在孝感市中小学生综合实践基地场馆,通过一系列的室内和室外活动,让学生动手动脑,按军人的要求来规范学生的行为,磨砺意志,学会自理、自立、自律、自强。深入孝文化中心,通过声、光、电、照片、图文展板等手段,聆听发生在孝感的董永卖身葬父、黄香扇枕温衾、孟宗哭竹生笋三个故事。了解现代新二十四孝及当代孝感十大孝子等故事,感受孝心与爱心,传承中华民族传统美德,学会感恩,学会爱心传递(答题互动并结合自己以后如何做进行分享)。

第二部分(3小时):观看电影《妈妈的守候》,通过电影感知孝文化,认识自我,提升自我。给自己的亲人写一封感恩书信,或前往孝感市社会福利院,孝敬老年人,体验孝心敬老。通过为老人表演一个节目、讲一个故事、读一则新闻、梳洗一次头发、整理一次床铺、清扫一次宿舍等活动,传承孝文化(结合自己以后如何做进行分享)。

第三部分(2.5小时):前往孝感市董永公园,在欣赏优美的园林艺术的同时品味行孝故事。在导师的引导与介绍中,感受"百善孝为先"的内涵。在"传承中华美德,做阳光美少年"旗上签名表决心(结合自己以后如何做进行分享)。或走进孝感市儿童福利院和特殊教育学校,关爱特殊同龄人,通过陪他们玩一次游戏、制作一幅图画、认识一种交通工具、唱一首歌等活动,体验爱心传递,传承阳光心态(结合自己以后如何做进行分享)。

第四部分(4小时):置身孝感金卉庄园和丹阳古镇,感受荆楚大地的美丽之梦,回归自然、陶冶性情;在丹阳古镇中接受孝文化的熏陶。在参观感悟的同时,体验爱心传递,传承阳光心态(结合自己以后如何做进行分享)。

1. 古代二十四孝故事中有哪三个发生在孝感?
2. 董永公园孝文化有哪些景点?简要介绍其中一个景点。
3. 请写出一首反映孝道的诗词。

**【思考探究】**

# 万里茶道寻缘　第一古镇探幽

**【项目实施单位】**

赤壁市青少年学生校外活动中心

**【项目组专家】**

陈清

**【指导教师】**

李春英　邓彩霞

**【课程主题】**

万里茶道寻缘　第一古镇探幽

**【适用学段】**

小学高年级、初中、高中

**【研学时间】**

1～2 天

**【线路安排】**

学校 → 羊楼洞·世界茶业第一古镇 → 学校

**【课程目标】**

　　1. 认知目标——了解中国茶叶发展历史，了解万里茶道对于世界经济的重要意义；了解飞行原理和空气动力学原理。

　　2. 情感目标——树立爱国主义思想，提升自身文化素养，树立正确的人生观和价值观，提高奉献社会的主人翁意识。

　　3. 行为目标——锻炼独立生活的能力，提高独立思考问题、理解问题的能力。

**【资源特色】**

·中央专项彩票公益金研学实践教育支持单位·

### 赤壁市青少年学生校外活动中心

　　赤壁市青少年学生校外活动中心是经赤壁市政府批准成立的事业单位，是赤壁市唯一一个以开展青少年学生活动为主要内容的校外教育机构，是教育局的直属单位。中心位于陆水湖大道 5 号，培训楼于 2005 年 12 月落成，建筑面积 3000 平方米，大小活动室 40 余间，现有在编管理人员 8 人，常年聘请 30 多名专业特长教师开展教学工作。

通过多年发展,目前中心可同时容纳600多名学生学习、活动,每年培训学生人数可达3000人。常年聘请咸宁学院艺术系副教授、赤壁市歌舞团专家为顾问,指导艺术教育教学工作,聘请城区各校学科带头人、教学能手执教其他学科。中心常年开设少儿特长、小学三至六年级阅读与写作指导、小学三至六年级数学思维训练、剑桥少儿英语、快乐英语等课程。每年培训成果丰硕,在全国"新希望杯"作文及数学竞赛中有100多名学生获得国家级、省级、市级奖,学生的作文多人、多次发表在《咸宁日报》等报刊上,拉丁舞、美术、书法等项目参加不同次比赛均获很好成绩。

中心利用社会资源,于每年春秋两季及寒暑假组织大批中小学生开展社会实践及研学活动,主要到烈士陵园、名人故里、景区、博物馆、科技馆、工厂等地参观或实践,突出地方特色,重点关注"三国文化""茶文化""水利文化""科技文化"。已研发出一系列经典线路,如"武大樱花周之行""武汉科技馆之行""韶山伟人故里行""长沙世界之窗行""花果山体验丰收行""亲近乡土、体悟乡情"等,活动一年一个主题,让学生在大自然中陶冶情操,领略祖国的大好河山,激发学生热爱祖国、热爱家乡之情。活动组织严密有序,活动效果显著,社会反响很好,每年约有6000名学生参加。

加强乡村少年宫管理。在市文明办的大力支持下,赤壁市已在赤壁、中伙、赵李桥三个乡镇相继建起三个乡村少年宫,业务主要由赤壁市青少年学生校外活动中心管理。三所乡村少年宫利用课余或双休时间主动开展文体活动:例如赤壁镇乡村少年宫开设了美术、书法、科技活动、礼仪、乒乓球、篮球、跆拳道、棋类、乐器、导游、民族体育等11项特长培训班。借助三国古战场各方面优势,将旅游文化特色融入少年宫活动中,开办小导游班,进景区为游客讲解,获得游客的高度评价;赵李桥乡村少年宫不仅利用课外时间进行特长培训,还利用当地爱国主义基地开展爱国主义教育,清明节组织学生到羊楼洞烈士陵园扫墓。三所乡村少年宫带动了当地少年儿童积极参加文体活动的兴趣,同时也提高了他们的文化素养。

赤壁市青少年学生校外活动中心是广大中小学生增长知识、快乐成长的摇篮,是赤壁市青少年学生校外活动的理想场所。中心开展的各项教育教学活动得到了上级主管部门的充分肯定及社会的广泛赞誉。

## 羊楼洞·世界茶业第一古镇

万亩茶园·俄罗斯方块小镇位于赤壁市茶庵岭、新店和赵李桥三镇交界处,茶园面积1600万平方米,由卓尔文旅集团投资5.4亿元开发,核心景区占地312万平方米,建设有俄罗斯风情商业街、卓尔航空体验园、喀秋莎会客厅、卓尔青少年足球基地、星空帐篷营地、水上休闲乐园、四季茶溪花海等项目。这里春天可以采摘新茶,体验亲手炒制的乐趣,品尝劳动的成果;夏天可以集体露营,感受夏季明朗的星空,体验夜营的乐趣;秋高气爽,乘坐热气球俯瞰金黄色的大地,航空体验园里了解飞行的知识,制茶工厂里熟悉砖茶的制作工艺,了解茶文化的博大精深。

羊楼洞·世界茶业第一古镇距离万亩茶园12千米,位于湘鄂交界处,是赤壁市"六大古镇"之一,为"松峰茶"和"洞茶"的原产地,是湖北老青茶的发源地,是"万里茶道"的重要源头之一,被世人誉为"世界茶业第一古镇",素有"中国砖茶之乡"的美称。万里茶道始于宋,繁荣于明清,彼时羊楼洞的洞茶远销边疆甚至海外。1996年羊楼洞被列为市级文物保护单位,2002年被列为省级文物重点保护单位,2012年被国家住房和城乡建设部以及国家文物局授予"中国历史文化名村"称号。

**【教学案例】**

1. 参观万亩茶园·俄罗斯方块小镇,欣赏茶园风光,体验茶园骑行乐趣。

2. 分组前往星空帐篷营地,学会自己动手。

3. 分组前往卓尔青年足球基地,进行小组比赛。

4. 参观卓尔航空体验园,乘坐热气球或卓尔 ZL-400 型固定翼飞机,体验飞行的乐趣,听飞行员讲解航空知识。

5. 参观喀秋莎会客厅,了解俄罗斯人民生产和生活知识,欣赏俄罗斯工艺品。

6. 参观四季茶溪花海,在万花丛中与大自然融为一体。

7. 参观洞庄茶业,了解制茶流程,品尝具有独特味道的赤壁青砖茶。

8. 参观羊楼洞明清古街,聆听历史的回声。

1. 你认为中国茶业的发展方向是什么?

2. "一带一路"倡议带给沿线国家什么益处?

3. 中国足球如何走出困境?

4. 中国航空航天事业的发展对国家建设有何意义?

5. 谈谈自己的理想和抱负。

**【思考探究】**

37

# 李白碧山留胜迹　我辈复登探诗魂

**【项目实施单位】**

安陆市白兆山李白文化研学基地

**【项目组专家】**

明诗治

**【指导教师】**

白高峰　吴丹萍

**【课程主题】**

李白碧山留胜迹　我辈复登探诗魂

**【适用学段】**

小学、初中

**【研学时间】**

1～2 天

**【线路安排】**

学校 → 安陆市白兆山李白文化研学基地 → 李白纪念馆 → 李白诗碑廊 → 学校

**【课程目标】**

1. 课程目标一：人文底蕴。

人文情怀：通过游览李白纪念馆、翰林湖，了解李白酒隐安陆十年期间，娶妻生子、读书写作、隐居学道、干谒求仕的主要生活轨迹，走进李白的精神世界，感受李白飘然不群的诗仙形象。

审美情趣：通过定向越野活动，登上白兆山，充分接触大自然，去感受"碧山"秀美的自然景象。

2. 课程目标二：科学精神。

勇于探究：通过定向活动闯关游戏，让学生将课本知识转化为解决实际问题的能力，培养理性思维能力和勇于探究的精神，提高科学素养。

3. 课程目标三：学会学习。

乐学善学：通过任务驱动小组评比等形式激发学生的学习兴趣，在研学导师的指导下自主学习课程手册；导师与学生分享学习经验、成长经历、心态变化，使学生掌握学习方法，乐学善学。

4. 课程目标四：自我管理。

自我管理：通过精心设计的开营仪式，以营歌、宣誓、授旗、寄语等活动形式，使学生进入研学旅行状态，初步具备自我管理、自我约束、自我提升的意识。

5. 课程目标五：责任担当。

社会责任：研学导师讲解国内外专家对李白的研究和评价，带领学生感受大唐盛世气象，提升学生的爱国之情、社会责任感，并增强为实现中国梦而不懈奋斗的信念。

文化自信：了解唐诗的兴盛、唐代的建筑、唐代的疆域，使学生具有文化自信，尊重中华民族的优秀文明成果。

6. 课程目标六：实践创新。

劳动意识：离开父母，远离家乡，走出家庭的避风港，走进社会的大课堂；通过集体学习、集体住宿、集体活动,培养劳动意识和自理能力。

问题解决:通过分组活动、自主游览部分室内景点、任务制课程研究等形式,培养独立思考、合作探究、处理问题的能力。

## 【资源特色】

·湖北省中小学生研学旅行实践教育基地·

## 安陆市白兆山李白文化研学基地

白兆山位于安陆市城西 15 千米的大洪山脉,是中国唐代大诗人李白"酒隐安陆、蹉跎十年"的居住地。

李白,字太白,唐朝伟大的浪漫主义诗人。唐开元十五年(727 年),他"仗剑出国、辞亲远游",来到安陆,定居白兆山,开元二十五年(737 年)移家东鲁。在安陆的十年,他娶妻生子,读书写作,干谒求仕,写下了 109 篇诗文,其中《安陆白兆山桃花岩寄刘侍御绾》《山中问答》等名篇,是我国传统文化中的瑰宝。由于李白被尊为"诗仙",白兆山因他而成为中国文学史上的一方"仙山"。

白兆山又名碧山,主峰海拔 383 米,北周建德二年(573 年)开始见诸史籍。它地势险峻,谷壑幽深,层峦叠翠,林木茂盛,气候宜人,赢得"碧山俏似诗"的赞誉。这里留有与李白相关的白云泉、洗笔池、读书台、绀珠泉、桃花岩等 18 处遗址遗迹。继李白之后,杜牧、刘长卿、欧阳修、曾巩、秦观等文坛巨匠都曾涉足安陆,览胜题咏。自五代以来,后人不断修葺、重建李白故居。目前湖北立强文化投资有限公司建成了诗碑廊、纪念馆、李白像、三清殿、钟鼓楼等景点,其中全木仿古结构的李白故里楼群、全国单体面积最大的李白纪念馆、全国最高的花岗岩李白石像、全国诗碑数量最多的李白诗碑廊蔚为壮观,实现了自然风光与园林建筑的交相辉映,形成了古朴典雅、庄重肃穆的总体风格。

今天的白兆山李白文化研学基地以 1963 年成立的国家森林公园为依托,占地面积 800 万平方米,是一处集文献、楹联、碑刻、雕塑、井泉、书画等多种艺术形式于一体,具有学术研究、陈列教育、自然观光、文化交流、户外拓展、登山健身等功能的国家 4A 级旅游景区。

## 李白纪念馆

安陆历来注重传承李白文化。晚唐时兴建了安州城西楼即太白楼,宋代在白兆寺兴建了太白堂,元代兴建了长庚书院,明清时期在太白堂塑李白像,修葺了很多建筑纪念李白,供游人瞻仰。如今的安陆李白纪念馆位于白兆山东麓的月亮山,为三重檐庑殿式建筑。它屋顶陡曲峻峭,屋檐宽阔庄重,气势雄伟浩大,充分体现了恢宏昂扬的盛唐精神和安陆人民对李白的敬仰。馆高

32.5 米,占地面积 2500 平方米,建筑面积 6370 平方米,规模在全国同类纪念性建筑当中首屈一指。馆共五层,地下一层,地面四层,第四层为多功能厅,一、二、三层分别为"盛世李白""安陆李白""魅力李白"展厅。馆名"安陆李白纪念馆"是我国著名书法家启功先生题写的。大门两侧的三幅楹联也出自大家之手,"隐酒碧山诗名天下,怀才涢水气贯神州"是著名书法家李铎撰书,"酒沃愁肠愁结清霜寒一世,才添诗胆诗悬明月亮千秋"是著名学者林东海撰、中国书协原主席沈鹏书写,"气冠三唐辉妙韵,地灵安陆肇仙踪"是著名书法家爱新觉罗·溥杰撰书。"盛世李白"介绍了李白生活的时代背景和他不平凡的人生经历,"安陆李白"介绍了李白来安陆的原因和他在安陆的主要生活,"魅力李白"介绍了李白诗歌的主要内容、艺术特点和历史影响。安陆李白纪念馆已经建设成为集文博收藏、学术研究、陈列宣教、文化交流、旅游服务于一体的李白专题博物馆。

## 李白诗碑廊

　　白兆山李白诗碑廊位于占地约 5.3 万平方米的翰林水库周围,它由李白故事廊、诗碑廊、祈雨坛、铜雕像、孝义祠、朗月亭等组成。故事廊包括 26 幅国画,根据李白隐居白兆山十年的生活故事、李白在安陆的诗文作品和李白的民间传说,以传统线描手法精心创作而成,包括激答司马问、醉草退蛮书、豪吟蜀道难、戏作清平调、义救郭子仪等内容。诗碑廊全长 299 米,镌刻诗碑 79 块,画碑 29 块,是将名人字画用现代激光技术在大理石上镌刻而成,碑刻内容主要是我国历代书画名家书写的李白诗词名篇,包括黄庭坚、祝枝山、文徵明、郑板桥、沈尹默、启功等历代著名书画家的作品。在这里不仅能够读到李白的著名诗篇,还可欣赏水平很高的书法艺术。《周书》记载了建德二年(573 年)白兆山祈雨的情形,它也是最早记载白兆山名称的历史资料。祈雨坛因此而建。"孝"是儒家伦理思想的核心,是千百年来中国社会维系家庭关系的道德准则,是中华民族的传统美德。元代郭居敬辑录古代 24 个孝子的故事,编成《二十四孝》。这里陈列着中国古代 24 位孝子的石刻雕像,记录了他们从不同角度、不同环境、不同遭遇行孝的故事,供游人瞻仰。

**【教学案例】**

　　行前一课:行前给学生发放《研学手册》,以班级为单位,开展"诵李白的诗""讲李白的事""提李白的问"等主题活动,为研学活动做好充分的准备。

　　课程模块 A:诗仙故事汇。参观李白纪念馆,以学生自主探索和研学导师问答讲解相结合的方式,让学生了解李白的人生轨迹、趣闻逸事、文学成就。结合创作背景重温经典诗词,感受李白自信豁达的人格精神和积极进取的人生态度。学生结合馆藏资料和自身知识储备,运用历史、地理等学科知识绘制李白生平行迹图,提高学生综合运用知识解决问题的能力。

　　课程模块 B:少年侠客行。组建"游侠小分队",按规定路线登山,沿

途探访诗人历史遗存,欣赏自然风光及古典建筑,结合故事情境,团队协作完成闯关任务,获取通关印章,登顶击鼓明志,树立小小少年的远大志向。

课程模块C:翰林书画展。观赏翰林湖自然风光,欣赏诗碑廊中各名家的书画作品,感受书画艺术魅力,了解书法演变历史,学习书法绘画基础知识,自己动手制作传统书画扇面,培养艺术鉴赏能力和动手能力。

课程模块D:大唐剧场秀。指导学生根据李白经典诗词改编剧本,演绎李白经典诗词,体会诗词中蕴含的思想感情。利用环保资源制作服饰道具,公布评比标准,学生排练情景剧。以小组为单位正式登台表演,评比颁奖。

课程模块E:李白在安陆。观看央视纪录片《李白在安陆》专题节目,了解李白在安陆十年的经历,了解唐代的历史文化及安陆的风土人情。

课程模块F:篝火狂欢夜。举行"篝火诗会·优秀作品展演",感受篝火的魅力,享受山间的静谧,月下吟诗,花间演剧,展示学生学习成果。

**【教学安排】**

| 时间 | | 课程内容 | 研学任务 |
|---|---|---|---|
| 第一天 | 上午 | 08:30 从学校出发前往白兆山研学基地,抵达白兆山研学基地,更换营服 | 由研学导师和国学专家来给学生开启智慧的大门,讲授传统文化,让学生从入营仪式感中激发求学求知的欲望,培养对知识及传统文化的神圣感情 |
| | | 09:00 研学营开营仪式,宣讲营规,统一训练(设计队名、队旗、队呼,开展安全教育、纪律教育、行为习惯教育) | |
| | | 09:30 山脚集合、热身 | 侠客行活动通过自我探索及任务引导的方式让学生感受白兆山绮丽秀美的景观及深厚的人文积淀;通过活动中大量李白诗词的浸润,丰富学生的人文底蕴;通过竞赛规则的设置,引导学生在活动过程中互助、协作,体会李白重信尚义、排忧解难、扶危济困的"侠客"精神 |
| | | 09:40 少年侠客行活动:每班按10人一组,分成若干"游侠小分队",按规定路线登山游览白兆山主要景点,结合故事情境,完成闯关游戏 | |
| | | 11:40 山顶欣赏白兆山绮丽秀美的自然景观 | |
| | | 12:00 中餐 | |
| | 下午 | 14:00 在李白纪念馆自由参观后,老师带领学生指导参观,以讲故事的形式梳理李白的生平,进一步帮助学生了解李白生平事迹及性格特点 | 1. 深入了解李白的人生轨迹及脍炙人口的诗歌作品;<br>2. 了解唐代的历史地理知识,绘制李白的生平游历图,展现诗人波澜壮阔的人生 |
| | | 16:30 在长庚书院里进行李白生平游历图绘制 | |
| | | 18:00 晚餐 | |
| | 晚上 | 19:00 集体观看央视纪录片《李白在安陆》 | 李白形容自己在安陆的十年是"酒隐安陆,蹉跎十年"。通过观看纪录片,了解李白在安陆的十年不是荒废的十年,其间不仅创作了大量的名篇佳作,还是李白人生观、事业观形成时期 |
| | | 20:00 百人齐诵 | 集体齐诵李白经典诗歌 |
| | | 20:30 整理内务、洗漱就寝 | 培养独立生活的能力 |

（续表）

| 时间 | | | 课程内容 | 研学任务 |
|---|---|---|---|---|
| 第二天 | 上午 | 06：30 | 起床 | 早睡早起身体好,舞剑舞韵,舞出美好人生 |
| | | 06：50 | 集合热身 | |
| | | 07：00 | 晨练(侠客剑法、大唐韵律) | |
| | | 08：30 | 早餐 | |
| | | 09：20 | 翰林湖诗碑廊观赏书画作品,让学生进行交流,陈述自己的发现和问题,老师进行点评鼓励 | 1.了解书法的发展史及不同的艺术风格;<br>2.学习传统书画知识,制作扇面,培养学生的动手能力 |
| | | 11：00 | 结合前面所学到的书画知识,自己动手制作扇面 | |
| | | 12：00 | 中餐 | |
| | 下午 | 14：00 | 大厅集合,知晓纪律,游戏热场 | 1.通过将经典诗词改编成情景剧,体会李白追求平等、崇尚自由、傲骨岸然的人格魅力;<br>2.培养创造能力、组织能力、动手能力、表演能力 |
| | | 14：30 | 大唐剧场秀:《泪别汪伦》友情可贵,《月下独酌》诗酒人生,《高力士脱靴》蔑视权贵,《清平调》盛唐风情,《独坐敬亭山》怀才不遇 | |
| | | 15：50 | 指导学生创编剧本,制作道具,分工排练 | |
| | | 16：00 | 分组展演评比,评出"最佳创编奖""最佳道具奖""最佳合作奖" | |
| | | 17：00 | 举行结营仪式、为优秀学员颁奖 | |
| | | 18：00 | 晚餐 | |
| | 晚上 | 19：00 | 篝火晚会、情景剧展演 | 1.感受篝火的魅力,享受山间的静谧;<br>2.检验学习成果 |
| | | 20：30 | 整理内务、洗漱就寝 | 培养独立生活的能力 |

【思考探究】
　　1.李白在安陆生活了十年,留下了大量脍炙人口的诗歌,可为什么这十年被他自己形容是"蹉跎十年"?
　　2.除了从诗人这个身份,你还可以从哪些身份角度对李白进行评价?
　　3.李白的一生留下许多谜题,如"出生地之谜""家世之谜""不参加科考之谜"等,选取一个感兴趣的议题,查阅资料,提出并论证自己的观点。
　　4.在此次活动中,你印象最深的是什么?最大的收获在哪里?在活动过程中有没有令你遗憾的事?如果有下一次,你会怎样做得更好?

# 穿越千年梦　再现万朝城

**【项目实施单位】**
　　湖北大汉文化产业投资有限公司·汉城青少年研学基地
**【项目组专家】**
　　李渊泽
**【指导教师】**
　　胡磊
**【课程主题】**
　　穿越千年梦　再现万朝城
**【适用学段】**
　　小学、初中、高中
**【研学时间】**
　　1 天

**【线路安排】**
　　学校 → 中国汉城 → 市民文化广场 → 汉城汉宫 → 《汉颂》剧院 → 学校
**【课程目标】**

　　1. 认知目标——了解汉文化,了解汉光武帝刘秀,传承中华优秀传统文化。
　　2. 情感目标——激发学生的求知欲和好奇心,培养学生学习的兴趣;使学生获得成功的体验,建立和增强学生学习的信心。
　　3. 行为目标——形成良好的学习方法、学习习惯以及科学的治学态度和方法。

**【资源特色】**

**·湖北省中小学生研学旅行实践教育营地·**

### 中国汉城

　　中国汉城坐落于汉光武帝刘秀故里——湖北省枣阳市,是一个集汉代建筑精华与古典园林景观为一体,以汉文化展示、影视拍摄、旅游观光、市民休闲、研学旅行为核心功能的汉文化主题展示项目。

　　中国汉城以其厚重的历史文化底蕴、丰富的汉文化体验课程,打造全面的汉文化研学实践教育基地,旨在让学生通过穿汉服、习汉礼、古法造纸、国学大课堂等丰富多彩的活动,深刻地体会汉民族的文化精髓。

　　中国汉城汉文化研学实践教育基地坚持以人为本,勇于追求卓越,通过不断完善区内服务设施,完善中小学生研学实践教育课程

体系,逐步加强员工服务意识,提高基地管理水平,进而提供优质服务让学校满意、学生满意。通过不断的努力,中国汉城汉文化研学实践教育基地赢得广大师生的赞誉,获得教育管理部门及广大学生家长的好评与支持。先后被湖北省文化厅和湖北省教育厅评为"湖北省文化产业示范基地"和"湖北省中小学生研学旅行实践教育基地"。

**【教学案例】**

1. 走进中国汉城,了解汉朝对中国历史的重要影响,对中国历史发展的巨大推动作用。

2. 通过参观中国汉城的汉宫,了解东汉开国皇帝刘秀,了解东汉的科技发明活字印刷、古法造纸。

3. 先听老师讲《国学课堂》刘秀的故事,然后再去看一场《汉颂》,了解刘秀的一生,加深对汉光武帝刘秀的认识。

观看《汉颂》,了解光武帝刘秀的一生。

第一幕"龙飞白水":王莽大军围困昆阳城,绝望之际青年刘秀冒死出击,一战成名。

第二幕"乐舞相和":街市繁华,凯旋的刘秀与阴丽华定情结缘,行结发礼,永结同心。

第三幕"维天有汉":汉室光复,光武帝刘秀登灵台祭天,昭告天下,天地呼应。

第四幕"墨舞文华":太学古雅,儒学兴盛。刘秀与太学生教文习武,尽展汉室儒雅风华。

第五幕"汉和天下":光武帝以柔治国,与匈奴等各族和亲和睦,万国来朝,天下祥和。

第六幕"宗脉家国":除夕之夜,年迈的刘秀与阴丽华回家乡。认族亲,续家谱,家国宗脉,汉民族生生不息。

1. 东汉还有哪些科技发明至今仍被广泛使用?

2. 结合《汉颂》,谈谈你所了解的东汉科学技术及发明创造,体会习总书记教导我们的"文化自信"的深刻含义。

**【思考探究】**

# 明风楚韵　长寿钟祥

**【项目实施单位】**
　　钟祥市青少年活动中心

**【项目组专家】**
　　侯文平

**【指导教师】**
　　邓玲玲

**【课程主题】**
　　明风楚韵　长寿钟祥

**【适用学段】**
　　小学、初中

**【研学时间】**
　　1～2 天

**【线路安排】**
　　学校 → 钟祥市青少年活动中心 → 明显陵 → 彭墩乡村世界

**【课程特色】**

　　1. 全息文展——历史与当代的对话。学生通过现代全息技术,参观、感受帝乡名城的前世今生,情景教学使历史文化学习变得生动有趣。

　　2. 世遗魅力——艺术审美与情感价值的提升。在古迹现场感受世界文化遗产的艺术价值、历史价值,带着问题和任务展开探索和思考,让学生学会审美,发展学生人文素养。

　　3. 探究实践——知行合一。从国学礼仪到人文体验活动,学生将分组合作学习。通过建筑、科技、体育、军事、民俗等传统项目的体验,懂得人与文化密不可分的关系,从而达到知行合一的目标。

**【课程导入】**

　　文化是民族的血脉、人民的精神家园。明文化是中国传统文化中的一部分,它对中国优秀历史文化的发展贡献巨大,影响至今。国内有不少汉文化、唐文化、宋文化景区,而明文化景区寥寥无几,作为明世宗嘉靖皇帝故乡的钟祥就是其中之一。访一座城,明一段史;以古为镜知兴替,以人为镜明得失。本课程将带领学生走进钟祥,去认知、践行优秀的传统文化。

**【课程目标】**

　　1. 以历史文化为主线,解读中国历史上最后一个由汉族统治的王朝;了解钟祥与嘉靖帝的历史渊源,访一座城,明一段史,感受浓郁的帝乡内涵。

　　2. 提高对中国古代经典文化深厚内涵的认知和感悟,提升对皇家建筑、书画、石刻等优秀传统文化的审美和鉴赏能力。

　　3. 激发学生对传统文化的学习热情和兴趣,培养良好的人文素养和行为习惯。

**【资源特色】**

## 钟祥市青少年活动中心

钟祥市青少年活动中心自2006年6月开始筹建,2007年9月正式成立,是湖北省第二批援建的青少年学生校外教育基地,是经钟祥市委、市政府同意,市机构编制委员会批准设立的钟祥市教育局直属事业单位。

钟祥市青少年活动中心始终坚持顺应时代要求,坚持以"活动育人、益智健体"为育人理念,以"挖掘潜能、发展特长、培养人才"为育人目标,以"让孩子开心、让家长放心、让社会满意"为服务宗旨,以"公益为主、安全第一"为活动原则,科学设置了一系列主题鲜明,育人性、趣味性和操作性很强的传统文化系列、科普教育系列、体验新农村系列、研学旅行系列、体验军营生活系列、艺体特长教育系列等社会实践活动课程,并开发出了相应的系统化的教材、方案、预案等活动课程配套资源。

## 世界长寿之乡——钟祥

钟祥市位于湖北省中部,汉江中游,是国家历史文化名城。春秋战国时期,为楚国别邑郊郢,"阳春白雪"典故出于此。明嘉靖皇帝出生于此,取"风水宝地,祥瑞所钟"之意,赐名"钟祥"。钟祥气候宜人,人民幸福安康,为世界长寿之乡。

## 世界文化遗产——明显陵

明显陵,是明朝嘉靖皇帝亲生父母的合葬墓,其建筑精美绝伦,布局巧夺天工,是建筑艺术与环境美学相结合的杰作,2000年被联合国教科文组织列入《世界遗产名录》,成为世界人民共同的财富。

钟祥明显陵文化研学教育实践基地主要负责承接研学业务,坚持"以人为本、追求创新"的发展理念。基地配有多功能会议室及各类教学、实践场馆,设施齐全;以地域特色鲜明、操作性强的研学课程体系,经验丰富的研学导师团队,服务于广大中小学生研学旅行,引导学生树立文化自信、丰富学识、主动适应社会、健康成长。

研学中心广场位于莫愁湖畔,占地面积4万余平方米,主体接待大楼建筑面积1万余平方米,生态停车场可同时停放千余台车辆,总体投资逾1.2亿元。

人文展馆分两层,总面积为2000平方米,共有"印象钟祥""文化钟祥""长寿钟祥"等七个展区。展馆融合创新、科技、人文理念,以嘉靖皇帝为主线,串联人物和事件,以360度全息投影、数字沙盘等声、光、电、影科技手段为表现形式,展示了钟祥璀璨多彩的历史文化。

## 彭墩乡村世界

彭墩乡村世界位于湖北省钟祥市石牌镇彭墩村,2011年被农业部、国家旅游局授予"全国休闲农业与乡村旅游示范点";同年又荣获"全国生态文化村"称号;现为国家4A级旅游景区。彭墩村自然条件得天独厚,农耕历史文化丰富悠久。特别是2003年与湖北青龙湖农业发展有限公司实行"以企带村、村企共建"以来,以社会主义新农村建设为契机,通过"迁村腾地",集中兴建农民新居,大力推动农业种养业科学化、产业化、规模化发展,强化基础设施建设,同时加大休闲农业旅游设施建设投入力度,现已建成以农业休闲观光为主线,集休闲、观光、美食、采摘、垂钓、健身、拓展训练及会议培训于一体的综合性旅游地,也是学生们研学旅行的好去处。

【教学案例】

| 时间 | 课程内容 | 课程实施 |
|---|---|---|
| 上午 | 汉服入泮 | 宣布活动纪律和注意事项。<br>介绍活动的历史背景:明初废元制,恢复汉礼,传承儒学。<br>活动体验:学生身着明制汉服,举行入泮仪式,诵读国学经典,体验传统礼仪(40分钟) |
| | 人文钟祥 | 参观人文展馆:通过环幕电影、3D全息投影、VR(虚拟现实)等现代技术展现历史文化名城钟祥。学生在研学导师的带领下,通过问答活动了解钟祥楚、明、长寿三大文化(40分钟) |
| 中午 | 中餐 | 列队就餐,学习用餐礼仪 |
| 下午 | 世遗卫士 | 建立学习小组,合作学习,完成小组卡片任务,达成研学目标。<br>1. 世界遗产小知识;<br>2. 明显陵的历史与建筑特色(手绘活动);<br>3. 保护世界文化遗产从我做起(小组讨论,发表演讲)(2小时) |
| | 文化感悟 | 开展莫愁村定向活动,欣赏明清建筑与民间传统工艺(草编、糖人、糕点制作等),感悟匠人精神;品尝美食,了解长寿之乡的美食文化 |
| | 整队返程 | 整理行李物品,排队返程 |

**【研学活动项目选修】**

| 场地 | 主题课程（选修） |
|---|---|
| 人文展馆 | 课程类别：人文钟祥<br>课程形式：观看影片、沙盘，互动、参观、讲解（1 小时）<br>课程内容及目标：通过展览引导学生系统全面了解明代在政治、经济、科技、艺术等各方面的发展，感受钟祥成为帝乡的文化内涵；通过对钟祥的自然人文、社会经济、风土人情等全方位的了解，发展学生人文基础、自主发展和社会参与的核心素养 |
| 研学广场 | 课程类别：传统文化、爱国主义<br>课程形式：授课、互动、体验、表演<br>课程内容及目标：<br>1. 汉服入泮体验（1 小时）：明初废元制，恢复汉礼，传承儒学。通过对汉族服饰、礼仪、思想的研习，激发学生"我要继承、我要弘扬、我要行动"的民族文化自信；<br>2. 军事兵阵演练（1～2 小时）：以"明代爱国将领戚继光捍卫国家安全，抵抗北虏南倭的侵略"为背景，演练由戚继光在抗倭斗争中创新的单刀法，弘扬爱国思想，同时知晓军事创新突破的实践意义；<br>3. 阳春白雪——音律歌舞（1～2 小时）：通过专业老师讲解教学由古琴曲《阳春白雪》改编的歌舞，学生互动表演，培养学生艺术素养 |
| 明显陵 | 课程类别：世界文化遗产<br>课程形式：讲解、参观、合作探究<br>课程内容及目标：世遗卫士（2 小时）。建立探究小组（古建筑探究组、园林兴趣组、礼制实践组、诗词赏析组等），合作学习，达成研学目标。<br>1. 了解世界文化遗产标志的含义、人类与文化密不可分的关系；明确保护世界文化遗产的责任与义务；科普世遗知识，传承文化精华，宣导保护宗旨；<br>2. 学习鉴赏古代建筑、园林设计、石刻艺术。古建筑集中体现了劳动人民的智慧与力量，从用料材质和建筑手法角度欣赏，体会明代皇家建筑的艺术魅力；认识建筑格局中蕴含的国家政治、经济、文化内涵 |
| 博物馆 | 课程类别：传统文化<br>课程形式：授课、互动、体验、实践<br>课程内容及目标：名城宝藏（1 小时）。通过寻找八件国家一级保护文物的活动，按图索骥，了解钟祥从新石器时代发展至今的历史文化，特别是楚、明时期钟祥的政治、经济及名人文化 |
| 莫愁村 | 课程内容及目标：<br>1. 体验碑拓（1～2 小时）：体验传承久远的传统拓印手艺；<br>2. 非遗传承（1～2 小时）：感受传统工艺（草编、捏面人、画折扇、糕点制作等），提升文化认同感，感悟匠人精神，培养手、眼、脑协调能力，提升对美的感知力和创造力 |
| 综合教室 | 课程内容及目标：<br>1. 团队项目——攻城对抗赛（1～2 小时）：学习古代军事文化，融入学科知识，团队合作共同建造炮架，开展军事体育竞赛活动<br>2. 国学大讲堂（1 小时）：老师讲授《大明往事》（开放融合、爱国励志），《孝礼讲堂》（感恩教育、礼仪教育），《文化审美》（审美观念、审美方法） |

**【活动内容】**

一、小学版

1. 太学开营体验——入泮仪式。

2. 国学讲堂——了解明代礼孝故事,传承中华优秀传统,树立行为规范。

3. 非遗课堂——动手制作碑石拓印,在古老技艺中感受中华文明,提升文化保护意识。

4. 古代体育竞赛——体验木射游戏,强健体魄,快乐游戏。

二、中学版

1. 太学开营体验——监生。

2. 史学讲堂——聆听《明朝那些事儿》,加深理解明代社会制度与经济发展的联系。

3. 手工课堂——拼装古建筑模型,小组合作,动脑动手,加深对中国古建筑的基本认识。

4. 古代体育竞赛——板鞋竞走,强健体魄,提升合作与探究的能力。

5. 职业体验——开展"导游擂台赛",通过观察与学习,做一回文化的传播者,锻炼表达能力。

**【思考探究】**

1. 初识钟祥,搜集与长寿乡钟祥相关的地理历史资料,如"阳春白雪"的典故和明代藩王分封制,了解钟祥成为帝乡的来龙去脉。

2. 认识世界文化遗产的标志及意义,了解国内和省内世界文化遗产的基本情况。

3. 收集关于明朝的政治、科技、建筑、文学等的相关知识;阅读明朝的名人故事,如抗倭名将戚继光和郑和下西洋的故事;了解明代建筑、文化、科技方面的著作,如《天工开物》《本草纲目》及明代小说。

# 寻觅东坡遗迹　研学文豪诗词

**【项目实施单位】**
　　东坡赤壁风景区

**【项目组专家】**
　　姜宽　陈志武

**【指导教师】**
　　王琳祥　夏英　江喜花

**【课程主题】**
　　寻觅东坡遗迹　研学文豪诗词

**【适用学段】**
　　小学、初中、高中

**【研学时间】**
　　1～2 天

**【线路安排】**
　　学校 → 东坡赤壁风景区 → 学校

**【资源特色】**

·湖北省中小学生研学旅行实践教育营地·

·教育部全国中小学生研学实践教育基地·

## 东坡赤壁

　　东坡赤壁位于古城黄州西北,因岩石赭赤、屹立如壁,故称"赤壁"。赤壁素有"江山如画"之美誉,晋唐时即为游览胜地,古往今来有无数名人游览过赤壁。北宋元丰年间,大文学家苏轼因"乌台诗案"谪居黄州,他常游赤壁,并写下了前后《赤壁赋》《念奴娇·赤壁怀古》等脍炙人口的千古绝唱,更使赤壁名扬中外。清康熙末年更名为"东坡赤壁"。2018 年东坡赤壁被教育部命名为"全国中小学生研学实践教育基地",被湖北省教育厅命名为"全省中小学生研学旅行实践教育基地"。

　　东坡赤壁的楼阁始建于东晋,距今约一千六百年,因战火屡毁屡建。现有面积 27 万余平方米,建筑物计有二堂(二赋堂、雪堂)、四楼(月波楼、栖霞楼、涵晖楼、挹爽楼)、二阁(碑阁、留仙阁)、一斋(慨然斋)、一像(东坡塑像)、一峰(剪刀峰)、九亭(放龟亭、睡仙亭、坡仙亭、酹江亭、问鹤亭、快哉亭、览胜亭、望江亭、羽化亭)。这些古建筑依山就势,古朴典雅,具有浓郁的地方特色,不失为园林佳构。东坡赤壁碑刻闻名全国,有历代名人书画碑刻近 700 块,其中苏轼书画碑刻 139 块,居全国古今书画家个人碑刻之首。新中国成立以来,各级政府对东坡赤壁非常重视:1956 年定为湖北省重点文物保护单位;1987 年定为省级风景名胜区,同年被评定为中国著名风景名胜区三百家

之一;2006 年被国务院定为全国重点文物保护单位;2014 年 12 月被评定为国家 4A 级旅游景区。据考证,举世闻名的三国赤壁之战即发生在此地。

**【教学案例】**

东坡赤壁,背靠葱郁群山,俯瞰滔滔大江,集文物保护、山水观光、人文体验、游学娱乐功能于一体。景区内的古建筑依山就势,古朴典雅,具有浓郁的地方风格。又因有岩石突出如同城壁,颜色呈赭,故称赤壁,素有"江山如画"之美誉。

主持人:同学们,提起"赤壁",有人称之为黄州赤壁,有人称其为东坡赤壁,这是怎么回事呢? 谁能说一说?

学生 1:这是因为苏轼未贬到黄州之前,这里名为黄州赤壁。

学生 2:公元 1080 年,北宋大文豪苏轼因"乌台诗案"被贬到黄州任团练副使,他非常喜欢这个地方,在《初到黄州》诗中说"长江绕郭知鱼美,好竹连山觉笋香";其弟苏辙曾在《黄州快哉亭记》中对赤壁也有过"濯长江之清流,挹西山之白云"的描述。苏轼于公元 1082 年农历的七月和十月,两次月夜泛舟游于赤壁之下,写出了著名的前后《赤壁赋》和《念奴娇·赤壁怀古》。在辞赋中,他把江上明月和自己的感怀作了细致的描写。清康熙末年,黄州知府、画家郭朝祚因景仰苏东坡的宏才馨德,在修葺赤壁之后,始更名为"东坡赤壁",并题写了匾额和楹联。

学生 3:这楹联就是"客到黄州,或从夏口西来,武昌东去;天生赤壁,不过周郎一炬,苏子两游"。

主持人:这几位同学真棒,表达得清清楚楚。请大家随我一起进入景区内游学。

### 研学点一:东坡立像

主持人:同学们,这飞檐斗拱的赤壁南大门富有内涵。你们知道吗?这里原是大江,当年苏轼泛舟作赋、酹江邀月就在此地。大家看一看,前面崖壁上,昔日江水冲刷的痕迹仍依稀可辨。这尊高大的白色苏轼全身塑像,系 1982 年所立,高 6 米,为全国第一座大型苏轼立像。看到苏轼立像,大家可以大胆地想象一下,此时此刻他在做什么?

学生 4:东坡先生手握书卷,昂首远望,好像正在构思新的诗篇。

学生 5:东坡先生面对大江蓝天,衣袂飘逸,凝神伫立,好像在思考国家大事。

主持人:同学们的想象合理,皆有可能。

苏轼谪居黄州后,黄州城外的一城一山对他的文学创作和人生影响极大。一城是女王城,该城原名邾城,后讹为女王城。女王城是全国保存得最好的战国时期遗址,全城呈长方形,南北长 2000 米,东西宽 500 米,四周城墙基本保存完好,城四角的烽火台仍在。女王城周围曾发掘出很多历史文物,其中有春秋战国时期的青铜器、青铜剑,东汉时期的九莲灯、梅花青铜镜等。苏东坡谪居黄州五年,其中有三年,每到正月二十日就与友人出游女王城,因而留下三首诗。

第一首是初到黄州的元丰四年(1081 年)正月二十日所作:

十日春寒不出门,不知江柳已摇村。

稍闻决决流冰谷,尽放青青没烧痕。

数亩荒园留我住,半瓶浊酒待君温。

去年今日关山路,细雨梅花正断魂。

第二首是元丰五年(1082年)正月二十日所作:

> 东风未肯入东门,走马还寻去岁村。
> 人似秋鸿来有信,事如春梦了无痕。
> 江城白酒三杯酽,野老苍颜一笑温。
> 已约年年为此会,故人不用赋《招魂》。

第三首是元丰六年(1083年)正月二十日所作:

> 乱山环合水侵门,身在淮南尽处村。
> 五亩渐成终老计,九重新扫旧巢痕。
> 岂惟见惯沙鸥熟,已觉来多钓石温。
> 长与东风约今日,暗香先返玉梅魂。

主持人:以上是三首七言律诗。有哪些同学知道这三首诗表达的情感,可以大胆地说一说。

学生6:好像是说在这里生活还可以……

学生7:既来之,则安之。

……

主持人:同学们说对了一部分。从诗中可以读出,初到黄州时,苏东坡对刚刚过去的那场政治迫害仍心有余悸,而一旦住下来,融入黄州的山水和百姓生活,天性旷达的诗人很快就随遇而安,开始用他那双善于捕捉美和乐趣的眼睛,发掘和享受黄州山水的淳美了,甚至表明心迹:"已约年年为此会,故人不用赋《招魂》。"刚才说的一城是女王城。那么一山呢?谁知道?请告诉大家。

学生8:是赤壁山,也就是我们现在站的这个地方。

主持人:是的。苏东坡谪贬黄州时任职时黄州衙署与江边赤壁尚有一段距离。赤壁又名赤鼻山,早在两千多年前就以雄奇壮丽的自然景观为世人称道,汉人桑钦的《水经》即有记载。东晋末年,龙骧将军蒯恩为纪念三国赤壁之战,曾在这里创建横江馆,以后代有增建。至北宋,赤壁之上的建筑已有"临江三四楼,次第压城首"的景象。唐宋时期,大诗人李白、杜甫、杜牧、王安石、范成大、辛弃疾、陆游等都来过赤壁,并留有题咏,写下了《赤壁送别歌》《赤壁》《黄州竹楼记》等著名篇章,于是赤壁之名大盛。但是,真正使黄州赤壁成为蜚声中外的人文景观的,还是旷世奇才苏东坡。在这里,苏东坡写下了千古绝唱"二赋一词"和众多优秀诗篇,文章的名气实在太大了,以至后人竟把作者的名字和赤壁连在了一起,而历史上那场著名的战役则渐渐淡出了后人的记忆。南宋时期,已有文人将苏轼与赤壁连在一起,称为"东坡赤壁";清康熙末年重修赤壁时,时任黄州知府的郭朝祚就顺应民意,题门额为"东坡赤壁"。可见,山水只不过是人生的舞台,舞台因人而留下辉煌,山水因人而留下文化,留下精神。人是山水的邮票,人在山水上打下文化和精神的印记,山与水才能邮行千古。

赤壁几经火劫,现有的建筑大多是清同治七年(1868年)重修。进入公园南大门,但见红岩高耸,树竹参天;拾级而上,便是举世闻名的东坡赤壁古建筑群了。它背靠群山一脉,面对滔滔长江;矶头上楼台亭阁,曲径通幽,移步换景,是典型的江南园林风景。登楼远眺,如画江山尽收眼底。

## 研学点二:二赋堂

主持人:沿石级而上,进入古门楼,我们便来到了二赋堂。二赋堂是赤壁最重要的景点之一,同学们看看,堂内有些什么?

学生9:堂内大型木壁正面刻有清代书法家程之桢书写的《赤壁赋》,背面刻有民国人李开侁补书的《后赤壁赋》,堂的东西两壁嵌有徐世昌、杨守敬、程明超等人的书法石刻;木壁之上的匾额由清代重臣李鸿章题写;堂前对联为辛亥革命领袖黄兴所撰。

学生 10:二赋堂中央的巨型木壁顶梁而立,堂的右壁还刻有民国临时大总统徐世昌(晚号水竹村人)书写的对联:"古今往事千帆去,风月秋怀一簬知。"

学生 11:……

主持人:同学们的观察细致认真,发现了不少名人的墨宝,极为珍贵。《前赤壁赋》楷书,字径四寸,豪迈俊逸,由清代黄冈县教谕程之桢书写;《后赤壁赋》为汉隶魏碑的变体,古朴苍劲,由近代书法家李开侁补书。前后《赤壁赋》的字比较好认,有没有同学能勇敢地朗诵给大家听听,其中有些字不认识大家可以帮忙。

学生 12:《前赤壁赋》

壬戌之秋,七月既望,苏子与客泛舟游于赤壁之下。清风徐来,水波不兴。举酒属客,诵明月之诗,歌窈窕之章。少焉,月出于东山之上,徘徊于斗牛之间。白露横江……

学生 13:《后赤壁赋》

是岁十月之望,步自雪堂,将归于临皋。二客从予过黄泥之坂。霜露既降,木叶尽脱,人影在地,仰见明月,顾而乐之,行歌相答。已而叹曰:"有客无酒……"

主持人:两位同学挑战成功! 大家把掌声送给他们。

二赋堂始建于清康熙初年,同治七年(1868 年)重修,因纪念苏轼赤壁二赋而得名。赤壁二赋为千古绝唱,临风吟咏,当是人生的快意之事。"清风徐来,水波不兴。举酒属客,诵明月之诗,歌窈窕之章。少焉,月出于东山之上,徘徊于斗牛之间。白露横江,水光接天。纵一苇之所如,凌万顷之茫然。浩浩乎如冯虚御风,而不知其所止;飘飘乎如遗世独立,羽化而登仙……""江流有声,断岸千尺。山高月小,水落石出。曾日月之几何,而江山不可复识矣……"一词二赋,把苏东坡追求的人生最高境界——庄禅之道表达得淋漓尽致。

其实,这种人生境界,是苏东坡在经历了政治灾难、精神灭寂和痛苦反思之后,人格真正成熟的一种表现。迫害、孤独和物质生活的艰难使苏东坡终于脱胎换骨,其艺术才情也获得了一次升华。于是,我们才读到了这样一种"圆润而不腻耳""明亮而不刺眼""高峻而不陡峭"的通达高迈的文字。

### 研学点三:留仙阁、碑阁

主持人:二赋堂东边是留仙阁。此阁于清代光绪十年(1884年)七月创建,苏轼的生日十二月十九日那天落成,阁内原塑有苏轼坐像,取坡仙长留阁内之意,名之"留仙阁"。

留仙阁内有《东坡笠屐图》石刻和苏轼为其乳母任采莲撰写的墓志铭碑,还有清末名人杨守敬书写的《留仙阁记》等石刻和近代名人绘画的《赤壁泛舟图》,素为书画家注重。

留仙阁往东十来步是碑阁,其四壁嵌有《景苏园帖》全套石刻 126 方,它汇集了苏轼一生中不同时期的书法精品,是国家一级文物,被世人称之为国宝。苏轼是著名的文学家同学们都知道,他还有一个身份,名气也很大,谁知道是什么?

学生 14:书法家,是宋代四大书法家之首。

学生 15:……

主持人:是的。苏轼的书法历来为人称道。清光绪年间,黄冈知县杨寿昌(字葆初)因景仰苏轼的书法,请著名鉴赏家杨守敬择其诗、词、赋手稿精品,编成《景苏园帖》并勒诸石。1925 年建此阁,将全套石刻 126 方嵌入阁内四壁,阁因此得名。这是目前保存最完整、作品收藏最多的苏帖石刻,其规模居全国个人书法碑林之冠。

### 研学点四:坡仙亭

主持人:同学们,这里是坡仙亭,它建于清代同治七年(1868 年)。南宋著名诗人戴复古称苏轼为"坡仙",

亭因此得名。

　　坡仙亭坐落在赤壁矶头，亭内三面壁上嵌有历代名人的书画石刻20余块，其中苏轼的书画碑刻最为世人注重。正是由于这些珍贵的书画碑刻，使得坡仙亭成为东坡赤壁最重要的亭阁之一。这是苏轼草书《念奴娇·赤壁怀古》石刻，这是楷书《满庭芳·归去来兮》石刻，还有苏轼自画《佛寿图》《月梅图》等石刻，极为珍贵。

　　"大江东去，浪淘尽，千古风流人物。故垒西边，人道是，三国周郎赤壁。乱石穿空，惊涛拍岸，卷起千堆雪，江山如画，一时多少豪杰……"这就是苏东坡最豪放的词作《念奴娇·赤壁怀古》。当代学者余秋雨说苏东坡的"一词二赋"是中国文人的"通用电码"，一点就着。今天读来，《念奴娇·赤壁怀古》仍能搅动后来者万千情愫，牵引出无穷思绪。

　　"归去来兮，吾归何处？万里家在岷峨。百年强半，来日苦无多……"苏轼离开黄州的这一年已有四十九岁，在二十多年的宦海生涯中，由于政治上的风云变幻，他不断地西去东来，南迁北徙，尝够了人生来往如梭的苦涩。当此次量移汝州之际，政治牢骚与思乡之情交织在他胸中，使他思绪万千，心潮难平。不过苏轼毕竟是豪放旷达之士，他不愿也决不会在牢骚与哀愁中沉沦下去。他很快地恢复了心理上的平衡，转而用亲切平和的语调，向黄州父老深情地倾诉起依依难舍的别情来。以亲密的友情来驱散迁客的苦情，以饱经沧桑的旷达之怀来取代人生失意的哀愁，这就是《满庭芳·归去来兮》一词的感情波澜的酝酿过程，也是辞章思想内容的核心。南宋周晖《清波杂志》论曰："居士词岂无去国怀乡之感，殊觉哀而不伤。"此评正适合于阐释这首词的情感特征。

## 研学点五：栖霞楼

　　主持人：同学们，这就是栖霞楼。位于赤壁矶最高处，楼高三层，飞檐翘角，赤楹碧瓦，白石栏杆，楼间还嵌有苏轼的《楚颂帖》石刻，为不可多得之书法精品。大家看看，匾额名是由谁题写的？

　　学生16：由茅盾题写的。

　　主持人：茅盾可了不得，谁了解？

　　学生17：茅盾是现代文学巨匠。

　　主持人：有人读过他的作品吗？

　　学生18：我读了他的小说《春蚕》。

　　主持人：茅盾的小说很多，也都是名作，可要多读哟。茅盾出生在一个思想观念颇为前卫、开明的家庭里，从小接受新式的教育。后考入北京大学预科，毕业后入商务印书馆工作，从此走上了改革中国文艺的道路，他是新文化运动的先驱者、中国革命文艺的奠基人。1981年3月14日，茅盾自知病将不起，将稿费25万元人民币捐出，设立"茅盾文学奖"，以鼓励当代优秀长篇小说的创作。

　　栖霞楼为宋代黄州四大名楼之一，为南朝宋初临川王刘义庆创建，闾丘孝终重修。因楼背山面江，落日时，晚霞染红大江，照映楼身上下，风景佳丽，如霞归栖，故名栖霞。现楼为1984年重建。楼高三层，其中陈列有苏轼及其他名人的书画作品。

## 研学点六：放龟亭

主持人：同学们，我们现在就来到了放龟亭。顾名思义，从这个名字能获得哪些信息？

学生 19：这个亭叫放龟亭，肯定有一个故事。

学生 20：这个亭靠近江边，便于放龟。

主持人：同学们真聪明，分析得一点也不错。据《晋书》载，东晋大将毛宝戍守邾城时，其仆人将他买养的白龟放生于此，后得善报。明嘉靖二十八年(1549 年)，黄州知府郭凤仪依据传说，在矶下江边凿巨型白石龟，取名白龟渚，亭因此得名。

**【思考探究】**

研学结束后写一篇作文《游学东坡赤壁》，具体要求如下。

1. 写自己的所见、所闻、所感，要真情实意。

2. 记叙与抒情结合，500 字左右。

3. 回家念给爸爸妈妈听。

4. 回学校誊写在作文本上。

# 品味四贤精髓  弘扬传统文化

**【项目实施单位】**

广水市中小学生校外活动中心  湖北正路职业学校

**【项目组专家】**

李亮喜 高峰

**【指导教师】**

刘建昌 江雁 张琦

**【课程主题】**

品味四贤精髓  弘扬传统文化

**【适用学段】**

小学、初中

**【研学时间】**

1～2 天

**【线路安排】**

广水市中小学生校外活动中心、湖北正路职业学校 → 应山四贤路 → 印台山公园魁星楼 → 印台山文化生态园 → 印台书院 → 杨涟纪念馆 → 登顶寿山 → 广水市中小学生校外活动中心、湖北正路职业学校

**【资源特色】**

·中央专项彩票公益金研学实践教育支持单位·

### 广水市中小学生校外活动中心
### 湖北正路职业学校

湖北正路职业学校始建于 2007 年，占地面积 14 万余平方米，2011 年广水市教育局根据工作需要，将该校确定为全市中小学生素质拓展训练基地，于 2012 年开始承担全市中小学生素质拓展训练工作。这里地理位置优越，交通便利，环境优美，是开展中小学生素质拓展和研学旅行的理想场所。基地开发了各种课程 240 多门，可以承接中小学生素质拓展，大学生素质拓展，成人拓展，各类军训、研学旅行等社会实践活动。

近年来，广水市近 11 万名中小学生和部分成人在这里参加了校外教育和素质拓展训练，学生综合素质和实践能力得到大大提高，受到各级领导、学校老师、学生、家长及社会一致好评。

### 广水"四贤文化"

广水市（原应山县，1988 年撤县设市）文化底蕴深厚，历史人文荟萃，尤以北宋时期宋祁、宋庠、连庶、连庠最为知名，后人将其四人合称为"应山四贤"。"应山四贤"的人文风范在广水堪为表率，后人广为传颂，影响深远,形成了醇厚的"四贤文化"。

**【教学案例】**

1.组织学生游览广水城区南门的"四贤路""渡蚁桥""四贤祠"等历史人文景点,到印台山公园魁星楼瞻仰四贤雕像,让学生初步了解"应山四贤"宋祁、宋庠、连庶、连庠和他们的事迹。

2.游览印台山文化生态园,游览景区自然风光、人文景点,让学生感受祖国的大好山河,从小树立人与自然和谐发展的意识。

3.参观印台山文化生态园内的印台书院,聆听研学导师对广水四贤的生平事迹、传说和精神的详细介绍,了解四贤文化的内涵:坚持致学、进取有为、清正廉洁、行善爱民、忠诚爱国,接受优秀传统文化的教育和熏陶。

4.参观杨涟纪念馆,由研学导师讲解杨涟的生平事迹,组织学生观看《清官杨涟》微电影,使学生了解杨涟的"廉、勤、忠、勇、正"与"担当"精神,与现实社会相结合,对学生进行世界观、人生观、价值观的教育,教学生如何做人,做什么样的人。

5.登顶寿山。寿山是李白曾经生活过的地方,著名诗作《静夜思》就是在此地完成。让学生在此吟诵《静夜思》,了解这首诗的创作背景,激发学生对国家的热爱之情、对家乡的热爱之情,了解爱国爱乡之情是人类千古不变、永远的情怀。

**【思考探究】**

1.每项活动结束后,带班教官组织学生总结分享。

2.一天活动结束后,组织学生撰写研学日志。

3.活动结束后写一份总结。

# 寻访历史遗迹 重拾传统记忆

**【项目实施单位】**

天门市青少年学生活动中心

**【项目组专家】**

岳大伟

**【指导教师】**

樊钢

**【课程主题】**

寻访历史遗迹 重拾传统记忆

**【适用学段】**

全学段通用

**【研学时间】**

1～3天

**【线路安排】**

天门市青少年学生活动中心 → 胡家花园→ 天门市博物馆→ 天门市革命历史纪念馆→ 石家河遗址→ 天门市青少年学生活动中心

**【线路特色】**

　　天门市是江汉平原北部著名的革命老区,在革命战争年代,天门曾是湘鄂西苏区、豫鄂边区抗日根据地的重要组成部分,在这块红色土地上,留下了贺龙、陶铸、李先念等老一辈无产阶级革命家的足迹,哺育了14位共和国将军,有5300多名烈士和无数的无名烈士为革命事业捐躯。

**【课程目标】**

　　1. 让学生了解家乡革命英雄人物的事迹,教育学生牢记历史,勿忘国耻,感恩惜福。

　　2. 学习英雄身上的优秀品质,从而更加自觉地热爱所生活的环境,培养坚韧不拔的性格和克服困难的勇气。

　　3. 通过开展"追寻英雄足迹"的系列活动,让广大学生走近英雄、了解英雄、学习英雄;培养学生勤学苦干、力求先进、务真求实、无私无畏、廉洁奉公的品质。

　　4. 通过集体活动,提高学生的自控能力和独立自主能力,磨炼意志;培养学生的创新精神和实践能力;教育学生热爱劳动,热爱祖国,热爱家乡,热爱人民。

**【资源特色】**

·湖北省中小学生研学旅行实践教育课程资源单位·

## 天门市青少年学生活动中心

　　天门市青少年学生活动中心为天门市教育局直属二级单位,由原天门市实验二小改建而成。中心位于天门市竟陵东湖路81号。中心占地面积10000平方米,建筑面积6500余平方米,现有乒乓球馆、阅览室、手工创作室、绘画室、书法室、围棋室、象棋室、法制教育基地、户外拓展基地等活动场所。为加强未成年人思想道德建设,让未成年人树立正确的人生观、价值观,养成良好的行为习惯,培养创新精神和实践能力,中心本着"公益当先,质量至上"的活动宗旨,始终围绕青少年健康成长服务,每年积极组织开展各类公益培训和体育节、艺术节、科技节、劳动节等主题活动。

## 胡家花园

　　胡家花园(又称胡巡按官厅),位于天门市竟陵雁叫街孝子里,始建于1899年,为清代山西巡抚胡聘之故居。据有关专家认定,胡家花园是湖北省仅有的一座巡抚官厅,是保存最为完整、规模最大的晚清官邸。

　　胡聘之(1840—1912),字蕲生,又字萃臣,号景伊,竟陵(今天门)人。清同治三年(1864年)中举,次年中进士,选为庶吉士。

　　胡家花园总占地面积约18000平方米,主体建筑面积约3000平方米,为"轴线渐进,前厅后堂"的建筑布局形式,整个布局由主殿、厢房、前堂、客厅、乡楼、天井、花园组成,现存的牌坊、冲天牌楼、斗拱、马头墙、匾联、天井等基本保持完好。其府衙结合的式样,是清代建筑的典型代表,具有很高的建筑研究价值和旅游观赏价值。

　　建筑群由中厅、东厅、西厅及其附属建筑围合而成的院落、园林组成。东厅后续建筑和西厅尚存,中厅主体建筑基本保持完好,园林已不复存在。其建筑形式、形制、结构处理手法明显带有中国北方民居的特色,同时又因地制宜地结合南方的气候特征,采取了相应的构造形式。另外,该建筑在墙体、天花板、门柱的装修装饰上,还带有西方装饰的特点,因而具有相当重要的历史文化价值。

## 天门市博物馆

　　天门市博物馆位于天门市西湖路一号,2013年9月开始修建,2016年10月竣工,占地面积26000多平方米。馆藏文物资源丰富且价值独特,上起石器时期,下至近代,时间跨度长。文物不仅数量多、种类全,而且品位高、价值广,其中史前时期的玉器精美绝伦,历代陶器满目琳琅,竟陵风貌千姿百态,充分体现了天门的历史社会生活。

　　天门博物馆的文物资源极为丰富。无论从地下文物遗存看,还是从几十年发掘、征集、收藏的文物看,天门文化遗迹丰富,面积广泛,地域无空白,时代无缺环,现有馆藏文物能见证人类文明历史的时间跨度达五千余年。

## 天门市革命历史纪念园

天门市革命历史纪念园位于陆羽大道西端,毗邻汉北河,是天门市集纪念性、教育性、科普性和休闲性于一体的爱国主义教育基地。这里的每一寸土地,每一处遗址,都勾起人们无限的追忆。

仰望这座烈士陵园,在这块红色土地上,留下了贺龙、陶铸、李先念等老一辈无产阶级革命家的足迹,哺育了 14 位共和国将军,还有数以万计的无名烈士为革命事业捐躯。

还有为了纪念和缅怀英烈们的丰功伟绩、教育后代继承革命的传统而修建的天门革命历史纪念馆。这里留给人们的不仅仅是一张照片或一块块碑石,而是一种无形的精神。

革命历史纪念馆占地 1100 平方米,分上下两层,馆内总面积 2000 多平方米。整个纪念馆分为四个展区,合理分布在馆场的四边,整个馆场干净宽敞,布置庄严肃穆,使人一踏进大门便会不由得肃然起敬。

## 石家河遗址

湖北天门石家河遗址是长江中游面积最大、等级最高、延续时间最长的史前聚落遗址。6500 年前就开始有人类在此生活居住,距今 4300 年左右达到鼎盛时期。整个遗址群占地面积达 8 平方千米,是国内发现的规模最大的史前聚落群。石家河文化的玉器代表了江汉平原史前玉雕的最高水平。

这一大规模的遗址群于 1995 年起先后进行过 10 余次系统考古挖掘。2015 年 11 月开始的发掘共发现 9 座后石家河文化时期的瓮棺葬,其中 5 座有玉器随葬,总计发现各类玉器 250 余件,其工艺水平代表了史前中国乃至东亚地区玉器加工的最高水平。石家河古城是当时的区域政治、经济、军事中心和区域首领驻地,而石家河聚落群,既是石家河文化时期江汉平原的统治中心,同时也是孕育中华文明的摇篮。

2017 年 4 月 12 日,备受瞩目的"2016 年度全国十大考古新发现"揭晓,天门石家河遗址作为新石器时代考古项目的代表成功入选。2017 年,石家河遗址入选第三批国家考古遗址公园立项名单,荣获"世界考古论坛重大田野考古发现"奖,石家河遗址保护利用上升为省级战略。

**【行程安排】**

| 时间 | 行程 |
| --- | --- |
| 第一天 | |
| 08:00—08:40 | 学校集合,研学启动仪式后前往胡家花园,在车上组织开展"感受家庭温暖"为主题的感恩教育活动,同时进行以"我将如何热爱家乡"为主题的责任及感恩教育 |
| 08:40—11:30 | 参观胡家花园 |
| 11:40—13:00 | 中餐、午休 |

（续表）

| 时间 | 行程 |
|------|------|
| 第一天 | |
| 13:00—16:30 | 参观天门市博物馆。生老病死是人类的必然规律,听讲解员讲解古代人是怎么样经历出生、少年、壮年、老年的过程,激发学生的求知欲望,培养大家改造世界的创造力 |
| 16:50—17:50 | 前往住宿地点 |
| 17:50—18:50 | 晚餐 |
| 18:50—19:20 | 分寝室、整理内务 |
| 19:20—21:00 | 观看革命题材电影《地道战》或《开天辟地》并分享观后感 |
| 21:00 | 洗漱、就寝 |
| 第二天 | |
| 07:00 | 起床 |
| 07:30—08:30 | 早餐 |
| 08:30—09:10 | 前往彭家垴(今卢市镇彭垴村)革命烈士纪念园,沿途倾听天门文化历史典故 |
| 09:10—11:00 | 彭家垴是天门党组织的发源地、诞生地。1925 年,董必武的学生彭正浩(彭垴村人)陪同湖北省农协特派员马振邦回到家乡,开办"平民学校",发展共产党员,创建了天门第一个党组织——中共彭家垴支部。到解放前,该村党员发展到 77 人,领导当地人民群众开展武装斗争,为党和人民的事业作出了重大贡献 |
| 11:00—11:30 | 前往进餐地点 |
| 11:30—12:10 | 午餐 |
| 12:10—13:30 | 前往拖市镇襄北革命根据地 |
| 13:30—16:00 | 中共襄河、襄北地委旧址是天门市唯一保存下来的抗日战争时期地级以上机关的旧址。2005 年天门市委、市政府将其定为全市爱国主义教育基地,2006 年正式启动了中共襄河、襄北地委旧址修缮计划,2009 年 8 月圆满竣工,9 月中旬举行了庆典,正式将此地命名为"中共襄河、襄北地委旧址"。该址建筑面积 200 平方米,是全市革命教育传统基地和爱国主义教育基地 |
| 16:50—17:50 | 前往住宿地点 |
| 17:50—18:50 | 晚餐 |
| 18:50—21:00 | 篝火晚会,红歌大比拼 |
| 21:00 | 洗漱、就寝 |

（续表）

| 时间 | 行程 |
|------|------|
| 第三天 | |
| 07:00 | 起床 |
| 07:30-08:30 | 早餐 |
| 08:30-11:00 | 导师带领学生们前往天门市革命历史纪念园。<br>近些年,天门飞速发展,而社会越发展,我们就越要珍惜这来之不易的幸福生活,才对得起那些先烈们为我们作出的奉献和牺牲 |
| 11:00-11:30 | 前往进餐地点 |
| 11:30-12:10 | 午餐 |
| 12:10-16:00 | 导师带领学生们有序参观石家河遗址。<br>石家河遗址距今约 6000 到 4000 年,总面积达 8 平方千米,核心区域遗址点有 40 余处,是长江中游地区已知分布面积最大、保存最完整、延续时间最长的史前聚落群,与长江下游的浙江良渚遗址、黄河中游的陕西石峁遗址等共同被学术界认定为中华文明起源的重要见证。1954 年冬,一个水利工程的掘进,意外掀起石家河遗址神秘面纱的一角。在石家河遗址被发现前,人们对长江中游地区的史前文明知之甚少。石家河遗址的发现和其考古成果的不断涌现,有力支撑了考古学泰斗苏秉琦的史前文明"满天星斗"说 |
| 16:00 | 返程。由研学老师组织学生们畅谈读研学旅行的感悟、收获,并就自己如何感恩家庭及社会谈谈自己的人生规划,以及如何将自己的理想前途融入中华民族伟大复兴的中国梦中 |

【思考探究】

1. 写一篇不少于 500 字的研学报告,阐述天门在中国革命史上的重要意义。

2. 收集与拖市镇襄北革命根据地相关的资料,思考在当今的幸福和平年代,如何在社会主义国家建设中发扬革命精神?为了早日实现祖国繁荣富强的中国梦,作为学生该做些什么?

# 触摸历史　珍爱家园

**【项目实施单位】**

　　荆门市掇刀区青少年活动中心

**【项目组专家】**

　　龙华

**【指导教师】**

　　张新萍　邓卫华　肖莉　龚易帆

**【课程主题】**

　　触摸历史　珍爱家园

**【适用学段】**

　　小学三至六年级,初中一、二年级

**【研学时间】**

　　1 天

**【线路安排】**

　　学校→荆门市博物馆→陆夫子祠→老莱子山庄→学校

**【课程目标】**

1. 熟悉陆九渊的文化思想及其对荆门的重大意义。
2. 学习老莱子的孝道文化,发扬传统美德,传承好家风。
3. 通过对荆门历史的深入了解,感受祖先的智慧,放飞梦想。
4. 走出校园,亲近自然。

**【资源特色】**

### ·中央专项彩票公益金支持校外活动保障和能力提升项目单位·

## 荆门市掇刀区青少年活动中心

　　荆门市掇刀区青少年活动中心是隶属荆门市掇刀区教育局的事业单位,是荆门市掇刀区唯一一所公办未成年人校外活动场所,负责协助区教育局协调管理指导全区校外教育及全区中小学生研学实践教育工作。

　　中心位于掇刀区长坂坡路南端,东濒三国名将关羽屯兵点将的掇刀石,西临荆门市生态运动公园和凤凰湖湿地公园,环境优美,交通便利。中心拥有门类齐全的功能室和先进的教学设施设备,能够满足不同年龄阶段、不同专业级别学员的学习需求,实现了体育、艺术、科技等兴趣培养门类的全覆盖。中心坚持公益性办学原则,积极探索校外教育发展的新模式,以活动促培训,张扬学生个性,开发学生潜能,锻炼学生能力,为青少年学生全面发展打下坚实的基础。

## 荆门市博物馆

荆门市博物馆成立于1984年,现位于荆门市象山大道19号,是一座集文物考古、文物收藏和文物陈列于一体的综合性博物馆。馆内主要建筑有文物陈列主体楼和文物精品馆。文物陈列主体楼为仿古建筑。平面呈环抱式——两端外突,中段内收。楼顶玻璃筒瓦,飞檐翘角,古朴典雅。

荆门市博物馆属省辖市级的社会科学类综合性博物馆,集文物保护、征集、收藏、研究、展示于一体,系统收藏中国古代、近现代、当代珍贵文物。常设三个基本陈列:"包山楚墓出土文物陈列""战国女尸及郭店楚简展览""精品文物展览"。常年举办各类主题鲜明、形式新颖、内容丰富多彩的临时展览,向公众全面展示与宣传荆门的历史文化,传递多元的文化信息。2000年、2002年被省委、省政府评为"湖北省爱国主义教育基地""湖北省国防教育基地"。

## 陆夫子祠

陆夫子祠又名陆文安祠,是南宋著名的理学家和教育家陆九渊在荆讲学的地方。陆夫子祠在象山东麓,为祀陆九渊而建。明弘治年间(1488—1505),就其书院改建祠,是象山文化的重要标志。

陆夫子祠是一座石木结构的"四合院"式建筑,祠门朝东,由头门、大殿(即正殿)、后殿、南北厢房和四周花墙等组成。头门飞檐走兽,大殿高大雄伟,后殿气势非凡,厢房清静整洁,是典型的民族风格建筑。陆夫子祠现为湖北省重点文物保护单位。

## 老莱子山庄

老莱子山庄是春秋时期我国著名的哲学家、道家学派创始人老莱子隐居自耕、奉养双亲的庄园,是荆门的"三台八景"之一。山庄占地2500平方米,分为主殿、侧殿和东、西门,殿内陈列"老莱子斑彩娱亲""孝感动天"等二十四孝的蜡像,是进行老莱子研究和对广大市民进行传统道德教育的阵地。

【教学案例】

**一、重点活动项目推介**

1. 陆夫子祠:了解陆九渊的生平及主要成就。

2. 老莱子山庄:了解道家学派代表老莱子的生平及其孝子品行事迹。

3. 荆门市博物馆:了解郭店楚简和战国女尸。

**二、知识点准备及课题设计**

1. 这座城市为什么叫荆门?

2. 陆九渊为什么会受到荆门百姓的爱戴?

3. 荆门博物馆珍藏了哪些文物?最著名的是什么?

### 三、教学参考资料

1. 象山的陆夫子祠、老莱子山庄。

2. 荆门博物馆的三大展厅:包山楚墓出土文物专题陈列厅,战国女尸及郭店楚简陈列厅,精品文物陈列厅。

### 四、课程实施

1. 考察:在研学导师的带领下参观学习,聆听讲解,了解荆楚文化、陆九渊生平及其在荆讲学功绩、老莱子的孝道文化。

2. 学习过程中收集资料、记录拍照。

3. 学习任务:写一篇观后感。

**【行程安排】**

| | 时间 | 地点 | 课程内容 |
|---|---|---|---|
| 上午 | 07:00-08:00 | 活动中心大门 | 1. 分组,明确小组长。<br>2. 准备横幅、车牌、饮用水。<br>3. 带好笔记本、笔等。<br>4. 开课仪式:(1)介绍活动流程;(2)讲解活动意义;(3)讲解注意事项 |
| | 08:00-11:00 | 乘车线路:活动中心大门—龙泉公园—陆夫子祠—象山—老莱子山庄 | 1. 学生分组上车,要求按组就座、座位固定,不得随意更换。<br>2. 导学课程导入、师生互动。<br>3. 按组有序进园,欣赏美景。<br>4. 参观陆夫子祠、登象山、参观老莱子山庄(安全提示)。<br>5. 集体合影 |
| | 11:30 | 活动中心 | 午饭、午休 |
| 下午 | 14:30-16:00 | 荆门市博物馆 | 1. 提前了解荆门市博物馆,带着问题参观,听讲解员解说,弄清战国女尸和郭店楚简为什么是博物馆的镇馆之宝。<br>2. 引领学生按既定路线开展活动。<br>3. 课程衔接,深入了解荆楚文化。<br>4. 集体合影 |
| | 16:30-17:00 | 活动中心大门 | 1. 下车集合。<br>2. 研学旅行问卷调查及研学评价。<br>3. 活动结束 |

**【课程延伸】**

1. 象山风景区:荆门市象山风景区拥有丰富的历史文化内涵,是集自然景观和人文景观为一体的综合性景区。山顶有岚光阁、烈士陵园和华夏艺林园;山腰有道家创始人老莱子的庄园——老莱子山庄;山下有闻名遐迩的蒙、龙、惠、顺四大名泉和陆夫子祠、文明楼、盆景园等景观。

2. 郭店楚简:1993 年 10 月,在湖北省荆门市郭店村,郭店一号楚墓 M1 发掘出竹简,共 804 枚,为竹质墨迹。其中有字简 730 枚,共计 13000 多个楚国文字,楚简包含多种古籍,其中三种是道家学派的著作,其余多为儒家学派的著作,所记载的文献大多为首次发现,被鉴定为国家一级文物。郭店楚简的文字是典型的楚国文字,具有楚系文字的特点,而且字体典雅、秀丽,是当时的书法精品。郭店楚简的发现,为研究中国哲学、思想史、古文字学、简册制度和书法艺术等方面提供了可贵的资料。

3. 战国女尸:1994 年 5 月在湖北省荆门市纪山楚墓发现,它是我国乃至世界上所发现的第一具外形、骨骼保存基本完整的战国女尸,距今已有 2300 多年,对考古、医学等诸多学科具有极其重要的研究价值,堪称"稀世国宝"。

1. 你是如何理解老莱子的孝道故事的?

2. 为什么说郭店楚简是我国历史上最早的"原装书"?

【思考探究】

# 炎帝故里寻根　编钟之乡溯源

**【项目实施单位】**

随州炎帝故里研学实践教育基地

**【项目组专家】**

汪涌

**【指导教师】**

刘鑫

**【课程主题】**

炎帝故里寻根　编钟之乡溯源

**【适用学段】**

小学、初中、高中

**【研学时间】**

1～3天

**【线路安排】**

学校 → 炎帝神农故里风景区 → 随州市博物馆 → 学校

**【课程特色】**

炎帝神农氏首创农耕文化的实践,孕育了中华民族的开拓创新精神;炎帝历经磨难的事迹,激励了中华民族自强不息的精神;炎帝利民思想的升华,形成了中华民族为民奉献的精神;炎帝子孙的血脉认同,铸就了中华民族的爱国主义精神。正因为他对中华民族的伟大贡献,亿万炎黄子孙尊崇他为中华民族的人文始祖,并对他顶礼膜拜。炎帝作为中华民族的人文始祖,功盖千秋,泽被后世。

我们中华民族历史悠久,源远流长。炎帝文化是传承几千年的中华民族文化之源,是凝聚全世界炎黄子孙的民族之魂,更是激励华夏儿女不屈不挠、顽强拼搏、创新奉献的精神之光。炎帝神农氏的伟大历史功绩,被普天之下的炎黄子孙世代崇敬。

**【课程目标】**

1. 了解炎帝在华夏民族文明发展史上的丰功伟绩,意在弘扬中华民族灿烂的历史文化,对重拾民族自豪感和凝聚力具有深远的现实意义,必将激励我们承先启后,为中华民族的伟大复兴而团结奋斗。

2. 编钟被誉为"全球第一钟",我们在欣赏编钟优美的音质和音色的同时,更要学习其精湛的工艺水平,发扬"中国制造""中国创造""中国精造"的"工匠精神"。

3. 通过集体活动,提高学生的自控能力和独立自主能力,磨炼意志,培养学生的创新精神和实践能力,教育学生热爱劳动,热爱祖国,热爱家乡,热爱人民。

**【资源特色】**

## 炎帝神农故里风景区

炎帝神农故里风景区位于随县厉山镇,主要包括"寻根谒祖朝圣区""圣迹观光体验区""农耕文化展览区"和"自然生态景观区"。自 2009 年起,以炎黄子孙寻根谒祖为核心,以体验炎帝神农的农耕文化、医药文化、贸易文化、原始艺术文化为重点的"世界华人炎帝故里寻根节"活动在此举行,受到国家、省市领导的高度重视和关怀。炎帝神农故里景区已成为海内外炎黄子孙寻根祭祖、旅游观光的胜地。

炎帝神农大殿,坐北朝南,占地 6600 平方米,高台圆柱直檐,秦汉风格,古朴庄重。它位于烈山腹地,向前延伸至对面的九龙山,形成一条中轴线。景点依次是谒祖广场、圣火台、华夏始祖门、九拱桥、四牛石雕和照壁。

炎帝神农故里风景区自 1988 年开始修复修建神农牌坊、神农文化广场、炎帝神农纪念馆、神农碑、神农尝百草塑像、神农泉、神农洞、神农庙、功德殿仿古建筑群、万法寺、龙凤日月旗杆、烈山湖等 20 余处人文和自然景观,是省级风景名胜区、湖北省爱国主义教育基地、湖北省重点文物保护单位和全国中小学生研学实践教育基地。

## 随州市博物馆

随州市博物馆创建于改革开放之初的 1978 年 10 月,是一座集文物收藏、科学研究、宣传教育、文物考古及编钟演奏于一体的地方综合性博物馆。后几经迁徙,于 2008 年 12 月 8 日,在风景宜人的厥水河之畔、引人入胜的擂鼓墩旁,耸立起一座投资近亿元,占地面积近 8 万平方米,建筑面积 2 万余平方米,展陈面积 8000 平方米,极具曾随建筑风韵的随州市博物馆。2009 年 5 月,随州市博物馆被国家文物局评为"国家二级博物馆"。现有馆藏文物 4238 件,其中一级文物 39 件(套)、二级文物 231 件(套)、三级文物 436 件(套)。藏品以商周青铜器居多为特色,被誉为"青铜器王国",其中西周鄂国铜器群、两周曾国铜器群为镇馆之宝。

1978 年春夏之交,在地下沉埋了 2400 余年的国宝编钟,被发现、发掘重又闪亮现世,重放异彩。一时间举世瞩目,国人为之骄傲,世人为之倾倒。

远古时期,我们的祖先创造了世界上最早的钟。中国古代的钟不是用来报时的,而是举行仪式的重要乐器。编钟是我国古代的一种打击乐器,用青铜铸成。编钟被誉为"全球第一钟",是中国古老文明的象征,在世界上有着巨大的影响力。2009 年 12 月,中国音乐家协会授予随州市"中国编钟之乡"荣誉称号。

编钟由大小不同的扁圆钟按照音调高低的次序排列起来,悬挂在一个巨大的钟架上,用丁字形的木槌和长形的棒分别敲打铜钟,能发出不同的乐音,因为每个钟的音调不同,按照音谱敲打,可以演奏出美妙的音乐。

在中国古代,编钟是上层社会专用的,是等级和权力的象征,而随州的曾侯乙编钟就曾被誉为"世界第八大奇迹"。

**【行程安排】**

| 时间 | | 活动内容 |
|---|---|---|
| 第一天 | 08:00-08:40 | 学校集合,研学启动仪式后前往炎帝神农故里风景区 |
| | 08:40-11:30 | 导师带领学生们有序参观炎帝神农故里文化雕塑壁,认识繁体字、甲骨文。<br>仔细观察四牛耕作石雕,四牛或昂首向前或埋头耕耘,形象栩栩如生,可以说是我们纪念始祖炎帝神农"首创农耕、驯养家畜"功绩最恰当的表现形式。<br>想一想,四牛耕作石雕为何不是四象、四虎、四马石雕呢?<br>看一看一年一度的"世界华人炎帝故里寻根节"开幕式的圣火台,在其中走一走 |
| | 11:40-13:00 | 午餐、午休 |
| | 13:00-16:30 | 导师带领学生们有序参观广场上的八根炎帝神农功绩柱。大家看看画面,说一说,是哪八大功绩?<br>带领学生进入炎帝神农大殿,行三拜九叩之礼拜谒始祖 |
| | 16:50-17:50 | 前往住宿地点 |
| | 17:50-18:50 | 晚餐 |
| | 18:50-19:20 | 分寝室、整理内务 |
| | 19:20-21:00 | 观看"世界华人炎帝故里寻根节"纪录片 |
| | 21:00 | 洗漱、就寝 |
| 第二天 | 07:00 | 起床 |
| | 07:30-08:30 | 早餐 |
| | 09:00-11:30 | 参观谒祖广场右侧旭日园,了解二十四节气,初步了解"太极生两仪、两仪生四象、四象生八卦"的易学原理 |
| | 11:30-13:30 | 午餐、午休 |
| | 13:30-16:00 | 进入百草园,认识园内种植着的各种不同的中草药。<br>上古时期多瘟疫,炎帝神农为救黎民百姓,敢为天下先,遍尝百草,发现各种可以治病的中草药。<br>五谷和杂草长在一起,草药和百花开在一起,哪些可以吃,哪些不可以吃,谁也分不清。<br>神农氏就一样一样地试种,最后从中筛选出"天谷""地谷""悬谷""风谷""水谷",所以后人尊他为"五谷爷""农皇爷" |
| | 16:50-17:50 | 前往住宿地点 |
| | 17:50-18:50 | 晚餐 |
| | 19:00-21:00 | 篝火晚会,才艺展示 |
| | 21:00 | 洗漱、就寝 |

(续表)

| 时间 | | 活动内容 |
|---|---|---|
| 第三天 | 07：00 | 起床 |
| | 07：30—08：30 | 早餐 |
| | 08：30—11：00 | 走进随州博物馆，参观馆藏文物，观赏"世界第八大奇迹"曾侯乙编钟。<br>曾侯乙墓编钟由 19 个钮钟、45 个甬钟，外加楚惠王送给曾侯乙的一个大镈钟共 65 个钟组成。这些钟分 3 层 8 组挂在钟架上，直挂在上层的 3 组叫钮钟，斜悬在中下层的 5 组叫甬钟，其中最小的一个钮钟高 20.4 厘米、质量为 2.4 千克，在演奏中能起定调作用，最大的一个低音甬钟高达 153.4 厘米，质量为 203.6 千克。全套编钟总质量在 2500 千克以上。钟架是铜木结构的，它的外形呈直角曲尺形（如"Γ"），全长 10 米以上，上下 3 层，高 273 厘米，由 6 个佩剑的青铜武士和几根圆柱承托。整套编钟和梁架气势宏大、壮观无比。演奏时由几个人组成乐队，用 6 只丁字形木槌敲高、中音，用两根长形棒撞低音。经声学专家研究，编钟中的每只钟都可以发出两个不同的乐音，只要准确地敲击钟上标音的位置，它就能发出合乎一定频率的乐音，整套编钟能奏出现代钢琴上的所有黑白键的音响。这套编钟的定音频率为 256.4 赫，与如今钢琴的 C 大调几乎完全一致 |
| | 11：00—11：30 | 前往进餐地点 |
| | 11：30—12：10 | 午餐 |
| | 12：10—16：00 | 欣赏古乐编钟演奏，感受"一代奇观惊环宇、千古绝音动苍穹"的意境 |
| | 16：00 | 返程。由研学老师组织同学们畅谈研学旅行的感悟、收获 |

**【教学案例】**

### 活动一　探寻炎帝诞生地

据史载，炎帝神农氏是我国上古时期的一个强大、先进的部落首领，他同黄帝轩辕氏共同创造了长江、黄河两大流域的古代文明。

炎帝诞生在何地呢？过去一直众说纷纭，但近年来根据一系列的史料推论，炎帝诞生于随州市厉山。

1. 史志典籍。据《山海经》《左传》《史记》《汉书》《帝王世纪》《荆州记》等一百四十多种文献典籍记载，炎帝神农诞生于随州市厉山的烈山石室。

2. 遗址碑刻。尽管因时代久远神农遗迹时兴时废，但厉山的古迹至今仍保留五十多处。如明代随州知州所立"炎帝神农氏遗址"碑，清代所树龙凤日月铁旗杆等。

3. 民间习俗。十里不同风，百里不同俗。随州与炎帝神农有关的民俗也十分丰厚，如"祭日"（也称祭炎帝、太阳神），"尊牛"（重视农耕、敬重耕牛），喜百草等民俗，至今仍然十分盛行。

4. 专家论证。20 世纪 90 年代初至今，各地多次举办高规格的学术研讨会，专家们用翔实的材料、确凿的证据、科学的论证，除去了黏附在炎帝神农身上的尘埃，恢复了炎帝神农诞生于随州、炎帝的南方属性、炎帝和黄帝不可分割的关系的本来面目，并揭示炎帝神农文化的精髓就是开拓进取、发明创造、生生不息。

5. 每年农历四月二十六炎帝诞辰日，随州都会举办"世界华人炎帝故里寻根节"。海内外华人华侨各界代表，都会来到随州，拜谒祖先，缅怀祈福。所以说随州厉山作为炎帝神农故里具有不可撼动的地位。

70

## 活动二　文化雕塑壁了解文字的诞生

在半山腰,有一面风格奇特的文化雕塑壁。5000多年前,始祖炎帝神农生活的时代是没有文字的。那时候的先民就和刚出生不久的小孩一样,看到太阳就会画成一个圆圈,看到月亮就画成一个镰刀样的弯儿,正是这些原始的图案,才衍生出中国历史上最早的象形文字。先民们怀着对炎帝的感恩情怀,将美好生活用这些象形文字记录下来。而文化雕塑壁上的象形文字就是对远古先民们农耕生活的真实展现。

第一个字是五谷丰登的"丰(豐)",纪念炎帝神农带领先民们植五谷、享丰收,让先民们有足够的食物生活下去。上面像一器物盛有玉形,下面是"豆"——古代盛器。故"豐"本意是指盛有贵重物品的礼器。

第二个字是夙愿的"夙"。图案是一个人以手持物,意思是天不亮就起来做事情,所以是早起劳作,以示恭敬的意思。

第三个字是舞蹈的"舞",是先民们在炎帝的带领下过上安定生活的体现。古代的舞字像人执牛尾而舞之形。

第四个字是佳。"佳"右边四横正是鸟翅的翎毛。

第五个字是"鱼"。在炎帝植五谷前,先民都是以渔猎为生。

第六个字是树林的"林",图形是由两个荆棘枝并列而成。

第七个字是室内的"室",图案是一个人头上有个房顶,可以遮风挡雨。

第八个字是"戟",指的是黏土和聚合,当年炎帝在厉山始创陶器。

第九个字是"我",从戈,"我"表示兵器。本义:兵器。基本义:第一人称代词。

第十个字是月亮的"月"。

第十一个字是星辰的"星",按图形可以看出古代的星星是非常明亮地闪着光。

第十二个字是日月的"日"。轮廓像太阳的圆形,一横或一点表示太阳的光。

最后一个是炎帝的"炎",由两团烈火叠加而成,表明了劳动人民对炎帝发明刀耕火种给世人带来温暖光明的感激。

## 活动三　炎帝神农八大功绩寻迹

传说先民们在狩猎的过程中,通过观察,有意识地选择一些比较容易驯服的动物慢慢饲养起来。而牛就是炎帝神农发现、驯养并用于农业生产的动物之一。

在随州淅河西花园和三里岗冷皮垭遗址中考古专家就发现了最早的水牛骨骼。这正是始祖炎帝神农"首创农耕,驯养家畜"的有力佐证。相传炎帝神农氏为"牛首人身",这可能是因为牛是炎帝神农所在的氏族部落的图腾,后世就传说其是"牛首人身"了。当然,这也是对炎帝神农驯养耕牛,首创农耕的形象纪念。

燧人氏"钻木取火"后,炎帝神农"修火之利",把火广泛运用于生产、生活之中,后又发明烧制陶器的方法等。正因为炎帝神农善于取火、存火、用火,《帝国世纪》说神农氏以"火德王,故曰炎帝,以火名"。民间以太阳象征炎帝的功德,所以,炎帝也被奉为"赤帝""太阳神"。

广场上的八根柱子就是为纪念炎帝神农功绩而建的。据春秋《国语·鲁语上》记载:昔烈山氏之有天下也,其子曰柱,能殖百谷百蔬。为什么叫"柱"呢?上古时期,播下的种子经常被鸟儿吃掉,于是,炎帝神农教大家用点种棒在地上凿个小窝,把种子放进去,再用土盖上,这样种子就不会被鸟儿吃掉了。先民为了纪念炎帝,就把点种棒做成了部落图腾柱。这八根图腾功绩柱由花岗岩雕刻而成,高度均为9.9米,直径1.27米,石柱的顶部雕刻着盘龙和玉琮,柱体上通过雕刻画面来展现始祖炎帝神农八大功绩。

首创农耕,发明种植;始作耒耜,教民耕耘;作陶为器,冶制斤斧;治麻为布,纺织制衣;搭木为架,建屋而居;遍尝百草,发明医药;削桐为琴,练丝为弦;日中为市,首倡交易。

## 活动四　神农大殿行三拜九叩礼

炎帝作为中华民族的人文始祖,功盖千秋,泽被后世。正因为他对中华民族的伟大贡献,亿万炎黄子孙尊崇他为中华民族的人文始祖,并对他顶礼膜拜。烈山之上,千百年来,海内上炎黄子孙及附近乡民都会以三拜九叩之礼拜谒始祖,祈求安康、烧香、敬祖、做善事。

这座气势雄伟的宫殿便是亿万炎黄子孙向往的精神圣殿——炎帝神农大殿。大殿顶部的"炎帝神农大殿"几个金色隶草是由中国书法家协会名誉主席张海先生亲笔题写的。整个大殿仿照汉代宫殿,融入早期人类建筑古朴自然的原始风格构建而成。

大殿内供奉着的就是炎帝神农圣像,他面容刚毅而慈祥,身躯强健而有力,一手捧着稻谷,一手握着灵芝,喻义着"幸福和健康",也象征着始祖在开创农耕和医药方面的两大主要功绩。这尊圣像由中国美术学院根据1987年美籍华人周共·王德樵先生从美国华岗博物馆带回的清朝画家所作的炎帝神农画像为蓝本设计,整个雕像采用花岗岩精雕而成,雕像高4.26米,寓意炎帝农历四月二十六日的生辰。雕像背后的木质屏风高7.2米,宽14米,是当今世界上最大的木质屏风,屏风正面雕刻着炎帝神农的各种传说,顶部为长方形,刻有祥云浮雕。

## 活动五　旭日园里探索二十四节气

据史书记载,炎帝神农在教民耕种时,通过无数次的实践总结,开始了观天象、制农时、分四季、定节气,以利农业生产。他经过长期观察,记下了日月星辰的变化规律,将一天分为十二个时辰,将一年分为四季,四季又分为二十四个节气,以月圆、月缺的周期定为一月。为了纪念炎帝神农的这一功绩,人们在谒祖广场的右侧修建了旭日园。

旭日园的外侧栏杆上的小石盘分别用小篆刻着二十四节气。园内正中心是一个太极图案,周边分别为乾、坤、巽、震、坎、离、艮、兑八卦卦符,外围石板分别雕刻有青龙、白虎、朱雀、玄武四象以及六十四卦,正好应了"太极生两仪、两仪生四象、四象生八卦"的易学原理。

六十四卦中的有一卦为"随"卦。《易经》中关于"随"的卦辞是"随:元、亨、利、贞"。意思是指,"随"具有根元的、亨通的、利益的、贞正的德性,做任何事情都没有灾咎。此卦为大吉。六十四卦中,只有乾、屯、随、临、无妄五卦具有"元、亨、利、贞"的德性,而尤以"乾、随"为大吉。《易经》中说到随卦时这样写道:"随,刚来而下柔,动而说(愉悦)。随,大、亨、贞,无咎,而天下随时。随时之义大矣哉!"这就是说,随卦,有上秉于阳刚而谦下于阴柔的意思,动中含有愉悦的景况。

随卦如此大吉大利,我们的祖先以"随"为自己家乡命名,也就是情理之中的事了。随州取名于"随",有据可查是在夏商时期。

但也有学者认为"随"的产生可以追溯到舜帝时期。其含义也有跟随酋长上山焚草垦荒的意思,这正是炎帝神农氏教人农耕的反映。

## 活动六　百草园里识百草

上古时期多瘟疫,炎帝神农为救黎民百姓,敢为天下先,遍尝百草,发现各种可以治病的中草药,而这其中,首推生姜。据传,炎帝神农在劳作时,突感头痛发热,呼吸也越来越急促(即中暑),就在命悬一线之际,他发现身边有一丛长得绿油油颇似竹子的植物,便顺手拔了一株,刮去根茎上的泥土,塞了一块在口中,嚼来味道虽然辛辣,但马上头晕症状就开始减轻、呼吸顺畅,不适的感觉逐渐消失。因为这种植物再造了自己的生命,炎帝为了表达自己的感激之情,便用自己的姓为这个植物命名,取名为"生姜"。现在,百草园内种植着各种不同的中草药。

植五谷,开农耕先河,这是炎帝神农的第一大功绩。《白虎通义》记载:"古之人民皆食兽禽肉,至于神农,人民众多,禽兽不足,于是神农因天之时,分地之利,制耒耜,教民劳作,神而化之,使民易之,故谓神农也。"为了解决民以食为天的大事,炎帝神农开始寻找新的更加稳定的食物。又据《拾遗记》记载,"什么籽谷能吃"成了炎帝神农关注的唯一东西。一天,一只周身通红的鸟儿,衔着一棵五彩九穗谷,掠过炎帝神农的头顶时,那红鸟一不小心将九穗谷掉在地上,炎帝神农见了,顺手拾起细细研究起来。这是什么谷物?这谷粒虽小可粒多籽饱满,除去外面粗糙的黄壳,粉白晶莹,他把籽粒放在嘴里,感觉又面又甜,很是鲜美。炎帝神农认为,鸟是天上的使者,鸟送来的那就是天赐的,天赐的当然是拯救人类的好东西。他将剩下的几十粒放在手中揉搓了一下,埋在了土壤里,后来竟长成了一片。谷粒收获后,他高兴地告诉部落人民,这谷物可以帮助他们解决饥饿,将是他们今后的主要食物。于是,他教人放火烧山,用石斧头、耒耜等生产工具,开垦土地,种植谷物。

炎帝神农从这里得到启发:谷子可年年种植,源源不断,若能种植更多的草木果实,大家的吃饭问题不就解决了吗?那时,五谷和杂草长在一起,草药和百花开在一起,哪些可以吃,哪些不可以吃,谁也分不清。神农氏就一样一样地试种,最后从中筛选出"天谷""地谷""悬谷""风谷""水谷",所以后人尊他为"五谷爷""农皇爷"。

尝百草,开医药先河,这便是炎帝神农的第二大功绩了。据《帝王世纪》载,神农"尝味草木,宣药疗疾,救夭伤人命。"炎帝神农在与大自然、疾病的斗争中,为后世医药事业的发展奠定了基础。当时,人们除了要向自然界索取食物,以保证生存繁衍外,还有应对人类威胁最大的敌人——疾病和伤痛。由于无医无药,人们常常因疾病和受伤而过早离开人世。炎帝神农通过观察,发现一些动物在生病或受伤后,会啃食一些草木自救。于是,他便开始亲尝百草,了解它们的功效和药性,用以解除黎民的疾苦。

为尝百草,神农一日之间而遇七十毒,其足迹也踏遍华中、华南、中原诸地。有一天,他带着部落众人向鄂西北的深山老林进发,进得山来,满山遍野的中草药使炎帝神农心花怒放。天麻、灵芝、江边一碗水、七叶一枝花,许多名贵的中草药,让炎帝神农流连忘返。后来,人们把炎帝神农搭架登山的地方称为神农架,把炎帝神农清洗草药的山溪称为神农溪。

## 活动七　欣赏古乐编钟演奏

1977年9月,中国人民解放军某部在湖北省兴建营地平整山头时发现曾侯乙墓。1978年3月,省、地、县有关部门组成联合勘探小组,5月上旬开始发掘,6月底基本完成发掘和田野清理工作。因墓主人为曾侯乙,该墓被命名为曾侯乙墓,又因这里是楚王亲自擂鼓助战的地方,后又勘探出这里有大中小古墓200余座,所以被编序为擂鼓墩一号墓。

曾侯乙编钟每件呈椭圆形,钟口凹陷,周身镂刻有精美的纹饰和文字。钟架上也刻有花纹。全套编钟共65件,以大小和音高为序编成八组,悬挂在两列三层的钟架上。下层悬挂着12件大甬钟和1件镈钟,中层悬挂着 33 件中等的钟,上层悬挂着 19 件小钟。整套编钟排列整齐,宏伟壮观。这套编钟因下排甬钟上铭刻有"曾侯乙"而得名。钟架由 245 个构件组成,设计精巧,结构稳定,可以拆卸。它历经 2000 多年,出土时依然矗立如故,让人赞叹不已。

编钟出土后第一次演奏是 1978 年 8 月 1 日,演奏以《东方红》为开篇,接着是古曲《楚殇》、外国名曲《一路平安》、民族歌曲《草原上升起不落的太阳》,最后以《国际歌》落幕。音乐会持续了两个小时。演出结束了,听众还深深沉浸在这古雅的乐声中,许多人泪水涟涟,停顿数秒后,才回过神来报以热烈的掌声。沉寂了 2400 多年的编钟,第一次重新向世人发出了它那雄浑而又浪漫的千古绝响。

编钟的发声原理大体是编钟的钟体小,音调就高,音量也小;钟体大,音调就低,音量也大,所以铸造时的尺寸和形状对编钟有重要的影响。古人把不同的钟按照音调高低的次序排列起来,悬挂在钟架上,用木槌敲击,演奏乐曲。它既可以用于独奏、合奏,也可以为唱歌和舞蹈伴奏。

1. 编钟的演奏工具。

传统的编钟演奏工具主要是木质丁字形击槌和长形的棒两种,槌子用于敲击中层甬钟和上层钮钟,长形的棒用于撞击下层大钟。

2. 编钟的演奏技法。

编钟的演奏技法比常见打击乐器略微丰富一些,快速的交击和滚奏是演奏编钟的基本技能,更高一步则要求演奏者能够在速度和力度的不断变化中准确击中正鼓音或侧鼓音的最佳部位。

3. 编钟的音色组合。

这套在地下埋藏了 2400 多年的大型编钟,至今音乐性能良好。它音域宽广,仅次于现代钢琴;音色纯正并富于变化,高音清脆,中音洪亮,低音浑厚,不仅可以演奏动听的古代乐曲,而且能演奏中外现代音乐。更为神奇的是,一般的物体只能发出一个乐音,而编钟的每件钟都能发出两个乐音,并且互不干扰。中国古代一钟双音的创造令世人惊叹不已。虽然各组编钟在音色上没有本质的差别,可是当这些音色点散落在不同的方位(曲尺型编钟架有 10 多米之宽)时所形成的音响特性,确是不寻常的。

下面每个同学上来练习一下, 若谁能敲击出一个简单的曲子,给予奖励。

……

**【思考探究】**

1. 随州厉山是炎帝神农故里,你了解哪些与之相关的历史故事?
2. 中国最早的文字是怎么诞生的?
3. 炎帝神农对中华民族的生存、繁衍、发展作出了哪些重要贡献?
4. 看了制作精美的编钟,谈一谈,如何从现在开始培养工匠精神。

# 三国源头地  智慧古隆中

**【项目实施单位】**

　　鄂旅投古隆中中小学生研学实践教育营地

**【项目组专家】**

　　顾浩　刘兴　王玲

**【指导教师】**

　　罗春阳　许旭

**【课程主题】**

　　三国源头地　智慧古隆中

**【适用学段】**

　　小学、初中、高中

**【研学时间】**

　　2 天

**【线路安排】**

　　第一天:学校 → 营地 → 古隆中石牌坊 → 隆中书院 → 武侯祠 → 三顾堂 → 抱膝亭 → 六角井 → 诸葛草庐 → 老龙洞 → 牡丹园 → 小虹桥 → 躬耕田 → 手工研学馆(木版年画馆、手工民俗馆、汉字文化馆) → 草庐剧场 → 营地。

　　第二天:湖北文理学院(开展科学实验、汽车工程、食品化工、生命科学、气象观测、地质标本等课程,全天 8 课时) → 学校。

**【课程目标】**

　　1. 开展 2 天的融合课程学习,引导学生通过实物体验、立体展示、动手实操、户外拓展等方式,从看、听、读、写等多个层面,亲身感受传统文化的博大精深。

　　2. 让学生在历史事件真实的发生地,穿戴汉服、手持竹简,亲身体验、感悟优秀的传统文化,学习治学做人、求真务实、重守承诺的深刻道理。

　　3. 学习诸葛亮躬耕苦读、拜师交友的人生智慧,感受刘备"三顾茅庐"锲而不舍的精神,引导学生认识传统文化的精髓,树立正确的价值观,激励学生虚心求学、立志成才。

**【资源特色】**

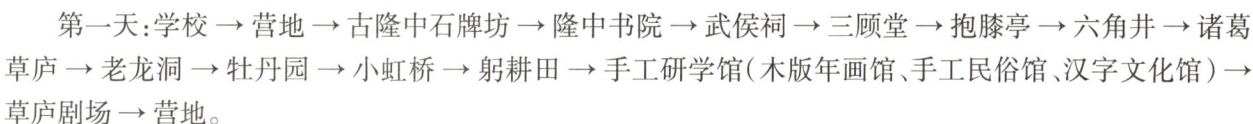

·湖北省中小学生研学实践教育营地·

·教育部全国中小学生研学实践教育基地·

**鄂旅投古隆中中小学生研学实践教育营地**

　　鄂旅投古隆中中小学生研学实践教育营地,坐落于国家历史文化名城襄阳市,位于襄阳城西。营地面积 22 平方千米,以诸葛亮智慧文化为灵魂,以历史遗迹为载体,包含三国文化、生态植物、非遗场馆、户外拓展、大学体验五大区域，形成了课程全面、设施完善、功能齐全的研学实践营地。

营地通过参观教育、实物体验、立体展示、动手实操、户外拓展等方式，让学生从看、听、读、写等多个层面，亲身感受传统文化的博大精深，以寓教于学、寓学于练、寓练于做的方式解读经典，在"游中学、学中研、研中思、思中行、研学并举、知行合一"，在实践中感悟，在感悟中升华，在升华中结晶。

近年来，营地积极响应国家研学实践政策的号召，大力开展研学实践课程，宣扬诸葛亮立志、求学、治国等精神，先后被评为"全国中小学生研学旅行实践教育基地""湖北省中小学生研学实践教育营地""湖北省廉政教育基地""爱国主义教育示范基地"，已成为培养学生社会责任感、提升素质教育的坚实阵地。

营地已累计接待小学、初中、高中学生数百万人次，承担着开展全省乃至全国中小学生研学拓展、综合实践以及爱国主义教育的责任。

## 【课程特色】

### 三国文化篇

诸葛亮是三国时期杰出的政治家、军事家和思想家，被人们誉为"智慧的化身"，成为后人学习的榜样。古隆中是他青年时期躬耕隐居之地。1800多年前，17岁的诸葛亮在隆中躬耕苦读，隐居长达十年之久，在此留下了诸多历史遗迹。

为了更好地体现研学的内涵，让学生通过多种方式了解传统文化的魅力，营地结合诸葛文化，精心打造了六大历史文化课程，以及多种文化体验项目。

学生通过看三国遗迹、诵三国典籍、听三国历史、观三国演出、学三国精神、寻三国智慧等多种方式，领略三国文化的经典，认真汲取传统文化的精华以及学习诸葛亮立志、求学、治国的精神。

营地将历史和文化融入研学课程中，学生在研学导师的带领下，参观武侯祠、三顾堂、诸葛草庐等古迹。通过实地参观，学习诸葛亮躬耕苦读、拜师交友的人生智慧，感受刘备"三顾茅庐"锲而不舍的精神，领悟《隆中对》中"三分天下"的谋略。正确引导学生认识传统文化的精髓，不仅有利于学生树立正确的价值观，也是对学生成长的激励，以此达到促进学生虚心求学、立志成才的目的。

营地围绕诸葛文化，开展诵读三国经典名篇活动。学生在历史事件真实的发生地，穿戴汉服、手持竹简，亲身体验、感悟优秀的传统文化，学习治学做人、求真务实、重守承诺的深刻道理。在研学导师的领读与讲解下，通过激发阅读兴趣，了解民族文化经典，从小立下高远的志向，形成良好的道德品质。

### 隆中书院篇

隆中书院是湖北省纪委授牌的"诸葛亮勤政廉政思想教育基地"和"襄阳市爱国主义教育基地"。诸葛亮的个人能力和德行风范，被历朝历代所推崇，值得每个到此研学的学生认真学习。

书院通过沙盘、雕塑以及历史故事，以互动的形

式,集中地展现了诸葛亮立志成才、勤廉治国和教育子女等多方面的事迹,以此来启迪学生们的心智,对学生思想道德方面产生积极、深远的影响。

## 草庐剧场篇

草庐剧场呈圆环型,整体建筑面积 1.18 万平方米,可同时容纳 1500 名学生观看演出。草庐剧场以"诸葛草庐"为实体、"智圣形象"为核心、"三国文化"为内涵,集人文、自然、演出于一体的竹木结构与自然风景相得益彰,与历史人文交相辉映,共同演绎诸葛亮"卧隆中、谋天下"的文化精髓。

剧情环环相扣,整部剧在空灵的古琴声中拉开帷幕,古琴悠扬,纶巾飘逸,千年风流人物登场。从"隆中对"入戏,三国故事徐徐展开,随后经由"丑妻吟"展现诸葛亮躬耕求学生涯,再由"赤壁赋"重现诸葛亮三分天下的谋略,诸葛亮与丑妻黄月英的爱情则贯穿始终。通过多媒体影像和先锋话剧交叉展现的形式,还原诸葛亮躬耕生活、舌战群儒、赤壁之战以及与苏东坡时空对话等宏大场景。

学生通过欣赏一段穿越时空的视听盛宴,身临其境地感知三国风云,感受到一个有血有肉的诸葛亮,更好地理解诸葛亮鞠躬尽瘁、死而后已的爱国奉献精神。

## 自然科学篇

为了使学生更好地亲近自然,丰富研学课程的趣味性,营地将自然科学区纳入研学体验课程之中。自然科学区总占地面积 80 万平方米,是襄阳近郊最大的森林生态自然保护园区、森林科普教育和植物生态教育基地,是集科普教育、研学观光于一体的综合性森林生态旅游园。共收集植物 1100 多种,其中,国家一级、二级和省重点保护植物达上百种。此外,自然科学区内还兴建了梅花园、翠竹园、藤本植物园等 16 个各具特色的专类植物园,也有市花紫薇等众多本地植物,帮助学生通过认知植物学习三国历史及襄阳风土,开阔眼界,体验自然与科学的奇妙。

## 非遗场馆篇

为提高研学课程质量,给学生提供更好的研学环境和更加生动的研学体验,营地特斥资百万元在草庐剧场片区打造三座研学场馆,其建设紧密围绕研学课程主题,分为木版年画馆、手工民俗馆、汉字文化馆三个场馆。研学馆古香古色,课程生动有趣,带领学生沉浸在浓厚的文化中,感悟传统文化的发展历程,留下记忆深刻的学习体验。

每个主体建筑分为上下两层,为学生动手操作和观赏学习提供空间,可同时接纳百余位学生在馆内实操学习,同时配有完备的教学设施和专业的研学导师团队,实物教学和数字化教学方法相结合,完美展现传统手工艺品的制作方法,带领学生走进传统文化,通过理论学习、展馆参观、实践体验等多种方式,丰富学生研学活动内容,领略非遗传统文化的精彩。

## 户外拓展篇

为增加研学课程的互动性,培养同学们的协作能力,给同学们提供更优质全面的研学户外体验,营地特打造户外拓展区。拓展区坐落在草庐剧场片区,占地面积约为900平方米,通过传统竞技与三国文化相结合的趣味运动项目,配合营地优秀的运动导师团队,为学生运动体验和趣味竞技提供良好的环境。

户外拓展课程通过将多种趣味运动项目与研学营地特有的历史文化相结合,起到提升学生综合能力的作用。通过激发同学们的团结协作精神,使学生在愉快的氛围中学习运动的技巧,帮助学生更好地了解与体验传统历史文化,提高学生的身心素质、专注力、团体参与感与竞争意识。户外拓展课程带来有趣的、有益身心的、科学的户外体能训练,丰富研学活动的内容。

## 高校研学篇

营地紧紧依托学校教育教学资源,与湖北文理学院强强联合,将三国文化与大学文化相结合,通过大学特色研学课堂的组合,以兴趣为导入点,以听授和互动相结合的方式,使广大中小学生既能亲身感受"三国时空"文化,又能体验大学"象牙塔"的精彩。以大学文化、实验观摩等为核心课程,为中小学生和各类研学机构提供丰富多彩的研学旅行服务。

通过集体研学旅行、集中活动的方式,帮助中小学生拓宽视野、丰富知识,加深对大学文化和三国文化的理解和亲近感,增强独立性,从小树立"大学梦",提升综合素质,提高社会责任感、创新精神和实践能力。

湖北文理学院开放实验教室13个,音乐展播厅1个、美术展览室2个、人体生命科学馆1个、研学专用教室7个,一次性可接待研学学生600人。

| 课程类别 | 课程内容 |
| --- | --- |
| 人体生命科学课堂 | 组织和引导学生在参观过程中亲身体验,获得感悟,树立"感恩、敬畏、责任"的价值观,激发其对生命和社会应当具有的责任感和使命感 |
| 医疗救护课堂 | 针对意外伤害、自然灾害等紧急情况,讲解最基本的处理方法和应急措施,让学生掌握基本的医疗救护知识,增强自我保护意识,提高紧急情况下的应变能力 |
| 微生物实验课堂<br>化学分析实验课堂<br>植物培养课堂 | 通过各项实验,让学生清楚地看到实验现象,体验实验过程,得出实验结论;使学生对科学产生浓厚的兴趣,帮助学生养成严谨的、实事求是的科学态度和学习方法 |
| 汽车工程科学课堂 | 通过讲解、观摩,学习车辆工程导向教学思维,提高学生的分析能力和实际操作能力,使学生从中获得感性认识,实现从感性认识到理性认识的飞跃,帮助学生理解各车辆部件的复杂结构,提升学生的综合能力 |
| 认识星空课堂<br>地质标本课堂<br>地图制图课堂<br>气象观测课堂 | 了解资源的合理利用和环境建设的过程,熟悉我国的水土资源与环境状况,提高对学习自然科学的兴趣 |

（续表）

| 课程类别 | 课程内容 |
|---|---|
| 力学科学实验课堂 | 物理科学实验教学场地包括基础物理实验室、综合物理实验室、近代物理实验室、光电技术实验室、光电信息实验室、光电系统设计实验室、光电技术实训室等，通过亲自实验，使学生能理解实验原理和方法，会使用仪器观察并分析实验现象 |
| 热力科学实验课堂 | |
| 电磁科学实验课堂 | |
| 光学科学实验课堂 | |
| 奥尔夫音乐游戏课堂 | 通过欣赏课，培养学生对音乐的领悟能力，培养学生对音乐的兴趣爱好，使学生提高审美情趣，获得精神上的享受 |
| 美术体验课堂 | 通过美术观摩，升华学生的感情，净化学生的灵魂，陶冶学生的性情，培养学生的审美能力，激发学生的学习兴趣 |

人体生命科学课堂

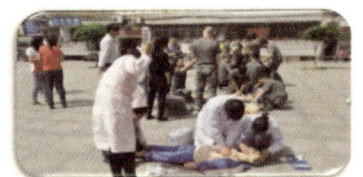
医疗救护课堂

微生物实验课堂

化学分析实验课堂

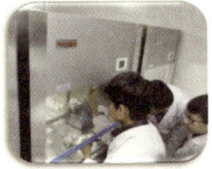
植物培养课堂

汽车工程科学课堂

认识星空课堂

地质标本课堂

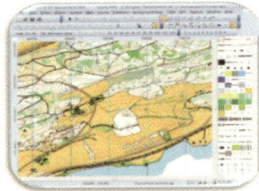
地图制图课堂

气象观测课堂

力学科学实验课堂

热力科学实验课堂

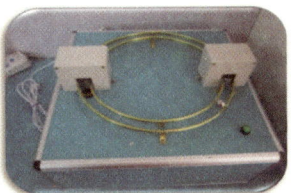
电磁科学实验课堂

光学科学实验课堂

## 后勤保障篇

　　营地现有学生公寓楼 3 幢，共计床位 600 个，全部为高标准、公寓化宿舍，环境十分优美，内设有空调、太阳能热水器、直饮水等设施，给学生提供生活上的便利。宿舍整齐、整洁、美观，让人赏心悦目，并配备了生活老师和值班老师。

【行程安排】

| 时间 | | | 课程内容 | 研学任务 |
|---|---|---|---|---|
| 第一天 | 上午 | 08:00 | 学校集合,前往营地 | 1. 诸葛亮求学、交友、拜师的态度和精神对你有什么启发？<br>2. 你喜欢诸葛亮的哪句名言？<br>3. 对"三顾茅庐"这段历史典故,你有哪些认识和看法？<br>4. 如何看待诸葛亮熟读百家经典"独观其大略"的学习方式？<br>5. 三国时期襄阳有哪些历史名人？ |
| | | 09:00 | 抵达营地 | |
| | | 09:30 | 观看迎宾表演,举行研学启动仪式 | |
| | | 10:00 | 观看"三顾茅庐"真人实景表演 | |
| | | 12:00 | 导师带领参观石牌坊、武侯祠、三顾堂、六角井等文物古迹,了解营地三国文化历史 | |
| | 中午 | 12:20 | 中餐 | |
| | 下午 | 13:30 | 前往草庐剧场研学拓展区 | 传统手工艺和民俗运动承载着古代劳动人民的智慧,皆是文化瑰宝。通过导师的讲解和亲身体验,增强对中国传统文化的理解和热爱。今人知足球不知蹴鞠,知飞镖不知投壶……留给不了解古代文化的我们许多遗憾。穿越千年,感受古人赛场竞技的英姿飒爽;体悟华夏民族之精神面貌 |
| | | 14:20 | 在草庐剧场内,通过营地导师的讲解和指导,完成风筝、竹简、木版年画等中国传统手工艺制作 | |
| | | 15:30 | 集合,前往运动场 | |
| | | 17:00 | 开展木射、投壶、赛龙舟、蹴鞠、木牛流马等体育活动 | |
| | 晚上 | 18:00 | 晚餐 | |
| | | 20:00 | 观看《草庐诸葛亮》 | 写出你对《草庐诸葛亮》的感受 |
| 第二天 | 上午 | 06:50 | 起床→集合→早操→洗漱 | |
| | | 07:50 | 早餐 | |
| | | 08:20 | 集合,前往课堂 | |
| | | 08:30 | 第一节课(按所选课程实施) | 按所选课程内容完成研学任务 |
| | | 09:30 | 第二节课(按所选课程实施) | |
| | | 10:30 | 第三节课(按所选课程实施) | |
| | | 11:30 | 课程总结 | |
| | 中午 | 12:20 | 中餐 | |
| | 下午 | 14:30 | 第一节课(按所选课程实施) | 按所选课程内容完成研学任务 |
| | | 15:30 | 第二节课(按所选课程实施) | |
| | | 16:30 | 第三节课(按所选课程实施) | |
| | | 17:30 | 课程总结 | |
| | 晚上 | 18:00 | 返程 | |

1. 诸葛亮是中国历史上杰出的政治家和军事家,集忠、孝、义、谋于一身,可以说是公认的中国历史上的智慧神的化身。诸葛亮为什么一直坚持北伐？

2. 诸葛亮自贬三级的故事中,三级是哪三级？《空城计》中的空城是哪个城市？

3. 诸葛亮的师父是谁？诸葛亮为什么不投奔曹操？曹操和诸葛亮谁的政治谋略和军事才能更胜一筹？

【思考探究】

# 人文黄冈　水韵遗爱

**【项目实施单位】**

黄冈市国家级示范性综合实践基地(黄冈市青少年校外教育活动中心)

**【项目组专家】**

徐冬鸿

**【指导教师】**

田伟　尹军明　赵旭　王秀强　孙远　朱琪玉喜　张汝佳　高欣　喻骞

**【课程主题】**

人文黄冈　水韵遗爱

**【适用学段】**

小学、初中、高中

**【研学时间】**

2天

**【线路安排】**

第一天:伊利工业园(伊利企业文化、伊利智能车间、伊利现代化立体仓库等)→遗爱湖平湖归雁景区→遗爱湖书城→水韵荷香景区(三苏亭、爱莲馆)→大洲竹影景区(落金轩、万竹园、双虹桥、竹影楼、紫竹馆、月转楼)→遗爱清风景区(苏东坡雕像、苏东坡纪念馆、遗爱亭、苏公堤)→临皋春晓景区(流光阁、苏东坡广场、徐公堤、木牌楼)→东坡问稼景区→黄冈市青少年校外教育活动中心。

第二天:遗爱湖一襄烟雨景区(芸香阁、寒食林)→琴岛望月景区(望月亭、清风阁、快哉亭、九曲桥)→红梅傲雪景区(傲雪亭、红梅馆)→江柳摇村景区(苏公茶居、民俗文化)→幽兰芳径景区(宜兰居、幽兰馆、兰亭、幽兰谷)→霜叶松风景区(红色黄冈、绿色黄冈、人文黄冈课程)→黄冈市青少年校外教育活动中心。

**【课程目标】**

1. 与大师对话。研学遗爱、探寻东坡,赏文学高峰、养浩然正气,观艺术幽谷、育天地情怀。

2. 与自然对话。赏遗爱十二景,观赏山川湖泊,融历史人文与自然风光于一体,汇科学精神与实践能力于一炉。

3. 与心灵对话。观湖中六馆,感受遗爱人文;知人论世,析古人处逆境不靡之志;寻物问道,品梅兰竹莲神韵之端。

4. 与教材对话。在研学中欣赏所学苏轼诗、词、文、赋的魅力,在探寻间勾连语文历史、地理、科学教材中的有关知识。

5. 通过参观、展示、动手操作、户外拓展等方式,让学生从看、听、读、写、诵等多个层面,感受遗爱湖的人文魅力,增强探究能力,提升综合素养,增加爱国热情。

**【资源特色】**

·湖北省中小学生研学旅行实践教育营地·

·国家级示范性综合实践基地·

## 黄冈市青少年校外教育活动中心

　　黄冈市青少年校外教育活动中心坐落于黄冈市城东新区,占地近 10 万平方米,总投资九千余万元。中心设施设备齐全,运行良好。有可供 1500 人食宿的食堂、宿舍,10000 平方米的素质拓展场地,7000 平方米的国防教育风雨广场,3000 平方米的生命安全广场,6380 平方米的教学楼,各类课室 40 余间。中心坚持公益导向,全面贯彻国家有关校外教育的各项政策。秉承"实践育人,活动育人,社会育人"的理念,坚持"校外活动的乐园,素质教育的基地,精品研学的窗口"的发展目标,教学内容突出时代特征、地方特色和多元特点,已研发了自有的基础课程、特色课程、精品课程。中心安全管理人防、技防、物防措施到位,安全制度齐全,应急预案全面,装有全方位、无死角电子监控系统,并实行 24 小时值班制,从开始运营至今从未发生任何安全事故。

## 黄冈市中小学生研学实践教育遗爱湖基地

　　遗爱湖位于黄冈市区中心,因北宋文豪苏东坡所著《遗爱亭记》而得名。占地 4.64 平方千米,水域面积近 3.78 平方千米。遗爱湖公园是一个集生态保护、休闲娱乐、文化传承于一体的东坡文化主题公园。著名文化学者余秋雨在游览遗爱湖后感慨:"遗爱湖公园与国内一些大城市的著名园林相比,无论是文化内涵,还是建设风格,不仅毫不逊色,而且还匠心独运。"遗爱湖河汉相通,湖湖相扣,湖中落下座座小岛,美不胜收。湖位于古城中,城在赤壁山下,堪称人间仙境。

　　历史赋予黄冈厚重的文化积淀,罕见的城市原始生态使之更具魅力。登山远眺,遗爱湖及古城风景尽在眼底,可谓山与城相连、城与湖相接,湖光山色相得益彰。黄冈遗爱湖被誉为黄冈的文化标识,也是黄冈人民的精神家园。

**【课程特色】**

## 人文融合(十二景区)

　　一座遗爱湖,浸润了黄冈千年的文脉。北宋元丰三年(1080 年)二月至七年(1084 年)四月,一代文豪苏轼谪居黄州,创作了以"二赋一词"为代表的 700 余篇作品,现实生活的低谷却成就了他文艺创作和人生境界的巅峰,奠定了他在中国文学史上的崇高地位,被文化学者余秋雨称为"苏东坡突围"。

　　遗爱湖公园划分为十二片景区,集苏东坡诗、词、赋之佳句,采遗爱湖形、景、物之灵气,以四字命名法,分别命名为:遗爱清风、临皋春晓、东坡问稼、一蓑烟雨、琴岛望月、红梅傲雪、幽兰芳径、江柳摇村、水韵荷香、大洲竹影、霜叶松风、平湖归雁。十二景名中包含了春夏秋冬、松竹梅兰、风花雪月等中国传统文化元素,颇具研学价值。

## 经典展示(六大展馆)

坐落于遗爱湖公园景区中的爱莲馆、紫竹馆、幽兰馆、红梅馆、芸香阁、苏东坡纪念馆六馆为景区的特色馆。爱莲馆,集中展示荷花知识和咏莲艺术作品,馆名取自北宋周敦颐的《爱莲说》;紫竹馆,集中展示竹知识和竹文化,是大洲竹影景区的灵魂,尤其适合于明月之夜体验《记承天寺夜游》的意境;幽兰馆,集中展示兰花知识和兰花艺术,是景区主题的高度浓缩;红梅馆集中展示梅花知识和咏梅艺术作品;芸香阁,其名源自《临江仙·诗句端来磨我钝》之"应念雪堂坡下老,昔年共采芸香",是苏轼回忆他和弟弟苏辙过去风雨对床、共采芸香的快乐日子;苏东坡纪念馆,集中展示苏东坡的黄州岁月和东坡文化,是整个遗爱湖公园的画龙点睛之笔,由余秋雨题写馆名。六馆增加了景区的文化深度和厚度,从而更好地诠释了景区的文化内涵。学生在此可以体会到中国传统文化的博大精深。

## 名人题笔(书法)

寒食林为生态书法碑林,雕刻当代书法名家作品66幅,其名取自"天下第三行书"——苏东坡《黄州寒食帖》。这些雕刻的石碑,经过合理布局,形成"以石呈林、以石成碑"的石林带。碑文均为苏东坡诗词,全部由当代国内一流的书法大家来书写,篆、隶、楷、行、草五体皆备,书写风格各具神韵,是当之无愧的书法精品。遗爱湖内100多个景点和建筑的命名,都源自苏东坡在黄州创作的作品,匾牌全部采用苏东坡的书法集字镌刻,精妙立体地展示博大精深的东坡文化。

观碑林,学生可以找到自己喜欢的诗词;看镌刻,学生可以欣赏到书法大家的墨宝。

## 自然生态(桥、岛、亭、树)

景区内有大小桥梁十余座,桥桥有文墨。东坡桥,横龙卧波;九曲桥,九曲回环;廊桥为连接水韵荷香和大洲竹影景区的一座拱桥,因桥上的风雨木廊而得名;潇湘桥,其名源自苏东坡的《潇湘竹石图》,该画是苏东坡绘画艺术的代表作之一(整幅画作以潇湘二水的交汇点为中心,远山烟水,风雨瘦竹,让人在窄窄画幅内如阅千里江山);双虹桥,此为一堤二桥的合称,因形拱似虹,故名"双虹";黄州桥、岷峨桥、洛水桥,三座桥名都取自苏东坡《满庭芳·归去来兮》词里的三个地名。

遗爱湖有三座小岛,岛岛有神韵。琴岛,从空中看酷似一把小提琴,故名"琴岛"。置身岛上,月色、湖光、云影交相辉映,宛若仙境。

湖中亭阁三十余翼,翼翼有渊源。望月亭,其名源自《赤壁赋》"少焉,月出于东山之上,徘徊于斗牛之间"和《后赤壁赋》"人影在地,仰见明月。顾而乐之,行歌相答"。

遗爱湖景区树木丰茂,株株有精神。银杏、桂花、香樟、朴树、梅花、垂柳……风花雪月奉异彩,春夏秋冬献张扬。

穿梭桥、岛、亭、树之中,感受水天一色,引起学生无限的遐思,在活动中激起学生对美好生活的热爱和向往,引导学生树立人与自然和谐共生的生态观。

## 特色黄冈(三大课程)

特色黄冈分为红色黄冈、绿色黄冈、人文黄冈三大课程。课室位于遗爱湖霜叶松风景区的遗爱湖研学基地,充分展示了黄冈的特色。

红色黄冈课程通过对黄冈地区的革命名人(中共一大代表 3 人、国家副主席和代主席 1 人、国家主席 1 人、高级将领 200 余人等)、革命军队(走出了 4 支红军队伍)及革命战役(中原突围、刘邓大军挺进大别山等)的介绍,展现黄冈先辈在中国革命史上的不朽功绩和黄冈这片赤土对中国革命的贡献,培养学生弘扬优良的革命传统,传承红色基因,激发学生爱党爱国情怀。

| 中国共产党 创始人之一 陈潭秋 | 中国共产党 创始人之一 包惠僧 | 原国家副主席 和代主席 董必武 | 原国家主席 李先念 |

绿色黄冈课程对黄冈整体区位、地形地貌、山川河流、桥梁交通等地理条件进行介绍,通过沙盘让学生认识黄冈、了解黄冈、熟悉黄冈的地理特征和经济社会发展的状况,激发学生对美丽黄冈的热爱,培养学生从小树立热爱黄冈、建设黄冈的情怀,进而激励学生为建设美丽中国发愤努力。

人文黄冈课程是通过介绍黄冈的 8 项国家级、22 项省级非物质文化遗产,使学生感受黄冈劳动人民的智慧和创新精神,激发学生保护和传承文化遗产的意识。

## 科学探索(伊利工业园)

2010 年年底,伊利工业园成为黄冈市首家被评为 3A 级旅游景区的工业园。随着参观路线前进,可以看到行政人员的办公区域、黄冈伊利工厂所获荣誉、伊利集团生产基地网络布局图、国家领导人走进伊利集团留下的珍贵图片、伊利集团四大事业部的产品展示、冷饮车间、文化长廊、中心化验室、PET(涤纶树脂)生产车间、智能立体库房、液态奶包装车间、前处理车间、无菌灌装车间、高温瞬时杀菌车间、中央控制室、洗车区、采样区、收奶区、锅炉房、污水处理厂等。

通过参观,使学生认识到科技发展与我们的社会生活息息相关,了解全自动化技术,激发对科技的兴趣,为培养科学精神和工匠精神打下良好的基础。

## 户外拓展

　　户外拓展项目多样,可根据学生们的年龄段而选择,通过将多种趣味运动项目与遗爱湖的文化特色相结合,起到提升学生综合素质的作用。

　　户外拓展活动在遗爱湖公园开展,这里提供了风格各异的活动广场和室外体育场地。在研学导师的带领和组织下,开展丰富多彩的活动,通过动手制作、礼仪学习、团队合作、交流展示等方式,让学生们研有所获,学有所得。

【行程安排】

| 时间 | | | 课程内容 | 研学任务 |
|---|---|---|---|---|
| 第一天 | 上午 | 08:00 | 学校集合,前往伊利工业园 | 1. 谈谈现代化科技对人类生活的影响。<br>2. 诵读关于莲的诗词。<br>3. 交流和讨论生活中见过的竹制品及其作用 |
| | | 09:00 | 参观伊利工业园 | |
| | | 09:40 | 前往遗爱湖 | |
| | | 10:00 | 参观遗爱湖图书馆、平湖归雁、水韵荷香、大洲竹影景区,开展拓展活动 | |
| | 中午 | 12:00 | 中餐 | |
| | 下午 | 13:00 | 参观遗爱清风景区,开展拜师礼学习,户外拓展活动 | 1. 传统拜师礼是中国传统文化传承中重要的一部分,通过学习拜师礼,体会"礼"的重要性。<br>2. 学习古人的智慧及处世风格。<br>3. 诵读苏东坡的诗、词、赋。<br>4. 学唱《明月几时有》 |
| | | 15:00 | 参观临皋春晓、东坡问稼景区,开展拓展活动 | |
| | | 17:00 | 返回基地 | |
| | 晚上 | 17:30 | 晚餐 | |
| | | 19:00 | 观看电视纪录片《苏东坡》 | 以《苏东坡》为题,作诗、文、画(任选其一) |
| 第二天 | 上午 | 06:30 | 起床,整理内务 | |
| | | 07:30 | 早餐 | |

（续表）

| 时间 | | | 课程内容 | 研学任务 |
|---|---|---|---|---|
| 第二天 | | 08:00 | 前往遗爱湖 | 1. 在"寒食林"碑林欣赏当代书法家的书法艺术。<br>2. 找到所学的苏轼的诗词。<br>3. 学习一首喜欢的诗词并了解其背景、意义。<br>4. 尝试自作一首诗或者词。<br>5. 背诵有关雪或梅的诗词 |
| | | 09:00 | 参观一蓑烟雨(寒食林)景区 | |
| | | 10:30 | 参观琴岛望月、红梅傲雪、江柳摇村、幽兰芳径、霜叶松风景区 | |
| | 中午 | 12:00 | 中餐 | |
| | 下午 | 13:00 | 特色课程:红色黄冈、绿色黄冈 | 1. 说一说你认识的黄冈。<br>2. 讲一个黄冈的名人故事。<br>3. 重温入队(团)誓词 |
| | | 15:00 | 特色课程:人文黄冈 | |
| | | 16:30 | 返回基地(学校) | |

**【思考探究】**

1. 小学生:给长辈讲1～2个苏东坡的故事或者与父母共同制作一道东坡美食。
2. 初中生:探寻苏东坡一生坎坷命运的根源。
3. 高中生:搜集和整理苏氏三父子在中国文学史上的成就。

第二单元

荆楚文明

# 传承荆楚文化　增强民族文化自信

**【项目单位】**

武汉青少年社会实践活动教育基地

**【教学指导】**

付德保　王海峰

**【指导教师】**

付伟　马志刚　方盛　孙磊　付炳　肖波

**【课程主题】**

传承荆楚文化　增强民族文化自信

**【适用学段】**

小学、初中

**【研学时间】**

5天

**【线路安排】**

武汉青少年社会实践活动教育基地 → 盘龙城 → 湖北省博物馆 → 黄鹤楼 → 武汉青少年社会实践活动教育基地

**【课程特色】**

1. 活动包含丰富的传统文化内容,如国学教育、茶艺展示、捏塑体验、非遗文化表演、"鼓"动人生、活字印刷术实践体验、登名楼、诵诗词、诗人扇制作、学做黄鹤楼模型、国粹——脸谱制作等。

2. 寓教于乐。引导学生对青铜器纹饰进行观察并临摹,通过体验游戏、创意制作及绘画等活动,让学生在愉快的学习和活动氛围中感知荆楚大地的悠久历史和灿烂文化。

**【课程目标】**

1. 传授国学知识,培养青少年热爱传统文化、热爱祖国的情感,增强民族文化自信,立志做新时代的青年。

2. 组织学生探究学习盘龙城历史,了解与盘龙城相关的知识;并由此拓展到关于武汉及城市进步相关知识,进一步增强学生的历史自豪感。

3. 精心设计青铜器纹饰观察实践课程,通过趣味讲解、游戏体验、临摹实践等环节,让课本知识借博物馆的文化气氛鲜活起来;在愉快的学习和活动氛围中,锻炼学生的团队协作能力、个人观察能力,培养学生的探索精神以及人文情怀。

4. 了解并记住黄鹤楼在历史文化中的地位和作用;总结与黄鹤楼相关的诗词;研究古诗词,结合黄鹤楼名画,设计制作自己的诗人扇;研究黄鹤楼结构,拼装黄鹤楼模型。

【资源特色】

·湖北省中小学生研学旅行实践教育营地·

## 武汉青少年社会实践活动教育基地

武汉青少年社会实践活动教育基地是于 2002 年 10 月在湖北省教育厅、武汉市教育局备案,经洪山区教育局签发洪教〔2002〕72 号文件《关于同意筹建武汉青少年社会实践活动教育基地的批复》批准下成立,又名红心教育基地。2006 年 6 月,武汉市委宣传部、武汉警备区政治部下发武宣文〔2006〕24 号文件,正式授予该基地"武汉市国防教育基地"称号。基地于 2006 年至 2008 年先后被武汉市教育局、民政局、物价局授予"先进单位"和"先进集体"的荣誉称号,并荣获首届武汉市青少年社会教育优秀团队"银杏奖",取得了良好的社会效益。

基地环境优雅,地处梁子湖风景区腹地,紧邻中国光谷,距离武汉城区 20 多千米,交通便利。基地占地约 45 万平方米,投资数千万,可同时供 3500 人食宿,并提供 10000 平方米的军训操场和 3000 平方米的风雨训练场以及教师招待所和餐厅。基地汇集了大量多年从事校外实践活动的教育专家和精英,并组建了由武汉市教育专家和部分学校校长为主体的教育理论顾问团。根据《国家中长期教育改革和发展规划纲要(2010—2020 年)》,基地特开设"四生"教育(生命安全教育、生存磨砺教育、生活体验教育、生态科学教育)、军事国防教育、青少年成长教育、社会大课堂、职业素养培训等多个主题的"红心教育"特色课程,并开发了蔬菜认知、自主野炊、飞夺泸定桥、智勇攀岩和空中飞人等 40 多个适合不同年龄层次的学生参与、感受、体验的实践活动项目。

## 武汉市黄陂区盘龙城遗址

武汉市黄陂区盘龙城遗址:我国早期城市遗址,其存在时代一说为商代早期,一说为夏代,位于湖北省武汉市黄陂区盘龙城经济开发区叶店杨家湾盘龙湖畔。

盘龙城遗址距今约 3800 年,被专家论证为"华夏文化南方之源,九省通衢武汉之根"。原本认为中心区面积约 1.1 平方千米,但之后发现了面积约为 2.5 平方千米的外城,其遗址面积应更为广大。遗址文化堆积年代,上限为屈家岭文化时期(有屈家岭文化的地层),下限相当于殷墟早期。内城兴建年代在公元前 15 世纪前后,相当于二里岗时期,外城则尚未确定兴建年代。它的发现对于研究南方古代文化面貌、城市的布局与性质、宫殿的形制及建筑技术,都具有重要的价值。1988 年国务院公布该遗址为全国重点文物保护单位。

盘龙古城出土了数百件商代青铜器、陶器、玉器、石器和骨器等文物,制作精美,花纹别致,特别是出土的兽面纹盉,盘龙城大铜鼎、铜锁、铜提梁卣都是中国文物中极为罕见的珍品。盘龙城出土的 94 厘米长的大玉戈为 2002 年国家文物局公布的首批 64 件禁止出国(境)展览文物,是国家一级文物。

盘龙城遗址的发现,揭示了商文化(一说为夏文化)在长江流域的传播与分布,为研究古代的政治、经济、文化提供了宝贵的实物资料。

## 湖北省博物馆

湖北省博物馆筹建于1953年,坐落于湖北省武汉市武昌区东湖风景区,占地面积8万余平方米,建筑面积11万余平方米,展厅面积3万余平方米,有中国规模最大的古乐器陈列馆。

湖北省博物馆现有馆藏文物24万余件(套),以青铜器、漆木器、简牍最有特色,其中国家一级文物近千件、国宝级文物16件(套)。越王勾践剑、曾侯乙编钟、郧县人头骨化石、元青花四爱图梅瓶为该馆四大镇馆之宝。

湖北省博物馆是中央和地方共建的八家国家级重点博物馆之一、国家一级博物馆、饱水漆木器保护基地、国家5A级旅游景区,也是湖北省规模最大、藏品最为丰富、科研实力最强的国家级综合性博物馆。1960年,时任中华人民共和国副主席的董必武来馆视察,并亲笔题写馆名。

## 黄鹤楼

黄鹤楼位于湖北省武汉市长江南岸的武昌蛇山之巅,濒临万里长江,是国家5A级旅游景区,自古享有"天下江山第一楼"和"天下绝景"之称。黄鹤楼是武汉市标志性建筑,与晴川阁、古琴台并称"武汉三大名胜"。

黄鹤楼始建于三国时代吴黄武二年(223年),三国时期该楼只是夏口城一角瞭望守戍的"军事楼"。晋灭东吴以后,三国归于一统,该楼在失去其军事价值的同时,随着江夏城的发展,逐步演变成为官商行旅"游必于是""宴必于是"的观赏楼。唐代诗人崔颢在此题下《黄鹤楼》一诗,李白在此写下《黄鹤楼送孟浩然之广陵》,历代文人墨客在此留下了许多千古绝唱,使得黄鹤楼闻名遐迩。

黄鹤楼坐落在海拔61.7米的蛇山顶,京广铁路的列车从楼下呼啸而过。楼高5层,总高度51.4米,建筑面积3219平方米。黄鹤楼内部由72根圆柱支撑,外部有60个翘角向外伸展,屋面用10万多块黄色琉璃瓦覆盖而成。

黄鹤楼楼外铸铜黄鹤造型、胜像宝塔、牌坊、轩廊、亭阁等一批辅助建筑,将主楼烘托得更加壮丽。主楼周围还建有白云阁、象宝塔、碑廊、山门等建筑。整个建筑具有独特的民族风格,散发出中国传统文化的精神、气质、神韵。它与蛇山脚下的武汉长江大桥交相辉映;登楼远眺,武汉三镇的风光尽收眼底。

**【教学案例】**

| 时间 | | 活动内容 | 备注 |
|---|---|---|---|
| 第一天 | 10:30-11:30 | 基地教官(老师)接到各班学生并进行开营仪式 | |
| | 11:30-12:30 | 组织学生到基地餐厅用午餐 | |
| | 13:00-14:00 | 午休 | |
| | 14:30-17:30 | 组织学生前往活动场地:国学教育、茶艺展示、捏塑体验、非遗文化表演、"鼓"动人生、活字印刷术 | |

（续表）

| 时间 | | 活动内容 | 备注 |
|---|---|---|---|
| 第一天 | 17:30—18:00 | 组织学生到基地餐厅用晚餐 | |
| | 18:00—19:00 | 有序组织学生洗漱 | |
| | 19:00—21:00 | 观看军事战争片《战狼2》或《惊天动地》 | |
| | 21:00 | 熄灯就寝 | |
| 第二天 | 07:00—08:00 | 起床、洗漱、整理内务,到基地餐厅用早餐 | |
| | 08:00—12:00 | 早餐后,组织学生登车前往预定活动地点;在研学导师的带领下参观盘龙城历史博物馆,了解盘龙城历史 | |
| | 12:00—13:00 | 在预定餐厅用午餐 | |
| | 13:30—16:30 | 组织学生前往活动场地:在研学导师的带领下参观盘龙城宫城遗址区、稀树草原、汉版"巨石阵",探索挖掘现场的奥秘 | |
| | 16:30—17:30 | 集合登车,返回基地 | |
| | 17:30—18:00 | 组织学生到基地餐厅用晚餐 | 在参观学习的过程中,工作人员全程指导学生活动,并负责安全维护工作,且每次更换场地时都必须统计人数,确保无人脱离团队。 |
| | 18:00—19:00 | 有序组织学生洗漱 | 学生晚间休息时,工作人员须不定时巡查,确保学生安全 |
| | 19:00—20:30 | 以班级为单位组织学生学习中山舰历史事件及相互交流活动心得 | |
| | 21:00 | 熄灯就寝 | |
| 第三天 | 07:00—08:00 | 起床、洗漱、整理内务,到基地餐厅用早餐 | |
| | 08:00—11:30 | 组织学生前往预定活动场地:引导学生参观博物馆,对青铜器纹饰进行观察并临摹 | |
| | 12:00—13:00 | 在预定餐厅用午餐 | |
| | 13:30—16:30 | 通过体验游戏、创意制作及绘画等活动,在愉快的学习和活动氛围中感知荆楚大地的悠久历史和灿烂文化 | |
| | 16:30—17:30 | 集合登车,返回基地 | |
| | 17:30—18:00 | 组织学生到基地餐厅用晚餐 | |
| | 18:00—19:00 | 有序组织学生洗漱 | |
| | 19:30—20:30 | 组织学生在各自房间休息、相互交流活动心得 | |
| | 21:00 | 熄灯就寝 | |
| 第四天 | 07:00—08:00 | 起床、洗漱、整理内务,到基地餐厅用早餐 | |
| | 08:10—11:40 | 组织学生前往预定活动场地:①了解并记住黄鹤楼在历史文化中的地位和作用;②总结与黄鹤楼相关的诗词 | |
| | 12:00—12:30 | 组织学生到基地餐厅用午餐 | |
| | 12:40—16:20 | ①研究古诗词,结合黄鹤楼名画,设计制作自己的诗人扇;②研究黄鹤楼结构,拼装黄鹤楼模型 | |

（续表）

| 时间 | | 活动内容 | 备注 |
|---|---|---|---|
| 第四天 | 16:30–17:30 | 集合登车,返回基地 | |
| | 17:30–18:00 | 组织学生到基地餐厅用晚餐 | |
| | 18:00–19:00 | 有序组织学生洗漱,准备晚会 | |
| | 19:00–21:00 | 开展文艺晚会 | |
| | 21:00 | 熄灯就寝 | |
| 第五天 | 07:00–08:00 | 起床、洗漱、整理内务、到基地餐厅用早餐 | 了解中华民族历史文化、传承国学文化,使民族优秀传统文化在新的历史时期发扬光大。培养当代青少年热爱祖国、热爱学习的情怀 |
| | 08:00–11:30 | 组织学生前往活动场地:陶艺文化讲座、高射炮体验、击鼓联欢、国粹——脸谱制作 | |
| | 12:00–13:00 | 在预定餐厅用午餐 | |
| | 13:00–14:30 | 结营仪式 | |
| | 14:30 | 组织学生进站登车,返回武汉,结束研学行程 | |

注:①行程安排中各时间节点均为计划时间,具体时间以活动当天实际安排为准;以上各项活动具体参与顺序可能会根据实际情况灵活调整,但内容不变;活动过程中,每个活动场地都有专职安全督导进行安全巡视。

②研学课程准备:通过阅读辛亥革命历史书籍和资料、观看相关的历史影片,对辛亥革命和中山舰历史事件有一定了解;通过网络,查阅相关资料,了解相关历史知识并做记录。

【思考探究】

1. 研学实践报告:围绕小组研学主题,通过资料查找和实践所得,完成实践报告。

2. 主题班会:高扬民族精神,树立文化自信。

3. 户外实践:提高动手能力,培养创新意识。

# 走进金色农谷营地　探究屈家岭农耕文明

**【项目实施单位】**

湖北省金色农谷青少年实践教育基地(荆门市示范性综合实践基地)

**【项目组专家】**

侯凯　丁正清　朱振辉

**【指导教师】**

潘燕　潘钰　刘豫莎　王成杰　李小芳

**【课程主题】**

走进金色农谷营地　探究屈家岭农耕文明

**【适用学段】**

初中二、三年级

**【研学时间】**

5 天

**【线路安排】**

湖北省金色农谷青少年实践教育基地 → 屈家岭考古遗址 → 东方陶都 → 中国农谷展示馆 → 实践课堂(实践基地)

**【课程目标】**

1. 了解屈家岭农耕、农垦、农谷文化,丰富学生学科知识。

2. 感受屈家岭丰厚的文化底蕴,感知现代农业的魅力,培养学生"新三农"的情怀,提升学生学习能力,培养学生的自理能力、创新精神、团队精神和实践能力,全面提升学生的综合素质。

3. 培养学生丰富情感,体验不同的自然和人文环境,加深对自然和文化的亲近感;让学生在旅行过程中陶冶情操,拓宽视野,增长见识,丰富知识,增强集体荣誉感,认识到遵守社会公德的重要性。

**【资源特色】**

·湖北省中小学生研学旅行实践教育营地·

·教育部全国中小学生研学实践教育基地·

·中央专项彩票公益金研学实践教育支持单位·

### 湖北省金色农谷青少年实践教育基地

湖北省金色农谷青少年实践教育基地(荆门市示范性综合实践基地),位于闻名中外的屈家岭古文化遗址所在地——中国农谷核心区屈家岭管理区。是经教育部、财政部审批立项的国家级示范性综合实践基地。占地 33.3 万平方米,一期建筑面积 5.2 万平方米,总投资 1.7 亿元。基地环境美、规模大、功能全,是湖北省首批研学旅行试点单位,荆门市政府重点教育项目。连续数年被评为

湖北省校外教育工作先进单位,2017 年承办了湖北省中小学研学旅行试点启动工作会议。2018 年 10 月,被教育部命名为"全国中小学生研学实践教育营地"。

湖北省金色农谷青少年教育实践基地围绕学农、学军、学工、安全等主题,建有 10 多个体验和实训场馆,主要开设"品行修为"成长主题教育、"五生"系列主题教育、国防军事教育、安全环保教育、会议拓展与团队熔炼等实训课程。实训的理念是"创新实践、立德树人、实训一周、受益一生"。

## 屈家岭遗址

屈家岭遗址是一处新石器时代村落的遗址,是一处以黑陶为特色的文化遗存,具有独特的文化价值,定名为"屈家岭文化"。其年代距今 5000～4600 年,是更早期的长江中游的大溪文化的继承者。1988 年,屈家岭文化遗址被国家评为第三批重点文物保护单位。

## 东方陶都

在屈家岭文化遗址中发现的黑陶残片,特别是发现的珍贵文物——蛋壳彩陶杯,代表了当时制陶工艺的最高水平。屈家岭文化最早以黑陶为主,中晚期文化以蛋壳彩陶最具特色。东方陶都——屈陶,因屈家岭遗迹的发现而闻名世界。学生在此可以感受文化的历史及近距离接触陶艺制作。

## 中国农谷展示馆

展馆以"天下农脉 中国农谷"为主题,传统与现代相结合,以农耕文明的演进历程为主线,突出运用高科技,体现综合、开放、公众参与的特点,整合详尽而权威的资料和信息,运用图片、模型、触摸屏、多媒体演示等多种现代一流的高科技展示手段,再现荆门发展变迁历程,将中国农谷的过去、现在、未来浓缩成一幅浑厚、优美的画卷呈现给参观者。

**【教学案例】**

**一、知识点准备**

1. 屈家岭遗址的起源与文化及其分布。

2. 屈家岭遗址文物的特点。

3. 屈家岭遗址的历史价值与保护状况。

4. 屈家岭陶文化的起源与特点。

5. 东方陶都的制陶工艺。

6. 农耕文化的演进历程。

7. 中国农谷文化与未来发展。

二、课题设计

1. 感受屈家岭文化的内涵,弘扬其深厚的文化底蕴。体验不同的自然和人文环境,加深对自然和文化的亲近感,让学生在旅行过程中陶冶情操、扩展视野、增长见识、丰富知识。

2. 突显屈陶文化,彰显黑陶魅力。屈家岭遗址出土文物中以彩陶纺轮、彩绘黑陶和蛋壳彩陶最具特色。东方陶都主要是传承了黑陶工艺,让学生在参观的过程中了解黑陶制作的过程,让学生带着"黑陶为什么会是黑色的疑问"在参观中进行探究,自己寻找答案,让学生更进一步了解到屈陶文化的魅力所在。

3. 彰显农耕文化演进历程,体验现代农业科技。让学生了解农耕文化的演进历程,在参观过程中感知现代农业的魅力,培养学生"新三农"的情怀。

中国农谷展示馆以农耕文明的演进历程为主线,分为"农谷之源""农谷之基""农谷之兴""农谷展望"四个主要功能分区。四个功能分区中,"农谷之源"展区用文字和实物介绍中国农谷展示馆的基本概况,包括主题、主线、分区展示内容等;"农谷之基"展区重点展示了荆门优越的自然条件、资源分布、产业基础及发展新模式探索,并将此视为中国农谷建设的坚实基础;"农谷之兴"展区以中国农谷的兴起与发展历程为主题;"农谷展望"展区主要以高科技展示手段来呈现已迈入成熟期的中国农谷。

三、活动设计

研学之前,进行活动预热,召开"走进屈家岭文化研学旅行"的主题班会。

1. 活动目的。

(1)让学生了解什么是研学旅行,以及研学旅行与观光旅行的区别。

(2)让学生初步了解研学旅行目的地的特点以及活动过程中的注意事项。

2. 活动时间:周一下午第四节班会课。

3. 活动地点:本班教室。

4. 活动人员:全体同学。

5. 活动准备。

(1)准备屈家岭文化研学旅行的相关介绍视频和以前学生研学活动过程中的照片。

(2)准备金色农谷基地介绍视频。

(3)在活动开始之前,在黑板上写出主题班会的主题:"走进屈家岭文化研学旅行"。

(4)准备主题班会的PPT(演示文稿)。

(5)准备参加过研学旅行的学生的心得分享。

6. 活动过程。

班会开始,播放介绍金色农谷基地的视频,然后用旅行的话题引起学生的兴趣,再引入研学旅行。

展示主题班会的PPT。通过PPT给学生进一步讲解研学旅行的定义与特点,着重强调本次活动与普通旅游活动的不同之处:旅游主要目的是放松;而研学旅行是结合学科教学内容,以广泛的社会资源为背景,通过与社会多层面、多维度的接触与联系,拓展学生的学习空间,丰富学生的学习经历和生活体验,培养学生自主、合作、探究的精神和实践能力。

简单的介绍之后,播放屈家岭文化研学旅行的相关介绍视频,让学生对这次活动的目的地有更加直观的了解,通过视频让学生感受屈家岭丰厚的文化底蕴,感知现代农业的魅力。让学生抱着探究式的学习心态,在做中学,通过此次活动也可以培养学生的自理能力、创新精神、团队精神和实践能力,能全面提升学生的综合素质。

最后播放参加过研学旅行的学生的分享,让学生通过这个视频知道研学旅行并不是走形式。在活动过程中每个学生都会有所收获。最后,班上的同学进行班会总结与分享。

**【活动方案】**

## 活动一:参观屈家岭文化遗址

**一、研学导入**

1. 通知学生在下午三点半至五点半前往屈家岭文化遗址所在地,观看屈家岭文化遗址纪念碑,先初步了解屈岭文化。

2. 强调登车和坐车的安全注意事项。

3. 向学生发放导学案,可以与学生进行探讨。

(1)研学导师介绍屈家岭文化。

(2)屈家岭文化遗址纪念碑有什么时代意义?

4. 在车上观看屈家岭文化遗址宣传片,可以与学生初步交流。

(1)为什么叫屈家岭遗址?

(2)屈家岭的文化有哪些?

(3)屈家岭遗址为什么是长江流域第一个新石器时代考古学文化命名地?

**二、活动流程**

从基地上车,到达屈家岭文化遗址所在地。首先来到百年老树,听基地的研学导师介绍屈家岭悠久的文化历史。随后来到屈家岭遗址纪念碑前合影留念,听基地的研学导师介绍屈家岭遗址的起源、文化、存在的历史价值,最后快乐返程。

参观结束后,开始研学总结与延伸,对研学过程中活跃度高、喜欢探索提问的学生提出口头表扬,并记录在备选优秀学员名单中。

## 活动二:参观石磨坊

**一、研学导入**

强调注意事项和纪律:年代久远,有些物品已经不能使用,在观看农耕具的时候一定不要去触碰;观看有秩序;参观过程中不允许打闹;不能浪费食材。

**二、活动流程**

先到农耕社看看传统的农业工具,并了解它们的名字和使用方法,感受农耕文化的气息。随后带着兴趣来到石磨坊,分组活动,两人一组,一个人负责研磨,一个人负责加水,随后轮换。亲自劳作,感受传统工艺。然后带着磨好的豆浆,去往食堂加工,品尝自己的劳动成果,体验收获的乐趣。活动过程中,老师可以向学生提出如下问题。

1. 大家认不认识这些农耕具?

2. 它们分别有什么作用?

3. 它们的正确使用方法是什么?

4. 为什么每扇石磨分成"九方九齿"来锻造?

5. 在石磨的上扇凿有一个小孔,这个小孔叫什么?

活动过程中,老师要强调几个大型农耕具的使用方法,以加深学生的印象,并耐心回答学生的提问。活动结束后,老师将表现优异的学生记录在册,并记到备选优秀学员名单中。

### 活动三:陶艺场馆体验

**一、研学导入**

1. 提前向学生告知课程安排及课程意义。

2. 强调注意事项和纪律要求。

(1)不要随意触碰场馆内的物品。

(2)场馆内的物品和工具请不要带出场馆。

(3)拉坯转台边缘是比较锋利的,注意不要受伤。

(4)不要把泥巴弄在地上,或者捏得很碎,这样会导致泥土的水分流失。

(5)离开教室之前,请自觉清理自己面前和地面的卫生。

(6)进入场馆之后不要随意喧哗,一切服从老师安排。

**二、活动流程**

从学生兴趣开始导入,首先问他们有没有玩过泥巴,有没有体验过陶艺,是否喜欢陶艺等,随后讲述陶艺的历史,以小故事的形式把学生带入陶艺的情景中去。随后讲解屈家岭陶文化,并为之后的屈陶之旅埋下伏笔。随后进行分组教学,根据年龄段,分配教学任务,最后做好课堂总结与延伸。在活动过程中,老师可以向学生提出关于陶文化的一些问题,与学生在体验中交流,提高他们的兴趣。

### 活动四:参观东方陶都

1. 各辅导老师带领各班学生按计划开展活动。

2. 注意活动安全、严守活动安全操作章程。

3. 督导人员在现场来回巡视指导,督察管理活动现场。

4. 活动中辅导老师密切关注学生的身心状况,及时调整活动量与活动强度,尤其要照顾好体弱多病的学生。

5. 组织活动时,可根据现场实际状况做局部灵活调整。

6. 活动时若出现紧急情况及困难及时向现场督导汇报,请求援助。

7. 研学导师在行车过程中与学生互动:回顾陶艺场馆教学内容,并提出与屈陶文化相关的一些问题,引起学生兴趣,并发放导学案。播放屈陶宣传片,与学生交流屈陶文化的相关内容,浅谈文化内涵。

8. 分小组参观,由研学导师进行讲解。

9. 感受完屈家岭遗址的神秘色彩,体验过陶艺的独特魅力,学生用文字叙述此行观后感(200字左右)。

### 活动五:参观专题教育场馆

专题教育包括消防安全、防震减灾、国防教育、禁毒安全教育,每个班级在四个课程中选择任意一门。通过专题教育提升学生的爱国情怀,提高学生的安全意识。

1. 强调生命安全的重要性。

2. 组织观看专题教育片,引发学生思考(例如:防震减灾教育馆可以播放地震发生时和地震发生后抗震救灾的视频)。

3. 在场馆内首先介绍基础的专题知识,随后讲解我们应该如何去做,比如如何处理家庭中的油锅起火和煤气泄漏的事故,在消防逃生通道中我们应该注意些什么。最后进行现场模拟。

4.在就寝前做每日分享。

## 活动六：创意手工课程

创意手工课主要有沙画沙雕、石印篆刻、创意衍纸和生活艺术,通过本次课程培养学生的创新精神和实践能力,全面提升学生的综合素质。

1.介绍本次课程内容,并用PPT进行授课。

2.观看课程的视频,深入了解相关文化。

3.研学导师向学生讲解课程内容,如生活艺术课程主要是通过对日常生活中废弃的物品进行再创造,加以装饰。学习该课程可以学会废物利用、节约资源,陶冶我们的性情,培养我们的情操等。

4.学生自行创作。

5.课程结束后,对学生作品进行评比、讲评,并选出好的作品进行展示、适当奖励。

## 活动七：科学探究课程

科学探究课程包括创客空间、动漫动画制作、环保新能源和多米诺骨牌,根据学校要求四选一。该课程旨在让学生在动手实践的过程中拓宽视野、增长见识、丰富知识,并对科技发展有更深入的了解。

以动漫动画制作课程为例。课程开始时,研学导师播放有关课程的教学视频,并在播放前向学生提出问题,让学生通过视频短片去寻找答案。然后教师通过PPT讲解动漫动画的意义,介绍各国动漫动画的特点,并与学生在课程中互动,了解学生喜欢看什么动漫动画,是属于哪个国家的作品,这些作品的特点是什么。随后通过一小段动画介绍动画制作,老师讲解制作方法。之后分小组活动,学生创作属于自己的作品。课程最后,进行优秀作品展示、欣赏,并做课堂延伸。

## 活动八：参观中国农谷展示馆

本课程旨在让学生通过参观了解农耕文明的演进历程,感知现代农业的魅力;培养学生"新三农"的情怀。

1.行车的过程中简要介绍展示馆:中国农谷展示馆建于中国农谷核心区——屈家岭管理区行政楼一楼,南北朝向,东西长33米,南北宽17米,总面积561平方米。展馆以"天下农脉 中国农谷"为主题,传统与现代相结合,以农耕文明的演进历程为主线,突出运用高科技,体现综合、开放、公众参与的特点,通过详尽而权威的资料和信息,运用图片、模型、触摸屏、多媒体演示等多种现代一流的高科技展示手段,再现荆门发展变迁历程,将中国农谷的过去、现在、未来浓缩成一幅浑厚、优美的画卷呈现给参观者。

2.发放研学旅行导学案。中国农谷展示馆以天下农脉、中国农谷为主题,以农耕文明的演进历程为主线,通过"农谷之源""农谷之基""农谷之兴""农谷展望"四个展区,形象生动地演绎中国农谷的沧桑巨变,展现中国农谷辉煌的昨天、美好的今天和灿烂的明天。学生可以结合课本所学历史、地理知识拓展知识面,分析整合知识点,进行自我提升。

3.参观过程中研学导师讲解,并在"农谷展望"展区播放宣传片。

4.回顾展厅课程,分组总结;对优秀学生进行口头表扬。

## 活动九：学农体验

学农是由学校统一组织青少年学生集体下乡体验农耕、农种的社会实践活动,旨在让学生在活动中体验农村生活的酸、甜、苦、辣,真正认识"三农"。

**一、研学导入**

1. 知识点一:了解一般农作物生长法。

遵循大自然法则的农业生产方式,以维护土壤生机为原则,绝不使用任何化学肥料、农药、生长调节剂以及任何伤害土壤的添加物。通过参观食真田园基地种植方式,了解人良为食的文化理念,从小树立保护生态环境的意识。

2. 知识点二:红薯的种植方法和收获时间。

(1)苗床育苗:催芽育苗是反季节栽培红薯的重要环节,育苗时间适当提早到 2 月中旬,把种薯移入保护地苗床育苗。

(2)施足基肥:选择沙壤土地块,早春结合耕翻亩施农家肥。

(3)适时早栽:适时早栽,合理密植。4 月中旬是幼苗插植适期,此时气温回暖基本稳定,晚霜结束后,地温达 15℃以上时即可开始栽秧。

(4)田间管理:一是扎根缓苗阶段的管理,二是分枝结薯阶段管理,三是茎叶生长、块根膨大阶段的管理,四是茎叶衰退、块根膨大阶段的管理。

(5)摘顶。

(6)裂缝灌肥。

(7)适时收获。

红薯的块根是无性营养体,没有明显的成熟标准和收获期,但收获的早晚与红薯产量、留种、贮藏、加工利用、轮作倒茬都有密切的关系,收获过早会降低产量,收获过晚会受低温冷害的影响。红薯的收获适期,一般是在气温下降到 15℃时开始收刨,气温在 10℃以上或地温在 12℃以上时即在枯霜前收刨完毕,一般在寒露前后收刨完毕。

**二、活动流程**

(1)3 名学生一组,每组一把小锄头,一把铁锹,一个布袋。

(2)研学导师给每个班级划一块范围,每个班级的学生只能在自己班级的范围内挖红薯。

(3)小组成员开始挖红薯,挖好的红薯装在每个小组分发的布袋里。

(4)挖完红薯后,将学农工具放到学农仓库储藏室里。

(5)学生分享此次学农的心得体会。

## 活动十:自助野炊,篝火晚会

**一、研学导入**

1. 自助野炊安全注意事项。

(1)在野炊厨房内不得玩火。

(2)不得玩水或将水往其他同学身上泼洒。

(3)注意厨具、刀具的正确使用方法,避免被刀刃割伤手指。

(4)任何同学不得私自离开队伍,如有困难向老师寻求帮助(离班级远了,就是离危险近了)。

(5)请勿攀爬、追逐、打闹,以免发生戳伤、划伤、压伤、磕伤、烫伤、崴脚等事故。

(6)校医参与本次活动,同时携带医疗急救用品,以防突发伤害事件。

2. 野炊活动目的。

以野炊活动体现"健康人生,和谐共进"的理念,活跃学生身心,培养学生动手能力,激发学生写作兴趣,增强学生的自理自立和动手实践能力,让学生体验炊事的乐趣和劳动的快乐,培养学生的团队合作精神。

二、活动流程

1. 每个班级约分 10 人一组(具体安排根据班级情况来定)。

2. 每组推荐一名小组长,到研学导师那里领取野炊所需要的材料及工具。

3. 每小组拿十双碗筷、两个汤碗、一把锅铲、一个切菜案板、一把菜刀、若干笤箕、若干饺子皮、一碗饺子馅、4 根黄瓜、8 根火腿肠、4 个西红柿、6 个鸡蛋、2 棵白菜。

4. 拿好材料后小组长将任务分配下去,具体到哪些同学洗菜、切菜、哪些同学包饺子等。

5. 教官跟班指导,由学生操作为主。

6. 学生的材料准备就绪后,教官协助生火。

7. 一部分学生将包好的饺子下锅,一部分学生开始炒菜。

8. 将煮好的饺子、炒好的菜盛出,学生分享自己动手制作的食物。

9. 打扫餐桌及野炊厨房卫生,卫生分组由小组长安排,将垃圾带走,扔到垃圾箱里。

10. 学生分享本次野炊感想。

**【思考探究】**

　　1. 屈家岭文化遗址纪念碑有什么时代意义?请介绍屈家岭文化遗址的起源、文化、历史价值。

　　2. 你知道"新三农"是什么吗?它对我们有什么意义?

# 探寻巴蜀文化　领略三峡风光

**【项目实施单位】**

宜昌市青少年实践教育基地

**【项目组专家】**

邱望清

**【指导教师】**

曹建强　刘梦妮

**【课程主题】**

探寻巴蜀文化　领略三峡风光

**【适用学段】**

初中

**【研学时间】**

5 天

**【线路安排】**

宜昌市青少年实践教育基地 → 三峡大坝 → 屈原祠 → 车溪民俗风景区 → 三游洞 → 茶博园

**【课程特色】**

宜昌,古称为"夷陵",因"水至此而夷,山至此而陵"而得名,享有"三峡门户"和"峡口明珠"的美誉。宜昌的旅游资源非常丰富,自然风光集峡、水、山、洞于一体,三峡之中著名的西陵峡自西至东全部位于宜昌市境内,世界第一大水利枢纽——三峡工程就位于西陵峡内。宜昌是古代名人屈原和王昭君的故乡,也是楚文化的发祥地之一,且历来都是兵家必争之地,众多的名胜古迹和历史文化传说,是宜昌又一迷人之处。

**【课程目标】**

通过游览峡尽天开、山平水阔的三峡大坝,参观屈原祠,感受楚文化的博大精深;深入车溪、三游洞,了解三峡人文民俗;参观茶博园,培养学生的科学兴趣,开阔眼界、增长见识、更新观念;让学生在研学中感受祖国大好河山,感受中华传统美德,感受革命光荣历史,感受改革开放伟大成就。

**【资源特色】**

·湖北省中小学生研学旅行实践教育营地·
·中央专项彩票公益金研学实践教育支持单位·
·教育部全国中小学生研学实践教育营地·

## 宜昌市青少年实践教育基地

宜昌市青少年实践教育基地是财政部、教育部批准的中央专项彩票公益金资助的示范性综合校外教育机构。基地位于宜昌新区点军区奥体中心片区,占地约13.3万平方米,项目总投资1.5亿元,于2015年5月开始建设,分两期建成。位处宜昌新区文体中心腹地,周边资源丰富,距葛洲坝、三峡大坝、石牌抗战纪念馆、磨基山森林公园、车溪风景区、西陵峡口风景区一步之遥,奥体中心、市一中新校区、妇女儿童活动中心、人民防空办公室、老年大学、科技馆等近在咫尺。基地还将建设湖北青少年国防教育基地、宜昌青少年核心价值观教育基地、三峡水电文化基地、宜昌青少年科技创新教育基地、宜昌三峡人文民俗基地。

基地与华中师范大学合作,按照国家综合实践类活动课程的相关要求,依托本地区优势资源,开发设置了必修、选修共50门课程,包含了国防军事、生存拓展、生命安全、生活技能、科学实践、人文艺术等不同系列,学生可根据自身年龄特点和兴趣爱好自主选择。"操千曲而后晓声,观千剑而后识器",加强综合实践教育不仅是为贯彻落实教育部提出的从小学到高中设置综合实践活动并作为必修课的规定,更是立德树人、全面推行素质教育的重要途径。

## 三峡大坝

三峡大坝旅游区是全国首批5A级工业旅游景区、国家首批研学旅游示范基地、全国红色旅游景区、首批中国十大科技旅游基地、国家水情教育基地。三峡水利枢纽主要建筑物由大坝、水电站、通航建筑物三大部分组成。三峡大坝研学基地是一个拥有自然和文化资源、红色教育资源、科普教育资源、综合实践基地、大型公共设施、科研机构的综合体。基地以现有水利文化为核心,同时涵盖地质、生态、生物、环境科学、历史、文学、民俗、艺术、建筑、考古、交通文化等多项内容,是开展课外教育、亲子体验、社会实践、户外拓展、自然科考的绝佳场所。

## 屈原祠

屈原祠位于秭归县新县城,毗邻三峡大坝,占地面积约33.3万平方米。屈原祠以红色教育、生态环保为研学主题,以全国独一无二的屈原、端午、峡江特色文化为内涵。学生在此既能动手体验包粽子、绣香包、制作雄黄酒等端午习俗节目,又能体验妙趣横生的"唱诗、吟诗、写诗"环节,还可以到戏馆听质朴典雅、诙谐幽默的本地传统小戏、小曲。通过以上体验活动让学生在旅行中感受屈原文化的独特魅力。

## 车溪民俗风景区

车溪民俗风景区是三峡黄牛岩生态旅游风景区的南大门,是以田园风光和土家民俗文化为特色的风景区。景区内巴楚民风古老淳厚,田园风光清新自然,其特点可用"一二三四"来概括,即一个主题定位(梦里老家),两大自然奇观(植物奇观、地质奇观),三种文化特质(民俗歌舞欣赏、农耕稼作展示、古代作坊表演),四种旅游特色(民俗风情游、休闲体验游、科普考察游、猎奇探险游)。

## 三游洞

三游洞风景区位于西陵峡外,距宜昌 10 千米左右。三游洞的名字有两个典故:唐代诗人白居易、白行简、元稹三个人曾一同游过此洞,人称"前三游";到宋代,苏洵、苏轼、苏辙父子三人也一同来游过此洞,人称"后三游"。三游洞风景区内主要景点有三游洞、至喜亭、楚塞楼、古军垒遗址、张飞擂鼓台、陆游泉等。

三游洞以水利文化为核心,同时涵盖地质、生态、战争、历史、诗词、艺术、建筑、考古、书法文化等多项内容,形成了一整套立意高远、教育性强、内容丰富的研学课程。

【教学案例】

| 时间 | | 研学内容 | 地点 |
|---|---|---|---|
| 第一天 | 上午 | 开营仪式:介绍研学基地情况及研学要求 | 宜昌市青少年实践教育基地 |
| | 下午 | 团队建设 | |
| | 晚上 | 内务整理、休息 | |
| 第二天 | 上午 | 军事对抗、素质拓展、团队竞技等课程 | 宜昌市青少年实践教育基地 |
| | 下午 | 1. 造纸作坊:观北宋造纸作坊,学习造纸工艺。<br>2. 土陶作坊:学做陶器。<br>3. 榨房:了解原始榨油技术。<br>4. 酒坊:了解玉米变成酒的全部过程。<br>5. 土家歌舞和皮影表演:感受不一样的土家民族风情。<br>6. 中国第一家农家博物馆、中国第一家水车博物馆:蹬上水车,感受古时候灌溉的艰辛 | 车溪民俗风景区 |
| | 晚上 | 休息 | 宜昌市青少年实践教育基地 |
| 第三天 | 上午 | 1. 历史溯源:跟随《千秋三峡》的镜头,看三峡百年巨变。万古江流,盛世安澜,激发学生民族自豪感。<br>2. 现场观看:观赏三峡大坝全景,了解三峡工程选址原因及五级船闸的原理;在垂直升船机建筑体旁,了解升船机将"难于上青天"的蜀道变为黄金水道的过程。<br>3. 模型组装:组装船闸模型,学习其连通器原理。<br>4. 原理探索:聆听安全发电故事,通过 3D 动画了解发电机组工作原理 | 三峡大坝 |

(续表)

| 时间 | | 研学内容 | 地点 |
|---|---|---|---|
| 第三天 | 下午 | 1. 礼仪之邦：了解屈原生平，特别是他强烈的进取之心和不屈而纯洁的灵魂；参观屈原祠，穿楚服、祭屈原、行拜师礼；感受楚文化的博大精深，了解"楚辞"的文体特征。<br>2. 追忆屈子：学习《橘颂》《离骚》等屈原作品，体验划旱地龙舟、包粽子等端午习俗。<br>3. 三峡航运：游览青滩古村、欣赏峡江石刻、学唱船工号子、欣赏峡江皮影 | 屈原祠 |
| | 晚上 | 休息 | 宜昌市青少年实践教育基地 |
| 第四天 | 上午 | 了解三游洞的典故和由来，学习经典的诗词，体会唐诗宋词的优美；直观感受"水至此而夷，山至此而陵"的地理特征；了解三峡大坝与葛洲坝梯级调节水位的原理 | 三游洞 |
| | 下午 | 生命安全、科学实践、生活技能等课程 | 宜昌市青少年实践教育基地 |
| | 晚上 | 举行文艺晚会，观看电影，休息 | |
| 第五天 | 上午 | 茶园采摘：学习一芽一叶、一芽两叶不同采摘手法，动手采摘 | 茶博园 |
| | 下午 | 1. 闭营仪式：对整个研学之旅进行回顾、归纳、总结，颁发结业证书。<br>2. 返程 | 宜昌市青少年实践教育基地 |

【拓展设计】

1. 研学前，学生搜集三峡大坝、屈原、三游洞、三峡人文民俗的相关资料。

2. 研学前，召开主题班会，分享搜集的资料(图片、视频、文本展示)。

【思考探究】

1. 心肺复苏的步骤和要点有哪些？遇到火灾或地震，怎么应对？

2. 纸的制造过程有哪些？原始榨油的过程有哪些？

3. 三峡大坝选址的原因是什么？五级船闸的原理是什么？

4. 屈原的生平你了解吗？"楚辞"的文体特征是什么？

# 中国山区幸福村　让梦想启程远航

**【项目实施单位】**

　　保康县中小学生研学旅行营地

**【项目组专家】**

　　孙开林 范友文 吕泳荷 李大兵 张斌

**【指导教师】**

　　王绵才 李明义 姜祖成

**【课程主题】**

　　中国山区幸福村　让梦想启程远航

**【适用学段】**

　　小学三至六年级、初中、高中

**【研学时间】**

　　4 天

**【线路安排】**

　　保康县中小学生研学旅行营地 → 农耕博物馆 → 尧帝神峡 → 地质公园 → 老龙宫 → 石草坪农业观光园 → 勤廉公园 → 磷矿博物馆 → 尧子书院 → 文体中心 → 村小学

**【课程目标】**

　　通过本次研学活动,让学生走进"全国文明村""中国山区幸福村"——尧治河村,与自然、人文、历史、现实近距离接触,与文学大家、两院院士、村干部团队、村民代表面对面交流,参与丰富多彩的活动,学习尧治河人自力更生、团结奋斗、和谐创业、科学发展的尧治河精神,学习尧治河"昨天靠精神、今天靠发展、明天靠文化"的信念,在学习自然科学、人文知识、历史文化的同时,做到以下几点。

　　1. 培养学生坚定的信念、坚强的本领,学习尧治河人艰苦创业的精神。

　　2. 在尧治河精神的感染下,培养"不向困难低头,敢为天下先"的进取精神,树立学生自信心和自豪感,将尧治河的故事传唱开来,为新时代社会主义建设事业提供正能量。

　　3. 加强学生团队精神教育,激励学生树立远大理想,为人生、为社会发挥自己最大的力量。

　　4. 在尧治河精神和文化的引领下,培养学生们的责任、担当及感恩意识,充分发挥吃苦耐劳、积极向上和敢于奉献的精神。

**【资源特色】**

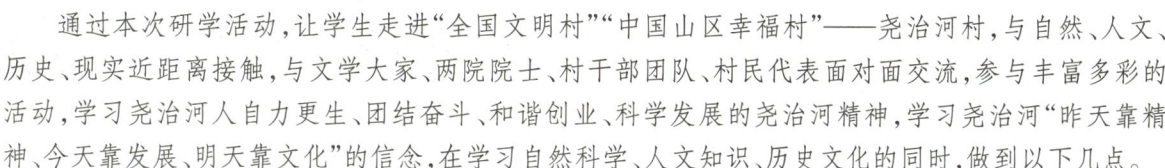

·湖北省中小学生研学旅行实践教育课程资源单位·

### 保康县中小学生研学旅行营地

　　地处房县、神农架和保康三县(区)交界处的保康县中小学生研学旅行营地,是全国文明村、全国休闲农业和乡村旅游示范点、中国最美休闲乡村、国家 4A 级景区、国家生态公园、国家矿山公园、国

家绿色矿山、国家生态旅游示范区、中国十大幸福村庄，中国十佳小康村，2016 年 CCTV "中国十大最美乡村"、湖北省新农村建设示范村、湖北省旅游名村、湖北省地质公园、湖北省生态村、湖北省卫生村，是研学实践的好去处。

2018 年，尧治河村实现工农业总产值 45 亿元，税费 4.2 亿元，农民人均纯收入达到 5.5 万元，家家住别墅，户户有小车，人人是股东，基本实现了小康目标。现在，尧治河村已发展成为集磷矿开采、精细磷化工研发、水电、旅游、酒业、餐饮服务为一体的企业集团，拥有村级企业 20 多家。

**【保障措施】**

1. 封闭式管理：活动期间学生由老师统一管理、全程陪同，采取封闭式管理。

2. 医疗卫生保障：由专职医生全程陪同，如遇突发事件能及时处理。

3. 就餐保障：根据学生的营养需求搭配一日三餐，由工商、食药管理部门全程监管。

4. 住宿保障：宾馆、养生馆、农家别墅。

**【教学案例】**

## 一、看农耕农具，了解文明发展史

线路：农耕文化博物馆。

一是观看农耕农具，学习使用方法，了解农业发展和农具的演变之路。

二是在农耕文化博物馆开展挑柴比赛、高跷比赛、团队协作比赛等活动。

三是体验豆腐加工、酿酒工艺、米面加工等制作工艺。

四是学习打草鞋、打火炮、做泥瓦活，体验传统农耕文化。

五是在尧帝大舞台开展娱乐活动。

## 二、听尧帝故事，传承尧帝精神

线路：尧帝神峡。锻炼学生户外徒步旅行能力，磨炼学生坚持不懈的意志，体验围棋所蕴含的博大精深的奥妙。

一是在每个节点对尧帝故事进行讲解,学习历史文化知识。

二是在尧治河村水库听修建水库故事。

三是在全省党员干部教育基地(创业园)开展少先队员、团员、党员齐唱国歌活动,在此体验艰苦奋斗、艰苦创业的精神,感受现代红色旅游文化。

四是在神峡中了解自然知识,熟悉各种植物。

## 三、喀斯特地貌科普,了解地理知识

线路:地质公园 → 老龙宫。

一是采取登山比赛的形式,沿途了解尧治河独有的地质结构,奇异的地貌形态,丰富的物种资源和完好的采矿遗址。

二是参观两亿年前由于长期的地壳运动形成的喀斯特溶洞,深入洞中了解和学习地理知识,围绕溶洞形成原理等进行实践学习,感受大自然的杰作。

## 四、绿色发展,体验幸福生活

线路:石草坪农业观光园 → 勤廉公园 → 磷矿博物馆 → 尧子书院 → 文体中心 → 村小学。

一是参观中国磷矿博物馆,熟悉和掌握磷矿的开采、加工、利用的全过程。

二是体验尧治河干部职工标准化原生态"田园生活"。

三是赴"春满楚天"电视艺术林,植下希望之树;到尧治河村小学与师生互动,开展手拉手活动;到村级福利院开展献爱心活动;到党员干部教育培训中心观看电影《天地尧治河》和纪录片《尧治河从这里走来》,让心灵受到洗礼,让梦想启程远航。

1. 荆楚农业、农具是怎样发展演变的?

2. 尧治河村作为"全国文明村",其文明程度体现在哪些方面?

3. 从哪些方面可以看出尧治河村民是幸福的?

【思考探究】

# 弘扬李时珍精神　传承中医药文化

**【项目实施单位】**

　　蕲春县中小学生研学旅行综合实践教育基地

**【项目组专家】**

　　洪朝阳　王泓权

**【指导教师】**

　　高永文

**【课程主题】**

　　弘扬李时珍精神　传承中医药文化

**【适用学段】**

　　小学四、五年级,初中,高中

**【研学时间】**

　　4天

**【线路安排】**

　　学校 → 教育基地 → 蕲艾小镇 → 蕲春县李时珍纪念馆 → 蕲春县赤龙湖湿地公园 → 教育基地

**【课程目标】**

　　1. 实践在基地——学习军人队列动作,聆听国防教育讲座,学会自律、自强;通过参观科技场馆,领略科技魅力,激发科技创新精神;通过团队共同协作,认识集体、认同团队、相互信任、共同进步。

　　2. 研学在艾城——深入蕲艾小镇,学习非遗文化,传承中医药文化及国学精神。通过动手制作蕲艾制品如艾条、艾皂、艾粑及艾灸等,对蕲艾等中医文化进行更深层的了解;通过学习制作陶艺,进一步了解千年古窑非遗文化,学习蕲春人民的钻研探索精神。

　　3. 走在路上的社会实践——游览蕲春人文风光,参观李时珍纪念馆,传承中医药文化,弘扬爱国情怀,学习李时珍大爱无疆的"医圣"精神。

**【资源特色】**

> ·湖北省中小学生研学旅行实践教育课程资源单位·
>
> ·黄冈市教育局中小学生研学实践教育基地·

### 蕲春县中小学生研学旅行综合实践教育基地

　　蕲春县中小学生研学旅行综合实践教育基地(以下简称基地),是一家非营利性单位,是湖北联投蕲春投资有限公司与湖北行动力教育科技有限公司根据教育部〔2017〕4号教育部关于印发《中小学综合实践活动课程指导纲要》的通知和〔2017〕7号湖北省教育厅下发《关于开展中小学生研学旅行实践教育基地推荐工作的通知》等系列文件精神,于2018年共同申请教育局授牌。基地包含联投·时珍艾城户外拓展区及国防教育科技研学旅行综合区,并拥有一支教学经验丰富、技术过硬的专业教师队伍。基地以"延伸学校教育,衔接社会教育,实践素质教育"为宗旨,以军事化封闭管理为模式,让学生看有所思、学有所得、劳有所获、玩有所乐。

现阶段,联投·时珍艾城户外拓展区可开展的课程有皮划艇水上项目、珍艾国礼体验、管窑文化体验、蕲艾研习所、斗茶体验、中医讲堂、千亩艾园、农耕文化体验园(农业采摘、钓鱼摸虾)及其他户外拓展项目。

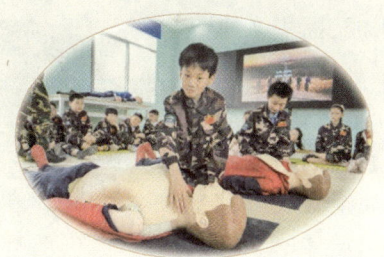

国防教育科技研学旅行综合区当前可开展的课程有3D打印体验、趣味物理体验、人工智能体验、应急救护体验、航空航模体验、消防应急演练、模拟法庭、模拟联合国、团队拓展、毕业墙等。拥有可同时容纳800人进行拓展活动的室内场馆。标准化的食堂及住宿环境也能够同时满足1200人的生活需要。

## 蕲春县李时珍纪念馆

蕲春县地处大别山南,当地农民历来有种植中草药的习惯。药材资源丰富,常用中草药不下400种。蕲州在明代中期就是全国著名的中草药进出港口和商埠,其药材吞吐量为"江淮之冠"。1996年国家确定蕲春的中药材专业市场为全国17个专业药材市场之一。蕲春县被列为国家杜仲、厚朴生产基地县,现有170余个药材种植场,种植面积达134平方千米。其中李时珍药物种植场为全国重点药材种植基地。2010年4月27日,中国蕲春县与韩国境内最大的药草集产地——韩国堤川市签订了缔结友好城市关系意向书。蕲春现为首批国家中医药健康旅游示范区。

大医药学家李时珍就出生在蕲春,蕲春县建设有李时珍纪念馆,该馆位于蕲州镇东南面风景秀丽的雨湖之滨,占地5万余平方米,由李时珍纪念馆、李时珍墓地、李时珍医史文献馆和药物园四部分组成,为国家级重点文物保护单位。李时珍纪念馆由邓小平同志亲笔题写馆名,为仿古(明代)建筑群,气势恢宏,错落有致。馆内陈列大量珍贵的医学资料、药物标本和郭沫若、邓颖超、方毅等同志的题词,并珍藏中外《本草纲目》版本十余种,以及古今中外介绍李时珍的医药书籍、文献资料和报纸杂志。纪念馆自1981年4月对外开放以来,平均每年接待中外游客40余万人。为纪念李时珍诞辰500周年,弘扬和传承中医药传统文化,李时珍纪念馆进行了全方位的升级改造。

## 云丹山

云丹山是大别山东南第一峰,海拔1244米,雄奇的山势、多姿的流水,造就了一个避暑纳凉的世外桃源。盛夏时节,山上最高气温在28℃左右,湿度小、无蚊蠓。山中太平水库修建于1966年,面积约20万平方米。水库周围青山环绕,风景秀丽,是鄂东著名的避暑胜地之一,而海拔落差达300多米的万丈崖峡谷则是该处最具特色的点睛之笔,一般人只能在其山谷对面遥遥眺望,赞叹它的飞迤秀美,绝难有亲观近睹的机会。一则因为万丈崖峡谷沟壑纵深,无路可达,是一处未开发的无人涉足之地;再则其崖壁陡峭,满布浓密的灌木和茂盛的杂草,在树林和草丛中,隐藏着令人闻之胆寒的剧毒蕲蛇,步步险象环生,危机四伏。

## 横岗山森林公园

横岗山森林公园,位于湖北省东南部,是原国家林业部1992年批准设置的省级森林公园,由蕲春、武穴、黄梅三县边缘地带组成,面积7.24平方千米,林地面积占90%以上,森林覆盖率达58.1%。最高海拔863.5米,境内自然风光秀美,古树参天,动植物资源丰富。

早在1300多年前,横岗山便是荆、吴、豫一带道、佛两教活动的主要场所,建有规模宏大的殿宇。真武殿巍峨雄伟、蔚为壮观,属道教武当山派系,始建于隋末唐初(621年)。云盖寺属九华山佛教派系,始建于盛唐(753年),现建有大小庙宇近三十座。

## 仙人台

仙人台位于湖北省黄冈市蕲春县北大同镇与英山县南河镇交界处,面积9.5平方千米,为大别山天堂寨支脉,主峰海拔1176米。《蕲州志》记载:"仙人台,在州北二百一十里,以名魁山、旋螺山,有九十九峰,高若列屏,横亘州北,陡其巅,可极目千里。"山顶南向有一长方形天然石台,台面及其四周均如刀削,石台西边有一座巍巍石庙,相传建于清乾隆年间,自四周墙壁至顶端,全用方形条石砌成,长8米,高6米。石厅内矗立着4根巨大的石柱,大厅周围刻有数百个姿态各异、栩栩如生的小型浮雕佛像。庙门刻有对联:"眼光俯视大千界,心地高悬第一峰。"相传此地为著名禅师刘五、刘六修炼羽化登仙之所,故名仙人台。此地盛产名茶,种茶历史悠久,始于汉,盛于唐,有"唐满顶,汉齐腰"之说。唐宋时所产之"蕲门"等名茶为鄂东重点名茗,为"淮南三茗"之一,被定为每年的皇家贡品。现有国营仙人台茶场,所产的"台茶"为全省名茶。

## 蕲春县赤龙湖湿地公园

赤龙湖湿地公园位于湖北省蕲春县南部,为湖北省"十大最美湖泊"。动植物资源丰富,分布着多种国家、地方重点保护动物和珍稀濒危动物,有国家一级保护动物,白鹳、黑鹳等。良好的生态环境使得赤龙湖国家湿地成为长江中下游不可多得的湖泊湿地生态系统。

◆名人文化资源

　　蕲春明代有伟大的中医药学家李时珍,清代有著名文学家顾景星、陈诗,近代有训诂学家、"章黄学派"创始人黄侃,黄侃也是中国近代民主革命家、辛亥革命先驱、著名语言文字学家。

　　到 2012 年,蕲春籍教授、副教授人数达到 4300 位(据蕲春县博物馆数据统计),遍布海内外,故有"教授县"美誉。其中蕲州东长街走出教授博士 126 位,有"博士街"之称。赤东镇范铺村堪称"教授县"里的"教授村",110 多位专家、教授出自同一个村。据蕲春县教育部门统计数据,北京大学有蕲春籍教授 15 人,武汉大学和华中科技大学各有蕲春籍教授 50 人,全国大学 100 强中有蕲春籍教授 260 人。还有中国社会科学院学部委员 3 人;长江学者 1 人;外籍院士 1 人;香港特别行政区资深院士 1 人、院士 1 人;有享受国务院颁发的政府特殊津贴有突出贡献的专家学者 31 人。湖北省的蕲春县与江西省的临川县、江苏省的宜兴市,并称为"中国三大人才之乡"。

◆诗歌文化资源

　　蕲春县早在 1984 年就成立了诗词组织,创办了濒湖诗社、诗词学会、楹联学会等机构,有中华诗词学会会员 32 人,湖北诗词学会会员 68 人,黄冈东坡赤壁会员 216 人。其中,百余名会员出版有个人诗集。

◆ 非遗文化资源

　　蕲春历史悠久、人杰地灵、文化厚重,拥有丰富的非物质文化遗产。

## 蕲春管窑手工制陶技艺

　　蕲春县管窑镇的制陶业生产历史可追溯到明朝洪武二年（1369 年）,从明、清至今,管窑镇一直是湖北省著名日用陶、工艺陶产区之一。1985 年全国首届陶艺家会议在管窑镇的岚头矶工艺陶厂召开,1987 年管窑镇被湖北省命名为"陶瓷之乡",先后有 350 多个品种、310 多种花色产品问世,曾多次获全国、全省创新设计和质量奖,产品畅销 6 个国家和国内 16 个省市的 74 个地区。

## 李时珍传说

　　李时珍的传说在民间流传极广,蕲春及鄂东南的老中医和挖药人几乎都能讲几个李时珍的传说故事。在蕲春,许多民间俚语都是源于李时珍的传说。比如,形容医术高明的俚语"能诊死人翻身,能断活人倒地";形容人穷的俚语"葛麻藤系腰,半边碗吃饭",等等。就连鄂东南一带的许多民俗、医俗,也是源于李时珍的传说。

　　2011 年 5 月 23 日,李时珍传说经国务院批准列入第三批国家级非物质文化遗产保护名录。

## 蕲春艾灸疗法

　　艾灸,乃中国最古老的医术之一,属中医外治法。它源于远古时代,形成于商周年间,历时几千年。艾灸是中华国粹,追溯千年,艾灸曾是帝皇养生的秘藏,流传至民间后又成为最主要的百姓治病良方,是我国宝贵的文化遗产。

　　《黄帝内经》就有灸治未病的说法,即采取预防或治疗手段,防止疾病发生、发展的方法,是中医治则学说的基本法则。艾灸身体不适处的穴位,治病于未然。《黄帝内经》的《灵枢·官能》说"针所不为,灸之所宜",《医学入门》亦说:"药之不及,针之不到,必须灸之。"可见灸法很早就被人们所重视,由于其具有养生保健作用,因此流传很广。

2013年，"蕲春艾灸疗法"被列入湖北省非物质文化遗产。

**【延伸拓展】**

1. 研学实践报告：围绕小组研学主题，通过资料查找和实践所得，完成实践报告的撰写。

2. 举行图片展：中国艾都、李时珍故里、赤龙湖湿地公园图片。

3. 召开主题班会：如何打造李时珍中医药健康旅游品牌？

4. 教学参考资料：人教版语文四年级课文《李时珍》。

1. 分析中医药在中国医学领域中的巨大作用及世界医学领域的重要地位。

2. 如何发掘和传承本地非物质文化遗产？

3. 谈谈蕲艾在医药产业中的利用价值。

**【思考探究】**

# 学演正宗黄梅戏　习练传统岳家拳

**【项目实施单位】**

　　黄梅向日葵研学实践教育营地

**【项目组专家】**

　　向焱兵 向焕

**【指导教师】**

　　郑海兵 袁光荣 王重阳

**【课程主题】**

　　学演正宗黄梅戏　习练传统岳家拳

**【适用学段】**

　　小学四至六年级,初中七、八年级,高中一、二年级

**【研学时间】**

　　5 天

**【线路安排】**

　　学校 → 黄梅向日葵研学实践教育营地 → 学校

**【课程特色】**

　　黄梅戏、黄梅挑花、岳家拳、国学经典、励志教育、科技制作、环境保护、农耕体验、户外拓展。

**【课程目标】**

　　1. 对学生进行感恩礼仪、传统文化、环境保护、科技创新、农耕体验、国防实践等教育。

　　2. 接受拓展训练,培养坚强意志、果敢作风、良好生活及行为习惯,提高学生自理、自立、自律、自护能力,促进身心全面发展。

　　3. 培养团队精神,提高综合素质,学会关心他人,学会合作,学会探究。

　　4. 学生能通过研学旅行获得丰富的实践经验,形成并逐步提升对自然、社会和自我内在联系的整体认识,具有价值体认、责任担当、问题解决、创意物化等方面的意识和能力。

**【资源特色】**

**·湖北省中小学生研学旅行实践教育营地·**

**黄梅向日葵研学实践教育营地**

　　黄梅向日葵研学实践教育营地位于长江中游北岸、大别山麓南缘、鄂赣皖三省交界处,南与江西九江两桥相通,距著名的庐山风景区、鄱阳湖风景区不到 1 小时车程,东有安徽太湖文博园等人文景点。黄梅市也有龙感湖国家级湿地保护区、红安红色文化、蕲春李时珍中医药文化、黄州东坡赤壁文

化等丰富的研学资源。营地占地约 33 万平方米,总建筑面积 5 万平方米,总投资 3 亿元,建有综合楼、实践楼、黄梅戏大剧院、青年客栈、师生食堂等宏伟建筑,还建有水晶塔、小勇士、毕业墙等大型户外设施,国防基地、农耕体验园等也应有尽有。营地师资力量雄厚,配套设施齐全,安保措施得力,将着力打造环境优美、功能齐全,集青少年研学旅行、国防军事教育、成人团队拓展培训、亲子游、夏(冬)令营、会议培训、休闲度假于一体的全省一流营地。

【教学案例】

## 学演黄梅戏

**一、课程目标**

1. 知识与能力:了解黄梅戏的发展与创新,能够简单表演黄梅戏。

2. 过程与方法:能够欣赏黄梅戏的表演艺术,基本了解黄梅戏表演常识。

3. 情感、态度与价值观:认识黄梅戏的传承意义,喜爱黄梅戏。

**二、对应学科**

音乐、美术等。

**三、课程时间**

半天。

**四、研学准备**

1. 学生了解黄梅戏的发展状况。

2. 教师准备黄梅戏的服饰。

**五、课程过程**

1. 情境导入。

导师:同学们生在黄梅,长在黄梅,对黄梅戏应该有所了解,这可是黄梅两个国家级"非遗"文化之一,我们青少年有责任传承这一文化并将它发扬光大,谁能简要介绍一下黄梅戏?

学生 1:黄梅戏前身即采茶调、采子、黄梅调等,后称黄梅戏,起源于黄梅县多云山区、太白湖畔的樵歌畈腔采茶调,成型于清道光年间,流播于长江中下游的湖北、安徽、江西、江苏等省的广袤区域。

学生 2:……

学生 3:……

导师:大家说得都很好。黄梅戏,旧称黄梅调或采茶戏,是中国五大戏曲剧种之一。黄梅戏源于湖北、安徽、江西三省交界处黄梅一带的采茶调。清末传入毗邻的安徽省怀宁县等地区,与当地民间艺术结合,并用安庆方言歌唱和念白,逐渐发展为一个新生的戏曲剧种,一度被称为"怀腔""皖剧"。

黄梅戏唱腔淳朴流畅,以明快抒情见长,具有丰富的表现力。表演质朴细致,以真实活泼著称,成为演绎、传播中国传统文化的重要手段。黄梅戏已成为深受全国观众喜爱的著名剧种。黄梅戏已有两百多年的历史,是"自唱自乐"的民间艺术。

2006 年 5 月 20 日,黄梅戏经国务院批准列入第一批国家级非物质文化遗产名录。

2. 了解黄梅戏的发展变化。

黄梅戏的起源最早可追溯到唐代。据史料记载,早在唐代时期,黄梅采茶歌就很盛行,经宋代民歌的发展、元代杂剧的影响,逐渐形成民间戏曲雏形。至明清,黄梅县戏风更盛。明崇祯年间,黄梅知县曾维伦在《黄梅风教论》中就有"十月为乡戏"的记述。清道光九年(1829 年),在别霁林的《问花水榭诗集》中,一首竹枝词的描述就更为生动:"多云山上稻荪多,太白湖中渔出波。相约今年酬社主,村村齐唱采茶歌。"

约从清乾隆末期到辛亥革命前后为黄梅戏发展的早期。黄梅戏原名"黄梅调"或"采茶戏",是十八世纪晚期在皖、鄂、赣三省毗邻地区形成的一种民间小戏。其中一支逐渐东移到安徽省怀宁县为中心的安庆地区,与当地民间艺术相结合,用当地语言歌唱、念白,形成了自己的特点,被称为"怀腔"或"怀调"。这就是今日黄梅戏的前身。

产生和流传到皖、鄂、赣三省间的黄梅采茶调、江西调、桐城调、凤阳歌,受当地戏曲(青阳腔、徽调)演出的影响,与莲湘、高跷、旱船等民间艺术形成结合,逐渐形成了一些小戏。进一步发展,又从一种叫"罗汉桩"的曲艺形式和青阳腔与徽调吸收了演出内容与表现形式,于是产生了故事完整的本戏。民国九年(1920 年)的《宿松县志》上记载有:"邑境西南,与黄梅接壤,梅俗好演采茶小戏,亦称黄梅戏。"第一次提出"黄梅戏"这个名称。

湖北省委、省政府围绕振兴黄梅戏做了大量工作:成立了湖北省黄梅戏剧院;从安徽安庆聘请了部分黄梅戏演员;把黄冈地区的大部分楚剧、汉剧团改为黄梅戏剧团;成立了黄冈艺校,专门为黄梅戏培养后备人才。黄冈地区创作的两台剧目《于老四与张二女》《银锁怨》先后在北京演出 14 场,得到观众好评;1995 年,湖北省黄梅戏剧院创作的大型现代戏《未了情》和古装戏《双下山》,在安徽举办的全国第二届黄梅戏艺术节上获得优秀演出奖,主演杨俊、张辉获表演金奖。《未了情》还获得第五届中国艺术节文华新剧目奖、文华导演奖、文华音乐创作奖。

为了提高黄梅戏的整体艺术水平,湖北省文化厅与黄冈市政府决定每三年举办一次黄梅戏艺术节。经过 5 届艺术节的推动与磨砺,创作出了《冬去春又回》《请让我做你的新娘》《春到江湾》《春哥传》等优秀剧目,培养出了郭华阳、周洪年、段秋萍等一批黄梅戏新秀。

大家说说,近代黄梅戏有哪些代表作?

学生 4:……

3. 欣赏黄梅戏的表演艺术。

观看黄梅戏教学视频,欣赏表演艺术。

导师:黄梅戏唱腔委婉清新,分花腔和平词两大类。花腔以演小戏为主,富有浓厚的生活气息和民歌风味,多用"衬词"如"呼舍""喂却"之类,代表曲目有《夫妻观灯》《蓝桥会》《打猪草》等;平词是正本戏中最主要的唱腔,常用于大段叙述、抒情,听起来委婉悠扬,代表曲目有《梁祝》《天仙配》等。现代黄梅戏在音乐方面增强了"平词"类唱腔的表现力,常用于大段抒情、叙事,是正本戏的主要唱腔;突破了某些"花腔"专戏专用的限制,吸收民歌和其他音乐成分,创造了与传统唱腔相协调的新腔。黄梅戏以高胡为主要伴奏乐器,以其他民族乐器和锣鼓配合,适合表现多种题材的剧目。

（1）唱腔。黄梅戏唱腔有三种形式:主腔、花腔、三腔。主腔是黄梅戏传统唱腔中最具戏剧性表现力的一个腔系。花腔从民歌中来,但作用已与民歌不大一样。它已经从田间走上舞台,从随口而歌进入到规定的戏剧情境,传达角色的心声。三腔是"彩腔""仙腔""阴司腔"三种腔体的统称。

（2）语言。

黄梅戏语言以安庆地方语言为基础,属北方方言语系中的江淮方言。唱词结构在整本戏多为七字句和十字句式。唱念方法均用接近普通话的安庆官话唱念。整本戏中用韵母念、官话唱,小戏说白则用安庆地方的乡音土语,唱腔仍用官话唱。

（3）伴奏。

黄梅戏最初只有打击乐器伴奏,抗日战争时期,曾尝试用京胡托腔,后又试用二胡伴奏,但都未能推广。到新中国成立初期,才逐渐确定用高胡做主要伴奏乐器,并逐步建立起以民族乐器为主、西洋乐器为辅的混合乐队,以增强音乐表现力。起初,黄梅戏无伴奏曲牌,抗日战争前后因与徽调、京戏同台演出,才吸收了京剧中的《三枪》《大开门》《小开门》《枯皇天》等曲牌。新中国成立初期,艺人又吸收了一些民间吹打及道教音乐中的《游春》《琵琶词》等曲牌,使黄梅戏伴奏音乐逐步丰富起来。

4.认识黄梅戏的传承意义。

导师:黄梅戏是由山歌、秧歌、茶歌、采茶灯、花鼓调发展而来,先在农村,后入城市,但形成一个成熟的剧种,那还是近代的事。在这段时间内,它吸收了汉剧、楚剧、高腔、采茶戏、京剧等众多姐妹艺术的精华,使自己逐渐完善起来而成为一个名剧,深受群众喜爱,对丰富群众的文化生活具有积极作用。

下面同学跟我来学唱一段。

……

**六、课程总结**

导师:同学们,我们今天只对黄梅戏有一个简单的了解。要学好黄梅戏需要日积月累,需要下功夫,并且要持之以恒。

**七、研学作业**

1.学唱一段黄梅戏。

2.爱好黄梅戏的同学可找专业人士学习,平时可安排一定时间练习。

### 习练岳家拳

**一、课程目标**

1.知识与技能:可以说出岳家拳动作名称并能做到手型、步型准确,80%以上的学生能做到动作连贯。

2.过程与方法:通过对教师示范动作的观察模仿和自主练习,发展肢体协调性和力量素质,掌握体育技术学习的一般方法。

3.情感态度与价值观:养成动作规范的良好运动习惯,体验武术的魅力,增强对武术和体育活动的兴趣。

**二、对应学科**

体育等。

**三、课程时间**

半天。

**四、研学准备**

1.学生准备拳衣。

2.教师准备岳家拳视频。

### 五、教学重难点

1. 武术基本手型、步型。

2. 手型、步型配合,动作流畅连贯。

### 六、课程过程

1. 情境导入。

导师:同学们生在黄梅,长在黄梅,对岳家拳应该有所了解,这可是黄梅两个国家级"非遗"文化之一,我们青少年有责任传承这一文化并将它发扬光大,谁能简要介绍一下岳家拳?

学生1:岳家拳是南宋民族英雄岳飞所创,发源于河南汤阴,发展于湖北武穴。岳飞被害后,其四子岳震、五子岳霆逃到大别山下五郎关避难定居,将岳家拳传于黄梅民间,代代相传至今。

学生2:……

学生3:……

2. 岳家拳介绍。

导师:岳家拳为宋朝民族英雄岳飞所创,最初用于军中练兵作战,而后在漫长的岁月中经过不断丰富、完善和整理,已形成一套完整的体系。岳家拳历经数百年不衰,并能流传于世,与其具有独特的风格特点是分不开的。

据岳氏宗谱记载,岳飞后裔在湖北武穴已传三十三代,两千多人。自宋代至今,岳家人对岳家拳的练习从未间断,而岳家拳的最初拳谱,就保留在《岳氏宗谱》中,是岳氏家谱的一部分。1986年,岳飞后裔、岳家嫡传拳师岳进将岳家拳古拳谱原本捐献给国家,自己仅留下复件,这才揭开岳家拳的神秘面纱。同时,岳飞爱将张保的后裔在岳家拳传承上也作出了很大贡献。根据祖训,张保家世世代代学练岳家拳,共同挑起了传承岳家拳之重任。

教师打一遍完整岳家拳套路,引导学生说出武术与其他运动项目的不同之处。

3. 拳术套路。

导师:岳家拳诞生于军中,专为士兵作战杀敌而创编,故擅长实战。岳家拳的每招每式都讲究实用,不追求花架与外形的刻意美观。流传下来的拳术套路主要有:一字拳、二梅花、三门桩、四门架、五法、六合、七星、八法、九连环、十字桩。十套拳法由易到难,循序渐进,而且每一套动作都古朴自然,紧凑严密,节奏鲜明,简练易学。其中的一招一式,都可以为习练者在实战中具体应用。例如,"飞挎篮""天罗地网""周仓扛粮"等技法是岳家拳技击之精华。

4. 风格特点。

(1)虚实结合。岳家拳虽然动作简朴,简单便捷,步法上直来直往,但仍然讲究虚实。

(2)步法独特。岳家拳的步法特点是脚踏中门,左右兼顾。步法则以柳叶桩为主。此步法立桩稳固,防守严密,以利击破对方突然袭击,且便于移动,既轻快又敏捷,动而不乱,以退为进,擅长进攻,能攻善守。岳家拳在实战应用中,攻防进取多手法而少腿法。手法灵活多变,变化莫测,出手快、路径短为一大特色,故拳术以短打著称。

(3)以气催力。岳家拳讲究气息调理,"气盈则力充"。练习时讲究以意领气,以气帅形,以气催力。动作之间以吸气与吐气相结合。吸气时气存丹田,气要充满,做到蓄气待发;吐气时要发声吐气,气要吐尽,动作之间前后照应,前后动作要求连贯自然。在大多数情况下,退防为蓄气待发,进攻则以气催力。

5. 播放教学片。

学生观看教学片,导师同时讲解。

6. 学练岳家拳。

(1)绕操场慢跑热身。

(2)练习关节操。

(3)分解动作,详细讲解。教师针对岳家拳进行详细讲解:基本手型拳、掌、勾,基本步型弓、马、仆、虚、歇。

(4)组合示范,规范动作。教师进行手型和步型组合教学,学生分批进行练习,教师指导和纠错,进一步规范动作。

(5)自我展示,积极参与。将学生分组,在教师口令下进行集体演练,以此形式调动积极性。

七、课程总结

导师:同学们,今天我们只是初步了解了岳家拳。要学好岳家拳需要日积月累,需要下功夫,并且要持之以恒。

**【思考探究】**

1. 黄梅戏的起源、艺术特色是什么?
2. 黄梅挑花的魅力、基本针法、与刺绣的区别分别是什么?
3. 岳家拳的创始人与黄梅有何渊源?
4. 岳家拳的基础拳法、基本套路、技击要领是什么?

# 考察郧阳古人类发祥地　寻访楚文化源头

**【项目实施单位】**

十堰市郧阳区青少年活动中心

**【项目组专家】**

王先波

**【指导教师】**

钟争

**【课程主题】**

考察郧阳古人类发祥地　寻访楚文化源头

**【适用学段】**

小学四至六年级、初中、高中

**【研学时间】**

3~5 天

**【线路安排】**

郧阳区青少年活动中心 → 郧阳博物馆 → 郧阳文化馆 → 郧阳明代大丰仓 → 郧阳府学宫 → 郧阳革命烈士陵园 → 最美乡村樱桃沟 → 郧阳区九龙瀑风景区 → 郧阳区虎啸滩风景区 → 青龙山国家地质公园 → 湖北沧浪山国家森林公园 → 郧阳子胥湖

**【课程目标】**

1. 了解郧阳重要历史、郧阳文化。让学生了解家乡革命英雄人物的事迹,教育学生记住历史,勿忘国耻,培养学生爱国情操,教育学生感恩惜福。

2. 了解恐龙的基本知识;了解恐龙时代的地理、气候条件;探索生命的起源,激发学生的好奇心和求知欲,初步养成从事探究活动的正确态度;使学生获得一些亲身探索的体验。

3. 通过峡谷拓展活动,挖掘潜能,增强自信心;克服惰性,磨炼毅力,战胜困难,增强对集体事务的参与意识与责任心;改善人际关系,学会关心关爱,增强合作精神;培养学生提出问题、分析问题、解决问题的能力。

**【资源特色】**

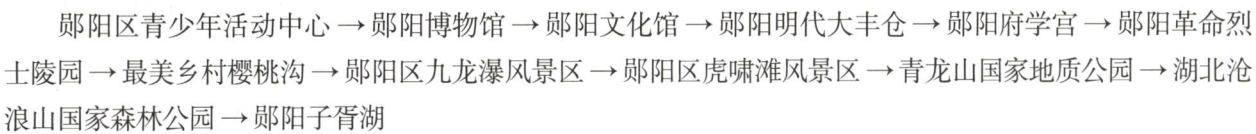

·中央专项彩票公益金支持校外活动保障和能力提升项目单位·

**郧阳区青少年活动中心**

巍巍秦巴,悠悠汉水。十堰市郧阳区青少年活动中心位于南水北调核心水源区,辖区内有"仙山""秀水""汽车城"三张享誉全国的城市名片,"龙蛋共存"恐龙遗迹世界罕见。郧阳区青少年活动中心是该区唯一一所研学旅行基地,中心占地面积约 130 万平方米,可一次性接待 500 名学生同时参加活动。通过理念探讨、线路设计、课程研究、教师培训、项目孵化等各项工作的落实,让学生的学习真正实现了"知行合一",为全面推进素质教育,积极配合新课程改革搭建研学教研平台。

## 郧阳博物馆

郧阳位于地球北纬 30°附近,地处中国地理"鸡心"。境内发现了距今 13500 万～6500 万年的青龙山恐龙蛋化石群,有轰动世界的"郧县人"头盖骨化石,有距今 100 万～5 万年的梅铺猿人、白龙洞猿人、黄龙洞猿人,有 4000 年文明不断代、被誉为"人类地下通史"的辽瓦店子遗址,是恐龙的故乡、古人类的发祥地、汉文化的摇篮、楚文化的源头。亿万年来,生命没断线、文化没断层、历史没断代,是生态宝地、生活福地,世人称"人类老家"。

郧阳博物馆位于郧县城关镇郧阳路文化东巷 6 号,建筑面积 5186 平方米,其中展厅面积 1600 平方米。现有馆藏文物 5 万余件(包括南水北调出土文物和考古标本),其中一级文物 6 件,二级文物 24 件,三级文物 149 件(等级文物数量不包括南水北调工程中出土的文物),展出文物 300 余件。基本陈列展示区 4 个:郧阳历史文物展区、"郧县人"区、仿李泰家族墓区、杨献珍纪念区,另外每年都会举办或协办 2～5 期临时性展览,主要展示郧阳名士书画、奇石等。郧阳博物馆是十堰市德育教育和爱国主义教育基地,"湖北省十佳文博单位"。

## 郧阳文化馆

郧阳区文化馆是"全国二级文化馆"。馆内设有郧阳凤凰灯舞传习所、综合文化艺术培训室、书画摄影展览厅、舞蹈排练厅等。近年来文化馆创作的各类艺术作品共有 50 余件在国家级、省级获奖或发表。

## 郧阳明代大丰仓

郧阳明代大丰仓是湖北省现存的唯一的明代官府粮仓,迄今已有 400 多年。2008 年与辽瓦店子遗址及乔家院墓群被同时确定为湖北省第五批省级文物保护单位。2009 年,经湖北省人民政府推荐申报为第七批全国重点文物保护单位。

## 郧阳府学宫

郧阳府学宫是明清时期湖北郧阳府的最高学府与祭孔场所,郧阳在唐宋时,有郧乡县学。郧阳府学宫始建于明洪武年间,前身为郧乡县学,明成化十二年(1476 年)设府后升为府学,明清两朝进行过十余次重修。现仅存文庙大成殿,是省级文物保护单位,2004 年确定为南水北调中线工程文物搬迁保护项目。文庙是供奉孔子以及由朝廷钦定历朝贤人的地方,前有月台、前殿、戟门、状元桥、棂星门、照壁及广场,后有明伦堂、朝圣斋、训道署,左右有厢房与庑等,成为明清时代郧阳、荆襄、豫西、陕南科考中心,人文荟萃,历时 300 多年。

## 郧阳革命烈士陵园

郧阳地处鄂西北,地跨汉水南北,地势显要,是兵家必争之地。新民主主义革命时期,在党的领导下,郧阳相继有 4 万多人参军参战,2000 多人壮烈牺牲。郧阳革命烈士陵园始建于 1950 年,由原中共郧县县委、郧阳专员公署、郧阳军分区为悼念解放郧阳而牺牲的烈士所建造的,是十堰市史料最完备、囊括面最广的革命史馆。

郧阳革命烈士陵园于 1985 年被郧县人民政府公布为郧县文物保护单位,1988 年被湖北省人民政府批准为湖北省重点烈士纪念建筑物保护单位,1995 年 3 月被湖北省人民政府公布为湖北省爱国主义教育基地。

## 最美乡村——樱桃沟

樱桃沟村地处十堰城区和郧阳城区结合部,全村面积 7.7 平方千米,辖 11 个村民小组,526 户 1888 人。樱桃沟村以漫山遍野的樱桃树而得名,房屋散落于茂盛的樱桃树之间,形成非常唯美的乡村田园画卷。春有山花烂漫,夏有樱桃满山,秋有蜜橘满园,冬有银装素裹,具有非常丰富的乡村旅游资源。樱桃沟村先后荣获"全国农业生态旅游示范点""中国旅游金奖""中国最美村镇""中国生态文化村""湖北旅游名村""湖北绿色幸福村""湖北省环境保护政府奖""十大荆楚最美乡村"等荣誉称号。

## 郧阳区九龙瀑风景区

郧阳区九龙瀑风景区位于鄂、豫、陕交界处的湖北省十堰市郧阳区南化塘镇、大柳乡兆河大峡谷,生态环境原始,自然风光优美。石自秀水出,树从石边生,人在河边走,身在水中游。涓涓细流,汇集成雄伟壮观的瀑布;静谧林海,映照着神秘莫测的龙潭。以蟠龙瀑、蛟龙瀑、螭龙瀑、虬龙瀑、应龙瀑、蜃龙瀑、夔龙瀑、鼍龙瀑、敖龙瀑为主的瀑布群似九龙腾飞,气势磅礴,游客身临其境,心旷神怡,飘飘欲仙。景区内更有千年钙化池,百年青苔壁,令人叹为观止。

## 郧阳区虎啸滩风景区

郧阳虎啸滩风景区位于鄂陕边境的郧阳区大柳乡白泉和天井山村,鄂陕公路临景区而过,距车城十堰市 65 千米,距郧阳区城关镇仅 33 千米,是连接武当山、十堰市、古城西安的必经之路,有其独到的区位优势。景区雄踞青龙山、乌龙寺、天井山群峰之间,集山、水、洞、泉为

一体,汇万山文化为一瀑,具有秦山汉水之娇艳,虎啸龙吟之气势。景区山、水、泉、壁星罗棋布,茂林修竹,形态各异,有惊、险、奇、丽、峻、逸之美,更体现出大自然与万物之间相依、相连、同源、和谐的美,是天然的风景画卷,也是人们赖以生存的无公害绿色食品生产发展基地,更是人们探古寻幽、返璞归真、回归自然的理想之地。

## 青龙山国家地质公园

青龙山恐龙蛋化石群发现于湖北省十堰市郧阳区柳陂镇青龙山、红寨子一带,面积约 10 平方千米,赋存在晚白垩纪地层的粉红色砂砾岩中,距今 13500 万～6500 万年。

经国家和湖北省有关地质专家研究,该区有六个产蛋层位,除个别层位恐龙蛋化石破碎外,绝大部分恐龙蛋化石保持较原始的成窝状态。化石的主要形态有卵球形、球形、扁球形等,蛋壳颜色分为浅褐、暗褐、灰白色三种,分别属于五个恐龙蛋科:树枝蛋科、网状蛋科、蜂窝蛋科、棱齿蛋科、圆形蛋科,其中树枝蛋科分布最广、数量最多,约占 70%。青龙山恐龙蛋化石群具有数量大、埋藏浅、种类多、分布集中、地层剖面完整、保存完好以及地质信息丰富等特点。其中,发现最多的一窝恐龙蛋化石多达 61 枚,举世罕见。

## 湖北沧浪山国家森林公园

沧浪山位于十堰以西 27 千米、郧阳区与竹山县的交界处,面积约为 78 平方千米。主峰金顶海拔 1824.7 米。东南距武当山 80 千米,南距神农架 180 千米。北邻汉江,东有堵河,纵横郧阳区、竹山、房县三地,有羊坪寨、红岩背等千米以上高峰 19 座。其支脉东接房县,北连郧阳区,西近陕西白河,绵延于两省 4 县 10 个乡镇。公园内建有老庙、五佛洞、皇经堂、灵官殿、金顶等宗教建筑群。

## 郧阳子胥湖

郧阳湖,也叫子胥湖,传说古时伍子胥曾在此屯兵。郧阳湖之水,湖面宽广,山环水抱,有"问道武当,拜水郧阳"之美誉。这里是国家级清洁水源地保护区,汉江水汇入丹江水库,通过南水北调工程输送到北京。

中国子胥湖生态新区位于十堰市郧阳区城区西侧,紧邻南水北调核心水源区汉江北岸。距离十堰市区 35 千米,是十堰市丹江口库区生态旅游发展规划的重要节点、鄂西生态文化旅游圈核心板块之一,是集养老健康、休闲度假、文化旅游、现代农业为一体的综合型区域产城融合开发项目。项目总体规划面积 60 平方千米,总投资逾 300 亿元。

**【教学案例】**

| 时间 | 行程 |
|---|---|
| 第一天 ||
| 08:00-08:40 | 学校集合,研学启动仪式后前往郧阳博物馆,在车上组织学生开展以"万古一地"为主题的研讨探究课程,同时进行以"我爱家乡郧阳"为主题的责任及感恩教育 |
| 08:40-11:30 | 前往郧阳博物馆,依次参观郧阳古城馆、恐龙馆、"郧县人"馆、历史文物馆、"唐濮王李泰家族墓"室、杨献珍纪念馆、郧阳区摄影奇石字画根雕馆、绿松宝石馆。仔细观察馆藏"郧县人"头骨化石,恐龙蛋、恐龙骨骼化石以及碑碣、弘治大钟、象牙、兵器、青铜器、古陶、唐三彩等文物 |
| 08:40-11:30 | 思考:世界罕见的柳陂青龙山恐龙蛋化石群和梅铺李家沟的恐龙蛋及恐龙骨骼化石是怎样共生的。<br>选择"视觉思维"导览模式、"先自助参观、后集体讨论"模式、"现场问答"模式、以动手操作为特色的"工作室"参观体验模式等进行参观学习。<br>课程:拓印石头艺术品,钻木取火(任选其一) |
| 11:30-13:00 | 中餐 |
| 13:00-16:50 | 前往郧阳文化馆参观学习。<br>郧阳区文化馆是"全国二级文化馆"。近年来文化馆创作的各类艺术作品共有 50 余件获国家级、省级奖项。欣赏国家级非物质文化遗产——郧阳凤凰灯舞。学唱郧阳四六句,激发传承传统文化热情。<br>课程:九腔十八调的郧阳四六句 |
| 16:50-17:50 | 前往住宿地点 |
| 17:50-18:50 | 晚餐 |
| 18:50-19:20 | 分寝室、整理内务 |
| 19:20-21:00 | 观看励志电影 |
| 21:00 | 洗漱、就寝 |
| 第二天 ||
| 07:00 | 起床 |
| 07:30-08:30 | 早餐 |
| 08:30-09:10 | 前往郧阳明代大丰仓,沿途倾听郧阳文化历史典故,了解郧阳悠久的历史,培养同学们顺应历史潮流,大胆创新、求异的能力 |
| 09:10-11:00 | 导师带领学生们有序参观郧阳明代大丰仓。<br>大丰仓是湖北省现存唯一的明代官府粮仓,已有 400 多年的历史。现存仓库 3 栋 30 间,古建筑及场地占地面积共 12000 平方米,其中建筑面积 1129 平方米,占地面积 3350 平方米,是一处储备国家粮食的古建筑群。2013 年国家文物局官方网站公布了第七批全国重点文物保护单位,郧县大丰仓位列其中。<br>课程:走进郧阳明代大丰仓,探索古建奇工艺 |
| 11:00-11:30 | 前往进餐地点 |
| 11:30-12:10 | 午餐 |

（续表）

| 时间 | 行程 |
|---|---|
| **第二天** | |
| 12:10—13:30 | 前往郧阳府学宫、郧阳革命烈士陵园 |
| 13:30—16:50 | 探访郧阳府学宫,了解郧阳教育传统的源远流长,感受国学的博大精深。<br>课程:开笔仪式、学编草鞋、烈士陵园扫墓祭奠(任选其一) |
| 16:50—17:50 | 前往住宿地点 |
| 17:50—18:50 | 晚餐 |
| 18:50—21:00 | 篝火晚会,才艺展示 |
| 21:00 | 洗漱、就寝 |
| **第三天** | |
| 07:00 | 起床 |
| 07:30—08:30 | 早餐 |
| 08:30—11:00 | 欣赏最美乡村樱桃沟美景,亲近自然,陶冶情操。<br>课程:美丽樱桃小镇、魅力徽派建筑、水果采摘(任选其一) |
| 11:00—11:30 | 前往进餐地点 |
| 11:30—12:10 | 午餐 |
| 12:10—16:50 | 走进郧阳区九龙瀑风景区,欣赏峡谷自然之美,提高学生生态保护意识。<br>课程:瀑布的形成、攀网过河、飞龙滑索(任选其一) |
| 16:50—17:50 | 前往住宿地点 |
| 17:50—18:50 | 晚餐 |
| 18:50—21:00 | 诗词大会 |
| 21:00 | 洗漱、就寝 |
| **第四天** | |
| 07:00 | 起床 |
| 07:30—08:30 | 早餐 |
| 08:30—11:00 | 游览虎啸滩自然风景区。<br>课程:瀑布的形成、制作叶脉书签(任选其一) |
| 11:00—11:30 | 前往进餐地点 |
| 11:30—12:10 | 午餐 |
| 12:10—16:50 | 参观青龙山国家地质公园。<br>课程:探究恐龙的"前世今生" |
| 16:50—17:50 | 前往住宿地点 |
| 17:50—18:50 | 晚餐 |
| 18:50—21:00 | 辩论大会 |
| 21:00 | 洗漱、就寝 |

（续表）

| 时间 | 行程 |
| --- | --- |
| 第五天 | |
| 07:00 | 起床 |
| 07:30—08:30 | 早餐 |
| 08:30—11:00 | 参观沧浪山国家森林公园。沧浪山国家森林公园是十堰市首家"国字号"森林公园,3A级景区。万亩蜡梅、十里杜鹃、百里云海、多级瀑布重叠串联,是天然氧吧,这里可以观看奇珍植物、珍稀动物,是科普教育示范基地。<br>课程:我种植、我快乐,钻木取火,野炊,水果采摘,制作叶脉书签(任选其一) |
| 11:00—11:30 | 前往进餐地点 |
| 11:30—12:10 | 午餐 |
| 12:10—16:00 | 游览子胥湖。<br>课程:野炊、水果采摘、制作叶脉书签、拓印石头艺术品、剪窗花(任选其一) |
| 16:00 | 返程。由研学老师组织同学们畅谈研学旅行的感悟、收获 |

【思考探究】

1. 为什么说郧阳是恐龙的故乡、古人类的发祥地、汉文化的摇篮、楚文化的源头?

2. 郧阳明代大丰仓设计独具匠心,粮仓通风、防潮的要求进行了有针对性的设计,且外形不失美观古朴,它的设计蕴含着怎样的处世哲学?

3. 现代的钢筋混凝土已经代替了传统的建筑工艺,谈谈你对此的想法。

# 传千年古韵　承荆楚文明

**【项目实施单位】**

荆州旅游投资开发集团有限公司（荆州古城历史文化旅游区研学基地）

**【项目组专家】**

邓勇　孙黎明

**【指导教师】**

张培军　余威

**【课程主题】**

传千年古韵　承荆楚文明

**【适用学段】**

小学高年级、初中

**【研学时间】**

3天

**【线路安排】**

学校 → 宾阳楼 → 张居正故居 → 荆州古城国家湿地公园 → 关公义园 → 荆江大堤、万寿公园 → 荆州博物馆 → 楚王车马阵景区 → 学校

**【课程特色】**

本线路课程系统梳理、选取国务院首批公布的历史文化名城荆州的优秀文化旅游资源，将课本知识与体验课程紧密结合，通过精彩看点、实景演艺、故事再现、角色互动、知识小课堂等形式，使学生感受博大精深的楚文化，了解长江文明在中华文明史上的重要地位，让底蕴深厚的古代文化遗存、改写历史的珍贵文物、深藏在故纸堆里的经典传奇，零距离鲜活地展现，使学生在生动有趣的研学过程中，更好地理解课本知识，在潜移默化中接受中国优秀传统文化的熏陶。

**【课程导入】**

禹划九州，始有荆州。荆州历史悠久，文化灿烂，是楚文化的发祥地、三国文化和关公文化中心，对中小学生体验博大精深的长江文化和荆楚文化、三国文化、关公文化、宰相文化、诗词文化，开展研学旅行具有较强的适用性和实践意义。

本课程是以"传千年古韵　承荆楚文明"为主题的综合实践课程，通过在荆州古城三天的研学课程，探究荆楚大地博大精深、独具特色的历史文化，学习古人自强不息的进取精神、锐意改革的创新精神、海纳百川的开放精神、热爱祖国的爱国主义精神，以引导学生开阔眼界，增长知识，树立正确的世界观、人生观、价值观，培养良好的行为习惯和品德修养，提升发现问题和解决问题的能力，促进学生必备品格的形成和核心素养的全面提升。

## 【课程目标】

1. 了解楚文化的深刻内涵和屈原的生平及其历史贡献。
2. 了解长江文明、独特的荆江文化和九八抗洪精神。
3. 了解关公精神的深刻内涵和关公在广大民众心中的形象。
4. 触摸被誉为"中国之最"的出土文物，了解独特的荆州文化遗存对中华文明的贡献。
5. 品味诗韵荆州。
6. 培养想象力、创造力。

## 【资源特色】

**·湖北省中小学生研学旅行实践教育基地·**

# 荆州古城历史文化旅游区研学基地

荆州古城历史文化旅游区涵盖荆州博物馆、荆州古城墙宾阳楼、城墙博物馆、张居正故居、关公义园、关帝庙、环荆州古城国家湿地公园和楚王车马阵（熊家冢国家考古遗址公园）景区，是长江大学荆楚文化实践基地，目前正在申创 5A 级旅游景区。

荆州博物馆为国家一级博物馆、4A 级旅游景区，以其优美的环境、丰富的馆藏文物和独具地域特色的文物珍品陈列，以及考古研究的丰硕成果而享誉海内外。1994 年荣获中国地市级"十佳博物馆之首"的美誉，馆藏珍贵文物 17 万余件。

荆州古城，又名江陵城，4A 级景区，是中国历史文化名城之一，始建于春秋战国时期，曾是楚国的官船码头和渚宫，现存城墙以明清时期所建为主，以宾阳楼最为雄伟壮观。荆州古城墙为全国重点文物保护单位，历经风雨，仍挺拔、完整而又坚固，被誉为"中国南方不可多得的完璧"。

一代名相张居正故居含大学士府、九鸟苑、陈列馆、文化艺术碑廊、首辅论证群雕等景点，极具宰相文化代表性。

关公义园矗立着全球最大体量的青铜关公雕像，荆州关帝庙为全国唯一修建在关公官邸旧基上的关庙。关公精神及其"忠、义、仁、勇、礼、智、信"等七德，是中华优秀传统文化的组成部分。

楚王车马阵景区（熊家冢国家考古遗址公园）为 4A 级景区，是目前国内乃至世界规模最大、保存最好、陵园分布最完整的楚国高等级贵族墓地，是春秋战国时期楚文化最高水平的杰出代表，被誉为"中国仅有，天下第一""北有秦皇兵马俑，南有楚王车马阵"。

荆州博物馆每周一闭馆，宾阳楼、张居正故居、关公义园、关帝庙、楚王车马阵全年开放。景区可同时接待 5000 人。各景点景区交通便利，公路、铁路、港口均可实现无缝换乘。基地研学专项线路、人员管理制度、票务管理制度、消防安全制度、应急管理制度及各项规章完善，制订有游客高峰期分流引导措施和景区预警制度，从未发生任何安全事故和人身伤害事故。

荆州古城历史文化旅游区获评省、市爱国主义教育基地、历史人文教育基地、楚文化研学基地、青年志愿者服务基地，教学基础扎实，示范意义明显。

## 关公义园——"义"文化研学实践教育基地

关公义园位于荆州古城东南侧,占地 15.2 万平方米,计划总投资 15 亿元。关公义园以"义"字为主题,配套布局完整的学生研学、市民休闲和旅游设施,用多种方式生动展现关公"义薄云天"的一生。2014 年入选国家优选旅游项目,2015 年纳入中国文化产业重点项目库并被评为湖北省第五批文化产业示范基地。

关公圣像是荆州的地标性城市雕塑,由艺术大师韩美林设计,是全球体量最大的青铜雕像。雕塑连同基座总高 58 米,重 120 多万千克(1200 余吨),外贴 4000 多片青铜片,平均每块重 150 千克。关公圣像采用孙子兵法中关于用兵的最高境界"其疾如风、其徐如林、侵掠如火、不动如山"的描述,将关公形象与中国传统兵家思想精华融为一体,突出人物的精神气度和巨大体量所带来的冲击和震撼,是韩美林大型雕塑中极具代表性的作品。

关公圣像基座内的三国文化展示和演艺厅,是一个神奇的体验关公文化的"穿越空间":"关公之路"带领人们领略关公一生走过的地方;巨大的"摇钱树"送给人们"关公元宝";穿越历史时空的"演义厅",270 度的多维幻景空间,室内大型多媒体全景剧《关公的世界》在这里精彩上演,让学生亲身体验和关公一样神勇无比的奇迹。

与关公圣像配套建设的,还有关公大戏台、武圣宫、结义堂、财神殿等,学生在瞻仰关公圣像、了解关公一生之后,在武圣宫朝武圣,在结义堂悟忠义,在古戏台看关公折子戏。

荆州古城历史文化旅游区所辖的关公义园为荆州市"义文化研学实践教育基地",旨在充分挖掘园区价值,服务中小学生研学。园内基础设施齐全,研学内容丰富,日接待量逾 3 万人,单场接待 5000 人。在研学专项线路开发、研学服务、消防安全、应急管理等方面均有章可循。

## 三国文化研学实景剧

由荆州旅游投资开发集团有限公司(以下简称荆旅集团)倾力打造,北京奥运会、南京青奥会全套创作班底创作的三台演艺剧目,包括以"荆州城门开,关公迎宾来"为意境的体验式实景剧《入城仪式》;在护城河九龙渊水域演绎的大型实景演艺剧目《刘备招亲》;在世界上体量最大的关公青铜雕像基座内播放的大型多媒体超感体验剧《关公的世界》。

三台演艺节目于 2017 年起实现节假日常态化演出后,获得业界高度认可、市民普遍关注和全国各地游客的欢迎。

为更好地服务下辖的研学基地工作,荆旅集团自 2018 年起,陆续对三台演艺节目进行改版。研学版《刘备招亲》于 2018 年 4 月在荆州古城护城河畔正式上演;2019 年 4 月《入城仪式》研学游演出正式启动;排演的研学版《关公的世界》也正式上线。

改版后的三台多媒体研学实景剧,具有内容更丰富、形式更多样的特点。增加了节目内容,穿插了楚文化、关公文化及三国文化等知识点,并有导师现场讲解,帮助学生更好地理解与吸收知识;优化了剧目形式,邀请师生共同参加演出,插入故事竞猜、角色扮演、合影等互动环节,为广大中小学生观众打造出了精彩有趣的历史课堂。

**【行程安排】**

一、主导线路

| 天数 | 时间 | 流程及内容 | 研学主题 |
|---|---|---|---|
| 第一天 | | 08:30 | 统一集合后,前往荆州古城历史文化旅游区研学基地,在车上讲述楚庄王"一鸣惊人""问鼎中原"和"刘备借荆州""关公大意失荆州"的故事,让学生对荆州有初步认识 | 初识荆州 |
| | 上午 | 09:00-10:00 | 抵达宾阳楼景区。在古城墙瓮城内观看大型实景演出《入城仪式》。欣赏校场点兵、擂台争锋、荆楚乐舞等精彩段落,穿古装进行角色扮演,与"关公"等三国人物一起参加入城仪式、竞猜故事、合影等互动环节 | 古今对话触摸三国人物 |
| | | 10:10-11:50 | 参观宾阳楼景区,实地观摩古城墙上的马道、文字砖、瓮城、藏兵洞、烽火台等历史遗迹,一览原汁原味的明清古城墙,触摸别具一格的荆州城墙文化。根据季节认识花草植物和中草药,选择性地开展"植物变法""创意城墙""古城寻宝"等动手课程 | 南国完璧探秘荆州古城 |
| | 下午 | 12:00-12:30 | 午餐 | |
| | | 14:30-16:30 | 参观张居正故居景区,动手制作碑文拓片。了解宰相文化,了解神童张居正的成才环境、明朝改革以及对后世的影响、社会评价 | 宰相之城汇聚治国能臣 |
| | | 16:50-17:30 | 参观环荆州古城国家湿地公园,在屈原雕像处诵读《离骚》片段,了解屈原生平、楚辞文体的开创以及屈原在世界上的影响。开展小课堂及手工制作 | 惟楚有才追忆辞赋之祖 |
| | 晚上 | 18:00-18:30 | 回营地,晚餐 | |
| | | 18:40-19:30 | 主题班会 | |
| | | 20:00-21:30 | 集中观看央视"国宝档案"之"荆州寻珍"节目。整理内务,洗漱就寝 | |
| 第二天 | | 07:30 | 早餐 | |
| | | 08:30 | 出发 | |
| | 上午 | 08:30-10:50 | 到达关公义园。看关公圣像,听七德故事,玩角色扮演,体会关公七德精神 | 身临其境走进关公世界 |
| | | 11:00-12:00 | 欣赏多媒体室内剧《关公的世界》,了解关公的生平事迹及其义薄云天的一生 | |
| | 下午 | 14:00-16:00 | 赴荆江大堤、万寿公园,了解长江水文化。学习相关知识,包括抗洪历史、大堤修造史、三峡工程等 | 上善若水坐拥荆江之利 |
| | | 16:10-17:30 | 观看《刘备招亲》研学版,深度解读三国故事。参与角色扮演、展开互动 | 穿越千年领略皇家婚礼 |
| | 晚上 | 17:35-18:30 | 回营地,晚餐 | |
| | | 18:40-19:30 | 主题班会,围绕信义文化,讨论关公是"大意失荆州"还是"大义失荆州" | |
| | | 21:00 | 整理内务,洗漱就寝 | |

（续表）

| 天数 | 时间 | | 流程及内容 | 研学主题 |
|------|------|------|----------|---------|
| 第三天 | 上午 | 07:30 | 早餐 | 古今荆州 探寻历史脉络 |
| | | 08:00—08:30 | 出发到荆州博物馆 | |
| | | 09:00—11:00 | 参观文物展,欣赏百余件被誉为"中国之最"的出土文物,了解荆州出土文物是怎样改写中国和世界历史的 | |
| | | 11:30—12:00 | 午餐 | |
| | 下午 | 14:00 | 赴楚王车马阵景区 | 诡谲怪奇 寻觅楚韵余香 |
| | | 14:30—16:30 | 深度了解荆楚文化。参观车马阵展厅、殉葬墓考古现场,听国学课程,模拟考古、文物修复及手工体验,可选择投壶、蹴鞠、木射、真人象棋等自由活动 | |
| | | 17:00 | 研学总结,结束愉快的研学旅行 | |

二、备选线路

| 天数 | 课堂时间 | 研学内容 | 研学主题 |
|------|---------|---------|---------|
| 1天 | 3～8小时 | 赴荆楚非遗技能传承院,赏鉴巧夺天工的非物质文化遗产:葫芦烙画、雕花剪纸、淡水贝雕、磨鹰风筝、陶艺等民间"非遗珍宝"。通过观摩、实践,了解学习民间非遗文化,参与制陶、剪纸等手工制作 | 巧夺天工 赏鉴非遗匠心 |

注:① 以上项目可以分解为独立的一日研学行程,也可任意组合成二日或三日研学课程。

② 在不降低研学质量的前提下,以上活动的时间、项目和实施顺序可根据具体情况适当增减调整。

③ 备选线路用于特殊情况调整增加。

【教学案例】

## 入城仪式

### 一、研学主题
古今对话,触摸三国人物。

### 二、研学背景
荆州是三国文化发祥地、著名的三国古战场,是三国争夺的重点。120回的《三国演义》,72回写到荆州,刘备借荆州、关公大意(义)失荆州等脍炙人口的故事都发生在这里。

《入城仪式》是以"荆州城门开,关公迎宾来"为意境打造的大型体验式实景剧,通过"凯歌""欢庆""同乐"三个篇章,以舞抒义、以剑仗义、以酒敬义,为游客呈现盛大的欢迎仪式,再现了关公水淹七军大胜归来时荆州百姓夹道欢迎的热烈场面。

该剧由编导了2008年北京奥运会开幕式《击缶而歌》舞蹈的原总政歌舞团编导孙育鹏设计编排。

### 三、学习目标
了解关公精神的深刻内涵和关公在广大民众心中的形象。

### 四、活动准备
看《三国演义》,查相关资料。了解关羽镇守荆州十年对关公精神形成的重大意义。

**五、研学场所**

荆州历史文化旅游区研学基地——古城墙景区宾阳楼瓮城。

**六、研学内容**

看点一：将士之威武。精彩的马术阵列、威武的校场点兵、激烈的擂台争锋,金戈剑盾,凌厉阳刚。

看点二：乐舞之动人。取"桃园结义"之意境,颂扬兄弟手足情深,关羽义薄云天。

看点三：仪式之精彩。关羽至,城门开。彩球飞,帅旗展。众将入城来,敬酒抒恩义,尽显欢迎之盛况。

**七、思考讨论**

1. 荆州百姓怎样表达对关羽的拥护爱戴?

2. 关羽因何获此入城仪式殊荣?

3. 关羽镇守荆州十年对关公精神形成的重大意义。

4. 了解与关公有关的成语典故:义薄云天、忠肝义胆、智勇双全、单刀赴会等。

**八、诗意链接**

> 开疆施妙略,决水运良谋。
>
> 功盖三分国,英雄敌万夫。
>
> 孙权应丧胆,曹操欲迁都。
>
> 华夏威风震,声名绝代无。
>
> ——罗贯中赞关羽

## 铁打的荆州

**一、研学主题**

南国完璧,探秘荆州古城。

**二、研学背景**

荆州是国务院首批公布的 24 座国家历史文化名城之一,有着悠久的历史和灿烂的文化。在历史上,荆州有着极其重要的战略地位,被古代政治家和军事家称为"用武之国""帝王之资"。从公元前 689 年楚文王"始都郢",楚国在此建都,到公元 973 年荆南国亡,先后有 6 个朝代的 34 位帝王在此建都。始建于三国、重建于明清的荆州古城墙,被誉为"中国南方不可多得的完璧"。

**三、学习目标**

通过实地参观、聆听导师讲解,了解城墙历史,参观冷兵器时代城防建筑。

**四、活动准备**

了解《三国演义》中发生在荆州的故事。

**五、研学场所**

荆州历史文化旅游区研学基地——古城墙宾阳楼景区、荆州城墙博物馆。

**六、研学内容**

神韵独特的荆州古城墙。

1. 看点一：一脉相承、延续最悠久的古城墙。荆州古城的历史可以追溯到 2900 年前的西周时期,后为楚国的官船码头和渚宫。荆州古城墙则随着古城的延续,成为中国现存延续时间最长、跨越朝代最多、由土城墙发展演变成以砖城垣为主、土城垣为辅的唯一古城墙。

2. 看点二:文化遗存最完整的古城墙。荆州古城墙全长 10.28 千米,虽历尽沧桑,墙体仍十分完整,在全国绝无仅有。遗存最完整的古城墙与古护城河相伴生辉,共同构成了当今世界上遗存最为完整、壮观的古城池景观。

3. 看点三:集"多级别"于一体的古城墙。荆州古城墙是一座集都城、王城和府(州)、郡、县治所城墙于一体的多级别古城墙。

4. 看点四:兼具御敌、防洪功能的古城墙。荆州古城墙有固若金汤的城池、科学坚固的城门组合、敦实多用的马面建筑、构造建独特的暗设藏兵洞、隐秘的遁门暗道,同时荆州古城墙还是一座挡水墙,城濠水系和城墙墙体为特别构建,砖墙体内侧辅以夯筑的土垣,城门加设了特别的防洪措施,瓮城中有"歪门邪道"。荆州古城墙的防洪御灾功能,与其军事设施一起造就了"铁打的荆州"。

5. 看点五:生态景观独特良好的古城墙。土城垣上生长有 500 多种野生植物和中草药,其中有列入国家濒危保护植物名录的植物和数十种珍稀植物,成为古城墙天然的景观带,与周边形成了湿地、园艺、林木一体的良好生态系统。

**七、动手课堂**

根据不同年龄段分别开展课程,培养学生观察能力、创新能力与动手能力。

课程一:植物变法。学习叶子、种子画,植物标签的制作方法等。

课程二:创意城墙。用绘画、泥塑、种子或小石子来表现学生心中的古城墙。

课程三:古城寻宝。引导学生寻找"宝贝",比如植物、中草药、文字砖等。

**八、思考讨论**

1. 古城墙在冷兵器时代的作用。

2. 荆州古城墙的整体形状及形成原因。

3. 荆州古城为什么被誉为"铁打的荆州"? 荆州古城墙与其他城墙相比的独特之处是什么?

4. 你还认识身边的哪些野生植物和中草药? 你觉得应该怎样保护和利用它们?

5. 了解与古城有关的成语典故:请君入瓮、瓮中捉鳖等。

**九、诗意链接**

> 朝辞白帝彩云间,千里江陵一日还。
>
> 两岸猿声啼不住,轻舟已过万重山。
>
> ——(唐)李白《早发白帝城》
>
> 天宇何其旷,江城坐自拘。层楼百余尺,迢递在西隅。
>
> 暇日时登眺,荒郊临故都。累累见陈迹,寂寂想雄图……
>
> ——(唐)张九龄《登荆州城楼》

## "宰相之杰"张居正

**一、研学主题**

宰相之城,汇聚治国能臣。

**二、研学背景**

荆州历史悠久,文化灿烂,人文荟萃,名人辈出。从"天下第一循吏"孙叔敖,到唐代岑氏家族"一门三相",再到明朝万历首辅张居正,从荆州走出去的宰相多达 138 名,占中国历代宰相总数的百分之十以上,是名副其实的"宰相之城"。特别是明万历首辅张居正,"愿以深心奉尘刹,不予自身求利益",是中国历史上继商鞅、王安石之后厉行改革第三人,生前即见改革成效之第一人。他在万历年间,扶持幼主,创立新政,整饬吏治,强化军队,疏浚漕运,整顿教育,延揽人才,使万历朝成为明代最为强盛的时期,对历史的发展起了积极的推动作用。

### 三、学习目标

了解荆州宰相文化,学习张居正一生以天下为己任的强烈的责任感、过人的胆识和胸怀。

### 四、活动准备

准备张居正生平事迹介绍,了解历史对张居正的评价。

### 五、研学场所

荆州历史文化旅游区研学基地——张居正故居。

### 六、研学内容

1. 精彩看点:张居正生平史迹文化。张居正故居突出反映的明代历史风貌和人文环境。

2. 精彩课堂:张居正变法。张居正担任内阁首辅后进行的一系列改革,具有划时代的意义。

### 七、动手课堂

在研学导师的指导下,制作碑文拓片。

### 八、思考讨论

1. 张居正推行的"考成法""一条鞭法"的主要内容与特点是什么?

2. 张居正变法取得了怎样的成效? 其改革对后世产生了什么影响?

3. 你觉得张居正是一个什么样的人? 哪些特质值得我们借鉴学习?

4. 学习成语"一秉大公",了解其用法与意义。

### 九、诗意链接

枫林霜叶净江烟,锦石游鱼清可怜。

贾客帆樯云里见,仙人楼阁镜中悬。

九秋槎影横清汉,一笛梅花落远天。

无限沧州渔父意,夜深高咏独扣舷。

——(明)张居正《舟泊汉江望黄鹤楼》

## "辞赋之祖"屈原

### 一、研学主题

惟楚有才,追忆辞赋之祖。

### 二、研学背景

湖北历史名人众多,自古便有"惟楚有才"之说。他们在各自的领域开宗立派,风骚独领,湖北的历史文化因他们而厚重,湖北的山水见证了荆楚骄子的历史功绩与动人传奇。屈原是中国历史上第一位伟大的爱国诗人,中国浪漫主义文学的奠基人,"楚辞"的创立者和代表作家,开辟了"香草美人"的传统,被誉为"辞赋之祖""中华诗祖",其作品对后世诗歌产生了深远影响。

### 三、学习目标

了解楚文化内涵,了解屈原的生平及其历史贡献。

四、活动准备

准备楚怀王的"三闾大夫"屈原的故事、有关粽子的传说。

五、研学场所

荆州古城历史文化旅游区——明月公园屈原雕像处。

六、研学内容

了解屈原的生平事迹,楚辞文体,楚辞对汉赋的影响,屈原文学作品中的爱国精神对后世的影响。

七、体验项目

1. 知识课:《橘颂》小课堂。

2. 手工课:根据学生年龄和研学时间不同,开展折纸粽子、丝线粽子及可食粽子的手工制作。

3. 诵读课:屈原雕像处配乐诵读屈原作品。

八、思考讨论

1. 谈谈你对屈原的了解。

2. 屈原为什么被誉为"辞赋之祖""中华诗祖"?

3. 你读过屈原的哪些作品?

4. 你还知道哪些湖北历史名人? 说说他们的故事。

5. 学习成语"怀瑾握瑜",了解其出处与词意。

九、诗意链接

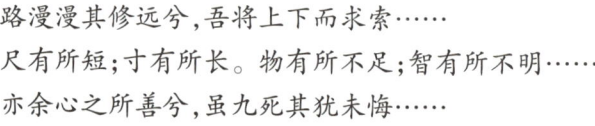

路漫漫其修远兮,吾将上下而求索……

尺有所短;寸有所长。物有所不足;智有所不明……

亦余心之所善兮,虽九死其犹未悔……

——(春秋)屈原

## 关公的世界

一、研学主题

身临其境,走进关公的世界。

二、研学背景

关公戎马一生,忠义仁勇、诚信质朴、威震华夏,谱写了壮烈的华彩篇章,给后世做了榜样,成为正义的化身、道德的典范。中国传统伦理观念中的"义",突出地体现在关羽身上并成为关羽文化的核心内容。由三国文化所衍生的关羽文化,是三国文化与中国传统文化熔铸的一大文化特色,也是荆州三国文化的一大特色。

三、学习目标

了解关公文化,了解其思想观念、道德品质、精神气质及其对社会精神生活的影响。传承和弘扬中华民族优秀传统文化,为中华民族伟大复兴提供正能量。

四、活动准备

准备关公七德即忠、义、仁、勇、礼、智、信等故事。

五、研学场所

荆州古城历史文化旅游区——关公义园,关公青铜雕像基座内。

六、研学内容

1. 观形象演绎:观全球体量最大的关公青铜雕像、穿越历史时空的演艺厅课堂、极具古风遗韵的三国故事壁画。

2. 听三国故事:听研学老师讲关公生平事迹及关公七德等精彩历

史故事。

3. 品互动情趣：与研学老师互动问答；讲述你最喜欢的关公故事；玩三国故事角色扮演，演绎"桃园三结义""煮酒论英雄""刮骨疗伤""夜读春秋""挂印封金"等经典桥段。

**七、体验项目**

体验室内大型多媒体剧《关公的世界》。

该剧是在关公青铜雕像基座内上演的全国首部集戏剧、电影、互动体验为一体的综合性多媒体剧。这部戏截取了"温酒斩华雄""挂印封金""过五关斩六将""华容道""水淹七军""桃园结义"等脍炙人口的故事，讲述了关公大气磅礴、义薄云天的一生。

体验一：超大环幕。全球罕见的全长88米的270度超大环幕，国内顶尖的高清视频和震撼音响，体验感比巨幕影院更佳。

体验二：独特座席。剧场座席采用仿古战车，表演中，战车随剧情变化升降、震动、旋转和移动。

体验三：实景再现。该剧是集电影、戏剧于一体的沉浸式多媒体剧。其中有演员实景表演，观众可近距离观看舞蹈《梦回桃园》和关云长《挂印封金》。

**八、思考讨论**

1. 什么是关公文化的精髓？

2. 你所理解的"关公七德"对当今社会精神生活有什么样的影响？

3.《三国演义》中，有哪些关于关羽的成语典故。

**九、诗意链接**

跃马斩将万众中，侯印赐金还自封。

横刀拜书去曹公，千古凛凛国士风。

——(元)郝经《重建庙记》

## 万里长江　险在荆江

**一、研学主题**

上善若水，坐拥荆江之利。

**二、研学背景**

荆江因属于古代荆州而得名。荆江流域地区土壤肥沃，气候宜人，农业资源丰富，自然景观异彩纷呈，文物古迹众多，具有生态、历史文化、工程建设、地域民俗、区位等资源优势。但由于荆江河道弯曲，水流不畅，极易溃堤成灾，有"万里长江、险在荆江"之说，也是长江唯一的一段"地上悬河"。千百年来，荆楚儿女与水争斗、与水亲近，积淀形成了荆州特殊的水文化，孕育了伟大的抗洪精神。

**三、学习目标**

了解荆州水文化。了解荆江大堤的历史沿革、长江流域相关知识、建设三峡工程的故事，学习抗洪抢险斗争中，军民万众一心、众志成城、顽强拼搏的伟大精神。

**四、活动准备**

荆州水文化相关知识点、长江抗洪历史人物与故事。

**五、研学场所**

荆江大堤、九八抗洪英雄纪念亭、万寿公园等地。

**六、研学内容**

1. 看点一：在荆江分洪纪念亭，看 20 世纪 50 年代初期 30 万军民奋战 75 天修建的新中国第一座大型水利工程——荆江分洪工程。

2. 看点二：在"万里长江第一矶"，听九八抗洪故事，感悟荆州孕育的伟大抗洪精神。

3. 看点三：看全中国唯一地下奇塔。在万寿园参观修建于明代嘉靖年间的万寿宝塔。

**七、思考讨论**

1. 万寿宝塔为什么会成为独具特色的"地下奇塔"？

2. 观音矶在抗洪中的作用是什么？

3. 古往今来，荆楚人民为保卫家园与洪水进行了哪些不屈不挠的斗争？

4. 源远流长、波澜壮阔、长江天堑、浩浩汤汤……还有哪些形容长江的成语？

**八、诗意链接**

> 滔滔大江水，天地相终始。
>
> 经阅几世人，复叹谁家子。
>
> 东望何悠悠，西来昼夜流。
>
> 岁月既如此，为心那不愁。
>
> ——（唐）张九龄《登荆州城望江二首》

## 刘备招亲

**一、研学主题**

穿越千年，领略皇家婚礼。

**二、研学背景**

一个激荡人心的故事，一场蔚为壮观的婚礼。《刘备招亲》精心融汇了荆州古老而灿烂的历史文明、厚重而浪漫的文化特色、浓郁而灵动的民风民俗，以及蓬勃向上、欣欣向荣的时代印记。精彩的演出让同学们体验穿越古今的乐趣，品味荆州深厚的文化底蕴。

**三、学习目标**

了解三国文化。学习《三国演义》相关成语、歇后语，了解楚风舞蹈及婚俗礼仪相关知识。

**四、活动准备**

大型实景演出《刘备招亲》研学版。

**五、研学场所**

荆州古城历史文化旅游区——九龙渊公园《刘备招亲》剧场。

**六、研学内容**

《刘备招亲》以三国文化为创作题材，以汉代婚船为舞台。演出集楚汉乐舞、传统武术、水上特技于一体，讲述激荡人心的历史故事。

1. 看点一：跌宕起伏的故事。刘备借取荆州后，没有归还之意，周瑜定下美人计以夺取荆州。

2. 看点二：丰盈鲜活的人物。《刘备招亲》塑造了孙权、周瑜、诸葛亮、赵子龙、蒋钦、周泰、陈武、潘璋等经典人物形象。

3. 看点三：丰富多元的文化。先秦时期楚人创造出了灿烂辉煌的楚文化。该剧再现楚风汉韵、民俗风情。

**七、体验项目**

1. 答一答:与研学老师互动,开动脑筋,进行三国文化知识抢答。有机会获赠别致小礼物!

2. 学一学:跟专业演员学习,"动手动脚",表演楚汉乐舞或者传统武术。用照片与视频记录这特别体验!

3. 扮一扮:换上古装,扮你喜欢的三国人物,你的剧本你做主!

4. 做一做:互相切磋,塑造三国人物脸谱,生动形象出自你手!

**八、思考讨论**

1. 孙权、周瑜为何要设计陷害刘备?

2. 刘备如何从虎口脱险?

3.《刘备招亲》运用了三十六计中的什么计谋?

4. 如果让你穿越到三国,你希望自己是谁?为什么?

5. 讲一讲与刘备有关的成语故事:三顾茅庐、放虎归山、赤壁鏖兵、束手就缚、柔能克刚等。

**九、诗意链接**

野旷吕蒙营,江深刘备城。

——(唐)杜甫《公安县怀古》

昨夜因看蜀志,笑曹操孙权刘备。

——(宋)范仲淹《剔银灯·与欧阳公席上分题》

荆州昔号用武国,曹瞒落笔惊刘备。

——(宋)沈继祖《上章帅侍郎》

## 文物荆州史

**一、研学主题**

古今荆州,探寻历史脉络。

**二、研学背景**

荆州博物馆是国家一级博物馆,现有藏品 17 万件,几乎囊括了楚文化的所有种类和精品,集中代表了楚文化的最终成就。馆内珍藏了战国丝绸宝库、四代越王剑、吴王夫差矛、战国秦汉漆器、西汉男尸、世界上最早的数学专著《算数书》和汉初简牍等珍贵文物,其中有上百件被誉为"中国文物之最"。这些文物生动地讲述了荆州历史。

**三、学习目标**

从文化遗址、出土文物、文物展览等方面了解、学习荆州的历史文化发展过程。

**四、活动准备**

了解青铜器、丝织品、漆木器等文物知识。

**五、研学场所**

荆州古城历史文化旅游区——荆州博物馆。

**六、研学内容**

通过参观江汉平原原始文化展、楚汉青铜文化展、楚墓出土玉器展、荆州出土古代简牍文字展、凤凰山 168 号汉墓展、古代漆木器精品展、楚汉织绣品展、馆藏瓷器精品展等文物展览,了解不同时代的社会面貌、人们生产及生活状况及荆州的历史文化发展历程。

**七、体验项目**

小导游:选取你最喜欢的文物,给大家讲述它的故事。

**八、思考讨论**

1. 你了解石器时代不同文化的历史发展演变吗？

2. 试试根据青铜器物的造型说出它当时的作用。

3. 为何楚人常以玉器为礼器？

4. 楚地高度发达的养蚕织丝技术体现在哪里？

5. 查相关资料，初步了解文物保护与修复。

6. 了解与文物有关的成语：地不爱宝、片羽吉光、零圭断璧等。

**九、诗意链接**

六朝文物草连空，天淡云闲今古同。

——（唐）杜牧《题宣州开元寺水阁阁下宛溪夹溪居人》

越王勾践破吴剑，专赖民工字错金。

银镂玉衣今又是，千秋不朽匠人心。

——郭沫若《题越王剑》

## 楚王车马阵

**一、研学主题**

诡谲怪奇，寻觅楚韵余香。

**二、研学背景**

楚人都郢而强。经过 20 代楚王历时 412 年的连续不断开拓、经营，创造了超越周王朝及各诸侯国的精神文化和物质文化，形成了以铜铁冶铸、丝织刺绣、漆器制作、玉石琢磨、道家哲学、庄骚文学、书法绘画、音乐舞蹈为八大要素的完备体系，堪与雅典文化相媲美。

**三、学习目标**

通过实地参观，聆听导师讲解，参加礼仪、农耕等活动体验，深入了解灿烂辉煌的楚文化。

**四、活动准备**

楚文化相关知识点、故事，《楚国八百年》纪录片。

**五、研学场所**

楚王车马阵景区。

**六、研学内容**

参加拜师礼、国学小课堂，参观车马阵展厅、殉葬墓考古现场，进行模拟考古体验、文物修复及手工，开展投壶、蹴鞠、木射、真人象棋等活动。

**七、体验项目**

1. 体验一：农耕体验。让学生体验古人如何农作，如耕地、播种、打谷、喂养动物、钻木取火、挑水做饭、采摘水果、摸鱼捉虾、垂钓、磨豆腐、竹编草编等，体会"锄禾日当午，汗滴禾下土"的艰辛，提升学生动手能力，增强其劳动意识。

2. 体验二：礼仪体验。楚文化礼仪体验活动包含楚服礼仪、开笔礼、成童礼等礼仪主题体验活动，以及诵读经典楚文化诗词歌赋、研习茶艺。让学生学小礼、知大义，做内外兼修、德才兼备小君子。

3. 体验三：考古体验。学生可根据研学时间安排，自由选择在园区方内或者周边田野考古。用现代考古工具如金属探测仪、发掘工具、测量工具、摄影工具等开展趣味考古课程。培养学生观察力、思考力、分析能力与动手能力。

4. 体验四：工匠体验。穿越到古代，当一个能干的小工匠。让学生在了解马车结构与原理的基础上，着手组装自己的第一辆车马座驾。大家还可以一起动手,互相配合,将马车列队组成好玩的豪华车马阵。

**八、思考讨论**

1. 简要介绍古代特别是先秦时期的殉葬文化。

2. 了解楚人"尚东"礼俗的起源以及在墓葬中的体现。

3. "不服周"的典故从何而来?

4. 成语"三户亡秦"的典故是什么?

**九、诗意链接**

操吴戈兮被犀甲,车错毂兮短兵接。

旌蔽日兮敌若云,矢交坠兮士争先。

凌余阵兮躐余行,左骖殪兮右刃伤。

霾两轮兮絷四马,援玉枹兮击鸣鼓。

——(先秦)屈原《九歌·国殇》

## 散落民间的"非遗珍宝"

**一、研学主题**

巧夺天工,赏鉴非遗匠心。

**二、研学背景**

荆楚文化继承了商周文化的许多特点,源远流长,博大精深,具有鲜明的地域特色和巨大的经济文化开发价值。楚国建都 800 余年,流传下来许多特色文化及民间工艺技法,诸如楚式漆器、铅锡刻镂、磨鹰风筝、葫芦烙画、雕花剪纸、楚绣、汉绣、淡水贝雕等民间工艺至今仍为世人所称道。

**三、学习目标**

通过观摩、实践、了解学习非物质文化遗产,激发对传统艺术的热爱、提高艺术鉴赏能力,进一步感受文化艺术的熏陶。

**四、活动准备**

楚文化、民间工艺知识讲座。

**五、研学场所**

荆楚非物质文化遗产技能传承院。

**六、研学内容**

通过文化知识讲座,了解楚文化历史,了解民间工艺;参观非遗传承院,感受历史文化熏陶;与国家级非遗传人近距离接触,现场观摩非遗艺术品制作;参与互动体验,跟大师学习制作葫芦烙画、雕花剪纸、淡水贝雕、磨鹰风筝、陶艺等。

**七、趣味链接**

了解荆楚"九佬十八匠"趣味故事、手艺史话。

**八、工匠体验**

在老师的指导下,学习剪纸、风筝、陶艺等民间技艺。

【思考探究】

1. 什么是民间工艺?

2. 你来自哪里?你的家乡有哪些特别的文化和民间工艺?

3. 你认为应该怎样进一步发扬、传承非遗文化?

# 领略楚汉文化　体验航天梦想

**【项目实施单位】**
　　枣阳市青少年活动中心

**【项目组专家】**
　　杨昌富

**【指导教师】**
　　李静　翟四红　杨林　杨献奎　陈晓丽

**【课程主题】**
　　领略楚汉文化　体验航天梦想

**【适用学段】**
　　小学中、高年级,初中,高中

**【研学时间】**
　　1 天

**【线路安排】**
　　1.人文线路:中国汉城 → 白水寺风景名胜区 → 九连墩楚墓风景区。
　　2.科技线路:中国流动科技馆 → 白竹园寺风景区。

**【资源特色】**

**·中央专项彩票公益金支持校外活动保障和能力提升项目单位·**

## 枣阳市青少年活动中心

　　枣阳市青少年活动中心是 2006 年 7 月经枣阳市机构编制委员会批准成立的事业单位,2007 年 12 月建成并投入使用,直属市教育局,现有教职工 10 人。占地面积 8776 平方米,建筑面积 3587 平方米;室内主要包括航空航天成果展厅、科普报告厅、科技活动室、图书室等,户外拓展区,已建成的 3000 平方米人造草坪足球场和 550 平方米聚氨酯(PU)综合球场在枣阳尚属首家。

## 中国汉城

中国汉城位于湖北省枣阳市,由清华大学规划设计,武汉天行健房地产开发有限责任公司投资, 湖北大汉文化产业投资有限公司开发建设,是一个集汉代建筑精华与古典园林景观为一体的大型复古建筑群,主要用于影视拍摄、展示汉代文化、旅游观光、市民休闲娱乐、弘扬佛学文化、完善城市功能;外景基地占地 2 平方千米,为影视拍摄外景地、旅游休闲养生地产建设区。整个项目定位是中国汉文化核心地标、华夏汉文化展示中心、世界汉文化旅游地。

## 白水寺风景名胜区

枣阳白水寺风景名胜区是中国历史上"十大名君"之一的东汉开国皇帝汉世祖光武帝刘秀的纪念地,被东汉著名的科学家张衡赞为"龙飞白水"的地方,是"光武中兴"的发祥地,分为白水寺古文化游览区、白水湖水上游乐区、香龙山风景游览区、山庄度假区等四大游览区。白水寺坐落于狮子山之巅,先后被襄阳市、湖北省列为重点文物保护单位。

## 九连墩楚墓风景区

九连墩楚墓风景区位于枣阳市赵湖村。2002 年底因孝襄高速公路通过此地,湖北省文物局组织了国、省内外部分知名专家对九连墩进行了考古发掘,出土的大量精美文物引起世人瞩目。据考古专家介绍,九连墩楚墓内的镬是迄今为止我国经科学发掘出土的最大楚墓鼎;还发掘出两个迄今发现最大的楚国车马坑, 1 号坑 33 乘车, 2 号坑 7 乘车,共 80 匹马,其中一乘车系周朝天子规制所乘的 6 匹马的车辆。被列入 2002 年全国 十大考古发现之一。

## 中国流动科技馆

以"体验科学"为主题,设置有声光体验、电磁探秘、运动旋律、数学魅力、健康生活、安全生活、数字生活七个主题展区,共计 40 件互动展品,生动、形象地演示了与课堂教学内容和生产、生活密切相关的科学原理,为青少年学生提供了科学实践的场所,参与者可以在互动中感受科学魅力,在体验中激发科学兴趣,在探索中树立科学精神,在思考中启迪科学智慧。

## 白竹园寺风景区

白竹园寺风景区是省级森林公园, 位于湖北省枣阳城北 45 千米处,属桐柏山脉,是集山、林、石、寺于一体的旅游胜地。景区内森林覆盖率达 88%,青松翠竹,芳草鲜美,林相林貌,秀丽动人。山险峰奇,沟壑纵横。仰而望山,山高且陡,直插云霄,素有天然屏障之称;俯耳听泉,流水似古琴之音,娓娓动听。

**【教学案例】**

# 了解雕龙碑遗址历史文化

**一、课程目标**

1. 近距离了解枣阳在中国原始社会炎帝神农时代的历史文化和当时人们的生产、生活状况,激发对先人的崇敬之情,产生民族自豪感。

2. 通过眼睛观看、耳朵聆听、相互讨论交流以及用心思考,提问解疑相结合方式接受历史文化教育,培养爱家乡、爱祖国的高尚情操。

3. 全景式了解先人们用自己的双手和智慧创造美好的生活,从而了解今天的幸福生活来之不易,更应倍加珍惜今天的幸福生活,用实际行动创造更加美好的未来。

4. 培养安全意识、团队协作精神,增强保护自己的能力。

**二、课程要求**

1. 初级(小学高年级)。

通过参观和听讲解员的解说,正确理解参观博物馆的意义(能在短时间内全面了解家乡在炎帝时代的历史文化,近距离地观看文物对心灵的震撼是光看文字介绍无法比拟的),并能复述几件印象深刻或者感兴趣的文物(说出名称、用途、价值等)。

2. 中级(初中)。

对各展厅内容有全面的认识和了解,选择最感兴趣的一个问题或者一个展品说出自己参观后的收获。了解枣阳这片土地在原始社会炎帝时代的历史文化和当时人们的生产、生活状况。

3. 高级(高中)。

全面了解各个展厅的重点文物,能学习历史课本上的专题研究方式对枣阳雕龙碑遗址所处位置(南北文化汇聚地)、陶器、农耕用具及推拉门建筑等方面内容进行较为深入的研究,并在老师的指导下撰写相关的研究小论文。

**三、活动时间**

一天。

**四、活动场地**

雕龙碑遗址大厅和精品厅。

**五、课程准备**

学生上网查资料了解中国原始社会炎帝时代曾有过的辉煌,了解新石器时代雕龙碑遗址位处长江流域、汇聚南北文化的精华又独具地方文化特色的特点;选择一两个自己最感兴趣的实物(推拉门、陶器、农耕用具等)深入研究,准备向专家请教;准备国旗和营旗。青少年活动中心联系好交通部门、公安部门,做好车辆的检修、司机的选择、午饭的安排、紧急情况下的处理预案。树立服务学生的意识,与学校进行无缝衔接,让学生在安全、愉悦的环境中接受知识。

**六、课程流程**

1. 学生在老师带领下乘车由学校来到雕龙碑遗址,首先进行入营仪式,从参加研学旅行课程的学生中选出几位代表组成升旗队伍,让学生成为升旗仪式的主导者。"多彩研学,我心飞扬,积极参与,快乐成长。"在振奋人心的国歌声中,在随风招展的国旗和营旗下,学生的爱国情感得以培养。学生们在接下来的研学旅行中锻炼自己,提高自己,如雏鹰般展翅飞翔。

2. 学习方式:由老师带领学生依次在讲解员的引领下参观大厅和精品厅,听讲解员讲述文物本身的价值和它们背后的故事;再分班级交流学习收获;然后集中问题请专家讲解,学生提问题和专家面对面交流;最后写日记或撰写论文。

看:认真观看文物展品和相关介绍。

听:听讲解员、老师对文物展品和相关历史背景进行耐心细致的讲解。

问:在参观过程中对于不了解的文物和知识点要大胆地提出自己的疑问,上网查找的资料和实物不相符之处也要大胆提出来。

记:"好记性不如烂笔头",在参观学习中要勤于记笔记,生僻的知识点要及时记录下来。参观中的疑问、感兴趣的内容或者有所感悟之处也可以记下来,并在恰当的时机与讲解员、老师进行交流。

说:以小组为单位讨论交流参观过程中自己最感兴趣的内容、最难忘的内容、最好奇的内容、最想对话古人之处,小组内轮流说,再以班级为单位交流讨论,最后请专家做专题讲座。

行:枣阳的历史文化不仅仅存在于博物馆中,更分布在枣阳人民生活的方方面面。同学们可以利用课余时间去实地探访历史古迹,拜访专家,做个有心人,就一定能获得更为丰富的知识。

写:对于参观雕龙碑遗址后的感悟、探访历史古迹后的感想、对历史问题的思考研究,都可以写成文字,与大家交流或者发表。

### 七、分享总结

小组交流各自参观的收获,了解家乡引以为傲的历史文化及我国古代劳动人民的智慧。再说说自己参观过程中的困惑与不解,同学之间互相答疑,小组不能解决就在全班交流,如果都不能解决则由老师邀请雕龙碑遗址处的讲解员或专家做专题讲解。参观结束后可以延伸做专题论文的撰写。回到教室,由班主任组织本次研学游活动总结,主要表扬纪律标兵和学习收获最大的同学,指出本次活动存在的问题和改进的方法。

## 参观"体验科学——中国流动科技馆巡展"

### 一、课程目标

1. 通过参观、体验、互动和延伸活动,培养青少年学生对科学的兴趣和爱好,进一步提升他们的科学素质,激发他们学科学、爱科学、用科学的积极性,培养他们的创新精神。

2. 感受现代科技的神奇力量,培养青少年科技创新意识和创新精神,增强他们的科技创新能力。

3. 提高青少年的想象力和动手能力,增强科技实践能力。

4. 提高青少年的安全意识,增强他们的自我保护能力。

### 二、课程要求

根据展品自身特点和学生知识结构、年龄特点,活动具体安排如下。

1. 小学高年级。

(1)直观体验和初步了解与学生自身生活、生产密切相关的事物原理,让学生在体验中明白科技对人类生活生产的巨大作用,初步激发学生学科学、爱科学、用科学的兴趣。例如,展品"小球旅行记"让学生在动手体验中了解生产中复杂机械设备都是由杠杆、滑轮、轮轴、链条等简单的机械结构组合起来的,这些机构的合理使用,为我们的生活带来了便利;"光纤传输"直观演示了光纤的传输过程,使学生形象地感受到网络信号传输的原理,激发了对科学的兴趣。

(2)通过动手参与体验,增强自我保护能力。例如,展品"报警训练"通过电脑系统模拟火灾、交通事故、抢劫和突发疾病等四种场景,让学生熟记相应的求助电话号码,培养学生遇到紧急情况时的应对、自我保护能力。

(3)展望未来生活,激发学生学习动力。"智能家居"通过互联网技术将未来家庭中的各种电器连接到一起,通过电话远程控制电脑、热水器和空调等家用电器的运转,创造一个智能、高效、舒适和便利的家居环境,可以激发学生的探索热情。

2.初中。

(1)形象演示课堂知识,增强学生抽象思维能力。例如,展品"勾股定理"演示了勾股定理中"直角三角形中两条直角边的平方和等于斜边的平方"的原理,变抽象为具象,有助于学生理解课本知识。"认识大脑"在感应触摸和互动中让学生了解有关大脑功能区等知识,生动有趣。

(2)展示科学原理,激发学生学科学的兴趣。例如,展品"看不见的力"通过磁铁之间的相互作用,展示了磁悬浮列车、电磁起重机的工作原理,会让学生更加憧憬未来科学的发展;展品"锥体上滚"展示了物体重心对物体存在状态的影响以及在错觉下产生的有趣现象,学生探索兴趣浓厚。

3.高中。

(1)培养学生深入思考的习惯。例如,展品"最速降线"演示了高中物理课中物体初速度对物体运行速度的影响和实际在古建筑房顶上的应用,历史悠久而且具现实意义,引发学生的思考兴趣。

(2)拓展课堂知识结构,激发学生学习兴趣。例如,展品"椭圆焦点"展示将圆环放到椭圆的一个焦点处,向任意方向弹出,经过展台四周的围板反弹后,总会碰到另一个焦点位置的目标,演示了椭圆的光学特性;既展示了高中数学所学椭圆有关原理知识,又延展了椭圆原理在生产中的应用。

三、活动过程

听:听专业技术人员讲解有关展品的原理知识。

看:认真学习、参与体验展品多方位呈现的声、光、电等科技知识。

记:记录下自己感兴趣的内容。

疑:对展品所展示的科学原理如有疑惑可进一步探究或大胆质疑。

照:用手机或相机拍下展品。

探:通过上网查阅资料,进一步延展和探究与展品有关的学科知识、科学原理,探究课本知识点在实际生活、生产中的应用。

四、活动安排

1.时间:从9月份开始,具体时间由枣阳市青少年活动中心安排并提前通知有关学校。

2.地点:枣阳市青少年活动中心展厅。

3.交通方式:原则上路程较远的学校由活动中心负责提供车辆接送,距离较近的学校组织学生步行前往参观。

4.注意事项如下。

(1)活动中心教师和参观班级教师做好对接,要求班主任出发前做好参观动员工作,激发学生兴趣。

(2)强调参观纪律、安全和记录、提问、反馈等方面要求。

(3)活动中心做好车辆安全行驶监督(车况、证件、保险等)、司机电话保持畅通。

(4)回校后教师组织学生进行参观后小结活动,交流参观后的收获、最感兴趣的知识点和最不可思议的科学知识。同时,活动中心可通过"观后感征文评比"等形式来强化学生参观的效果。

【思考探究】

1. 枣阳市有哪些楚汉文化遗迹?
2. 智能家居与传统家居有什么区别?

# 踏水乡园林 品荆楚文化

**【项目实施单位】**

潜江市青少年活动中心 潜江市中小学综合实践基地

**【项目组专家】**

杨少敏 刘书田

**【指导教师】**

李庚红 黄永峰 高支芳

**【课程主题】**

踏水乡园林 品荆楚文化

**【学科范围】**

语文、生物、物理、历史、科学

**【适用学段】**

小学、初中、高中

**【研学时间】**

7 天

**【线路安排】**

学校 → 潜江市中小学综合实践基地 → 曹禺文化产业园 → 小龙虾博物馆 → 饮食文化学院 → 虾皇旗舰店或印象潜江 → 中国潜江生态龙虾城 → 龙湾遗址博物馆、章华台基址展示馆 → 章华田园综合体 → 潜江市中小学综合实践基地 → 春景现代农业产业园 → 返湾湖国家湿地公园 → 田关生态水利建设示范基地 → 潜江市中小学综合实践基地 → 江汉油田水杉公园 → 兴隆水利枢纽 → 潜江市中小学综合实践基地

**【资源特色】**

◆中央专项彩票公益金研学实践教育支持单位◆

## 潜江市青少年活动中心

潜江市青少年活动中心是潜江市教育局下属事业单位。建成于 2011 年，总占地面积 66280.6 平方米，建筑面积 19012.3 平方米，总投资 1.2 亿元。主体建筑包括室内游泳馆和综合馆两栋，室内游泳馆分设培训区和实训竞赛区，综合馆内设篮球场、舞蹈室、乐器室、美术室、书法室、微机室等多个功能室。活动中心配编 10 人，其中行政管理 3 人，专职教师 7 人，兼职教师 20 人，本科学历职工占 90%。青少年活动中心是以全市青少年为服务对象的公益性、综合性校外教育机构。通过生动活泼、健康有益的兴趣培训和素质教育活动，对未成年人进行科学、艺术、体育、声乐、语言、智力开发等类别的专业教育，技能技巧的培养，发展他们的兴趣、爱好和特长，扩展知识，陶冶情操，开发智力，培养创新精神和实践能力，增长才干，全面提高素质。被评为湖北省校外教育先进单位。

## 潜江市中小学综合实践基地

　　潜江市中小学综合实践基地是湖北省教育厅评定的首批中小学生研学实践教育营地。营地占地面积约 120828 平方米,建筑面积 27672 平方米,形成"一园、二厅、六馆、八室、八区"格局。营地现有教职工 78 名,其中财政供养人员 17 名,外聘教职工 61 人。

　　营地已开发涵盖全学段、逐级递进、主题鲜明的四套完整课程体系,研发综合实践活动课程 108 个。小学开展的是"珍爱生命、健康成长"生命安全教育,初中开展的是"开启生命动力、创造美好未来"自我成长教育,高一年级开展的是"接受磨砺、百炼成钢"生存磨砺教育,高二年级开展的是"目标决定方向,行动成就未来"理想执行教育。营地重点研发"谈龙虾传奇,享龙虾盛宴""看湿地风景,娱农事趣味""识曹禺大家,解楚风流韵""登章华古台,探虾稻根源"等 9 条研学旅行线路和课程,可同时接纳 1000 余名学生开展研学实践教育活动。

## 龙湾国家考古遗址公园

　　龙湾国家考古遗址公园是潜江市中小学生研学实践教育基地,其中龙湾遗址博物馆和章华台基址展示馆是此公园之精髓,是中小学生开展研学实践教育重要场所。

　　龙湾遗址博物馆位于龙湾遗址重点保护区西侧外,是龙湾考古遗址公园的组成部分与重要展示项目,也是龙湾遗址出土文物的收藏保护单位。馆内陈列有"天下第一台——章华台"大型文物主题展览。展览分江南之梦、龙湾之光、章华之胜、今人之道四个部分,从荆州片区大遗址的分布与地理环境切入,介绍早期楚国园囿、宫苑的形制和功能,阐述春秋初期江汉地区的地缘政治格局、春秋中期以后楚国的疆土变迁,故事性演绎吴晋结盟、向戌弭兵、灵王兴霸等历史故事,运用微缩模型场景,还原楚灵王大兴土木,动八万之众,耗六年之时,修建举世闻名的章华台壮丽场面。展出黄罗岗、放鹰台、郑家湖等遗址出土的精美文物,讲述龙湾遗址的考古发现、研究成果。以章华台基址的考古遗迹、出土文物为基础,结合全息成像、幻影成像、VR 等数字技术,再现楚章华台的建造、结构、规模、布局,让学生仿佛穿越时空,身临其境地感受章华宫的建筑大观。

　　章华台基址展示馆位于龙湾考古遗址公园东侧,占地面积约 20 万平方米。它以楚王离宫主体建筑章华台遗址为依托,采用模拟展示与实体展示相结合的方式,将古章华台遗址真实、客观、完整地还原在观众面前。展览分上下两层对古遗址进行展示。由于南方土遗址的特殊性,上层采用了模拟展示的手段,严格按照 2000 年考古发掘出来的章华台基址遗迹,按 1∶1 比例制作模型,进行露天展示,让观众一睹 2000 年全国十大考古新发现的基址全貌,感受与史书记载相吻合的章华台"基广十五丈"的规模,从残垣断壁中去遥想"台高十丈"的宏伟建筑。下层将易于保护且保存较好的贝壳路、地下排水管道、三层台南壁、东侧门等遗迹进行了实体展示。此基址展示馆较为完整地再现了中国皇家园林建筑鼻祖——古章华台的建筑结构和历史地理风貌。

## 曹禺文化产业园

曹禺文化产业园位于潜江市城区北部,北临罗潭河,南抵殷台路,西濒东荆河。项目规划面积3.2平方千米。园区以章华南路为轴线分为东区和西区两大主体区域。东区曹禺公园建有曹禺纪念馆、雷雨广场、日出亭、北斗山、原野长廊、园区桥梁等20多个游园景点。其中,主体建筑曹禺纪念馆收藏曹禺人文资料3000余件,是目前国内纪念曹禺规模最大、拥有资料最丰富的专业纪念馆。西区为梅苑综合体项目,主要有曹禺祖居博物馆、芦茯宝塔景区、世博湖北馆、曹禺大剧院等。

曹禺公园充分利用马昌湖水林资源,将自然景观与人文景观巧妙结合,是一座以纪念曹禺为主,集休闲、旅游、娱乐、科普教育于一体的开放式水景公园。公园里大小景点的名字寓意都与曹禺生平和创作紧密相连。三十万株名贵树木遍布全园,湖水漾波,绿树成荫。

梅苑以水体自然分隔,主要分为东部入口区、中部历史人文展示区、西部文化艺术感受区、南部商业区、北部生态体验区五大功能区。梅苑与曹禺公园交相辉映,融为一体,是曹禺文化产业园的主要景区,全方位展示曹禺先生家族历史与戏剧人生,弘扬中华戏剧文化。

## 返湾湖国家湿地公园

返湾湖国家湿地公园位于潜江市西部的后湖管理区境内,面积4.29平方千米,是潜江市最大的内湖,"颜值高""内在好",是中小学生开展研学实践教育的绝佳去处。

返湾湖深藏乡野,远离喧嚣,在一定程度上保留了原生之态。春天,丛生的萎蒿、芦苇、蒲草,连着满湖碧绿的莲叶,映照粼粼碧波,呈现出一派生机勃发的景象;夏天,蛙声阵阵,鸥鹭翔集,彰显的是返湾湖原生态魅力;秋天,鱼蟹肥美、莲蓬亭亭、莲藕甜脆,别有一番滋味;冬天,登湖心亭赏雪,就着"炒砂锅"等农家小吃,或听枯荷对雨,或看水鸟展翅,返湾湖宛如熟睡婴儿般恬静美好。

返湾湖还有着光荣的革命传统。土地革命时期,开国上将贺炳炎曾在这里英勇战斗,湖畔建有"贺炳炎将军纪念碑"。抗日战争时期,这里是新四军五师的重要根据地。"龙马水乡,奔跑潜江",4月21日国家级马拉松系列赛"奔跑中国·美丽中国"之"园林青·2018潜江返湾湖湿地国际马拉松"在返湾湖运动主体公园鸣枪起跑。赛在林间,跑在湖畔,最美返湾湖风景聚于全新的潜马赛道,魅力中国的卓越风姿在这里尽显无遗。

【教学案例】

一、课程内容

1. 走进潜江市中小学综合实践基地。本课程是以"踏水乡园林 品荆楚文化"为研学主题,以湖北省首批中小学生研学旅行实践教育营地"潜江市中小学综合实践基地"为依托开展的为期一周的研学实践教育活动。通过此课程,旨在让学生品读源远流长的荆楚文化,领悟殷实厚重的红色文化,品味世界共享的龙虾文化,感悟熠熠生辉的曹禺文化,领略潜江水乡园林的独特魅力,感受祖国大好河山、光荣历史和改革开放伟大成就,增强对坚定"四个自信"的理解和认同,促进学生形成正确的世界观、人生观、价值观。

2. 走进曹禺文化产业园。参观曹禺公园、曹禺纪念馆、曹禺祖居、梅苑古街、曹禺大剧院、曹禺戏楼、世博湖北馆,感受曹禺文化的魅力,激发学生对文学的兴趣,培养学生"我是中国人,我爱我的祖国"的自豪感和爱国心。

3. 走进小龙虾博物馆、"虾皇"旗舰店、"印象潜江"、生态龙虾城、饮食文化学院。了解"互联网+生态养殖+标准生产+冷链流通"的潜江小龙虾产业链发展的独特模式,感悟科学技术在现代农业生产的重要作用。

4. 走进龙湾遗址博物馆、章华台基址展示馆。通过现代声光电展陈技术,再现章华台,让学生了解当时的历史环境,近距离接触文物,掌握文物发掘过程和相关考古知识,感受遗产保护的重要性和荆楚文化的博大精深。

5. 走进龙湾章华田园综合体、春景现代农业产业园。了解以"四水共作"模式,即"水稻、水产、水果、水生蔬菜"为产业基础打造的果鱼模式、果虾模式、果菜模式。通过采摘水果蔬菜、实地考察无土栽培草莓技术、钓虾戏虾吃虾、观察触摸不同品种水稻,感受现代农业科技给人类生活带来的便捷和欢乐,体验大学生创业的艰辛与快乐。

6. 走进江汉油田水杉公园、返湾湖国家湿地公园、兴隆水利枢纽、田关生态水利建设示范基地,感受水杉文化、湿地文化、水利文化,增强学生环境保护意识。瞻仰贺炳炎和贺龙将军纪念碑,加强爱国主义教育。

二、基地活动安排

| 时间 \ 年级 | | 研学主题 | | | |
|---|---|---|---|---|---|
| | | 六年级 | 八年级 | 高一年级 | 高二年级 |
| 第一天 | 上午 | 开营 | | | |
| | 下午 | 养成教育 极限识数 | 蛋糕制作 | 内务卫生 标准训练 | 破冰授旗 |
| | | 风筝制作 | 空中五项 | 纪律规范教育 队列、队形训练 | 驿站传书 |
| | 晚上 | 观看电影《惊天动地》 | 纪律整顿 开启"阿拉丁神灯" | 观看电影《冲出亚马逊》 | 穿越电网 |
| 第二天 | 上午 | 室内逃生演练 | 能量传递 | 豆花制作 | 共同进退 |
| | | 雕版印刷 | 陶艺制作 | 拳术教学1 | |
| | 下午 | 吹箭 | 滚筒桥 | 队形训练1 | 攀岩 |
| | | 礼让通行 | 秋千桥 | 真人CS | |
| | 晚上 | 观看交通安全、地震及溺水安全电影 | 观看电影《洞穴之光》 | 大型创新方队训练1 | 观看电影《下一个奇迹》 |
| 第三天 | 上午 | 低空五项 | 请跟我来 | 双人七项 | 水上项目（吊桩桥、泸定桥） |
| | | 盲目障碍 | 青春期健康教育 | 队形训练2 | 创新盒子 |
| | 下午 | 内务检查、比赛 | 闪电报数 | 野外生存训练 | 模拟驾驶 |
| | | 多米诺骨牌 | 学习手语舞《感恩的心》 | 信任背摔 | 盲人摸象 |
| | 晚上 | 观看电影《妈妈再爱我一次》 | 班级人格透视 | 拳术教学2 | 兑现承诺 |

（续表）

| 时间＼年级 | | 研学主题 | | | |
|---|---|---|---|---|---|
| | | 六年级 | 八年级 | 高一年级 | 高二年级 |
| 第四天 | 上午 | 不倒森林 | 团队浮桥 | 高空断桥 | 毕业墙 |
| | | 文明礼仪操 | | | 学习励志手语舞《我真的很不错》 |
| | 下午 | 消防知识讲座 | 携手并进 | 大型创新方队训练2 | 计算机组装及网络搭建 |
| | | 紧急疏散、消防、自救自护及紧急救护演练 | 吸管搭建 | 一往无前 | 通用技术课程——车床 |
| | 晚上 | 才艺展示晚会 | 才艺展示晚会 | 观看电影《纪念抗战胜利60周年》 | 才艺展示晚会 |
| 第五天 | 上午 | 气象观测 | 大型团体情景互动教学——"领导力与责任感" | 移花接木 | 大型励志课程——班魂凝聚 |
| | | 大型课程"让生命充满爱" | | 环保教育 | |
| | 下午 | 结营 | | 野营拉练 | 结营 |
| | | | | 休息 | |
| | 晚上 | | | 红歌方队训练1 | |
| 第六天 | 上午 | | | 科普教育 | |
| | | | | 红歌方队训练2 | |
| | 下午 | | | 学习励志手语舞《步步高》 | |
| | | | | 烧烤 | |
| | 晚上 | | | 才艺展示晚会 | |
| 第七天 | 上午 | | | 爱国主义教育讲座——当前周边的国际形势 | |
| | 下午 | | | 结营 | |

### 三、研学活动安排

| 时间 | | 课程安排 | 课程内容 | 适用学段 |
|---|---|---|---|---|
| 第一天 | 上午 | 开营第1站 | 从潜江市中小学综合实践基地出发,走进曹禺产业园,参观曹禺纪念馆、曹禺祖居、梅苑、世博湖北馆、曹禺大剧院,品读曹禺文化 | 小学、初中、高中 |
| | | 第2站 | 走进小龙虾博物馆,解密小龙虾"前世今生"和小龙虾大产业的经济内涵 | 小学、初中、高中 |
| | | 第3站 | 走进饮食文化学院,了解小龙虾烹饪过程,现场烹饪或品尝小龙虾 | 小学、初中、高中 |
| | | 中餐 | 走进"虾皇"旗舰店或"印象潜江",了解潜江特有的美食文化,初步了解潜江特色美食,如油焖大虾、火烧粑、焌米茶、泡藕带、"尝相思"等 | 小学、初中、高中 |

（续表）

| 时间 | | 课程安排 | 课程内容 | 适用学段 |
|---|---|---|---|---|
| 第一天 | 下午 | 第4站 | 走进中国潜江生态龙虾城，参观小龙虾雕塑、热带雨林风景区、水上世界、温泉小镇，感受水乡园林的特有风情 | 小学、初中、高中 |
| | | 第5站 | 走进龙湾遗址博物馆、章华台基址展示馆、遗址考古发掘现场，近距离接触文物、触摸历史，感受楚文化的博大精深以及遗址保护的重要性 | 小学、初中、高中 |
| | | 第6站 | 走进章华田园综合体，在"虾稻花田"中学习科普知识，了解无土栽培技术，采摘水果、钓虾戏虾、体验农耕，学习大学生创新精神，感受大学生创业的艰辛与快乐 | 小学、初中、高中 |
| | 晚上 | 第7站<br>晚餐及住宿 | 潜江市中小学综合实践基地宿营地，分组活动 | |
| | | | 小龙虾拓印画、小龙虾风筝制作 | 小学 |
| | | | 小龙虾铅笔速写、创作小龙虾童话剧 | 初中、高中 |
| 第二天 | 上午 | 第8站 | 走进春景现代农业产业园，了解水稻的历史和文化，虾稻共作模式及虾稻的选育与筛选知识 | 小学、初中、高中 |
| | | 第9站 | 走进返湾湖国家湿地公园，观看《候鸟天堂》；参观宣教长廊，了解渔业文化和保护湿地的重要性；进行互动游戏，了解贺炳炎将军的故事；体验挖野菜、钓黄鳝和马拉松赛道跑 | 小学、初中、高中 |
| | | 第10站 | 走进田关生态水利建设示范基地，开展红色文化游、水利科技游、水乡风情游、生态景观游，重点了解泵站和安全饮水的流程以及红军堤、贺龙纪念碑的由来 | 小学、初中、高中 |
| | | 中餐 | 潜江市中小学综合实践基地 | 小学、初中、高中 |
| | 下午 | 第11站 | 走进江汉油田水杉公园，参观水杉园区，了解水杉文化，制作水杉叶、苗标本 | 小学、初中、高中 |
| | | 第12站<br>结营 | 走进兴隆水利枢纽，了解船闸运行原理、绿色水利能源，领略兴隆大坝的雄姿，了解引江济汉工程意义。潜江市中小学综合实践基地结营 | 小学、初中、高中 |

注：以上12个研学站点可以根据需要进行串联，重新组合成一日研学课程或两日研学课程，活动项目也可以根据时段进行适当调整。

小学生以拼图、摄影、绘画、故事、手工制作、撰写研学心得体会等方式展示研学成果；初中生以摄影、小课题研究等进行展示；高中生以"科技农业""环境保护"等为课题，撰写研学实践报告。

【思考探究】

# 登船长9号　赏江城神韵

**【项目实施单位】**

长江海外国际旅游(武汉)有限公司

**【项目组专家】**

江舟

**【指导教师】**

毛永伟

**【课程主题】**

登船长9号　赏江城神韵

**【适用学段】**

小学高年级、初中、高中

**【研学时间】**

1天

**【线路安排】**

武汉港23码头（起航）→106导弹驱逐舰→303潜水艇→武汉关钟楼→龙王庙→晴川桥→中国角（南岸嘴）→晴川阁→大禹神话园→龟山电视塔→万里长江大桥→汉阳江滩→鹦鹉洲长江大桥→武昌造船厂→黄鹤楼→武昌江滩→长江二桥→粤汉码头→汉口江滩→汉口租界→武汉港23码头(靠泊)

**【课程目标】**

1. 了解武汉这座城市,感知武汉精神,近距离地接触武汉,体会武汉精神。

2. 培养"知行合一"的能力,将书本上学到的知识与生活实践相结合,丰富课外知识,激发学生对科学的感知能力及好奇心。

3. 培养生命安全意识,学习自救技能,增强动手实践能力,提高团队协作能力和创新精神。

**【资源特色】**

·湖北省中小学生研学旅行实践教育课程资源单位·

## 船长9号

武汉市正努力打造以长江游览为主题的开放式国家5A级旅游船舶,以"两江交汇、三镇鼎立"的风貌为依托,以"江汉朝宗"城市发展历史为文脉,以江汉关、晴川阁、革命博物馆、科技馆等标志建筑为主线,通过旅游船、码头趸船等载体,使其成为展示"现代化、国际化、生态化大武汉"的靓丽窗口。

船长9号由中国长江航运集团出资打造,船长47.4米、最大船宽20米,船体分3层,设计载客人数为640人。"船长9号"外形独特,以著名科幻动画史诗巨著《太空堡垒》中的巨型太空战舰为设计蓝本,充满科幻色彩。整体构造运用了世界顶级 House Wedding(婚礼殿堂)的概念,水、天、太空船浑然一体,是武汉的一张亮丽城市名片。

船长 9 号是一个新型的研学基地,游览线路包含了武汉的著名景点,拥有优质的景点教学资源,效益贡献明显,大力推动了武汉长江主轴水上旅游发展。船长 9 号的航行路线贯穿武汉市区多个历史文化遗址,带头宣扬绿色长江文明旅游的理念,重视环境的美化和保护,用热情细致的服务展示着长江独有的专业与风范。

中国长江航运集团与在湖北省各旅游船舶都有合作协议,各船舶对集团的研学团队有着优厚的政策以及优先的服务,目前主要合作的有:知音号、汉粤码头、两江游等。周边景点更加符合研学课程开发,适合学生旅游学习。近年来,积极参加社会招投标,实现多项突破,多次成功竞标大型会议组织接待、大型旅游团队的组织安排以及武汉市中小学夏令营活动,实现了社会效益和经济效益双丰收。

在船舶使用方面注重安全和质量,所挑选船舶队必须是有正规资质且在行业中排名前三的船舶。所有船舶必须有公司投保的责任险及座位险,而且要求是三年以内的船舶,使用过程中船舶状况良好,干净卫生。对船舶的驾驶员有很高的要求,驾驶员需要有专业的驾驶技能及良好的服务态度,确保能顺利完成每一次任务。

每一次研学活动,都派驻专业的讲解员,负责带领团队完成研学任务。讲解员都必须经过专业的培训,有良好的服务意识和服务技能,能全程带领学生完成研学课程,并且以专业负责的态度安排好学生的食宿及游玩。公司目前有讲解员 30 人,专门为各类研学活动服务。

## 【行程安排】

| 研学阶段 | 研学安排 | |
|---|---|---|
| 研学前一周 | 1. 明确课程内容,制定研学方案。<br>2. 搜集、整理相关资料,指导学生提出研究方向。<br>3. 强调安全注意事项。<br>4. 以 8 人左右为一组,提前完成分组 | |
| 研学中 | 16:00 | 抵达武汉港 23 码头 |
| | 16:10 | 登船长 9 号,举行船长欢迎仪式 |
| | 16:10—16:30 | 参观军舰和潜艇:了解军舰的历史由来,培养学生对科学的感知能力及好奇心 |
| | 16:30—16:45 | 了解武汉地势险要的地段,聆听故事——龙王庙由来;了解武汉地理知识 |
| | 16:45—17:00 | 船长研习课:初探船舶文化,"船长百科问答"融汇了船舶基础知识、船闸工作原理等内容;丰富课外知识,掌握水上安全急救技能,亲自体验穿救生衣;学打水手结,了解船员生活及水手文化 |

（续表）

| 研学阶段 | 研学安排 | |
|---|---|---|
| 研学中 | 17:00-17:20 | 航线科普课：通过沿途的景点，了解武汉地理概况、版图分布以及武汉三镇的历史发展。分小组绘制航线景点图，培养学生的团队协作能力及创新意识 |
| | 17:20-17:30 | 梦幻江城——长江夜色景观：带领学生在甲板观赏长江一桥、二桥以及晴川桥，了解桥梁建筑。赏名楼、观名阁，欣赏"两江交汇、三镇鼎立"的风貌 |
| | 17:30-17:40 | 了解江城神韵——武汉港：引导学生看武汉的宣传视频，了解武汉码头文化；聆听专业导师讲解张之洞的历史故事 |
| | 17:40-17:50 | 分班级在一楼中厅合影留念 |
| | 17:50-18:00 | 游轮停靠武汉港23码头，依次列队有秩序地下船 |
| 研学后 | 1. 通过美篇、视频、PPT、小论文等方式汇报小组或个人研学成果。<br>2. 评价反馈 | |

注：因游轮及船闸的特殊性，以上研学过程中的时间安排仅供参考。

**【课程内容】**

**课程一　了解江城神韵——武汉港**

**一、课程导入**

了解武汉就要了解武汉的港口文化，这要从交通部和武汉市"七五"重点建设项目之一的武汉客运港讲起，客运港整个大楼占地 63000 平方米，建筑面积 18300 平方米，于 1992 年 1 月 10 日开通营运，是我国内陆第一大港及长江上最大的客运站，目前客运站已经改建为武汉科技展览馆。

**二、对应学科**

历史、科技

**三、适用学段**

小学、初中、高中

**四、教学要点**

1. 客运港的历史。

2. 武汉港口文化。

3. 汉口码头文化。

**五、课前准备**

借助网络、多媒体查找相关历史资料。

**六、教学过程**

1. 教学互动——大家课前借助网络，了解武汉港的相关知识并自由发言。

2. 聆听故事——武汉港由来。

3. 奇思妙想——绘出心中的武汉港。

4. 播放视频——进一步加深对武汉港的认识。

## 七、思考与探究

时代在进步,科技不断在改变人们的生活,请你谈谈科技对于武汉港的影响。

## 八、延伸拓展

学习了武汉港的历史,写一篇关于武汉港对于武汉人的影响的文章,将你的文章与同学分享。

### 课程二　了解素以险要著称的——龙王庙

## 一、课程导入

在长江与汉江交汇之处的汉江北岸,便是闻名全国的武汉防汛段——龙王庙了。龙王庙全长 1080 米,始建于清朝乾隆四年(1739 年)。由于龙王庙地段河面非常狭窄,水急浪高,素以险要著称,故前人筑龙王庙祈求龙王爷保佑平安。

## 二、对应学科

语文、科技、地理

## 三、适用学段

小学、初中、高中

## 四、教学要点

1.了解龙王庙的由来。

2.了解武汉地理知识。

3.知道龙王庙地段所发生的抗洪故事。

4.掌握部分武汉地理概况。

## 五、课前准备

借助网络、多媒体查找相关历史资料。

## 六、教学过程

1.引导学生看视频——了解武汉地势险要的地段。

2.聆听故事——龙王庙由来。

3.教学互动——学生课前借助网络,了解武汉地理知识,并自由发言。

4.龙王庙地理环境。

汉口龙王庙位于汉口长江与汉江交汇处的左岸,设立于 9 米高的观江平台之巅,瞰长江、汉水交汇之胜景,是由原江汉公园扩容而来,更名为龙王庙公园。龙王庙自古就是汉口防洪的关键,因市民在这一带修庙祭神祈福而得名。龙王庙公园占地 1.52 万平方米,其主体景观为高 6.8 米,观江平台分上下两层,是武汉市唯一的滨江公园。龙王庙建在占地 7000 平方米三级观江平台的第三级观江平台上,殿高 6 米,仿唐代建筑风格,面积比 1930 年拆掉的旧龙王庙大十几倍,由重建苏州寒山寺的班底打造。

龙王庙公园内有一块石碑,上面记载着"龙王庙是汉水入江之口,乃武汉之地标,汉口之源点,汉正街之大门。""汉口者,汉水入江之口也。明代成化之初(1465—1470),连年大水,汉水自郭茨口下改道,于龙王庙与南岸嘴间形成唯一入江之河口,即汉口。"

紧靠江边的龙王庙旧址的江堤上建有"武汉 1998 年抗洪图"壁画,办有"武汉市爱国主义教育基地宣传专栏",栏内是党和国家领导人在不同时期视察龙王庙的新闻图片,悬挂着孙中山和毛泽东、周恩来、邓小平、江泽民、胡锦涛、吴邦国、温家宝、李鹏、朱镕基等党和国家领导人的巨幅画像。龙王庙是青少年爱国主义教育基地。龙王庙打扣码头矗立着一块打扣巷码头古今碑。其碑高 155 厘米、宽 45 厘米、厚 15 厘米,刻有"古迹"两字,其下镌刻"龙王庙打扣码头",右上方雕着"民国十一年(1922 年)岁次壬戌年小阳月建立",左下边是"水土果自治宁平永济三会募化重修"的文字。这块古碑是 1999 年中央和地方政府重修龙王庙这一汉口重要的防洪工程时,从地下挖掘出来的。古碑出土后,江汉区档案馆对它进行了修复并保存。打扣巷码头古今碑后镌刻有古今碑铭文等字样。

### 七、思考与探究

龙王庙自古就是险要之地,为什么人们还愿意建造龙王庙?你对龙王庙所在位置有什么不一样的看法?

### 八、延伸拓展

了解了龙王庙的地理环境后,用自己的方式分析龙王庙的地理位置。

## 课程三 走近武汉——长江汉江的交汇处

### 一、课程导入

武汉市是湖北省的省会,土地面积 8494 平方千米,人口 1200 万,是华中地区最大的城市,也是全国的特大城市之一。来到武汉,您一定会听到"武汉三镇"的说法,的确,武汉市被长江和汉水分为武昌、汉口、汉阳三镇,所以人们就习惯这样说了。还有一句话说"一勺舀起两江水,一杯清茶三镇香",说的也是武汉这一独特的地理格局。由于得两江之便,又地处华中腹地,所以自古以来武汉就得了"九省通衢"的美誉。在长江和汉水的交汇之处,浑黄的长江水和碧绿的汉江水构成了一个大大的"人"字,把武汉分为三镇。这里也是一个风云际会的好地方,山与山相望,水与水相亲。

### 二、对应学科

历史、科技、地理

### 三、适用学段

小学、初中、高中

### 四、教学要点

1. 了解武汉地理概况、版图分布以及武汉三镇的发展历史。

2. 近距离地接触武汉,体会武汉精神。

3. 通过对武汉的了解,思考一个城市的发展过程。

### 五、课前准备

借助网络、多媒体查找历史资料,对比过去的武汉和现在的武汉。

### 六、教学过程

1. 课前热身:查找资料,说出自己心中的武汉。

2. 教学互动。

(1)看视频,多媒体课件展示武汉发展的演变过程。

(2)聆听导师的讲解,了解武汉、武汉人、武汉精神。

3. 引导学生认知地理方位,了解长江、汉江。

长江:长江是中国第一大河,是中国的母亲河,干流全长 6300 千米,流域总面积 180 余万平方千米,年平均入海水量约 9600 余亿立方米。以干流长度和入海水量论,长江均居世界第三位。长江在湖北省宜昌市以上为上游,水急滩多;宜昌至江西省湖口间为中游,支流发达,多湖泊(鄱阳、洞庭两湖最大);湖口以下为下游,江宽,入海口有冲积而成的崇明岛。长江水量和水利资源丰富,盛水期,万吨轮可通武汉,小轮可上溯宜昌。长江在四川奉节以下至湖北宜昌为雄伟险峻的三峡(瞿塘峡、巫峡、西陵峡)江段,世界最大的水利枢纽工程三峡工程就位于西陵峡中段的三斗坪。长江流域是中国人口密集、经济繁荣的地区,沿江重要城市有重庆、武汉、南京、上海。长江可供开发的水能总量达 2 亿千瓦,是中国水能最富集的河流。长江干流通航里程达

2800 多千米,素有"黄金水道"之称。

汉江:汉江,又称汉水、汉江河,为长江最大的支流。现代水文研究认为其有三源:中源漾水、北源沮水、南源玉带河,均在秦岭南麓陕西宁强县境内,流经沔县(今勉县)称沔水,东流至汉中,始称汉水;自安康至丹江口段古称沧浪水,襄阳以下别名襄江、襄水。汉江是长江最长的支流,在历史上占据重要地位,常与长江、淮河、黄河并列,合称"江淮河汉"。汉江流经陕西、湖北两省,在武汉市汉口龙王庙汇入长江。河长 1577 千米,流域面积 15.9 万平方千米。干流湖北省丹江口以上为上游,河谷狭窄,长约 925 千米;丹江口至钟祥为中游,河谷较宽,沙滩多,长约 270 千米;钟祥至汉口为下游,长约 382 千米,流经江汉平原,河道蜿蜒曲折逐步变窄。汉江多险滩峡谷、径流量大、水力资源丰富,航运条件好。

### 七、思考与探究

请大家各抒己见,谈谈长江和汉江对于武汉来说具有哪些影响。

### 八、延伸拓展

了解武汉精神后,做一个简单的有关武汉精神认知的调查报告。

## 课程四 看长江两岸——赏名楼、观名阁

### 一、课程导入

在长江大桥武昌桥头处的蛇山上,屹立着一幢雄伟的楼阁,在灯光的掩映下显得格外光彩夺目,那便是江南三大名楼之一的黄鹤楼,武汉之所以被称为"白云黄鹤的故乡"也是因为此楼。这座古时以高大雄伟著称的黄鹤楼和今天的高楼大厦相比起来也许要逊色许多,但在古时候,它却是文人墨客登高远眺、赋诗遣兴的必到之处。

长江以北的汉阳的晴川阁,建于明代嘉靖年间,其名取自唐朝诗人崔颢的名句"晴川历历汉阳树"中的"晴川"二字。晴川阁的位置独特,造型美观,诸多文人墨客的赞咏,使得它赢得了重要的历史地位,故有"楚国晴川第一楼"的称号,在晴川阁附近有禹稷行宫,原为禹王庙,相传为大禹治水成功之所。

我想大家可能早已注意到晴川阁后面龟山顶上那座高大的电视塔了,那就是曾有"亚洲桅杆"之称的武汉龟山广播电视塔,它海拔 311.4 米,是我国第一座具有综合旅游功能的电视塔。

### 二、对应学科

语文、历史

### 三、适用学段

小学、初中、高中

### 四、教学要点

1. 带领学生在甲板观赏长江两岸,了解景观建筑。

2. 引导学生背诵有关黄鹤楼的诗词。

3. 了解晴川阁以及黄鹤楼的历史。

### 五、课前准备

引导学生观看讲述黄鹤楼名字由来的动画片——《辛氏卖酒》,以及武汉的宣传片。

### 六、教学过程

1. 课前热身:查找资料,说出武汉地标性的景点。

2. 教学互动。

(1)看视频,多媒体课件展示武汉著名景点。

(2)聆听导师的讲解,熟悉黄鹤楼、晴川阁的历史。

3. 引导学生认知地理方位,了解长江。

4. 教会学生背诵诗词。

5. 开展小型诗词大赛。

《黄鹤楼送孟浩然之广陵》

(唐)李白

故人西辞黄鹤楼,烟花三月下扬州。

孤帆远影碧空尽,唯见长江天际流。


《黄鹤楼》

(唐)崔颢

昔人已乘黄鹤去,此地空余黄鹤楼。

黄鹤一去不复返,白云千载空悠悠。

晴川历历汉阳树,芳草萋萋鹦鹉洲。

日暮乡关何处是,烟波江上使人愁。


《与史郎中钦听黄鹤楼上吹笛》

(唐)李白

一为迁客去长沙,西望长安不见家。

黄鹤楼中吹玉笛,江城五月落梅花。

### 七、思考与探究

学习了黄鹤楼的诗词文化,你知道武汉为什么会被叫作"江城"吗?

### 八、延伸拓展

了解了武汉的这些著名景点,写一篇旅游日志与同学分享。

## 课程五　学习武汉桥文化——长江一桥和二桥

### 一、课程导入

我国的"万里长江第一桥"——武汉长江大桥于 1955 年国庆动工兴建,1957 年 10 月 15 日建成通船,全长 1670 米,是一座公路铁路两用桥,著名的京广铁路线就从桥上通过。1956 年毛主席在武汉畅游长江时,看到正在长江中崛起的大桥,一时兴起,留下了"一桥飞架南北,天堑变通途"的名句。

武汉长江二桥,位于武汉中心城区。大桥北起汉口黄浦大街三层立交桥,跨越长江至武昌徐东大街。是继武汉长江大桥后的重点建设大桥。该桥全长 3877.61 米,主桥为双塔双索面钢筋混凝土斜拉桥,H 型主塔高 153.6 米。日通船舶能力 5 万辆。武汉长江二桥于 1991 年开始兴建,1995 年 6 月通船舶。

### 二、对应学科

语文、历史

### 三、适用学段

小学、初中、高中

### 四、教学要点

1. 带领学生在甲板参观长江一桥、二桥以及晴川桥，了解桥梁建筑。

2. 熟悉长江一桥和二桥的概况和历史文化。

3. 了解武汉的桥文化。

4. 了解桥对于武汉的巨大影响，熟知武汉长江一桥和二桥的历史文化。

### 五、课前准备

引导学生观看武汉宣传片以及有关建造一桥和二桥的视频。

### 六、教学过程

1. 课前热身：查找资料，说出武汉的长江上的大桥。

2. 教学互动。

(1) 看视频，多媒体课件展示武汉长江大桥。

(2) 聆听导师的讲解，熟悉武汉长江一桥和二桥的历史文化。

3. 引导学生认知地理方位，了解长江大桥对武汉的影响。

4. 奇思妙想——画出心中的武汉大桥。

5. 毛主席与长江大桥。

毛主席对武汉这白云黄鹤之地特别喜爱，新中国成立后曾 37 次到武汉，停留时间最长的一次达 168 天；曾 17 次畅游长江，游程总计达 100 多千米。毛主席畅游长江，与武汉长江大桥建设有着密切的联系。没有哪一座建筑像武汉长江大桥这样引起过毛主席如此多的关注，除了大桥开工前踏勘桥址线外，大桥正式开工后，毛主席又多次来到工地，听取汇报，看望职工。1956 年 5 月底，毛主席从长沙来到武汉。此时，江中的墩子全部耸出水面，汉阳岸开始架梁，滚滚长江上，呈现出一派雄伟壮观的建设图景。31 日晨，毛主席决定乘船视察桥梁工地并听取关于大桥建设的汇报。6 月 1 日、3 日、4 日，毛主席三次畅游长江，而且多次穿过水流湍急的桥墩附近。这儿停泊着不少正在施工的吊船、驳船，水中布有不少锚链，毛主席泰然自若地游了过去。游泳过后，他兴致未尽，挥毫写下了《水调歌头·游泳》。1957 年 9 月 6 日，毛主席再一次来到了武汉。毛主席从桥上信步而过，看见有一排栏杆上漆着不同的颜色，便问何意。大桥局的两位领导说："这是让武汉人民来挑选，看用什么颜色好。"他笑着称赞"这就是走群众路线嘛"，又问曾兼任大桥局首任书记、政委的王任重："你是湖北的负责人，你看漆什么颜色好？"王任重答："我还没有想好呢。"大家便问毛主席哪一种颜色好。主席笑着用手指了指蓝天，又指了指江水。大家明白了。"落霞与孤鹜齐飞，秋水共长天一色"，桥栏应选用与天、水颜色相和谐的色彩(桥栏后来被漆为银灰色，直到今天)。

——《经济日报》2018 年 2 月 7 日

**七、思考与探究**

武汉长江一桥和二桥各有特色,请说出它们各自的优势。

**八、延伸拓展**

了解了武汉桥文化,发挥自己的想象写一篇赞美武汉大桥的诗篇与同学分享。

## 课程六　赏梦幻江城——长江夜色景观

**一、课程导入**

长江灯光秀是武汉两江(长江、汉江)四岸旅游功能提升工程以及两江四岸景观照明提升建设工作的重要成果,聚焦两江四岸核心区域,助力构建气势磅礴、层次丰富、城水交融相依的世界级城市文明景观带,已成为长江主轴上的重要城市景观之一。

**二、对应学科**

科技、语文

**三、适用学段**

小学、初中、高中

**四、教学要点**

1. 带领学生在甲板上欣赏两江四岸景观。

2. 感受武汉人文情怀。

3. 三层甲板参观节目。

**五、课前准备**

引导学生在甲板集合,提醒学生注意安全。

**六、教学过程**

1. 课前热身:了解武汉灯光秀。

武汉灯光秀围绕25千米长江主轴两岸的500余栋楼宇建筑进行设计,为全球最大体量夜景灯光联控项目。500多栋楼宇"搭建"起的巨幕,堪称"万里长江第一屏"。灯光秀以江汉文化为主体,以人的五感为叙事主线,用白鳍豚串起5个独立的起承转合故事,将武汉的人文历史与城市未来娓娓道来,成为长江主轴景观轴上的一颗靓丽明珠!

2. 教学互动。根据灯光的指引让学生说出景点,以及景点概况。

3. 在导师的带领下,聆听讲解,做好笔记。

4. 举办小型拍摄活动,让学生拿手机拍出自己喜欢的景点,与同学分享。

## 课程七　走进西安舰、303潜水艇

**一、课程导入**

驻泊在武汉港旁的军舰和潜水艇,是分别在2007年9月、2009年7月告别万里碧海退役,交付武汉海军工程大学,成为教学实习课堂的西安舰和303潜水艇。

**二、对应学科**

历史、语文

**三、适用学段**

小学、初中、高中

### 四、教学要点

1. 带领学生参观军舰和潜水艇。

2. 了解西安舰以及 303 潜水舰。

3. 课堂分享交流中国军舰的一些小故事。

### 五、教学过程

1. 课前热身:自由参观,完成表格。

2. 教学互动。

(1)听导师讲解军舰历史,多媒体课件展示军舰的雄姿,请同学们谈谈参观后的感受。

(2)采访:同学们对我国军事历史的了解有多少?

西安舰又称"106 导弹驱逐舰",是中国国产第一代导弹驱逐舰,由我国(武汉七〇一所)自行研制设计。舰长 132 米,宽 12.8 米,排水量 3250 吨,航速 32 节。1970 年 9 月在大连造船厂造成,1974 年 11 月加入海军驱逐舰战斗序列,服役 33 年来,安全航行 15 万海里,圆满完成了我国向南太平洋发射运载火箭试验护卫警戒等 40 余次重大战备训练和军事学习任务。西安舰实现了中国导弹驱逐舰零的突破,更是结束了我国重金购买别人淘汰舰的历史,是我国 20 世纪 70 年代的主力战舰。

303 潜水艇艇名"长城 107 号",是我国自主制造的第一代常规动力潜艇。1977 年 10 月开工建造,1984 年 4 月服役,隶属于南海舰队。潜艇长 74 米,最宽 5.7 米,排水量 1315 吨,编制 70 人。该艇服役 20 多年来,安全航行 2 万多海里,多次出色完成远航、演习等重大任务,为国家和军队的现代化建设立下了汗马功劳。

### 六、思考与探究

比较一下我国军舰和外国军舰的区别。

### 七、延伸拓展

观看西安舰的电影,写一篇相关的研学日志。

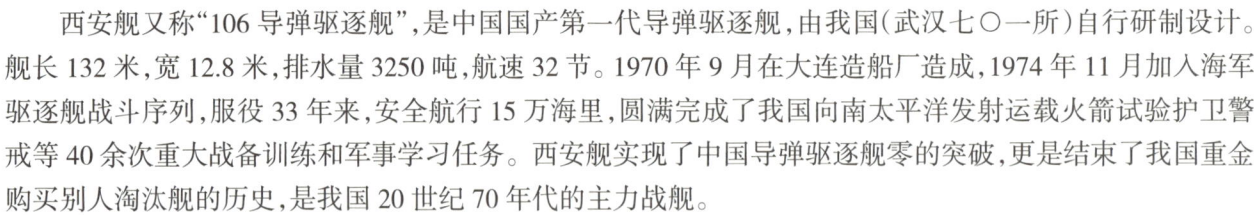

## 课程八　了解码头文化——粤汉码头

### 一、课程导入

大家知道粤是广东的简称,那么,为什么这里叫粤汉码头呢?这要从清末的湖广总督张之洞说起了。张之洞振兴湖北经济,首先是兴办铁路,由于当时长江上没有大桥,连接广东和湖北的火车过江只有通过轮船进行转驳,我们这个地方就是当年火车过江的北岸渡口,所以就叫粤汉码头。

### 二、对应学科

历史、语文

### 三、适用学段

小学、初中、高中

### 四、教学要点

1. 了解武汉码头文化。

2. 了解有关湖广总督张之洞的历史故事。

3. 课堂分享交流有关武汉码头的故事。

### 五、课前准备

借助网络查找一些老码头的照片。

### 六、教学过程

1. 课前热身:引导学生看武汉的宣传视频,了解武汉码头文化。

2.聆听专业导师讲解张之洞的历史故事。

张之洞(1837—1909),字孝达,号香涛,曾出任湖广总督,称"帅",故时人皆呼之为"张香帅"。为晚清名臣、清代洋务派代表人物,直隶南皮(今河北南皮人)。授翰林院编修,历任教习、侍读、侍讲、内阁学士、山西巡抚、两广总督、湖广总督、两江总督(多次署理,从未实授)、军机大臣等职,官至体仁阁大学士。

张之洞早年是清流派首领,后成为洋务派的主要代表人物。教育方面,他创办了自强学堂(今武汉大学前身)、三江师范学堂(今南京大学前身)、湖北农务学堂(今华中农业大学前身)、湖北武昌蒙养院、慈恩学堂(今南皮县第一中学前身)、广雅书院等。政治上主张"中学为体,西学为用"。工业上,创办汉阳铁厂、大冶铁矿、湖北枪炮厂等。

八国联军入侵时,大沽炮台失守,张之洞会同两江总督刘坤一与驻上海各国领事议定"东南互保",并镇压维新派的唐才常、林圭、秦力山等自立军起义,光绪三十四年(1908年)11月,以顾命重臣晋太子太保,次年病卒,谥文襄。有《张文襄公全集》。张之洞与曾国藩、李鸿章、左宗棠并称"晚清中兴四大名臣"。

3.粤汉码头。

粤汉码头位于汉口蔡锷路口。清末时,此地停靠外国兵舰及商轮。1914年,为便于公务往来,粤汉铁路开工,在此辟为专用码头。1922年前后用作京汉(今北京至汉口)、粤汉(今汉口至广州)铁路旅客渡江换乘的渡江码头。1936年粤汉铁路全线通车后,码头更加繁忙。

在武汉长江大桥建成以前,京广铁路被长江分成两部分。江南叫粤汉铁路,江北为京汉铁路。南来北往的火车必须靠火车轮渡才能过江。而此码头的火车轮渡连接了粤汉铁路和京汉铁路,因此火车轮渡码头叫粤汉码头,这就是粤汉码头地名的由来。

1957年武汉长江大桥建成通车后,粤汉码头改为汉口至徐家棚、青山的轮渡码头。2002年建成汉口江滩公园,它变身为"武汉长江游览"专用码头。闸口目前可通大型汽车,内有"詹天佑雕像""传统蒸汽小火车""汉口码头文化广场"组雕及四季花圃,有草坪、花径、长廊等,占地约为5000平方米。粤汉码头100多年的历史,浓缩了中华民族的奋斗、崛起变迁。一段历史、一个故事正激励着中国人一代又一代为中国梦前仆后继,继往开来!

**七、延伸拓展**

你还知道武汉的哪些码头?收集相关资料与同学们分享交流。

1.仔细聆听了讲解后,想想码头的重要性,和大家分享。

2.请你结合此次研学的所见所闻,写一篇不少于500字的研学报告。

**【思考探究】**

# 探楚国发迹地　讲三国源头故事

**【项目实施单位】**

南漳县青少年校外活动中心

**【项目组专家】**

邹险峰　李汉碧　匡海山

**【指导教师】**

马乾才　李玉联　张詹詹

**【课程主题】**

探楚国发迹地　讲三国源头故事

**【适用学段】**

小学四至六年级、初中、高中

**【研学时间】**

3 天

华中绿谷

南漳县博物馆

中国有机谷展示中心

美丽乡村生态
农业体验园

徐庶故里

水镜庄

**【线路安排】**

水镜庄 → 徐庶故里 → 南漳县博物馆 → 中国有机谷展示中心 → 华中绿谷 → 美丽乡村生态农业体验园

**【线路特色】**

游三国名胜，了解三国文化，学习三国源头故事；看国家绿色经济示范区中国有机谷、华中绿谷，感受"绿水青山就是金山银山"的内涵；走进生态农业园，体验有机农业发展的无限潜力。

**【课程目标】**

1. 了解三国文化及当今农业的发展，感受改革开放伟大成就、南漳美丽风光，培养热爱祖国的情怀。

2. 增强社会责任感，树立远大理想和宏伟目标。

3. 读万卷书，行万里路。促进书本知识和生活经验的深度融合，培养探究性学习习惯，促进个人素质全面发展。

**【资源特色】**

·中央专项彩票公益金研学实践教育支持单位·

## 南漳县青少年校外活动中心

2016 年 7 月 14 日经南漳县机构编制委员会研究决定，同意在原城关镇徐庶小学资产基础上，成立"南漳县青少年校外活动中心"，为县教育局管理的二级事业单位。中心占地面积 8260 平方米，建筑面积 3710 平方米，位于城区东端，毗邻徐庶故里，地理位置优越、交通便利。

南漳县青少年校外活动中心通过指导、开展青少年校外生存体验、素质拓展、科学实践、专题教育、研学旅行等实践活动,促进青少年全面发展。目前中心开设有综合类(国学经典讲堂、朗读与口才)艺术类(舞蹈、电子琴、绘画、书法、摄影、非遗剪纸)、科技类(创客坊、七巧板、无线电)、体育类(乒乓球、棋类、足球、少儿门球)等多项专业公益培训;与政府部门合作,共建教育基地,如南漳县青少年法制教育基地、消防安全教育基地、科普教育基地、爱国主义教育基地,形成"中心＋基地"的校外教育模式;组织开展"爱我家乡,知我南漳"的主题教育活动和以农耕文化与农耕体验为主题的研学旅行活动等,形成"中心＋营地＋N个研学旅行基地"的南漳校外教育综合实践基地建设运营模式,不仅能服务南漳学子,还能承接市区、外县市、全省乃至全国的青少年进入基地开展活动。

## 三国名胜水镜庄

水镜庄是东汉末年名士司马徽隐居地,因司马徽雅号"水镜先生"而得名。是国家级旅游景区、国家级风景名胜区隆中配套景点之一。位于南漳县城南,305省道、麻竹高速、郑渝高铁由此经过,距襄阳市37千米。

## 三国名胜徐庶故里

徐庶庙又称单公祠、徐公祠,建于清嘉庆元年(1796年),坐北朝南,前后两院,皆具古雅风貌。后被毁,现存3间正殿和左右两庑。殿内有徐庶塑像。嘉庆十七年(1812年)立"汉徐庶故里"碑。

## 南漳县博物馆

南漳县博物馆是湖北省重点文物保护单位,是一个地方综合性博物馆。博物馆第一部分为"三国文化",展示三国历史、徐庶生平简介、名人字画、明清碑刻拓片及古今碑刻;第二部分展示新石器时代至汉代出土文物和地方革命史迹等。

## 中国有机谷

中国有机谷位于湖北省西北部,汉水以南,荆山山脉东麓。东临宜城,西接神农架林区,东北接襄阳市区,南依远安,东南与荆门毗连。中国有机谷是以襄阳市南漳县为核心区,以保康、谷城、老河口为辐射区,依托襄阳市生态资源、交通区位、特色产业和人文古蕴,按照有机农业生产方式和现代农业经营管理模式,集精品生产、精深加工、科技创新、休闲旅游、美丽乡村和生态保护为一体的有机农业区。

## 华中绿谷

华中绿谷位于南漳县九集镇清凉河畔,一期总投资12亿元。项目以新型城市化发展为基础,依托南漳气候独特、物种丰富、山场面积大、区位优越、交通便利等优势,打造集花木生产、花木交易、花木金融、花木研发、生态创意、旅游观光于一体的现代农业科技生态园。

# 美丽乡村生态农业体验园

美丽乡村生态农业体验园始创于 2014 年,是一家集生态果蔬种植、生态养殖、休闲观光度假体验、民宿及生态餐厅体验、研学旅行、团队拓展、种植及养殖科研创新、产品销售等为一体的规模化专业型生态农场。农场位于南漳县九集镇,占地面积 133 万多平方米,距襄阳市区约 40 千米,南漳县城 20 千米,宜城市 35 千米。

【研学内容】

1. 了解八百里金南漳。南漳是荆楚文化发祥地、楚熊绎所居之地丹阳的所在地、古罗国和卢戎国封侯地、战国纵横家鼻祖鬼谷子隐居地、和氏璧故乡和三国故事源头,卞和献玉、白起攻鄢、司马徽和徐庶共荐诸葛、民族英雄张自忠血染抗日沙场等家喻户晓的历史故事就发生在这里。全县有各类景点 110 多处,其中有省、市级文物保护单位 40 多个。

2. 了解中国有机谷及未来规划,激发爱国、爱家乡的情怀,从小立志为发展祖国的科技事业而奋斗。

【活动安排】

| 主 题 | 时间 | 活动内容 | 指导思想 |
|---|---|---|---|
| 第一天 | | | |
| 游览名胜<br>喜看今朝 | 上午 | 安排车辆到指定地点接学员,乘车前往研学点进行参观学习:水镜庄—徐庶故里—南漳县博物馆 | 游三国名胜,了解三国文化;看现代有机产业,展望农业发展前景 |
| | 下午 | 参观:中国有机谷展示中心—华中绿谷 | |
| | 晚上 | 1. 团队文化建设:队名、队号、队旗。<br>2. 开展户外拓展:"请跟我来""珠行万里"。<br>3. 小组学员交流会,整理内务。<br>4. 住宿:智投当代少年尹集农耕文化研学营地 | 培养团队合作精神,提高自理自立及沟通能力 |
| 第二天 | | | |
| 亲身体验<br>快乐学习 | 上午 | 1. 参观美丽乡村生态农业体验园,观摩传统农具长廊,学习农耕文明演变史。<br>2. 传统小牛犁地、风车去尘、水车灌溉、碾子脱粒、古井提水、石磨磨豆浆观摩及体验。<br>3. 游览生态迷宫。<br>4. 采桑养蚕 | 亲近生态农业园,了解农业科技,学习农耕文化,体验农村生活,感受田园风光 |
| | 下午 | 1. 植物认知及种植体验。<br>2. 动物认知及喂养体验。<br>3. 古法酿酒观摩体验。<br>4. 古法织布及染布体验。<br>5. 自助餐饮 | |
| | 晚上 | 举行篝火晚会,住宿智投当代少年尹集农耕文化研学营地 | 提供才艺展示的舞台,留下精彩回忆 |

（续表）

| 主　题 | 时间 | 活动内容 | 指导思想 |
|---|---|---|---|
| 第三天 | | | |
| 素质拓展<br>激发情感 | 上午 | 1. 拓展项目及团队游戏：马术观摩、七彩滑道速降、水上项目、真人 CS 对战、超级弹弓射击、捉鱼摸虾、场地项目（拔河、大脚板、毕业墙、高空断桥等）<br>2. 举行表彰仪式：领导讲话，表彰研学旅行"优秀学员"，学员、导师、老师代表讲话，之后与导师、同学共同回顾总结及分享本次研学旅行的成果，确立今后的奋斗目标。<br>3. 午餐后登车返程，活动结束 | 激发真实情感，明确成长方向 |

**【重点活动项目】**

活动一：游三国故事源头——水镜庄，讲好水镜荐贤故事。

活动二：游徐庶故里，讲好徐庶竭忠尽孝故事。

活动三：参观南漳博物馆，探寻楚国发迹地历史。

活动四:参观中国有机谷展示中心,看现代有机产业,展望农业发展前景。

活动五:参观华中绿谷绿色生态小镇,感受"绿水青山就是金山银山"的内涵。

活动六:走近美丽乡村农业生态体验园,亲身体验,快乐学习。

**【思考探究】**

1. 楚国发迹地是南漳吗?为什么南漳被称为三国故事的源头?

2. 你知道水镜荐贤、徐庶荐贤中的"贤"指的是谁吗?

3. 火龙果只能在南方种植吗?

4. 羊木奶能喝吗?奶嘴鱼什么样?

5. 野猪与家猪如何区分?

第三单元

红色足迹

# 追寻红色足迹　传承红色基因

**【项目实施单位】**

　　红安县青少年学生校外活动中心

**【项目组专家】**

　　王剑平 袁明鹏

**【指导教师】**

　　吴顺清 韩四新

**【课程主题】**

　　追寻红色足迹　传承红色基因

**【适用学段】**

　　小学高年级、初中、高中

**【研学时间】**

　　3～5 天

**【线路安排】**

　　1."瞻仰主席故居,缅怀伟人情怀"线路:董必武故居 → 李先念故居 → 董必武纪念馆 → 李先念纪念馆。

　　2."探访将军故里,传承红色信念"线路:陈锡联故居 → 王近山故居 → 刘飞故居 → 胡奇才故居 → 韩先楚故居 → 秦基伟故居。

　　3."重走红军路,永远跟党走"线路:列宁小学 → 倒水河 → 红军路 → 红军洞。

　　4."祭奠革命英烈,坚定理想信念"线路:黄麻起义和鄂豫皖苏区革命烈士纪念碑 → 烈士墓墙 → 将军墓园。

　　5."再现黄麻起义,感悟铜锣精神"线路:黄麻起义和鄂豫皖苏区革命历史纪念馆 → 黄麻起义和鄂豫皖苏区革命烈士纪念馆 → 黄麻起义场景再现厅。

　　6."探寻红军足迹,领略传奇红安"线路:中国工农红军第四方面军诞生地 → 红二十五军重建地 → 红二十八军改编地 → 长胜街 → 鄂豫皖苏区政府旧址。

**【课程目标】**

　　1.通过了解红安历史,形成对红安的感性认识。

　　2.通过参观活动和场景再现,了解黄麻起义和鄂豫皖苏区革命历史;了解红安为中国革命作出的巨大牺牲,为新中国的建立作出的重大贡献;感受并学习革命先辈坚定不移的理想信念和无私奉献的牺牲精神。

　　3.参观董必武纪念馆、李先念纪念馆,了解两位主席生平、革命经历、一生的丰功伟绩。

　　4.探访将军故里,了解将军生平;学习红安精神,明白幸福生活来之不易。

　　5.通过实地参观革命遗址遗迹、访问老红军亲属或当地老人,了解红安走出三支红军部队的传奇故事,感受红军在艰难困苦环境条件下不畏艰险、不怕牺牲、英勇善战、前仆后继的革命精神,培养不怕困难的顽强毅力和坚强品质。

　　6.通过红色体验之旅,更加深入地了解红安的光辉历史。

**【资源特色】**

·湖北省中小学生研学旅行实践教育营地·
·教育部全国中小学生研学实践教育基地·
·中央专项彩票公益金研学实践教育支持单位·

## 红安县青少年学生校外活动中心

　　红安是"黄麻起义"的发生地,诞生了红四方面军、红二十五军、红二十八军红军主力,走出了董必武、李先念两位国家领导人和秦基伟、韩先楚等223位将军。红安有黄麻起义和鄂豫皖苏区革命烈士陵园、董必武纪念馆、李先念纪念馆、七里坪革命遗址群、影视基地等著名景点;有主席故居2处,将军故里61处;国家级文物保护单位5处41个点,省级文物保护单位16处23个点,县级文物保护单位168处;国家级文物重点保护单位20余处,县级文物重点保护单位72处。红安县先后被中共湖北省委、国防部和共青团中央命名为"革命传统教育基地""国防教育基地"和"青少年革命传统教育基地"。每年来红安接受革命传统教育的有60余万人。

　　红安县青少年学生校外活动中心成立于2005年11月,是县教育局二级单位,是面向全县中小学开展科技教育,组织文体、艺术教育培训和比赛活动,负责研学旅行管理工作的事业单位。主要负责全县中小学校研学旅行活动的宣传、申报审批工作,对所辖的基(营)地进行有效的管理和监督,并与政府职能部门进行沟通合作;实行线路课程、旅行社导学员全方位管理、强化安全责任、落实优惠政策、规范组织管理,保证活动质量。

## 红安青少年研学实践教育营地

　　红安青少年研学实践教育营地是教育部授予的"全国中小学生研学实践教育基地"和湖北省教育厅命名的"湖北省中小学生研学实践教育营地"。营地紧邻高速出口和高铁站,交通十分便利,从武汉市区乘车一小时即可到达营地。

　　营地(一期)占地面积9万多平方米,建筑面积18000平方米。建有学生公寓、学生食堂、教师接待楼、LED(发光二极管)宽屏多功能会议大厅及室内活动馆楼。室内设有公共安全教育基地(含消防、交通、地震、禁毒、紧急救护等教育场馆)、陶艺、沙画、烘焙、雕版印刷、电子制作、手工制作、多米诺骨牌、3D打印、机器人、模型等场馆;户外还建设有红色革命实战模拟区,毕业墙,高中低空、水上和场地拓展训练区,野炊、露营地和1万平方米的军训广场等区域。营地可同时满足1500人食宿和开展活动的需要,已组织和接待大量省内外中小学生开展红色研学和社会实践活动。

## 黄麻起义和鄂豫皖苏区革命烈士陵园

　　黄麻起义和鄂豫皖苏区革命烈士陵园,位于湖北省黄冈市红安县城关镇陵园大道1号,是为了纪念在黄麻起义和鄂豫皖苏区革命斗争中牺牲的先烈们,于1990年在原红安烈士陵园的基础上扩建而成的。始建于1956年,全部建成于1980年,扩建于1990年,1989年

被国务院列为重点烈士陵园保护单位。陵园内有烈士纪念碑、烈士祠、烈士墓、革命烈士纪念馆、红军干部骨灰堂、红安县革命博物馆、李先念纪念馆、董必武纪念馆等大型纪念建筑物。革命烈士纪念馆内共展出著名烈士230余人的遗物、照片、诗抄和雕塑等展品。

## 李先念故居

李先念故居纪念园位于湖北省红安县高桥镇长丰村李家大屋九龙冲内。九龙冲是一条东西走向的狭长地带,雄踞在红安县南部连绵起伏的丘陵岗地之中,与黄陂塔耳的木兰山生态旅游区隔湖相望。李先念故居纪念园由原来的李先念故居管理所转变而来。1992年,李先念故居被公布为湖北省文物保护单位,从2005年下半年至今,以原有故居为依托,改造了高桥革命传统教育展览馆,兴建了李先念图书馆等主体建筑,此后逐步改造池塘,修建牌坊式门楼、围墙、停车场、综合服务房等附属设施,规模不断扩大,成为现在的李先念故居纪念园,建筑面积4300平方米,已经成为集革命传统教育、红色旅游、农业科技培训为一体的综合性多功能纪念园区。

## 董必武故居

董必武故居位于红安县城关镇民主街。董必武(1886—1975),又名董用威,湖北黄安(今红安)人。伟大的马克思主义者,无产阶级革命家,中国共产党的创始人之一。1920年,与陈潭秋等人建立武汉共产主义小组,1921年出席中国共产党第一次全国代表大会。土地革命战争时期,任中共中央党务委员会书记、中华苏维埃中央执行委员等职。抗日战争时期,任中共中央南方局委员等职。1947年任华北人民政府主席等职。1949年后,历任中央人民政府政务院副总理、中华人民共和国副主席和代理主席、全国人大常委会副委员长等职。董必武故居占地面积约200平方米,被国务院批准列入第六批全国重点文物保护单位名单,现辟为纪念馆。

## 七里长胜街

长胜街是湖北省红安县七里坪镇的一条主街,因风起云涌的革命浪潮闻名于世,红色印记留存至今,极具纪念意义。这条街建于明末清初,距今已有300多年历史。大革命时期,长胜街成为鄂豫皖苏区根据地政治、经济、军事、文化中心,现还存有红四方面军指挥部等18处重要革命遗址,其中8处为全国重点文物保护单位。长胜街原名正街,1930年曾被命名为杨殷街,全长400米(新中国成立后又续建了290

米),南北有城门楼。街道两边房屋清一色的青砖黑瓦、木格窗户、木板门扇,每间房屋山墙或隔火墙有龙蛇鸟兽造型装饰,街道宽约 7 米,地面用花岗石条铺成。

## 秦基伟故居

秦基伟故居位于红安七里坪镇秦罗庄,有平房两间,青砖布瓦,是普通鄂东民居建筑风格。室内摆设的桌椅、床柜等家具,基本保持原居面貌。秦基伟(1914—1997)是中国人民解放军高级将领。

## 陈锡联故居

陈锡联故居位于湖北省黄冈市红安县高桥镇陡山彭家村,与李先念故居同属一村,相隔不足一千米,是一进四重,砖瓦结构,翘角飞沿雕楼式,占地面积 228 平方米。陈锡联(1915—1999),原名陈锡廉,字廉甫,湖北省红安县人。优秀的共产党员,无产阶级革命家,国务院原副总理。

## 韩先楚故居

韩先楚将军故居位于湖北省黄冈市红安县二程镇田庄村田李家湾,是二进五重的瓦房,砖木结构。占地面积 128 平方米。韩先楚(1913—1986),湖北省红安县人。中国人民解放军陆军上将,无产阶级革命家、军事家。

## 王近山故居

王近山将军故居位于湖北省红安县高桥镇程河村许家田湾,处在村子中央,是二进四重的瓦房,内有天井,砖瓦结构。占地面积 312 平方米。王近山(1915—1978),中国人民解放军著名高级将领,1955 年被授予中将军衔。

## 帝王湖景区

红安帝王湖景区位于红安县高桥镇,地处红安西南,西接黄陂木兰风景区。景区被湖面一分为二,在青山绿水环抱的原生态风景中,人文景观与自然风光巧妙结合,山脉蜿蜒之间有充满创意文化气息的艺术酒店,水域中是回荡着游乐气息的沙滩浴场、水上乐园,湖岸边有弥漫着度假气息的沿湖别墅、拓展基地,森林中散发着自然清新之气,是极好的青少年研学实践教育基地。基地每天能同时接待 500 名学生参加研学实践教育活动。

## 将军红红色教育中心

将军红红色教育中心位于红四方面军诞生地,全国历史文化名镇七里坪镇。这里山清水秀,空气清新。教育中心坐落于高耸入云的天台山和风景秀丽的爱河风情峡谷脚下,紧依美丽的香山湖畔。

红色教育中心占地面积 19 万平方米,配有标准房间 150 多间,可接待 300 人住宿。配有大、中、小型教学室和可供 600 多人同时就餐的餐厅,以及户外拓展训练基地和果蔬采摘园,是广大青少年学生户外拓展、体验绿色的家园。

**【教学案例】**

**一、研学准备**（行前学）

1. 明白本次研学活动的目的和意义,对活动流程有明确的了解;利用各种资源,进行知识储备,整体感知红安精神。

2. 阅读相关书籍,观看影像资料,大致了解红安革命史以及董必武、李先念两位国家领导人的生平、革命经历和一生的丰功伟绩。

3. 研读长胜街、红四方面军、红二十五军和红二十八军的相关背景资料,了解红四军、红二十五军和红二十八军的有关故事。

**二、研学专题**（行中研）

1. 从红安英烈的事迹中领悟到什么精神?

2. 黄麻起义中最难忘的历史瞬间是什么?

3. 红安将军的革命历程。

4. 红四方面军诞生及发展的故事。

5. 红二十五军重建及长征的故事。

6. 红军路上的感人故事和值得我们学习和发扬的精神。

**三、研学拓展**（行后悟）

1. 通过研学,你对"中国第一将军县"红安有哪些认识?

2. 黄麻起义后红安创建了哪三支红军队伍?

3. 学唱红色歌曲《八月桂花遍地开》。

4. 如何继承革命传统,弘扬革命精神?

**【课外延伸】**

收集与黄麻起义和鄂豫皖革命根据地相关的资料,进一步了解革命先烈们当年艰苦卓绝的革命历程,思考:在当今的幸福和平年代,如何在社会主义国家建设中发扬革命精神? 为了早日实现祖国繁荣富强的中国梦,我们作为学生该做些什么?

**【思考探究】** 黄麻起义奠定了鄂豫皖革命根据地的初始基础,也是川陕革命根据地的历史起点。黄麻起义及其后的革命斗争,开辟了一块坚实的革命基地。请你结合此次研学的所见所闻和语文、历史、品德与社会等相关知识,写一篇不低于500字的研学报告,阐述黄麻起义在中国革命史上的重要意义。

# 追寻红色足迹 传承长征精神

**【项目实施单位】**

武汉青少年社会实践活动教育基地

**【项目组专家】**

付德保 王海峰

**【指导教师】**

付伟 马志刚 方盛 孙磊

**【课程主题】**

追寻红色足迹 传承长征精神

**【适用学段】**

小学高年级段、初中段、高中段

**【研学时间】**

5天

**【线路安排】**

学校 → 武汉青少年社会实践活动教育基地 → 武汉姚家山旅游风景区 → 武汉青少年社会实践活动教育基地

**【课程目标】**

1. 回忆长征岁月,缅怀革命先烈,传承长征精神,使长征精神在新的历史条件下发扬光大;培养当代青少年互相扶持、团队协作的精神。

2. 在专业讲解员的带领下了解新四军在抗战期间,独立支撑武汉外围的抗战历史史实;学习百折不挠、骁勇善战的爱国主义精神。

3. 走进武汉抗战第一村,聆听抗战老战士的故事,充分了解革命烈士可歌可泣的英雄事迹,坚持抗战到底的伟大精神,感受今日幸福生活的来之不易。

**【资源特色】**

## 武汉姚家山旅游风景区

武汉姚家山旅游风景区素有"武汉抗战第一村、湿地旅游第一谷"之美誉,景区位于武汉市黄陂区蔡店街道姚山村,距武汉中心城区44.5千米,京珠高速小河出口18千米,交通便捷。姚家山景区集生态山水旅游、红色人文旅游资源于一体,按国家4A级旅游风景区标准精心规划、打造,经过近三年的艰辛创业,已于2015年先后推出大别山红色经典——姚家山新五师旧址景区和武汉湿地第一谷——姚家山溪谷景区两大核心景区,红绿相融,相得益彰,深受游客喜爱!

**【教学案例】**

| 时间 | | 活动内容 | 备注 |
|---|---|---|---|
| 第一天 | 10:30-11:30 | 基地教官(老师)接到各班学生并进行开营仪式 | 在参观学习的过程中,工作人员全程指导学生活动,并负责安全维护工作,且每次更换场地时都必须统计人数,确保无人脱离团队。<br>学生晚间休息时,工作人员须不定时进行巡查,确保学生休息安全 |
| | 11:30-12:30 | 组织学生到基地餐厅用午餐 | |
| | 13:00-14:00 | 午休 | |
| | 14:30-17:30 | 组织学生前往活动场地:四渡赤水、飞夺泸定桥、爬雪山、激战腊子口 | |
| | 17:30-18:00 | 组织学生到基地餐厅用晚餐 | |
| | 18:00-19:00 | 有序组织学生洗漱 | |
| | 19:00-21:00 | 观看军事战争片《战狼2》或《惊天动地》 | |
| | 21:00 | 熄灯就寝 | |
| 第二天 | 07:00-08:00 | 起床、洗漱、整理内务、到基地餐厅用早餐 | 在参观学习的过程中,工作人员全程指导学生活动,并负责安全维护工作,且每次更换场地时都必须统计人数,确保无人脱离团队。<br>学生晚间休息时,工作人员须不定时进行巡查,确保学生休息安全 |
| | 08:00-12:00 | 早餐后,组织学生登车前往预定活动地点 | |
| | 12:00-13:00 | 在预定餐厅用午餐 | |
| | 13:30-16:30 | 组织学生前往活动场地:武汉抗战第一村;在研学导师的带领下参观武汉抗战第一村,了解武汉抗战第一村历史 | |
| | 16:30-17:30 | 集合登车,出发返回基地 | |
| | 17:30-18:00 | 组织学生到基地餐厅用晚餐 | |
| | 18:00-19:00 | 有序组织学生洗漱 | |
| | 19:00-20:30 | 以班级为单位组织学生学习武汉抗战第一村历史事件,相互交流活动心得 | |
| | 21:00 | 熄灯就寝 | |
| 第三天 | 07:00-08:00 | 起床,洗漱,整理内务,到基地餐厅用早餐 | |
| | 08:00-11:30 | 组织学生前往预定活动场地:武汉抗战第一村(参观追忆历史,传承革命精神;了解雕版拓印的制作过程) | |
| | 12:00-13:00 | 在预定餐厅用午餐 | |
| | 13:30-16:30 | 以班级为单位,有序参观起义门 | |
| | 16:30-17:30 | 集合登车,出发返回基地 | |
| | 17:30-18:00 | 组织学生到基地餐厅用晚餐 | |
| | 18:00-19:00 | 有序组织学生洗漱 | |
| | 19:00-20:30 | 组织学生在各自房间休息,相互交流活动心得 | |
| | 21:00 | 熄灯就寝 | |

（续表）

| 时间 | | 活动内容 | 备注 |
|---|---|---|---|
| 第四天 | 07:00—08:00 | 起床,洗漱,整理内务,到基地餐厅用早餐 | 在参观学习的过程中,工作人员全程指导学生活动,并负责安全维护工作,且每次更换场地时都必须统计人数,确保无人脱离团队。<br>学生晚间休息时,工作人员须不定时进行巡查,确保学生休息安全 |
| | 08:00—11:40 | 在研学导师的带领下参观新四军第五师纪念馆并进行宣誓活动 | |
| | 12:00—13:00 | 在预定餐厅用午餐 | |
| | 13:30—16:30 | 溪谷行军:武汉湿地第一谷姚家山溪谷景区,重走长征路 | |
| | 16:30—17:30 | 集合登车,出发返回基地 | |
| | 17:30—18:00 | 组织学生到基地餐厅用晚餐 | |
| | 18:00—19:00 | 有序组织学生洗漱,准备晚会 | |
| | 19:00—20:30 | 文艺晚会 | |
| | 21:00 | 熄灯就寝 | |
| 第五天 | 07:00—08:00 | 起床,洗漱,整理内务,到基地餐厅用早餐 | |
| | 08:00—11:30 | 组织学生前往活动场地:传递能量、高射炮体验、平湖京舟、红军竹竿舞、瞻仰伟人(毛泽东在武汉铜像园) | |
| | 12:00—13:00 | 在预定餐厅用午餐 | |
| | 13:00—14:30 | 结营仪式 | |
| | 14:30 | 组织学生进站登车,返回武汉,结束研学行 | |

注:以上行程安排中各时间节点均为计划时间,具体时间以活动当天实际安排为准。

【思考探究】

1. 研学实践报告:围绕小组研学主题,通过资料查找和实践所得,完成实践报告的撰写。

2. 开展主题班会:高扬民族精神,树立文化自信。

3. 进行户外实践:提高动手能力,培养创新意识。

# 寻访"中国第一将军乡" 传承麻城精神

【项目实施单位】

　　麻城市青少年活动中心

【项目组专家】

　　梅耀强　丰红梅　韩书生

【指导教师】

　　黄家华　郑建明

【课程主题】

　　寻访"中国第一将军乡" 传承麻城精神

【适用学段】

　　小学、初中、高中

【研学时间】

　　1 天

【线路安排】

　　学校 → 麻城市青少年活动中心（大别山青少年综合社会实践活动基地）→ 大别山红星英烈园 → 乘马岗会馆

【课程目标】

　　1. 知识目标：学唱红歌；了解革命烈士的感人事迹，会讲将军的故事。

　　2. 能力目标：培养学生的纪律规则意识、动手能力、团结协作的能力。

　　3. 情感目标：缅怀革命先烈，弘扬忠勇孝善的麻城精神，提高对家乡的自豪感和热爱之情；激发社会责任感和振兴中华的使命感；加强对中国共产党的认识，立志做有理想、有道德、有文化、有纪律的社会主义公民。

【资源特色】

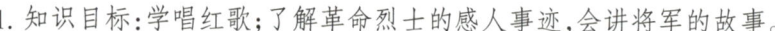

·湖北省中小学生研学旅行实践教育课程资源单位·

·中央专项彩票公益金支持校外活动保障和能力提升项目单位·

### 麻城市青少年活动中心

　　麻城市青少年活动中心（大别山青少年综合社会实践活动基地）2001 年由麻城市机构编制委员会批准设立，市教育局主管，是有独立法人资格的事业单位。该中心围绕青少年身心健康成长开发综合社会实践与研学实践教育系列课程。

　　"自我成长"实践活动课程主要以青少年行为习惯养成为目的，以相关课程和活动使青少年规范日常行为，形成良好的习惯；"理想执行"实践活动课程主要以提升青少年执行力为目的，使青少年树立目标意识,培养青少年为实现目标而不怕困难、勇于挑战的坚强意志和品质;"生存磨砺"实践活动课程以培养青少年不畏艰难、控制自我、承担责任为目的,使青少年学会承担责任,学会正确面对困难并解决困难。

以"缅怀先烈爱家乡·寻根问祖传孝善"为主题的研学旅行活动,让青少年走出校园,感受麻城的红色文化和移民文化,学习革命先烈的奋斗精神;以"乡土乡情·亲近自然"为主题的研学旅行活动,让青少年走进秀美乡村,来到田间地头,学习绿色生态种植知识,感受新时代农村的变化和时代的发展。

## 乘马岗会馆

乘马岗会馆位于麻城市乘马岗镇乘马岗村。乘马岗村是"黄麻起义"策源地之一。这里 1925 年诞生麻城第一个中共支部,全镇 2.9 万人参加红军和地方武装,3800 多人参加长征,在册革命烈士 5938 人,走出了王树声、陈再道、王宏坤等 26 位共和国开国将军,居全国乡镇之首,被誉为"中国第一将军乡"。

【教学案例】

### "大别山红星英烈园"活动过程

通过祭扫大别山红星英烈园,对青少年进行革命传统教育、爱国主义教育和感恩教育,激发学生对革命先烈们的深深崇敬和怀念之情,知道今天美好生活来之不易,从而更加珍惜现在的学习条件,努力学习,掌握科学文化知识,深刻领会在和平年代为祖国的繁荣、富强作贡献的意义。

1. 介绍"大别山红星英烈园"和鲤鱼寨的传奇故事。

2. 全体少先队员宣誓,齐唱《童子团歌》。

3. 各班敬献花圈。

4. 祭扫陵园:分班分片区打扫卫生,清理杂草杂物,清点人数乘车赴乘马会馆。

### "乘马岗会馆"活动过程

通过讲解、亲身游历感受乘马的红色文化,了解将军们的感人事迹,提高对家乡的自豪感,树立建设好家乡的远大理想。

1. 简介乘马岗会馆。

2. 参观展区。待参观完所有展区后,各连返回到最开始进入的展区,以连为单位集中,分展区、分连队讲英烈的故事。各连主课老师先讲一个乘马岗英烈的事迹,再组织同学讲述知晓的将军的小故事。

3. 重温入队誓词。

1. 中国第一将军乡出了多少位将军?

2. 黄麻起义对中国革命产生了哪些深远影响?

3. 新时代青年应承担哪些责任?应树立什么样的理想?

【思考探究】

# 居安思危铭记历史 树立志向爱我家园

**【项目实施单位】**

咸安区青少年学生校外活动中心

**【项目组专家】**

陈进

**【指导教师】**

蔡俊生 杨柳

**【课程主题】**

居安思危铭记历史 树立志向爱我家园

**【适用学段】**

小学、初中

**【研学时间】**

1 天

**【线路安排】**

学校 → 汀泗桥战役遗址纪念馆 → "131"地下工程 → 马桥油菜花基地

汀泗桥战役
遗址纪念馆

"131"地下工程

马桥油菜花基地

**【课程目标】**

通过对汀泗桥战役遗址纪念馆、"131"地下工程的参观,对马桥油菜花基地的考察了解,以及开展探究性学习和互动性学习,了解国家、家乡城市的"伤痛",爱我家乡,勿忘国耻!

**【资源特色】**

**·中央专项彩票公益金支持校外活动保障和能力提升项目单位·**

## 咸安区青少年学生校外活动中心

咸安区青少年学生校外活动中心是促进青少年全面发展的实践课程基地,是服务、凝聚、教育广大未成年人的活动平台,是咸宁市加强思想道德建设、推进素质教育、建设社会主义精神文明的重要阵地。咸安区青少年学生校外活动中心于2003年筹建,2004年正式对全区青少年开放。十余年来,在区委区政府、区教育局、区财政局的领导下,活动中心始终坚持全面贯彻党的教育方针,坚持"给孩子安全空间、让孩子自主选择、伴孩子快乐成长"的育人理念,坚持体现公益性、特色性、实践性原则。现已开设播音主持、珠心算、硬笔书法、软笔书法、儿童画、国画、素描、水彩画、围棋、乒乓球、篮球、羽毛球、民族舞、拉丁舞、街舞、爵士舞、跆拳道、合唱团、葫芦丝、社会实践、研学旅行、创客空间等培训及活动科目。

## 汀泗桥战役遗址纪念馆

汀泗桥战役遗址纪念馆位于咸宁市咸安区汀泗桥镇,1988 年 1 月被国务院公布为全国重点文物保护单位,2009 年 5 月被公布为全国爱国主义教育示范基地。

## "131"地下工程

"131"地下工程:咸宁澄水洞地下军事工程,又名"131"地下工程,由于决定修建之日是 1969 年 1 月 31 日,故工程代号为"131"。地下工程是"131"军事旅游区的核心景区,现已成为国内独具军事特色的国防教育基地。

【教学案例】

| 时间 | 行程 | 课程内容 |
|---|---|---|
| 07:30 | 第一课:校园启动仪式。<br>1. 课程简介。全体师生校操场集中整队,参加研学旅行启动仪式,全体诵读《少年强则中国强》精选片段。<br>2. 课程目标。规范出行纪律,树立形象。<br>3. 温馨提示。从校园出发前以班级为单位上洗手间,注意强调安全。有序上下车,车辆行驶过程中,开展文明旅行课程和安全教育 | 启动仪式 |
| 08:00-12:00 | 第二课:参观汀泗桥战役遗址纪念馆。<br>1. 课程简介。参观咸宁市汀泗桥战役遗址纪念馆,参观"131"地下工程。<br>2. 课程目标。通过参观汀泗桥战役遗址纪念馆,了解家乡沉痛的历史,不忘这段屈辱历史;探寻"131"地下工程,开展探究性学习和趣味性学习,了解我国国防事业发展和现在国防硬实力;进行爱国主义教育和国防教育。<br>3. 温馨提示。馆内灯光较暗,参观时请注意脚下,注意安全,上车集合前,整队按班级上洗手间,有序上下车 | 参观学习 |
| 12:00-13:00 | 午餐,午休时间(光盘行动,环保教育) | 午休 |
| 13:00-15:00 | 第三课:参观马桥油菜花基地<br>1. 课程简介。参观马桥"万亩油菜花海",开展班级小组活动。<br>2. 课程目标。走进马桥建国畈油菜花海,感受家乡的美丽;树立远大志向,发奋学习,爱我中华,建设美好家园。<br>3. 温馨提示。野外活动,注意安全,不得踏踩花田,爱护好家乡的一草一木 | 小组活动 |
| 15:30-16:30 | 安全乘车返回学校,结束一天研学旅程 | 分享活动 |

1. 咸宁有哪些地名是与近现代革命有关的?了解一下它们与革命战争的关系。
2. 今天的活动中,你有哪些收获?回家后告诉爸爸妈妈,和他们一起分享你的收获。

【思考探究】

# 参观鄂豫边红色旧址　体验革命艰辛

**【项目实施单位】**

孝感市中小学生综合实践基地

**【项目组专家】**

刘新甫　徐高斌

**【指导教师】**

阳玲　雷炬章　汪天瑞　潘亮明　陈诚　王彬　严义

**【课程主题】**

参观鄂豫边红色旧址　体验革命艰辛

**【适用学段】**

小学四、五、六年级,初中七、八年级,高中一、二年级

**【研学时间】**

1 天

**【线路安排】**

孝感市中小学生综合实践基地 → 十五军军史博物馆 → 鄂豫边区革命烈士陵园 → 孝感市中小学生综合实践基地

**【课程目标】**

贯彻落实党中央、国务院有关精神,加强青少年思想道德建设和新时期爱国主义教育。组织青少年参观革命旧址,追寻烈士足迹,体验革命艰辛。帮助青少年了解孝感红色文化,感受孝感波澜壮阔的革命历史,自觉传承老一辈革命家开创的伟大事业。

**【资源特色】**

## 鄂豫边区革命烈士陵园

鄂豫边区是革命老根据地。在历次革命战争中,边区人民在中国共产党的领导下,为中国人民的解放作出了巨大的牺牲。为纪念革命先烈,1974 年湖北省人民政府决定在大悟县修建鄂豫边区革命烈士陵园。陵园主体建筑由近万平方米的英烈广场、烈士纪念馆、烈士祠、鄂豫边区革命烈士纪念碑、中原突围烈士纪念碑、红军烈士墓以及国防教育馆等组成,于 1984 年 11 月 6 日竣工落成,由原国家主席李先念题写园名,是全国十大烈士陵园之一。

## 15 军军史博物馆

15 军军史博物馆位于 15 军军部大院院内,有 4 层楼以上。外观大气磅礴,内置革命先烈保存下来的物品

以及 3D 立体电影,内容极为丰富。门前有大片草地,环境优美。在馆内,可以瞻仰邱少云、黄继光等战斗英雄的塑像,了解我国国防和现代军事装备,了解在孝感牺牲的英模的生平事迹,激发爱国情怀和民族自豪感。

## 孝感烈士陵园

孝感烈士陵园位于孝感市城区后湖之滨,筹建于 1950 年,建成于 1952 年,占地面积 32000 平方米,是湖北省首批爱国主义教育基地、孝感市青少年思想道德教育示范基地,2009 年 3 月 2 日经国务院批准为"全国重点烈士纪念建筑物保护单位"。主要烈士纪念建筑物有革命烈士纪念碑、革命烈士纪念堂、烈士事迹陈列馆、烈士墓区、纪念亭。纪念碑高 21.6 米,碑基为白色大理石方框,碑体用红色大理石镶嵌而成,"孝感市革命烈士纪念碑"碑名为原中共中央政治局常委、原中央军委副主席刘华清亲笔题字。

**【教学案例】**

活动分为三个部分。

**一、第一部分(3 小时)**

在孝感市中小学生综合实践基地场馆体验,通过一系列的室内和室外活动让学员动手动脑,磨砺意志,学会自理、自立、自律、自强。利用唱一首红歌、在红色教育馆观看《中原突围》等纪录片,在教师讲解、学员互动答题以及感受分享中(知识问答和结合自己以后如何做进行分享),在潜移默化中将红色基因植入学员心中,将其进一步升华为新时代学生的任务——在继承革命传统的同时,还要学习各种文化知识技能,为祖国的发展尽自己的一份力量。

**二、第二部分(3 小时)**

前往 15 军军史博物馆进行参观,在专职教导员的带领下,一起聆听黄继光等英雄的事迹,进一步激发爱国情怀;了解我国现代军事装备的同时增强民族自豪感(知识问答和结合自己以后如何做进行分享)。

**三、第三部分(2 小时)**

参观孝感烈士陵园或鄂豫边区革命烈士陵园,缅怀革命先烈,感受我们现在幸福生活来之不易,激发更加努力学习科学文化知识的动力。领导动员,学生表决心,向革命先烈敬献花篮,并在纪念碑下重温誓词,再次高呼:唱响红色经典,继承革命传统,努力学习,为国争光。

1. 孝感的名称是怎么来的?
2. 孝感在革命战争年代有哪些英雄事迹?

**【思考探究】**

# 传承红色基因　弘扬洪湖精神

**【项目实施单位】**

　　洪旅集团研学旅行实践教育营地

**【项目组专家】**

　　梁长林　童保林

**【指导教师】**

　　蔡陈森　贾鹏

**【课程主题】**

　　传承红色基因　弘扬洪湖精神

**【适用学段】**

　　小学高年级、初中、高中

**【研学时间】**

　　5天

**【线路安排】**

　　学校 → 洪旅集团研学营地 → 悦兮半岛研学基地 → 金湾花海研学基地 → 洪湖旅游港研学基地 → 湘鄂西苏区革命烈士陵园 → 学校

**【线路特色】**

　　本课程是以"传承红色基因　弘扬洪湖精神"为主题的研学旅行课程，让学生探究洪湖湿地文化，学习洪湖精神，了解湿地保护知识。以培养学生的核心素养为目的，结合学生特点，将校内书本知识与体验课程相结合，让学生在考察、实验、探究等一系列活动中发现和解决问题，提高自主学习能力，了解历史，培养与弘扬学生爱国主义情怀。

**【课程目标】**

　　1. 通过了解我党艰苦卓绝的革命斗争历程，激发学生热爱党、热爱祖国的情感；帮助学生认识到只有坚持中国共产党的领导，祖国才能越来越强大，人民才会越来越幸福。

　　2. 通过学习革命先烈为壮丽的共产主义事业奋斗的崇高精神，珍惜今天的胜利成果，努力学习，掌握知识，争做祖国建设合格建设者和接班人。

　　3. 了解洪湖市的来历。到湘鄂西苏区革命烈士陵园参观，到电影《洪湖赤卫队》拍摄地实地探访，深入了解洪湖市的历史，学习领悟"百折不挠、同舟共济、不怕牺牲、勇于奉献"的洪湖精神。

　　4. 了解洪湖湿地国家级自然保护区。到金湾花海和洪湖旅游港研学基地参观，在美丽的洪湖岸边近距离接触各类花卉绿植、农作物、洪湖野生动植物，激发对湿地生态环境的热爱、对劳动实践的喜爱，引导教育学生保护生态环境，弘扬劳动精神，崇尚劳动，热爱劳动。

　　5. 团队拓展建设。磨炼意志力，挑战自我，培养逻辑思维能力和团队合作精神，塑造健全的人格；通过集体生活，在团队中懂得分工与合作，培养互助、礼让、有序、包容等良好的生活行为习惯。

【资源特色】

## 洪旅集团研学旅行实践教育营地

　　洪旅集团研学旅行实践教育营地位于洪湖市乌林镇，拥有悦兮半岛、洪湖旅游港和金湾花海三大研学实践基地，依托新建营地（按同时接待1200学生标准化建设）和悦兮半岛、金湾铂涛菲诺两个大型度假酒店，可同时接待学生2500余人。2017年以来，公司与长江传媒、海外国旅、荆旅海外等多类研学渠道、培训机构合作，共组织和接待学生团队5万余人次，为研学旅行积累了丰富的经验，先后被授牌"荆州市中小学生研学旅行实践教育基地""荆州市中小学生研学旅行实践教育营地"和"荆州市科普教育基地"。

　　洪旅集团研学营地以立德树人为目标，充分整合洪湖地方资源特色建构，坚持综合湖北省研学课程体系错位发展，着力开发并实施好研学实践"3+1"课程，即"风云洪湖，永远的红色故园"红色文化课程、"水乡泽国，共同的生态家园"绿色生态课程、"金色田野，我们的幸福家园"金色劳动课程三大特色课程，以及"多彩世界，我们的快乐老家"综合实践课程，努力打造湖北乃至全国研学实践知名品牌。

## 悦兮半岛

　　悦兮半岛研学旅行实践教育基地位于洪湖市乌林镇，是集生态、娱乐、科普、拓展、探险、观光为一体的综合实践教育基地。基地占地66万多平方米，内有丰富的原生态植被和绿植，并人工种植了樱花、薰衣草、蜡梅和绿竹等，构建了一个四季如画的国家4A级园林景区。

悦兮半岛基地配套温泉类白金五星级酒店、白鹭园树屋、玫瑰园别墅、水上乐园、恐龙园、采摘园、大雁养殖基地、综合运动中心(含网球场、篮球场、羽毛球场、乒乓球场、台球室、健身房)等,可满足近千名学生的研学实践教学、食宿、活动等需求。

悦兮半岛基地充分发掘自身特点,结合洪湖红色文化、绿色文化和恐龙科普知识,寓教于乐,以多样有趣的形式,在游乐中向学生传递健康向上的人生观、价值观,以及人与自然和谐共存的新自然观和统筹发展的科学发展观,是湖北省乃至全国中小学生研学旅行的极佳场所。

## 金湾花海

金湾花海(劳动)研学旅行实践教育基地位于洪湖市金湾大道,占地面积 100 万平方米,是洪旅集团投资 5 亿元打造的独具洪湖水乡特色的花海田园,园内种植了粉黛乱子草、郁金香、向日葵等 20 多种名贵花卉。

基地利用优美和谐的自然生态、品种多样的花卉绿植、功能齐备的实践设施和经验丰富的劳作人员,引导学生科学思考、勇于实践、大胆想象,以务实创新的态度对待问题和思考问题,在劳动中探究发现、大胆质疑、调查研究、实验论证、合作交流,改变学生在学习过程中的生活方式、学习方式和思考方式。

基地运用生动有趣的学习方式激发学生劳动实践的兴趣和乐趣,如参观学习、互动体验、实践探究、劳动竞赛、师生对话、成果展示等,引导教育学生弘扬劳动精神,崇尚劳动,尊重劳动,逐步懂得劳动最光荣、最崇高、最伟大、最美丽的道理。

## 洪湖旅游港

洪湖旅游港研学旅行实践教育基地位于美丽的洪湖岸边,沿湖岸延伸 2000 余米,平均水深 1.35 米,现设有 102 个泊位,配有 20 余艘各类游船,包括三体游船、豪华游艇、画舫、冲锋舟等,是国内最大的内湖旅游港口,接待量最高可达到每日 10000 人次。

从洪湖旅游港乘船进入洪湖大湖,可观赏水、莲、花、鸟等原生态自然景观和野生动植物,如针尾鸭、旱鸭、八鸭、白眉鸭、水雉、扇尾沙锥、土燕子、灰喜鹊等 17 种禽鸟,还有乌鳢、鳜、黄颡鱼、黄鳝、青鱼、螃蟹、莲藕、菱角、茭白、茨菰等各类水生动植物。

洪湖旅游港与金湾花海一起组成洪湖湿地生态大环境,学生可以在此健康徒步,欣赏自然美景,拥抱自然;学习湿地生态保护知识、环保知识,接受植物种植、动物迁徙、观鸟等绿色生态和蓝色环保主题的社会实践教育。

## 湘鄂西苏区革命烈士陵园

　　湘鄂西苏区革命烈士陵园坐落在洪湖市城区长江之滨。全园占地面积40万平方米,园内苍松翠柏成林,环境优美,于1984年11月10日落成。纪念馆拥有九大主体建筑:革命烈士纪念馆牌坊、贺龙元帅全身铜像、革命烈士纪念碑、烈士墓墙、红军墓、革命历史纪念馆、革命烈士纪念馆、国防教育园和3D红色影视教育厅,通过全景画、声、光、电、影等高科技手段,展示了土地革命战争时期湘鄂西苏区史实,是人文景观与历史景观并存、缅怀与教育并重的红色游览胜地。

　　以洪湖为中心的湘鄂西苏区革命根据地是土地革命战争时期全国的三大根据地之一,是长征主力红二方面军的摇篮。1927年至1934年,以贺龙、周逸群、段德昌为代表的革命先驱,创建了以洪湖苏区为中心的湘鄂西革命根据地。它在中国革命史上开创了水上游击战争的光辉范例。毛泽东同志在他的《抗日游击战争的战略问题》著作中评价道:"红军时代的洪湖游击战争支持了数年之久,都是河湖港汊地带能够发展游击战争并建立根据地的证据。"

**【行程安排】**

| 活动时间 | | 活动内容 |
|---|---|---|
| 第一天 | 09:00-10:00 | 报到、开营仪式 |
| | 10:00-11:30 | 活动1:内务整理、校园劳动 |
| | 11:30-13:30 | 午餐、午休 |
| | 14:00-17:00 | 活动2:峥嵘岁月稠——瞻仰湘鄂西苏区革命烈士陵园 |
| | 17:30-18:10 | 晚餐 |
| | 18:30-20:15 | 观看红色电影 |
| 第二天 | 06:30-07:15 | 起床、洗漱、整理内务 |
| | 07:15-07:45 | 早锻炼 |
| | 07:45-08:15 | 早餐 |
| | 08:30-11:30 | 活动3:赤卫队之歌——寻找韩英 |
| | 11:30-13:30 | 午餐、午休 |
| | 14:00-15:00 | 活动4:绘制金湾地图 |
| | 15:10-17:10 | 活动5:独轮车 |
| | 17:30-18:10 | 晚餐 |
| | 18:30-20:15 | 红色主题报告 |
| 第三天 | 06:30-07:15 | 起床、洗漱、整理内务 |
| | 07:15-07:45 | 早锻炼 |
| | 07:45-08:15 | 早餐 |
| | 08:30-11:30 | 活动6:丛林挑战 |
| | 11:30-13:30 | 午餐、午休 |
| | 14:00-15:30 | 活动7:把洪湖刻在贝壳上 |

（续表）

| 活动时间 | | 活动内容 |
|---|---|---|
| 第三天 | 15:40—17:20 | 活动8:非遗剪纸 |
| | 17:30—18:10 | 晚餐 |
| | 18:30—20:15 | 班级主题活动 |
| 第四天 | 06:30—07:15 | 起床、洗漱、整理内务 |
| | 07:15—07:45 | 早锻炼 |
| | 07:45—08:15 | 早餐 |
| | 08:30—09:30 | 活动9:洪湖岸边是我家 |
| | 09:40—11:30 | 活动10:水质检测 |
| | 11:30—13:30 | 午餐、午休 |
| | 14:00—17:00 | 活动11:万人织大网 |
| | 17:30—18:10 | 晚餐 |
| | 18:30—20:15 | 文娱联欢 |
| 第五天 | 06:30—07:15 | 起床、洗漱、整理内务 |
| | 07:15—07:45 | 早锻炼 |
| | 07:45—08:15 | 早餐 |
| | 08:30—09:30 | 活动12:绿色家园 |
| | 09:40—11:30 | 活动13:预防溺水与急救模拟 |
| | 11:30—13:30 | 午餐、午休 |
| | 14:00—15:00 | 活动14:校园劳动、内务整理 |
| | 15:00—16:00 | 闭营仪式、安全返校 |

**【教学案例】**

### 活动一　把洪湖刻在贝壳上

**一、课程导入**

千里洪湖碧波荡漾,荷芳稻香,有种类繁多的淡水贝。当地群众早就有以淡水贝雕刻"小玩意"聊作自娱的习惯。这些"小玩意"不乏精美之作,被称为"民间艺术品",以它特殊的艺术魅力受到社会的关注。洪湖淡水贝雕作品,色彩绚丽,光泽柔腻,晶莹光华,被载入《当代中国的工艺美术》《中国民间艺术大辞典》等大型工具书及有关画册。

洪湖淡水贝雕是洪湖市的一项传统手工技艺产品。产品以洪湖盛产的三角机蚌贝、褶纹冠蚌贝、背瘤丽蚌贝为主要原料。通过对非物质文化遗产——淡水贝雕的学习，帮助学生了解淡水贝雕这一独特的传统艺术文化形式，从而了解我们中国的文化底蕴，加深同学们的民族自豪感，便于更好地传承和发展洪湖淡水贝雕。

二、活动准备

铅笔、刻刀（大小不一）、蚌贝、抹布、牙钻、护目镜。在用牙钻时，一定要先戴好护目镜。

三、活动过程

在贝壳浮雕作品的创作过程中，雕刻过程中所使用的工具主要是各种型号的刻刀，大号的刀面宽约6厘米，而最小号的则是极细的钢针。

在雕刻阶段，雕刻家首先要用大号刻刀把贝壳的外层粗糙表皮去掉，然后用铅笔勾画出草图，去掉多余部分的钙化物以测出贝壳雕刻层的厚度，进而确定后续雕刻的深浅以及在什么地方呈现最突起的内容。在雕刻的时候，首先用比较大号的刻刀勾勒出轮廓，最后用极细的钢针进行细节的刻画。创作完成之后只需要把作品连同短木棒一起放到冰箱里冷却，用于固定贝壳片的石蜡混合物就会收缩，这时贝壳作品就会轻而易举地分离下来。这种用石蜡混合物固定贝壳的做法是从19世纪初延续下来的，从这一个细节上就足以见得当时这种传统的雕刻技艺是何等高超。

工艺日用品的制作比较简单，先将贝壳浸泡在水中清洗，去除外表的杂质，然后进行雕刻、粘接、镶拼等。由于贝壳一般较薄，其内层彩虹般的色泽极为珍贵，所以在手工雕刻、琢磨时须小心操作。贝雕画的制作比较复杂，主要工艺过程有：①设计画稿。设计者不仅要有较高的绘画技巧，而且还必须掌握各种贝壳的性质。②选料。按照画稿要求，精心选择贝壳。③琢磨、雕刻。即用各种刀具将贝壳制成所设计的各种部件。④成型。将各部件黏合、组装成完整的形象。⑤整理。清洗贝壳，适当地敷以透明的色彩或涂以特制的上光油。⑥安装。按照设计画稿的要求，将各个形象准确地黏合固定在挂屏、屏风的板面上，然后配置画框和玻璃。

## 活动二　绘制金湾园区绿色地图

一、活动导入

如诗如画、如梦如幻的金湾花海镶嵌于碧波荡漾的洪湖东岸，东跨金湾大道，与金湾梦乡融为一体，南临高尔夫练习场，北靠洪湖旅游港和金湾水乡。花海占地100万平方米，拥有花卉20余种，可以满足游人的四季观赏要求。花海随地形蜿蜒起伏，与湖水交相辉映，流光溢彩，美不胜收。花海内有阳光疏影、花谷牧场、花溪碧岛、浪漫春日、七彩葵园等八大主题园区。绿地图是用世界通用的图示在地图上清楚地标示出该环境中与人们日常生活相关的生态与文化景点，如当地特有的动植物分布、基础设施、交通建设、人文景观等十几类超过百种地区信息，以此来反映一个地区的生态和人文景观，所以"绿地图"还可以当作生态导游地图来使用。

二、活动过程

1.引导学生对金湾园区内外的自然环境、人文景观进行初步观察，从容易观察到的事物中寻找符合绿色生活理念（自然、健康、节约、环保）的景物并交流，如水上景观、自然走廊、步行道路、花园、文化场所等，帮助学生通过观察、体验、表达，初步了解绿色生活方式。

2.引导学生思考、讨论用什么方式把金湾花海的绿色景点生动地介绍给他人，导出绿色生活地图（绿地图）。

3.要求学生边看绿地图视频资料边记录要点，看完视频之后由学生说出绿地图的要素、绘制过程、作用。

4.引导学生对照绿地图国际图示，观察绿地图样例，通过思考、讨论，总结出绿地图的特点和要素。

5.提示学生，根据任务需要，小组分工时要考虑安排专人负责观察、访问、记录、绘图、文字介绍、材料保管等工作。

（1）各组对收集到的资料进行分类整理，对不在国际绿地图图例之内的绿色景点，可以自主设计图例来表示。

（2）小组讨论,构思、确定本组绿地图的风格。

（3）小组合作,根据对资料的分类整理,在图画纸上进行绿地图的创作。

6. 各小组按照"先整体,再局部"的原则,在大致轮廓的基础上,绘制局部内容,检查是否有重要景点遗漏,完成草图的绘制。根据预定的风格,确定上色方案。小组成员合理搭配,分别同时绘制不同景点,提高工作效率。

7. 提示。

（1）绿地图要素:标题、指北针、图标示例、景点说明、制作团队成员名字、制作日期。

（2）绿地图的作用:能发挥地图的指导作用,使人很快发现地标位置;能展现绿地图的"发现"功能,使人发现身边容易忽略的绿色资源。

## 活动三　峥嵘岁月稠——瞻仰湘鄂西苏区革命烈士陵园

### 一、活动导入

湘鄂西苏区革命烈士陵园,位于洪湖市城区,占地面积40万平方米。1984年11月10日落成。全园共有九大主体建筑,由牌坊、贺龙铜像、纪念碑、烈士祠、陈列馆等组成。历史陈列馆以翔实的史料、珍贵的图片展示了湘鄂西苏区党、政、军历次会议决议、文件,工农武装暴动纲领,红军书写的口号、标语,苏区散发的传单、捷报以及红军、游击队使用的各种武器等。

以洪湖为中心的湘鄂西革命根据地,是第二次国内革命战争时期割据范围最大的三块红色根据地之一,与井冈山、鄂豫皖革命根据地齐名,为中国革命的胜利作出了不可磨灭的贡献,是红二方面军的发源地,走出了贺龙、许光达、贺炳炎、黄新廷、杨秀山等67位共和国开国将帅,创造了与井冈山精神、延安精神同放光芒的"洪湖精神"。一曲《洪湖水浪打浪》更是让革命老区洪湖市蜚声海内外。在这块红色的热土上,先后建立了苏维埃政权和抗日民主政府,打响了鄂中秋收武装暴动第一枪,是红色资源最丰富、最集中、最具有特色、最有教育意义、最具代表性的地方。

### 二、活动过程

1. 清点人数,作好记录,中心领导作活动开展前总动员,安排议程,并强调活动安全。

2. 组织学生列队,保持安静,前往洪湖市湘鄂西苏区革命烈士陵园祭拜先烈。

（1）整理队伍,全体安静,主持人宣布活动开始。

（2）少先队代表向烈士敬献花篮。

（3）全体默哀一分钟。

（4）全体学生齐唱《少年先锋队队歌》。

（5）由少先队辅导员带领学生宣誓:人民为先,祖国至上;诚实勇敢,自律自强;奋发有为,誓做栋梁;振兴中华,再造辉煌。

（6）学生代表发表讲话,介绍先烈英勇事迹。

（7）集体绕烈士纪念碑一周,瞻仰纪念碑。

3. 扫墓活动。有组织地为陵园扫墓,祭拜陵园中先烈,并进行班级之间的交流活动。

4. 主持人宣布活动结束,全体到活动中心基地牌前合影留念。

1. 你知道湘鄂西省苏维埃政府是什么时候成立的吗?

2. 从英雄人物身上你感受到了哪些优秀的品质?

3. "洪湖精神"指的是什么?

【思考探究】

# 伟人情怀　恰同学少年

**【项目实施单位】**
　　荆州市沙市区青少年活动中心
**【项目组专家】**
　　范后标
**【指导教师】**
　　陈曙光　王开燕
**【课程主题】**
　　伟人情怀　恰同学少年
**【适用学段】**
　　小学中年级、初中、高中
**【研学时间】**
　　4 天

**【线路安排】**
　　学校 → 荆州市沙市区青少年活动中心 → 毛泽东故居、毛泽东同志纪念馆 → 雷锋纪念馆 → 长沙柏乐园 → 橘子洲 → 学校

**【课程目标】**

　　1. 了解伟人的成长经历,学习伟人的远大志向和崇高品德;懂得今天幸福生活的来之不易。
　　2. 明确学习目的,改善学习方法,坚定求学方向;能将所学知识运用到实践中去。
　　3. 了解雷锋短暂却光辉的一生,学习他为人民服务的精神。
　　4. 在研学中"悦"读,在研学中体验,在研学中发展。将所学知识运用到游戏当中,在团队活动中感悟学习,在研学体验中明确学习目的。

**【资源特色】**

・中央专项彩票公益金研学实践教育支持单位・

## 荆州市沙市区青少年活动中心

　　荆州市沙市区青少年活动中心是沙市区人民政府批准成立的青少年校外教育机构,也是湖北省首批扶植的青少年校外活动场所之一,隶属于沙市区教育局管理。

　　沙市区青少年活动中心坚守"发展生命、培养个性、提高能力、健全人格"的育人目标,坚持"边建设、边运行、边发展"的工作策略,扩大活动中心的规模,增强活动中心的实效,提升活动中心的品位,实现活动中心智力开发功能、社会服务功能、娱乐健身功能、咨询服务功能等五大功能,使活动中心真正成为全区青少年发展能力、培养个性、发展核心素养的快乐大本营。在"优势互补、内外连接、互惠互赢、和谐发展"的校外教育文化理念的引领下,活动中心与全区各中小学密切配合,科技、艺术、体育、棋类等赛事长年不断。活动中心千方百计搭台,中小学生千姿百态成长,活动中心坚持开发校外实践综合课程,锤炼校外教育精品案例。

### 毛泽东故居

韶山毛泽东故居,位于湖南省韶山市,坐落在苍松翠竹的韶山冲中,距长沙市 104 千米,是一座土墙灰瓦的普通农舍。毛泽东故居占地 566.39 平方米,建筑面积 472.92 平方米,房屋 18 间。

### 毛泽东同志纪念馆

韶山毛泽东同志纪念馆,位于湖南省湘潭市韶山冲,是反映毛泽东生平和光辉业绩的革命纪念馆,于 1964 年 10 月 1 日正式对外开放。它是一座水泥砖木混合结构、苏州园林式的建筑,建筑面积 6000 多平方米,陈列面积 2000 多平方米。整座建筑物创造性地把湖南乡间农舍格调同苏州园林风格相结合,集庄严、朴素、美观于一体。

该馆基本陈列共 8 个室,反映了毛泽东从少年和青年学生时代起到 1976 年逝世为止的生活与斗争事迹。另辟有"毛泽东同志的革命家庭""韶山风物耐人思""国际友人在韶山"3 个专题陈列室。

### 雷锋纪念馆

湖南雷锋纪念馆(雷锋故居所在地)是全国爱国主义教育示范基地、全国青少年教育基地,也是全国性的雷锋精神宣传实践基地,国家 4A 级旅游景区。该馆全面系统地介绍了雷锋同志生前的模范事迹和全国人民学雷锋的典型事例。此外,馆内还有毛泽东、刘少奇、周恩来、朱德等老一辈中央领导同志号召全国人民学雷锋的题词。

### 长沙柏乐园

长沙柏乐园旅游度假区(简称"柏乐园"),是将水乡古镇(乔口渔都)与主题乐园融于一体的休闲度假区,是湖南首家拥有 "机动游乐＋水上游船＋萌宠动物园＋海底世界＋亲子互动乐园＋拓展训练基地＋度假酒店与美食＋水乡古镇"共 8 大旅游板块的游乐综合体,可满足不同年龄层次游客的需求,是旅游度假、娱乐休闲、商务会议的首选之地,更是团队拓展、学生活动、亲朋聚会的理想场所。柏乐园是政府指定的"大学生就业见习基地、青少年科普教育基地、中小学生课外活动基地"。

### 橘子洲

橘子洲,位于湖南省长沙市岳麓区的湘江中心,是湘江下游众多冲积沙洲中面积最大的沙洲,也是世界上最大的内陆洲,被誉为"中国第一洲"。

橘子洲有毛泽东青年艺术雕塑、问天台等景点。史载橘子洲生成于晋惠帝永兴二年(305 年),为激流回旋冲积、沙石堆积而成。景区内生长着数千种花草藤蔓植物,其中名贵植物就有 143 种,还有鸥、狐、獾等许多珍稀动物,是国家 4A 级旅游景区。

**【行程安排】**

| | 时间 | 课程内容 |
|---|---|---|
| 第一天 | 08:00 | 学员发车,9:00 左右教练到基地门口接车 |
| | 09:20–10:50 | 举行开营仪式。各连队自命队名,自制队徽,自编队呼,队员们紧紧围绕在团队旗帜旁 |
| | 11:00–11:40 | 午餐 |
| | 11:40–13:50 | 各带队教练到各自负责的寝室讲解内务,学员整理床铺、行李并午休 |
| | 13:50–14:10 | 学员起床、整理内务 |
| | 14:20–17:00 | 营地集合。学生以连队为单位开展户外拓展活动。10 多个高空、地面拓展项目交替进行。高空项目挑战极限,地面项目趣味丛生。挑战自我极限,铸就团队精神。在航空模型制作室,教练指导学生绘图纸、制作飞机模型,开发学生潜能,提高动手能力 |
| | 17:00–18:30 | 烹饪共享。烹饪共享长廊建有 30 个灶台,设备齐全,学生 8 人一组,体验烹饪过程,分享烹饪成果,感悟父母艰辛,提高生存能力 |
| | 18:30–20:30 | 篝火晚会。泥土清香四溢的田园中,一堆篝火熊熊燃烧,火星四射,学生、教练与教师相继登台。大家既演员又是观众,台上台下互动,欢声掌声响彻田野之夜,最后的集体舞更是将篝火晚会的激情推向了顶峰。笑语飘逸郊野,激情充盈基地。学生展示才艺、张扬个性、释放激情、演绎青春 |
| | 20:30–21:30 | 发放学员手册,学员了解就寝注意事项,回宿舍洗漱,写活动感受 |
| 第二天 | 07:00–12:00 | 基地集合,乘车前往湖南韶山,开启研学旅行课程。将沿途的文化、名人、故事、民俗结合各学龄段学生课本进行发散性教学,从而使课堂教学与研学旅行实践相结合。此外,指导老师将研学旅行的安全知识采取"问"与"答"的形式,贯穿在上午的"我的课堂在路上"之中 |
| | 12:00–13:00 | 中餐 |
| | 13:00–16:30 | 活动一:中国出了个毛泽东。"东方红,太阳升,中国出了个毛泽东",老师和学生怀着崇敬的心情来到中国人民的伟大领袖毛泽东的故乡韶山。参观"毛泽东故居"与"毛泽东同志纪念馆",主席铜像广场献花,寻访伟人的人生经历,体验伟人生活的点滴。开展观后感分享会,经过 86400 秒的"长征",了解"石三伢子"成长为人民领袖的艰辛历程 |
| | 16:30–18:00 | 我的课堂在路上:通过"问"与"答"的形式,老师问学生、学生问学生,互相分享毛主席生活的点滴和人生经历,学习伟人的崇高品德,接受红色教育 |
| | 18:00–19:00 | 晚餐 |
| | 19:00–19:30 | 入住营区 |
| | 19:30–20:30 | 观看露天电影 |
| | 20:30–21:30 | 总结、写日记、分享、洗漱、就寝 |

（续表）

| 时间 | | 课程内容 |
|------|------|------|
| 第三天 | 06:30–07:30 | 起床、洗漱、早餐 |
| | 07:30–09:00 | 我的课堂在路上 |
| | 09:00–10:30 | 活动二:学习雷锋好榜样。雷锋纪念馆是全国爱国主义教育示范基地、全国青少年教育基地,党性教育基地、国防教育基地和重要的精神文明建设窗口,也是一个全国性的雷锋精神宣传实践基地。学生在这里感受生生不息的雷锋精神 |
| | 10:30–11:30 | 我的课堂在路上:学习雷锋精神。<br>1. 爱党爱国、爱社会主义的崇高理想和坚定信念;<br>2. 服务人民、助人为乐的奉献精神;<br>3. 干一行爱一行、专一行精一行的敬业精神;<br>4. 锐意进取、自强不息的创新精神;<br>5. 艰苦奋斗、勤俭节约的创业精神 |
| | 11:30–12:00 | 中餐 |
| | 12:00–17:30 | 活动三:科普教育。在长沙柏乐园体验家庭过山车、迪斯科转盘、水族馆、摩天环车、太空漫步、美人鱼、双人飞天、飞龟、大摆锤、炮弹飞车、海盗船、宠物剧场、猛兽剧场、娃娃鱼馆、梦幻捉鱼城、摩天轮、动物园、滑行龙、中国龟谷、激战鲨鱼岛、豪华波浪、4D 动感影院、滑行飞翼、激流勇进、水上拓展、极速风车、旋风骑士、鳄鱼岛、哥德堡号鬼船 |
| | 18:00–19:00 | 晚餐 |
| | 19:00–19:30 | 营区小憩片刻 |
| | 19:30–20:30 | 观看露天电影 |
| | 20:30–21:30 | 总结、写日记、分享、洗漱、就寝 |
| 第四天 | 06:00–07:00 | 起床、洗漱、早餐 |
| | 07:00–08:30 | 我的课堂在路上 |
| | 08:30–12:30 | 活动四:指点江山,恰同学少年! 在中国第一洲"橘子洲头",站在毛主席塑像旁,望着滔滔江水,遥想当年主席在此指点江山的勃勃英姿与神韵,一起诵读《沁园春·长沙》,感受毛泽东主席青年时代"问苍茫大地,谁主沉浮"的英雄气概 |
| | 12:30–13:00 | 中餐 |
| | 13:00–18:00 | 温故而知新,再见研学旅行。踏上返程,指导教师引导学生回顾研学旅行的知识点,通过"问与答"的方式进行课程总结和知识点的归纳,并安全地将学生送返到学校,完成全部的研学旅行课程 |

【思考探究】

1. 长沙的求学生活经历对毛泽东产生了怎样的影响？谈一谈你的看法。

2. 你认为雷锋精神的内核是什么？在新时代,我们应如何更好地传承雷锋精神？

第四单元

自然课堂

# 关注海洋健康　守护蔚蓝星球

**【项目实施单位】**

武汉海昌极地海洋公园

**【项目组专家】**

谭文成

**【指导教师】**

张凡　赵巍巍　陈婷婷　高晶

**【课程主题】**

关注海洋健康　守护蔚蓝星球

**【适用学段】**

小学、初中、高中

**【研学时间】**

4～5 天

**【线路安排】**

极地动物区 → 海洋剧场 → 欢乐秀场 → 海底两万里 → 欢乐岛 → 萌宠乐园

**【课程特色】**

　　考虑到小学生的知识储备量和自理能力,小学段主要以参观为主,同时安排了较多的科普互动项目。武汉海昌极地海洋公园具备丰富独特的海洋生物资源,能使学生们获得对海洋生物的直观认识。

　　与小学段学生相比,我们不仅为初中和高中段学生开发了武汉海昌极地海洋公园周边的自然生态之旅,鼓励他们"走出去",还增加了"探索海洋世界"心得交流会、"最美的海洋"作品展两项活动,给予他们更多表达自己想法的机会,在交流中碰撞出思想的火花,增强学生们的生态文明意识。

**【课程目标】**

　　武汉海昌极地海洋公园研学项目包括一系列科普教育讲座、海洋生物参观、极地动物展示、动物标本以及图片展览、萌宠互动、海洋剧场等,还将邀请一批海洋科普专家讲述专业海洋知识、航海事迹以及探险经验,旨在以生动形象、寓教于乐的方式使学生获得丰富的课外知识,在研学旅行中培养爱护动物、保护环境的意识,在今后的生活中践行环保的理念,为社会主义生态文明建设贡献一份力量。

**【资源特色】**

·湖北省中小学生研学旅行实践教育基地·

**武汉海昌极地海洋公园**

　　武汉海昌极地海洋公园位于湖北省武汉市东西湖区,占地 10 万平方米,建筑面积 6 万平方米,拥有超过 500 种海洋生物,是一座涵盖极地与海洋文化的大型主题公园。园区分为六大区域(极地动物区、海洋剧场、欢乐秀场、海底两万里、欢乐岛、萌宠乐园),以南北极动物表演、展示、互动、科普为主,涵盖旅游、休闲、亲子度假等多种娱乐方式。2013 年,被认定为湖北省科普教育基地;同年 7 月,被认定为江豚科学研究基地;2018 年,又被认定为湖北省中小学生研学实践教育基地。

### 极地动物区

极地动物区是上下两层通透式设计,游客可以从上下两个视角观赏动物的生活状态。该区域展示有北极熊、企鹅、北极狼、海象、海狮、白鲸等极地动物以及濒危物种江豚。其中企鹅更是有七种,分别为帝企鹅、王企鹅、白眉企鹅、阿德里企鹅、麦哲伦企鹅、跳岩企鹅和帽带企鹅。

### 海洋剧场

剧场拥有大型鲸豚表演馆,是整个极地海洋世界建筑最壮观的地方,可容纳 3600 多人同时观看表演。这里在给观众展示白鲸、海豚的才艺的同时,还会向大家传递关爱海洋环境和保护海洋生物的理念,共同感受海洋的神奇魅力。

### 欢乐秀场

大型动物互动表演场馆,可同时容纳一千多人观看表演。这里有海洋动物明星海狮、海象和水獭的精彩表演,以及技艺精湛的小丑杂技团带来的幽默搞笑表演。

### 海底两万里

该区域采用的是亚克力玻璃幕墙,专门从美国雷诺公司耗巨资引进。360 度全方位展示海洋奇观,全长 100 米,能储存 1500 多吨海水。玻璃的厚度虽然达到了 10 厘米,但清晰度可与 1 厘米厚的普通玻璃相媲美,具有耐水压强、透明度高、观赏效果好等特点。这里展示了珊瑚、海葵、军曹鱼、苏眉、牛鼻鲼鳐、大帆吊、金目吊、黄金鲹、绿海龟等众多奇怪有趣、色彩艳丽的海洋生物。

### 欢乐岛

该区域实地还原了热带小岛的风貌,设有多个供游客休息的乘凉处以及具有海洋特色的游乐项目,如逍遥水母、鲸鱼摇摆船、旋转木马、碰碰船、逍遥车、疯狂捞鱼等。

## 萌宠乐园

　　萌宠乐园在海洋公园外出口右侧,共计两层,占地约 5000 平方米,由"花样贝壳""花样贝壳标本""奇趣虾蟹""水獭展示区""趣味小天地""海洋萌宠""珊瑚森林""水母秘境""科普互动区""水母实验室""幻彩水母""水母万花筒"12 大主题区域组成。乐园以萌宠动物为核心,将零距离体验、趣味互动、知识科普等进行了完美结合。

**【重点活动项目】**

　　武汉海昌极地海洋公园是华中地区最大的海洋类主题基地,拥有最多最全的海洋动物资源,其中包括江豚、白鲸、企鹅、北极熊、海狮、海象、海龟等八大场馆,学生们可以近距离观察并与它们互动。

　　科普设施一应俱全,除了科普小教室,还包括一系列科普展板、科普灯箱、科普语音自助解说、科普互动电子智能机等,以互动娱乐的形式传播科普知识,深受广大学生的喜爱。

　　升级打造的"夜宿极地"深度体验活动从研发至今已有三年,是具备一定影响力的研学项目。

**【研学流程建议安排】**

　　学校领导需提前与海洋公园沟通研学时间安排。为便于管理,建议学生团队在海洋公园统一安排食宿。以班级为单位,统一服装,将每五位同学分为一个组,同时任命一位小组长,由一位老师统一带领,海洋公园将安排一位讲解员协助管理。

**【教学案例】**

**一、知识点准备**

　　整个研学内容除了各大展馆讲解外,还包括四大课程——"海洋生物知识""企鹅知识趣谈""世界的极点""极光之界"。

**二、课题设计**

1. 认知极地生物。

2. 追忆"国宝白鳍豚"。

3. 拯救"国家江豚"。

4. 了解企鹅的分类、分布与生长习性。

5. 了解极地全域的海冰面积缩减现状。

6. 了解极地考察越冬趣闻。

**三、研学延伸拓展设计**

1. 召开爱护动物、保护生态环境的主题班会。

2. "最美的海洋"作品展(绘画、照片、文章、视频等)。

**四、教学参考资料链接**

1. http://www.blueanimalbio.com/bird/qie/1.htm(企鹅)

2. https://baike.so.com/doc/5393236-5630167.html（江豚）

3. https://www.bilibili.com/video/av18353124（纪录片《极光：天空之火》）

## 【行程安排】

### 小学段研学安排

| | 时间 | | 行程安排 |
|---|---|---|---|
| 第一天 | 上午 | 07:00 | 集合登车,清点人数 |
| | | 07:30 | 乘坐大巴车赴海洋公园 |
| | | 10:00 | 到达海洋公园,办理入园手续,寄存行李 |
| | | 10:30-12:00 | 开营仪式 |
| | 下午 | 12:00-14:00 | 午餐（冰海餐厅）,午休 |
| | | 14:00-17:30 | "企鹅知识趣谈"科普课堂,参观极地馆 |
| | | 17:30-18:30 | 集合,晚餐（淘气场餐厅） |
| | 晚上 | 18:30-20:30 | 由专业解说老师带领游览,了解海洋动物们的夜间生活 |
| | | 20:30-21:30 | 露营技能学习、夜宿极地活动 |
| | | 21:30-22:00 | 洗漱时间 |
| | | 22:00 | 聆海时刻,与鱼儿同眠 |
| 第二天 | 上午 | 07:00-08:30 | 起床盥洗,早餐（瞰海餐厅） |
| | | 08:30-12:00 | 观看海洋剧场,参观白鲸湾,体验白鲸喂食 |
| | 下午 | 12:00-14:00 | 午餐（小白鲸餐厅）,午休 |
| | | 14:00-17:30 | "最强大脑——速记海洋生物知识点"科普课堂,团队游戏 |
| | 晚上 | 17:30-18:30 | 集合,晚餐（淘气场餐厅） |
| | | 18:30-21:30 | 参观"海底两万里",体验潜水乐趣 |
| | | 21:30-22:00 | 洗漱,准备就寝 |
| 第三天 | 上午 | 07:00-08:30 | 起床盥洗,早餐（大汉堡餐厅） |
| | | 08:00-12:00 | 观看美人鱼表演,参加缤纷海洋节 |
| | 下午 | 12:00-14:00 | 午餐（冰海餐厅） |
| | | 14:00-16:30 | 参观海龟馆、海狮馆、江豚馆、海底环游池,观看欢乐秀场 |
| | | 16:30-17:30 | "极光之界"科普讲堂 |
| | | 17:30-18:00 | 晚餐（瞰海餐厅） |
| | 晚上 | 18:30-21:00 | 海洋主题晚会 |
| | | 21:00-21:40 | 洗漱 |
| | | 22:00 | 就寝 |
| 第四天 | 上午 | 07:00-08:30 | 起床盥洗,早餐（小白鲸餐厅） |
| | | 08:00-12:00 | 水母馆探秘 |
| | 下午 | 12:00-14:00 | 午餐,午休 |
| | | 14:00-16:30 | 参观欢乐淘气场,聆听宠物饲养知识讲解 |
| | | 16:30-17:00 | 集合乘车返校 |

初中、高中段研学安排

| | | 时间 | 行程安排 |
|---|---|---|---|
| 第一天 | 上午 | 07：00 | 集合登车,清点人数 |
| | | 07：30 | 乘坐大巴车赴海洋公园 |
| | | 10：00 | 到达海洋公园,办理入园手续,寄存行李 |
| | | 10：30-12：00 | 开营仪式 |
| | 下午 | 12：00-14：00 | 午餐(冰海餐厅),午休 |
| | | 14：00-17：30 | "企鹅知识趣谈"科普课堂,参观极地馆 |
| | | 17：30-18：30 | 集合,晚餐(淘气场餐厅) |
| | 晚上 | 18：30-20：30 | 由专业解说老师带领游览,了解海洋动物们的夜间生活 |
| | | 20：30-21：30 | 露营技能学习,夜宿极地活动 |
| | | 21：30-22：00 | 洗漱时间 |
| | | 22：00 | 聆海时刻,与鱼儿同眠 |
| 第二天 | 上午 | 07：00-08：30 | 起床盥洗,早餐(瞰海餐厅) |
| | | 08：30-12：00 | 观看海洋剧场,参观白鲸湾,体验白鲸喂食 |
| | 下午 | 12：00-14：00 | 午餐(小白鲸餐厅),午休 |
| | | 14：00-17：30 | "最强大脑——速记海洋生物知识点"科普课堂,团队游戏 |
| | | 17：30-18：30 | 集合,晚餐(淘气场餐厅) |
| | 晚上 | 18：30-21：30 | 参观"海底两万里",体验潜水乐趣 |
| | | 21：30-22：00 | 洗漱,准备就寝 |
| 第三天 | 上午 | 07：00-08：30 | 起床盥洗,早餐(大汉堡餐厅) |
| | | 08：00-12：00 | 缤纷海洋节 |
| | 下午 | 12：00-14：00 | 午餐(冰海餐厅),午休,集合乘车 |
| | | 14：00-17：00 | 参观武汉园博园 |
| | | 17：00-17：30 | 返回海洋公园 |
| | | 17：30-18：00 | 晚餐 |
| | 晚上 | 18：30-21：00 | 海底晚会 |
| | | 21：00 | 洗漱,准备就寝 |
| 第四天 | 上午 | 07：00-08：30 | 起床盥洗,早餐(大汉堡餐厅) |
| | | 08：00-12：00 | 观看美人鱼表演,"换个角度看世界"科普讲堂 |
| | 下午 | 12：00-14：00 | 午餐(冰海餐厅) |
| | | 14：00-16：30 | 参观海狮馆、江豚馆、海底世界、海底环游池,观看欢乐秀场 |
| | | 16：30-17：30 | "极光之界"科普讲堂 |

（续表）

| | | 时间 | 行程安排 |
|---|---|---|---|
| 第四天 | 下午 | 17：30—18：00 | 晚餐（瞰海餐厅） |
| | 晚上 | 18：30—21：00 | "探索海洋世界"心得交流会 |
| | | 21：00—21：40 | 洗漱 |
| | | 22：00 | 就寝 |
| 第五天 | 上午 | 07：00—08：30 | 起床盥洗，早餐（小白鲸餐厅） |
| | | 08：00—12：00 | "换个角度看世界"科普讲堂，"最美的海洋"作品展 |
| | 下午 | 12：00—14：00 | 午餐，午休 |
| | | 14：00—16：30 | 参观欢乐淘气场，聆听宠物饲养知识讲解，水母馆探秘 |
| | | 16：30—17：00 | 集合乘车返校 |

1. 海底生物与气候变化的关系是怎样的？
2. 海冰面积缩减现状是怎样的？

【思考探究】

# 探索水利文化　寻觅自然奥秘

**【项目实施单位】**

　　浠水运动休闲小镇蜂巢研学旅行营地

**【项目组专家】**

　　廖光耀　王平

**【指导教师】**

　　艾为兵　王春蓉

**【课程主题】**

　　探索水利文化　寻觅自然奥秘

**【适用学段】**

　　小学四至六年级,初中七、八年级

**【研学时间】**

　　1 天

**【线路安排】**

　　学校 → 浠水运动休闲小镇蜂巢研学旅行营地 → 浠水亚洲第一坝 → 百岛画廊 → 南山观岛 → 李家河生态岛 → 浠水运动休闲小镇蜂巢研学旅行营地

**【课程目标】**

　　1. 了解要观察的景区有哪些历史典故、风土人情。

　　2. 参观、考察浠水水利枢纽工程——浠水大坝、浠水水库、西斋水电站,了解浠水大坝修建的历史、水电转换的科学原理。

　　3. 仔细观察景物,知道百岛画廊、南山观岛、李家河生态岛具体有哪些景物。

**【资源特色】**

·湖北省中小学生研学旅行实践教育营地·

### 浠水运动休闲小镇蜂巢研学旅行营地

　　湖北省中小学生研学旅行实践教育营地——浠水运动休闲小镇蜂巢研学旅行营地位于荆楚文化、三国文化发祥地——荆州。拥有亚洲第一人工土坝、国家森林公园、国家湿地公园、人工淡水湖、五星汽车(房车)露营地、水电站、九岭岗红色文化、溶洞群等多种研学课程资源,是集荆楚经典(传统文化)、创客教育(现代科技)、素质拓展(军事训练)、职业体验(职业规划)等丰富的趣味性课外体验、多元化的课程实

景体验为一体的全景园林开放式研学旅行教育营地。

营地构建荆楚印象、科技之光、生命华彩、我心飞扬四大领域课程体系，设置 14 个模块，共计 100 多个课程。各课程分设能力目标体系与年段目标体系，同一课程内容根据不同年段设置不同教学目标，打造内容纵横贯通、螺旋上升的长、中、短研学课程。

"研学洈水，旅行华夏"系列研学旅行活动以荆楚文化、水利文化、红色文化、自然文化为主题，有水利枢纽工程参观、地质科考、大自然探索等科学实践探究和三国军营体验、重走红色革命之路等多种实景体验项目。走进百年洈水，拜访"楚国西极"，行学楚国汉史，感受中华文化的博大精深。

## 洈水大坝

洈水大坝最大坝高 42.95 米，自南向北横贯洈水湖，全长 8968 米，像一座巍然耸立的水上长城，守卫着洈水湖两岸的人民。主坝长 1640 米，主轴线呈"S"形，此外还有 7.3 千米的副坝蜿蜒伸展于两旁的山峰之中。

洈水大坝于 1957 年设计，1958 年破土动工，1980 年竣工，前后花了 22 年时间，整个工程经历了初建、续建、加固三个阶段。1958 年，松滋、公安、湖南澧县的 10 万民工，奔赴这里打响治理洈水的大战役。在条件万分艰苦的困难时期，大家用最原始的工具，肩挑、背扛、车推、人拉，凭借血肉之躯和坚强的意志，花了 22 年的时间，终于筑成这座举世闻名的大坝。这座大坝，不仅是前辈们用智慧和勇敢创造的一个人类奇迹，更是一座矗立在两省三县人民心中的一座精神和人文的丰碑。

## 西斋水电站

西斋水电站建于 1965 年，距今已有 50 多年的历史了。电站厂房里有 4 台发电机组，供电容量 26000 千伏安，年均供电 4000 万千瓦时。

## 洈水国家湿地公园

　　洈水国家湿地公园总面积 40.49 平方千米,涉及洈水镇南闸村、龙王垱村、王马堰村、樟木溪村等 4 个村,刘家场镇油榨口村的小部分区域,以及洈水水库。湿地总面积为 22.71 平方千米,占公园总面积的56.09%,主要由洈水水库主体及其周围的库汊、稻田湿地等组成。其中,库塘湿地为主,面积 22.19 平方千米,占到湿地总面积 97.71%;稻田湿地 0.52 平方千米,约占湿地总面积的 2.29%。

**【教学案例】**

　　1. 考察参观:参观洈水水库、西斋水电站,乘船研行百岛画廊、南山观岛和李家河生态岛。

　　2. 了解洈水水利工程:探究亚洲第一大人工土坝——洈水大坝的建筑构造,以及防洪、发电、灌溉、养殖等功能的原理;全面探究洈水水利工程修建的防洪效益及经济效益。

　　3. 饮水思源感恩教育:通过了解大坝的艰辛修建历史故事,学习先辈们的艰苦奋斗、自力更生、不怕困难、知难而上的精神,感知洈水如今的山清水秀来之不易,常怀感恩之心,学会珍惜现在的美好生活。

　　4. 探究水力发电奥秘:通过操作微型发电机,深入了解水力发电原理。

　　5. 自然科普:了解洈水国家湿地公园,认知常见的植物,探讨洈水的资源利用与保护。

　　6. 探秘白云边兼香之都:了解白云边传世酒香的秘密所在。

**【思考探究】**

　　1. 亚洲第一大人工土坝——洈水大坝的"第一"从哪些方面体现出来?

　　2. 如何有效利用与保护洈水国家湿地公园资源?

# 看清江画廊　探秘三峡大瀑布

**【项目实施单位】**

宜昌市青少年综合实践学校(宜昌市青少年实践教育基地)

**【项目组专家】**

邱望清

**【指导教师】**

敖庆林　张炎春　鲜梦宇

**【课程主题】**

看清江画廊　探秘三峡大瀑布

**【适用学段】**

小学四、五、六年级,初中七、八年级

**【研学时间】**

3 天

**【线路安排】**

宜昌市青少年综合实践学校→中华鲟研究所→清江画廊→三峡大瀑布→宜昌市青少年综合实践学校

**【课程目标】**

1. 培养和践行社会主义核心价值观,激发学生对党、对国家、对人民的热爱之情。
2. 尊重自然、热爱生命,主动适应社会、文化生活,促进书本知识和生活经验的深度融合。
3. 培养生态保护意识和绿色旅行习惯。

**【资源特色】**

## 中华鲟研究所

中华鲟研究所是中国长江三峡集团公司水电开发中鱼类物种保护的技术支撑、生态环保的创新平台、展示环保形象的科普窗口。中华鲟研究所始终坚持科研繁殖保护和宣传保护相结合,努力提高人们的环保意识与关注生态平衡的危机意识,积极地开展科普教育工作。党和国家领导人及中央有关部委的主要负责同志多次到中华鲟研究所参观视察,充分肯定中华鲟研究所在中华鲟等长江珍稀鱼类保护工作中取得的成绩。

课程特色:普及长江珍稀特有鱼类保护知识,传播三峡集团水利水电开发过程中的生态环保理念。

## 清江画廊

清江画廊风景区位于湖北省宜昌市的长阳土家族自治县境内,涵盖隔河岩水电站大坝以上至湖北省恩施土家族苗族自治州巴东县水布垭镇盐池温泉,沿清江一线的所有旅游景观及景区景点。重点打造了清江古城、倒影峡、仙人寨、武落钟离山等景点。

课程特色:了解清江巴土文化,探寻古老民族的历史,感受长阳文化三件宝的魅力,探索神秘巴土风情。同时学习地质构造和地理知识。

三峡大瀑布

三峡大瀑布原名白果树瀑布,景区位于晓峰旅游景区中,以天然瀑布群和峡谷丛林风光闻名。美轮美奂的人文景观和"山光悦鸟性,潭影空人心"的如诗如画的自然景观,令游人流连忘返。

课程特色:景区自然生态文化与地质科普文化完美融合,学生们在此不仅能够观赏绝美的风光,体验穿瀑的刺激,享受优质的服务,还能在游玩中体会学习的乐趣,是学习地理知识、生态文化知识的天然课堂。

**【教学案例】**

| | 时间 | 课程内容 | 研学基地 |
|---|---|---|---|
| 第一天 | 08:30-12:00 | 到达营地,举行开营仪式,做研学前的准备 | 宜昌市青少年综合实践学校 |
| | 12:00-14:00 | 中餐及午休(整理宿舍) | |
| | 14:00-15:00 | 参观中华鲟研究所。中华鲟是国家一级重点保护野生动物,也是"活化石",有"水中大熊猫"之称。探究中华鲟生态习性、分布、繁殖、现状、保护价值等 | 中华鲟研究所 |
| | 15:00-16:30 | 参观中华鲟研究所 | |
| | 16:30-17:30 | 从中华鲟研究所返回营地 | |
| | 18:00-20:30 | 1. 晚餐。<br>2. 团队建设(雷区取水＝团队协作＋珍惜水源) | 宜昌市青少年综合实践学校 |
| 第二天 | 08:00-09:00 | 从营地出发前往清江画廊 | 清江画廊 |
| | 09:20-10:00 | 在清江画廊研学基地(游客中心)举行研学开学仪式,老师介绍整个培训流程和相关注意事项 | |

（续表）

| 时间 | | 课程内容 | 研学基地 |
|---|---|---|---|
| 第二天 | 10:00-11:00 | 参观长阳清江国家地质公园博物馆,探秘长阳的地质演变;了解罕见古生物化石;了解多样化的熔岩地貌和流水;通过3D立体全息投影技术了解长阳人化石及遗址 | 清江画廊 |
| | 11:00-12:00 | 在清江画廊鼓乐堂进行土家文化和民风民俗学习,看演艺老师表演,感受土家文化"三件宝"的魅力,学跳巴山舞 | |
| | 12:00-13:30 | 午餐及午休 | |
| | 13:30-14:00 | 步行游览土家风雨长廊,穿越四千年巴人时空隧道,在鼓乐堂欣赏土家歌舞表演,而后欣赏土家族特色吊脚楼 | |
| | 14:00-14:30 | 乘坐仿古游船,观赏清江画廊主要景观倒影峡、骆驼饮水峰、孔雀开屏山、清江大佛,感受大自然的奇妙,了解隔河岩电厂的作用与意义,学习勤劳善良的土家人民无私奉献的精神,后乘船抵达仙人寨景区 | |
| | 14:30-15:40 | 抵达仙人寨景区,观看清江动植物王国野生猕猴群、仙香草,登山参观天然溶洞仙人洞、长阳人化石,登高欣赏长阳的青山绿水 | |
| | 15:40-16:00 | 仙人寨景区乘船返回清江画廊专用码头 | |
| | 16:00-16:30 | 下船后,前往停车场集合,全体拍照留影 | |
| | 16:30-18:00 | 从清江画廊返回宜昌营地 | |
| | 18:00-20:30 | 1. 晚餐。<br>2. 文艺表演 | 宜昌市青少年综合实践学校 |
| 第三天 | 08:00-10:00 | 1. 早餐。<br>2. 从营地出发前往三峡大瀑布 | 三峡大瀑布 |
| | 10:00-12:00 | 参观三峡大瀑布环湖、戏水、穿瀑、揽瀑核心景观,从桃花湖到四不像戏水平台,从高空长桥游览到主瀑 | |
| | 12:00-13:00 | 午餐 | |
| | 13:00-17:30 | 1. 从三峡大瀑布出发返回宜昌营地。<br>2. 研学成果展示(交流分享)。<br>3. 闭营 | 宜昌市青少年综合实践学校 |

【课程内容】

| 研学基地 | 研学点 | 研学内容 | 研学目标 | 知识点(学科融合) |
|---|---|---|---|---|
| 中华鲟研究所 | 中华鲟研究所 | 1. 参观中华鲟研究所,了解中华鲟的种类 | 认识中华鲟的种类,促进书本知识和生活经验的深度融合 | 生物课本《生物的多样性及其保护》 |
| | | 2. 认识到为什么我们要对中华鲟进行保护 | 认识到水体污染、过度捕捞的危害,培养生态保护意识 | 生物课本《保护生态环境》 |
| | | 3. 了解应该如何保护中华鲟 | 认识到保护中华鲟、爱护生态从我做起 | 生物课本《保护生态环境》《动物在生物圈中的作用》 |

（续表）

| 研学基地 | 研学点 | 研学内容 | 研学目标 | 知识点（学科融合） |
|---|---|---|---|---|
| 清江画廊 | 长阳清江国家地质公园博物馆 | 1. 了解长阳地质演变过程，了解罕见古生物化石及多样化的熔岩地貌和流水 | 了解长阳地区特有的地质结构 | 地理 |
| | 仙人寨景区 | 2. 了解清江动植物王国有哪些代表性的动植物 | 认识长阳地区代表性的动植物 | 生物课本《生物的多样性及其保护》 |
| | 仙人寨景区 | 3. 了解应该怎样保护特有的动植物 | 提高生态保护意识的同时掌握保护特有动植物的方法 | 生物课本《生物的多样性及其保护》 |
| 三峡大瀑布 | 三峡大瀑布 | 1. 了解以宜昌命名的宜昌楠树、佛叶楠、银杏等植物 | 认识三峡地区代表性的植物，培养对自然生态方面的兴趣 | 生物课本《生物的多样性及其保护》 |
| | | 2. 实地勘察三峡动植物，探究三峡生态环境 | 通过实地勘察，培养探索精神，促进书本知识和实际经验的深度融合 | 生物课本《生物生存的环境》、地理课本《自然环境》 |
| | | 3. 思考如何保护身边的生态环境 | 培养生态环境保护意识 | 生物课本《保护生态环境》、地理课本《生态环境与治理》 |

**【课外延伸】**

1. 围绕研学主题，通过查找资料和研学实践所得，撰写研学实践报告。

2. 设定不同的分享主题，以小组为单位进行分享，发言后再推举优秀的同学在全班进行发言。

3. 将研学过程中拍摄的图片和勘探到的数据进行展示，并进行说明。

**【思考探究】**

1. 探究和了解中华鲟的起源和发展、中华鲟的种类、中华鲟的生存环境、中华鲟人工繁殖技术、保护中华鲟的措施。

2. 探究三峡大瀑布特有的动植物、三峡大瀑布地区生态环境、保护水资源和生态环境的措施、长阳地质演变。

# 长江岸边童趣王国 自然奇趣生物课堂

**【项目实施单位】**

　　武汉花博汇研学教育基地

**【项目组专家】**

　　蔡明勇

**【指导教师】**

　　许江 胡昕瑀

**【课程主题】**

　　长江岸边童趣王国 自然奇趣生物课堂

**【适用学段】**

　　小学、初中

**【研学时间】**

　　1~2 天

**【线路安排】**

　　学校 → 武汉花博汇研学教育基地 → 知音文化公园 → 返回学校

**【课程导入】**

　　孩童成长过程中,自然因素的缺失对孩童的长远发展尤为不利;与此同时,高素质教育迫切需要跨领域、综合型的学习方式;此外,社会的可持续发展,对未来人才提出了更高的要求。基于研学旅行与以上三点的契合,设计了此次研学课程,旨在带领学生深入了解自然,思考人与自然的关系,学习自然科学知识,养成良好的学习习惯。

**【课程目标】**

　　1. 通过可观可感的学习体验,了解植物生活史、园艺栽培方式、常见花卉等科学知识,保持对自然科学的好奇心和探索发现的热情,激发内心对大自然的热爱与保护。

　　2. 学会自然观察、记录的方法,培养观察力和科学思维力,强化艺术感知力、表现力以及文字表达等能力;在通过研学建立学科之间联系的同时养成良好的学习习惯和坚毅的品格。

　　3. 观察自然、认知自然,打开探索自然的大门,建立与自然的联结,思考人与自然相处的方式。

**【资源特色】**

· 湖北省中小学生研学旅行实践教育基地 ·

**武汉花博汇研学教育基地**

　　武汉花博汇研学教育基地位于武汉知音湖大道,靠近武汉经济技术开发区,总规划面积约 322 万平方米,文化艺术氛围浓厚、建筑风格独树一帜,是中法生态城的示范项目;景区建设在保留原有土地的村湾、农田、水系、农舍、植被的基础上打造出佛洛伊小镇、花食街、四季花海、樱花村、戛纳沙滩、问茶村、马鞭草花海等各具特色的景点,以及自然主题、文旅特色的研学基地,其中最吸引大家的是6万多平方米的"武汉地区唯一四季型花海"。花博汇根据园区自身特色专门为研学旅行开设了各种课程,充分运用研学旅行推进中小学生素质教育全面发展。

## 知音文化

知音文化是武汉特有的资源,起源于伯牙子期的传说。2014年"伯牙与子期的传说"被列入第四批"国家级非物质文化遗产保护名录"。"高山流水"的知音故事世世代代流传,"知音"一词的涵义不断得到延伸和扩张,可以指友情、亲情、爱情。知音文化既是音乐文化,更是情感文化,知心重情和诚实守信是这一文化的灵魂。

## 南湖高龙

"南湖高龙"是省级非物质文化遗产保护项目。武汉是高龙的发源地。南湖高龙起源于唐代贞观年间,盛行于武汉市汉阳县(今天的蔡甸区、汉阳区等地),已有1300多年历史。

相传贞观年间,中原大旱,龙王为解旱情,拯救黎民百姓,违抗天命普降甘霖。玉帝一怒之下,令魏徵在云梦泽将龙王斩杀。此后,老百姓为祈求风调雨顺,在每年春节舞高龙以祭祀被斩的龙王。如今,蔡甸区大集街南湖地区仍然很好地保留着舞高龙的习俗。

南湖高龙因其扎制精致和工艺考究,2013年被我国第一家龙文化博物馆"中华龙文化博物馆"永久收藏。

## 天星太极拳

天星太极拳是由蔡明勇先生在武汉花博汇天星村创编而得名,是以中国传统儒、道哲学中的太极、阴阳辩证理念为核心思想,集颐养性情、强身健体、技击对抗等多种功能为一体,结合易学的阴阳五行之变化、中医经络学、古代的导引术和吐纳术形成的一种内外兼修、柔和、缓慢、轻灵、刚柔相济的拳术。天星太极拳提倡练拳不仅要有天人合一的虚守静笃之境界,也要有斗转星移的乾坤挪移之变化。

## 大集豆盘包子

在蔡甸区大集场的早市上,有一种绿色食品——绿豆包子(也叫豆盘包子),起源于明末清初,至今已有近300年的历史。大集豆盘包子是一种地方名特风味食品,名扬武汉市及周边地区。

**【教学案例】**

### 活动一

1. 了解研学基地:参观花博汇园区,了解花博汇从村庄到研学基地的变迁以及各个功能区的划分,观察当地生态环境和原住民生活方式的变化,探究改造生态环境的过程中人类行为与自然生态的相互影响。

2. 植物生命周期:以花博汇育苗大棚为课堂,上一堂生动的植物课,学习植物生命周期的各个环节和生长发育条件,与课本知识相互印证,并通过以此设计的游戏加深印象,在玩中学。

3. 自然观察、体验:在老师的引导下打开感官、敞开身心,与自然亲密接触。

4. 自然认知、记录:运用自然观察方法,掌握几种常见花卉的形态特征,完成一份图文并茂的自然笔记。

5. 成果展示。

(1)研学流程结束后,将填写的研学任务清单、绘制的自然笔记等作为学习成果,在班级内进行分享、展示和评选。

(2)针对思考与探究的问题,结合研学的所见、所闻、所想,完成相关论文,优秀作品在花博汇进行展示。

| 时间 | 具体安排 | 主题 | 课程内容 | 研学任务 |
| --- | --- | --- | --- | --- |
| 上午 | 09:30 | 研学准备 | 抵达花博汇,组织协调各活动环节开展 | |
| | 10:00 | 熟悉环境,培养人文情怀 | 1. 讲解员带领学生参观花博汇,了解花博汇的"前世今生"、花博汇对当地的改造以及当地人的生活方式。<br>2. 分组讨论花博汇园区改造的可借鉴之处,每组派代表发言 | 分组讨论,每组派代表发言 |
| | 11:00 | 植物生命周期的观察、体验 | 1. 在花博汇育苗温室学习植物生命周期的各个环节和生长发育条件,完成植物生命周期卡。<br>2. 组织进行拓展游戏(根据植物生命周期设计),加深知识记忆 | 完成植物生命周期记录卡,熟悉植物生命周期 |
| 中午 | 12:00 | | 午餐 | |
| 下午 | 13:30 | 在感官体验中建立与自然的联结 | 1. 自然观察主题分享:讲解自然观察方法。学习自然观察方法,通过视觉、触觉、听觉、嗅觉等观察周围的自然事物。<br>2. 进行针对触觉设计的自然体验游戏,与自然亲密接触,唤醒情感,建立与自然的联结 | 学习自然观察方法,打开感官,体验自然 |
| | 15:00 | 笔记大自然 | 1. 学习自然笔记的要素、方法等内容。<br>2. 听讲解员讲解花博汇植物,进行自然笔记实践 | 完成自然笔记 |

活动二

| 时间 | 具体安排 | | 课程内容 | 研学任务 |
|---|---|---|---|---|
| 第一天 | 上午 | 09:00 | 抵达武汉花博汇研学基地 | 1.了解太极文化、学习太极精神和求索精神。<br>2.在太极文化礼仪课中、学习尊师重道、明礼求学等传统文化 |
| | | 09:20 | 花博汇中心广场开营仪式,梦想展示 | |
| | | 09:50 | 穿练功服,学习太极礼仪,感受中华传统文化 | |
| | | 10:30 | 研学课堂集中授课(主题:天星太极) | |
| | | 12:30 | 中餐 | |
| | 下午 | 14:00 | 观看南湖高龙文化视频 | 1.感受非遗文化魅力。<br>2.感受非遗传承人坚持不懈的精神 |
| | | 14:30 | 观看南湖高龙实体展示 | |
| | | 16:20 | 开展我是"非遗"小传人活动,演练南湖高龙 | |
| | | 17:30 | 晚餐 | |
| | 晚上 | 18:30 | 组织班级活动,分享研学心得 | |
| | | 20:00 | 整理内务,洗漱就寝 | 培养独立整理内务的能力 |
| 第二天 | 上午 | 07:00 | 起床 | 1.了解知音文化起源。<br>2.探究知音文化是如何对构建当代和谐社会注入历史文化元素的 |
| | | 07:40 | 早餐 | |
| | | 08:20 | 游览花博汇 | |
| | | 10:00 | 乘车前往知音文化公园 | |
| | | 12:00 | 中餐 | |
| | 下午 | 13:00 | 前往观看制作大集包子制作 | 1.了解大集包子制作过程。<br>2.培养动手能力和节约粮食的习惯 |
| | | 14:00 | 亲身体验大集包子手工制作 | |

【思考探究】

1. 如何对花博汇的生态环境进行改善?如何减少人类行为对园区自然生态的不良影响?

2. 通过今天的研学活动你有什么收获?你对自然有什么新的认识?

# 楚风汉韵毓俊才　茶圣故里羡中外

**【项目实施单位】**

天门市青少年学生活动中心

**【项目组专家】**

岳大伟

**【指导教师】**

樊钢

**【课程主题】**

楚风汉韵毓俊才　茶圣故里羡中外

**【适用学段】**

小学、初中、高中

**【研学时间】**

1～3 天

**【线路安排】**

学校 → 陆羽故园 → 陆羽纪念馆 → 佛子山生态园 → 茶经楼博物馆 → 学校

**【课程特色】**

　　中国茶文化源远流长,天门是世界茶文化的发源地、"茶圣"陆羽故里。

　　茶饮具有清新、雅逸的天然特性,能静心、静神,有助于陶冶情操、去除杂念、修炼身心,这与提倡"清静、恬淡"的东方哲学思想很合拍,因此我国历代社会名流、文人骚客、商贾官吏都推崇茶饮。唐朝时陆羽集前人之大成,精心研究撰写的《茶经》,将我国的茶文化推广传播。历经两千多年的发展,茶叶已从最初的治病药材变为养生佳品,从古丝绸之路、茶马古道,再到今天的"一带一路",贯穿了古今,跨越了国界,成为人们生活中清香四溢的座上佳品。

**【课程目标】**

　　1. 了解茶的起源、茶的植物属性、茶的分类、茶艺及茶文化的内涵。

　　2. 了解《茶经》这部光辉著作对中国乃至世界茶叶生产、茶经济,对国家政治、经济及社会的文明进步,国家间的友好往来产生的深远影响。

　　3. 初步学会家庭茶的冲泡方法、工夫茶简单茶艺以及一般社交饮茶的规则和礼仪。

　　5. 懂得茶与生活的关系,享受茶的芳香、宁静、淡泊,提高道德修养;感知博大精深的中华茶文化,热爱、传承中华茶文化。

**【资源特色】**

## 茶和天下

茶和天下位于天门市城区西南方向。进出随岳收费站,就可见一只在酌茶的大铜壶,寓意在"茶圣"陆羽

故里,天门人茶迎天下客。

茶和天下集纳了与陆羽有关的标志性历史文化:一座高7米的钢混仿古建筑,取名陆羽亭。亭东立有一座陆羽座像,陆羽手执书卷,一边煮茶,一边若有所思。旁边的玻璃景墙上,简介了陆羽的茶学专著《茶经》。

园内还有古雁廊桥,因天门一处古迹"古雁桥"得名。古雁桥现位于天门市陆羽纪念馆前,是在原址上原样修复而成的。还有一座"文学泉"井,因井盖上有三个呈"品"字形分布的圆孔,故俗称"三眼井"。相传是陆羽少年时期汲泉烹茗之处,距今已有1600余年历史。此井在唐代以后曾长期湮没,直到清乾隆二十三年(1768年),因当地百姓抗旱掘荷塘取水,才重新被发现。

## 陆羽故园

陆羽(733—804),唐复州竟陵(今湖北天门)人,字鸿渐,一名疾,字季疵,号竟陵子、桑苎翁、东冈子。他一生嗜茶,精于茶道,工于诗词,善于书法,因著述了世界第一部茶学专著——《茶经》而闻名于世,被誉为"茶圣"。

"陆羽故园"是一座以"茶文化"为主题、为纪念茶圣陆羽而建的开放式综合公园,是天门市陆羽文化产业园的组成部分,其所环抱的西湖与天门河、前壕、后壕以及东湖共同构成了天门环城水系。陆羽故园规划结构概括为"一线、两区、三湖、五岛、八景":一线——环湖岸线;两区——茶文化展示区、水上游乐区;三湖——龙井湖、普洱湖、茉莉湖;五岛——观音岛、碧螺岛、银针岛、毛峰岛、云雾岛;八景——茶经广场、陆羽纪念馆、陆羽雕像、歇脚吧、张港茶吧等。作为江汉地区最大的城市公园,陆羽故园是天门的一张重要的城市名片。

## 陆羽纪念馆

陆羽纪念馆位于天门市竟陵城区西湖之滨,是一座以历史文化名人陆羽生平业绩为主题内容的具有古典园林特色的纪念博物馆,2009年被公布为全国爱国主义教育示范基地。馆址在陆羽故里——西塔寺原址重建,占地面积9900平方米。

陆羽纪念馆内的主体建筑前殿(即陆公祠)位于竟陵城西寺路西端,殿宇为歇山顶式,结构精巧,造型典雅,具有浓郁的民族风格,祠前有古朴的"山门",其门额"陆羽纪念馆"五个大字为原中宣部副部长、著名诗人贺敬之所书。陆公祠正中是一尊高26米的陆羽全身铜像,一代"茶圣"肃然落座,左手托杯,尽显精心品茶之态。

陆公祠内东壁悬挂着24幅图文并茂的"茶圣"陆羽的生平简介;西侧墙壁上悬挂着九块长方形的《陆羽茶经》全部内容。殿内中间展出日本茶道和韩国陆羽茶经研究会所赠的纪念珍品和书刊。整个殿内典雅肃穆,生动地反映了陆羽潜心事业、严谨治学、博学多才的事迹。

## 佛子山生态园

天门佛子山,又名竟陵天门山,位于湖北省天门市竟陵城区西北。在一马平川的江汉平原,天门山拔地而起。山群由佛子山、金杯山、团山、朴船山、龙尾山五峰组成，面积93190平方米，海拔192米。整个山体呈东西走向，五山首尾相倚，状如玉如意，山体俊秀，树林葱郁，气候宜人，交通便利。佛子山下陆羽塘面积约2万平方米，水质清澈，碧波荡漾，鱼虾悠游；佛子山顶有佛祖庙遗迹，存有佛祖释迦牟尼宝座与脚踏墨玉；山腰有古战壕，东南坡有元帅台。金杯山上有陆子读书处、陆羽泉、陆羽亭、陆羽祠，四个景点连成一线，还有汉光武憩息的漤手岗。龙尾山上有传说美丽的老虎洞(楚国令尹子文降生于此洞，老虎以虎奶喂之，后子文成就一番大事业)、虎啸岗。整个风景区自然人文景观丰富。

## 茶经楼博物馆

茶经楼坐落于陆羽故园景区内，楼高53.85米，共九层，为仿唐式风格建筑，建筑面积5308平方米，是天门市打造"中国茶城"的核心标志性建筑。

茶经楼设有多功能茶道展示区，收藏有明嘉靖柯乔本、吴旦本、明嘉靖竟陵续刻本、仪鸿堂本、天门县志本、桑苎庐本等版本的《茶经》。其中，茶经楼九楼对明嘉靖二十一年(1542年)《茶经》刊刻场景进行了立体展示，四楼藏茶阁收藏有千余种茶叶。

**【行程安排】**

| 第一天 | |
| --- | --- |
| 时间 | 行程 |
| 08:00–08:40 | 学校集合，启动研学仪式后前往陆羽故园。在车上组织学生以"春风十里，不如茶香一缕"为主题进行探讨，谈谈如何推广品茶饮茶的生活方式 |
| 08:40–11:30 | 导师带领学生们有序参观陆羽故园，了解历史文化名人"茶圣"陆羽 |
| 11:40–13:00 | 中餐 |
| 13:00–16:30 | 导师带领学生们有序参观陆羽纪念馆 |
| 16:50–17:50 | 前往住宿地点 |
| 17:50–18:50 | 晚餐 |
| 18:50–19:20 | 分寝室、整理内务 |
| 19:20–21:00 | 观看中国茶文化纪录片 |
| 21:00 | 洗漱、就寝 |
| 第二天 | |
| 时间 | 行程 |
| 07:00–07:30 | 起床 |
| 07:30–08:30 | 早餐 |
| 08:30–09:10 | 前往天门佛子山生态园研学点，沿途倾听天门文化历史典故 |
| 09:10–11:00 | 参观佛子山生态园 |
| 11:00–11:30 | 前往进餐地点 |
| 11:30–12:10 | 午餐 |

（续表）

| 第二天 | |
|---|---|
| 时间 | 行程 |
| 13:30-16:00 | 在佛子山生态园茶场体验采茶、炒茶 |
| 16:50-17:50 | 前往住宿地点 |
| 17:50-18:50 | 晚餐 |
| 19:00-21:00 | 开展品茶吟诗会 |
| 21:00 | 洗漱、就寝 |
| 第三天 | |
| 时间 | 行程 |
| 07:00-07:30 | 起床 |
| 07:30-08:30 | 早餐 |
| 08:30-11:00 | 走进茶经楼博物馆，听讲解员讲述茶文化、茶的分类，以及不同品种茶的特点，然后体验泡茶、品茶、鉴别茶 |
| 11:00-11:30 | 前往进餐地点 |
| 11:30-12:10 | 午餐 |
| 12:10-16:00 | 在茶经楼内学习泡茶、品茶，体验茶礼文化 |
| 16:00 | 结束返程。由研学老师组织同学们畅读研学旅行的感悟、收获 |

【教学案例】

## 活动一　识茶

1. 了解茶的起源、茶的分类、茶文化的内涵，识别中国十大名茶。

2. 教师提问相关知识，并作必要补充诠释，如神农尝百草的故事（一片树叶的故事）、"茶"与"荼"的演变、花茶的真正含义、中华茶文化的地位等。

3. 介绍中国茶艺源流。

原始社会便已发现和利用茶，只不过是作食用和药用的，用来饮用则是后来的事。饮茶的起源至今还无定论。大体上说，中国古代饮茶历史分为四个阶段：汉魏六朝、隋唐、五代宋、元明清，分别以煮茶、煎茶、点茶、泡茶为主要方式。近代茶艺是指从清康熙中期至近现代，此期茶叶品种齐全，发酵、半发酵茶崛起，中国饮茶文化从旧时制茶不能展示茶的色、香、味，进入到一个新的境界。形式上大致还是三种：一是盖碗式，二是茶娘式（民间大茶壶冲泡分饮），三是工夫茶法（小茶壶泡、自饮或分饮）。

4. 生活中有很多不同种类的茶，按照加工工艺的不同主要有如下几种：红茶、绿茶、黄茶、黑茶、白茶、青茶。

（1）红茶。其以茶树的芽叶为主要原料，经过萎凋、揉捻（切）、发酵、干燥等典型工艺过程精制而成。因其干茶色泽和冲泡的茶汤以红色为主调，故名红茶。红茶中主要的品种有祁红、川红、英红、越红、滇红、泉城红、苏红等，其中祁门红茶最为有名，且为国家原产地保护茶种。红茶有助消化、暖胃、提

神、消除疲劳的作用,还能抗衰老,具有一定的抗癌作用。但是经期、孕期、更年期的女性,神经衰弱、结石患者和容易上火的人不宜喝红茶。

（2）绿茶。绿茶是采取茶树新叶或芽,不发酵,经过杀青、整形、烘干等典型工艺制作而成的茶品。成品泡出来的茶水更多地保留了鲜茶叶绿色的本色。绿茶的种类有很多:太平猴魁、信阳毛尖、黄山毛峰、西湖龙井、碧螺春、雨花茶等等。绿茶对防衰老、防癌、抗癌、杀菌、消炎等均有特殊效果,为发酵类茶等所不及。常饮绿茶能防癌,降血脂和减肥。吸烟者可减轻尼古丁带来的伤害。高血压患者、食用油腻食物过多者、小便不利的人都可以饮用绿茶。但神经衰弱患者不适合饮用绿茶。

（3）黄茶。黄茶的特点是"叶黄茶黄"。由于杀青、揉捻后干燥不足,叶色即变黄。黄茶分为黄芽茶、黄小茶和黄大茶三类,其中有名气的有君山银针、蒙顶黄芽、北港毛尖、鹿苑毛尖、霍山黄芽、沩江白毛尖、温州黄汤、皖西黄大茶、广东大叶青、海马宫茶等。其中君山银针、霍山黄芽都是黄茶的杰出代表。黄茶对脾胃有好处,助消化,有益于脂肪代谢。

（4）黑茶。黑茶制茶工艺一般包括杀青、揉捻、渥堆和干燥四道工序,因为其选用的原料均为较粗老的茶原料,所以成品从色泽上就可看出明显的黑色。主要分类有湖南黑茶(茯茶)、云南黑茶(普洱茶)、雅安藏茶(黑茶鼻祖)、广西六堡茶、陕西黑茶(茯茶)及湖北老黑茶。黑茶品种可分为紧压茶与散装茶及花卷三大类,紧压茶为砖茶,主要有茯砖、花砖、黑砖、青砖茶,俗称四砖;散装茶主要有天尖、贡尖、生尖,统称为三尖;花卷茶有十两、百两、千两等。黑茶能降血糖,预防糖尿病,抗衰老。

（5）白茶。白茶属微发酵茶,在制作工艺中基本流程包括萎凋、烘焙(或阴干)、拣剔、复火等工序,其中萎凋是形成白茶的重要工艺,因为成平白茶满身披毫,针针如银雪。茶水黄绿清澈,口味清淡甘冽。成品茶的外观呈白色,故名白茶。主要产区在福建福鼎、政和、松溪、建阳以及浙江安吉等地。主要的品种有:白牡丹、贡眉、寿眉等。主要功效有:明目、保肝护肝、促进血糖平衡、防暑。

（6）青茶。青茶是经过杀青、萎凋、摇青、半发酵、烘焙等工序后制出的茶品种。青茶种类包括:铁观音、黄旦(黄金桂)、本山、毛蟹、梅占、大叶乌龙、武夷岩茶、冻顶乌龙、水仙、大红袍、肉桂、奇兰、凤凰单枞、凤凰水仙、岭头单枞、色种等。其中主要分两类:武夷岩茶和安溪青茶。武夷岩茶的代表就是大红袍,而安溪青茶的代表就是安溪铁观音。青茶有以下一些功效:降血脂、抗衰老、减肥。因为这些功效,所以空腹不要喝,睡前不要喝(含茶多酚,能提神),凉的不要喝。

## 活动二 采茶、制茶

由研学导师带领学生至附近茶园,讲解采茶程序和要领,示范后学生自行体验。

1. 采茶。茶树采摘的对象是新梢,它是茶树的主要营养器官,是茶树制造养分的"工厂",要解决好这一矛盾,关键是实行合理采摘。

（1）按照标准及时采摘。一般随着新梢的生长,叶重量是增加的,但影响茶叶品质的一些化学物质,如茶多酚、氨基酸、儿茶素等都是减少的,也就是说品质是下降的,因此,必须按照所制茶类对鲜叶的要求及时采摘。

（2）合理留叶。一般可在春茶后期留叶采摘。留叶数一般以"不露骨"为宜,即以树冠的叶片互相密接、看不到枝干为适宜。

（3）掌握好开采期。当新梢有 10%左右达到采摘标准时就要开采了,一般绿茶都是用手工采的,春茶每隔 3～5 天采一次,夏、秋茶每隔 5～7 天采一次。

（4）采茶技巧。采茶要采摘茶叶最嫩的部分,顶端和侧面的茶叶都可以采摘,采摘标准是"一芽一叶",采摘方式是大拇指和食指捏住芽叶交接处往下一厘米,轻轻向上提拉,不能用指甲掐,因为用指甲掐的部分会破坏茶叶的细胞组织,导致茶叶在炒制的时候发红,既不美观也影响口感。

2.制茶。走进制茶室了解手工制茶的过程。

（1）介绍手工制茶工具:筛、簸箕、木炭、茶油、锅等。

（2）解说绿茶制作工艺。绿茶的基本加工流程分为杀青、揉捻、干燥三个步骤。杀青的目的是杀死鲜叶中的催化酶,保持茶叶的绿色,使之失去部分水分,变得柔软,以便成型。揉捻的目的是使茶艺形成一定的形状,并使茶叶细胞破裂,叶汁揉出附在叶面,冲泡时更便于茶汁能溶于水。干燥的目的是防止茶叶变质,便于贮藏。

（3）示范制茶。强调卫生要求,注意各环节火候的把握,防止烫伤。

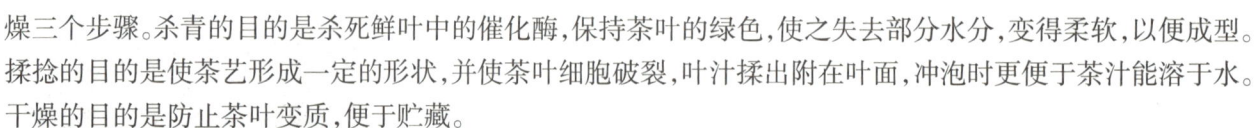

## 活动三　泡茶

1.由研学导师带领学生走进茶艺室(古筝曲营造优雅氛围,迎接学生进茶艺室)。

2.观看视频,学习茶艺(冲泡法)。

（1）介绍茶具名称及说明茶具摆放位置。

①茶船:最多的茶具,泡茶的器皿,置于茶桌的中央。

②随手泡:煮水之用,置于茶桌的右下角。摆放时壶嘴不能对着客人,否则水汽会喷到客人脸上,不礼貌。

③茶叶罐:贮放干茶,置于茶船的左上角。

④茶道组(茶道"六君子"):茶则(取茶)、茶夹(取杯清洗)、茶漏(便于茶叶落壶)、茶针(疏通壶嘴)、茶匙(拨放茶叶)、茶筒(盛放茶道组茶具),置于茶船右上角。

⑤茶壶:冲泡茶叶,与品茗杯平行。

⑥公道杯:均匀茶汤。

⑦汤滤:过滤茶汤。

⑧品茗杯:茶杯,依次摆放在茶船上方。

⑨茶巾:叠成被子状,置于茶船右下角。

⑩茶托:敬茶时托住品茗杯,置于茶船左下方。

⑪奉茶杯:置于茶船左边。

（2）教师示范并解说基本流程。

神入茶境—观火候汤—沐淋瓯杯—观音入宫—悬壶高冲(凤凰三点头,高山流水,细水长流)—瓯里蕴香—观音出海—点水留香—敬奉佳茗—观汤色(看茶)—喜闻幽香(闻茶)—品掇甘露。

（3）学生自行演习,教师巡视,强调动作的缓慢轻柔及用水的安全,引导学生品出铁观音的特色:汤色青黄,浓艳清澈,香气浓烈,滋味醇厚。

3. 日常家庭大杯泡茶(绿茶)。

首先,要掌握泡茶的三要素:茶的用量(3～5克)、水的温度(85℃～90℃)、冲泡的次数(一般三道)以及遵循高冲低斟冲泡技术。

其次,要掌握家庭泡茶的方法:上投法、中投法、下投法。

家庭用得比较多的是下投法,即先放上茶叶,再倒上三分之一的开水,不要急着喝,把它倒掉,称之为洗茶,然后倒上七分满的茶,留下三分是人情。("茶倒七分为满,留下三分是人情""浅茶满酒")

再次,要学会奉接茶。倒好茶后要端给客人,为了表示对客人的欢迎和尊敬,主人要双手端茶给客人,两手托住茶杯的杯底护住茶杯的杯沿,手尽量不要碰到上面的三分之一处。

主人奉茶给客人,那么客人在正式场合又应该如何把茶接过来?主人奉茶不碰上面三分之一处,客人也应这样。女士接茶:单手接过来,主人双手松掉,客人用左手把它托住,放到自己的面前。男士接茶:单手接过来,主人双手松掉,放到自己的面前。

最后,要学会品茶和续水。客人一边喝茶一边和主人谈事,喝到四分之一处就不再继续往下喝,主人会给客人续水,如主人给客人续了三次水,恐怕事也谈完了,谈好了。客人起身告辞,但在离开座位之前杯子中仍应留下四分之一的茶汤。

## 活动四 学习茶礼仪

1. 由研学导师带领学生走进中华老茶馆(茶经楼二层)。

二楼是个老茶馆,设计得十分巧妙,可以称为楼中楼,第一层整齐摆放着精致的茶具,正厅中间有着一个小舞台,饮茶者可以在这里开展各项活动。

2. 研学导师讲解在品茶过程中应注意的姿势、礼仪、程序和尺度。

3. 研学导师示范,学生在尝试中感悟。

鞠躬礼:鞠躬是中国的传统礼仪,即弯腰行礼。茶艺表演者一般在迎宾、送客或开始表演时行此礼。鞠躬礼有全礼和半礼之分。行全礼应两手在身体两侧自然垂下,弯腰90度;行半礼,弯腰45度。

伸手礼:伸手礼是在茶事活动中常用的特殊礼节。行礼时五指自然并拢,手心向上,左手或右手从胸前自然向左或右前伸。伸手礼主要用在请客人帮助传递茶杯或其他物品时,一般要同时说"谢谢"或"请"。

注目礼和点头礼:注目礼即眼睛庄重而专注地看着对方。点头礼即点头致意。这两个礼节一般在向客人敬茶或奉上某物品时联合应用。

叩指礼:用手指轻轻叩击茶桌来行礼。喝茶过程里面,客人最重要的回礼礼节是"叩指礼",又叫"屈指跪"。这个礼节的来由有一个传说:微服私访的乾隆某天在某处,因为某种原因拎起茶壶就给纪晓岚、傅恒等人倒茶,众人大惊,情急之下,纪晓岚"屈指叩桌"而礼也。

正规的叩指礼(客人专用回礼)是这样的:右手握拳,大拇指的指尖对食指的第二指节,伸出屈着的食指和中指,用食指和中指的第二节,轻轻叩击自己面前茶桌的桌面三下。

## 活动五 吟茶诗比赛

自古诗人多茶客,茶以自己独特的养生之道和文化内涵滋养丰富着文人雅士,为其清思助兴。饭后独自品一杯茶,赏山看水,宁静淡泊,知足常乐,自是人生乐事。茶道是我们先祖留下来的一笔精神财富,我们若能将其发扬光大,也是美事一件。

为弘扬我国民族文化,提高学生的欣赏品位、审美情趣,丰富文化生活,活跃文化氛围,营造诗化环境,激发学生学习古诗文的热情,提高朗诵水平,特举行茶诗文吟诵比赛活动。

1. 由研学导师带领学生走进陆羽会茶室(茶经楼三层)。

2. 研学导师讲解经典诗词诵读比赛规则。

3. 学生精心准备,尽情展示。

4. 评比奖励:根据比赛成绩分别评出一、二、三等奖,颁发奖品。

**【分享总结】**

1. 茶与生活的关系:俗话说,开门七件事,柴米油盐酱醋茶。中国传统文化更重视人生七雅:琴棋书画诗酒茶。茶与生活的关系就是如此紧密。茶是个和气的性子,与谁都合得来。柴门也进得,侯门也进得,不卑不亢。茶艺是一种基本的生活技能。

2. 茶与自然、人生的关系:茶就是"人在草木之间"。草木如诗。在中国人的观念里,天人合一就是自然之道。茶是人对自然的态度,也是人面对内心的态度:先苦后甜,苦尽甘来。人生如茶,茶如人生。

1. 茶文化在我国源远流长,它在我国的传统文化中占据着什么样的地位?

2. 为什么越来越多的人开始表现出对茶文化的浓厚兴趣?

3. 谈谈"先苦后甜,苦尽甘来"与"十年寒窗无人问,一举成名天下知"的关联,你的近期目标是什么?人生远大目标又是什么?怎么来实现?

**【思考探究】**

# 名扬天下的第一组　希望的田野焕新颜

**【项目实施单位】**

嘉鱼县青少年校外活动中心

**【项目组专家】**

刘红玉

**【指导教师】**

胡圣刚

**【课程主题】**

名扬天下的第一组　希望的田野焕新颜

**【适用学段】**

小学、初中、高中

**【研学时间】**

3 天

**【线路安排】**

学校 → 嘉鱼官桥八组 → 学校

**【课程导入】**

　　研学旅行是学生开展综合实践活动的一种重要的学习方式。从学生的发展需要出发,从社会生活及与大自然的接触中获得丰富的实践经验,形成并逐步提升对自然、社会和自我之内在联系的整体认识,具有价值体认、责任担当、问题解决、创意物化等方面的意识和能力,是研学旅行追求的目标。

　　被称为"神州第一组"的湖北省咸宁市嘉鱼县官桥村八组田野集团位于嘉鱼县南部,距离武深高速嘉鱼东出口仅 2 千米,离武汉市不到 40 分钟的车程,被誉为全省、全国"农村改革的一面旗帜"。联合国官员实地考察后,竖起大拇指赞叹:"这里同美国的农村相比,毫不逊色!"

　　党的十一届三中全会以前,这里的村民"住土坯房,吃返销粮",是一个没有任何优势的普通村民小组。在改革开放政策的指引下,全组人齐心协力谋发展,经过数十年的发展,这里的村民如今"家家住进小别墅,社会福利全保障;子女入学有补助,毕业高薪聘上岗;大病医疗可报销,免费体检保安康;退休养老领工资,安享晚景福寿长"!

　　作为新农村建设的典范,官桥八组田野集团重点打造了田野国家乡村公园项目,拥有林涛景园、美丽家园、现代农业科技园、现代工业园、花海乐园五个主题园区,建有农博馆、现代农业示范园。在这里学生们可以感受时代的变迁,颠覆对农村脏、乱、差的传统认识,感受到党和国家给农村带来的好政策,感受社会主义新农村的优美生态环境,培养保护生态环境的意识,激励奋发有为的斗志。在这里学生们还可以了解我国农业发展的历程,零距离与现代农业亲密接触,认识植物花卉,开展种植、采摘等农事体验,感受科技的神奇魅力。

**【课程目标】**

一、认知目标

1. 通过参观农博馆,看"官桥八组"的新面貌,了解新农村建设的发展模式。

2. 走访村民和组里的企业,参观村民家的别墅,了解村民们富足的生活状态。参观长江合金厂,了解"官桥八组"与已逝总工程师刘业胜的不解情缘。

3. 参观二十四节气广场,了解二十四节气对中国古代农业文明的重要意义和对当今的影响。知道二十四节气是中国古代农业文明的具体表现,具有很高的农业历史文化的研究价值。

4. 走进"田野开心农场",认识植物花卉,参观现代农业科技示范区,了解无土栽培等高科技。

二、情感目标

1. 通过参观农博馆,与村民互动,坚定走社会主义道路的信念,积极参与社会大家庭的建设。

2. 通过参观二十四节气广场,感受古代劳动人民的智慧,培养对传统文化的尊敬与热爱之情。

3. 通过参观现代农业科技示范区,感受科技的神奇魅力,培养热爱科学、勇于探索的科学精神。

4. 通过认识植物花卉,动手学种菜、种花、采摘等农事,培养审美意识,充分体验劳动的光荣与乐趣。

**【资源特色】**

**·中央专项彩票公益金研学实践教育支持单位·**

## 嘉鱼县青少年校外活动中心

嘉鱼县青少年校外活动中心隶属于嘉鱼县教育局管理,系教育局二级事业单位。办公场所设在嘉鱼县南嘉中学校园内,占地面积5900平方米,建筑面积3600平方米。中心建有设施齐备的科技馆、科技活动室、乒乓球馆、跆拳道馆、语言艺术活动室、舞蹈房、画室等活动场馆。

自2014年成立以来,中心连续被评为"湖北省校外教育先进单位"。中心是湖北省五四红旗团支部(总支),全国第十七届"七巧科技"系列活动优秀组织单位,湖北省青少年科技教育协会单位会员,咸宁市青少年科普教育基地,第四届咸宁市青少年科技创新大赛的优秀组织单位。中心一直把不断加强未成年人思想道德建设、促进学生全面发展作为工作宗旨,开展了主题鲜明、形式多样的各类公益活动。先后组织了中国流动科技馆"嘉鱼站"巡展,"用爱铺设成功基石"亲子公益讲座校园行,"火红的六月,奋斗的青春"为主题的中高考团体考前心理减压辅导,"牵手成长"关爱留守儿童夏令营,公益科技培训等大型公益活动,并积极争取多方社会资源,比如联系湖北省美术馆科教部争取到"美在民间——民·艺·坊 志愿者服务公共教育"项目,让学生们感受到了中华民族传统的漆艺和木雕的艺术魅力。中心的学员参加各类比赛多次获得市级、省级和国家级多项大奖,其中有1个奖项填补了咸宁市获奖项目的空白。多次组织各类校外活动专题教师培训,有效提升了嘉鱼县校外教育专兼职教师个人素质。

**【课程实施】**

1. 参观农博馆,观看农博馆收纳的旧农具,了解"官桥八组"的过去、现在和未来,感受"官桥八组"40多年来的沧桑巨变,感知"官桥八组"由当初荒凉的小山村发展成为和谐美丽的新农村的创业过程。

2. 走访村民和组里的企业。

（1）参观村民家的别墅,深入了解村民们富足的生活状态。聆听老村民讲忆苦思甜的故事,感受老一辈村民创业的艰辛与顽强的精神,明白幸福的生活需要大家的齐心协力、勇于付出、艰苦奋斗。

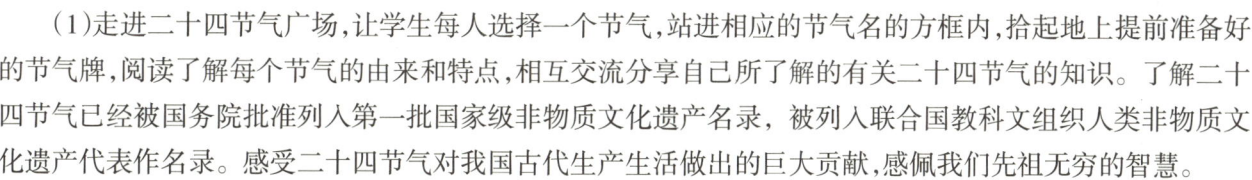

（2）参观长江合金厂,了解"官桥八组"与已逝总工程师刘业胜的不解情缘,感受"官桥八组"人民吃水不忘挖井人的感恩情怀。

3. 参观二十四节气广场。

（1）走进二十四节气广场,让学生每人选择一个节气,站进相应的节气名的方框内,拾起地上提前准备好的节气牌,阅读了解每个节气的由来和特点,相互交流分享自己所了解的有关二十四节气的知识。了解二十四节气已经被国务院批准列入第一批国家级非物质文化遗产名录,被列入联合国教科文组织人类非物质文化遗产代表作名录。感受二十四节气对我国古代生产生活做出的巨大贡献,感佩我们先祖无穷的智慧。

（2）吟唱"节气歌",熟记二十四节气。

4. 走进"田野开心农场"。

（1）小学生可以用与各种植物花卉交朋友的方式,通过自主学习植物牌上的知识,认识农场里面自己感兴趣的植物。初、高中学生可以使用《形色》《花伴侣》等手机应用软件,学习通过软件来认识各种植物。

（2）学生认识了植物后,可以到开心农场绘画区将认识的植物用铅笔或彩笔以及部分树叶、鲜花、果实等在导师的指导下画出来。

（3）参观现代农业科技示范区,了解无土栽培的科学原理、无土栽培技术给人类生产生活带来的益处。拓宽视野,感受科技发展的神奇。

（4）在农艺师的指导下学习种菜、种花和采摘等农事,将自己的劳动成果拍照留影,体验和回味劳动的光荣与乐趣。

**【课外延伸】**

1. 学做农活快乐吗？请以日记的形式记下自己学做农活的独特体验和感受,与同学们分享。

2. 查阅相关资料,了解"官桥八组"的领路人周宝生的相关事迹,写一篇对"官桥八组"发展与变迁历史的感想。

**【思考探究】**

1. 你眼里的新农村是怎样的？

2. 你还知道哪些关于二十四节气的故事？

3. "官桥八组"与已逝总工程师刘业胜的不解情缘让你想到些什么？

4. "官桥八组"给你留下了哪些深刻的印象？这里为什么会从过去的一个农业组变成今天的一个现代化的新农村？

# 寻木兰文化　探花海胜地

**【项目实施单位】**

武汉木兰花乡研学基地

**【项目组专家】**

葛天才　陈悦

**【指导教师】**

李正洲

**【课程主题】**

寻木兰文化　探花海胜地

**【适用学段】**

小学、初中

**【研学时间】**

2 天

**【线路安排】**

学校 → 木兰花乡研学基地 → 木兰花乡恒温大棚和苗木基地 → 木兰老家"民俗街 → 木兰文化博物馆 → 农耕文化馆 → 鸟语林科普教育馆 → 返回学校

**【线路特色】**

本线路能充分体现黄陂本土文化元素,具备 3 个主题课程(文化寻根、科普之旅、素质拓展),课程设计主题鲜明,目标明确,突出体验,强调互动,符合中小学不同学段学生特点,做到寓教于乐,游中有学,且行且思,让学生在游玩中尽情体验黄陂的自然美景和风土人情。

**【课程目标】**

1. 了解五种花的特性,通过实地参观、教学视频和演示文稿,了解花卉的生长、培育、应用的知识,培养关心、热爱大自然的生活态度。

2. 从花木兰替父从军的故事中受到启迪,学习木兰"忠、孝、勇、节"的精神。

3. 了解农耕文明的刀耕火种,明白一粥一饭的来之不易。

4. 以现代营地教育理念为基础,以教育学和发展心理学等学科理论与实践为依据,鼓励和引导青少年发现潜能;以体验式学习为框架,让青少年在富有创造性的营地活动中,深度探索自己,发现世界。

**【资源特色】**

·湖北省中小学生研学旅行实践教育课程资源单位·

**武汉木兰花乡研学基地**

"木兰花乡研学基地"系木兰花乡景区重要组成部分,是由武汉万中集团打造的一处集自然科普教育、环境教育、木兰文化及民俗文化体验为一体的综合性、实践性、服务型的研学教育基地。

基地占地面积约 467 万平方米,于 2014 年投入建设,2017 年 3 月正式向公众开放。"木兰花乡研学实践基地"坐拥"365 天无缝更替花海""华中地区最大鸟语林""木兰文化博物馆""木兰老家民俗街"等核心场馆,为公众还原一片纯净的"美丽乡村"。

基地区域内还设有自然农耕体验营、木兰书画院、乡村振兴大讲堂、生存能力体验区、农事体验区、传统文化体验园、道德教育体验园以及能容纳千余人的超大型餐厅与演播厅,同时配有医疗、消防、监控站点,可以满足日均 2500 余人的研学活动之需。

"木兰花乡研学基地"自开办以来受到社会各界好评,获得多项省、市级荣誉,先后被评为"湖北三乡工程示范点""武汉十大最美休闲乡村"之一。"木兰花乡研学基地"已成为黄陂研学实践教育的一张名片。

**【教学案例】**

| 木兰花乡研学基地 | | | | |
|---|---|---|---|---|
| 天数 | 具体安排 | | 课程内容 | 用餐 | 住宿 |
| 第一天 | 上午 | 09:00 | 抵达木兰花乡研学基地 | 中晚餐 | 木兰花乡研学基地宿舍 |
| | | 09:30 | 在木兰花乡花海观景台举行开营仪式 | | |
| | | 10:00 | 参观木兰花乡恒温大棚和苗木基地,学习鲜花和苗木培育的知识 | | |
| | | 10:40 | 游览八大花坡、十大花卉主题园,了解各种花卉知识,培养审美眼光、审美趣味和审美情操 | | |
| | | 11:15 | 参观"木兰老家"民俗街,观看大型民族演艺等非遗民俗表演,感受传统的民俗文化 | | |
| | | 12:00 | 中餐 | | |
| | 下午 | 14:30 | 参观木兰文化博物馆,听老师讲解木兰文化的相关知识,了解花木兰的生平传记及民间传说,传承花木兰"忠、孝、勇、节"的精神 | | |
| | | 16:00 | 参观农耕文化馆,认识各种农具和农作物,学习二十四节气的相关知识 | | |
| | | 17:30 | 晚餐 | | |
| | 晚上 | 19:00 | 篝火晚会(团建) | | |

（续表）

| 天数 | 具体安排 | | 课程内容 | 用餐 | 住宿 |
|------|------|------|------|------|------|
| 第二天 | 上午 | 09:30 | 参观鸟语林天网区,与200多种鸟类亲密接触,体验人与动物和谐相处的美好 | 早中餐 | 无 |
| | | 10:00 | 游览鸟语林科普教育馆,认识各种动物标本,了解动物的生活习性,培养探索自然世界的热情 | | |
| | | 10:30 | 观看鸟语林鹦鹉表演,体验人鸟共舞的快乐 | | |
| | | 11:30 | 午餐 | | |
| | 下午 | 14:30 | 体验木兰花乡丰富多彩的游乐项目,由老师带队开展团队游戏,培养勇往直前、团结合作的精神 | | |
| | | 17:00 | 集合留影,返程 | | |

木兰花乡研学基地

**【课外延伸】**

1. 研学实践报告:围绕所学课题,通过现场参观和资料查找,完成实践报告的撰写。

2. 写生作品展:用画笔描绘所见所想,举行作品展。

3. 主题班会:学习木兰精神,传承"忠孝勇节"。

**【思考探究】**

1. 小学生探究课题:鲜花的生长过程,花卉栽培的要点,人与自然和谐相处的案例(正反均有),《木兰辞》的学习与讲解,十种代表性的木兰文化藏品的介绍,荆楚民俗与农耕文化的演变。

2. 中学生探究课题:分析花卉、植物在生活中的应用,思考保护自然环境的可行措施,分析传统农业技术在农耕文明发展中的重要性,分析花木兰替父从军的教育意义,介绍荆楚民俗文化的由来及发展。

第五单元

爱国教育

# 船说大国重器　拥抱长江母亲

**【项目实施单位】**

宜昌交运长江游轮研学基地

**【项目组专家】**

冯剑涛　胡清华

**【指导教师】**

杨玉娇

**【课程主题】**

船说大国重器　拥抱长江母亲

**【适用学段】**

小学高年级、初中、高中

**【研学时间】**

1 天

**【线路安排】**

学校 → 宜昌交运长江游轮研学基地 → 葛洲坝船闸(乘游轮) → 西陵峡(乘游轮) → 三峡升船机(乘游轮) → 宜昌交运长江游轮研学基地

**【课程目标】**

1. 培养知行合一的能力,将书本上学到的知识与生活实践相结合,丰富课外知识,激发对科学的好奇心。

2. 培养生命安全意识,学习自救技能,增强动手实践能力,提高团队协作能力,培养创新精神。

3. 近观长江第一坝——葛洲坝、世界第一坝——三峡大坝,回顾百年三峡梦的实现历程,学习先辈们的爱国兴国精神,激发民族自豪感及爱国情怀。

**【资源特色】**

·宜昌市教育局命名基地·

**湖北宜昌交运集团股份有限公司**

湖北宜昌交运集团股份有限公司是中国道路运输一级企业、交通运输部重点联系企业和湖北省道路运输行业首家上市公司,截至 2019 年底总资产逾 40 亿元,主营业务收入突破 20 亿元,具有较强的持续经营能力和发展前景,已初步形成了涵盖道路客运、旅游综合、汽车销售与售后、现代物流为一体的主业突出、协调发展的产业格局。

## 宜昌交运长江游轮有限公司

宜昌交运长江游轮有限公司创建于1996年，是主要从事长江干线旅游客船运输及配套服务的旅游运输服务企业，注册资本7000万元，由湖北宜昌交运集团股份有限公司控股、湖北省鄂西生态文化旅游圈投资有限公司参股，2011年11月随湖北宜昌交运集团股份有限公司在深交所上市。该公司现拥有长江三峡5、6、7、8、9、10号等6艘豪华观光游轮。这些游轮是三峡航线上设备最先进、功能最齐全、观光性能最佳的短线休闲观光游轮，每艘个性鲜明、布置独特，游轮单场最大接待量为1000人，公共面积约4000平方米。"交运 * 两坝一峡"是目前唯一可过葛洲坝船闸的游轮产品，先后荣获"2014宜昌最佳主题旅游产品""2017宜昌最具人气旅游产品""2018最佳口碑旅游线路""2019最佳口碑旅游品牌"等殊荣。

为全面贯彻党的教育方针，落实立德树人根本任务，深化基础教育综合改革，湖北宜昌交运集团股份有限公司倾情打造了国内首家以游轮为载体的研学基地。宜昌交运长江游轮研学基地于2018年10月被宜昌市教育局授予"宜昌市中小学生研学基地"称号，于2019年4月被评为"湖北省青少年校外教育工作先进单位"，于2019年6月被评为"宜昌市研学旅行基地（营地）协会理事单位"。宜昌交运长江游轮研学基地在湖北宜昌交运集团股份有限公司旗下的港站、旅游客运公司、旅行社等单位的通力配合下，融"坝、峡、景、城、船"为一体，能够为研学师生提供组织、接待、乘船、乘车、参观、游览、课程、导服、餐饮、住宿等一条龙无缝对接服务。

**【教学案例】**

1. 船长研习课：初探船舶文化，了解游轮的基本设施及功能；学习"船长百科问答"融汇的船舶基础知识、船闸物理原理等内容，将课堂上所学的物理原理及计算公式切实运用到生活实践中；丰富课外知识，掌握水上安全急救技能，亲自体验穿戴救生衣；学打水手结，了解船员生活及水手文化。

2. 游轮航线科普课：通过莫尔斯电码信息破解游轮航线沿途的景点，充分了解宜昌历史、人文相关知识；分小组绘制游轮航线景点图，培养团队协作能力及创新精神。

3. 游轮朗诵会:在游轮甲板上集体朗诵毛主席的著名诗词《水调歌头·游泳》、郦道元的山水名作《三峡》,回顾百年三峡梦的实现历程,学习先辈们的爱国兴国精神,激发民族自豪感及爱国情怀。

4. 葛洲坝船闸体验课:在游轮三楼甲板上欣赏旖旎的风光,观摩葛洲坝船闸,切身体验游轮行至大坝闸室中"水涨船高"的现象,直观感受游轮过闸的连通器原理,培养对科学的感知能力及好奇心。

5. 三峡升船机体验课:乘船近观大国重器——三峡大坝,现场学习世界上技术难度和规模最大的升船机——三峡升船机的设计、制造、运行等原理与技术,欣赏大船"爬楼梯"的壮观景象,切身感受乘坐"百米电梯"的震撼速度,深刻理解"科技兴国"理念,体会"中国智造"的民族自豪感。

1. 探究三峡升船机的设计、制造、运行等原理与技术。
2. "水涨船高"现象与游轮过闸的连通器原理是怎样的关系?
3. 游客上船后需要掌握哪些水上安全急救技能?

【思考探究】

# 远古爱国情　今日强国梦

**【项目实施单位】**

　　湖北东方年华三峡国际青年营

**【项目组专家】**

　　石少波　望开睿

**【指导教师】**

　　王钰文

**【课程主题】**

　　远古爱国情　今日强国梦

**【适用学段】**

　　小学四至六年级

**【研学时间】**

　　4 天

**【线路安排】**

　　学校 → 湖北东方年华三峡国际青年营 → 三游洞 → 屈原故里 → 三峡大坝 → 湖北东方年华三峡国际青年营

**【课程背景】**

　　党的十九大报告指出,建设生态文明是中华民族永续发展的千年大计。必须树立和践行绿水青山就是金山银山的理念,坚持节约资源和保护环境的基本国策,像对待生命一样对待生态环境,像保护眼睛一样保护生态环境。习总书记在视察宜昌时指出,生态环境保护要从娃娃抓起。各级政府、环保和教育部门在致力于生态修复和环境治理的同时不断加大生态教育力度。湖北东方年华三峡国际青年营在"关注五生"(生命、生存、生活、生长、生态)的课程体系之下,着力开发了生态自然课程,让生态理念从小入心入脑,培养学生自觉地做一个生态文明的捍卫者和践行者。

**【课程目标】**

　　一、价值体认目标

　　1. 了解夷陵古文化胜地三游洞的景观,瞻仰历史名人屈原的风采,感受古代文人的爱国情怀,激发复兴之志。

　　2. 了解三峡工程的历史进程,亲身感受三峡工程的伟大及三峡建设者们是如何创造"愚公移山"的奇迹的。懂得只有祖国综合国力增强,人们的理想才能变为现实。

　　二、创意物化目标

　　学习小组协作,创编诗词,设计家乡未来,完成拼装纸模,在创意制作中提高技术意识、工程思维、动手操作能力。

三、责任担当目标

通过专项拓展活动建立团队,在集体食宿及活动中提高集体意识,进一步学会交往、协作,与同伴形成互相关爱、尊重、理解的良好关系。

四、问题解决目标

通过科学实验探究及自创作品设计,在活动中发现自我、塑造自我,挖掘自己的潜能,展现自己的能力,表达自己的创意与遐想。

## 【资源特色】

·湖北省中小学生研学实践教育营地·

·中央专项彩票公益金研学实践教育支持单位·

## 湖北东方年华三峡国际青年营

湖北东方年华三峡国际青年营位于江汉平原腹地——湖北宜昌市枝江安福寺镇。营地距沪渝高速、呼北高速出入口3千米,距宜昌东站28千米,距三峡机场17千米,交通便利。营地周边有三峡大坝、神农架、清江画廊、当阳长坂坡、荆州古城、屈原故里、昭君故里等丰富的研学旅行资源。

三峡国际青年营占地6.68平方千米,投资10亿元。营地凸显"研学教育"之功能,秉承教育性原则,建有生态农业区、户外生存区、国防教育区、团队拓展区、主题教育区等五大功能区。建有能满足1000人同时进餐的食堂,能满足日接待1200人住宿的营房,各种生活设施完备。

三峡国际青年营以"立德树人"为根本目的,遵循"趣味性、体验性、集体性、安全性、教育性"原则,围绕"关注五生"(生命、生存、生活、生长、生态)、"学会五自"(自重、自强、自理、自省、自律)的理念,确立了让三峡国际青年营成为营员"终生难忘的美好回忆、终身受益的难得经历"的营地愿景,研发了适合各年龄特点的"菜单式"研学课程共5大类125项,编印有《管理手册》《安全手册》《中小学生研学课程手册》等,形成了较为完备的研学课程体系。

2017年以来,先后有来自北京、上海、广州等地的教育机构、研学旅行机构到营地参观考察,组织中小学生来营地开展研学旅行活动,对基地的高标准建设、各项配套设施、课程活动设置等都给予了高度的评价。

三峡国际青年营被农业部、共青团中央授予"全国青少年农业科普示范基地",被宜昌市教育局授予"宜昌市青少年校外实践基地"。

## 三游洞

三游洞是位于西陵峡外的巨大山洞。它背靠长江三峡的西陵峡口,面临下牢溪,洞奇景异,山水秀丽,是湖北省名胜古迹和重点文物保护单位之一。

三游洞的名字有两个典故。公元819年,大诗人白居易与弟白行简途经夷陵,巧遇诗人元稹,遂结伴游西陵山。至下牢溪弃舟登岸，援藤攀崖，于山腰发现这"天生一洞"，兴奋之中，留连通宵，叹不绝口："斯境胜绝，天地间其有几乎！"此称"前三游"。后苏洵、苏轼、苏辙三文豪也曾同游此洞，史称"后三游"。三游洞由此名声大噪。

## 屈原故里

屈原故里文化旅游区位于宜昌市秭归县凤凰山，北枕高峡平湖，西和南依秭归新县城，东连三峡大坝，景区总面积33.3万平方米。景区是以屈原祠、屈原衣冠冢为主要内容的屈原文化旅游园区，以峡江皮影、巫术表演、船工号子为主要内容的非物质文化展示园区，是全国一流的非遗保护传承基地。屈原故里距三峡大坝的直线距离仅600米，站在景区的凤凰山顶，三峡大坝可一览无余，现为国家5A级旅游景区、全国重点文物保护单位。

## 三峡胜景

长江三峡由瞿塘峡、巫峡和西陵峡组成，从重庆奉节白帝城开始至湖北宜昌南津关结束，全长193千米。最上游的瞿塘峡以雄伟壮观著称，其入口古称夔门，号称"夔门天下雄"，为四川四大胜景之一。 巫峡从大宁河口至官渡口，有巫山十二峰，其中最为著名的是神女峰。 战国时代，楚国文人宋玉有《高唐赋》和《神女赋》记叙巫山神女兴云降雨的传说。 巫山县有大宁河小三峡和小小三峡。西陵峡以航道曲折、怪石林立、滩多水急、行舟惊险而闻名，有兵书宝剑峡、牛肝马肺峡、灯影峡等景点。

郦道元在《水经注·三峡》中这样描述三峡胜景："自三峡七百里中，两岸连山，略无阙处。重岩叠嶂，隐天蔽日，自非亭午夜分，不见曦月。……春冬之时，则素湍绿潭，回清倒影，绝𪩘多生怪柏，悬泉瀑布，飞漱其间，清荣峻茂，良多趣味。"

## 三峡大坝

三峡大坝，位于湖北省宜昌市三斗坪镇境内，距下游葛洲坝水利枢纽工程38千米，是当今世界最大的水力发电工程——三峡水电站的主体工程、三峡大坝旅游区的核心景观、三峡水库的东端。三峡大坝工程包括主体建筑物及导流工程两部分，全长约3335米，坝顶高程185米，工程总投资为954.6亿人民币，于1994年12月14日正式动工修建，2006年5月20日全线修建成功。

**【教学案例】**

**一、行前准备**

1. 了解三游洞的由来及相关故事。

2. 了解屈原生平及代表作。

3. 了解三峡大坝发电原理。

4. 了解大棚养殖及有机农业。

二、教学安排

| 时间 | | 课程内容 | 素养目标 |
|---|---|---|---|
| 第一天 | 上午 | 途赏荆楚风光,入住东方年华,领略东方花谷生态美景 | 审美情趣 |
| | | 开营仪式:营造团队氛围,建立规则意识 | 自我管理 |
| | | 营地生活课程·内务整理:学习内务条例,养成良好习惯 | 自我管理 |
| | 下午 | 营地生存课程·少年军校:学习并掌握射击基本要领,体验军事训练的乐趣,培养军人的英雄气概,提高军事素养和国防意识 | 社会责任 健全人格 |
| | | 营地生态课程·生态农业,人与自然的和谐相处。(二选一) 1.参观小型农业生态循环系统,了解传统中华稻作文化,了解现代生态农业概念(有时机可安排简单农事体验)。 2.参观农业有机大棚,了解现代设施农业,了解现代生态农业概念(有时机可安排大棚育苗操作体验) | 劳动意识 社会责任 |
| | 晚上 | 在营地观看电影《建军大业》或《战狼2》 | 爱国主义 |
| 第二天 | 上午 | 探寻三游洞:领略人文古迹,激发文化自信。陆游泉边寻茶圣遗迹,至喜亭上赏峡口风景;擂鼓台前,似见三国风云暗,楚塞楼中,犹闻巴楚钟磬声;探秘古洞,览元白口中胜绝斯境,神交文豪,品三苏笔下豪健诗文 | 人文情怀 |
| | 下午 | 营地生活课程·多才多艺:木刻版画《三峡风光》。木刻版画是古印刷术的组成部分,用这一古朴的形式,通过记忆和想象再现上午所见的三峡风光,发现并创造生活中的美(作品可带走) | 审美情趣 技术运用 |
| | | 营地生活课程·自家厨房:提升自理能力,享受健康生活。远离都市的喧嚣,体验野炊的乐趣;享受东方年华生态美食,培养动手实践能力和团结协作的精神。重在感受,淡化技能;强调分享,弱化竞争 | 自我管理 |
| | 晚上 | 篝火晚会 | |
| 第三天 | 上午 | 寻迹屈原故里:领略人文古迹,激发文化自信。参观以屈原祠为主的屈原纪念馆,了解屈原生平,感受楚辞魅力,学习他执着坚定的爱国精神、明知不可为而为之的斗争精神、光照千古的人格品德 | 人文情怀 |
| | | 国学课程:了解端午习俗的由来,了解龙舟文化及龙舟精神 | 人文积淀 |
| | 下午 | 探秘三峡大坝:了解国之重器,激发大国自信。参观坛子岭,观三峡大坝全貌,俯瞰双线五级船闸,了解三峡建设者们"愚公移山"的奇迹;参观185平台,观赏高峡平湖景观;参观截流纪念园,触摸原址上遗留下的工程堆料和物件,了解截流壮举的伟大意义和深刻内涵。 分组开展工程纸模拼装赛,考察知识从课本到实践的转换能力,培养团队协作能力 | 爱国主义 |

（续表）

| 时间 | | 课程内容 | 素养目标 |
|---|---|---|---|
| | 晚上 | 回顾与分享 | |
| 第四天 | 上午 | 营地生存课程:中华好少年,爱国当自强。(二选一)<br>1.高空拓展体验(天堑跨越或直上云霄),挑战自我,激发潜能,学会正确面对困境,积极处理危机。<br>2.丛林穿越体验,回归大自然,学习野外生存技能,敢于探索未知,勇于突破自我;激发个人潜能,在阳光中锻炼勇气与体能,培养团队意识,在活动中收获团结与合作 | 勇于探究<br>健全人格 |
| | 下午 | 营地生长课程:学会与人、与社会和谐相处。(二选一)<br>1.挑战150:小组完成多个合作活动任务,培养默契度和协作能力,增进队员间的关系,突破限制性观念,体会融入团队合作成功的成就感。<br>2.急速60秒:了解沟通对团队的重要意义,提高解决问题的能力和决策能力,增强团队合作精神,体会协调在团队活动中的重要性 | 解决问题<br>健全人格 |
| | | 结营返程 | |

**【思考探究】**

1. 三国历史与三游洞有关吗?
2. 探究三峡工程的利与弊。
3. 你认为屈原的性格是软弱,还是坚强?
4. 生态农业有哪些优势和劣势?

# 回望英雄历史　守护碧水蓝天

**【项目实施单位】**
　　湖北文理学院附属中学

**【项目组专家】**
　　刘汉青

**【指导教师】**
　　杨艳艳　黄红珍　李改

**【课程主题】**
　　回望英雄历史　守护碧水蓝天

**【适用学段】**
　　高中

**【研学时间】**
　　2 天

**【线路安排】**
　　学校 → 民族诗人张光年故居旧址 → 岘山 → 鱼梁洲 → 襄阳市规划展览馆

**【课程目标】**

　　通过参观、考察、探究培养学生认真观察、积极思考、主动参与的学习品质；提升科学探索、大胆实践的能力；在团队互动中促进学生学会合作，学会礼让，学会认知新自我。

**【资源特色】**

### 湖北文理学院附属中学

　　始建于 1978 年 8 月的湖北文理学院附属中学，坐落在历史文化名城襄阳风景秀丽的羊祜山脚下，直属襄阳市教育局管理，下设小学、初中、高中三个独立学部，拥有"中国当代百强特色学校""全国学校规范化管理杰出奖""国家温暖工程助学就业计划定点学校""湖北省毒品预防教育示范学校""湖北省学校文化建设百强学校""襄阳市艺术校园示范学校""襄阳市科技创新教育示范学校""襄阳市文明校园"等诸多荣誉。

　　学校秉承"非精英可成才"的办学理念，坚守"立德、立功、立言、立人"的校训精神，恪守"先成人后成才"的办学宗旨，紧紧围绕"优秀学生能满意、一般学生能进步、后进学生有出路"的办学思路，坚持扬长避短，错位发展，走差异化、特色化发展的办学之路，追求校有特色、教有特点、学有特长，努力创造条件，从学生实际出发，让每一名学生都能在原有基础上有所突破，有所提高，在尊重学生发展水平、自身个性特长的基础之上，为学生的发展提供良好的教育方式和条件，让每一名学生成人成才，促进学生全面和谐的发展。

学校采取"分层教学、量体裁衣"的模式，为每位学生设计奋斗目标。学校重点关注学生养成教育的培养，着力于学生特长发展。学校各项管理措施规范有序，确保了每位学生都能安心求学，解除了每位家长的后顾之忧。学生社团、特长教育为学生全面发展搭建了多样的平台：学生绿色协会组织已从襄阳走向全国，赢得广泛的社会赞誉；率先尝试"研学旅行"，用更广阔的社会课堂，引领学生探索发现收获；龙舟特色教育首开先河、领跑全市，成为全省唯一，闪耀在全国各大赛事上。

## 民族诗人张光年和《黄河大合唱》

张光年（1913—2002），笔名光未然，湖北老河口人，中共党员。1935 年肄业于武昌中华大学中文系。早年从事抗日救亡活动，曾任抗日救亡秋声剧社社长，拓荒剧团团长，缅甸《新知周刊》主编，缅甸华侨青年战工队总领队，《民主周刊》北平版编辑负责人，《剧本》月刊主编，《文艺报》《人民文学》主编，诗人，戏剧家。

1938 年，抗日战争全面爆发以后，日本侵略者的铁蹄践踏着华北大地。全国掀起了抗日救亡运动的高潮。通过自己创造的艺术形象反映现实斗争，激发全国人民的抗日热情，是许多进步作家、艺术家的心愿。

1939 年诗人张光年到延安后，创作了组诗《黄河大合唱》。《黄河大合唱》共有八个乐章，分别是：《黄河船夫曲》《黄河颂》《黄河之水天上来》《黄水谣》《河边对口曲》《黄河怨》《保卫黄河》《怒吼吧，黄河》。诗中雄奇的想象与现实图景交织在一起，组成一幅壮阔的历史画卷，歌唱苦难与抗争，刻画黄河的形象，反映中华民族英雄儿女抗战的真实场面。冼星海称赞它"充满美，充满写实、愤恨、悲壮的情绪，使一般没有渡过黄河的人和到过黄河的人都有一种同感。在歌词本身已尽量描写出数千年来的伟大黄河的历史了"。

1939 年 7 月 8 日，周恩来在延安各界欢迎他从重庆归来的晚会上，听了《黄河大合唱》之后，十分振奋，亲笔题词："为抗战发出怒吼，为大众谱出呼声！"此后，《黄河大合唱》震撼人心的歌声，不仅很快传遍大江南北，而且逐步在世界不同的国家和地区传唱开来。

1940 年，音乐家刘良模把《黄河大合唱》乐谱带到美国。1945 年 10 月 24 日，联合国成立庆祝大会上，美国黑人歌手保罗·罗伯逊用英语演唱了《黄河大合唱》中的部分曲目。1957 年，苏联莫斯科柴可夫斯基音乐厅用俄文演出《黄河大合唱》，中国指挥家李德伦指挥，歌唱家郭淑珍唱《黄河怨》，严良堃任艺术指导。1983 年，加拿大多伦多玛希音乐厅由华人乐团再次演出《黄河大合唱》，许多华侨听众哭成了泪人。

此外还有新加坡、菲律宾等国，也先后演出了《黄河大合唱》。

## 襄阳市规划展览馆

襄阳市规划展览馆是鄂西北地区最大的城市规划展览馆，建筑高度 19.8 米，总建筑面积约 13000 平方米，以寻梦山水、追梦天下、筑梦家园、圆梦襄阳四大篇章为设计主线，采用文字、图纸、照片、模型、实物、多媒体演示、数字沙盘和 4D 影院等形式，生动翔实地介绍了襄阳城市形成演变的历程，展示了当代城市规划建设的成果，展望了城市未来的发展蓝图。

## 岘山

岘山自然资源极为丰富,有羊祜山、扁山、尖山、虎头山等19座山峰。岘山东临汉水,北望襄阳城,向南蜿蜒起伏,林木茂密、种类繁多,森林覆盖率达93%,构成了良好的生态系统,同时也分布着河流、湖泊、水库,是襄阳古城南部的自然生态屏障。

## 鱼梁洲

水落鱼梁浅,天寒梦泽深。鱼梁洲素有"汉江明珠"之美誉,三面环水,区位得天独厚,水质优良,四周的静态水面达30多平方千米,是汉江中的第一大岛。鱼梁洲的功能定位是"城市生态绿心",依托中央森林公园,发挥公园游憩、碳氧平衡、城市景观等多种绿心功能。为彰显城市绿心,全岛规划突出生态、旅游功能,建设用地规模不超过全岛总面积的30%;岛上专类公园(滨江休闲公园、体育公园、汉水文化广场)、带状公园、防护绿地、生态绿地、水域等5类非建设用地占全岛面积的71.13%。鱼梁洲未来将打造成生态良好、洲水和谐、天人合一的生态旅游岛。

**【教学案例】**

1. 通过参观张光年先生的故居地,了解《黄河大合唱》的激情创作历程,真切感受文学艺术作品在抗战年代给中华儿女注入的强大精神力量。

2. 通过岘山绿道之行,用心观察植物、土壤、水库、湖泊等分布,思考岘山及其周边有机生态体对城市生态建设的意义。

3. 游襄阳市生态绿心——鱼梁洲,从合理规划建设鱼梁洲生态湿地的角度,思考其发展的着力点。

4. 参观襄阳市规划展览馆,从城市规划的角度出发,感受襄阳市为建设生态文明城市作出的努力,培养关爱社会、关爱自然的人文精神。

5. 撰写襄阳市生态文明建设可行性报告,学会研究性学习的方法,培养创新精神和实践能力。

1. 了解《黄河大合唱》的创作背景。

2. 岘山和鱼梁洲有多少种珍稀植物?这些植物与襄阳的生态关系是什么?

3. 关于襄阳城市未来的规划发展,你对襄阳的市长有什么样的建议?

**【思考探究】**

# 开展国防教育　增强国防意识

**【项目实施单位】**

湖北省金色农谷青少年实践教育基地（湖北省国防教育基地）

**【项目组专家】**

侯凯　丁正清　朱振辉

**【指导教师】**

潘燕　潘钰　刘豫莎　王成杰　李小芳

**【课程主题】**

开展国防教育　增强国防意识

**【适用学段】**

初中二、三年级

**【研学时间】**

1 天

**【线路安排】**

湖北省金色农谷青少年实践教育基地（湖北省国防教育基地）

**【课程目标】**

1. 通过体验活动,培养合作、探究精神;通过教学,掌握部分国防常识、国防科技知识,从中受到爱国主义教育,学会从小热爱祖国,立志献身国防。

2. 通过国防教育活动,磨炼意志力,提升学习能力,培养自理能力、团队精神和实践能力,全面提升综合素质。

3. 培养对国防安全的重视,把国防意识融入到生活学习当中去;"国无防不宁,民不防不安",培养"为中华之崛起而读书"的信念。

**【研学安全注意事项】**

1. 任何时间(尤其夜间),未经允许,学生不得擅自离队活动。

2. 解散前要了解清楚集合时间地点,并在规定时间内返回集合地。

3. 上下楼梯不得拥挤,在住宿房间内不得疯赶打闹。

4. 外出乘车,头手不可伸出窗外,在位置上坐好,系好安全带。

5. 研学参观时紧跟团队,不乱跑乱跳,有事及时向教官报告。

6. 在研学过程中要注意不乱丢垃圾、不讲脏话、不追赶打闹、不大声喧哗、不损坏公共财物,做到文明、安全。团结互助,懂得谦让,懂得关爱他人。

**【研学活动实施】**

一、练军人意志(08:30—10:00)

1. 队列训练。通过掌握队列练习的基本术语及动作要领,激发学生的爱国主义情怀,增强国防观念,培养团队精神和纪律意识,磨炼学生果敢、顽强、自制和坚忍不拔的品质。

2. 军体拳。军体拳是由拳打、脚踢、摔打、夺刀、夺枪等格斗动作组合而成的一种拳术。经常开展军体拳训练,对培养学生军人般坚忍不拔、勇敢顽强的战斗作风,意义重大。

**二、学国防知识,增强国防体验**(10:00 —11:30)

1. 学国防知识。学生参观国防安全教育馆,研学导师通过视频 PPT、互动抢答等形式,向学生讲解国防知识:国防的含义;我国的国土范围;我国国防武装力量的构成;领空、领海、领土分别指的是什么;战争的目的;国防的根本意义。

2. 增强国防体验。学生体验国防安全教育活动,研学导师指导学生设备使用方法及活动注意事项。

(1)坦克大作战。学生通过电子沙盘进行坦克攻防作战,感受战争的残酷,培养团队精神。

(2)决战枪王。学生体验激光打靶,培养手眼协调能力。

**三、军事大演习**(真人 CS)(14:30 —16:00)

研学导师组织学生分小组进行真人 CS 活动。活动前反复强调安全注意事项,引导学生思考团队合作的意义。活动中培养学生的沟通能力,形成积极协调的组织氛围;培养互相配合、互相支持的团队精神和意识。

**四、战地野炊**(16:00 —18:00)

带领学生体验野炊的乐趣和劳动的快乐,培养学生的自理自立和动手实践能力,使学生初步学会一门必备的生活技能,学会分享和感恩。

1. 教师讲解自助野炊的安全注意事项。

2. 学生领取野炊所需要的材料及工具。

3. 分小组合作完成晚餐制作。

4. 整理场地卫生。

5. 分享总结。

### 研学任务单及研学评价表

1. 研学任务单

| 国防教育研学任务单 | | |
|---|---|---|
| 日期: | 学校: | 姓名: |
| 任务 | 研学任务 | 任务答案 |
| 任务一 | 说一说你对国防的理解 | |
| 任务二 | 说一说我国的领土范围 | |
| 任务三 | 说一说我国国防武装力量的构成 | |
| 任务四 | 谈一谈你了解的战争的起因 | |
| 任务五 | 如果没有强大的国防,我们的生活可能是什么样子的? | |
| 任务六 | 同学们,我们中学生能为国防安全做些什么呢?你有什么计划或者想法吗? | |

2. 研学评价表

| 研学活动评价表 | | | |
|---|---|---|---|
| 评价内容 | 学生自评 | 小组互评 | 跟班老师点评 |
| 是否遵守研学纪律 | ☆☆☆☆☆ | ☆☆☆☆☆ | ☆☆☆☆☆ |
| 小组任务完成情况 | ☆☆☆☆☆ | ☆☆☆☆☆ | ☆☆☆☆☆ |
| 小组成员配合情况 | ☆☆☆☆☆ | ☆☆☆☆☆ | ☆☆☆☆☆ |
| 国防知识掌握程度 | ☆☆☆☆☆ | ☆☆☆☆☆ | ☆☆☆☆☆ |
| 是否乐于发言和分享 | ☆☆☆☆☆ | ☆☆☆☆☆ | ☆☆☆☆☆ |
| 这次研学实践活动，对以后的学习会带来什么启示？ | | | |
| ①请你对本次研学实践活动提出宝贵建议： | | | |
| ②请你对本次研学导师提出宝贵建议： | | | |
| 备注:研学评价表采用星级评价及文字叙述相结合的方式进行综合性评价。 | | | |

【研学总结】

　　同学们,国防意识是一个国家的公民抵御外侮、捍卫祖国的独立和主权、维护国家的尊严和安全的主观认识。我们要真正爱国,弘扬民族精神,就要好好学习,用正确的方式去爱国,从我做起,从今天做起。

　　没有国,哪有家,请同学们大声跟我念"为中华之崛起而读书"!

　　好,非常棒! 本次活动到此结束,同学们,下次再见!

1. 你认为国防的含义是什么？它有什么样的重要意义？

2. 如何提高国防意识？

【思考探究】

第六单元

成长实践

# 走进黄冈综合实践基地　壮志凌云筑梦想

**【项目实施单位】**

　　黄冈市中小学生综合实践基地

**【项目组专家】**

　　徐冬鸿

**【指导教师】**

　　黄忠东

**【课程主题】**

　　走进黄冈综合实践基地　壮志凌云筑梦想

**【适用学段】**

　　小学、初中、高中

**【研学时间】**

　　5 天

**【线路安排】**

　　1. 黄冈市中小学生综合实践基地 → 黄冈博物馆 → 春阳蔬菜种植基地 → 黄梅戏大剧院 → 黄冈市中小学生综合实践基地。

　　2. 黄冈市中小学生综合实践基地 → 遗爱湖公园 → 东坡赤壁 → 春阳蔬菜种植基地 → 黄冈市中小学生综合实践基地。

　　3. 黄冈市中小学生综合实践基地 → 闻一多纪念馆 → 李时珍纪念馆 → 黄冈市中小学生综合实践基地

　　4. 黄冈市中小学生综合实践基地 → 秦基伟故居 → 黄麻起义和鄂豫皖苏区革命烈士陵园 → 黄冈市中小学生综合实践基地

**【课程导入】**

　　黄冈地处湖北省东部、大别山南麓,现辖七县(红安、罗田、英山、浠水、蕲春、黄梅、团风)、二市(武穴、麻城),有黄州区、龙感湖管理区,版图面积 1.74 万平方千米,2018 年全市总人口 750 万。

　　黄冈历史文化源远流长。从旧石器时代至今,黄冈有文化遗存 5700 多处,文物多达 11.7 万件;从春秋至今 2000 多年的建置历史中,孕育了 1600 多名文化名人,活字印刷术发明人毕昇、医圣李时珍、地质巨匠李四光、爱国诗人闻一多等一大批科学文化巨匠,为中华民族乃至世界历史发展作出了重要贡献。黄冈是教育之乡,以黄冈中学为代表的黄冈基础教育蜚声海内外。黄冈“四戏同源”,是楚剧、汉剧、京剧、黄梅戏共同的源头。苏轼贬谪黄州期间,留下了《念奴娇·赤壁怀古》《前赤壁赋》《后赤壁赋》等 500 多件作品,成就了北宋乃至中华文化史上的一个高峰。

**【课程目标】**

　　1. 带领引导学生参观黄冈历史人文建筑,了解黄冈历史发展文化底蕴。

　　2. 引导学生感受黄冈各领域名人的崇高精神及爱国情怀。

　　3. 教育学生弘扬文人精神,发扬刻苦钻研精神,感受黄冈文化。

**【课程实施】**

1. 研学前准备：黄冈历史发展简介，苏轼生平介绍及其成就，闻一多生平及作品简介，李时珍作品简介，日常医学、救护知识，黄梅戏的起源、发展；缅怀革命先烈。

2. 游学参观：游东坡赤壁，参观黄冈博物馆、闻一多纪念馆、李时珍纪念馆，走进大剧院欣赏黄梅戏，参观革命烈士陵园。

3. 研学延伸学习：搜集资料，分享以苏轼为代表的豪放派词人的诗词作品；以黄梅戏为主，发散了解中国五大戏曲剧种；了解闻一多文学创作背景，学习爱国情怀；各班收集整理分享生活日常急救知识及食物相生相克原理；了解更多先烈革命事迹，学习先烈无私奉献精神。

**【资源特色】**

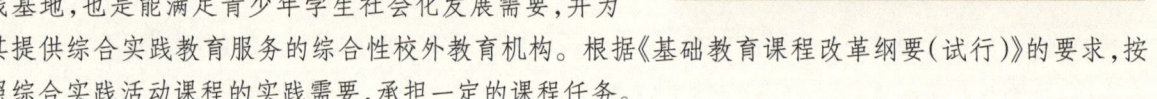

·湖北省中小学生研学旅行实践教育营地·

·中央专项彩票公益金研学实践教育支持单位·

## 黄冈市中小学生综合实践基地

黄冈市中小学生综合实践基地，即黄冈市青少年校外活动中心（简称中心）坐落于黄冈市城东新区，占地近 10 万平方米，投资约 3000 多万元。可同时供 1500 人食宿，并提供 10000 平方米的素质拓展场地，后期还将筹备建设 7000 平方米的国防教育广场和 3000 平方米的生命安全广场。中心汇集了多年从事校外实践活动的教育专家和精英。

中心主要活动项目及内容：目前设有活字印刷、木工、烘焙、陶艺、剪纸、模拟驾驶、电子模型、3D 打印、机器人、沙画、天文地理等教学科目，还开设有研学旅行教学、"四生"教育、军事国防教育、学工学农等多个主体的实践教育特色课程。

中心是以中小学生为主要服务对象的校外综合实践基地，也是能满足青少年学生社会化发展需要，并为其提供综合实践教育服务的综合性校外教育机构。根据《基础教育课程改革纲要（试行）》的要求，按照综合实践活动课程的实践需要，承担一定的课程任务。

我们追求文化教育与校外实践并举，坚持"育人为本，创新为首，学会改变"的教育理念，通过严格的培训和系统教育，使每一个在此地学习的学员学会自立自强，懂得与人合作，对培养青少年的坚强意志和优秀品质都能起到良好的作用。我们坚持理论与实践相结合，因材施教，综合教学项目，把握时代主题和学员个性，让技能训练与应试教育相融合，发挥每一个学员的主观能动性和创造性思维，感知教与学的内涵。

## 黄冈博物馆

黄冈博物馆位于黄州明珠大道 110 号，于 1957 年兴建。1958 年董必武亲笔题写了馆名。现有馆藏文物总计 41254 件（套），其中，一级文物 19 件（套），二级文物 27 件（套），三级文物 1136 件（套）。

长期以来，黄冈博物馆承担着全市地下文物的调查、勘探和发掘工作。在配合国家和地方经济建设中,特别是在京九铁路、武麻高速、武英高速、武合铁路等重大项目中,做了大量的文物保护工作,发掘了数百件价值较高的珍贵文物。2018 年 9 月,黄冈博物馆被确定为国家二级博物馆。

> **课程延伸:**通过参观黄冈博物馆,全方位了解黄冈从旧石器时代至今,人文、建筑、艺术、社会等领域的历史发展变革,感受黄冈悠久的历史、先民的智慧及创造力,感受黄冈人民生生不息的生命力。

## 春阳蔬菜种植基地

黄冈市黄州区春阳蔬菜专业合作社成立于 2011 年,位于黄州区陶店乡袁家铺村,合作社总投资 6000 余万元,现有固定资产 3000 多万元,合作社已建成占地面积 0.67 平方千米标准化蔬菜生产基地,其中钢架大棚蔬菜 0.33 平方千米,年产无公害蔬菜 5000 余吨,是黄冈市区连片面积较大、设施化水平较高、品种全、产量多的蔬菜生产基地之一,是黄冈市区重要的"菜篮子工程项目",是黄冈市"放心菜进高校"的主要配送基地,拥有"黄冈市市级农业产业化重点龙头企业""黄冈十佳蔬菜专业合作社""全国百家合作社百个农产品品牌"等荣誉称号。

> **课程延伸:**带领学生体验种植、养殖,让学生了解农业生产,感受传统农耕文明,让学生感悟到收获需要付出辛勤的汗水和努力,激励学生发扬吃苦耐劳的精神。

## 黄梅戏大剧院

黄梅戏发源于黄梅,发展于安徽,尤其是 20 世纪 50 年代,安徽省黄梅戏剧团将黄梅戏传统剧目《董永卖身》改编成《天仙配》搬上荧幕后,黄梅戏享誉海内外,成为全国"五大剧种"之一。

新建的黄冈黄梅戏大剧院,主体工程是容纳 1300 名观众的中心剧场,配套建设有省黄梅戏剧院的办公、排练场所。

黄梅戏大剧院顶部呈梅花状,三朵花瓣对应三个不同功能的场馆,分别是最主要的中心表演剧场、黄梅戏表演剧场及多功能厅,两个剧场独立设置配套的化妆、服装、道具、布景、灯光、音响用房,为观众服务的商务、休闲用房等。俯瞰黄梅戏大剧院,犹如一朵梅花盛开在遗爱湖畔。

黄冈黄梅戏大剧院上演国内外歌剧、舞剧、音乐剧、大型歌舞、戏曲、话剧、演唱会等各类演出,同时更好地保护、宣传黄梅戏,发展戏剧文化,给全黄冈,乃至鄂东人民带来极其丰富的文化生活享受。

> **课程延伸:**通过参观黄梅戏大剧院,欣赏黄梅戏以抒情见长、韵味丰厚、委婉清新、细腻动人的唱腔,感受独具浓郁乡土气息、通俗易懂的艺术表现形式。

## 遗爱湖公园

遗爱湖公园位于黄州科技经济开发区西侧,占地 360 万平方米,是一个集生态保护、休闲娱乐、文化传承于一体的东坡文化主题公园。

遗爱湖位于古城中,城在赤壁山下,犹如人间一仙境,有遗爱清风、临皋春晓、东坡问稼、一蓑烟雨、琴岛望月、红梅傲雪、幽兰芳径、江柳摇村、大洲竹影 、水韵荷香、霜叶松风、平湖归雁十二个景区。

历史的厚遇赋予黄州浓厚的文化积淀,罕见的城市原始生态使之更加神奇。公园内不同景区分别分布苏东坡纪念馆、紫竹苑、爱莲馆、傲雪轩、芸香阁等六大展馆,登山远眺,遗爱湖及古城风景奔来眼底,可谓山与城相连、城与湖相接,湖光山色相得益彰。

**课程延伸:**让学生在参观遗爱湖的过程中,了解黄冈的历史、人文,学习苏东坡词赋,感悟苏东坡宠辱不惊、在逆境中不自暴自弃的独立人格;了解环境对人类的影响,亲身感受到文化的熏陶。

## 东坡赤壁

东坡赤壁位于古城黄州的西北边。因为有岩石突出像城壁一般,颜色呈赭红色,所以称之为赤壁。赤壁素有"风景如画"之美誉。

自唐代杜牧、宋初王禹偁贬谪黄州之后,赤壁之名日甚。至北宋大文学家苏轼贬黄时写有赤壁二赋、《念奴娇·赤壁怀古》等著名作品,更使赤壁名扬中外,故清康熙末年,更名为"东坡赤壁"。

古往今来有无数名人游览过赤壁:唐代大诗人李白,黄州刺史杜牧;宋代黄州刺史王禹偁,韩琦、苏轼、苏辙、黄庭坚、秦观、晁补之、张耒、陈师道、陆游、辛弃疾、文天祥;元代元好问、赵景文、李纯甫;明代张以宁、方孝孺、杜庠、解缙、李梦阳、何景明、王世贞、袁宏道、杜茶村;清代黄州知府于成龙,状元刘子壮,陈沆,何绍基、张之洞;近代的秋瑾、宋教仁等。历代名人游历赤壁,并创作大量的诗词歌赋,形成了传统文化、自然山水与名人情感交相辉映的独特东坡赤壁文化。

**课程延伸:**游览东坡赤壁,学习苏轼《念奴娇·赤壁怀古》《赤壁赋》《月梅图》等诗词画作,了解苏轼被贬黄州的背景及其创作诗词的心境,欣赏东坡诗、词、墨宝。

## 闻一多纪念馆

闻一多纪念馆坐落在诗人故乡凤栖山麓的清泉寺遗址上,占地1万平方米,建筑面积1512平方米,主体工程是一座庭院式的仿古建筑群。这里聚"清泉梵响""陆羽茶泉""羲之墨沼""凤顶当空"等浠川八景中的四景。刘禹锡、苏东坡、魏了翁等许多历代文化名人来此游历过,并留下了许多诗词名篇。闻一多纪念馆是历史悠久的旅游胜地,化育了红烛精神。

闻一多纪念馆陈列着闻一多的诗、文、书、画、篆刻、金石手稿和其他遗物；陈列着毛泽东、朱德、宋庆龄、郭沫若、胡耀邦、江泽民等无产阶级革命家和近现代中外文化名人、学者、艺术家关于闻一多的文论、专著、题词、诗文书画原迹以及有关文献资料。

> **课程延伸：**通过参观闻一多纪念馆，了解闻一多的生平际遇，学习闻一多的《死水》《红烛》《七子之歌》等作品的创作背景，感受闻一多作为诗人、学者、斗士的爱国情怀，学习闻一多一经找到真理，便不屈不挠、勇往直前的奋斗精神。

## 黄麻起义和鄂豫皖苏区革命烈士陵园

黄麻起义和鄂豫皖苏区革命烈士陵园，位于湖北省黄冈市红安县城关镇陵园大道 1 号，是为了纪念在黄麻起义和鄂豫皖苏区革命斗争中牺牲的先烈们，于 1990 年在原红安烈士陵园的基础上扩建而成的。始建于 1956 年，全部建成于 1980 年，扩建于 1990 年，1989 年被国务院列为重点烈士陵园保护单位。陵园内有烈士纪念碑、烈士祠、烈士墓、革命烈士纪念馆、红军干部骨灰堂、红安县革命博物馆、李先念纪念馆、董必武纪念馆等大型纪念建筑物。革命烈士纪念馆内共展出著名烈士 230 余人的遗物、照片、诗抄和雕塑等展品。

## 秦基伟故居

秦基伟故居位于红安七里坪镇秦罗庄，有平房两间，青砖布瓦，是普通鄂东民居建筑风格。室内摆设的桌椅、床柜等家具，基本保持原居面貌。秦基伟（1914—1997）是中国人民解放军高级将领。

**【教学案例】**

### 小学段"让生命充满爱"研学内容

| 时间 | | 课程内容 | 指导思想 |
| --- | --- | --- | --- |
| 第一天 | 上午 | 实践活动启动仪式 | 明确活动纪律，服从统一管理 |
| | 下午 | 1. 团队活动：闪电报数；<br>2. 团队活动：同心同行 | 认识团队的力量 |
| | 晚上 | 观看电影《大火无情》 | 提高消防意识 |
| 第二天 | 上午 | 参观黄冈博物馆 | 了解黄冈的文化历史发展，感受黄冈人民的智慧及生生不息的力量 |
| | 下午 | 走进现代农业——春阳学农 | 动手实践，在行动中体会生存的压力 |
| | 晚上 | 观看交通安全、地震及溺水安全电影 | 提高安全意识 |
| 第三天 | 上午 | 1. 交通安全教育——交通安全体验；<br>2. 泥塑 | 提高安全意识，感受泥塑工艺的魅力 |
| | 下午 | 参观黄梅戏大剧院 | 认识黄梅戏，欣赏黄梅戏的曲调韵律 |
| | 晚上 | 观看《妈妈再爱我一次》及剖宫产影片 | 感恩父母，感受母亲的伟大 |

（续表）

| 时间 | | 课程内容 | 指导思想 |
|---|---|---|---|
| 第四天 | 上午 | 体验教育——纸艺 | 知行合一，理解团队责任内涵 |
| | 下午 | 1. 养成教育之内务比赛、检查；<br>2. 拓展项目——一往无前 | 主动思考，积极创新思维 |
| | 晚上 | 联欢晚会 | 展示自我 |
| 第五天 | 上午 | 大型逃生及消防教育活动——消防演习及逃生演练 | 了解传统工艺，感受现代农业科技 |
| | 中午 | 大型课程——"让生命充满爱" | 感恩父母，感受母亲的伟大 |
| | 下午 | 结营暨表彰仪式 | 激发内心真实情感，摆正学习心态，明确成长的方向 |

## 初中段"感恩责任教育"研学内容

| 时间 | | 课程内容 | 指导思想 |
|---|---|---|---|
| 第一天 | 上午 | 阳光少年实践活动启动仪式 | 明确活动纪律，服从统一管理 |
| | 下午 | "闪电行动"团队行动力训练 | 认识团队的力量 |
| | 晚上 | 1. 纪律整顿；<br>2. 开启"阿拉丁神灯" | 通过阿拉丁的故事了解身边的朋友 |
| 第二天 | 上午 | 拓展训练——"空中五项"极限挑战 | 不惧挑战，突破自我，认识一个不一样的自己 |
| | 下午 | 1. 大型科技动手教育——航模制作；<br>2. 团队拓展——"能量传递" | 动手实践，在行动中体会生存的压力 |
| | 晚上 | 观看电影《变形记》等 | 多角度认识人生 |
| 第三天 | 上午 | 遗爱湖公园 | 让学生从参观遗爱湖的过程中，了解黄冈的历史、人文，学习苏东坡辞赋 |
| | 下午 | 东坡赤壁 | 感悟苏东坡宠辱不惊、在逆境中不自暴自弃的独立人格；了解环境对人类的影响，亲身感受到文化的熏陶 |
| | 晚上 | 班级人格透视 | 感受不一样的情感 |
| 第四天 | 上午 | 团队训练；"团队浮桥"拓展训练 | 知行合一，理解团队责任内涵 |
| | 下午 | 1. 拓展活动——"相互依存"；<br>2. 创新能力教育活动——吸管建塔 | 主动思考，积极创新思维 |
| | 晚上 | 联欢晚会 | 展示自我 |
| 第五天 | 上午 | 1. 创造力训练——陶艺手工制作；<br>2. 走进现代农业——春阳学农 | 了解传统工艺，感受现代农业科技 |
| | 中午 | 大型课程——"让生命充满爱" | 感恩父母，感受母亲的伟大 |
| | 下午 | 1. 领导力与责任心训练；<br>2. 阳光少年结营暨表彰仪式 | 激发内心真实情感，摆正学习心态，明确成长的方向 |

## 高中段"理想执行教育"研学内容

| 时间 | | 课程内容 | 指导思想 |
|---|---|---|---|
| 第一天 | 上午 | 1. 换服装、安排住宿、开营仪式；<br>2. 启动仪式，创建队名队号 | 明确活动纪律，服从统一管理 |
| | 下午 | 1. 大型科技动手教育——无人机；<br>2. 大型拓展活动——"空中断桥" | 不惧挑战，突破自我，认识一个不一样的自己 |
| | 晚上 | 观看电影《下一个奇迹》等 | 了解沟通的重要性，突破自我 |
| 第二天 | 上午 | 参观闻一多纪念馆 | 了解闻一多、李时珍纪念馆及其生平，体会闻一多的爱国情怀和李时珍刻苦钻研的精神 |
| | 下午 | 参观李时珍纪念馆 | |
| | 晚上 | 日记——研学心得 | |
| 第三天 | 上午 | 1. 大型团队活动——"鼓动人生"；<br>2. 大型拓展活动——空中抓杠 | 知行合一，理解团队责任内涵 |
| | 下午 | 1. "愚公移山"；<br>2. 通用技术课程教育——车床 | 学会坚持，培养学生的创造能力和动手精神 |
| | 晚上 | 联欢晚会 | 展示自我 |
| 第四天 | 上午 | 1. 美食制作——豆花制作；<br>2. 大型拓展——攀岩 | 体验美食制作的乐趣 |
| | 下午 | 1. 大型励志教育——"穿越电网"；<br>2. 团队训练——创新盒子 | 克服困难，挑战困难 |
| | 晚上 | 兑现承诺 | 理解责任的重要性 |
| 第五天 | 上午 | 大型励志拓展——毕业墙 | 感受信任和帮助的重要性 |
| | 中午 | 结营仪式彩排 | 为了演出更精彩，失误减到最低 |
| | 下午 | 1. 大型励志课程——班魂凝聚；<br>2. 结营仪式，安全登车返校 | 加强班级凝聚力，在优秀的班集体中感受成功与快乐 |

## "社会实践磨砺"研学内容

| 时间 | | 课程内容 | 训练目标 |
|---|---|---|---|
| 第一天 | 上午 | 开营仪式:点燃激情。<br>1. 身份改变:穿上军装；礼节、军纪、安全教育。<br>2. 军训宣言:军训开营，宣誓完成军训任务。<br>3. 军训开始:站军姿、收放板凳、喊口号、出列、入列、报数 | 缅怀革命烈士，亲身体会革命烈士的无私及共产主义事业的伟大，铭记历史、洗涤心灵、震撼灵魂，继承革命先辈遗志，发扬优良传统，激发对生活的热忱、对真理的追求 |
| | 下午 | 1. 内务卫生标准；<br>2. 军姿、立正、稍息、跨立、敬礼与礼毕 | |
| | 晚上 | 1. 励志影院——《冲出亚马逊》；<br>2. 学唱红歌——《团结就是力量》 | |

（续表）

| 时间 | | 课程内容 | 训练目标 |
|---|---|---|---|
| 第二天 | 上午 | 参观秦基伟将军故居 | 缅怀革命烈士，亲身体会革命烈士的无私及共产主义事业的伟大，铭记历史、洗涤心灵、震撼灵魂，继承革命先辈遗志，发扬优良传统，激发对生活的热忱、对真理的追求 |
| | 下午 | 参观黄麻起义和鄂豫皖苏区革命烈士陵园 | |
| | 晚上 | 日记——研学心得 | |
| 第三天 | 上午 | 1. 内务卫生检查；<br>2. 队形训练；<br>3. 青少年障碍赛 | 掌握基本军事知识和技能；增强国防意识和国防观念，深刻领悟"只有步调一致才能取得胜利"的真正含义 |
| | 下午 | 1. 个人战术训练 / 创新方队训练 2；<br>2. 野外生存训练 / 集体合练 | |
| | 晚上 | 1. 军事训练：拳术教学 2 / 拳术教学 3；<br>2. 军歌：《军中绿花》/《一支钢枪》；<br>3. 点名，点评，军训日记 | 掌握基本军事知识和技能；增强国防意识和国防观念，深刻领悟"只有步调一致才能取得胜利"的真正含义 |
| 第四天 | 上午 | 1. 叠军被训练；<br>2. 励志展示方队训练 2 | 培养良好的卫生习惯；培养自理、自立、自护的能力；提高组织纪律性和服从意识、安全意识 |
| | 下午 | 综合训练、结营彩排 1 | |
| | 晚上 | 军训联欢晚会 | |
| 第五天 | 上午 | 1. 综合训练；<br>2. 结营彩排 | 树立正确的人生观、价值观、世界观；激发集体主义、爱国精神；体会"我是一名合格的军人" |
| | 下午 | 1. 结营汇报展示、表彰大会；<br>2. 活动分享，收拾行李，登车返校 | |

**【研学线路就近医疗保障】**

黄冈青少年校外教育活动中心至：

黄冈东坡赤壁：19 分钟；途经赤壁大道、黄州大道；就近医疗：黄冈市中心医院(5 分钟车程，0713-8625309)。

黄冈黄梅戏大剧院：11 分钟；途经南湖路、黄州大道；就近医疗：黄冈市中心医院(15 分钟车程)。

黄冈博物馆：10 分钟；途经赤壁大道、明珠大道；就近医疗：黄冈市中心医院(17 分钟车程)。

闻一多纪念馆：42 分钟，约 34.4 千米；途经南湖路、葛洲坝大道；就近医疗：浠水县人民医院(3 分钟车程，0713-4233614)。

李时珍纪念馆：1 小时 6 分钟，约 80.3 千米；途经大广高速、黄黄高速；就近医疗：李时珍医院(5 分钟车程，0713-7504319)。

**【思考探究】**

1. 黄冈历史悠久，有许多文化名人。说一说你最感兴趣的一个名人的故事。

2. 写一篇日记，谈谈自己参观革命烈士陵园后的感想。

# 走进魅力鄂州　探访吴都文化

**【项目实施单位】**

　　鄂州市中小学生研学实践教育营地

**【项目组专家】**

　　吴初霞

**【指导教师】**

　　魏春丽　吴志义　姜晓姣　杨红波

**【课程主题】**

　　走进魅力鄂州　探访吴都文化

**【适用学段】**

　　小学、初中、高中

**【研学时间】**

　　1 天

**【线路安排】**

　　学校 → 鄂州市中小学生研学实践教育营地 → 鄂州博物馆 → 学校

**【地方特色】**

　　鄂州,既是一座具有悠久历史的文化名城,又是一座风光秀丽的现代化城市。从蛮荒时代的鳄鱼部落到今天的中国中部地标城市,鄂州历经了数千年的变迁。千百年来,鄂州人文荟萃,英才辈出,在这片美丽富饶的土地上繁衍生息,用勤劳的双手创造了不朽的业绩。如今鄂州像一个美丽的少女,出落得更加婀娜多姿,宛如一颗熠熠生辉的明珠镶嵌在鄂东南。

　　鄂州市位于湖北省东部、长江中游南岸,是湖北省省辖市之一,面积 1594 平方千米,2019 年末,全市常住人口 105.97 万人,辖鄂城区、梁子湖区、华容区、葛店经济技术开发区、临空经济区。

　　历史悠久的千年古都。鄂州是湖北简称"鄂"之源。春秋时期,楚王封其子熊红为鄂国之王,鄂国就是现在的鄂州。湖北简称"鄂"即由此而来。自此以后两千多年,鄂州与"鄂"结下了不解之缘,相继被称为鄂县、鄂邑、鄂城、鄂州。鄂州是武昌之源。公元 221 年,三国时期,吴王孙权在此定都,公元 229 年称帝,改鄂县为武昌,寓意"以武而昌",魏、蜀、吴遂形成三国鼎立之势。在历史上,鄂州时为郡治,时为州府,始终是长江沿岸的政治军事重镇和重要商埠。

　　美丽富饶的百湖之市。鄂州的山、水、城浑然一体。境内有大小湖泊 133 个,水域面积 430 平方千米,约占市域总面积的 26%,主要水产品产量居全省第 2 位。著名的梁子湖,是中国十大名湖之一,是湖北省第二大淡水湖。毛泽东"才饮长沙水,又食武昌鱼"的名句使武昌鱼蜚声中外,而鄂州就是武昌鱼的故乡。2006 年,武昌鱼在国家工商总局进行了原产地注册。

　　近年来,鄂州市在大力推进新型城镇化建设中,围绕"五城同创"的目标,努力建设宜居宜业城市,并先后获得国家园林城、全国科技进步先进城市、中国人居环境范例奖、全国法制宣传教育先进城市、国家"数字城市"建设示范市、中部最佳投资城市、国家卫生城市等荣誉称号。

**【资源特色】**

·湖北省中小学生研学旅行实践教育营地·
·国家级示范性综合实践基地·

## 鄂州市中小学生研学实践教育营地

紧依山灵水秀的葛山风景区的鄂州市中小学生研学实践教育营地（国家级示范性综合实践基地），是教育部、财政部支持教育公益事业发展的重点项目，既像一枝含苞待放的花骨朵，又似一柄玲珑剔透的玉如意，既得天之眷顾，又受地之恩宠，实为教育、培训、实践、拓展训练的好场地。营地四季花香不断，景色宜人。

营地设有生命教育馆、军事教育馆、3D打印馆、天文地理馆、吴都乡韵馆、交通消防教育区、户外拓展区、学军区、学农区等21大馆6大区，可同时容纳1000名学生。营地以培养学生的创新精神和实践能力为核心，开展素质拓展、生存体验、科学实践、专题教育等活动，是青少年学生校外实践、学习交流和锻炼成长的平台，是落实课程改革，实施素质教育，提高学生生活能力、生命能力、生存能力，培养学生创新精神和团队意识的重要阵地。

综合馆位于聚集广场北面，共五层，总建筑面积约16000平方米，内设儿童体验城、科技馆、生命体验馆、生物博览馆、环保教育馆、健康教育馆、地震馆、气象馆、模拟法庭、陶艺室、印刷室、编织坊、木工坊等各种活动场馆，各种教育活动均以学生切身体验为主，以教员示范讲解为辅，充分发挥学生的主体作用，真正做到教学相长、寓教于乐。

营地西区主要有田径运动场、学农活动区、学军活动区、交通消防教育园地、排球场、网球场、篮球场、室外游泳池、风雨操场和学生公寓、食堂超市等。

站在天文台向西远眺，营地西区布局一览无余，别有洞天。以天文台为中心，山林之间巧妙布置轩榭亭台、小桥流水，一条蜿蜒小道曲径通幽，其间点缀夏令营、攀岩、高空溜索、翻越胜利墙、穿越电网、携手并进等拓展训练项目，徜徉其间，让人流连忘返。

**【教学案例】**

风景秀丽的西山东麓，气势磅礴的白墙蓝瓦，造型设计的独特建筑，古朴厚重的三国风格，这就是2013年11月新落成的鄂州市博物馆，也称三国吴都博物馆，是鄂州市标志性现代建筑之一，更是鄂州市历史文化的宝库。

主持人：同学们，现在展现在大家面前的是雄伟壮观的鄂州博物馆，设有"鄂楚历史文化、三国吴都历史文化、铜镜文化、鄂州民俗文化、名人与鄂州、书画艺术"6个基本陈列厅，还有3D影视厅、互动体验区、临时展厅。馆藏文物数量高达80121件(套)，其中珍贵文物4758件(套)。所有的配套设施也是全国一流的。

进入博物馆，来到一楼大厅，超大浮雕引人注目，同学们看看，浮雕表达的主题是什么？

学生1：三国时期的吴都。

学生2：孙权称帝的场面。

学生3：吴国的兴旺发达。

学生4：……

主持人：同学们真棒，说的意思很接近。都说出了浮雕内容体现的关键词：三国、孙权、吴都。

下面同学们依次进入各个展厅观摩，内有自动语音导览系统，可以为大家指路。各展馆内也配有自动语音讲解系统，参观者走到哪里，讲解就在哪里。一边认真听，一边仔细记，不懂就问。

**研学点一：鄂楚历史文化展厅**

主持人：鄂楚历史文化馆主要按鄂州的历史沿革来布置展品，从28万年前鄂地出现古人类活动开始，直到现在。

同学们，翻开中华民族五千多年的历史，鄂州，帝尧时为"樊国"，夏时为"鄂都"，殷商时为"鄂国"，春秋战国时楚鄂王封地，三国时孙权在此称帝，这也是湖北简称"鄂"的由来。曾经有两个武昌。一个是古武昌也就是今天的我们鄂州，一个是现在的武昌，也就是武汉市武昌区。这是怎么回事？有谁知道？

学生5：据说楚王封儿子熊红为鄂王，在这片土地上修筑了鄂王城……

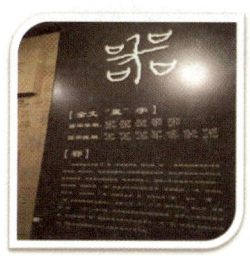 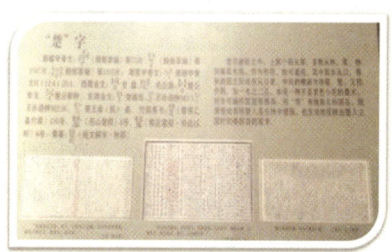

学生6：据说三国时期孙权称帝改其为武昌。

主持人：大家知道一点，但不十分清楚。春秋时期，楚王封儿子熊红为鄂王，在这片土地上修筑鄂王城，湖北省的简称"鄂"由此而来；到了公元221年，吴王孙权定都于此，取"以武而昌"之义改鄂县为武昌；公元229年称帝，改年号为黄龙元年，这时古武昌有帝王之都的威严，风樯如林的显赫和商贾如云的繁荣。高古而富饶的鄂州，由此而独领风骚一千七百八十余年。由此可以看出，鄂州与"鄂"和"楚"两个字具有千丝万缕的关系，同学们来看看这两个字是怎么演变来的。

主持人：同学们看了"鄂"和"楚"两个字的造字的演变，你感受到了什么？谁来说说？

学生7：……

学生8：……

主持人：同学们，看看鄂州的历史建制沿革表，叫什么名字的最多，时间也最久？

学生9：叫武昌县的最多，多达13次，贯穿10多个朝代，时间最长。

学生10：……

主持人：大家回答得很准确。古人是怎么生活的呢？大家在这里看看。

展厅内最具价值的是 20 世纪 90 年代从沙窝陈林寨、燕矶徐家湾等地出土的铜樽、铜矛、箭镞，还有 2001 年凤凰广场出土的战国时期的漆虎座鸟架鼓，楚墓中发现的春秋、战国时期的鼎、簋、壶、盘等。

## 研学点二：三国吴都历史文化展厅

主持人：同学们，读过《三国演义》或看过《三国演义》电视连续剧的请举手。（学生们纷纷举手）

人数真不少！有 70% 以上的同学知道《三国演义》。哪位同学知道三国是哪三个国？国都设在什么地方？

学生 11：魏国、蜀国、吴国。

学生 12：魏国国都在河南洛阳，蜀国国都在四川成都，吴国国都在我们鄂州。

主持人：进入三国吴都历史文化展厅，进门处是孙权带领将士出征的大型雕塑，场面壮阔，气势恢宏。继续深入展厅，樊口会师、赤壁之战、吴王试剑的油画和雕塑，就会生动形象地一一展现在我们面前。

展厅中部，一个长约 5 米、宽 4 米的巨型沙盘，明确勾勒出明清武昌城和吴王城范围。展厅展出的金器达 430 件，铜钱 305 枚。展出的金器有铁矛、铁剑、弩机等。同学们看看，在这个展厅有两件宝物最值得大家关注，找一找告诉大家。

学生 13：我找到一件，是三国铭文铜罐。

学生 14：我也找到一件，是仓廪院落。

学生 15：……

主持人：有两位同学说对了，是国铭文铜罐和仓廪院落。我们来看看，为什么说这两件宝物是"镇馆之宝"呢？

三国铭文铜罐

仓廪院落

这个铜罐上刻的汉隶是什么字？谁来大声念给大家听听？

学生16：刻有"黄武元年""武昌""3438 枚""官"字样。

主持人：黄武元年（222 年）是孙权来鄂州的那一年，他将鄂县（今鄂州）命名为武昌，当时官府共制了 3438 个这样的铜罐。虽然制了这么多，但在鄂州目前只出土了这一个，所以极为珍贵。

在鄂州古墓里发现的院落模型——仓廪院落，是目前南方地区体量最大的院落模型。仓廪院落是存放粮食的地方，这个院落可能为孙权下面某个将领所有。该粮仓模型也是当时粮仓的写照，这对研究三国的房屋建筑和当时的历史环境具有重要意义。

## 研学点三：鄂州民俗文化展厅

主持人：同学们，走进民俗展厅，俨然步入一座江南古宅。从古宅大门而入，看到的是一个大厅堂，两边整齐摆放着一把把雕花木座椅。从厅堂右边的小门转入，是一间卧室，里面放着木质梳妆台和一张精美绝伦的木床。

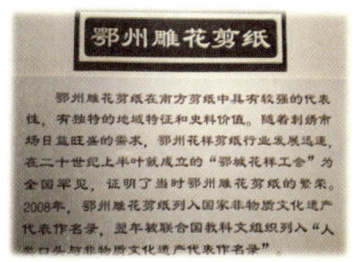

鄂州有一项民俗非常有名气，中小学美术教材都有介绍，全世界都知道，谁能说说是什么？

学生17：雕花剪纸。

学生18：……

主持人：雕花剪纸几乎每个地方都有，为什么鄂州雕花剪纸最有名气？谁还能说说？

学生19：鄂州雕花剪纸内容包括生活的方方面面，既具有原生态的朴实性特征，又具有本地文化特色的地域性特征。其构图匀称，刀剪俱用，其风格细腻、流畅、传神，集实用性与装饰性为一体。剪纸形式多样，有帽花、鞋花、拖鞋花、袜底花、扣带花、背心花、兜花、围涎花、枕头花、帐沿花等，花样品种累计 2000 余种。

学生20：鄂州雕花剪纸还入选了国家级非物质文化遗产名录和联合国教科文组织非物质文化遗产名录。

主持人：回答得非常好，大家把掌声送给他们。鄂州非物质文化遗产资源丰富，遍布城乡，截至目前已经有 13 个项目被公布为市级名录，其中，鄂州雕花剪纸、牌子锣、嵩山百节龙、玉连环、泽林旱龙舟 5 个项目被公布为省级名录，前 3 个项目亦荣列国家级名录。下面我们看生活习俗。

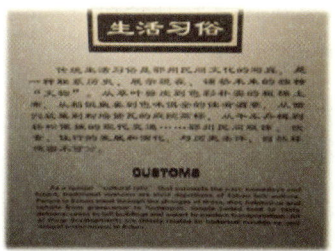

鄂州饮食文化以"稻饭鱼羹"为民间饮食习俗基调，其中哪些美食非常有名气？谁可以说说？

学生21：武昌鱼。

主持人：这个可能大家都知道。武昌鱼是鄂州特有的品牌，中国人民的伟大领袖毛泽东主席曾写过一首著名的词提到武昌鱼，谁能完整地背给大家听听？

学生 22:我行,听我的:

**水调歌头·游泳**

(毛泽东 一九五六年六月)

才饮长沙水,又食武昌鱼。

万里长江横渡,极目楚天舒。

不管风吹浪打,胜似闲庭信步,今日得宽馀。

子在川上曰:逝者如斯夫!

风樯动,龟蛇静,起宏图。

一桥飞架南北,天堑变通途。

更立西江石壁,截断巫山云雨,高峡出平湖。

神女应无恙,当惊世界殊。

主持人:了不起! 大家回报他热烈的掌声!

## 研学点四:名人与鄂州展厅

主持人:同学们,在名人与鄂州展厅里,30 个红泥雕塑和上百个人物浮雕构成了一幅环绕整座展厅的人物图谱。"名人与鄂州"与"鄂州名人"表达的意思有什么不同?

学生 23:"名人与鄂州"与"鄂州名人"在表达的意思上有很大差别,"名人与鄂州"在范围上要大得多,只要名人与鄂州有关联就可以了,而"鄂州名人"限定是鄂州人。

学生 24:共同点是名人,不同点在于是不是鄂州人。

主持人:同学们辨析得很仔细。"名人与鄂州"展厅中,从古代的熊渠开疆、鄂君持节到现代的楚藩就义、伯垂举火,与鄂州有关的名人贯穿了鄂州的发展历史。在这里,我们可以学习历史知识,对自己的家乡有更深入、更全面的了解。

同学们看看熊渠开疆的雕塑。熊渠开疆的故事大家可能不知道,熊渠是楚君熊杨(亦作熊钖或熊炀)之子。熊杨五十九年(前 887 年),熊杨去世,熊渠继任楚国国君之位。楚族深居南蛮地区,由于经济发展较好,文化先进,周围的蛮夷部族都来归附,楚国很快就壮大起来。熊渠能力非凡,很有胆略,是一位很有才识和进取精神的君主。当时周王朝正值周夷王在位时期,周王室衰微,在周王朝统治下的诸侯国有的不再朝贡,或者开始相互攻伐。而楚国在熊渠的治理下蒸蒸日上,很得江汉百姓的拥护,于是有开疆拓土之心。熊渠为此制定正确的战略规划,避开东面与周朝同姓的姬姓诸侯国,先向西征伐庸国(今湖北竹山县),解除后顾之忧。庸国当初曾跟随周武王灭商,参加了牧野之战,一直是西部大国,能够征伐庸国,可见楚国实力之强大。之后,熊渠挥师沿汉江南下驱赶扬越(古时百越族的一支,在今湖北中部),进入江汉平原,并一直向东追击,拥有整个江汉平原。后趁周天子征伐鄂国(今湖北鄂州、武汉一带)之机,进军至鄂地,将武汉江南地区纳入楚国版图。

听了这个故事,熊渠是属于"名人与鄂州"还是"鄂州名人"?

学生 25:"名人与鄂州"。

主持人：回答正确。下面大家在这个展厅里找找，在这些名人中，哪些是鄂州的？哪些是外地的？回答正确的有奖。

学生26：葛洪（道家、医学家）、彭楚藩（革命者）、吴兆麟（军人）等是鄂州人。

学生27：苏轼、黄庭坚、周瑜等是外地人。

主持人：回答正确。下面为他们发奖，大家掌声祝贺。

## 研学点五：书画艺术展厅

主持人：鄂州是湖北省书画之乡，历史上以王羲之、苏轼、黄庭坚、张裕钊为代表的书法家与鄂州有着不可割舍的联系。这些书画家在鄂州留下的文化遗产有32套古书、60块古砚台、70多幅字画，以及一些珍贵石碑的拓片。这里复原了一位著名书法家的人像，并设置了写字的场景，让人亲临其境。同学们，这位著名书法家是谁？是什么地方的人？

学生28：这位著名书法家是张裕钊，生于鄂州市梁子湖畔东沟镇龙塘村张家湾的一个书香世家。

主持人：许多同学喜爱书法，今天是个好机会，哪位同学能介绍这位家乡著名书法家的情况？

学生29：张裕钊（1823—1894），晚清官员、散文家、书法家，其书法独辟蹊径，融北碑南帖于一炉，创造了影响晚清书坛百年之久的"张体"，被康有为誉为"千年以来无与伦比"的清代书法家。

学生30：张裕钊自幼天资颖异，青少年时期悉力研读唐宋古文辞和历史等经世之学。尤其对宋代古文家曾巩的《南丰集》揣摩精熟，颇有心得。这就使他从青少年时代就打下了坚实的治学基础，也培养了他后来自辟蹊径、突破藩篱的独创精神。

主持人：同学知道的还真不少。张氏一生桃李满天下，从学门徒较著名的有范当世、张謇、姚雪臣、朱铭盘，日本的宫岛咏士等。许多门生后来成为学者、诗人、散文家、书法家和实业家，在政界、文坛各负盛名，卓有成就。其中日本弟子宫岛咏士追随裕钊先生8年，奉学惟谨，于书法得益犹多。张辞世后，宫岛咏士回国创办"善邻书院"，传播张氏之学，使张氏书体在日本衍为流派，至今不衰。姚雪臣在河北省南宫县（今南宫市）的历代传人有姚景贤、董毓明、张自旺、张智霖。南宫县张裕钊的传人较多，已多次举办张裕钊流派书法展。

张裕钊书法艺术造诣极深，源于魏晋，突越唐人。济刚柔俊逸于毫端，创造出一种内圆外方、疏密相间的独特书法。具有劲拔雄奇、气骨兼备的特色。张氏在运笔、转指、用墨、用水等技巧方面，皆有其独到而突出的方法。以中锋运笔，饱墨沉沆，精气内敛。"笔画以斜为正，结体似圆实方，匆匆落笔的手稿，更无意为方为圆而方圆自得"。（陈方既《张裕钊书法艺术的主要特征》）故章太炎曾为之赞叹不已："先生书世传宝，得此真如百斛明珠，尤与他人相绝"。下面大家来尽情欣赏书画作品。

**【思考探究】**

1. 鄂州为什么叫吴都？吴都文化有哪些特色？
2. 张裕钊的书法为什么能影响晚清书坛百年之久？
3. 给鄂州市政府提交一份鄂州城市规划建议。

# 青春何惧磨砺　体验长征不忘初心

**【项目实施单位】**
英山县中小学生综合实践基地

**【项目组专家】**
储招生

**【指导教师】**
张超　杨宇

**【课程主题】**
青春何惧磨砺　体验长征不忘初心

**【适用学段】**
高中

**【研学时间】**
5 天

**【线路安排】**
学校 → 英山县中小学生综合实践基地 → 英山县城关 → 西河游客中心 → 神峰山庄 → 丽景风景区 → 周畈饼子铺村 → 英山张家咀水库 → 龙潭河谷

**【课程目标】**

1. 通过开展"不忘初心再长征"活动,找寻长征历史与现实的结合点,深入群众,挖掘长征故事,寻访长征战士事迹,敬畏长征历史,缅怀先烈,传承和发扬长征精神。

2. 青春何惧磨砺,少年必当自强。体验长征,磨砺意志,学会坚强。

3. 将不朽的长征精神融入生活和学习的方方面面,做一个爱国爱党、无私奉献的人,做一个锐意进取、务实重干的人,做一个克难攻坚、百折不挠的人,让自己的人生价值在服务人民、贡献社会、建设祖国的征程中得到实现。

**【资源特色】**

·湖北省中小学生研学旅行实践教育课程资源单位·

·中央专项彩票公益金研学实践教育支持单位·

### 英山县中小学生综合实践基地

英山县中小学生综合实践基地坐落在温泉镇柏树祠村,背靠悠悠青山,面朝千年古柏。基地以发展青少年特长为重点,以开展健康实践快乐主题活动为载体,让山区的孩子同大城市的孩子一样快乐成长,是"爱国主义教育基地""快乐教育基地""研学旅行示范基地"。

英山县中小学生综合实践基地是黄冈市首家专业校外实践活动机构。从 2013 年开始正式运营,每年培训学员万余人。基地建有地震科普与体验馆、3D立体体验厅、蛋糕烘焙室、陶艺制作室、手工制作室、模拟法庭、生命安全教育馆、小小科技馆、气象观测站、电脑硬件装配室等馆室，以及拓展训练场、课外活动场地等场地，包括CS(模拟反恐游戏)真人野战训练场、高低空组合训练场、水上冲关区、军事障碍训练区，建有人工攀岩墙、四面体高空组合架等设施。基地按小学、初中、高中不同学段分别制定阶段目标，按照教育性、实践性、探究性、实用性、创新性五大功能设置科普教育、农事实践、安全教育、素质拓展、手工制作、社会实践与生活实践七个类别的课程。基地建设突出"校外"与"活动"特色，机制建设体现公益性特点，让学生从这里开始，创造不一样的精彩。

英山县中小学生综合实践基地先后荣获"省级校外教育先进单位""英山县文明单位""英山县平安单位""英山县三创考核优胜单位"等光荣称号。未来，英山县中小学生综合实践基地将建成一个快乐的研学行活动基地。把学生欢迎、社会认同的课程做优做强，依据英山特色，形成系列主题，凸显核心素养与主题课程的契合，努力建成一个生态型、人文型、智慧型、快乐型的实践活动基地。

**【教学案例】**

## 青春何惧磨砺　体验长征不忘初心

**一、课程导入**

长征，生命写就的英雄史诗；长征，人类精神坚定无畏的象征。重走长征路，追忆红军的艰难岁月，缅怀红军的丰功伟绩，弘扬伟大的长征精神。遥想当年，刘邓大军千里跃进，血与火中豪气冲霄汉；请看如今，中华少年不忘初心，磨砺意志谱写壮丽诗篇。

1. 活动先导：观看八集纪录片《长征》。

2. 提前召开主题班会：走进光荣历史，弘扬长征精神。

3. 前期学员交流会：前期学员畅谈感悟，分享图文资料。

4. 知识预备积累：长征故事、吴家山发生的革命事件等。

5. 体能锻炼：提前两周进行耐力和负重训练。

**二、模拟长征：从基地整队出发**

1. 途经英山县城关。

研学导师沿途解说词：英山县位于湖北省东北部、大别山南麓，东北与安徽省岳西、太湖、霍山、金寨四县毗邻，西南与湖北省罗田、浠水、蕲春三县接壤。全县版图面积1449平方千米，辖3乡8镇，309个行政村，总人口40.6万。

英山人文资源丰富。古有刑典之祖皋陶，殷有贤相傅说，汉有淮南王英布，唐有大学士沈佺期，宋有活字印刷术发明家毕昇，清有刑部尚书"清代包公"金光悌，今有熊召政、刘醒龙、姜天民等一批享誉文坛的著名作家，是湖北省首批文化先进县、远近闻名的"作家县"。毕昇文化、黄梅戏文化、茶文化、大别山民俗文化已成为英山特色文化名片。这里还是鄂豫皖革命根据地的重要组成部分,红二十七军在此组建,红四方面军从此开始西征,红二十五军由此北上长征,红色文化在这片土地上谱写了光辉的历史诗篇。

英山生态环境优越。全县森林覆盖率高达 70%,为全国七大生物基因库之一,是中国生物多样性保护与绿色发展示范基地。全年优良空气天数 360 天以上,空气负氧离子含量是城市的 50~100 倍,被誉为"天然氧吧"。

英山是中国温泉之乡。英山温泉水质好、埋藏浅、储量大、温度高,是"湖北省最受欢迎十大温泉"之一。全国唯一县级温泉游泳跳水馆先后走出周继红、伏明霞、肖海亮等多位世界冠军,被誉为"世界冠军的摇篮"。

英山是中国漂流之乡。境内峡谷众多,滩险流急,漂流资源得天独厚。现有 7 个漂流景区,有勇士漂、逍遥漂、成长漂、四季漂等多条精品线路,是湖北发展漂流项目最多、最快的县市,多次举行中国黄冈挺进大别山漂流赛决赛。

英山是中国茶叶之乡。英山茶叶质高味醇,总产量位于湖北之首,是"中国绿茶(名茶)之乡""全国产茶重点县""全国无公害茶叶生产示范基地县"。英山云雾茶成为国家地理标志保护产品、大别山生态名茶、湖北省十大名茶。茶园观光带荣膺"中国美丽田园"称号。

英山是中国最美休闲乡村。一座座漂亮别致的小洋楼掩映在青山绿水之间,乡村处处茶园翠绿,果园飘香,花园锦绣。英山新农村建设成为"大别山的一面旗帜"。"青山绿水小洋楼,天然氧吧人长寿。生态文明现代化,乡村胜似城里头。"是英山农村的真实写照。

春可品茶赏花,夏可避暑漂流,秋可登高赏叶,冬可浴泉康体。"中国好空气,英山森呼吸",英山——养生天堂、休闲福地。

2. 途经西河游客中心。

研学导师沿途解说词:西河游客中心是英山县西河十八湾沿线上功能最齐备的旅游集散中心,也是自驾游露营地。本项目占地 17400 平方米,建筑面积 2000 平方米,总投资 1000 万元。建成后可停放车辆 50 台,日接待 1000 人,大大提升英山县旅游服务质量和旅游品位。集散中心将整个西河片区旅游资源串联"成线",与县内外其他旅游资源形成"多点",无缝接驳境内交通工具,最终建成集"互联网+吃、住、行、娱、购、游"为一体的区域旅游电商综合服务平台。

3. 途经神峰山庄。

研学导师沿途解说词:神峰山庄坐落在风景秀丽的孔家坊乡,它是发展生态循环经济的一个产业园。山庄总面积约 33.3 万平方米,一期投资 2000 万元,二期投资 6000 万元,三期投资过亿元。

神峰山庄以建设英山乃至湖北最有样板意义的生态农庄、文化名片为目标,建设"猪—沼—菜"生态循环农业观光园;可开展划竹排、垂钓、游泳、赛艇等水上娱乐活动。庄园内由低向高,建有大型停车场、垂钓园、果园、猪菜合棚、黑禧猪运动场、小溪摸鱼、木栈道、深潭、瀑布、观景台等。特色特产包括有机黑猪肉、有机蔬菜。

4. 途经丽景风景区。

研学导师沿途解说词:丽景风景区以养生文化为主题,集生态农业观光旅游与休闲、娱乐、健身于一体,规划面积 6.7 平方千米,计划总投资 5.5 亿元。

景区建设立足山乡,着眼都市,致力打造以茶、果、蔬采摘和毕昇活字印刷、历史民俗为主体的"体验游",以梦幻溪漂流、水上乐园、户外拓展、观赏演艺等为主体的"娱乐游",以仙女谷观瀑、龙潭河观潭、牛背脊登山、龙潭湖垂钓等为主体的"休闲游",以亲水酒店、泡温泉、木屋别墅群、四合院养生中心、体检康复中心为主体的"养生游",以仿古街为物流中心、以自产无农残无激素安全农特产品为主导产品的"购物游"。让进入景区的游人看得赏心、玩得开心、吃得放心、住得舒心。

5. 途经周畈饼子铺村。

研学导师沿途解说词:美丽西河十八湾,美女出在后花园。饼子铺村是集休闲乡村、传奇故事、风味特产、美丽风光于一体的都市后花园,也是全县首批打造的 22 个美丽乡村之一。这里成功举办了溯溪旅游帐篷节和桑葚采摘节。饼子铺村这位山水佳人,正在全方位打造,扮靓妆容,喜迎四海宾朋前来休闲乐游!看吧,桑葚是她捧出的美果,药材是她出产的宝藏,漂流是她游乐的项目,溯溪露营是她给你的体验。饼子铺的味道让你回味无穷。

6. 途经张家咀水库。

研学导师沿途解说词:英山张家咀水库修建于 1976 年,是一项较有代表性的水利工程。水库为许多乡镇提供农业灌溉,在干旱时期保证了粮食丰收。张家咀水库由龙潭河、隘口河、赵家河三大河流形成。库区内有三个自然村和一处森林公园,即张家咀村、库区村、刘家咀村、吴家山森林公园。总库容 10712 万立方米,坝顶绝对高程 62 米,坝长 1108 米。张家咀水库建成后,从根本上消除了隘口河、赵家河两河的水害,使其下游1000 多万亩良田免遭水灾,800 万亩旱地变成水浇田,新辟河滩荒地 500 万亩。该水库担负着供石头咀镇、金铺镇、孔家坊镇及英山县部分地区工农业用水和生活用水的任务,成为石头咀镇重要的水源。两座发电站装机容量为 6.58 万千瓦,年发电量 2000 万多度左右。库内年产淡水鱼约 23 万公斤。张家咀水库具有防洪、灌溉、供水、发电、养殖、旅游等综合效益。

7. 勇涉龙潭河。

解说词:沿大别山主峰而下,有一条长万余米、落差 800 多米的大峡谷——龙潭河谷。龙潭河谷发源于大别山主峰南侧,水流经"烈马河"入英山第一大人工湖——张家咀水库。峡谷幽深,溪流蜿蜒,集"奇、险、幽、秀"于一谷。夹岸峭壁千仞,谷中奇石嶙峋,千姿百态,鬼斧神工,共有九潭十八瀑,被誉为"华中第一谷"。飞瀑龙潭,怪石奇峡,清流激荡。河谷两岸遍布千年灌木林、百年古藤园等。"原草原木原生态,生机无限;野滋野味野风情,风物传奇"是龙潭河谷的生动写照。

**【思考探究】**

1. 什么是长征?什么是长征精神?
2. 重走长征路的现实意义有哪些?

# 秀丽山水行　共筑中国梦

**【项目实施单位】**

监利县中小学生社会实践基地

**【项目组专家】**

范大鹏

**【指导教师】**

刘为善　姚见华

**【课程主题】**

秀丽山水行　共筑中国梦

**【适用学段】**

初中、高中

**【研学时间】**

3天

**【线路安排】**

学校 → 监利县中小学生社会实践基地 → 君山生态岛 → 岳阳楼 → 监利县中小学生社会实践基地 → 柳直荀烈士纪念园 → 学校

**【课程目标】**

1. 开展融合课程学习,领略君山岛、岳阳楼的人文自然风光,了解名胜古迹的历史文化。

2. 以现代营地教育理论为基础,以实践与理论相结合为宗旨,发现自己的潜能;以体验式学习为框架,在富有创造性的营地活动中,深度探索自己、发现世界。

**【资源特色】**

·湖北省中小学生研学旅行实践教育课程资源单位·

·荆州市中小学生研学实践教育基地·

## 监利县中小学生社会实践基地

监利县中小学生社会实践基地位于监利县上车湾镇红南桥村,是以提高学生综合素养为目标、以学生亲历实践过程为主要形式来开展各类综合实践活动的场所。基地占地面积约15万平方米,总建筑面积3万多平方米,拥有一栋综合楼、两栋教学楼、两栋学生公寓楼、一个学生餐厅、一个可容纳1500人的会议厅、一个2300多平方米的风雨操场。每期可同时接待1300人开展综合实践活动,预计年培训量可达3万人。第二期工程规划建设13个特色主题场馆(所),包括凸显本土种植业特色的农耕文化场所,彰显人与自然和谐发展的生态文化场所,体现革命精神、革命传统的红色文化场馆,展示监利县历史文化变迁与传承、过去现在将来沿革的县情教育馆,传授国防知识、了解国防现状、增强国防意识、培养爱国热情的国防教育馆等。建成后将具备青少年社会实践体验、国防军事教育、文明礼仪教育、传统国学教育、生命安全教育等特色主题教育功能。

实践基地以教育部《示范性综合实践基地实践活动指南(试行)》为蓝本,紧扣"素质拓展、科学实践、生存体验、专题教育"四大板块,结合地方特色,自主开发了通用技术类、科学探究类、工艺制作类、拓展训练类、素质提升类、人防教育类共6大类100多个综合实践活动课程,以提高监利县中小学生综合素质为目标,通过开展丰富多彩的实践活动,让学生在生命教育中感悟人生,在生态文化中体验和谐,在生存磨砺中锻炼意志,在生活体验中习

得真知,在素质拓展中培育真情,在主题教育中学做真人,在游戏活动中分享快乐。

实践基地将以培养学生的创新精神和实践能力为中心,以实践活动为载体,充分发挥基地综合实践的育人能力,着力将其打造成学生向往、家长放心、教师省心、社会满意的省级示范校外教育基地。

## 君山生态岛

君山系洞庭湖湖中小岛,位于岳阳市区西南方,水程12千米。总面积0.96平方千米,与千古名楼岳阳楼隔湖相望。是一个山体呈椭圆形,两旁高、中间低的小岛。山上有大小峰72座,为国家级重点风景名胜区,国家5A级旅游区。

君山原名洞庭山,取意神仙"洞府之庭"。传说这座"洞庭山浮于水上,其下有金堂数百间,玉女居之,四时闻金石丝竹之声,砌于山顶"。这是浪漫神话传说,不足为信。后因舜帝的两个妃子娥皇、女英葬于此,而屈原在《九歌》中称他们为湘君(舜帝)和湘夫人(娥皇、女英二妃),故后人将此山改名为君山。

君山地形独特,为洞庭湖中最大岛屿,岛上有36亭、48庙,秦始皇的"封山印",汉武帝的"射蛟台"等珍贵文物遗址。

## 岳阳楼

岳阳楼位于历史悠久的文化古城——岳阳。岳阳古称"巴陵",位于湖南省北部,烟波浩渺的洞庭湖与绵延万里的长江在这里交汇,江南三大名楼之一的岳阳楼就坐落在傍水而生的古城西门城头。岳阳,山、水、楼俱备,风景如画,名胜古迹众多。岳阳风光之美,集中在洞庭湖而钟于岳阳一楼。以岳阳楼、君山为中心的巴陵胜景,闻名遐迩,素以"洞庭天下水,岳阳天下楼"而享誉天下。岳阳的岳阳楼、武昌的黄鹤楼、南昌的滕王

阁,合称"江南三大名楼"。岳阳楼矗立于洞庭湖东岸,岳阳市西门城墙上,西临烟波浩渺的洞庭湖、北望滚滚东去的万里长江,水光楼影,相映成趣。

公元 1045 年,庆历四年春,滕子京重修岳阳楼,并请好友、文学家范仲淹作了《岳阳楼记》,从此,岳阳楼更加闻名遐迩。岳阳楼内陈设别具特色。各层内悬挂历代名家撰写的楹联。一、二楼各嵌有一副《岳阳楼记》雕屏,一楼雕屏是公元 19 世纪的复制品;二楼所嵌雕屏为公元 18 世纪大书法家张照所书,字形方正,笔力雄浑,技法多变,独具匠心,为传世一级珍品。三楼所嵌雕屏是毛泽东书杜甫诗《登岳阳楼》,笔法雄健奔放、形神兼备,雕屏金光耀眼、熠熠生辉。1988 年岳阳楼被国务院公布为国家重点文物保护单位。

## 柳直荀烈士纪念园

柳直荀烈士纪念园坐落在他牺牲的地方——监利县周老嘴镇。园内,青松苍劲、杨柳依依,柳直荀烈士的汉白玉雕像高大庄严。雕像高度 3.4 米,表示柳直荀牺牲的时候 34 岁;基座高 1.898 米,寓意柳直荀生于 1898 年。

柳直荀,湖南长沙人。1924 年加入中国共产党,曾任湖南省政府委员、湖南省农民协会秘书长,参加过南昌起义。1930年到湘鄂西革命根据地工作,曾任红军第二军团政治部主任、第三军政治部主任等职。1932 年 9 月,柳直荀在湖北监利因肃反运动被杀害,时年 34 岁。1979 年,监利县人民政府在柳直荀烈士殉难处——周老嘴修建了柳直荀烈士纪念亭,撰文立碑,以志其生平,永留纪念。

【教学案例】

1. 畅游君山岛:了解历史背后的传奇故事,了解君山岛周边生态及特色动植物资源。

2. 同登岳阳楼:通过游览岳阳楼,了解我国古建筑的独特艺术及人文气息。

3. 实践出真知:通过各种实践活动课程,培养动手能力与创造力、逻辑思维能力和团队合作精神,将课本知识与生活实际相结合。在实际操作过程中去发现问题,用课本上学到的知识去验证,达到"学而时习之不亦乐乎"的快乐学习的境界。

4. 陵园缅先烈:红色教育弘扬爱国情操,继承革命先辈的遗志,感受幸福生活的来之不易,为中华之崛起而奋斗终生。

5. 用文字记录和拍照的形式搜集资料,形成本次研学旅行的游记。

| 天数 | 具体安排 | 课程内容 | | 研学任务 |
|------|---------|---------|---------|---------|
| 第一天 | 上午 | 08:00 | 到达实践基地 | |
| | | 09:30 | 开营仪式 | |
| | | 10:30 | 教官进行纪律教育,讲解安全注意事项 | |
| | | 11:30 | 午餐 | |
| | 下午 | 12:00 | 午休 | |
| | | 14:00 | 综合实践活动 | |
| | | 17:30 | 晚餐 | |
| | 晚上 | 19:00 | 综合实践活动 | |
| | | 21:00 | 写研学日志 | |

（续表）

| 天数 | 具体安排 | | 课程内容 | 研学任务 |
|------|---------|---|---------|---------|
| 第二天 | 上午 | 06:00 | 起床 | 各班同学随机抽取三个问题卡,在景点参观完后,进行解答;组织同学进行集体合照 |
| | | 06:30 | 早餐 | |
| | | 07:00 | 乘车从中小学生社会实践基地出发 | |
| | | 09:30 | 抵达岳阳的君山岛,按照不同的路线分成五个小组,依次参观五个景点 | |
| | | 12:30 | 中餐 | |
| | 下午 | 13:30 | 从君山岛出发去岳阳楼 | 了解岳阳楼建筑结构、历史文化并做相应的笔记 |
| | | 14:30 | 抵达诗人范仲淹笔下的江南三大名楼之一的岳阳楼,了解岳阳楼建筑结构、历史文化 | |
| | | 16:00 | 晚餐 | |
| | | 17:00 | 返回中小学生社会实践基地 | |
| | 晚上 | 19:30 | 抵达中小学生社会实践基地 | |
| | | 21:30 | 就寝 | |
| 第三天 | 上午 | 06:00 | 起床 | 了解家乡历史文化、历史名人 |
| | | 06:30 | 早餐 | |
| | | 07:00 | 乘车出发去柳直荀烈士纪念园 | |
| | | 08:00 | 抵达柳直荀烈士纪念园 | |
| | | 11:00 | 返回中小学生社会实践基地 | |
| | | 12:20 | 午餐 | |
| | 下午 | 13:30 | 结营 | |

【思考探究】

　　1. 随着社会经济的发展,出现了越来越多的古建筑及旅游景点。但不少城市相关部门对保护古建筑不作为,任其损坏,或是对其进行破坏性修缮,或是干脆直接用现代建筑手段去修建景点。针对此现象写一篇不少于800字的报告。

　　2. 君山植被茂密,种类繁多,据调查有99科221属310种,其中古树名木20种。请同学们自行查阅资料,针对岛上的生态环境写一份调查报告(可以气候、湿度、土壤酸碱度、地理环境等方面展开分析)。

　　3. 针对君山上的特产植物,如湘妃竹、君山银针等,做个专题文化报告。

# 走进当代教育营地　壮志凌云筑梦想

**【项目实施单位】**

　　湖北当代研学旅行营地

**【项目组专家】**

　　罗刚

**【指导教师】**

　　余子铭

**【课程主题】**

　　走进当代教育营地　壮志凌云筑梦想

**【适用学段】**

　　初中

**【研学时间】**

　　3天

**【线路安排】**

　　学校 → 湖北当代研学旅行营地 → 学校

**【资源特色】**

·湖北省中小学生研学旅行实践教育营地·

·武汉市中小学生研学旅行实践教育营地·

·咸宁市中小学生研学旅行实践教育营地·

## 湖北当代研学旅行营地

　　湖北当代研学旅行营地(浪口),经湖北省教育厅批准立项授牌,坐落于湖北省咸宁市崇阳县浪口文化旅游生态区,居湘、鄂、赣三省交界处。营地以"研学特色小镇"为主题,在复古风格的基础上加入了现代元素,使得小镇不仅有古典之美还融入了科技感,成为一个极具特色的文化旅游景点。营地为咸宁市重要教育扶持项目,现已得到湖北省、咸宁市、崇阳县等各级教育行政部门的认可及授牌。

　　营地总占地面积约15.3万平方米,户外项目场地占地面积13000平方米;营地素质教育功能设施齐备,包括传统国学馆、文化手工坊街、民俗文化戏台、国学文化馆、标准足球场、千人大型广场、水上运动服务区、运动健身馆、多功能情景教室、复合型功能国际影院,配套设施齐全,符合国家研学营地标准,并自备应急发电站、热水系统,24小时不间断的安保巡逻网络、无死角全方位的监控系统和学生宿舍门禁系统等智能服务为中小学生的学习和生活提供了安全有力的保障,具有一次性接待1400名学生同时开展研学实践活动的食宿能力。

营地具有最广阔的活动空间、最自然的训练环境、最新颖的教学课程，并率先将成长教育同研学旅行活动有机结合，引导校外教育的发展方向，立志打造全国中小学生研学旅行的示范活动营地。

**【教学案例】**

**一、课程目标**

1. 将学生体能训练与心理素质训练相结合，涵盖对青少年成长、情感、责任、目标励志等教育，在引人入胜、令人震撼、催人反思的心理和人格训练及模拟情景中，让学生积极体验和丰富经验，唤醒内心深处的情感，突破成长中的壁垒，激发学生自信自强，培养学生坚强的意志力、团队精神、强烈的责任感。

2. 学会认识自我、树立目标，懂得理想确立与自我现实之间的关系；掌握大目标与小步骤之间的关系，学会拟定计划，按计划行动，并对行动过程进行监督和判断。

**二、课程体系**

1. 红色记忆：国防教育与军事训练；爱国主义教育；军事素养等。

2. 艺术创造：非遗民俗鉴赏；手工制作；戏曲赏析等。

3. 自然生存：户外探索；丛林穿越；农耕体验；植物标本等。

4. 深度领悟：思维与口才训练；名家讲堂；博物馆参观学习等。

5. 户外淬炼：足球教育；皮划艇；攀岩；户外射箭；拓展等。

6. 科技创客：机器人制作与编程；航模与无人机；少儿编程等。

**三、行程安排**

| 时 间 | 主 题 | 课程内容 | 指导思想 |
|---|---|---|---|
| 第一天上午 | 红色记忆深度领悟 | 开营仪式，国防教育与军事训练；创建团队名称、口号 | 明确活动要求，打造团队文化；团队文化建设，增强团队凝聚力 |
| | 军事素养行为养成 | 军事素养行为养成，宣布纪律；熔炼团队"授旗仪式" | 选拔队长，明确目标，激发学生的团队意识，增强自信心 |
| 第一天下午 | 确定目标学会沟通相互信任 | 团队指挥"呼吸的力量" | 增强团队指挥力量和团结力量 |
| | | 团队凝聚 | 队形训练，队徽解说，凝聚团队 |
| | | 大型励志团队活动："成功墙" | 挑战自我极限 |
| | | | 热爱生活、关心集体 |
| 第一天晚上 | 唤醒情感学会思考 | 励志影院 | 弘扬爱国主义精神，培养乐于分享的品质 |

（续表）

| 时 间 | 主 题 | 课程内容 | 指导思想 |
|---|---|---|---|
| 第二天上午 | 挑战极限 | 军事徒步越野拉练 | 激发个人潜能,打造狼性团队 |
|  | 艺术创作 | DIY(自己做)手工坊 | 培养动手能力和审美情趣,锻炼创新能力 |
|  | 深度领悟 | 民俗坊 | 了解传统工艺,开阔眼界 |
|  | 深度领悟 | 茶艺国学馆 | 提高情趣,培养文明礼仪意识 |
|  | 科技创客 | 无人机创客 | 激发热爱科学、尊重科学、学习科学的热情 |
| 第二天下午 | 艺术创作 | 泥塑坊:经历陶的制作基本过程 | 提高动手创作能力 |
|  | 户外淬炼 | 野外 CS:穿上 CS 装备,模拟战场 | 提高应变能力 |
|  | 深度领悟 | 金工坊:用电胶枪和材料,打造自己喜欢的礼物 | 提高动手创作能力 |
|  | 艺术创作 | 环保水火箭:利用废弃的可乐瓶,DIY 火箭制作,进行比赛 | 提高动手创作能力 |
|  | 兑现承诺（团队） | 各团队分享、比拼、学习 | 互相学习、进步 |
| 第二天晚上 | 才艺展示 | 联欢晚会 | 展示自我 |
| 第三天上午 | 团结一心众志成城 | 熔炼团队训练:队形展示 | 提高团队创新意识 |
|  |  | 疾风行动"挑战 150"团队比拼 | 为目标而努力奋斗 |
| 第三天下午 | 研学旅行结营仪式 | 大型团队熔炼活动;标志解说、团队队形展示 | 深度理解团队的内涵,体会集体荣誉感,树立理想,明确成长的方向 |

【思考探究】

1. 你的梦想是什么？在实践中遇到哪些困难？又是怎么克服的？
2. 你认为团队合作中什么最重要？

# 磨砺教育　锻造有强度的人生

**【项目实施单位】**

赤壁市中小学生社会实践基地

**【项目组专家】**

刘远鹏　但移祖

**【指导教师】**

刘璇

**【课程主题】**

磨砺教育　锻造有强度的人生

**【适用学段】**

小学、初中、高中

**【研学时间】**

3 天

**【线路安排】**

学校 → 赤壁市中小学社会实践基地 → 学校

**【资源特色】**

**·湖北省中小学生研学旅行实践教育课程资源单位·**

## 赤壁市中小学生社会实践基地

　　赤壁市中小学生社会实践基地位于赤壁市赤马港办事处黄龙社区,占地面积 100 万平方米,总投资约 5 亿元。分三期建设,一期已建成约 3.4 万平方米,建有教学中心、学生宿舍楼、接待中心、学生餐厅等七栋生活附属设施,大型标准体育实训操场、风雨操场、多功能媒体大厅三处。具备一次性接待2000 名中小学生食宿、开展综合素质实践活动的能力。

　　基地二期总体规划占地面积 86.6 万平方米,主要规划建设项目有野炊烧烤区、篝火晚会区、丛林穿越区、亲子体验区、森林餐厅区、森林树屋、森林民宿、学员宿舍、体验漂流、滑索区、地面滑(草)道、CS 野战区及真枪实弹靶场等。

　　2019 年 9 月启动面积约 33.3 万平方米,正在建设的项目有野炊烧烤区、篝火晚会区、亲子体验区、森林餐厅区、森林树屋、森林民宿、学员宿舍、体验漂流等。

陆逊营寨鸟瞰规划图

基地三期水上乐园及学农区鸟瞰图

基地三期位于毗邻基地一期的水塘及农田区。拟建设大型室内体验教育主题教育展示馆一栋，建筑面积约3000平方米；拟建设面积约6000平方米学员宿舍一栋；拟建设3.3万平方米水上拓展区、2万平方米学农及劳动教育场地。

基地建成后，服务赤壁，辐射咸宁，瞄准湖北，开展中小学生学工、学农、学军、学科技、野外生存等社会实践活动及研学旅行，同时兼顾成人团建、学习体验、会务培训，力争把基地建成鄂南最大、湖北前列的中小学生社会实践基地。

**【教学案例】**

## 厚德求是 励志笃行

### ——阳光成长教育系列

**一、活动背景**

按照中共中央国务院《关于进一步加强和改进未成年人思想道德建设的若干意见》及《国家中长期教育改革与发展规划纲要（2010—2020年）》精神，以科学发展观为指导，结合全国中小学生"综合素质测评标准"，推出"阳光成长教育"研学实践活动。

"阳光成长教育"旨在培养学生拥有独立、自主、迅速完成目标的能力；拥有勇于竞争、坚持到底、乐观向上的精神；拥有创新意识和实践精神，能够学以致用；能够认识自己，了解自己，充分实现个人价值。"阳光"体现为强大的体质和全面的素质，"阳光"体现为生存的能力和发展的能力，"阳光"标示着国家和民族未来的希望。

**二、课程目标**

1. 磨砺教育的主要内涵：一是磨砺阳光体质；二是磨砺阳光心理素质，创设各种情景，锻造学生的抗挫折能力，激发感恩情怀；三是在活动中培养学生的生命价值观；四是培养学生的责任意识，培养学生对父母、对国家民族的责任意识，建立健全的、高尚的人格精神。

2. 磨砺身心，激发感悟，促进成长，升华理想——培养具有阳光人格、阳光情感、阳光体质、阳光学业的阳光少年。

**三、指导思想**

"阳光成长教育"实践活动遵循青少年自我成长科学发展轨迹：行动力—自我认识—思维逻辑—观察体验—情感自控—注意力—时间管理—行为效率—自我成功。

磨砺教育是整个"阳光"素质教育实践活动的第一阶段，分为五个步骤：感知—认识—激发—学习—自强。

在实践和行动中感受困难和挫折，深化对人生磨砺的认识，从而激发内心强烈感受，形成学习的动力，建立自强向上的心态和行为模式。

**四、问题解析**

"阳光成长教育"磨砺实践课程设置突出解决学生情感和行为上的软弱、依赖等问题。

| 成长现状 | 内在欠缺 | 训练要求 |
| --- | --- | --- |
| 缺乏吃苦的体验，对困难和逆境缺乏足够的认识，逃避挫折，追求享受 | 对现实的全面认知，对自我的充分把握 | 多方面认识外部社会环境，认知和体验艰苦的生存条件、困难的化解方法、逆境中的成就动机 |
| 注意力不集中，缺乏成就动机，行动上表现出极大的依赖性 | 自我目标意识，独立思考和行为能力 | 增加独立思考的机会，锻炼独立解决问题的能力，体验独自面对困难的情感，强化奋发向上的精神 |
| 自我满足，随心所欲，眼高手低甚至自我放纵 | 更大的目标，更高的要求，更强的自控力 | 提高自我要求，增强自控能力，能为了一个更高的目标去付出自己的努力 |

**【行程安排】**

| 时间 | 主题 | 目标 | 内容 | 指导思想 |
|---|---|---|---|---|
| 第一天上午 | 面对挫折端正心态 | 在有难度、有强度的训练活动中体验吃苦和忍耐；在挑战自我、挑战自然的过程中去感受困难 | 阳光成长磨砺教育启动仪式：<br>1. 誓师仪式：誓词"沐浴阳光、健康成长、接受磨砺、自信自强"。<br>2. 由教官带领，进行军事化整队、建立军事化行动规范（姿态、礼仪、口号、基本动作） | 明确活动纪律，服从统一管理 |
| 第一天下午 | 动手实践体验生活 | 通过行动展现自我，在有难度的团体行动中全面认识自我；开展动手能力活动（依据年龄和时间进行选择） | 手工制作：<br>1. 动手进行创造，组与组之间展开创造力与创新思维的竞争。提高观察力、思考力，培养创新精神，让学生感受成功的喜悦。<br>2. 自助野炊：按照统一要求，提供制作原料，如米、油、佐料、鸡蛋、肉、青瓜等，各班各组学生凭借自己的力量完成野炊任务 | 主动思考，积极创新思维；在行动中体会生存的压力 |
| 第一天晚上 | 开阔眼界激发情感 | 通过观看影片，感受不屈不挠的精神，激发内在情感 | 观看电影：《洞穴之光》（或《小孩不笨》《宁静的海》等少年励志电影） | 多角度认识、看待人生 |
| 第二天上午 | 团队行动整齐划一 | 军事化训练，深入体验军人的艰苦与严格纪律 | "化零为整"团队闪电行动训练：<br>以两个班为一个竞争组，班级全体同学按顺序报数，看每个竞争组中哪个班先报完。落后那个班全班做十次"下蹲起立"动作作为惩罚。不断提高速度要求，最终实现50人报数速度在20秒以内。整个活动考验团队的合作、每个成员的责任感和参与度，增强团队精神。活动结束后各班由教官和辅导员带队进行反思与交流 | 知行合一，学会坚持与适应 |
| 第二天下午 | 接受磨砺战胜挫折 | 借助军训中的某些技能训练，提高行动力，对抗惰性 | 磨砺征程：由军事教官和辅导员带领，进行小长征急行军；比拼团队行动力，磨砺个人意志。急行军结束后由军事教官和辅导员一起引导学生进行反思，交流感受，激发斗志 | 在军事行动中突破体能极限 |
| 第二天晚上 | 才艺展示树立自信 | 给学生一个自我表现的舞台 | 联欢晚会：各班级学生自报节目，展示个人及团队才艺能力 | 张扬个性，欣赏他人 |
| 第三天上午 | 应对困难承担责任 | 强调集体配合行动的重要性 | 团队浮桥：团体合作，为前进搭桥，通向胜利。活动会给学生带来一定的挫折感，但同时也会激发自尊心和合作意识。活动结束后各班由教官和辅导员带队进行反思与交流 | 挑战困难，理解责任的内涵 |

（续表）

| 时间 | 主题 | 目标 | 内容 | 指导思想 |
|---|---|---|---|---|
| 第三天下午 | 磨砺身心主动成长 | 借助军事化的群体行动引入竞争，把磨砺教育训练的意义进一步升华 | 1. 汇报表演：学生代表汇报，内容包括停止间转法、基本军队礼仪等。<br>2. 领导力与责任感训练：以停止间基本动作操练为基本内容，十人左右为一组，每组站一行，排成五行，每组选出一人担任组长。<br>3. 表彰，结营 | 激发内心真实情感，摆正学习心态，明确成长的方向 |

【思考探究】

1. 在挑战自我、挑战自然的过程中你感受到了哪些困难？又是怎么克服的？
2. 在磨砺实践课程中怎样解决情感和行为上的软弱、依赖等问题？

# 游水电名城　识人文夷陵

**【项目实施单位】**

宜昌市夷陵区青少年活动中心

**【项目组专家】**

陈新峤

**【指导教师】**

段晶晶

**【课程主题】**

游水电名城　识人文夷陵

**【适用学段】**

小学中、高年级,初中,高中

**【研学时间】**

2～5 天

**【线路安排】**

学校 → 裕孝家庭博物馆 → 官庄印象研学旅行基地 → 三游洞风景区 → 三峡新领地文化创意园 → 交运长江游轮(两坝一峡) → 许家冲研学旅行基地 → 三峡大老岭旅游区 → 湖北东方年华三峡国际青年营 → 三峡国家柑橘公园 → 三峡湿地·杨守敬书院研学基地 → 湖北美格创客教育基地 → 红太阳校外素质教育基地 → 三峡晓峰旅游区

**【资源特色】**

· 中央专项彩票公益金研学实践教育支持单位 ·

## 宜昌市夷陵区青少年活动中心

"水至此而夷,山至此而陵",此乃夷陵名之由来。夷陵区青少年活动中心坐落于宜昌市夷陵区中心城区小溪塔,其建筑位于穿城而过的黄柏河的河中岛——河心公园处,环境优美,地理位置独特。该中心现占地 3400 平方米,场馆建筑两层共 2900 平方米,有 38 间功能用房。中心规划设计分馆外建设与馆内建设两个部分。馆外建设包括河心公园内的三峡名特珍稀植物科普园和地质科普园、裕孝家庭博物馆,以及 1500 平方米的"求知园"科普活动广场,现为夷陵区新时代文明实践中心所在地,总活动面积近 8 万平方米。馆内建设采用"四馆合一,综合利用"方式,建有科技馆、青少年宫、中小学生校外活动中心和妇女儿童活动中心。中心现建有好人馆、生态文明实践成果展厅、青少年创客基地、红领巾广播电视台、少儿书画院、非物质文化遗产传承基地、志愿者之家等活动场馆,常年开设有"红领巾课堂""德育加油站"等活动课程。中心开展的特色活动多次被《人民日报》《湖北日报》等媒体报道,现为湖北省"校外教育先进单位""红领巾教育实践基地"、中央专项彩票公益金扶持校外教育活动场所项目实施单位。

中心现承担夷陵区内研学旅行项目的组织与对外联络工作。

## 裕孝家庭博物馆

裕孝家庭博物馆坐落于夷陵区风景秀丽的河心公园。博物馆秉承"百年记忆·见微知著"的博物馆社会教育理念,将家中四代人收藏的20000多件(套)历史资料及藏品作为展品。展厅内设"百年民生""薪火相传""家训家风""家博愿景"四个主题展厅和"袁裕校家庭收藏"特色专题展,记录了一个平民家庭生活的变迁。

课程接待量400人/日。

## 官庄印象研学旅行基地

官庄印象研学旅行基地地处夷陵区小溪塔街道官庄村。所在地是宜昌市城乡统筹发展示范村之一,也是宜昌主城区百万人口饮用水源——官庄水库所在地,为宜昌城郊生态第一村。基地拥有三峡柑橘文化广场、官庄印象"橘之乡"创意农场、官庄水库、万亩柑橘林场、湖北俏牛儿牧场等研学阵地,研学课程主要有新农村建设、水源地保护、民间版画传承、生态文明实践等。

课程接待量800人/日。

## 三游洞风景区

位于长江三峡起始点的西陵峡口有一颗璀璨的明珠,它就是闻名遐迩的千年人文古洞——"三游洞"。三游洞面对葛洲大坝,背靠千峰叠翠,左牵玉带(下牢溪),右挽腾龙(长江),隔溪与南津关相望、隔江与石牌顾盼。大自然造就了三游洞美丽的风物;岁月留下了三游洞精彩的传说;历史孕育了三游洞丰厚的底蕴。三游洞及相邻的"世外桃源",堪称人间仙境,无峰不雄、无洞不奇、无壑不幽、无亭不名、无墨不宝、无刻不隽、无一处不可以成诗、无一处不可以入画,是宜昌诗城之魂、三峡地区文人之肾、战地之母。三游洞集全国重点文物保护单位、爱国主义教育基地、4A级旅游景区、宜昌市文化名片、现代化建设成就于一身,是全国不可复制的研学旅行基地。

课程接待量1200人/日,住宿接待量600人/日。

## 三峡新领地文化创意园

三峡新领地文化创意园位于宜昌市夷陵区乐天溪镇兆吉坪村,距宜昌中心城区30分钟车程,交通十分便利。基地现有4000平方米的教学大楼、500平方米的接待楼、1000平方米的水上餐厅,可以同时满足2000多人次团队拓展及户外研学需求,同时可以提供500人就餐。基地设有爱国主义教育、国防教育、地质科普、农耕体验、特色传统技能、生存体验、素质拓展、VR(虚拟现实技术)体验等多个研学课程。

课程接待量2000人/日,住宿接待量800人/日。

## 交运长江游轮(两坝一峡)

两坝一峡指的是从三峡大坝至葛洲坝中间长达 37 千米的长江航道上的天然大峡谷——西陵峡东段,由于三峡大坝的新建,自三峡大坝以上的西陵峡西段,整个的巫峡和瞿塘峡都被淹没,水位抬高 60—100 米,部分三峡原有的景观有所改变,唯有两个大坝中间(两坝一峡区域)的西陵峡段保持了原汁原味的长江三峡峡谷风光风貌。因此,两坝一峡成为当今世界仅存的原生态的三峡,具有极大的观赏价值。其中,交运两坝一峡指世界第一坝——三峡大坝、长江第一坝——葛洲坝,汇聚宜昌文化古韵的三游洞、5A 级景区三峡人家,以及享有"绝版三峡"之称、保留了原汁原味峡谷风光的西陵峡。大国重器、峡江文化、航运水文等研学课程资源丰富,在长江三峡流域首屈一指。

## 许家冲研学旅行基地

许家冲研学旅行基地位于三峡工程左岸夷陵区太平溪镇许家冲村。该村为坝区库首第一镇第一村,与三峡大坝比邻,习近平总书记曾到该村视察。基地东连乐天溪镇,南临长江,与秭归县茅坪镇、夷陵区三斗坪镇隔江相望,西抵秭归县茅坪镇,北抵邓村乡。基地"牵花绣"课程曾向习近平总书记汇报成果,三峡渔鼓调、环保实践课程也深受学生喜爱。

课程接待量 1000 人 / 日,住宿接待量 400 人 / 日。

## 三峡大老岭旅游区

三峡大老岭旅游区是国家级自然保护区、国家湿地公园、三峡地区第一家国家级森林公园,总面积 66.6 平方千米,森林覆盖率 98%,园内生长着 2202 种维管植物,其中有红豆杉、珙桐等 38 种属国家重点保护植物;栖息着 418 种陆生脊椎动物,其中有林麝、豹等 26 种属国家重点保护动物,享有"植物宝库""动物乐园"等美誉。三峡大老岭平均海拔 1700 米,四季分明,空气清新,负氧离子含量 1.26 万 / 平方厘米,年最高气温 28℃,夏季平均气温 21℃,是天然的避暑纳凉胜地。景区内有盘龙岭、三峡云顶、野猪峡、药王溪等景点,配有真人 CS、拓展训练基地、会议室、篝火场地等设施。共有各类客房 180 余间,帐篷若干,餐位 200 人,最大日接待量 700 人,同时还建有夏令营营房。

课程接待量 700 人 / 日,住宿接待量 500 人 / 日。

## 湖北东方年华三峡国际青年营

湖北东方年华三峡国际青年营位于江汉平原腹地——湖北宜昌市枝江安福寺镇。营地距沪渝高速、呼北高速出入口 3 千米,距宜昌东站 28 千米,距三峡机场 17 千米,交通便利。三峡国际青年营占地 668 万多平方米,投资 10 亿元。营地凸显"研学教育"之功能,秉承教育性原则,建有生态农业区、户外生存区、国防教育区、团队拓展区、主题教

育区等五大功能区,建有能满足 1000 人同时进餐的食堂、能满足日接待 1300 人住宿的营房,各种生活设施完备。

三峡国际青年营是"全国青少年农业科普示范基地""湖北省中小学生研学实践省级示范营地",已累计接待研学人数近 20 万。

课程接待量 1600 人 / 日,住宿接待量 1300 人 / 日。

## 三峡国家柑橘公园

三峡国家柑橘公园位于湖北省宜都市,覆盖红花套和高坝洲两个乡镇,占地 25 平方千米。2019 年 2 月发改农经〔2019〕245 号文件颁布了全国首批 100 家农村产业融合发展示范园名单,三峡国家柑橘公园是宜昌市唯一入选的单位。

三峡国家柑橘公园以"全国柑橘之乡"和"全国农村产业融合发展示范园区"为主线,设置探秘国家柑橘公园主题,实施"今天乐当小橘农,明天敢闯大世界"多个精品课程,旨在帮助学生获得亲身参与和体验互动的机会,提高学生对自然、社会和自我内在联系的整体认知的能力,真正做到了解家乡、爱上家乡。

课程接待量 600 人 / 日,住宿接待量 110 人 / 日。

## 三峡湿地·杨守敬书院研学基地

三峡湿地·杨守敬书院研学基地,是首批"宜昌市中小学生研学旅行实践基地"。杨守敬被誉为"晚清民初学者第一人",代表作《水经注疏》是郦学史上的一座丰碑。杨守敬书院位于宜都市五眼泉镇石门村,临靠宜都 – 渔洋关一级公路,交通便利。景区总占地 12.395 平方千米,其中杨守敬书院占地 21.4 万平方米,水域面积 66.7 万平方米,于 2005 年 9 月破土动工兴建,历时十年,已完成主体及配套建筑 8300 余平方米、景观漫游步道 5 千米。基地设有书院、三峡湿地博物馆、国学院三大研学区,可供 1800—2000 人同时研学体验。学生食堂可同时容纳 800 人就餐,食、宿、学全程监控。

课程接待量 1800—2000 人 / 日,住宿接待量 650 人 / 日。

## 湖北美格创客教育中心

湖北美格创客教育中心是国内第一家集创客项目体验、作品展览、研学旅行、创客研究、拓展培训为一体的中小学生创客中心。中心整体规划面积达 5000 平方米,设置有创客展示体验区、创客教学区、创客工具间、创客机器人比赛竞技区、大型创客项目活动区、学生食堂休息区等区域。中心能够同时容纳 500 名中小学生开展创客活动,能为广大中小学生提供优质的研学旅行服务和创客教育培训服务。

美格创客基于国际先进的 "STEAM"(science、technology、engineering、arts、mathematics)教育理念,秉承着"做中学、玩中学"的核心理念,将创客文化与教育有机融合,以孩子的兴趣爱好为导向,通过项目学习的方式,结合开源机器人、3D 打印机、无人机、激光切割机、互联网、五金工具等多元化应用工具,培养学生跨学科解决问题能力、沟通交流能力、团队协作能力和创新能力。

课程接待量 600 人 / 日。

## 红太阳校外素质教育基地

宜昌高新区红太阳校外素质教育基地(宜昌市现代农业展示中心),位于点军区土城乡茅家店村,占地面积 17 万平方米,总投资约 6000 万元。基地先后获得"宜昌市研学旅行基地""宜昌市科普教育基地""宜昌市青少年综合实践学校红太阳学农基地""点军区素质教育红太阳科教基地"等称号。基地配备有"智慧农业控制平台"和"智能温室",开辟建设了百蔬园、百花园、百果园、百草园和家庭农场,遵循不同年龄段学生的成长及认知规律,针对小学、初中、高中生等不同研学旅行团队精心设计了农耕文化传承、智慧农业科普、田间农活体验、快乐农闲游戏 4 大课程板块,供学生自由选择。研学单位时间为 1 天,单次最大接待学生人数 1200 人。基地以宜昌市现代农业科技发展魅力为窗口,为学生打造一个知农、爱农、亲农的实践平台,培养学生低碳、生态、健康的生活理念,切实达到研学旅行"游中有学、行中有思"的目的。

课程接待量 1200 人 / 日。

## 三峡晓峰旅游区

三峡晓峰旅游区研学基地位于湖北省宜昌市夷陵区黄花镇,距离宜昌中心城区 29 千米,车程约 40 分钟,道路通畅便利,区位优势一流。研学基地场所面积 9 平方千米,其中国家 4A 级景区三峡大瀑布 4 平方千米,国家 4A 级景区金狮洞景区面积 3 平方千米,国家 3A 级景区情人泉景区 2 平方千米。研学基地内拥有长江三峡地质公园寒武纪园区、中国十大名瀑——三峡大瀑布、中国十大溶洞——金狮洞、地下河——情人泉,展示黄花场大坪阶金钉子和王家湾赫南特金钉子的金钉子广场。基地下设神农驿站宾馆,拥有标准间、三人间、豪华套房等共 116 套,大厅配备免费 Wi-Fi,拥有大、小会议室等设施,餐厅可容纳 1000 人同时进餐。

课程接待量 700 人 / 日。

【行程安排】

| 时间 | 行程 |
| --- | --- |
| 第一天 | |
| 08:30-09:30 | 学生集合,在夷陵区河心公园青少年活动中心参加研学旅行启动仪式,参观生态小公民展厅,参观裕孝家庭博物馆。培养学生的环保意识、家国情怀(课程一) |
| 09:30-12:00 | 乘车赴官庄印象研学旅行基地,开展"水源地保护""走进橘都茶乡""新农村的官庄印象"等研学课程(课程二) |
| 12:00-12:30 | 午餐,午休 |

（续表）

| 时间 | 行程 |
|---|---|
| 13:00—17:00 | 乘车赴三游洞风景区,参观三游洞,了解前三游、后三游、续三游的背景故事,开展诗词文化等研学活动(课程三) |
| 17:30—18:30 | 赴住宿地晚餐(三峡新领地文化创意园) |
| 19:00—20:30 | 观看电视剧《最后的国门》,开展国防教育 |
| 20:30—21:15 | 整理个人内务,洗漱后就寝 |
| **第二天** | |
| 07:00—08:00 | 全员参加升旗仪式、国旗下讲话,早餐 |
| 08:00—12:00 | 在三峡新领地文化创意园开展户外拓展、活字印刷等研学活动(课程四) |
| 12:00—13:00 | 午餐,午休 |
| 13:00—15:00 | 赴三峡大坝开展"共护长江美"生态小公民研学旅行活动 |
| 15:00—17:00 | 赴许家冲研学旅行基地,开展"紧跟习爷爷的脚步"研学活动,参观洗衣池,学唱《党员公约渔鼓调》,学习制作牵花绣(课程五) |
| 18:00 | 返三峡新领地文化创意园晚餐 |
| 19:00—20:00 | 学习心得小组分享会 |
| 20:00—21:00 | 整理个人内务,洗漱后就寝 |
| **第三天** | |
| 07:00—08:00 | 三峡新领地文化创意园早餐 |
| 08:00—12:00 | 赴三峡大老岭研学旅游区开展"长江中上游动植物资源调查保护"研学活动(课程六) |
| 12:00—12:30 | 午餐 |
| 12:30—17:30 | 赴三斗坪镇码头乘坐宜昌交运长江游轮顺江而下,参观三峡大坝、西陵峡、葛洲坝,开展大国重器、峡江文化、航运知识研学活动 |
| 18:00 | 晚餐,赴东方年华三峡国际青年营(营地)住宿 |
| 19:30—21:00 | 参加营地联欢晚会 |
| 21:00—22:00 | 整理个人内务,洗漱后就寝 |
| **第四天** | |
| 07:00—12:00 | 东方年华三峡国际青年营(营地)早餐,参加研学综合实践活动(课程七) |
| 12:00—12:30 | 营地午餐 |
| 12:30—15:00 | 赴三峡国家柑橘公园开展农特产深加工过程研学活动,了解宜昌柑橘文化(课程八) |
| 15:00—17:30 | 赴三峡湿地·杨守敬书院(营地)开展传统文化传承研学活动(课程九) |
| 18:00 | 晚餐、营地住宿 |
| 19:00—20:00 | 分组小结,整理个人内务,洗漱后就寝 |
| **第五天** | |
| 07:00—07:30 | 三峡湿地·杨守敬书院(营地)早餐 |
| 07:30—09:30 | 赴湖北美格创客教育基地开展科普研学活动(课程十) |
| 09:30—12:00 | 赴红太阳校外素质教育基地开展现代农业研学活动(课程十一) |
| 12:00—12:30 | 基地午餐 |
| 12:30—17:00 | 赴三峡晓峰旅游区参加地质科普研学活动,参观三峡大瀑布(课程十二) |
| 17:00 | 返校 |

注:以上行程安排仅供参考,各校可根据实际情况适当调整行程与课程安排

**【教学案例】**

### 课程一　百年遗韵——家庭博物馆概述

**一、课程内容**

1. 家庭博物馆(以下简称家博馆)研学活动开班仪式。

2. 家博馆百年民生。

3. 家博馆薪火相传。

4. 家博馆家训家风。

5. 家博馆家博愿景。

6. 家博馆特色专题。

**二、研学目标**

1. 让学生了解家博馆的概况。

2. 让学生知晓"四个自信",开展意识形态教育。

3. 培养学生的家国情怀。

**三、研学过程**

1. 开班仪式。(35分钟)

(1)家博馆研学小组介绍当天的研学活动流程、工作人员配备,带领同学们进行分组,选出各组小组长,公布研学课堂活动规则。(10分钟)

(2)小组长进行自我介绍,表达带领小组成员活动的意愿。(3分钟)

(3)家博馆负责人致开班词。(5分钟)

(4)校方代表致开班词。(5分钟)

(5)学生代表才艺表演。(10分钟)

(6)学生代表致宣誓词。(2分钟)

2. 研学课堂。(70分钟)

(1)家博馆代表通过提问的方式进行课程导入:你知道哪些博物馆? 你最喜欢的是什么类型的博物馆?(2分钟)

(2)通过参观家博馆的大厅了解设计构思。(5分钟)

(3)通过参观家博馆的序厅了解家博馆概况。(3分钟)

(4)通过参观家博馆的过厅了解馆训及家博十训。(8分钟)

(5)通过参观家博馆的第一展厅了解百年民生。(12分钟)

(6)通过参观家博馆的第二展厅了解薪火相传。(12分钟)

(7)通过参观家博馆的第三展厅了解家训家风,设置1—2个互动问题。(13分钟)

(8)通过参观家博馆的第四展厅了解家博愿景。(13分钟)

(9)请参观博物馆的嘉宾留言。(2分钟)

3. 教学评价。

(1)由学校提供研学名单表,交给家博馆研学小组。

(2)由家博馆代表和学校老师组成研学小组,观察学生在研学活动课堂过程中的表现,共同负责对参观学生进行评价打分。

(3)评分规则:对于课堂活动过程中表现积极、态度良好、乐于助人的同学,在名单表上标记为甲等,原则上不超过总人数的10%;各方面表现较差、影响到其他同学研学的同学,给予丙等标记,原则上不超过1%;

其余同学均为乙等;原则上不给予丁等标记。

(4)课程结束后,所有老师将评价表交给家博馆研学小组汇总登记。

## 课程二　饮水思源

**一、课程内容**

1. 学习了解宜昌百万居民饮用水源——官庄水库的建设背景、艰辛历史、发展进程、安全保障、功能作用以及社会效益。

2. 学习川东鄂西的"红旗渠"——东方渠的建设历史,回顾已拆除的普溪河老渡槽,缅怀宜昌一代代水利人的艰辛奋斗史,学习他们无私奉献的精神。

3. 学习了解城市饮用水的产生过程,通过模拟污水处理厂的生产系统和工艺流程,亲手做一次污水处理净化实验。

**二、研学目标**

1. 了解宜昌水利工程,了解宜昌百万居民饮用水源——"官庄水库"。

2. 激励学生"不忘初心,饮水思源",学习前辈们为国家、为人民的无私奉献精神。

3. 掌握污水净化的原理,了解饮用水源的级别标准,知道在现实生活中保证饮水安全。

**三、研学过程**

| 流程 | 步骤 | 教学内容 | 时长 |
|---|---|---|---|
| 课程引入 | 1 | 观看官庄水库、东风渠建设和发展视频 | 15分钟 |
| 教学过程 | 2 | 了解城市饮用水的产生过程,学习并提炼水净化的步骤和原理 | 15分钟 |
| | 3 | 分组分工,模拟水库净水步骤,发放污水处理净化实验器具,学生实际操作 | 40分钟 |
| | 4 | 由导师用精密仪器水质检测仪检测污水净化程度,对学生的研学效果进行测评 | 10分钟 |
| | 5 | 由检测水质最高和最低的小组分别总结与分享,成功或者失败的经验 | 10分钟 |
| 教学评价 | 6 | 通过水质检测仪,测试各小组最终得出的净化水的质量;判断总结小组水净化实验中的错误步骤和操作;检查学生完成的本章节《研学手册》测试题目的情况 | 30分钟 |

## 课程三　楚塞楼上观日月,三游洞里敬先贤

**一、课程内容**

前三游、后三游、续三游的背景故事;彰显元白兄弟情、三苏父子情的诗词;欧阳修、黄庭坚、陆游精选诗词。研学过程中,如何既让学生对唱诗、赏诗感兴趣,又让学生学有所获、体会诗人情怀是难点。

**二、研学目标**

通过对三游洞背景故事、相关大诗人的介绍及师生互动,让学生了解三游洞主要历史节点,赏析相关名诗,使历史人物能够在学生思维中生动鲜活起来,培养学生诗人诗心的家国情怀。

**三、研学过程**

1. 由"宜昌——中国诗歌之城"发布会视频导入三游洞是诗城之魂、三峡文创之窗、人文之肾;三游洞有

自然之象、复兴之实;把探三游、续千年文脉视为己任。

2. 热身:围绕三游洞相关人文地理知识编制 8 至 10 道抢答题,例题如下。

(1)三游洞得名之前,此山名叫 _____ 山,山顶又称"望乡台""望月台"。

(2)三游洞"前三游"指的是唐宪宗元和十四年三月初十(819 年 4 月 14 号)_____ 三人发现此洞并流连忘返,各自刻诗洞壁;由 _____ 提议,_____ 写下著名的《三游洞序》。

(3)"斯景胜绝,天地间岂有几乎"出自 _____ 之口;"西陵山水天下佳"出自一代宗师 _____ 笔下。

(4)白居易的诗"君写我诗盈寺壁,我题君句满屏风。与君相遇知何处,两叶浮萍大海中"中的"君"指的是大诗人 _____。

(5)"洞前危径不容足,洞中明旷坐百人。苍崖砰兀起成柱,乱石散列如惊麇。清溪百丈下无路,水满沙土如鱼鳞。"出自 _____ 的诗词《三游洞》。

(6)袁枚"庐陵事业起夷陵"说的是一代文宗、文坛千年伯乐 _____。他彪炳千秋的伟绩是从夷陵的美好山水起步的。

(7)公元 768 年春,峡州长官在下牢溪边(今三游洞津亭处)设宴接待 _____。他当即写下《春夜峡州田侍御长史津亭留宴》一诗以记此事。"北斗三更席,西江万里船。……始知云雨峡,忽尽下牢边。"

(8)公元 725 年,_____ 曾在下牢溪边小住,而后写下"山随平野尽,江入大荒流"。

3. 三游洞概述:三游洞之由来、前三游、后三游、续三游。

4. 诗词赏析:元白诗词诵读;三苏三游洞诗词赏析;欧阳修、黄庭坚、陆游写的三游洞诗词一览。

5. 互动:唱诗、诵诗、舞诗、诗词接龙。

6. 结束:行敬师礼、说誓词,活动在"一蓑烟雨任平生"音乐声中结束。

7. 教学评价:本课程结束前分组对照研学手册上的问题进行讨论并答题,然后结合基地研学旅行评价表相关内容在学生的成绩单上盖上研学效果星级章。

## 课程四 最后的国门

**一、研学目标**

通过宜昌保卫战的历史回顾与实地参观,帮助广大青少年了解抗战历史,学习国防知识、军事常识,培养爱国精神。

**二、研学过程**

1. 课程导入。

(1)全体学员操场进行队列训练。(10 分钟)

(2)进行国防常识培训,讲解宜昌地理位置的战略意义。

(3)请同学们交流对日本侵略中国的史实了解。

(4)讲述宜昌保卫战的故事,观看相关影视片资料。

2. 情境模拟。

(1)创设以宜昌保卫战为历史背景的情境。

(2)以小组为单位讨论宜昌保卫战作战方案,注意考虑历史时间点和当时的国防力量。

(3)讨论作战方案。

(4)创设战场情境,带领学员进入基地"战场",进行战场体验。

3. 感悟分享。

以小组为单位选派代表交流分享学习心得。

4. 教学评价。

利用 5 分钟时间,对今天的课程进行总结,对表现好的同学进行表扬,并对全体同学进行评分;填写课程评价表,便于导师对课程进一步地优化和总结。

## 课程五  牵花绣——制作艾草香包

**一、课程内容**

在三峡大坝的左岸生活着一群淳朴、勤劳的人,为三峡大坝的建设奉献出自己的家园,又用勤劳与智慧重建家园,他们带着对故土的眷恋,传承非遗文化,用传统的牵花绣制作峡江特色的旅游纪念品。本课程以绣品带同学们走进牵花绣的世界,解读牵花绣的历史源流和创建牵花绣基地的背景,由非遗传承人授课,从穿针、引线、针法到制作成品,培养学生动手能力。通过本课程,学生学会完成自己的作品,在动手的过程中体会当地风情,懂得勤劳致富的道理;把"艾"带回家,将制作好的艾草香包带回家与家人分享。

**二、课程目标**

1. 了解非遗文化——牵花绣的历史源流,学习牵花绣针法并制作一个艾草香包成品。

2. 带学生体验非遗技艺和传统文化的结合,加深学生对传统文化的了解。

3. 增强学生爱国情怀,培养学生的审美艺术及动手能力。

**三、教学用具**

课程 PPT、音响设备、手工包(艾草、针、线、布、装饰花、剪刀等)。

**四、研学过程**

1. 分发教具。(5 分钟)

2. 知识讲解。艾草香包以粽子为原型、艾草为填充物,是端午节的文化符号。老师提问,与学生互动:端午节我们都有哪些活动? 艾草浑身是宝,同学们知道艾草的功效与作用吗?(20 分钟)

3. 针法演示:老师分解制作步骤,将每一步需要注意的地方重点讲解。(10 分钟)

4. 动手部分:根据老师讲述的步骤制作一个艾草香包,注意艾草填充与锁边的手法。(40 分钟)

5. 分享部分:将制作好的香包拍照留念,选出优秀作品与大家分享,最后把制作好的香包带回家与亲人分享。(15 分钟)

6. 教学评价。研学课程评价表如下。

| 评价项目 | | 标准(优/良/合格) | 学生评价 | 老师评价 | 综合评价 |
|---|---|---|---|---|---|
| 学生 | 参与课程态度 | 优秀≥90分<br>良好≥80分<br>合格≥60分 | | | |
| | 课题成果 | | | | |
| | 自主学习能力 | | | | |
| | 创新实践能力 | | | | |
| | 团队协作能力 | | | | |
| 课程 | 课程内容 | | | | |
| | 教学形式 | | | | |
| 基地 | 研学导师水平 | | | | |

## 课程六　植物的分类

**一、课程内容**

1. 了解植物的多样性,知道分类是生物研究的基本方法。

2. 用自己确定的标准给植物分类。

**二、研学目标**

1. 知道植物能够分为开花植物和不开花植物。

2. 知道不开花植物包括蕨类、苔藓和藻类植物等。

3. 知道分类是生物研究的基本方法。

4. 能够用自己确定的标准给植物分类。

5. 理解植物是多种多样的,能够欣赏并感受到大自然因植物的多样而美丽。

**三、研学过程**

1. 课前实施。

课前教师带着学生们走进植物园、盘龙岭等地方寻找植物,完成调查表,了解学生的记录情况。

(1)交流调查的植物,导入课题。

(2)欣赏四季不同的美景,谈谈自己的感受。

(3)教师:自然界丰富多样的植物不但给带我们美的享受,还为人类的生存提供了适宜的生活环境。昨天,我们的植物探秘之旅走进了植物园、盘龙岭,还记得当时的情景吗? (观看视频)

(4)交流记录本上"课前调查"部分的内容。

(5)教师:看了这么多的植物,你有什么感受? (板书:多种多样的植物)学生谈感受。

2. 给植物分类。

(1)教师:世界上的植物大约有40多万种,我们怎么样才能科学地去理解他们,记住他们呢? 你们打算按什么标准分呢? (学生小组讨论、汇报)

(2)教师:请同学们按照自己确定的标准给这些植物分类吧,把分类方法和结果填写在记录单上。(学生小组活动,分类)

(3)汇报分类结果。

3. 观察开花植物和不开花的植物。

教师:同学们说出了这么多的方法,说明你们一直在动脑筋思考着,真不错。而科学家也像你们一样根据植物的特征对植物实行分类,有时候,他们根据是否开花将植物分为两大类:开花植物和不开花植物。如果请你按这个标准来分类,你们会分吗? 谁来试一试?

(1)补充修正分类结果。教师出示图片,帮助学生加深印象。

(2)回顾鸽子花是由哪些部分组成的。(我们将类似于鸽子花这样的植物称之为开花植物)

(3)学习不开花植物的特点。(展示苔藓、蕨类、藻类等不开花植物的图片)

4. 课外拓展。

教师:世界上的植物如此之多,科学家是用什么方法来理解和记录它们的呢? (播放视频资料,认识走进家庭里的各种具有特殊作用的植物)。同学们,自然界多种多样的植物不但给带我们美的享受,而且持续地制造氧气供人类呼吸,我们应该爱护植物、多了解植物。在植物王国里,还有很多知识需要我们进一步学习,还有无数的奥秘在等我们去探索。让我们相约下一次的科学探究之旅吧。

5. 教学评价。

(1)由学校提供研学名单表,交给助教老师、学校老师。

（2）由助教老师、学校老师组成观察团，观察学生在研学活动课堂过程中的表现；由学校老师负责对本班学生进行评价打分。

（3）评分规则：对于课堂活动过程中表现积极、态度良好、乐于助人的同学，在名单表上标记为甲等，原则上不超过总人数的10%；各方面表现较差、影响到其他同学研学的同学，给予丙等标记，原则上不超过1%；其余同学均为乙等；原则上不给予丁等标记。

（4）课程结束后，所有老师将评价表交给基地助教老师汇总登记。

## 课程七 创意根果

### 一、课程内容

山野之趣悦无穷，匠人之心意无尽，自然之乐喜无边，根养木，木育果，果化种，种生根。

根与果，是自然，是材料，是食物，一颗果实，一段树根，巧手拼接，朽木逢春，便是极适合开发孩子创造性思维的艺术。只有动手试过，才能发现世界的美！"小木头、大梦想"，根果艺术将别人眼中平平无奇的根果变废为宝。以艺怡情，教会小孩以积极乐观的态度对待生活，对待每一件事情，传递正能量。

### 二、研学目标

1. 知识与技能。

（1）了解大自然的相关知识，感受自然之美。

（2）学习植物器官的知识，掌握各个器官的作用。

（3）熟练掌握工具的使用。

2. 过程与方法。

（1）通过对植物的观察和讲解，了解植物的结构及其特征。

（2）在找寻原材料的过程中，感受不同植物的形态美。

（3）通过创意手工制作，发挥想象力，提高创造能力。

（4）在使用不同工具的过程中，提高动手能力。

3. 情感态度与价值观。

在探索过程中，激发创造精神，发展美术实践能力，形成基本的美术素养，陶冶高尚的审美情操，对匠心精神有一定的理解和体会，传承中华传统工艺。

### 三、研学过程

（一）课前准备

1. 班干部整队，教师做自我介绍。（5分钟）

2. 宣布本节课的教学内容及要求。（5分钟）

（二）教学过程（80分钟）

1. 课程导入：谜语：头顶青针发，身披鱼鳞甲，不怕冰雪冻，不怕北风刮。（打一植物）（2分钟）。

2. 理论教学，讲解植物的器官。提问：俗话说"松树全身都是宝"，那么松树究竟有哪些宝呢？（然后讲解植物的器官及各器官的作用）（7分钟）

3. 欣赏根果艺术，感受自然之美。通过一组创意松果的图片，让学生感受根果艺术之美。（3分钟）

4. 教师讲解制作要求，发布制作任务。（8分钟）

（1）制作过程中所需工具的使用方法及注意事项。

（2）制作过程中卫生及安全要求。

5. 找寻制作材料，探索自然之美。

（1）讨论分组，每组选出一名队长、一名纪律委员、一名安全委员、一名卫生委员。（3分钟）

（2）教师讲解寻找制作材料的要求及注意事项。（2分钟）

（3）小组合作，寻找制作材料。（15分钟）

6. 灵感时刻，静心制作。教师巡场指导并时刻提示安全。(25分钟)

7. 教师讲解桌面整理要求，学生按照教师要求对桌面进行整理。（5分钟）

8. 小组评比，作品展示，教师进行总结。教师要求学生对作品进行相应的阐述（如作品名称、设计内涵、在制作过程中遇到过那些问题、本堂课有哪些收获等)，并对学生作品提出指导性意见。通过学生竞选和老师评价选出最佳创意奖、最佳工艺奖。(10分钟)

#### 四、安全保障

1. 严禁手拿工具在室内疯赶打闹。

2. 禁止用树枝对着人，防止误伤其他同学。

3. 正确使用剪刀、胶枪，防止使用不当带来不必要的伤害。

4. 谨记"三防"：防伤人、防伤己、防被伤。

## 课程八　体验柑橘果醋加工

#### 一、课程内容

1. 了解宜昌柑橘产业现状、橘醋的生产过程。

2. 了解土老憨企业发展的历程、现状和主要产品。

3. 了解土老憨企业创始人陈世贵的传奇经历。

#### 二、研学目标

1. 感受、认识中国柑橘农业经济的具体形态。

2. 观察科学、严密的橘醋生产组织过程,体会精益求精的精神和科技的力量,激发学生对科学技术应用的兴趣。

3. 了解企业创始人陈世贵的成功经历，感受中国人的勤劳有为，培养学生的民族自豪感、爱国心。

#### 三、研学过程

1. 课程引入：你知道全国唯一一家用柑橘生产酿造健康调味品的企业吗？橘醋是晒酿成的还是煮酿成的？

2. 教学过程。

（1）课程老师介绍课程内容安排及相关注意事项和纪律。

（2）课程老师讲解陈世贵的创业历程以及土老憨的发展历程、现状、主要产品。学生观看相关视频，老师再突出强调，引导学生反馈并进行矫正，注重学生的差异性。

（3）介绍橘醋的生产原理，展示幻灯片。

（4）土老憨技术员介绍参观的具体安排和注意事项。

（5）依照橘醋的工艺流程依次参观：酶制→粉碎→蒸煮→糖化→发酵→酒醅→醋醅→醋酸发酵→封醅→淋醋→浓缩→贮存→成品包装。对学生好奇的环节，多停留、多讲解，并及时启发学生提出问题、解决问题。

3. 教学评价：教师点评任务完成情况，表扬优秀者。

## 课程九　感悟国学　拟订诗书——单线装订

#### 一、课程内容

1. 以孔子退修诗书的典故导入课程，激发学生学习兴趣；让学生认识古代文明典籍是历史的见证，是中华民族的宝贵精神财富，知道古籍修复是一件严谨且有意义的事情，其中大有学问。

2. 了解杨守敬的生平事迹。

3. 掌握线装书装订制作的方法。

4. 用棉线、针等工具装订书页,将书页对齐打孔,将棉线穿孔打结完成装订,引导学生积极动手制作线装书,能够独立装订一本线装书。

5. 诵读郦道元《三峡》选段。

6. 总结分享成果和经验。通过动手实践感受传统文化的魅力、工匠精神。线装书制作活动是古籍修复这一中华传统技艺继承、传播和发扬的有益尝试,有助于传承古籍修复技艺,弘扬中华优秀传统文化。

**二、研学目标**

1. 知识与技能:简介退修诗书,让学生体会到书籍是中华民族的宝贵精神财富;通过动手完成线装书装订,培养学生细心、耐心的品质。

2. 过程与方法:通过故事导入课程,激发出学生的兴趣;引导学生主动参与、积极动手、并及时进行成果经验的总结分享;掌握线装书装订制作的方法,能够独立装订一本线装书。

3. 情感态度与价值观:培养学生对书籍的喜爱,对手中的书本增添新奇感;培养学生动手创新的能力,感受成功的喜悦;培养不骄不躁、认真细心的品质。

**三、研学过程**

| 地点 | 时间分配 | 课程内容 | 研学任务 |
|---|---|---|---|
| 杨守敬书院勤诚讲堂 | 5分钟 | 强调课堂纪律和安全提示 | 书籍是人类进步的阶梯,通过了解书籍历史演变,学习古代劳动人民的探索创新的精神;动手完成线装书的装订;齐诵郦道元《三峡》选段 |
| | 15分钟 | 简介退修诗书、书籍的发展历史 | |
| | 5分钟 | 杨守敬生平事迹简介 | |
| | 10分钟 | 线装书过程演示 | |
| | 30分钟 | 动手装订线装书 | |
| | 5分钟 | 课程内容回顾 | |
| | 5分钟 | 诵读经典 | |

**四、教学评价**

对装订作品要给予肯定,对学生的表现以鼓励为主,适当地提出一些意见。

## 课程十 无人机模拟飞行及实操

**一、课程导入**

无人驾驶飞机简称"无人机",英文缩写为"UAV(unmanned aerial vehicle)",是利用无线电遥控设备和自备的程序控制装置操纵的不载人飞机,或者由车载计算机完全地或间歇地自主操作。与有人驾驶的飞机相比,无人机往往更适合那些太"愚钝,肮脏或危险"的任务。无人机按应用领域可分为军用与民用。军用方面,无人机分为侦察机和靶机。民用方面,无人机+行业应用是无人机真正的刚需。目前在航拍、农业、植保、微型自拍、快递运输、灾难救援、观察野生动物、监控传染病、测绘、新闻报道、电力巡检、救灾、影视拍摄等领域的应用,大大地拓展了无人机本身的用途。

**二、研学目标**

1. 了解无人机的发展史。

2. 认识无人机的种类。

3. 了解无人机的飞行原理。

4. 了解如何正确操作无人机的飞行。

### 三、研学过程

1. 教师讲解无人机相关知识:无人机技术是从第一次世界大战开始产生的,一开始运用于军事领域。无人机的类型共分为军用无人机、商业无人机、个人无人机以及未来无人机四大类。无人机也是由电机的旋转使螺旋桨产生升力而飞起来的。比如四旋翼无人机,当飞机四个螺旋桨的升力之和等于飞机总重量时,飞机的升力与重力相平衡,飞机就可以悬停在空中了。根据牛顿第三定律,旋翼在旋转的同时,也会同时向电机施加一个反作用力(反扭矩),促使电机向反方向旋转。这也是为什么现在的直升机都会带一个"小尾巴"的原因:在水平方向上施加一个力,去抵消这种反作用力,保持机身的稳定。不仅如此,多轴飞机的前后左右或是旋转飞行也都是靠多个螺旋桨的转速控制来实现的。

2. 教师示范如何正确操作无人机。

第一步,操作四轴飞行器最为重要的就是要分清哪里是头部,哪里是尾部,否则的话就极其难以操作,这也是第一次操作的人难以掌握的技能,四轴飞行器的头部有蓝色的灯光,而尾部则有红色灯光。第二步是驱动,遥控器的左边摇杆是控制高度和转弯的,在飞行的时候,切记不要一下子升到顶部,这样容易摔坏飞行器,最好是一点点升上去,升降幅度不要太大。左边的摇杆如果往左边划动,则是往左边转动,往右则是往右边转动。同样,幅度不能太大。

3. 学生自己动手操作无人机。

## 课程十一　无土栽培(或立体种植技术)

### 一、课程内容

通过研学,让学生了解什么是无土栽培,知道立体种植技术及其带给人类的好处。

### 二、研学目标

1. 了解高效无污染的无土栽培与立体种植技术。
2. 了解绿色种植的应用范围。
3. 了解绿色食品的概念与生产标准。
4. 了解无土栽培与立体种植的发展历史。
5. 加深对"科技是第一生产力"这一科学论断的理解。

### 三、教学用具

现场设施设备、种苗。

### 四、安全保障

1. 划分小组,选出小组长、安全员、记录员。
2. 教师进行安全调查,统计有无对阳光、药物、花草过敏的学生。

### 五、课程实施(90分钟)

1. 课程导入。(10分钟)

同学们,你们平时种过植物吗? 在植物栽培的过程中都有哪些方法? 你们都会哪些栽培呢? ……我们今天要学习的是无土栽培和立体种植技术。大家感兴趣吗? 接下来我们就来详细了解。

2. 教学过程。(65分钟)

(1)教师介绍什么是无土栽培和立体栽培。

无土栽培,是指以水、草炭或森林腐叶土、蛭石等介质作植株根系的基质固定植株,使植物根系能直接接触营养液的栽培方法。无土栽培主要分袋式、吊槽式、三层槽式、立柱式等。

①袋式:将塑料薄膜做成一个桶形,用热合机封严,装入岩棉,吊挂在温室或大棚内,定植果菜幼苗。

②吊槽式:在温室空间按顺畦方向吊挂木栽培槽。

③三层槽式:将三层木槽按一定距离架于空中,使营养液顺槽的方向逆水层流动。

④立柱式:固定很多立柱,蔬菜围绕着立柱栽培,营养液从上往下渗透或流动。

立体栽培是在不影响平面栽培的条件下,通过四周竖立起来的立柱的柱形栽培或者以搭架、吊挂形式按垂直梯度分层栽培,最大限度地利用空间,充分利用温室空间和太阳能,可以提高土地利用率3~5倍,提高单位面积产量2~3倍。

(2)分组进行讨论,进一步熟悉和了解无土栽培和立体栽培,谈谈各自的想法和栽种的技术。

(3)体验。通过前面的讲解和同学们的讨论,动手栽培,对讨论结果进行亲身体验。

3. 教学评价。(15分钟)

(1)回顾课程内容。

(2)研学分享。一是让学生完成研学导学单,二是进行研学分享,三是导师进行总结分享。四是展示各自栽种的作品。

(3)研学评价。导师结合学生的课堂表现,采取学生自评、互评和师评相结合的方式,评出 A、B、C 等。

## 课程十二　生命从远古走来

**一、课程内容**

1. A 类(小学 4~6 年级):地球在宇宙中存在的时间长短;隐生宙和显生宙的区别;地球上第一个有生命出现的纪元——寒武纪;寒武纪的代表生物物种——三叶虫。

2. B 类(初中):地球生命的起源、远古生物的种类;历史上的生物大灭绝的原因;环境对生物生存的重大影响,保护环境的措施和意义。

3. C 类(高中):什么是生命;根据地球上每个纪元出现的时间顺序绘制纪元时间轴;每个纪元的代表生物物种;生物的进化过程;生命如何从远古走来。

**二、课程目标**

1. 知识与技能:了解地球漫长的生命历程,在地球上出现的生物,人类的出现历史,地球地质年代的划分,考察探索地球的意义。

2. 过程与方法:学生通过观看视频、听老师讲解、自己探索,对地球有一个初步的认识。

3. 情感态度与价值观:通过对地球知识的学习,更加了解我们的生存环境;认识到环境因素对生命的演变有着重大影响,激发对环境的保护意识。

**三、课题设计**

1. 开展基地课堂讲座,引导学生对生命进行思考。通过视频介绍、课堂知识学习,了解生命的起源以及那些从远古走来的生命。在这样一堂课程当中,激发学生自己的课外兴趣,增加学习的使命感和紧迫感,同时使学生迅速进入学习状态,提升研学效果。

2. 互动交流。通过问题探究的方式,使学生学会思考、学会交流、学会分享,增加学生对学习的兴趣,通过对问题的层层深入,一步步探索得到答案,将被动学习变成主动学习。

3. 分享心得。感受地球那沧桑岁月中充满众多奇妙色彩的大大小小的生命、从无到有的生命历程,懂得生命的来之不易。

**四、教学用具**

多媒体设备、三叶虫化石、化石修复刷。

**五、教学流程**

1. 课程引入。本课程以"生命从远古走来"为主题,不同年龄段的学生通过相关内容的学习,进一步了解我们所生活的地球,引发对从远古到现在这些在地球上出现的生命的思考和探索,最终回归到对"人类"这一生命的思考。

2. 教学过程。

| 地点 | 时间分配 | 课程内容 | 研学任务 |
|---|---|---|---|
| 多媒体研学厅 | 5 分钟 | 课堂纪律和安全提示 | 通过对地球知识的学习,更加了解我们的生存环境。认识到环境因素对生命的演变有着重大影响,激发对环境的保护意识 |
| | 5 分钟 | 通过视频学习了解相关知识 | |
| | 20 分钟 | 学习地球划分为哪几个时期 | |
| | 15 分钟 | 各个时期不同的生物 | |
| | 15 分钟 | 不同生物出现和灭绝的原因 | |
| | 10 分钟 | 对生存环境的思考 | |
| | 15 分钟 | 三叶虫化石的修复 | |
| | 5 分钟 | 课程分享 | |

3. 教学评价。

| 学校: | | | | | 姓名: | |
|---|---|---|---|---|---|---|
| 指标 | 评分标准 | 自评 | 互评 | 师评 | 综合等级 | |
| 课堂表现 | 主动关心和帮助同学,协助老师管理课堂纪律 | | | | | |
| | 积极认领任务,帮助大家完成任务 | | | | | |
| | 积极思考,主动发言,勇于实践 | | | | | |
| | 发挥特长,敢于创新,主动完成研学任务 | | | | | |
| | 遵守课堂纪律,有问题举手示意 | | | | | |
| | 团队意识强,在合作项目中积极献言献策 | | | | | |
| 礼仪文明 | 乘车礼仪:有序上下车,不疯赶打闹,不窜座位,不乱扔垃圾,主动参与活动 | | | | | |
| | 就餐礼仪:依次就座,不敲打碗筷,不挑不抢,吃饭不语,"光盘行动" | | | | | |
| | 住宿礼仪:自己洗衣叠被,按时就寝,礼让室友,爱护公物,不大声喧哗 | | | | | |
| | 景点礼仪:说文明用语,不脱离组织,不乱涂乱画,垃圾归位,集合迅速 | | | | | |
| 安全意识 | 乘车安全:系好安全带,不随意脱离座位,不将头手伸出车外,熟悉安全设施设备 | | | | | |
| | 就餐安全:依次排队就餐,注意防滑、防烫、防明火,不在非正规经营点购买食品 | | | | | |
| | 课堂安全:不要让课堂设施及教学设备伤到自己及他人,有序参与各项实践活动 | | | | | |
| | 住宿安全:有序上下楼梯,不串寝室,不疯赶打闹,熟悉安全设施设备及逃生线路,正确使用房间电器及各项设施设备,不单独离开住宿楼层 | | | | | |

(续表)

| 学校: | | | | | 姓名: | |
|---|---|---|---|---|---|---|
| 指标 | 评分标准 | 自评 | 互评 | 师评 | 综合等级 | |
| 安全意识 | 景点安全:排队入园,文明游览,不脱离团队,听从导师安排,主动远离危险源,风险意识强,帮助同学提高安全意识 | | | | | |
| 评价标准:A 优秀;B 良好;C 合作;D 待改进 | | | | | | |

注:现场完成营地提供的《评价表》进行小组互评和自我评价,由导师和学生干部根据活动表现完成师评和综合等级评价。

4.安全保障。(授课过程中的安全防控点和安保措施)

(1)行程设计安排保障:研学期间在尽可能满足学生活动的需要的同时,在时间安排、游览安排等方面做了特别详细的部署;在景点选择上除了安排必要的游览景点外尽量选择适合青少年活动的景区,同时在景区的游览时间上做了详细的规定。比如错峰出行,避免高温、大雨等特殊天气出行等。

(2)保险及应急启动:①在活动中如发生事故,营地负责人指挥巡场老师或带队老师及时进行救治,情况严重的及时拨打110、120、119寻求援助,以最快的速度把受伤的学生送往就近的医院救治,并通知家长;②重大事故的处理移交上级相关部门;③采取有效措施,积极做好善后处理工作。

(3)交通安全保障:旅游车性能良好,并附有保险。司机具有有效驾驶牌照,有高度安全意识、举止有礼。司机不疲劳驾驶,影响行车安全。司机不可送团队到行程表内未列出之地。

(4)人员配置安全保障:在研学活动中指定专职的生活老师和辅导员负责学生工作,整个团队设有总负责人,全权负责活动全程的组织、协调、监督等工作。所有辅导员均经过严格挑选,富有爱心、责任心,入职前统一接受专业培训,培训内容包括危机处理、儿童心理学及青少年辅导等。在整个研学行程中,辅导员全天照顾学生。

(5)住宿安全保障:学生按照事先分配好的房间住宿,宿舍内设施齐全,住宿地点有完备的安保系统。

(6)餐饮安全保障:餐食标准符合接待研学团队需求,营养、安全、符合青少年口味。

(7)场地安全保障:①讲清楚活动区域;②在广场外围路口拉警戒线,防止学生不慎走出。安排巡场人员在场地内巡视,保障学生安全及处理突发事件。

备注:如遇特殊情况,可临时调整课程内容。

【思考探究】 纵观中国历史上的治水名人,他们除了拥有丰富的水利知识和人定胜天的坚定信念之外,还都有着心系天下、奉献于民的高尚品德;三峡工程梦想了70余载,调查了50多年,论证了40个春秋,争论了30个冬夏,建设了20余年,百年终梦圆。所以无论我们有怎样的梦想,无论追梦的路有多艰难,都要勇敢执着地去践行。请你结合此次研学的所见所闻写一篇不低于500字的研学报告。

# 访屈原故里　寻爱国情怀　溯峡江楚韵

**【项目实施单位】**

屈原故里文化旅游区

**【项目组专家】**

崔佳　周建华

**【指导教师】**

付亮　胡蓉　李莉　左清华

**【课程主题】**

访屈原故里　寻爱国情怀　溯峡江楚韵

**【适用学段】**

小学、初中、高中

**【研学时间】**

2～3 天

**【线路安排】**

学校 → 屈原祠 → 古建筑区 → 观景平台 → 学校

**【资源特色】**

· 湖北省中小学生研学旅行实践教育基地 ·

· 教育部全国中小学生研学实践教育基地 ·

· 宜昌市中小学生研学实践教育基地 ·

## 屈原故里

　　屈原故里位于秭归县新县城，毗邻三峡大坝且直线距离为 600 米，占地面积约 33.3 万平方米，高峡平湖美景尽收眼底，以屈原祠、江渎庙为代表的 24 处峡江地面文物集中于此，2006 年 5 月被国务院公布为第六批全国重点文物保护单位。其保护区主要内容包括以屈原祠为主的屈原纪念景区，以新滩古民居、峡江石刻、峡江古桥等为重点的三峡古民居区，以及屈原文化艺术中心、滨水景观带等景点。

　　屈原故里景区的开发建设是以激扬屈原文化、追溯峡江楚韵、拥览天筑情怀为主题思路，突出屈原故里文化底蕴，增加文化内涵，把秭归县丰富的历史文化、民俗文化与屈原文化资源结合起来，培育和发展具有巴风楚韵的文艺、戏曲、表演和美食，拓展和发掘具有浓郁地方特色的祭祀、娱乐活动和旅游服务项目；同时注重开发具有三峡地方特色的历史文物、宗教文化、民居文化、茶文化等文化内涵丰富的旅游产品。

　　屈原祠位于长江南岸，坐西朝东，面迎巍巍三峡大坝，北邻古色古香的古代峡江建筑群。屈原祠由七大部分、11 个建筑体组成，由下而上依次是：山门、南北配房、南北碑廊、前殿、南北展厅、钟鼓楼、大殿。屈原祠占地面积 19402 平方米，建筑面积 5800 多平方米。

　　屈原祠始建于唐代元和十五年，即公元 820 年，由归州刺史王茂元在归州东五里之屈原沱主持修建。宋代元丰三年,即公元1080年,宋神宗赵顼封屈原为"清烈公",所以屈原祠亦称"清烈公祠"。初建布局为硬山顶,四合院式,建筑面积350平方米。经元、明、清历代多次修葺,又分别更名为"屈公祠""三闾大夫祠""楚屈左徒庙""楚左徒屈大夫祠""屈原庙""清烈公庙",迄今已有1000多年的灿烂历史。因葛洲坝水利枢纽工程兴建,屈原祠于1976年7月迁至归州东三里之向家坪。后又因三峡水利枢纽工程兴建,这座屈原祠于2006年11月10日被再次搬迁到此。

屈原祠山门按"原样搬迁,仿古新建"的原则构建,一级屋脊正中绘有蓝天、红日、大海、波涛;二级屋脊下塑有变形夔龙;三级屋脊下饰飞凤。墙面花边为卷草纹、汉纹、回纹等。整个彩绘以红、黄、绿、蓝四色为主,色调互映,璀璨炫目。屈原祠整个建筑可概括为三句话:唐宋遗韵、明清风格、峡江特色,是我国迄今为止纪念屈原的最大建筑群。

屈原祠既是海峡两岸文化交流基地、华人华侨文化交流基地和国家级研学基地,又是湖北省爱国主义教育基地和屈原廉政教育基地。在近20年里,留下了30多位党和国家领导人视察屈原祠的身影和足迹,也曾留有余光中、流沙河、郑愁予、萧萧等众多著名诗人登临屈原祠纪念屈原的吟咏之声。

## 第一站 屈原祠

**研学教学点1:** "东方诗魂"——南展厅第一陈列室。主要从六个方面介绍了屈原的生平经历:"星耀东方""才华横溢""励精图治""忠肝义胆""历经坎坷""星陨汨罗"。前五个部分以版画的形式展示屈原伟大、光辉、坎坷的一生,突出屈原爱国忧民、行廉志洁的高尚情操,励精图治、求索奋进的拼搏精神,改革法制、联齐抗秦的美政思想。

**研学教学点2:** "社稷兴衰"——南展厅第二陈列室。主要以图画、投影等形式展示屈原所处时代的政治背景。屈原一生历经楚宣王、楚威王、楚怀王、楚顷襄王四个时期。楚怀王十一年(前318年),齐、楚、燕、赵、韩、魏六国合纵,共同攻打秦国,楚怀王为六国联军统帅。楚国国力虽强,但楚国朝廷昏庸腐败,楚怀王偏听偏信,一再放逐屈原并最终受骗入秦,落得个"客死于秦,为天下笑"的下场。从此,楚国逐渐走向衰亡。陈列室陈列有战国时期战争频发、称雄争霸的影视作品,有《战国形势图》《楚国疆域图》《屈原及其作品研究》《楚国极盛时期疆域图》《楚史》《楚灭中原诸国地域图》《中原楚文化研究》等作品,历史探究学习资源丰富。

**研学教学点3:** "荆楚风韵"——南展厅第三陈列室。主要以文物实体来展现屈原时代的文化背景。楚国自熊绎始,"辟在荆山,筚路蓝缕,以启山林",不仅使政治、经济得到发展,而且使文化艺术得到繁荣。从历代出土的楚文物来看,楚人具有非凡的想象力和创造力,在众多艺术门类上取得了光辉的成就。在青铜铸造、绘画、雕刻等方面的造诣尤为出色。

**研学教学点4:** "激情浪漫"——南展厅第四陈列室。主要展示屈原作品中的香草植物、美人贤圣、神话人物、传说故事等内容。本陈列室主要有四组内容:一是

历代画家绘制的屈原作品中的部分香草植物图;二是历代画家绘制的屈原作品中的美人贤圣图;三是历代画家绘制的屈原作品中的神话人物图;四是历代画家绘制的屈原作品中的传说故事图。

**研学教学点 5:** "琦玮天问"——南展厅第五陈列室。主要展示屈原作品《天问》的内容。本陈列室主要选取历代画家根据《天问》内容的绘画,采取电视播放、图板等形式展出,共分三大类。一是问天上事,主要是指日、月、星等天象。二是问地上事,主要指自然地理、神话传说等。三是问人间事,主要指历史兴衰、怪诞人事等。

**研学教学点 6:** "异彩纷呈"——南展厅第六陈列室。主要展示的是汉代至今及国内外屈学或楚辞学研究的部分文献著作、屈原作品出版物、屈原传记类文献及作品等。

**研学教学点 7:** "共颂忠魂"——海峡两岸交流基地。秭归作为屈原故里,千百年来传承着屈原文化和祭拜屈原的习俗。海峡两岸人民同根同源,对屈原都十分景仰和崇拜。屈原文化已成为屈原故里秭归与台湾交流的重要纽带。本处主要展示两地开展的"屈原后裔寻访台湾行""海峡两岸屈原文化论坛""屈原故里端午诗会""两岸乡亲祭诗祖——屈原铜像赠送揭幕典礼""诗歌的太阳——两岸屈原文化交流与诗会""两岸一家亲——两岸屈家赛龙舟""根的记忆——台湾屈家故里行""丙申年台湾同胞屈原故里过端午"等一系列屈原文化交流活动,内容丰富,规模空前。

**研学教学点 8:** 屈原祠大殿。大殿即正殿,为全木构造,面阔五开间,两层重檐歇山屋顶,屋面覆以黑色筒瓦,建筑面积 800 平方米。殿内正中矗立的是从归州屈原祠搬迁来的屈原青铜像,像高 3.92 米,袍袖周长 5 米,总重 3 吨,是我国最大的青铜铸像之一。

自古以来,在人们心目中,屈原、楚辞、端午是合为一体的,端午祭归,还诗人魂兮归来,表达后世对伟大诗人爱国赤诚之心的敬崇和感念。同时,也融汇了屈原故里秭归诵《橘颂》、抛粽子、赛龙舟等端午祭屈原的风土人情。

**研学教学点 9:** "遗响千秋"——北展厅第一陈列室。展示的内容分为三大部分。

第一部分是全国各地纪念屈原的建筑物及遗址的照片,如湖南汨罗屈子祠、屈原墓、骚坛、招屈亭,溆浦屈原庙及涉江楼,湖北武汉屈原纪念馆和行吟阁,秭归乐平里屈原庙及牌坊,重庆万县屈原塔,荆州古城屈原塑像,等等。第二部分是全国各地以纪念屈原为主题的文化节及其活动图片,如全国"屈原杯"龙舟赛、湖南溆浦屈原文化节、荆州国际龙舟节、宜昌长江三峡国际龙舟拉力赛、湖南汨罗屈原文化节及端午论坛、秭归屈原故里端午文化节、台湾龙船竞渡,等等。第三部分是国内古今屈原纪念建筑分布情况简要介绍,由两份图表组成,一是《全国屈原纪念建筑分布图》,二是《湖北屈原纪念建筑分布图》《屈原文化版图考》等。

**研学教学点 10:** "情怀诗祖"——北展厅第二陈列室。主要展示在屈原故里秭归,人们纪念屈原的风俗及相关遗迹。秭归怀念屈原之情尤盛,传承诗祖之风尤浓。端午节的时候家家户户悬香艾、挂菖蒲、包粽子、喝雄黄酒。秭归端午节还开展龙舟竞渡,公祭、民祭或族祭屈原等活动。在屈原诞生地乐平里,纯粹由农民自发组织的诗社——"三闾骚坛",还要举办端午诗会,以创作并吟唱诗词的形式纪念屈原。三闾骚坛成立于明清时期,被称为"中国第一农民诗社"。乐平里的农民能创作平仄合韵的古体诗,也是一个文化现象,"三闾骚坛诗"已成为市级非物质文化遗产。

**研学教学点 11:** "情洒诗魂"——北展厅第三陈列室。本陈列室是书画厅,主要展示部分古今书法、绘画作者或怀念或赞颂屈原的书画作品。其中有2009年"屈原杯"国际书法大赛的部分获奖作品,还有郭沫若先生的"屈原故里""屈原庙"题字灯制展屏,有著名书画家汪国新专为新屈原祠绘制的《橘颂》立轴画。这些书法字体有篆书、隶书、草书、楷书、行书,堪称五体皆备,形式多样,精彩纷呈,或充满朝气,洋溢着浪漫主义气息;或根植传统,显示出扎实的修养与功力;或大胆探索,追求现代艺术的形式与感染力;或满怀情意,抒发对屈原的景仰与怀念之情。

**研学教学点12:** "辉耀寰宇"——北展厅第四陈列室。这里的主题名为"辉耀寰宇",寓意屈原的伟大形象千古流芳。历代绘制的屈原画像及雕塑,虽形态各异,但集中表现了屈原忧国忧民、九死不悔的伟大精神。流传于世的屈原画像和屹立在全国各地的屈原塑像,展现了中华儿女对屈原的敬慕与怀念之情。展陈的是屈原主要活动之地的五尊屈原塑像:屈原诞生之地——湖北秭归乐平里屈原庙屈原塑像;屈原出仕之地——湖北荆州屈原雕塑(荆州古城);屈原放逐途经之地——武汉东湖屈原塑像(行吟阁);屈原放逐之地——湖南溆浦屈原塑像(屈原公园);屈原殉身之地——湖南汨罗屈原塑像(屈子祠)。

**研学教学点13:** "千古之谜"——北展厅第五陈列室。北展厅的第五个陈列室,展示的是秭归境内长江兵书宝剑峡的悬棺。兵书宝剑峡位于长江西陵峡中的新滩与香溪之间。在峡谷北岸陡峭的悬崖上,天然有一个洞穴,远远望去,洞口好像有一叠形若书函的石头,离江面约100多米,看上去好像是堆放着的一个像书卷的东西,传说是诸葛亮的"兵书"。"兵书"下的岩石上,突起一根上粗下尖、竖立直接指向江水中、酷似浮雕的一柄宝剑形状的石头,这就是"宝剑"。相传,这是当年诸葛亮入川时,为后来出入峡江的蜀军留下的兵书和镇江宝剑。另一种说法是,诸葛亮晚年时,对自己的死期已经算定,他想到身边的兵书宝剑若落到奸臣手中,必生后患,乃独自来到三峡之中,选了这个险要之处,将这两件宝物藏了起来。明代诗人何景明的《兵书峡》一诗这样写道:"空岩一卷书,绿苔字应灭。志决功不成,千秋有馀烈。""兵书""宝剑"成为一个千古之谜。

**研学教学点14:** "万世景仰"——北碑廊。北碑廊是历代诗人咏颂屈原的诗词碑廊。碑廊匾额为"万世景仰",由北京燕堂诗社社长、上海大学文学院名誉院长、楚辞学者文怀沙(1910—2018)先生于2009年90高龄时题写。门柱楹联"万顷重湖悲去国,一江千古属斯人"由河南书法家邹名宏于2009年书写,也是湖北省文物局、湖北省书法家协会、秭归县人民政府在2009年举办首届"屈原杯"国际书法大赛中征集的书法作品。这副对联原是湖南汨罗屈子祠旁招屈亭里的一副对联,用在这里更贴切,既有对长江三峡平湖风光的描述,也寄托了人们对屈原的无限怀念之情。

**研学教学点15:** 屈原墓。屈原祠的最后一个部分——屈原墓。屈原墓从归州迁至凤凰山后,复建于屈原祠外北侧山坡上。墓室按原样搬迁复建,新增加了神道、享堂等建筑,占地近800平方米。屈原墓前是享堂,三开间,通面阔12.3米,进深7.1米,通高6.35米,正立面为砖砌墙体,明间大门上有出檐门头,两次间开圆洞窗。建筑后檐为木板材料,五花山墙。建筑面积为89.36平方米,结构为单层硬山屋顶,屋面覆小青瓦,内设祭台、神座,门前装饰成灵星门,外连140余级台阶。享堂之后的二十多级台阶之上便是屈原墓冢,屈原墓与享堂、灵星门、神道都处于同一中轴线上,更为庄严肃穆。屈原墓实际上是一个衣冠冢,屈原衣冠冢始建于何时呢?最早可推至北宋时期。宋神宗赵顼尊封屈原为"清烈公",归州贤达及百姓自发募捐款项,将三闾大夫祠修缮后更名为"清烈公祠",同时还修建了屈原墓,所以北宋邵博的《闻见后录》有归州屈原墓之记载。

## 第二站 古建筑区

古建筑区又称地面文物复建群,或称古建筑群,屈原故里的古民居区又称新滩仁村,集中搬迁复建了以新滩为主的秭归境内的20多处独具特色的古代建筑,是我国目前最大的地面文物复建群之一。这些古代建筑原来都位于秭归境内长江两岸,按原样搬迁复建而成,现在原址都被江水淹没。古建筑区于2001年12月开始动工迁建,至2010年6月竣工。

　　古建筑区包括屈原祠、江渎庙、水府庙、紫光阁、王氏宗祠、杜氏宗祠、郑书祥民居、郑启光民居、郑韶年民居、刘正林民居、郑万琅民居、三老爷民居、彭树元民居、邓永清民居、游县长民居、郑万瞻民居、屈原故里牌坊、惠济桥、江渎桥、屈子桥、千善桥、新滩古井、迎和门、景贤门等 20 多处独具峡江特色的古代建筑组成。其中，古民居区域迁建 15 栋古民居，总建筑面积 6762 平方米。1981 年，湖北省人民政府将屈原祠及屈原大夫墓群公布为湖北省第二批文物保护单位。2002 年，湖北省人民政府将凤凰山古建筑群公布为湖北省第四批文物保护单位。2006 年，国务院将凤凰山古建筑群公布为全国第六批文物保护单位。

　　**研学教学点 1：** 千善桥。千善桥原址位于新滩镇（今为屈原镇）龙马溪村二组、长江南岸的古驿道上。桥身正面嵌有石匾，上刻"千善桥"三字，其上的小字为"光绪贰拾柒年春月立"。可知其修建于 1902 年春，距今已有 110 多年。桥面长 6.6 米，宽 2.7 米，高 5.3 米，拱跨 3.4 米。该桥精致、小巧，做工讲究，桥体保存完好，特别是凉亭的设立，在本区域内的其他古桥梁中别具一格。

　　**研学教学点 2：** 屈子桥。屈子桥原址位于新滩镇，为单孔石拱桥结构，桥长 13.3 米，宽 3.6 米，孔跨 6.7 米，是三峡地区古桥中唯一以屈原名字命名的桥梁，可见该桥是为纪念屈原而得名。新滩镇于 1885 年改为屈原镇，也就是屈原诞生地乐平里所在的乡镇。

　　**研学教学点 3：** 三峡纤夫雕塑。三峡的纤夫是一道古朴的风景。千百年来，纤夫们生活在峡江上，艰苦的环境让他们不得不进行群体劳作。秭归境内的长江滩多水急，特别是新滩、叱溪滩（又称九龙奔江）、泄滩、牛口滩这四大滩，漩涡密集，水陆流急，船只上下行驶艰难。但不管是遭遇水涨水落，不管是行走顺水逆水，不管是遇到明礁暗礁，都得千方百计闯滩。闯滩必须拉纤，拉纤时，艄公一声吆喝之后，纤夫们在江滩或岩石上像猫一样跳来跳去，并拼尽全力用纤绳拉扯着船只前行。峡江古道上常常是五六艘船的纤夫同时拉纤，一队接一队，一纤连一纤。江岸边，既有赤身裸体尽力拉纤的纤夫，又掺杂着高亢激昂、豪放粗犷、抑扬顿挫的号子声。号子是在行船中为配合船工正确航行、指挥纤夫准确拉纤的乐调。秭归的《江河号子·长江峡江号子》很有名，曾多次被中央电视台邀请表演，现在是国家级非物质文化遗产。三峡纤夫是独特的峡江文化，既蕴含着克难奋进、勇往直前的大无畏精神，又体现着众志成城、齐心协力的合作精神。

　　**研学教学点 4：** 屈原故里牌坊。屈原故里牌坊原址位于归州镇古城东城门外 300 米处的洗马桥上。牌坊坐南朝北，为四柱三间三楼庑殿顶，木结构，高约 7 米，面阔 5.2 米。花岗岩基石，明间方柱，次间圆柱，柱前后有抱鼓石，灰筒瓦屋面。主楼上面镶嵌着郭沫若于 1965 年 10 月 25 日题写的"屈原故里"四个红色大字的牌匾。楼侧有石碑两通，规格一致，青石质，螭首，宽 1.01 米，高 0.56 米，厚 0.24 米；碑身高 1.9 米，宽 0.9 米，厚 0.2 米；方座埋于地下。分别刻有"楚大夫屈原故里""汉昭君王嫱故里"楷书，落款是"大清光绪十二年正月吉日立"，即公元 1886 年建造，说明该牌坊距今已有 100 多年的历史。

　　**研学教学点 5：** 王氏宗祠。王氏宗祠原址位于屈原镇龙马溪村。建筑坐西向东，占地面积约 338 平方米。平面是长方形，布局为四合院式，前低后高。以厅堂、中堂、天井和后屋为中轴，两边辅以厢房。通面阔三间 15.1 米，通进深 22.4 米，占地面积约 338 平方米。建筑结构以砖木混合为主，梁架为穿斗式和抬梁式相结合，支撑屋盖，装斗墙砌体，硬山两层楼阁式建筑。祠内存石碑七通。现在里面创建了一个皮影馆，大家可以在其中欣赏到原汁原味的峡江皮影戏。秭归皮影戏也是省级非物质文化遗产。同时，这里也常表演秭归古时候的地方戏剧,如小品剧《县官断案》,其曲折的剧情、动听的方言、幽默的举止、精湛的演技,既发人深省,又使人捧腹不已。

**研学教学点 6:**新滩古井。新滩古井原址位于新滩镇桂林村二组,为清代古井,井水清澈,长年不枯,是新滩古村落的有机组成部分。该水井的构造形式与一般的水井不一样,它不是竖穴式的,而是平行箱式。古井外部用本地青石围合垒砌,平面宽 2.3 米、深 2.4 米、高 2.6 米,有两个泉眼流水,蓄水深 0.7 米,蓄水容积 1.8 立方米。

**研学教学点 7:**蒙馆。蒙馆原来称为郑万琅老屋。原址位于屈原镇桂林村。建筑坐南向北,前厅面阔三间 13 米,进深一间 5.4 米,分上下两层,抬梁式构架,仿木结构牌楼式门、窗;正屋面阔三间 13 米,进深三间 6.75 米,占地面积约 220 平方米。四合院式布局,由前厅、正屋和厢房构成。建筑沿坡地逐渐升高,为砖木混合结构。厅屋三开间,为两层,一明两暗布置。天井两侧厢房各一间,均为两层。过天井再登七级踏跺,可进入堂屋,堂屋三开间,同样是一明两暗布置。明间一层通高,次间带楼层。郑万琅是清末秀才,是新滩有名的私塾先生。他曾经留学日本,返乡后尽力兴办教育,教的学生大多金榜题名。这所房子的门槛很特别,有两道,平常第二道是不打开的,人们要走进来,必须按"男左女右"的规矩从两侧走,主要是让外面的人不能一眼看清房屋里面,意思就是家财不外露。学生的教室里陈设有文房四宝、课桌椅等。

**研学教学点 8:**龙舟馆。龙舟馆主要展示龙舟文化。该建筑原称郑万瞻老屋,原址位于新滩镇桂林村,属清代建筑。该建筑原是清末举人、辛亥革命的著名人物郑万瞻的宅第。该建筑坐北朝南。原为三路两进四合院式布局,通面阔 35.1 米,通进深 37.7 米,各有门厅、前堂和厢房。现仅存中路第一进四合院保存较好。门厅、前堂均面阔三间 12.2 米,分别进 6.3 米、7.83 米,占地面积 254 平方米。该四合院以厅堂、天井和堂屋为中轴,两边辅以厢房。建筑结构以砖木混合为主,主体梁架多为穿斗式,整个院落布局整齐,高低错落有致,木雕精美。

**研学教学点 9:**杜氏宗祠。杜氏宗祠原址位于屈原镇龙马溪村。建筑坐南向北。平面呈长方形,布局为四合院式,以厅堂、天井和堂屋为中轴,两边辅以厢房。通面阔 13.3 米,通进深 17.75 米,占地面积 236.1 平方米。建筑结构以砖木混合为主,主体梁架为砖墙承重,整个院落布局整齐,高低错落有致。尤其特别的是主立面处理成一座六柱七楼式的牌坊,这种做法很特别,具有鲜明的个性。

**研学教学点 10:**新滩民俗馆。新滩民俗馆也称"民间记忆馆"。主要表演或展示民间民俗,例如薅草锣鼓、山歌对唱、民间技艺等。该馆原称郑韶年老屋,原址位于屈原镇桂林村。建筑坐北向南,平面呈长方形,两进四合院式布局。由前厅、堂屋和左、右厢房等单元组成。通面阔三间 16.46 米,通进深 21.8 米,占地面积 358.8 平方米。单檐硬山顶,小青瓦屋面,除前厅明间为抬梁式构架、厢房各有一间为砖墙承重外,均为穿斗式构架。门厅设双柱单间单楼牌坊式门,五花山墙。

**研学教学点 11:**端午习俗馆。端午习俗馆分两块,主要展示中国端午习俗和秭归端午习俗。秭归每年要过三个端午节:农历五月初五为头端午,最为隆重;五月十五为大端午;五月二十五为末端午。这栋古民居原址位于郭家坝镇卜庄河村三组,被称为邓永清老屋。复建后,坐南朝北,砖木结构,一进院落,大门开在建筑的侧面,有前厅、天井和堂屋。室内有木楼,并设有高窗。檩、枋、楼枋均搁在山墙之上。正屋的六扇六抹头隔扇门均保存完好,雕刻精致。山墙为"人"字式山墙,天井用条石垒砌。占地面积 258.66 平方米。2009 年 9 月 30 日,我国"三省四地"(湖北秭归"屈原故里端午习俗"、湖北黄石"西塞神舟会"、湖南汨罗"汨罗江畔端午习俗"、江苏苏州"苏州端午习俗")申报的"中国端午节",成功入选《人类非物质文化遗产代表作名录》,是迄今中国传统节日中唯一入选为世界级的非物质文化遗产。

**研学教学点 12:**紫光阁。紫光阁既是一座全国最小的基督教教堂,也是一座中西合璧的教堂。原址位于泄滩乡陈家湾村,搬迁后的建筑坐西朝东。平面为横向矩形,建筑面积 65 平方米。为单体两层全砖结构,单檐硬山灰瓦顶，"人"字形山墙。为砖木混合结构，木构架采用抬梁式，硬山搁檩；外墙为青砖陡砌清水墙，山墙上砌筑有墙帽；外墙四壁砌腰檐一周；窗洞样式特殊，有西式建筑风格，做工较为精致。其山墙和檐墙均以青色片砖空斗砌筑，空斗中以碎砖灰浆灌砌。前、后檐墙为封护檐，山墙出墀头。槛墙有三瓮六卧、九甓六卧砌法。内墙粉刷以黄土砂浆打底，外罩白灰砂浆抹面轧光，外墙均为清水墙面。

## 第三站　观景平台——看三峡大坝

观景平台既可以观赏到三峡大坝的全景，还可以欣赏到三峡平湖风光。三峡大坝巍峨耸立，气势恢宏，如一条巨龙横卧江中而截断江水。江面就是浩浩荡荡的三峡水库，广阔无垠，气势磅礴，在江面上航行的船只抛撒着一行行涟漪，摇曳着层层水浪。倒映在江水中的一座座山峰，高高低低，晃晃悠悠，似海市蜃楼，似宝塔玉宇，美丽风光犹如一幅巨大的粉彩画，荡人心灵，撼人魂魄。

【教学案例】

## 第一单元　诵读华章　纪念屈原

在研学导师的带领下着楚服、学礼仪、向屈原像行礼，吟诵《离骚(节选)》，了解屈原文化，学习屈原爱国主义精神，树立正确的理想、信念、人生观、价值观，踏上人生漫漫"求索"路。

## 第二单元　国学礼仪——拜师

屈原祠前，学生们身着楚服在山门前举行隆重的拜师礼。他们正衣冠、拱手、作揖，按照古代传统敬拜老师的礼仪，向老师敬呈六物、戒尺、茶；教师为学生回礼，回赠《楚辞》。全体师生面对着滔滔江水，集体吟诵楚辞经典篇目《橘颂》，感念屈子矢志不渝的爱国情怀，在一种强大的仪式感中接受传统文化熏陶和洗礼。

## 第三单元　感悟伟大诗人爱国情怀

研学导师带领学生参观并讲解,让学生真切感受中华传统文化的魅力,体会屈原的爱国主义情怀;激励着每个学生以更加饱满的热情投入到学习和生活中;促使学生们展开对自然、历史的认识与思考。活动对于积极推进素质教育、培养学生的社会责任感、创新精神和实践能力都具有重要意义。

研学导师屈原故里研学背景介绍:我们脚踏的这方土地,就是伟大爱国诗人屈原的故里。这里是一方令人神往之地,既诞生了世界四大文化名人之一的屈原,又诞生了中国古代四大美人之一的王昭君;这里是一方文化厚重之地,既是国家重点文物保护区,又是我国非物质文化遗产保护与传承的重要基地;这里是一方美妙神奇之地,既是"中国诗歌之乡",又是"中国脐橙之乡"和"中国龙舟之乡",还是"中国民间文化艺术之乡"。在这里,我们既能感悟伟大诗人屈原真挚热烈的爱国情怀,又能领略荆楚文化精彩绝伦的诱人魅力;在这里,我们既能感受三峡大坝巍峨恢宏的雄伟气魄,又能拥览三峡平湖美不胜收的旖旎风光;在这里,我们既能触摸峡江古代建筑古朴典雅的奇特风韵,又能体验屈原故里斑驳陆离的端午风俗;在这里,我们既能瞩目三峡纤夫勇搏激流的伟岸神态,又能感受海峡两岸文化交流的浓厚情谊;在这里,我们既能饱览国家5A级景区丰富多彩的优美景观,又能欣赏屈原故里璀璨夺目的人文风采。

**研学导师导学词:** 一座千年古祠(屈子祠)、一位世界文化名人(屈原)、一条宏伟名江(长江)、一个重大传统节日(端午节)、一项世界性体育运动(龙舟竞渡)、一个世界级水利工程(三峡大坝)、一处秀美江南田园水乡(秭归)、一种世界非物质文化遗产的端午习俗(赛龙舟、包粽子、插艾叶、喝雄黄酒等),彰显着悠久的历史,灿烂的文化,秀美的风光。

屈原故里文化旅游区占地面积约33.3万平方米,2001年12月开始动工兴建,2010年6月竣工。屈原故里文化旅游区分两大区域。一是屈原文化区,主要是以屈原祠为核心的纪念屈原的建筑设施,目前是国内外占地面积最大、建筑规模最大、展览陈列内容最多的屈原纪念馆;二是古建筑区,主要展示峡江古代民居、庙宇、桥梁等特色建筑,是我国目前最大的地面文物复建群之一。

现在让我们一起走进这方秀丽的文化旅游景区,共同享受一段快乐、难忘的文化旅程。

## 第四单元　体验感悟

### 课程一　包粽子

研学导师:同学们,你们吃过粽子吗? 喜欢吗? 粽子是我国的传统食品。关于粽子还有一段来历呢。

公元前229年,秦国攻占了楚国八座城池,接着又派使臣请楚怀王去秦国议和。屈原看破了秦王的阴谋,冒死进宫陈述利害,楚怀王不但不听,反而将屈原逐出郢都。楚怀王如期赴会,一到秦国就被囚禁起来,楚怀王悔恨交加,忧郁成疾,三年后客死秦国。楚顷襄王即位不久,秦王又派兵攻打楚国,顷襄王仓皇撤离京城,秦兵攻占郢都。屈原在流放途中,接连听到楚怀王客死和郢都被攻破的噩耗后,万念俱灰,仰天长叹一声,投入了滚滚激流的汨罗江。江上的渔夫和岸上的百姓听说屈原大夫投江自尽,都纷纷来到江上奋力打捞屈原的尸体,同时拿来了粽子、鸡蛋投入江中。有些郎中还把雄黄酒倒入江中,以便药昏蛟龙水兽,使屈原大夫的尸体免遭伤害。

从此,每年五月初的屈原投江殉难日,楚国人民都到江上划龙舟、投粽子,以此来纪念伟大的爱国诗人,端午节的风俗就这样流传下来。

课程二 音乐旱龙舟

划龙舟活动一般在水上开展,考虑到安全问题,屈原故里基地的划龙舟课程只适宜在岸上用旱龙舟的方式进行。但旱龙舟形式单调,为丰富旱龙舟的趣味性,可将流行于三峡一带的劳动号子移植过来,配以音乐《峡江龙舟号子》民歌,使旱龙舟课程丰富生动起来。同时,又将教育部大力推进的劳动教育课程巧妙地加入到了屈原故里研学实践教育基地的课程,既节约了投资成本,又丰富配套了基地课程体系。

划龙船也叫赛龙舟,是端午节的主要习俗。相传,古时楚国人因舍不得贤臣屈原投江死去,许多人划船追赶拯救。他们争先恐后,追至洞庭湖时不见屈原踪迹。之后每年农历五月五日便举行龙舟赛,借划龙舟驱散江中之鱼,以免鱼吃掉屈原的身体,以此来纪念屈原。赛龙舟活动也先后传入其他国家。1980 年,赛龙舟被列入中国国家体育比赛项目,并每年举行"屈原杯"龙舟赛。

课程三 香囊手工体验

香囊,又名香袋、香缨,也叫香包,香囊的制作和佩戴至少可以上溯到屈原所处的战国时期。香囊多用彩色丝线在彩绸上绣制出各种古老神奇、含义丰富的图案纹饰,缝制成形状各异、大小不等的绣囊,内装多种气味浓烈芳香的中草药研制成的细末,常用来提神、驱邪、避毒虫。屈原常在楚辞中以各类植物花草喻人,更是开创了"香草美人"之传统,以此来比喻忠贞贤良之士。走进香囊手工体验课堂,听专业研学导师讲述香囊来历、香囊制作的工艺流程,并动手制作香囊手工作品,让中小学生进一步深刻了解非物质文化遗产的魅力和匠人精神。

香囊制作所需材料:干花(可挑选艾草、薰衣草、勿忘我、茉莉花等)、布、五彩绳、木珠、针线包、剪刀等。

香囊制作工艺如下。

第一步:取一块自己喜欢的布,布最好是长方形,大小适中,方便制作香囊即可。将布料摊开,从布的反面对折。

第二步:将对折的两边缝合,切记一定要留一边开口,稍后需要从这里放香料进去。

第三步:将已缝好的布料翻面,从开口的处往里依次加入准备好的香料。

第四步:放置好香料后,将开口处往香囊里折少许。

第五步:香囊折好后,便用藏针法缝合,记住缝到一半处的时候要停下。

第六步:这个时候取长度合适的绳子,打好结,一头放进香囊内。

第七步:放入挂绳后,继续缝合香囊直至封口。

第八步:将木珠穿入挂绳内,打上一个小结。

这样,一个香囊就做好啦!

## 第五单元　非遗大讲堂

### 课程一　国学讲座

换上楚服,在九畹学堂由老师讲授屈原生平、端午习俗、三峡文化、三峡水利工程、宜昌非物质文化遗产等,进行采访提问,进一步了解屈原精神、三峡文化和非物质文化遗产的历史内涵。

### 课程二　捏泥人

泥人面塑(捏泥人)是我国古老的一门传统民间艺术,以泥巴陶土为主料,将其调成不同色彩,用手和简单工具,塑造各种形象。

### 课程三　皮影戏

皮影戏又称"影子戏"或"灯影戏",是一种以兽皮或纸板做成的人物剪影以表演故事的民间戏剧。表演时,艺人们在白色幕布后面,一边操纵影人,一边用当地流行的曲调讲述故事,同时配以打击乐器和弦乐器,有浓厚的乡土气息。

### 课程四　剪纸

中国剪纸是一种用剪刀或刻刀在纸上剪刻花纹,用于装点生活或配合其他民俗活动的民间艺术。在中国,剪纸具有广泛的群众基础,融于各族人民的社会生活,是各种民俗活动的重要组成部分。

### 课程五　三峡蝴蝶科普

三峡蝴蝶馆分为七个展厅,用声光电等高科技元素及蝴蝶实物标本展示新奇有趣的科普知识和三峡库区生态发展成果。

2000多只蝴蝶标本美轮美奂,分属12科227类,其中三峡地区155个品种、省外64个品种、国外8个品种,更有国家一级保护品种中华虎凤蝶、二尾褐凤蝶、三尾褐凤蝶、金带啄凤蝶等珍稀蝴蝶品种,让游客大饱眼福。

### 课程六　《楚辞》植物科普

屈原在《楚辞》中记载了诸多香草香木、恶草恶木,常以香草、恶草拟喻忠良、奸佞。楚辞植物园研究《楚辞》中的植物,让它们与现实存在的植物对号入座,并从事种植和干花的采集,具有很高的艺术研究价值和观赏价值,

对中小学生具有很强的科普价值。

## 课程七　峡江绣艺

非物质文化遗产项目"三闾刺绣"是一种民间绣艺，兴起于汉代，在两千多年的民间传承中，以屈原出生地秭归县屈原镇乐平里一带最具特色。在中小学生中开展传统手工艺课程，就是要通过活态传承，达到非遗项目的长效保护，使学生们热爱传统技艺和传统文化。

## 课程八　长江峡江号子

宜昌长江峡江号子，是指流传在滩多水急的长江三峡西陵峡一带船工在行船过程中船工呼喊的号子，以及装卸、泊船时呼喊的码头号手和搬运号子。长江峡江号子是湖北民歌号子类中最富特色、最具代表性的歌种，是船工在面对生命极限的考验中产生的，是群体劳作创造的生命乐章。峡江号子现存126首，其中船工号子94首，包括拖扛、搬艄、推桡、拉纤、收纤、撑帆、摇橹、唤风、慢板等9种；搬运号子32首，包括起舱、出舱、发签、踩花包、抬大件、扯铅丝、上跳板、平路、上坡、下坡、摇车和数数等。峡江号子在峡江上下广为流传。

## 课程九　峡江木雕

峡江木雕是湖北省秭归县非物质文化遗产。景区内的峡江木雕馆、古观制作馆内展示的都是传统手工制作技艺，每天都有一大批民间艺人和传承人在现场进行表演和活态传承，是中小学生了解峡江木雕、微雕、石雕和古观制作的理想之地。

## 第六单元　领略屈原故里浪漫传说和峡江风情

大型原创民俗歌舞剧《大端午》，让学生既能领略到流传在屈原故里的浪漫传说和瑰丽诗歌，也能通过舞台光影技术欣赏到幽邃神秘的峡江风情，充分享受世界非物质文化遗产——屈原故里端午习俗带来的艺术冲击。

除了《大端午》，《民间记忆》《县太爷断案》等系列民俗表演以屈原、端午、非遗文化为主题，以传承和弘扬屈原精神为宗旨，将传统文化元素融入艺术之中，将秭归特有的传统文化淋漓尽致地呈现在观众眼前，让学生在高水平的艺术享受中感受传统文化，增强文化自信。

**【思考探究】**

1. 屈原祠山门看上去像什么，有什么特点？现在的屈原祠是目前国内乃至世界最大的屈原纪念馆，请介绍一下屈原祠的建筑规模。

2. 屈原的生平及其主要诗歌作品有哪些？他创造的"离骚体"有什么特点？

3. 请你解读你喜欢的屈原诗歌名句，说说你的理解。

4. 屈原的事迹流传千百年，深得人民的爱戴，你觉得主要原因是什么？

第七单元

走进高校

# 相聚美丽珞珈山　筑梦百年武汉大学

**【项目实施单位】**

华中科技大学科普创新基地

**【项目组专家】**

彭建辉

**【指导教师】**

王华 宋丹 田文

**【课程主题】**

相聚美丽珞珈山　筑梦百年武汉大学

**【适用学段】**

高中

**【研学时间】**

3 天

**【线路安排】**

武汉大学 → 测绘遥感信息工程国家重点实验室 → 杂交水稻国家重点实验室 → 水资源与水电工程科学国家重点实验室

**【课程背景】**

本课程是以"相聚美丽珞珈山　筑梦百年武汉大学"为主题的研学旅行课程,发挥武汉大学在科学普及和提高青少年科学素质方面的重要作用,激发青少年对科学的兴趣,引导青少年崇尚和热爱科学,鼓励青少年立志从事科学研究事业,培养科学精神、创新意识和实践能力,为实现"中国梦"而勤奋学习、努力奋斗,为科技创新后备人才培养打下坚实基础。

**【课程目标】**

1. 强化使命驱动。引导学生面向国家战略需求、人类未来发展、思想文化创新和基础学科前沿,增强使命感和责任感,激发学术志趣和内在动力。激励学生把自身价值的实现与国家发展紧密联系起来,把远大的理想抱负和所学所思落实到报效国家的实际行动中。应对人类未来重大挑战,引导学生关注气候变化、能源危机、人类健康、地缘冲突、全球治理、可持续发展等重大课题,树立破解人类发展难题的远大志向,致力产生新思想、新理论。

2. 注重大师引领。汇聚热爱教育、造诣深厚、德才兼备的学术大师参与研学课程,通过学术大师言传身教,加强对学生的精神感召、学术引领和人生指导,让学生通过耳濡目染激发学术兴趣和创新潜力。深入实施导师制,在课程学习、科学研究、生涯规划等方面对学生给予全方位指导。

3. 创新学习方式。给天才留空间,营造创新环境,厚植成长沃土。注重环境浸润熏陶,加强师生心灵沟通,促进学生的价值塑造和人格养成。注重个性化培养,开展研究性教学,带领学生参与科研项目训练,促进学生自主深度学习、建构知识体系、形成多维能力。引导学生多读书、多实践、知民情、懂国情,从经典著作和社会实践中汲取思想养分,获取精神力量,在传承中创新,在创新中发展。提升学生学习的挑战性,增强学生的荣誉感。

4. 提升综合素养。教育引导学生践行社会主义核心价值观,传承弘扬中华优秀传统文化,培养有理想、有本领、有担当的时代新人。

5. 促进学科交叉、科教融合。把促进学科交叉作为创新人才培养的重要途径,鼓励学生进入国家实验室、国家重点实验室、教育部重点实验室等参与科技创新实践,大胆探索基础学科前沿,科教协同培养高水平人才。

6. 鼓励优秀学生进入更高层次阶段的学习。带领中学生走进大学,参加科研实践,激发科学兴趣,成为拔尖人才的后备力量。

**【资源特色】**

## 武汉大学

江城多山,珞珈独秀;山上有黉,武汉大学。武汉大学是教育部直属重点综合性大学,是国家"985工程"和"211工程"重点建设高校,是首批"双一流"建设高校。

### 测绘遥感信息工程国家重点实验室

测绘遥感信息工程国家重点实验室是我国测绘学科第一个国家级重点实验室。1989年初以武汉测绘科技大学国家重点学科摄影测量与遥感及大地测量专业的相关实验室为基础开始筹建,并在当年由国家计划委员会正式批准成立;2000年、2005年、2010年、2015年,实验室在国家科技部开展的国家重点实验室评估中连续四次被评为"优秀"。

### 杂交水稻国家重点实验室

实验室针对目前杂交水稻可持续发展中的若干重大科学问题开展创新性研究,为我国粮食可持续增产、保障我国粮食安全提供理论基础和技术支撑。现主要开展以下六个方面的研究:(1)水稻杂种优势机理研究;(2)水稻发育与育性机理研究;(3)杂交水稻种质创新与基因发掘;(4)超级杂交稻育种研究;(5)杂交水稻发育与种子学研究;(6)杂交水稻超高产生理生态研究。

### 水资源与水电工程科学国家重点实验室

2003年12月获批依托武汉大学建设,2006年10月通过国家科技部建设验收,2008年、2013年、2018年通过国家评估。实验室主要进行基础理论和应用基础理论研究,设有五个研究方向:(1)水资源时空演变与综合调度;(2)农业节水及环境效应;(3)河流水沙运动与江湖治理;(4)水工结构与库坝安全;(5)水电站安全运行与控制。并相应设置五个研究所:水文水资源研究所、农业水利研究所、河流湖泊研究所、水工结构研究所和水电站安全研究所。

**【教学案例】**

组织学员与院士、专家对话交流,参观重点科研基地,体验校园生活,参与创新性实验,参加大学生社团活动等。

在武汉大学测绘遥感信息工程国家重点实验室参观航天测绘相关实验设备,观看应用遥感测绘方法制作的3D视频,体会科技带给人类社会的进步。在雷电防护与接地技术教育部工程研究中心,听实验老师深入浅出地讲解交变电原理、雷电防护原理,参观实验设备。在武汉大学水资源与水电工程科学实验室,通过实地观察,了解节水灌溉等相关技术。

### 一、投身科学实践,品味科学奥妙

科研的魅力不仅展现在课堂之上,在实践中更是异彩纷呈。我国水资源存在空间分布不均、开发利用难度较大的问题。由于气候变化正在影响着人们的生存和生活,"节能减排"也越来越受到重视。如何充分地、全方位地开发利用水能资源是一个亟待解决的问题。为此武汉大学水电站过渡过程与控制实验室提出一种基于虹吸原理提水的新型水泵装置,在水头差很小的情况下,利用水流自身的能量把水提升到高处,该技术获得了"一种吸水装置及其吸水方法"发明专利。

### 二、走进科学,特色测绘——测绘实战训练活动

结合全站仪的测量功能,讲解全站仪测量所能获取的数据:水平方向、水平角、垂直角(或天顶距)、斜距、平距、高差,进而讲解全站仪的使用操作过程及如何能测量出这些数据;针对中学生具备的基础数学理论知识,启发讲解如何通过计算(极坐标法、三角高程测量),将直接测量数据转换为坐标成果。

### 三、实践出真知,实验得真理

参观雷电防护与接地技术教育部工程研究中心、水资源与水电工程科学国家重点实验室和测绘遥感信息工程国家重点实验室。

### 四、定向越野,激情飞扬

定向越野赛的优势在于通过游戏的方式提高学生对游览校园活动的兴趣,还能促进同学之间的协同合作。当然,定向越野赛也考验了同学们的体能与观察能力。只有细心观察、深入思考、共同协作,才能通过各个任务点 NPC(非玩家角色)的任务,同时也为特色活动——测绘实战训练打下基础。

### 五、熟悉武汉大学的自然环境,感受武汉大学独有的人文魅力

在百年武大这一历史悠久的校园内,奔走于梅园、桂园、鉴湖、老图书馆,穿梭在古香古色的历史建筑之间,参观有着"海上厦大"之称的"嘉庚号"科考船,零距离感受科研的魅力,探秘海洋科学的前沿。

### 六、聆听专家分享,交流记忆方法

武汉大学记忆协会成立于 2007 年,是国内高校中率先致力于记忆以及全脑潜能开发的大学生社团。协会通过科学的训练体系,开发会员利用右脑图像记法快速牢记数字、中文、英语等信息的能力,至今已经走出了 30 位"世界记忆大师"、4 位"世界记忆总冠军"、9 位"最强大脑选手",记忆大师人数之多,在世界上首屈一指。

### 七、组织参观校史馆,了解名校的发展历程,接受文化熏陶

武汉大学从自强学堂到国立武昌中山大学再到珞珈建校,从抗日战争时期的艰苦创业到如今的人才济济,在历任校长的带领下,武汉大学招贤纳士,汇聚群英,为中国的变革和发展做出了巨大贡献。

### 八、深入武大讲堂,体悟名师风采;专题讲座学习,与专家教授对话

体验大学课堂、感受名师风采,大概是还未步入大学殿堂的学生们最为期待的部分。大学究竟是什么样子、大学的课堂和老师究竟是什么样子,这些可能是对大学抱有深切向往的同学们最想知道的问题。专家教授将自己主要的研究成果通过一堂课,用浅显易懂的语言呈现在学生面前。通过这一堂课,同学们不但了解了科学的研究方法,还体会到了科技人不畏艰难、勇于在科技之路上不断探索的科学精神。

### 九、观看科普电影,去往宇宙的边缘,方知人类的渺小

对于浩瀚的宇宙,人类是渺小的。意识到人类的渺小和无知,认识到物质的局限意义,才能做到以出世

的态度做人,以入世的态度做事。苏格拉底说智慧意味着自知无知,人要保有一颗敬畏和谦卑之心,认识到人类的狭隘和无知,追求世俗成就的同时,偶尔也要抬头看看星空,领悟宇宙无穷无尽的生死和兴衰循环规律。

### 十、用琥珀定格武大

学员们在了解了琥珀的形成与制作步骤后,充分发挥想象力和创造力,将自己的琥珀装饰得五彩斑斓。制作完成后,学员们在武汉大学校园内与自己制作的琥珀合影,用琥珀定格武大,永久保存这份美好回忆。

**【教学安排】**

| | 时间 | 课程内容 | 地点 |
|---|---|---|---|
| 第一天 | 08:30-11:30 | 学员及教师报到入住(接站) | 学生宿舍 |
| | 13:30-14:30 | 开营仪式 | 老图书馆 |
| | 14:30-15:00 | 学员安全教育会、带队教师沟通会 | 大学生创新创业实践中心报告厅 |
| | 15:00-17:30 | 学校重点科研基地参观 | 测绘遥感信息工程国家重点实验室、水资源与水电工程科学国家重点实验室 |
| | 19:00-21:00 | 院士专家报告 | 老图书馆 |
| 第二天 | 08:00-17:00 | 特色活动:定向越野+测绘科学实战训练 | 武汉大学校园 |
| | 19:00-21:00 | 科普视频赏析 | 大学生创新创业实践中心报告厅 |
| 第三天 | 08:30-12:00 | "以水取水"——虹吸水泵科技制作实践(装置制作、实验、评比) | 大学生创新创业实践中心报告厅(20分钟讲解)、水资源与水电工程科学国家重点实验室 |
| | 13:30-15:50 | 与大学生社团交流:记忆协会等 学生实践活动:科技小制作 | 教室 |
| | 15:50-18:00 | 送站 | 车站 |

**【思考探究】**

1. 请你结合研学的学业指导,就高中学业规划——认识自我与学业规划为题,写一篇不少于500字的学业生涯规划。

2. 请同学们结合此次研学的所见所闻,从辩证的角度去思考和发现事物本身的联系,拓展思维,巩固知识,写一篇不少于500字的研学报告。

# 考察华中科技大学　亲近科技畅想未来

**【项目实施单位】**

华中科技大学科普创新基地

**【项目组专家】**

彭建辉

**【指导教师】**

王华　宋丹　田文

**【课程主题】**

考察华中科技大学　亲近科技畅想未来

**【适用学段】**

高中

**【研学时间】**

3 天

**【线路安排】**

华中科技大学 → 华中科技大学科普创新教育实践基地 → 武汉国家光电研究中心 → "工程实训"室

**【课程背景】**

本课程是以"考察华中科技大学　亲近科技畅想未来"为主题的研学旅行课程,依托重点大学学科优势、实训基地、实验室资源向青少年开放的机制,探索中学生综合实践素质提升新途径。以培养学生的核心素养为目的,结合学生特点,将校内书本知识与体验课程相结合,让学生在实训、实验、参观、讲座、探究等一系列活动中发现和解决问题,提高自主学习能力,养成良好的科学研究思维模式和行为模式,以实现从知识的简单记忆到灵活运用的转换,发展实践能力与创新精神,学会自我管理,增强责任感和担当意识。

**【课程目标】**

1. 强化使命驱动。引导学生面向国家战略需求、人类未来发展、思想文化创新和基础学科前沿,增强使命感和责任感,激发学术志趣和内在动力。激励学生把自身价值的实现与国家发展紧密联系起来,把远大的理想抱负和所学所思落实到报效国家的实际行动中。鼓励学生探索重大科学问题,在物质结构、宇宙演化、生命起源、意识本质等基础科学领域深入探索、坚定志趣。在国家战略布局的重点和重大研究领域,鼓励学生早进课题、早进实验室、早进团队,为学生攀登学术高峰搭建平台。

2. 注重大师引领。汇聚热爱教育、造诣深厚、德才兼备的学术大师参与研学课程,通过学术大师言传身教,加强对学生的精神感召、学术引领和人生指导,让学生通过耳濡目染激发学术兴趣和创新潜力。深入实施导师制,在课程学习、科学研究、生涯规划等方面对学生给予全方位指导。

3. 创新学习方式。注重个性化培养,开展研究性教学,带领学生参与科研项目训练,促进学生自主深度学习,建构知识体系,形成多维能力。

4. 提升综合素养。培养学生的家国情怀、人文情怀、世界胸怀,促进学生中西融汇、古今贯通、文理渗透,汲取人类文明精华,形成整体的知识观和智慧的生活观。强化实践能力和创新创业能力,培养科学道德、批判精神和创新精神,提升沟通表达能力和团队协作精神,造就敢闯会创、敢为天下先的青年英才。

5. 促进学科交叉、科教融合。鼓励学生进入国家实验室、国家重点实验室、教育部重点实验室等参与科技创新实践,大胆探索基础学科前沿,科教协同培养高水平人才。

6. 鼓励优秀学生进入更高层次阶段的学习。带领中学生走进大学,参加科研实践,激发科学兴趣,成为拔尖人才的后备力量。

【资源特色】

·湖北省中小学生研学旅行实践教育课程资源单位·

## 华中科技大学

华中科技大学是教育部直属重点综合性大学,由原华中理工大学、同济医科大学、武汉城市建设学院于 2000 年 5 月 26 日合并成立,是国家"211 工程"重点建设和"985 工程"建设高校之一,是首批"双一流"建设高校。

学校学科齐全、结构合理,基本构建起综合性、研究型大学的学科体系。拥有哲学、经济学、法学、教育学、文学、理学、工学、医学、管理学、艺术学等 10 大学科门类;设有 103 个本科专业,45 个硕士学位授权一级学科,41 个博士学位授权一级学科,39 个博士后科研流动站。现有一级学科国家重点学科 7 个,二级学科国家重点学科 15 个(内科学、外科学按三级计),国家重点(培育)学科 7 个。

## 华中科技大学科普创新教育实践基地

基地以"发展科普教育、培养创新能力"为核心,与湖北省、武汉市的高校、科协联手合作、共同发展、整合资源,发挥各自优势,形成合力,将科普工作推向深入,向青少年普及前沿科学知识、科技新成果,有针对性地传授科技知识与技能、培养科学素养、传播科学文化。鼓励学员基于自身兴趣,在老师指导下,从自然、社会和自身生活中选择和确定研究专题,主动获取知识、应用知识、解决问题。

基地拥有各类客房 200 余间,留学生公寓 500 余间,最大可为研学学生提供床位近千个。校内建有各类大型学生食堂十余个,足以满足研学学生就餐需求;运输中心拥有各类车辆 59 台,交通运输便利;校园内监控设施齐全,保卫处 24 小时不间断巡逻,确保学生研学安全。

【教学案例】

"华中大创新导论与实践"是以安排学生开展工程实验教学和探索研究活动为特色的一系列学术活动与科研实验的集合,内容包含科学基础知识讲座、专题学习与工程实验辅导、互动交流和创新体验。其宗旨是让学生了解大学生工程实验方法,了解优秀人才成长轨迹,知晓科学前沿动态等,提升学生科学探索兴趣,引导学生立志从事科学研究事业,培养高中生的科学精神、创新意识和实践能力。

## 课程一　3D 打印

**一、课程内容**

1. 3D 打印机软件操作介绍（文件的载入，模型尺寸位置调整，支撑设计、切片参数设置及 G 代码的生成），设备简易操作过程示范。

2. FDM 打印机设备、原理、特点及材料介绍。

3. 快速成型技术原理、特点、研究意义及后处理介绍。

4. 正向设计（三维绘图软件）基本操作讲解。

5. 完成模型库模型的打印，创意设计并打印个性化三维模型，完成实习报告。

**二、课程目标**

通过参与本次活动，使同学们了解 3D 打印原理、桌面型 3D 打印机操作、工业型 3D 打印机、扫描仪、3D 建模知识及应用软件。通过正向及逆向设计基本操作讲解示范，学生按要求完成模型的正向及逆向初级设计，选取合适的工艺参数，完成设计作品的打印。

## 课程二　电子产品制作（音响制作）

**一、课程内容**

1. 实习内容及实习要求介绍，元件测试及报告要求。

2. 测试产品元器件，完成报告第一部分。

3. 产品装配流程，产品装配工艺，产品装配要求，产品测试方法。

4. 插装元器件的装配与焊接。

5. 板上元件装配与焊接，板外元件转配与焊接。

6. 产品功能检测，产品故障排除，整机装配。

7. 继续完成电子产品制作，完成产品实验报告第二部分。

8. 产品故障排除，产品装配及功能验收。

**二、课程目标**

通过参与本次活动，能够看懂电路图，掌握音响产品生产的工艺及流程，能选择合格的电子元器件独立完成音响产品的手工焊接、整机装配安装，掌握音响调试方法及检修方法。

## 课程三　电子产品制作（收音机制作）

**一、课程内容**

1. 表面贴装工艺介绍，产品装配工艺流程中贴装元件的装配及设备使用方法介绍，装配要求演示设备使用。

2. 贴片元器件的识别及装配,设备(丝印机、真空吸笔、回流焊炉等)的操作及使用。

3. 贴片元器件的装配验收。

4. 插装元件及产品的整装,产品的检测及故障修理方法。

5. 演示元件的拆装及再焊。

6. 插装元件的装配及焊接,产品功能检测。

7. 产品故障排除,产品的整装,产品的装配及功能验收。

**二、课程目标**

通过参与本次活动,能够读懂收音机电路图,了解表面帖装技术的工艺方法和工艺流程,能选择合适的电子元器件独立完成收音机表面器件的贴装和再流焊,掌握插件元件手工锡焊、整机装配安装与调试及检修方法。

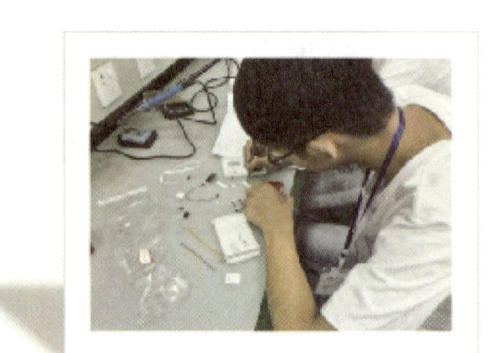

## 课程四 智能机器人组装

**一、课程内容**

1. 观看机器人应用视频片段。

2. 详细说明任务要求,学生分组。

3. 介绍智能小车的组成部件,主控板的结构,扩展板端口地址,传感器工作原理及参数,直流电机控制原理及端口地址。

4. 使用 Arduino 软件,进行图形化编程操作。

5. 编程实例讲解:图形化编程实现电机控制和红外追踪控制,C 代码编程实现三阶段任务。

6. 在手机上下载蓝牙通信软件来控制已写入测试程序的小车,由组长控制小车,利用写好的测试程序来测试蓝牙模块、传感器端口、传感器、电机及连接的工作状态。

7. 编程:用图形化编程编写电机控制程序测试电机,编写红外追踪程序测试传感器。

8. 拼装、拆卸小车某些结构部件,对小车结构进行优化、调整。

9. 电池充电。

10. 在编写的红外追踪程序的基础上完成给定任务的综合程序的编写;现场操作练习,根据练习情况对程序、小车性能等进行调试。

11. 继续操作练习、调试程序和小车性能。

12. 准备好的小组在赛道上进行考核验收,验收次数最多 2 次,以成绩最好的一次为准。

**二、课程目标**

通过参与本次活动,了解智能小车组成及工作原理,熟悉 Arduino 软件的使用;通过手机蓝牙模块控制智能小车的运动,分别通过红外追踪、自动寻迹和手机控制的三种方式让智能小车完成给定的任务。

## 课程五  激光加工

**一、课程内容**

1. 讲解激光加工概述:激光加工基本概念、激光加工原理、非金属激光雕刻切割机简介、激光打标机简介。
2. 发竹制书签材料,讲解书签设计软件操作,讲解激光雕刻机操作方法及安全操作规程。
3. 讲解如何用激光打标机相关软件设计金属名片,讲解激光打标机操作方法。
4. 设计并有序排队加工书签、金属名片。

**二、课程目标**

通过参与本次活动,了解激光加工基本原理,非金属激光雕刻产品(竹制书签)设计及加工,激光打标产品(金属名片)设计及加工,独立学习非金属激光雕刻切割机($CO_2$ 激光器)和金属切割器(光纤激光器)的软件和设备操作,能够完成简单作品的设计和激光雕刻及切割的制作。

## 课程六  电动小车制作

**一、课程内容**

由 Robocon 团队优秀学长介绍机器人的种类、构成,说明机器人制作基本分为机械、图像、电路控制三个部分。观看机器人活动视频并对制图软件 SolidWorks 的使用进行培训,指导学生根据制图讲义进行电动小车零件的设计和制作。

学生们分小组进行实验,首先领取所需的零件,强调制作步骤后,学生们可开始组装。率先组装完毕的小组可开始尝试遥控小车。

所有小组完成电动小车的制作后,将每个小组排好位次,进行分组比赛。由学长讲解比赛规则,组员操控电动小车将不同色块推进指定区域计不同得分,得分高的小组胜。在经过小组赛、对抗赛、积分赛后,最终选出两个小组进入决赛。

## 课程七　探究 LED 显示屏的秘密

由指导老师介绍实验材料,讲解实验的原理与操作,包括 LED 的概述、数码管与 LED 阵列、LED 显示。学生们开始 LED 显示实验的实际操作,可结成小组热烈讨论,亲自动手零距离体验科技的神奇。最终通过投票选出最优秀的 3 个小组并给予奖励。

## 课程八　FabLab 码垛机器人

**一、课程内容**

华工启明星 FabLab 创始人讲解数字制造的个人制造发展历史和未来发展趋势。自 2001 年第一个 Fablab 实验室诞生以来,已经有六百多个 FabLab 实验室遍布世界各地。它们的设备都很相似,一台 3D 数控机床、一台激光切割器、聚乙烯切割机、精密铣床、可编程控制工具等,但其优势在于世界各地的实验室都能够共享源代码,使得 FabLab 具有很大的发展潜能。

由实验室优秀学长进行演讲,阐述两个问题。第一个是为什么 FabLab 能够制造出任何需要的东西?有两个基本要素,首先是实验室里的机器设备为生产提供了硬件支持,然后是 MIT(麻省理工学院)诞生的 FabLab 课程为实验室的发展培养了一批批优秀的学员,这门课包含了机械设计、嵌入式编程、二维设计和三维建模等多门学科的核心重点课程。

第二个是 FabLab 实验室是如何得到发展的? 世界各地的 FabLab 实验室都通过网络实现共享,从而达到"digital revolution"(数字革命)。通过介绍,学生们可接触到制造业的发展前沿,看到实验室制造出来的各种实用机械。

演讲结束后,学员开始分组,每组得到一盒零件。按照模型,开始码垛机器人的拼装过程。学生们完成拼装后,负责人为机器人编程,使机器人完成夹取作业。

## 二、课程目标

在实验中学习到中学课堂上学不到的东西,如数字制造、仿生机器人,激发对科创的兴趣。实验是团体活动,能够培养学生的团队意识。在摸索中感受动手的乐趣,在困难里发现学习的乐趣。

### 课程九 院士专家讲座

邀请学校专家做科技前沿知识讲座、专家励志讲座及科普知识讲座。大学,是科研、创新的种子萌芽的土壤。同学们一定要开拓自己的眼界,打下坚实的基础,为思维选择合适的土壤,在一个好的土壤中汲取养分。同时不要被考试磨灭了自己的兴趣和想象力,重科学,重创新,在理想的指导下成长成才。

### 课程十 了解华中科技大学

通过参观校史馆、邀请优秀大学生报告、举办人文讲座等各种形式,让学生了解名校发展历程,认知华中科技大学雄厚科技实力和深厚人文底蕴,探讨和借鉴优秀学子学习方法,形成适合自身的学业规划及成长路径。

### 课程十一 参观国家重点实验室

组织学生参观华中科技大学 4 个国家重点实验室、1 个国家研究中心、6 个国家工程(技术)研究中心、1 个国家工程实验室、2 个国家专业实验室及一批省部级研究基地。通过展示和讲解,使学生初步了解名校优势专业发展前景,激发学术兴趣,树立专业志向。

### 课程十二 定向越野挑战赛

定向越野涉及自然地理学、环境地理学、数学、地图学和指北针应用等方面的知识和技能,可以培养学生的独立精神和敢作敢为的品格,激发内在潜能。

### 课程十三 高中生学业生涯规划,规划人生赢在未来

上名校需要规划,针对目标早思考、早设计、早行动。高中阶段的生涯规划是学生未来终身发展的基础,它对学生今后的职业发展意义重大,同时也是高中学校开展走班排课的重要前提,是解决落实学生选择权的最可靠途径。做好生涯规划有利于学生及早确立奋斗目标,更好地将高中学业与大学学习相衔接,最终完成自我实现。

邀请高校专家开展各类主题讲座和专题活动,在课程学习、科学研究、学业规划、职业生涯规划等方面对高中生给予全方位指导,让高中生了解更多进入理想的大学深造学习的途径,合理规划自己高中三年的学习,提升社会实践、综合素质等各方面的能力。

【教学安排】

| 天数 | 具体安排 | 课程内容 | 课程介绍 | 研学任务 |
|---|---|---|---|---|
| 第一天 | 08：30–11：30 | 学员及教师报到入住 | | 学员与志愿者对接，老师和学生志愿者给大家介绍华中科技大学校园环境概况，为特训营学习、生活做好准备 |
| | 14：00–15：30 | 活动开幕式 | 学员与志愿者对接，召开学员安全教育会、带队老师沟通会 | |
| | 15：30–17：30 | 参观重点实验室 | 参观光电国家研究中心，参观国家脉冲强磁场科学中心 | 接触名校一流科技创新平台与学科前沿技术，开阔学生眼界 |
| | 19：00–21：00 | 专家讲座 | 召开科普讲座、学业生涯规划讲座 | 了解华中科技大学优势学科专业，开阔眼界 |
| 第二天 | 08：30–17：30 | 创新导论与实践——"工程实训"专题实验 | 电子收音机制作（或电子音响制作），3D 打印，激光加工，智能机器人，发动机装配 | 学员们在指导下独立完成电子制作和 3D 打印等项目，所有完成作品均可作为纪念品带走 |
| | 19：00–21：00 | 评选优秀作品，开展主题征文比赛 | 作品展示、优秀作品评选，与优秀大学生座谈、交流，撰写主题征文 | 聆听优秀学生报告，体会名校文化、理念，探讨优秀学子学习方法、学业规划及成长之路 |
| 第三天 | 08：30–11：00 | 逐梦——定向越野挑战赛 | 利用指北针和地图在校内开展定向越野活动 | 智力与体力并重，个人与团体并存；培养独立分析能力和逻辑思维能力 |
| | 13：30–14：30 | 科学实践成果展演 | 优秀学员、志愿者代表发言，优秀作品颁奖，全体学员合影 | 集中展示科技实践成果与作品，对优秀学员进行表彰 |
| | 14：30–18：00 | 学员送站 | | 欢送学员，志愿者送站 |

【思考探究】

　　1. 请你结合研学的学业指导，以"高中学业规划——认识自我与学业规划"为题，写一篇不少于 500 字的学业生涯规划。

　　2. 请你结合此次研学的所见所闻，从辩证的角度去思考和发现事物本身的联系，拓展思维，巩固知识，写一篇不少于 500 字的研学报告。

# 驻基地进高校　树人生远大理想

**【项目实施单位】**

武汉中小学校外教育活动中心

**【项目组专家】**

付德全　付德才

**【指导教师】**

胡典　向红波　杜方舟

**【课程主题】**

驻基地进高校　树人生远大理想

**【适用学段】**

高中

**【研学时间】**

5 天

**【线路安排】**

武汉中小学校外教育活动中心 → 武汉市民之家 → 武汉大学 → 中国地质大学 → 中国武钢博物馆 → 黄鹤楼 → 武汉中小学校外教育活动中心

**【课程目标】**

1. 借助武汉特有的地理、历史、文化优势及丰富的社会场馆资源,了解当今社会的发展现状,明确人生目标,对立远大理想。

2. 走进高校,感受大学校园文化,树立学习奋斗目标。

3. 促进书本知识和生活经验的深度融合,培养乐于探究和钻研的学习习惯,为学生全面发展提供良好成长空间。

4. 唤起主动学习、奋发向上的热情,鼓舞斗志,激励自己,以最好的状态度过高考前每一天的学习与生活,充满信心地迎接高考。

**【资源特色】**

·湖北省中小学生研学旅行实践教育营地·

## 武汉中小学校外教育活动中心

武汉中小学校外教育活动中心(以下简称"中心")创建于 2010 年 7 月,是经武汉市教育局批准(武教发〔2007〕23 号文件)、市发改委立项(武发改社〔2007〕712 号文件)的重点教育项目,是"全国中小学环境教育社会实践基地""湖北省国防教育基地""武汉市青少年学生校外教育基地""武汉市国防教育基地"。2018 年被湖北省教育厅评为第一批"湖北省中小学生研学旅行实践教育营地"。

　　中心位于武汉东西湖区柏泉古镇，占地 17.2 万平方米，建设有交通安全城、DIY 创客体验课室、军事训练及射击场、爱国教育展厅、自然生态长廊、拓展区、学农实践区、野炊烧烤区等。配套设施齐全、完善，有学生公寓、接待宾馆、大型餐厅、多功能厅、活动教学课室、千人风雨训练棚、自备应急发电站、百吨级蓄水塔等，具有一次接待 4000 名学生集中食宿和开展活动的能力。

　　中心秉承"二寓（寓教于乐、寓教于游）""三重（重在认识、重在教育、重在体验）""四满意（学生、学校、家长、社会满意）"的工作理念，视学生为亲人，植关爱于教育。组建有精英执行团队和专业服务团队，专职教学人员 100 余人，其他工作人员 60 余人。中心开设有八大类活动课程 100 多个活动项目；整合社会教育资源，开发有 30 多条研学线路，可满足不同年龄段学生开展 1～15 天研学实践活动的需求。

　　中心自创建以来，成功接待了上千所学校数百万人次中小学生的实践教育研学活动，赢得了学校及社会各界的高度评价与赞誉。《湖北日报》《长江日报》《湖北教育》《楚天都市报》《楚天金报》、湖北卫视、湖北经视、武汉电视台、武汉教育电视台等多家新闻媒体对中心进行了专题报道。中心以优质的活动课程、良好的口碑成为湖北省实践教育领域一道亮丽的风景线。

## 武汉市民之家

　　武汉市民之家集政务服务、规划展示、教育培训多功能、综合性于一体，其规划展示馆总建筑面积 22430 平方米，共 5 层 18 个展区，采用声、光、电等高科技，形象、全面地展示了武汉的历史、建设成就和未来发展蓝图，包括城市印象、历史武汉、宜居武汉、智慧武汉、实力武汉以及实景模型——两江四岸规划建设微缩模型等，突显了武汉"敢为人先、追求卓越"的城市精神和"服务、高效、规范"的城市理念。

## 武汉大学

　　武汉大学是教育部直属重点大学，国家"985 工程""211 工程"重点建设高校。前身是 1893 年湖广总督张之洞创办的自强学堂，1928 年定名国立武汉大学，被誉为"世界上最美丽的大学之一"。武汉大学校园濒临东湖，环抱珞珈山，满园苍翠，桃红樱白，鸟语花香，风景如画。中西合璧的宫殿式建筑群古朴典雅，巍峨壮观，堪称"近现代中国大学校园建筑的佳作与典范"。校训：自强、弘毅、求是、拓新。

## 中国地质大学

　　中国地质大学是教育部直属全国重点大学，国家"211 工程"、国家"双一流"建设高校，位于武汉东湖之畔，南望山麓。学校以地球科学为主要特色,涵盖理学、工学、文学、管理学、教育学、艺术学等门类。学校拥有国家 4A 级旅游景区——逸夫博物馆,校园环境优美,教育、科研、学术氛围浓厚,坚持弘扬"艰苦朴素,求真务实"校训精神,"谋求人与自然和谐发展"的价值观,为莘莘学子提供了良好的学习、生活和成长的环境。

## 中国武钢博物馆

武汉钢铁集团公司,简称武钢,是新中国成立后兴建的第一个特大型钢铁联合企业,于 1958 年建成投产,是国有重要骨干企业,拥有矿山采掘、炼焦、炼铁、炼钢、轧钢等一整套先进的钢铁生产工艺设备,生产规模近 4000 万吨,居世界钢铁行业第四。

武钢博物馆是中国首家钢铁博物馆,位于武汉市青山区,展出面积 8000 多平方米。"钢铁是这样炼成的"高科技仿真区全程模仿武钢的"二热轧车间"和"硅钢生产车间"生产过程,是目前国内最顶尖的高科技仿真展示厅,通过"矿山采掘""高炉出铁""转炉炼钢""热轧机""硅钢轧机"等生产工艺的演示,使参观者身临其境地感受钢铁冶炼的全过程。进入展厅,就仿佛置身一个幽暗的矿洞中,一车车铁矿石,伴随着轰隆隆的声响,从深邃的矿洞中运出来;走进炼铁炼钢车间,是轰鸣的机器、火红的铁水、飞溅的火花……

## 黄鹤楼

"天下江山第一楼"黄鹤楼,耸立于武汉市武昌蛇山,始建于三国时代(223 年),国家 5A 级景点。长江在三楚腹地与其最长支流汉水交汇,造就了武汉隔两江立三镇而互峙的伟姿,黄鹤楼天造地设于斯。李白的诗"黄鹤楼中吹玉笛,江城五月落梅花",使武汉"江城"之称名扬四海;崔颢的诗"昔人已乘黄鹤去,此地空余黄鹤楼"已成为千古绝唱。身临黄鹤楼,探究其数千年的发展变迁史,诵读相关名篇佳作,激发民族自豪感。

【教学案例】

## 理想励志讲座

主讲老师带领同学们回忆在校同窗学习、一起拼搏努力的经历,体会彼此结下的深厚师生情、同学情,领悟学校领导、老师以及父母对自己的健康成长的殷切关注,以及同学时刻伴随自己的快乐时光。引导学生从思想、行动上做好充分准备,明确高考目标,以最好的状态迎接高考,增强拼搏的动力,强化行动,全力以赴,考上理想的大学,实现自己的梦想,能走向更高、更远的地方,为自己、也为关爱自己的人交一份满意的答卷。

## 成功墙

团结就是力量,全班所有同学必须在规定时间内翻越一面 4 米高的光滑墙面,不能借助任何的外界工具,只能靠相互间的密切合作,共同攻克难关。此活动旨在培养学生的协调合作能力,凝聚团队精神。研学体验要点:什么是团队?你爬上成功墙时的感受?你做人梯承担别人重量的想法?有多少人为你的成长付出汗水和努力?

## "鼓"舞明志

指导学生学习快速掌握打击乐的演奏技巧,调动每个参与者的节奏感与激情,通过艺术感染、激励学生积极向上、拼搏进取。

## 目标射击训练

走进现代化的射击训练场,集中注意力,明确目标,学习技能,瞄准射击。此活动旨在训练注意力,明确目标的重要性。

## 动力绳

所有人手拉手围成一圈,就地坐下,所有人手拉绳索,上身向后倒,一起有节奏地摇动绳索。提升团队士气,体现团队和谐,了解集体力量的强大。

## 神笔马良

将一支毛笔上下绑数根绳子,团队中数名队员各拉一条绳子,共同控制笔的方向(不能接触笔),在一平方米的纸上写下事先要求的字词。此活动培养团队协作能力,激发创新及荣誉感。

【教学安排】

| 时间 | 主题 | | 活动安排 | 指导思想 |
| --- | --- | --- | --- | --- |
| 第一天 | 开启行程<br>见识江城 | 白天 | 上午在约定地点接学员;<br>下午在研学点:武汉市民之家 | 感受大江大湖大武汉的美丽风光,了解武汉历史与未来规划 |
| | | 晚上 | 召开交流会,团队文化建设,整理内务 | 规范纪律,提高自理自立能力 |

（续表）

| 时间 | 主 旨 | | 活动安排 | 指导思想 |
|---|---|---|---|---|
| 第二天 | 走进高校<br>树立理想 | 白天 | 上午的研学点：武汉大学；<br>下午的研学点：中国地质大学 | 感受大学校园文化，树立远大理想和宏远目标 |
| | | 晚上 | 观看教育电影；《我相信》手语学习1 | 坚定信念，自信自强 |
| 第三天 | 实践拓展<br>鼓舞斗志 | 白天 | 营地活动：目标射击训练、"鼓"舞明志、动力绳、神笔马良、成功墙 | 熔炼团队，鼓舞斗志，形成目标观念 |
| | | 晚上 | 召开小组交流会；《我相信》手语学习2 | 学会思考与交流，自我升华 |
| 第四天 | 接受磨砺<br>百炼成钢 | 白天 | 上午的研学点：武钢博物馆；<br>下午的研学点：黄鹤楼 | 开展多样化的探究性学习 |
| | | 晚上 | 召开联欢晚会 | 提供展示才艺的舞台 |
| 第五天 | 明确目标<br>励志向上 | 白天 | 上午召开理想励志互动讲座，总结表彰，合影留念；<br>下午全体学生和老师登车返程 | 激发真实情感，思想升华，明确成长方向 |

**【思考探究】**

1. 武汉大学及中国地质大学的校训分别是什么？武汉还有哪些知名高校？

2. 寻找武汉大学校园内的名人雕像并了解名人背后的故事。从哪些方面可以体现武汉大学是中国最美丽的大学之一？请讲述武汉大学樱花的来历与故事。

3. 参观了武汉市民之家，请结合武汉的未来规划发展，谈谈如何与时俱进，明确人生远大理想与社会责任。

4. 参观了中国武钢博物馆，谈谈"钢铁是怎样炼成的"。

5. 关于黄鹤楼的诗词你知道多少？探究并讲述黄鹤楼的发展与变迁，感受中华文化的浩瀚博大。

6. 通过本次研学实践，作为高中生，请你进一步明确近期目标以及人生远大目标。

# 第八单元

## 工业体验

# 中国科普胜地　世界地矿名城

**【项目实施单位】**

黄石市文化旅游投资集团有限公司

**【项目组专家】**

黄海燕

**【指导教师】**

徐茂林　曹瑞

**【课程主题】**

中国科普胜地　世界地矿名城

**【适用学段】**

小学、初中、高中

**【研学时间】**

1～7天

**【线路安排】**

黄石矿博园 → 黄石园博园 → 黄石恐龙园 → 湖北(黄石)地质博物馆 → 黄石市城市规划馆 → 黄石国家矿山公园 → 铜绿山古铜矿遗址 → 华新水泥旧址 → 西塞山 → 草甸山 → 父子山 → 雷山 → 枫林地心大峡谷 → 七峰山

**【线路简介】**

　　黄石,被称为"黄金宝石之城",又有青铜故里、钢铁摇篮、矿晶之都等美誉。这些名称也体现了黄石地质构造复杂、矿产资源丰富、矿业活动历史悠久、地质遗迹资源禀赋突出的特点。其矿冶文化已经发展了数千年,三国时期的青铜矿产地——铜绿山、新中国成立后的重要钢铁产地——大冶铁矿、新时代建设的重要的矿晶展销地——矿博园,反映了矿冶文化的发展与变迁。在这里我们能领略新中国成立初期举国炼钢、艰苦奉献的"大冶精神",能见证新时代践行"绿水青山就是金山银山"的优秀实例,能感受绚丽多彩的矿晶世界,能学习贴近生活、奥妙无穷的地质学知识……

　　黄石市文化旅游投资集团有限公司依托三千年矿冶文化及近现代工业文明,以"科普"为主轴、"地矿""工业"为两翼,围绕"黄石矿博园"国家级研学基地,着力打造"1+N"全域研学旅行模式,擦亮"中国科普胜地,世界地矿名城"名片。

**【课程目标】**

　　1. 认知目标——了解黄石三千年矿冶文化及近现代工业文明。

　　2. 情感目标——感受黄石当地特色矿冶文化及近现代工业文明,追寻红色历史,培育家国情怀,树立环保意识、生态意识,树立建设美丽家乡、美丽中国的志向。

　　3. 学习目标——学习地球科学、地质科学、地矿科学、冶炼工业等知识。

**【资源特色】**

## 黄石矿博园

　　黄石矿物晶体奇石文化博览园(简称黄石矿博园)由黄石市文化旅游投资集团有限公司投资兴建,以黄石本地3000年矿冶文化、70种矿物资源、近万名收藏人群为依托,致力打造享誉全球的地矿领域学术高地、地矿科普研学基地、地矿精品展示中心、矿物晶体交易平台。黄石矿博园是集中展示黄石矿冶文化、矿物晶体和奇石等资源、地质科普的对外窗口,也是具有地方特色和引领辐射作用的生产加工文化创意产业园,还是展现黄石"黄金宝石"之城和山水园林城市魅力的工业旅游景区。

## 黄石园博园

　　黄石园博园位于湖北省黄石市大冶湖生态新区核心区,45个展园以组团式的展园岛形式置于水中,包括7个友城园、17个市州园、8个企业园、2个大师园、5个生态转型园、6个市民园。为体现黄石的地域特色,还设计了矿秀广场、矿秀塔等设施。矿秀广场通过矿石废料垒台、种植观赏草来打造地景新效果;矿秀塔以矿塔为设计原型,高50米,用以纪念黄石1950年建市。园中还有一条轨道助力矿车观光道,全长3千米;以矿车为原型设计观光车;观光道联系主要功能区,可以丰富游人的观光体验。园中选用植物300余种,其中乡土树种占全园植物种类的30%以上,包括湖北海棠、巴东木莲、宜昌荚蒾、鄂西绣线菊、房县槭等多种湖北特有植物。

## 黄石恐龙园

　　黄石恐龙园建设以恐龙科普为题材的相关景点,以地质环境的衍变为线索,将恐龙从诞生到灭亡不同时期的变化展现出来,带领学生了解不同时期恐龙的不同种类与特征,运用光、影、声、电等高科技,实现恐龙与学生的互动,给学生带来不同的体验,打造一座集展示、科普、休闲、互动于一体的,具有游览、观赏价值的生态文化公园。

## 湖北(黄石)地质博物馆

　　湖北(黄石)地质博物馆,是目前湖北省建筑面积最大的地质博物馆。该馆是融实物展陈、科学研究、互动体验于一体的公益性实物地质资料馆,是揭示黄石地区乃至湖北省海陆变迁和矿产形成奥秘、展示地质勘探、矿产开发利用、地质环境保护历史、普及地学知识、传承矿冶文明、宣传环境保护的科普基地,是发展地质旅游、开启奇幻地质探险之旅的窗口。

## 黄石市城市规划馆

　　面朝横无际涯的大冶湖面,背靠即将崛起的生态新城,黄石市城市规划馆旨在成为连接大冶湖生态圈与现代新城的纽带以及对外开放的门户，为居民提供集展览、娱乐、生态休闲于一体的城市空间。黄石市城市规划馆项目位于黄石市大冶湖生态新区，该馆主要用于展览和档案储藏，是该区发展主轴上第一栋公共建筑，体现着片区的发展基调。该项目 2015 年 12 月中标，2016 年 4 月正式开工，2018 年初竣工，建筑面积 5498 平方米，布展面积 4830 平方米。展馆以时间为线索，分"晶彩之美·印象篇""工业之美·历史篇""奋斗之美·发展篇""大城之美·未来篇""大冶湖生态新区规划展"五个主题篇章，通过先进的多媒体技术与逼真的场景复原，直观展示黄石的山水之美、工业之美、城市之美。

黄石市城市规划馆设计概念来源于矿冶大峡谷。它的基本形体通过扭转，朝向未来的园博园，与其中心主馆相呼应。规划馆与档案馆分置中心两旁，便于独立管理运营，同时又保留了完整大气的建筑形象。在这一片绿色自然能量集聚的地带，形成了以商业、办公、居住、旅游等为主的绿色生态综合社区。设计考虑场地的环境特点及周边邻里，留出大冶湖和身后的生态新城的视线通廊，将建筑形体中部的透空处理形成"窗口"，公共人流可通过台阶广场的引导，到达建筑中部的公共灰空间广场。灰空间广场将为市民提供观景、集会、休闲、展览等活动空间。

## 黄石国家矿山公园

黄石国家矿山公园位于黄石市铁山区境内，是中国首座国家矿山公园，4A 级景区，2018 年入选第一批中国工业遗产保护名录。在黄石国家矿山公园，学生们化身"地质工作者"，通过学习矿山公园的系列主题课程，探究地质变迁、矿石岩层形成与变化的过程，掌握初级地质工作者探矿寻矿的方法；通过学习矿山的历史，感悟一代伟人毛主席唯一亲临的矿山之魅力，追寻矿山人民的不屈抗战史，体味矿山人民为新中国大炼钢铁无私奉献的家国情怀。

## 铜绿山古铜矿遗址

据古籍记载，铜绿山因"山色紫赤，每骤雨过时，有铜绿点缀土石之上，如雪花小豆"而得名，可能是"古出铜之所"。现代矿产勘查工作验证了古人的推测。在铜绿山地区南北长 2100 米、东西宽 600 米的范围，已勘探出由 12 个独立矿体组成的大型铜矿床，查明高品位铜矿石总储量超过 3000 万吨。更令人震惊的是，伴随现代采矿活动，大批古人采冶铜矿的遗迹、遗物也不断出土，表明该铜矿还是一座最远可上溯至殷商时期的古矿，具有超过 3000 年的历史，堪称中国青铜文化最重要的发祥地之一。在此可以近距离接触真正的铜矿体，全面了解铜绿山铜矿的特征和成因，并欣赏 3000 年前的古矿坑和规模巨大的现代采矿场，对比不同时期的矿业生产活动，观察现代采矿与古代采矿的不同，感受这一交融工业文明与青铜文明的伟大矿业奇迹。

## 华新水泥旧址

华新水泥厂在清光绪三十三年(1907 年)由慈禧太后御批创建，具有百年历史，是我国现存时代较早、保存规模最大、最完整的水泥工业遗存。新中国成立后，毛主席二次视察黄石，对华新人风趣地说："你们是'远东第一'嘛！年产八十万吨，了不起呀！"2005 年，华新水泥厂正式关停；2016 年，华新水泥旧址被列入首批中国 20 世纪建筑遗产名录。

## 西塞山

西塞山，因《水经注》描述其为"山连径江，则东山偏高，谓之西塞"而得名。正如其所述，西塞山实为黄荆山脉的东延部分,是一突兀于长江河道,因河流侧蚀作用形成的"矶头"地质遗迹景观。因其地势险要,扼守长江天险,历来为兵家必争之地。登上西塞山,可以观察长江河流地质作用对西塞山形成演化的重要影响,以及黄石弯道河段两侧河岸的不同地貌特征,解密西塞山军事要冲的自然地理背景,还可以沿途观察构成西塞山的三叠系岩石中发育的典型地质构造现象,以及石芽、溶洞等优美岩溶地质景观。

## 草甸山

草甸山位于大冶湖盆地与磁湖盆地分水岭——九十里黄荆山脉的中段,因山顶长有一大片为灌木环抱的神秘草甸,故而得名。草甸山视野开阔,风景优美。在草甸山最高点可以尽享观赏高山草甸生态风光、远眺两湖的乐趣,探索草甸形成的地质背景,了解黄石东部的盆山地貌格局,并能沿途观察构成山体的三叠系岩石中各种典型地质构造现象,欣赏石芽、岩溶泉等独特岩溶地貌景观。

## 父子山

父子山主峰海拔 791 米,是黄石东部最高点,因有当地采药父子三人先后于山顶进入神秘洞穴、离奇失踪的传说而得名。研学时,可以在主峰附近发现导致"父子失踪"的神秘地质线索,了解岩溶地貌特征和演化机制,还可以观察到平缓的志留系丘陵与陡峻的三叠系断块山的直接"拼合",感受父子山断层错断近两亿年地层和形成巨大断块山体的宏伟力量,了解岩石、构造与地貌的耦合关系,加深对山、崖、谷、丘等地形结构的认识和理解。

## 雷山

雷山因传山体东部有一"石笋尖"怪石曾遭雷击而得名。其最高点海拔 204 米,主峰附近有一座高耸入云的古佛塔——雷峰塔。雷山整座山体主要由距今 1.28 亿年的古火山熔岩构成,熔岩层层堆叠,形成独特的流纹构造,又被广泛发育的多向垂直裂隙(节理)离解,在水和重力的协同作用下,演化成各种崖、障、岩、台、洞景观,山奇石怪,风景别致。在雷山,不仅可以欣赏因火山岩独特的性质而形成的各种奇异地貌,还可以观察远古火山作用形成的地质构造遗迹,探索被"天雷击打"的特殊岩石的成因,并感受鄂东南大地中生代构造岩浆活动的宏伟过程。

## 枫林地心大峡谷

枫林地心大峡谷地学科普路线位于阳新枫林镇,路线主题为"奇幻喀斯特,地心大峡谷"。路线核心地质遗迹为石泉洞岩溶洞穴系统及伴生岩溶地貌景观。本路线通过建设洞穴游步道、漂流河道,使参观者沿着复杂的岩溶洞穴管道深入黑暗的地底,欣赏各种各样的钟乳石景观,了解它们的类型和成因,并乘船在大山深处水流湍急的地下河峡谷内漂流。通过对地下河洞穴上游的岩溶洼地和落水洞地质遗迹的介绍,让人对"石泉"水之源头和石泉洞的成因有所了解。

## 七峰山

　　南岩岭地学科普路线位于阳新白沙镇七峰山景区内,路线主题为"黄石之巅,沧海桑田"。这条路线将引导学生攀登黄石最高峰。通过观察沿途的各种岩石、古生物、中草药植物、地貌构造等,揭示黄石最高峰的沧海桑田的演化,并在山峰最高部位引导学生观察岩石露头上的远古海洋珊瑚群化石,让游客对全区的海陆变迁有更加深刻的理解。

**【教学案例】**

　　1. 缅怀历史:了解矿山公园在中国近现代发展中的演变历程,培养学生的爱国情怀,学习无私奉献、勤勤恳恳、脚踏实地的矿山精神,培养学生的民族自豪感。

　　2. 地质科考:学生头戴矿工帽,拿着手电筒、磁铁等工具,在研学导师带领下学习矿冶知识,探究地球奥秘。

　　3. 了解矿山:参观亚洲第一露天采矿坑,观摩岩层构造,感受地质奇观。寻找铜草花,学习古人探矿、寻矿的技巧。

　　4. 矿山复垦:通过参观亚洲最大的硬岩复垦基地,了解矿山人有效保护和科学利用矿业遗迹资源的方法,学习对矿山进行环境保护、恢复治理,促进资源枯竭型矿山经济转型,践行可持续发展的科学发展观理念。

　　5. 教学安排。

| 课程 | 预计时间 | 课程内容 | 不同年级段课程重点 | 学习方法 |
|---|---|---|---|---|
| 矿山魂 | 30分钟 | 【日出东方广场集中授课】聆听矿山工人不屈的抗战史,体味矿山人民为新中国大炼钢铁无私奉献的家国情怀;瞻仰伟人毛主席雕像,向毛主席敬礼并献花 | [小学]:缅怀伟人,感恩生活。<br>[初中]:缅怀历史,了解黄石"钢铁历史",培养家国情怀。<br>[高中]:培养爱国情怀,尝试思考当今世界格局,立志为国奉献 | 所有学生集中学习 |
| 地质奇观 | 45分钟 | 【参观亚洲第一露天采矿坑】参观亚洲第一、世界第三的露天采矿坑,观摩岩层构造,感受地质奇观。寻找铜草花,学习古人找寻铜矿的方法 | [小学]:感受矿坑的雄伟,学习愚公移山的精神;辨识铜草花,学习古人找寻铜矿的方法。<br>[初中]:了解矿坑的来历,前后对比矿区地形,学习当今世界上的几种采矿方式,认识矿区F9断层及与之相关的常见的地质灾害;寻找铜草花,学习古人找寻铜矿的方法。<br>[高中]:学习基础的采矿作业流程,学习采矿技术的发展及其背后的科学技术的革新与进步;自主举例地质灾害类型,对F9断层进行受力分析,探究单层治理方案;寻找铜草花,思考古人通过铜草花找铜矿的原理 | 以班级为单位学习 |
| 地质考察 | 45分钟 | 【探秘矿洞】在导师的带领下,手拿电筒,寻找矿脉,学习矿石形成的过程及原因 | [小学]:通过观察矿洞岩石面不同的色泽,判断矿石的种类。<br>[初中]:通过寻找不同的矿脉,探究矿石形成的过程。<br>[高中]:通过寻找不同的矿脉及特色岩貌,学习并思考造山运动、火山运动对地质形态变迁的影响 | 以班级为单位学习 |

（续表）

| 课程 | 预计时间 | 课程内容 | 不同年级段课程重点 | 学习方法 |
|---|---|---|---|---|
| 香槐雪海 | 45分钟 | 【参观槐花林】<br>参观"石海绿洲"槐花林,学习矿山修复知识 | [小学]:参观硬岩复垦基地,了解植被的地表固定作用,建立生态保护的理念。<br>[初中]:参观硬岩复垦基地,学习植被生长的条件,学习硬岩区的地质情况及其对植被生长的影响。<br>[高中]:参观硬岩复垦基地,探究岩石、砂石、土壤的孔隙度及其渗水率,探究硬岩区植被生长的难点与特点;学习为什么选取刺槐的生物学知识 | 以班级为单位学习 |
| 野外寻宝 | 45分钟 | 【小小地质学家初长成】<br>在导师带领下,手拿磁铁,在户外矿区挖矿寻宝,并带走最喜欢的矿石标本,感受地质工作者工作的艰辛及丰收的喜悦 | [小学]:通过观察岩石表面颜色,判断潜在矿物的种类。<br>[初中]:通过矿物认定,探究矿石形成的过程及当时的外围环境。<br>[高中]:通过了解不同的矿石特点,学习造山运动对矿物形态变化的影响、宝石级矿物结晶体的成型条件和特点 | 以班级为单位学习 |
| 主题活动 | 45分钟 | 【参观矿冶博览园，拓展活动】<br>模拟地质工作者的野外工作环境,在团队拓展活动中,磨炼意志,挑战自我,培养科学逻辑思维能力及团队合作精神 | [小学]:亲自动手,按照矿博园的特色采矿设备绘制一辆属于自己的采矿车;团队拓展活动。<br>[初中]:认识不同型号的采矿车,了解它们的产地、性能及基本功能;根据了解的知识设计一款合理的采矿车;团队拓展活动。<br>[高中]:学习矿区特种车辆的产地、功能、型号;学习各种设备背后蕴藏的物理学知识,探究不同形态、结构、行进方式的车辆对应的工作环境;团队拓展活动 | 以班级为单位学习 |

备注:以上每个课程皆为独立模块,各班级在教官或导师的带领下交替参与各课程。

【思考探究】

1. 矿山在中国近现代史上发挥了哪些重要作用? 矿山公园与楚国的历史、中国的近现代史有哪些重要关系?

2. 若硬岩基地没有复垦,会发生哪些灾害?

3. 谈一谈生活中的钢铁制品。若不用钢铁制品,你能独立生活一天吗?

# 感受膏都盐海魅力 增强科技创新能力

**【项目实施单位】**

应城市青少年研学旅行实践教育营地

**【项目组专家】**

黄应征

**【指导教师】**

丁小姣 何想宏

**【课程主题】**

感受膏都盐海魅力 增强科技创新能力

**【适用学段】**

小学、初中、高中

**【研学时间】**

1 天

**【线路安排】**

学校 → 应城市青少年研学旅行实践教育营地 → 应城市青少年活动中心实训基地 → 应城国家矿山公园博物馆

**【课程目标】**

1. 提高生活技能,培养自理自立能力。
2. 灵动身心,增强体能,磨炼意志,增强抗挫折能力。
3. 培养团队合作精神、感恩心态。
4. 接受传统文化教育,培养爱家乡、爱祖国的高尚情感。
5. 感受现代科技的神奇力量,增强科技创新能力。
6. 了解国情、开阔眼界、增长知识,培养社会责任感、创新精神和实践能力。

**【资源特色】**

·湖北省中小学生研学实践教育课程资源单位·

·孝感市中小学生研学实践教育基地·

### 应城市青少年研学旅行实践教育营地

应城市青少年研学旅行实践教育营地位于应城市汤八路 11 千米处,占地面积 66600 平方米,其中研学实践教育楼、学生宿舍楼、学生食堂、研学活动多功能厅、风雨长廊等建筑所占面积为 1500 平方米,一次性可接纳 1000~1300 名学生。

营地交通方便,场地宽敞,环境优美,气候宜人,研学资源丰富,有专职教师、研学导师 30 余人。

营地以《教育部等 11 部门关于推进中小学生研学旅行的意见》为纲,紧扣"道德养成教育、社会教育、国情教育、爱国主义教育、优秀传统文化教育、创新精神和实践能力培养"等内容,开设了百项研学旅行实践教活动课程。

营地理念:在研学旅行中收获成长,在体验教育中促进发展。

## 应城市青少年活动中心实训基地

应城市青少年活动中心实训基地(以下简称"基地")是经市教育局批准(应教办〔2013〕28 号文件)、市发改委专项(应发改社会〔2013〕19 号文件)的中小学校外综合实践教育活动项目。基地位于应城市杨岭镇祝墩村,占地面积 66600 平方米,一次性可接待千余名学生。资金总投入五千万元。拥有品德优良、经验丰富、素质过硬的专业综合实践活动指导教师 30 余名。

2014—2019 年,基地先后五次被湖北省教育厅评为"校外教育先进单位"。2015 年,基地校外教育经验《追求卓越铸品牌,敢为人先谋发展》在《中国校外教育》杂志上推介。2017 年基地报送的《专题教育课程——〈追寻将军足迹〉活动案例》被评为全国中小学德育工作优秀案例。基地以教育部《中小学综合实践活动课程指导纲要》为指针,紧扣"考察探究、设计制作、社会服务、职业体验"四大板块和"生命教育、生存教育、生活教育、生态教育、生产践行教育"五生教育内容,开设了百项课程。

办学理念:在活动中体验,在实践中成长。

办学宗旨:为学生全面发展服务,为学生终身幸福奠基。

安全保障:100%的安全=高度的责任心+合格的装备+丰富的经验+规范的操作+素质过硬的团队。

服务类型:中小学校外综合实践活动、劳动实践、企事业单位员工培训、国防军事实践教育、禁毒防毒安全教育、素质拓展等活动。

办学目标:为梦想引路,为成功导航。让学生在生命教育中感悟人生,在生态教育中体验和谐,在生存教育中培养能力,在劳动教育中习得真知,在素质拓展活动中磨炼意志,在主题教育中学做真人。

## 应城国家矿山公园博物馆

2017 年,应城国家矿山公园博物馆正式开放,该馆规划用地 79200 平方米,建设面积 6600 平方米,包括室内场馆展示、室外古代生产场景复制和景观绿化广场,是目前中国唯一一所以石膏为主题的博物馆,展示"中国石膏""中国膏都""创业史诗""膏都新貌"四个主题内容,力求通过文字图片、雕塑场景、馆藏展示、艺术装置、多媒体演示等传统和现代手段,将科学知识科普化、历史人文故事化,全方位地展现一座古老的矿山蜕变成为一个城市化花园的曲折而壮丽的发展历程。

【教学案例】

一、研学目标

1. 带着问题走进应城国家矿山公园博物馆,通过研学实践,认识石膏,了解应城石膏资源、石膏矿床的特征、石膏矿床的形成、石膏的用途。

2. 了解市情,热爱家乡,开阔眼界,增长知识,提高社会责任感、创新精神和实践能力。

**二、研学时间**

3～4 小时。

**三、研学对象**

初中生、高中生。

**四、研学过程**

1. 巧用故事,激趣导入。

同学们,大家好! 很早以前,应城西北有座天灵山,浓荫覆盖,云雾缭绕。天灵山下住着一个贫穷的砍柴伢,他手脚勤快,天性善良,又最有孝心。父母在世时,砍柴伢总是把砍柴换来的一点点吃的都供奉给父母,自己却忍饥受饿。父母死后,他无钱安葬,就把父母合葬在天灵山的山洞里,自己在洞里守孝三年。

有一天,砍柴伢砍柴回来,发现山洞里白晃晃的。进去一看,见洞里头长出了一条洁白的石糕,热气腾腾,香气扑鼻。砍柴伢壮着胆子走拢去,尝了一点,觉得又甜又软又可口,就吃了起来。真怪,不管怎么吃,那石糕老是那么长,一直等到他吃得饱饱的,才一下子不见了。

第二天,砍柴伢砍柴回来,那石糕又出现了。从此,砍柴伢白天上山砍柴,晚上回来也不用为饭食发愁了。不知是什么时候,天灵山上出现宝物的事情,被山下的财主晓得了,就带着一批狗腿子,家丁上天灵山,逼砍柴伢交出宝物。砍柴伢任他们怎么拷打也不作声。贪婪的财主恼羞成怒,就叫家丁在天灵山上掘地三尺,一定要把宝物挖出来。眼看要挖到砍柴伢父母的坟墓跟前了,突然狂风四起,电闪雷鸣,"轰"的一个炸雷,洞里又出现了洁白的石糕,但眨眼工夫就不见。财主索性雇人来挖,谁知挖地一寸,土长二寸,挖二寸,长四寸,挖呀挖呀,挖了三年六个月,累死了三千六百人,土越挖越厚,终究还是没有把宝物挖出来。

传说这石糕是砍柴伢的父母怜悯儿子变化出来的。石糕的味道之所以甜美,是因为里面掺了母亲的乳汁。后来,玉帝嫌财主太贪心,才命令操山之神长出厚土把石糕藏起来,石糕就离地面几十丈深了,而且慢慢变得坚硬、苦涩,才成为今天的石膏。

同学们,想不想走进应城国家矿山公园博物馆,一起去探究石膏的秘密呀? 下面有五个关于石膏秘密探究的专题,请你们每个人从中任选一个,作为今天研学实践的课题吧。

2. 抛出专题,自由选题。

(1)石膏矿床的特征。

(2)石膏矿床的形成。

（3）应城石膏资源。

（4）石膏矿的开发。

（5）石膏产品及用途。

3. 分组讨论，制定方案。

（1）本次研学实践活动分为 5 个小组，选择 1 号专题的为第一组，选择 2 号专题的为第二组，选择 3 号专题的为第三组，选择 4 号专题的为第四组，选择 5 号专题的为第五组。

（2）每组选出一名小组长，负责维持本组纪律、方案的制定、方案的实施等研学任务。

（3）以小组为单位制定研学方案（方案包括主持人、中心发言人、研究的专题、研究的方法、研究的步骤、研究的成果等）。

同学们，每个组的方案都制定好了吗？为了确保此次研学旅行活动安全、有效，请大家一定要注意安全，文明出行。

4. 带着专题，研学实践。

（1）请同学们按"听、看、研、谈"四字要求，按顺序参观研学。

听：听专业人员讲解。

看：看文字图片、实物模型、影视资料。

研：按各组自选的主题进行研讨。

谈：谈收获感悟。

（2）以小组为单位，合作完成课题研学任务。

5. 总结得失，分享成果。

每个小组派一名中心发言人汇报该小组研学的情况。每个小组的中心发言人汇报完毕后，如果有愿意补充发言的同学，也可以阐述自己的观点和看法。

【思考探究】

1. 石膏矿床是怎么形成的？

2. 石膏产品有哪些？它们有什么用途？

# 实践启迪智慧　学工增长才干

**【项目实施单位】**

　　武汉中小学校外教育活动中心

**【项目组专家】**

　　付德全 付德才

**【指导教师】**

　　胡典 向红波 杜方舟

**【课程主题】**

　　实践启迪智慧　学工增长才干

**【适用学段】**

　　小学高年级、初中

**【研学时间】**

　　4天

**【线路安排】**

　　武汉中小学校外教育活动中心（营地）→ 金龙鱼（武汉）营养健康体验馆 → 蒙牛乳业武汉分公司 → TCL空调器(武汉)有限公司 → 未成年人安全教育体验馆

**【课程目标】**

　　1. 用眼去看,用耳去听,用脑去思考,增强创新思维能力,提高观察力、思考力及实践动手能力,学科技、爱科技。

　　2. 从书本走向生活,从课堂走向社会,体验真实生活,了解社会发展,参观高科技现代化生产线,学习现代企业文化。

　　3. 熔炼团队,提升素质,培养合作、分享、进取等优秀品质,促进身心和谐健康发展。

**【活动特色】**

　　1. 珠行万里。分组比赛,每名学员手持一节槽管相互连接,将球运送到目的地,手不准触球,只能使球在管道内滚动,看哪组最先完成任务。培养合作意识,提高行动力。

　　2. 污水处理站。随着城市人口剧增,日渐贫乏的水资源成为阻碍经济发展的最大因素。污水处理成为水资源利用的重要部分。参观生活污水净化处理流程,了解水资源的宝贵,懂得节流治污、科学用水、保护水资源,共建美好家园。

3. 创新建塔。了解中国和世界最著名的塔建筑,启迪思维创新,结合力学等相关科学知识,共同思考设计如何用教具(泡沫垫)创作搭建出各具特色的塔建筑物。

4. 制陶艺术。了解制陶的基本方法及要求,自己动手制作,陶醉于千变万化的"陶艺世界",将一团团陶土赋予生命,让它成为展示个性的陶艺作品……将无穷的智慧展现在手指尖上。

**【资源特色】**

## 金龙鱼(武汉)营养健康体验馆

金龙鱼(武汉)营养健康体验馆位于武汉益海嘉里金龙鱼公司内,被教育部、国家粮食局评为"全国中小学爱粮节粮教育社会实践基地",以普及粮油食品安全健康知识、开展爱粮节粮科普教育为主旨,让中小学生更近、更直观地了解平时食用的粮油产品的生产过程,培养他们爱粮节粮的习惯。

主要活动:认识五谷杂粮;参观粮油科普长廊;亲临金龙鱼食用油生产车间;观看科普短片;品尝现磨豆浆。

## 蒙牛乳业武汉分公司

1999 年 8 月,内蒙古蒙牛乳业(集团)股份有限公司成立,总部设在中国乳都核心区——内蒙古和林格尔经济开发区。二十年来,该公司迅速发展,在全国,包括武汉、河南、北京、上海等地,建立了三十多家蒙牛分公司,拥有总资产 100 多亿元,产品有液态奶、酸奶、冰激凌、奶品、奶酪五大系列 400 多个品项,以优良的品质覆盖国内市场,并出口到美国、加拿大、东南亚等国家和地区。在这里参观牛奶制品生产线,领略现代化生产模式。

## TCL 空调器(武汉)有限公司

TCL 空调器(武汉)有限公司成立于 2000 年 12 月,坐落在武汉市东西湖区,年产量 300 万套,是中国 TCL 集团股份有限公司投资兴建的研、产、销、服务一体化的空调器专业厂家。在这里参观空调生产流水线,了解零部件生产及组装工序,看千名工人大生产的壮观场面,领略高新科技的现代化生产模式。

## 未成年人安全教育体验馆

未成年人安全教育体验馆位于武汉市妇女儿童活动中心内,是华中地区规模最大的一家未成年人综合性安全教育基地。安全体验馆总面积为 3900 平方米,分七大活动区域:生命序厅(了解生命起源、生命世界奥秘);健康区域(掌握健康知识,预防疾病,保持乐观健康心态);防止意外伤害区域(意外伤害急救、防违法犯罪行为);消防区域(消防用具演示、排除家庭火灾隐患、火场逃生);交通区域(模拟驾驶、行人交通体验);民防国防区域(图版及沙盘参观);环保区域(垃圾分类回收、绿色出行)。

**【教学案例】**

| 时间 | | 课程内容 |
|---|---|---|
| 第一天 | 上午 | 研学团队抵达武汉中小学校外教育活动中心。<br>进行团队组建,安排住宿,宣布纪律要求,进行礼仪教育 |
| | 下午 | 营地内活动,进行体能素质训练,提升团队凝聚力。<br>1.勇过绳网桥;2.珠行万里;3.创新盒子;4.污水处理站(或其他) |
| | 晚上 | 参观科技影院;在中心基地学员公寓就寝 |
| 第二天 | 上午 | 前往研学点:金龙鱼(武汉)营养健康体验馆。<br>研学环节:认识五谷杂粮,参观粮油科普长廊、金龙鱼食用油生产车间,了解粮油产品仓储、加工、检验化验和生产全过程,问答互动 |
| | 下午 | 前往研学点:蒙牛乳业武汉分公司。<br>研学环节:参观牛奶制品生产线,感受繁忙而井然有序的生产氛围;领略现代化生产模式;学习相关企业文化 |
| | 晚上 | 召开班组会;在中心基地学员公寓就寝 |
| 第三天 | 白天 | 1. 前往研学点:武汉科技馆。<br>研学环节:在光展厅观察光的现象,探索光学原理和光学技术应用与创新;在信息展厅了解信息以及科学技术的发展对社会及人类生活的影响;在交通展厅展示交通科技的发展历程;在数学展厅了解数学的演变、创造、应用与影响;在生命展厅探寻生命的起源和奥秘;在宇宙展厅探索宇宙奥秘的兴趣;在水展厅感悟水对生命的重要。<br>2. 赴武汉市妇女儿童活动中心——未成年人安全教育体验馆。<br>研学环节:生命序厅,健康区域,防止意外伤害区域,消防区域,交通区域,民防国防区域,环保区域 |
| | 晚上 | 举行联欢晚会;在中心基地学员公寓就寝 |
| 第四天 | 上午 | 前往研学点:TCL空调器(武汉)有限公司。<br>研学环节:参观零部件生产线及组装工序,看千人大生产场面;认识TCL系列电器产品;思索品牌发展的成功经验 |
| | 下午 | 活动总结表彰,合影留念;登车返回 |

1. 什么是垃圾分类?
2. 为什么要进行垃圾分类?
3. 说一说你知道的垃圾分类标准。

**【思考探究】**

# 走进矿博识瑰宝　　跟着劲牌去旅行

**【项目实施单位】**

　　黄石市龙凤山中小学校外教育活动中心

**【项目组专家】**

　　周铭

**【指导教师】**

　　罗其凤　牛晓光　钟小勇

**【课程主题】**

　　走进矿博识瑰宝　　跟着劲牌去旅行

**【适用学段】**

　　高中

**【研学时间】**

　　2 天

**【线路安排】**

　　黄石市龙凤山中小学校外教育活动中心 → 黄石国家矿山公园 → 黄石矿博园 → 劲牌有限公司 → 黄石市龙凤山中小学校外教育活动中心

**【课程特色】**

　　黄石拥有非常难得的矿冶资源,数千年来都以丰富的矿产资源和悠久的冶炼历史出现在中小学教科书上。黄石国家矿山公园、黄石矿博园能让学生带着课本上的地理知识现场观察、学习认知,具有极大的研学价值。

　　劲牌有限公司是全国知名的酒类企业,旗下劲酒和毛铺苦荞酒享誉全国,劲牌公司"按做药的标准生产保健酒",并率先将中药数字化提取技术运用于生产线,是学生了解现代企业管理的一个极佳的研学场所。

**【课程目标】**

　　1. 参观黄石国家矿山公园和黄石矿博园,认知多彩矿物,体验科普盛宴,巩固课本知识,激发探索欲和求知欲;认识到矿产资源的稀缺性与不可再生性,增强资源危机感和环境危机感,正确认识人地关系,形成正确的资源观和环境观;增加对黄石数千年矿冶文明的认知,增强城市自信。

　　2. 通过参观劲牌有限公司总部的劲酒生产车间和劲牌博物馆,了解劲牌公司先进的现代酿造工艺和数字化提取技术,感受劲牌公司充满正能量的健康饮酒理念以及树正气、有担当、可持续的企业核心价值观。

【资源特色】

·湖北省中小学生研学旅行实践教育营地·
·中央专项彩票公益金研学实践教育支持单位·

## 黄石市龙凤山中小学校外教育活动中心
## 黄石市龙凤山国防教育中心（基地）

黄石市龙凤山中小学校外教育活动中心和黄石市龙凤山国防教育中心（基地）是经教育主管部门批准，由大冶市龙凤山农业开发集团有限公司与湖北东方阳光教育投资有限公司联合打造的中小学生研学旅行实践教育营地。中心位于风景优美的龙凤山生态体验园内，紧邻红三军团建军纪念馆，占地面积9.33余平方千米，已建成鄂东南红色纪念馆、江南农耕文化展览馆、现代生态农业体验园等多个活动场馆及标准化的学生公寓、教师公寓、学生餐厅、多功能厅、风雨训练场等生活及训练设施，可一次性接待1500名学生食宿。中心成立以来，以优质的课程、专业的团队赢得市场广泛认可，先后获得"全国青少年农业科普示范基地""湖北省国防教育基地""黄石市青少年校外实践教育活动示范基地""湖北省中小学环境教育社会实践基地"等荣誉，目前已成为黄石市规模最大、课程最多的研学旅行活动营地。

## 黄石国家矿山公园

黄石国家矿山公园位于黄石市铁山区境内，是中国首座国家矿山公园，核心景观"矿冶峡谷"被誉为"亚洲第一天坑"。这里有落差444米的世界第一高陡边坡，还有亚洲最大的硬质岩复垦基地，形成了由大冶铁矿区、铜绿山古铜矿遗址区共同组成的"一园两区"。

## 黄石矿博园

黄石矿物晶体奇石文化博览园（简称黄石矿博园）由黄石市文化旅游投资集团有限公司投资兴建，以黄石本地3000年矿冶文化、70种矿物资源、近万名收藏人群为依托，致力打造享誉全球的地矿领域学术高地、地矿科普研学基地、地矿精品展示中心、矿物晶体交易平台。黄石矿博园是集中展示黄石矿冶文化、矿物晶体和奇石等资源、地质科普的对外窗口，也是具有地方特色和引领辐射作用的生产加工文化创意产业园，还是展现黄石"黄金宝石"之城和山水园林城市魅力的工业旅游景区。

## 劲牌有限公司

劲牌有限公司是全国知名企业，旗下拥有"劲牌"和"毛铺"两大中国驰名商标，坚持"按做药的标准生产保健酒"，是一家率先将中药数字技术运用于产品生产的公司。劲牌有限公司坚持走可持续发展的道路，阳光营销，诚信经营，积极倡导健康饮酒理念；注重节能降耗、低碳减排和环境保护，热心公益慈善事业，积极履行企业社会责任，先后获得"全国文明单位"等多项殊荣。现已成为一家专业化的健康食品企业。

**【教学案例】**

## 活动一　矿冶文明探寻之旅(黄石国家矿山公园)(时长：约3小时)

**一、研学导入**(20分钟)(道具：四大主要景点的过塑图片)

参观开始前，师生互动，兴趣引导，并提示参观景点和有关注意事项。

1. 师生互动一：人们常说黄石这座城市"以石立市"，是全球为数不多的以石命名的城市之一。你知道是这句话道出了黄石的什么特点吗？(学生回答后，教师小结：矿产开采及冶炼历史悠久，被誉为"青铜古都""钢铁摇篮"。)

2. 师生互动二：根据你所学的地理知识说一说，大冶古代以出产什么矿物而闻名？矿物开采和冶炼的历史有多久了？(学生回答后，教师小结：铜、铁；三千多年。)

3. 提示主要参观地点：矿冶峡谷、矿业博览、井下探幽、石海绿洲。

4. 强调注意事项：全程听从指挥，认真聆听讲解，注意自身安全。

**二、问题提示**(20分钟)(道具：研学任务卡，简要提示研学课题)

1. 研学任务一：矿冶峡谷是黄石国家矿山公园的核心景观，请你们认真观察矿冶峡谷，思考"世界第一天坑"形成的原因，并谈谈它给你的感触和启示。

2. 研学任务二：仔细观察刺槐树的生长环境，想象一下如果没有刺槐树，今天我们看到的会是什么样的景观，谈谈你对环保的理解。

3. 研学任务三：参观后说一说，你认为今天的黄石在资源问题上的突出特点可以用哪句话概括？(提示：资源枯竭型城市)以此为延伸，谈谈本次研学给你的启发。

**三、参观说明**(10分钟)

现场讲解员介绍参观的流程和注意事项。

**四、参观及研学**(130分钟)

现场讲解员负责讲解，教师与学生分组研讨。重点参观"矿冶峡谷""矿业博览""井下探幽""石海绿洲"，其中"矿冶峡谷""石海绿洲"作为最重要的研学点，分别停留40分钟左右，另外两个景点分别停留20分钟左右。

**五、教师在研学过程中的引导重点**

1. 矿冶峡谷：重点引导学生了解黄石大冶的悠久的矿石冶炼历史，了解过度开采导致的资源严重枯竭的现状，引发反思，培养环保意识。

2. 石海绿洲：重点引导学生观察刺槐树的生长环境，介绍矿山公园槐花旅游节的盛况，讲述人们在废弃矿渣上培育刺槐(号称"石头上种树")的艰辛探索和创造奇迹的故事，启发学生认识环保工作的意义和价值。

## 活动二　"走进多彩世界"瑰宝识认研学之旅(黄石矿博园)(时长：约3小时)

**一、研学导入**(15分钟)(道具：取自身边的矿石一块，彩色矿石图片卡若干张)

1. 师生互动一：请学生展示行前准备的矿石图片，师生共同识认。今天我们即将参观的矿博园，是一座矿石的宝库，里面有大量世界级的珍藏瑰宝，一会儿我们可以大饱眼福。请大家重点关注金刚石、方解石、红硅钙锰矿、黄金等几种矿石，观察它们的颜色、硬度等特征，认识几款矿博园里富有本地特色的贵重藏品(湖北石、世界上最长的自然金等)。

2. 提示重点参观地点：矿物精品馆、地学科普馆、矿晶摄影馆和湖北矿物馆等主题场馆。

3. 强调注意事项：全程听从指挥，认真聆听讲解，注意自身安全。

**二、问题提示**（15分钟）（道具：湖北石的图片卡）

1. 结合行前上网查阅的矿石资料，认真参观，识认2～3种有特点的矿石，比如金刚石、方解石、红硅钙锰矿、黄金等，跟大家介绍它们的特征。

2.（请大家观察湖北石的图片）这是一种世界稀有、黄石独有的矿石，它叫什么名字？请大家在参观过程中去寻找这款藏品并了解它的独特之处。

3. 认真参观湖北矿物馆，了解黄石的矿产特点，并结合你所学的地理知识，谈谈大冶在中国矿产史上的地位。

4. 回忆一下我们学过的中国地理，中国矿产资源的开采和利用存在哪些问题？结合大冶的矿产现状谈谈你对矿产资源特性的认识，并谈谈我们应该从哪些方面改进。

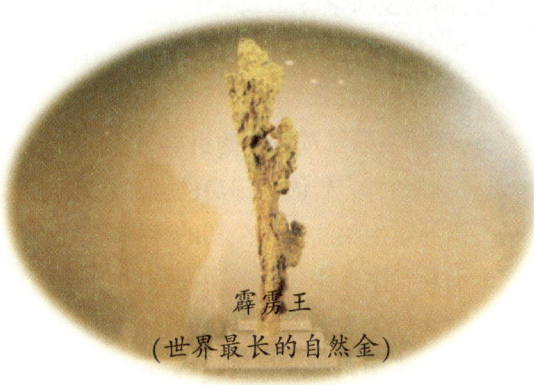

霹雳王
（世界最长的自然金）

**三、参观说明**（10分钟）（现场讲解员介绍参观的流程和注意事项）

**四、参观及研学**（140分钟）

现场讲解员负责讲解，教师与学生分组研讨。重点参观矿物精品馆和湖北矿物馆两大场馆，分别停留40分钟左右，其中重点观察识认湖北石、世界最长的自然金两大展品。参观结束后，分组探讨分享。

**五、教师在研学过程中的引导重点**

1. 识认部分矿石，增加对矿石的了解。

2. 加强对湖北尤其是黄石本地特有矿石品种如湖北石等的了解，增加对黄石悠久矿冶文明的认知。

3. 通过对黄石矿产资源的了解，感受资源由丰富到贫乏的演变过程，了解矿产资源的不可再生特性，了解过度开采的危害。

---

### 活动三 "跟着劲酒去旅行"劲牌公司企业文化研学之旅（劲牌有限公司）（时长：约3小时）

**一、研学导入**（20分钟）（道具：一小瓶劲酒，一张毛铺苦荞酒的图片）

1. 师生互动一：（教师展示劲酒）请问同学们是否认识这款酒？你最先从哪里知道它？你对它有什么印象？（比如它有什么独特之处）它是我们黄石本地出产的全国知名的劲酒。今天我们走进劲牌公司，去看看它有多少品种，是如何生产出来的，有哪些特殊的酿造工艺。

2. 师生互动二：关于劲酒，你能想起哪句广告语？（"劲酒虽好可不要贪杯哟"）你知道它最早是由哪位名人代言的吗？（姜昆）你觉得这句广告语突出了劲酒的什么特色和理念？参观完毕，请大家分享各自的看法。

3. 师生互动三：教师展示毛铺苦荞酒，请问同学们知道这是哪家企业生产的吗？等一会参观结束后告诉我。

4. 提示重点参观地点：劲牌博物馆、劲酒生产车间。

5. 强调注意事项：全程听从指挥，认真聆听讲解，注意自身安全。

**二、问题提示**（20分钟）

1. 人们评价劲酒的酿造过程是"不让一粒粮食落在地上"，它是如何做到的？还有哪些先进之处让你印象深刻？

2."劲酒虽好,可不要贪杯哟"这句广告语我们耳熟能详,今天参观过后,请你说说对这句广告语的看法。

3.请你为自己心中的劲酒再设计一款广告语。

4.参观了劲牌公司,请你谈谈劲牌公司的成功之道,它有哪些经验值得我们学习?

**三、参观说明**(10分钟)

现场讲解员介绍参观的流程和注意事项。

**四、参观及研学**(130分钟)

现场讲解员负责讲解,教师与学生分组研讨,在劲酒博物馆和劲酒生产车间分别停留50分钟和30分钟左右,参观结束后,分组探讨分享。

**五、教师在研学过程中的引导重点**

1.发掘劲酒广告语传递出的健康饮酒的理念。

2.引导学生关注劲牌公司的环保观念和举措。

3.引导学生关注劲牌公司在公益慈善方面的投入。

4.引导学生关注劲牌公司的企业文化理念,尤其是"树正气、有担当、可持续"的核心价值观。

5.劲酒成功之道的分析提炼(可以仁者见仁,智者见智):比如注重科技创新、关注现代人的健康养生需求、诚信经营、充满正能量的企业核心价值观)。

**六、本次研学活动总结**(返校后的延伸)

1.关于表现大冶悠久矿冶文明的资料展板、板报或剪报,加深学生对黄石大冶悠久历史的认知。

2.搜集生活中的各种矿石,组织开展各种形式的矿石展览,加深对矿物的了解。

3.分享身边的环保小故事。

4.以班级或年级为单位组织开展以"劲酒原来是这样的""了不起的劲牌""熟悉又陌生的劲牌"等为主题的作文竞赛。

**【教学安排】**

| 时间 | 地点 | 项目 | 活动内容或说明 |
|---|---|---|---|
| 第一天 | 学校 | 进班交接 | 了解学生情况,清点班级人数,办好交接手续,强调安全要求,组织有序登车 |
| 上午 | 大巴车上 | 乘车前往 | 介绍黄石国家矿山公园概况,了解学生研学准备情况,适当开展文娱活动 |
| | 黄石国家矿山公园 | 研学体验 | 布置研学任务,分组参观矿冶峡谷、石海绿洲等特色景观,完成研学任务,分享研学成果 |
| 中午 | 黄石国家矿山公园 | 午餐及出发 | 餐后登车前往黄石矿博园 |
| 下午 | 黄石矿博园 | 研学体验 | 布置研学任务,分组参观矿物精品馆、地学科普馆、矿晶摄影馆和湖北矿物馆等主题场馆,观察各类矿石,了解湖北矿石特点 |
| 晚上 | 龙凤山基地 | 晚餐 | 统一在基地食堂就餐 |
| | | 研学及分享 | 完成下午参观之后的研学任务,分享比拼 |

（续表）

| 时间 | | 地点 | 项目 | 活动内容或说明 |
|---|---|---|---|---|
| 第二天 | 早上 | 龙凤山基地 | 早餐 | 基地食堂统一就餐,登车出发 |
| | 上午 | 劲牌有限公司 | 研学体验 | 分组参观劲牌博物馆,了解劲牌的企业文化理念;参观劲酒生产车间,了解劲牌独有的生产工艺及科技创新、生态环保的企业文化,完成研学任务 |
| | 中午 | 龙凤山基地 | 午餐 | 基地食堂统一就餐 |
| | 下午 | 龙凤山基地 | 展示分享 | 对两天以来的研学活动进行总结、展示与分享 |

**【思考探究】**

1. 复习地理课本上关于矿石的知识,了解矿石的分类和特点,查阅中国铁矿和铜矿的主要分布地。

2. 你在地理课本上曾经学到过大冶的矿产资源,还记得大冶自古以出产什么矿物而闻名吗?

3. 说起劲酒,你能想起来的广告语有哪些?

4. 人们常说黄石这座城市"以石立市",是全球为数不多的以石命名的城市之一。你知道这句话道出了黄石的什么特点吗?

5. 矿冶峡谷是黄石国家矿山公园的核心景观,它给你什么感触和启示?

6. 仔细观察刺槐树的生长环境,想象一下如果没有刺槐树,今天我们看到的会是什么样的景观? 谈谈你对环保的理解。

7. 结合你所学的地理知识,谈谈大冶在中国矿产史上的地位。

8. 上网查阅矿石资料,并通过参观认识2～3种矿石,比如金刚石、方解石、红硅钙锰矿、黄金等,跟大家分享介绍。

9. 回忆一下我们学过的中国地理知识,中国的矿产资源的开采和利用存在哪些问题? 结合大冶的矿产现状谈谈你对矿产资源特性的认识,并谈谈我们应该从哪些方面改进。

10. 参观了劲牌公司,请你谈谈劲牌公司的成功之道,它有哪些经验值得我们学习?

# 感受美丽十堰——仙山　秀水　汽车城

**【项目实施单位】**

郧西县青少年学生校外活动中心

**【项目组专家】**

郭建国

**【指导教师】**

王德成　张吉福　王子丽　武海燕

**【课程主题】**

感受美丽十堰——仙山　秀水　汽车城

**【适用学段】**

高中

**【研学时间】**

5 天

**【线路安排】**

丹江口水库→武当山国际武术学院→东风汽车有限公司商用车总装配厂→十堰市科技馆→黄龙滩旅游度假区→十堰博物馆→郧阳恐龙蛋化石群国家地质公园

**【课程目标】**

1. 感悟"一江清水送津京"的重大意义,感受劳动人民的伟大劳动成果。

2. 提高自信心,超越自我;激发潜能,完善人格;建立相互接纳、相互支持、相互信任的团队意识;学会合作,培养团队精神;学会沟通,融洽人际关系。

3. 认识宫殿建筑的特点,了解道教文化,理解道教文化深厚的底蕴,体会道教文化的魅力;感受祖国大好河山的美丽,激发对大自然的热爱。

**【资源特色】**

> **·中央专项彩票公益金研学实践教育支持单位·**

> ## 郧西县青少年学生校外活动中心

郧西县青少年学生校外活动中心成立于 2006 年,是中央专项彩票公益金第三批扶持建设的县级青少年校外教育基地,前期与县职业技术学校实行资源共享,隶属县职业技术学校统一管理。随着中、高考招录政策的改革和校外教育工作的强力推进,郧西县教育局于 2018 年 8 月将中心收归教育局,成立二级单位,谋划并指导全县中小学生综合实践工作。

自湖北省教育厅等 14 部门印发关于研学旅行的文件后,中心坚持"以行促研、以研促学、服务教学、服务学生"的宗旨,认真做好全县中小学生的校外教育及研学工作,仅 2019 年上学期,全县共有

14000 余名学生分赴武汉、西安、襄阳、十堰等地开展研学,邀请家长委员会代表参加 96 人,资助留守贫困儿童免费参与活动 117 人,在学校、家庭和社会产生良好影响。

近年来郧西县青少年校外活动中心多次获得省级"校外教育先进单位"称号。2017 年的"湖北省校外教育首届优秀课程活动案例"评选中,中心报送的《山中的美食,家乡中的味道》《"青春舞动"素质拓展课策划书》分别荣获一等奖、二等奖;中心也被湖北省校外教育管理研究会授予"优秀组织奖"。

中心将遵照国家实施《实践育人共同体建设计划》提出的"目标共同、机制共建、资源共享、责任共担"原则,招商引资规划建设郧西县中小学生综合实践教育基地,竭力打造郧西乃至周边县市中小学生精神生活的家园、快乐成长的乐园。通过研学旅行和综合实践,使校外教育和学校德育有机融合,进一步拓宽创新人才培养模式,提高学生的自主管理、社会适应和责任担当,努力实现立德树人、实践育人的教育目标。

## 丹江口水库

"笑引丹江水北去,水润中国泽苍生。"曾经桀骜不驯的江水,如今已是千里安澜。青山碧水间,人类与自然和谐共处,成为人们对这里生态环境最深刻的印象。丹江口大坝风景区是国家水利风景区,是开展水情教育和进行山水旅游的圣地。"沧浪之水清兮,可以濯我缨;沧浪之水浊兮,可以濯我足",这首传唱了千年的屈子歌赋中所提到的"沧浪之水",就是今天的丹江口水库之水。当南水北调中线工程的源头直指亚洲天池——丹江口水库,这座新中国成立以来自主设计、自行建设的第一座大型水利枢纽工程——丹江口大坝,也注定将因为世界最大的调水工程——南水北调而引起全世界的共同瞩目。坐落在群山环绕之中的丹江口水库,水质优良、水天一色,是南水北调中线工程水源。

## 武当山国际武术学院

武当山国际武术学院办学主体是十堰市人民政府和武汉体育学院,十堰市人民政府委托湖北武当山旅游开发有限公司投资建设并管理。学院聘用荣获中国武术九段、享受国务院政府津贴的江百龙教授为首任院长,教授马世坤为执行院长,依托武汉体育学院丰富的办学资源,植根于武当武术文化,致力于培养具有创新精神和实践能力的应用型体育人才。

## 东风汽车有限公司商用车总装配厂

东风商用车总装配厂是东风商用车公司的主机厂之一,承担着东风中重卡整车装配、调整、测试、入库的生产任务,是一个多品种混流生产、最高年产量达 12 万辆的现代化商用车生产专业厂。总装配厂现有三条整车装配流水线,装配一线长 242 米,实行多品种混流生产;装配二线长 210 米,以重型车生产为主,兼顾新车型试装;装配三线长 390 米,是经过重建、于 2009 年 6 月竣工投产的重型车生产线,年设计重卡能力为 3 万辆。总装配厂还拥有 4 条商用车检测线,能对汽车制动、灯光、速度、废气排放等多个涉及整车安全和技术性能的项目进行科学而严格的检测。

装配调整完好的整车经专用的产品车封闭车道送到位于总装配厂东区的整车检测线,该检测线年测试能力达 20 万辆,居国内同行业领先水平。它对总装配厂生产的整车实施严格而科学的检测,使东风品牌的车辆始终保持了性能卓越的品质。

## 十堰市科技馆

十堰市科技馆是集普及科学知识、传播思想、开展学术交流、展示科技成果、培训科技人员等功能于一体的全市唯一的科技教育活动场所,它不仅为全市公众提供了学习理解科学技术和参加科学技术活动的良好环境,同时还是十堰市科技、文化、经济和社会发展的形象的体现,也是现代化文明城市的重要体现,在实施"科教兴国"战略中发挥着重要作用。

## 黄龙滩旅游度假区

黄龙滩旅游度假区位于鄂西北十堰市张湾区黄龙镇西郊堵河旁。在这里,既有人工建造的水电站,也有珍贵的树木花草和形态各异的苗木盆景,现代工业文明与自然生态文明在这里得到完美的结合。在生态园的侧畔,则是一泓藏于深山的清纯秀水。这里春来樱花烂漫,夏日杨梅爽口,秋天丹桂飘香,寒冬腊梅傲雪,是一处不可多得的秀美之地。因黄龙滩水电站筑坝而形成的黄龙水库,面积 32 平方千米,库容量 10.15 亿立方米,库区碧波荡漾,静影沉璧,群山环抱,峰峦绵亘。徜徉在山水之间,人们不禁沉醉其中,流连忘返。古语云"仁者爱山,智者乐水",走进这里,人便进入一种自然状态,心也变得如花一般美好、如水一般宽广……如今,度假区已形成了多树种、多植物、多色彩、多层次的园林绿化体系,营造出三季有花、四季常绿、色彩斑斓的绿化效果。"樱花大道""杨梅大道""红枫林""郁金香园""盆景园"等高质量、高品位的绿化景观,集中体现了生态优化、景色优美、色彩环绕的园林立意蓝图。

## 十堰博物馆

十堰博物馆外观的设计指导思想是在现代、新颖的前提下融入了十堰市特有的文化元素,以抽象的人眼作为灵感来设计外观,以象征人类的探索和发现。建筑以实为主,使用石材外墙,以体现博物馆特有的厚重与深沉;人行通道与休息区部分配以新颖的大面积玻璃幕墙,虚实的强烈对比,象征着武当山道教文化中的太极图案;北侧最大的陈列室有着弧形略微倾斜的墙屋面,发散状的纹理使用了中国传统建筑的外形元素;面临北京路一面的历史长廊,头部飘逸,像一条飞腾的巨龙,预示着蒸蒸日上的未来。

馆藏各类文物藏品 3 万余件,涉及古生物化石、石器、玉器、青铜器、陶瓷器、金银器、骨器、书画、钱币、造像等十余个种类。展陈设有"走入恐龙时代""远古人类家园""仙山琼阁武当山""十堰与水""车与十堰"五个主题展厅和"南水北调湖北库区出土文物"展,多角度展示出十堰绚丽多彩的史前文化、古人类文化、水电文化、汽车文化和博大精深的武当文化。

## 郧阳恐龙蛋化石群国家地质公园

郧阳恐龙蛋化石群国家地质公园是目前湖北省首家恐龙博物馆,也是鄂西北最大的地质博物馆。它主要由恐龙湖、青龙山恐龙等化石群组成,是迄今世界上恐龙蛋化石最集中、种类数量最多、保存最完整、规模最大的化石群,覆盖面积达 4.2 平方千米。这些中生代白垩纪晚期红粉砂岩地层的恐龙蛋化石,距今已有 6700 万年至 13500 万年的历史了。特别是 1995 年在青龙山一带发现的恐龙蛋化石群,是迄今世界上分布最集中、种类最全、数量最多、层位最多的珍贵的地质遗迹资源,而且龙蛋共生,极具典型性和独特性,有着重要的科研、科普和观赏价值。这里保留有距今 18 亿年以来沧海桑田变迁的记录,留下了许多内涵丰富、罕见奇特、典型各样的地质遗产。

### 【行程安排】

| 时间 | | 行程 |
| --- | --- | --- |
| 第一天 上午<br>一江碧水<br>南北同饮 | 07:00-07:30 | 校园集合,举行开营仪式,由研学旅行辅导员进行行前动员,普及安全知识 |
| | 07:30-09:30 | 按顺序上车,车辆列队出发,赴丹江口 |
| | 09:30-11:30 | 抵达后,参观丹江口水库风景区,了解水利科普知识 |
| | 11:30-12:30 | 自带午餐车上就餐 |
| | 12:30-13:00 | 午休 |
| 第一天 下午<br>参观农夫山泉<br>工厂和"净乐<br>宫" | 13:00-15:00 | 参观农夫山泉工厂,了解农夫山泉的整个生产过程,亲身体验一下农夫山泉天然水"有点甜"的独特之处 |
| | 15:00-16:30 | 参观净乐宫,感受宫殿建筑之美 |
| | 16:30-18:00 | 抵达营地——武当山国际武术学院研学营地 |
| | 18:00-19:30 | 晚餐 |
| | 19:30-21:00 | 观看《梦幻武当》宣传片 |
| | 21:00-21:30 | 洗漱就寝 |
| 第二天 上午<br>修炼武当武<br>术 感悟道教文化 | 07:00-07:30 | 起床、整理内务 |
| | 07:30-08:30 | 早餐 |
| | 08:30-11:30 | 在营区学习武当武术,领悟武当武术的博大精深 |
| | 11:30-12:30 | 午餐 |
| | 12:30-13:00 | 午休 |
| 第二天 下午<br>车城车貌<br>东风缔造 | 13:00-14:00 | 按顺序上车,车辆列队出发,赴二汽总装厂 |
| | 14:00-16:30 | 参观汽车生产流水线。认真倾听讲解员讲解东风汽车公司的发展史以及生产线的规范流程,了解二汽将面临的挑战 |
| | 16:30-18:00 | 返回营地——武当山国际武术学院研学营地 |
| | 18:00-19:30 | 晚餐 |
| | 19:30-21:00 | "火红的年华"篝火晚会 |
| | 21:00-21:30 | 洗漱就寝 |

（续表）

| 时间 | | 行程 |
|---|---|---|
| 第三天 上午<br>拓展训练<br>超越自我 | 07:00-07:30 | 起床、整理内务 |
| | 07:30-08:30 | 早餐 |
| | 08:30-11:30 | 在营区进行攀岩、信任背摔、毕业墙、轮胎墙、高空组合架等拓展活动 |
| | 11:30-12:30 | 午餐 |
| | 12:30-13:00 | 午休 |
| 第三天 下午<br>参观游览"玉虚宫"<br>"遇真宫"<br>感受武当道教魅力 | 13:00-14:00 | 按顺序上车,车辆列队出发,赴武当山镇 |
| | 14:00-16:30 | 参观游览"玉虚宫""遇真宫" |
| | 16:30-18:00 | 返回营地——武当山国际武术学院研学营地 |
| | 18:00-19:30 | 晚餐 |
| | 19:30-21:00 | "交际与礼仪常识"知识讲座 |
| | 21:00-21:30 | 洗漱就寝 |
| 第四天 上午<br>走进科技馆<br>感受科技魅力 | 07:00-07:30 | 起床、整理内务 |
| | 07:30-08:30 | 早餐 |
| | 08:30-09:30 | 按顺序上车,车辆列队出发,赴十堰市科技馆 |
| | 09:30-11:30 | 参观十堰市科技馆,感受科技的魅力 |
| | 11:30-12:30 | 午餐 |
| | 12:30-13:30 | 午休 |
| 第四天 下午<br>走进郧阳黄龙古镇<br>感受观光农业魅力 | 13:30-14:00 | 按顺序上车,车辆列队出发,赴郧阳区黄龙镇 |
| | 14:00-16:30 | 走进郧阳区黄龙古镇,感受观光农业之魅力 |
| | 16:30-18:00 | 返回营地——武当山国际武术学院研学营地 |
| 第五天 上午<br>走进市博物馆<br>感受魅力十堰 | 07:00-07:30 | 起床、整理内务 |
| | 07:30-08:30 | 早餐 |
| | 08:30-09:30 | 按顺序上车,车辆列队出发,赴十堰博物馆 |
| | 09:30-11:30 | 参观十堰博物馆,感受十堰的魅力 |
| | 11:30-12:30 | 午餐 |
| | 12:30-13:30 | 午休 |
| 第五天 下午<br>走进国家地质公园<br>探寻恐龙灭绝之谜 | 13:30-14:00 | 按顺序上车,车辆列队出发,赴郧阳恐龙蛋化石群国家地质公园 |
| | 14:00-16:30 | 走入恐龙时代,了解恐龙的进化历程,探寻恐龙的灭绝之谜 |
| | 16:30-18:00 | 返回学校,研学结束 |

【思考探究】

1. 谈一谈如何练习武当武术才能达到强身健体的目的。

2. 目前我国的汽车运输由短途变为长途,由中低速向高速发展,汽车载货量由中轻吨位向大吨位发展,总装线又将面临什么挑战? 提出你的解决方案。

3. 探讨人类怎样才能与万物共存、共创和谐自然。

第九单元

劳动教育

# 走进三峡特色农业　体验新农村生活

**【项目实施单位】**

湖北东方年华三峡国际青年营

**【项目组专家】**

石少波　望开睿

**【指导教师】**

曹建强　刘梦妮

**【课程主题】**

走进三峡特色农业　体验新农村生活

**【适用学段】**

小学、初中

**【研学时间】**

3 天

**【线路安排】**

湖北东方年华三峡国际青年营 → 宜昌市现代农业展示中心 → 官庄新农村 → 龙泉古镇 → 湖北稻花香酒业公司 → 湖北东方年华三峡国际青年营

**【课程目标】**

1. 参观现代农业,感受科技改变生活。

2. 体验农村耕种,懂得珍惜生活。

3. 体验新农村的生活,感受生活的美好。

**【资源特色】**

## 宜昌市现代农业展示中心

宜昌市现代农业展示中心占地面积 16 万平方米,有 8 个功能展示区:果树、茶叶、蔬菜、中药材和食用菌、花卉苗木、特色粮油、水生植物、科技培训与保鲜加工。坚持高起点规划、高标准建设、高技术集成、高效能管理的原则,建有以物联网为基础的智慧农业控制平台和设施先进、功能完备的智能化温室 10000 余平方米;园区作物全部采用水肥一体化管理和病虫害绿色防控,实现质量安全型、环境友好型的目标。

该中心的主要功能有七个方面。一是现代农业展示。采用无人机、物联网、肥水一体化、音乐生态、LED 补光、VR 虚拟种植、智能化、自动化控制等系统,展示现代农业设施和技术。二是特色农业研究。开展蔬菜、茶叶、果树、中药材、食用菌等特色农业新品种、新技术、新模式研究。三是科普教育培训。这里有近千种植物、万项技术,从种子种

苗到果实的生长变化都可观察学习,是开展中小学生科普教育理想的基地。四是休闲观光旅游。有百蔬园、百花园、百果园、百草园和家庭农场,可供市民观光、采摘、体验、分享。五是成果转化示范。可筛选、集成、示范国内最先进的作物品种和农业技术,干给农民看,带着农民干。六是服务品牌推介。农业局系统各单位将各自服务职能、服务品牌在此集中展示和推介,让社会更加全面地了解农业管理和服务工作。七是优质农产品推介。选择部分企业合作,展示展销优质农产品,让市民分享更多、更好的科技成果。

## 官庄新农村

官庄,是夷陵区重点打造的十个城乡统筹发展示范村之一,也是宜昌主城区百万人口饮用水源——官庄水库所在地。作为宜昌"城郊生态第一村",官庄先后获得"全国文明村""中国乡村旅游模范村""全国生态文化村"、湖北省"绿色示范村"、湖北旅游名村等 27 项区级以上荣誉。

近年来,官庄村以"中国最美、湖北第一、宜昌农旅结合示范村"为目标,全力打造市民休闲旅游后花园。同时官庄在新农村建设中充分挖掘当地传统文化和旅游资源,将自身准确定位为"城郊生态旅游村庄",除了立足生态和农业优势,按照"柑橘强村、生态兴村、旅游富村"的发展方向发展,还努力拓展集镇服务功能,大力发展城郊生态乡村旅游业,同时打造省级研学实践标杆基地。

## 龙泉古镇

酒镇龙泉,地处鄂西南,北倚长江三峡,东襟荆楚大地,离宜昌市城中心 20 千米,其柑橘和中国新八大名酒"稻花香"最为知名,因此被称为橘乡酒城。

长久以来,龙泉都是极负盛名的福地,因地处"五龙二虎"(青龙观、龙堰、龙凤山、龙潭咀、龙泉寺,白虎观、白虎咀)而名扬中华大地。清初,按完粮簿编为全县 5 乡 38 铺中的龙泉铺,后几经更迭,于 20 世纪 80 年代更名为龙泉镇。龙泉古镇特色古文化街,是湖北稻花香集团倾力打造酒文化旅游的一张亮丽名片。古镇集生态自然景观与工业景点为一体,吃、住、行、游、购、娱和谐统一,38 栋仿古建筑再现一道道靓丽风景,饱含了荆楚名镇引以为傲的深厚文化底蕴。

## 湖北稻花香酒业公司

湖北稻花香酒业公司坐落于举世瞩目的长江三峡大坝东侧、水电之都宜昌市东大门——夷陵区龙泉镇,2001 年 12 月由夷陵区龙泉镇一家乡镇集体企业改制而成,属稻花香集团最大的核心企业,是一家以生产稻花香系列白酒为主的股份制企业,是湖北省最大的白酒生产基地,商品酒年生产能力已超过 10 万吨。

**【研学前的准备】**

1. 了解现代农业技术现状,尤其是各个地区的发展水平。

2. 了解宜昌特色新农村代表性村庄,通过网络了解这些村庄的特色。

3. 了解参观新农村的注意事项,包括言行举止的规范、应该遵守的纪念馆的要求等。

4. 了解动手体验过程中的注意事项。

**【行程安排】**

| 时间 | | 活动内容 | 研学基地 |
|---|---|---|---|
| 第一天 | 09:30-10:30 | 1. 宜昌营地报到。<br>2. 参加开营仪式 | 宜昌营地 |
| | 10:30-12:00 | 做开题报告并做研学前的准备 | |
| | 12:00-14:00 | 午餐及午休 | |
| | 14:00-17:00 | 1. 从宜昌营地出发前往宜昌市现代农业展示中心,时间1小时。<br>2. 参观智能温室,时间1小时。<br>3. 参加基地课程,时间1小时 | 宜昌市现代农业展示中心 |
| | 18:00-21:00 | 1. 晚餐及休息。<br>2. 内务整理学习。<br>3. 内务整理并就寝 | 宜昌营地 |
| 第二天 | 08:00-12:00 | 1. 赴官庄新农村,时间1小时。<br>2. 参观柑橘博物馆、官庄新农村建设、官庄水库,时间1小时。<br>3. 返回宜昌营地,时间1小时。<br>4. 午餐及午休 | 官庄新农村 |
| | 13:00-17:00 | 1. 参观龙泉古镇及稻花香酒厂,时间3小时。<br>2. 返回宜昌基地,时间1小时 | 龙泉古镇、湖北稻花香酒业公司 |
| | 18:00-21:00 | 1. 晚餐及休息。<br>2. 文艺晚会。<br>3. 内务整理并就寝 | 宜昌营地 |
| 第三天 | 08:00-13:00 | 1. 从宜昌营地出发前往东方年华,时间1小时。<br>2. 参观体验学习,时间2小时。<br>3. 午餐及午休 | 湖北东方年华三峡国际青年营 |
| | 13:00-17:00 | 1. 继续参观东方年华,时间2小时。<br>2. 返回宜昌基地闭营,时间2小时 | 湖北东方年华三峡国际青年营、宜昌营地 |

**【研学任务单】**

| 姓名 | | 学校 | | 时间 | |
|---|---|---|---|---|---|
| 宜昌市现代农业展示中心 | | 你知道哪些节气?冬至是几月几号?常见的农作物有 _____ | | | |
| 官庄新农村 | | 你知道的柑橘品种有 _____ | | | |
| 龙泉古镇及湖北稻花香酒业公司 | | 酿酒过程中经历了 _____ 个步骤,龙泉古镇的建筑采用了 _____ 结构 | | | |
| 湖北东方年华三峡国际青年营 | | 今天你在基地栽种了 _____ 植物 | | | |

【研学课程】

| 研学基地 | 研学点 | 研学内容 | 研学目标 | 学科融合 | 适用对象 |
|---|---|---|---|---|---|
| 龙泉古镇 | 了解酒的酿造 | 水车的工作原理是什么? | 了解酿造原理 | 物理 | 初中生 |
| | | 酒的酿造过程是什么?在工人的帮助下体验酿酒的过程 | | 生物 | 初中生 |
| 官庄新农村 | 了解柑橘 | 柑橘的生长环境是怎样的? | 了解柑橘的生长和用途 | 自然 | 小学生 |
| | | 柑橘除了直接吃之外,还可以加工成什么产品? | | 地理 | 初中生 |
| 宜昌市现代农业展示中心 | 了解现代农业技术 | 智能温室是怎么控制温度的?在温室里种植一种植物 | 了解现代农业运用的技术 | 科学 | 小学生 |
| | | 现代农业对我们生活的影响有哪些? | | 科学 | 初中生 |
| 东方年华植物园 | 参观植物园 | 了解植物种类,亲手种植一棵小树苗 | 了解部分植物的生长特点,体验栽培 | 生物 | 小学生 |
| | | 了解各种植物的生长环境 | | 生物 | 初中生 |

【课程评价】

| 学校 | | | 姓名 | | | |
|---|---|---|---|---|---|---|
| 指标 | 评分标准 | | 自评 | 互评 | 师评 | 综合等级 |
| 情感合作 | 乐于关心同学,协助老师 | | | | | |
| | 主动认领任务,帮助大家完成任务 | | | | | |
| 文明公约 | 乘车礼仪:依次上下车,不疯赶打闹,不串座位,主动参与活动 | | | | | |
| | 就餐礼仪:依次就座,吃饭不语,不浪费粮食 | | | | | |
| | 课堂礼仪:善于思考,主动发言,积极实践 | | | | | |
| | 住宿礼仪:自己洗衣叠被,按时就寝,不在寝室疯赶打闹 | | | | | |
| | 景点礼仪:使用文明用语,不离队伍,集合迅速 | | | | | |
| 安全意识 | 乘车安全:系好安全带,不随意离开座位 | | | | | |
| | 就餐安全:依次排队取餐,注意防滑、防烫、防明火 | | | | | |
| | 住宿安全:有序上下楼梯、不串寝室 | | | | | |
| 成果展示 | 活动有始有终,完成研学任务书 | | | | | |
| | 及时总结 | | | | | |

【思考探究】

1. 描绘一幅能体现宜昌特色的新农村未来构想图。

2. 为龙泉古镇制作一张宣传图片。

3. 参观完官庄新农村和现代农业展示中心后写一篇研学报告,字数不限。

4. 小组合作,在东方年华植物园种植一颗友谊小树苗。

# 探究农谷新能源　动手体验寻乐趣

**【项目实施单位】**

湖北省金色农谷青少年实践教育基地（荆门市示范性综合实践基地）

**【项目组专家】**

侯凯　丁正清　朱振辉

**【指导教师】**

潘燕　潘钰　孔尉华　李小芳

**【课程主题】**

探究农谷新能源　动手体验寻乐趣

**【适用学段】**

小学、初中、高中

**【研学时间】**

1 天

**【线路安排】**

学校 → 湖北省金色农谷青少年实践教育基地 → 学校

**【课程目标】**

1. 认识到节约能源和开发新能源的重要性，提高节能和环保意识。

2. 了解开发利用新能源的一些思路，并通过小组合作，实际动手探究如何利用太阳能、风能或生物能发电，培养探究学习的能力及合作交流意识。

3. 培养收集节能和开发新能源的相关信息及综合分析、整理、归纳和应用这些信息的能力。

**【教学案例】**

一、设计意图

能源是我们生活、生产的血液，能源问题也是当今社会不可回避的热点问题。我们的生活不能没有能源，我们每天都在消耗大量的能源，可是地球能提供给我们人类的资源又有多少呢？很显然地球存储的传统能源不仅是有限的，而且也是不可再生的。同时，大量使用传统能源导致了地球的雾霾、酸雨及温室效应等现象，产生了严重的环境污染。面对能源危机和环境保护等现实问题，2015 年，全国两会上的政府工作报告提出要大力发展新能源产业，人们正竭力寻找解决的方法。

为引导学生探究解决能源危机和污染问题的方法，结合金色农谷青少年实践教育基地从以色列进口的高档全套新能源设备，我们设计了"新能源、新生活"这一科技实践探索课程。通过让学生自主探索体验各种新能源的发电过程，学习能量转换知识，明白解决能源问题的关键是节约能源和开发新能源，进而培养学生的节能意识、环保意识和创新意识。

学生通过校外课堂的实践活动，既体验到探究学习的乐趣，又认识到高新科技并不是我们想象的那么神秘和遥远，高新科技其实就在我们身边，进而激发对新能源技术的兴趣，用发展的眼光看问题，并树立远大的学习目标，然后回归校内课堂，好好学习，为以后的职业发展奠定良好的基础。

### 二、课程重点

1. 反思人类浪费能源的生活生产方式,讨论节约能源的具体措施。

2. 了解太阳能、风能等是无污染的清洁性能源,是取之不尽、用之不竭的。

### 三、课程难点

学生自己探究太阳能、风能和生物能的获取和应用,并思考如何利用新能源为人类造福。

### 四、课程形式

1. 组织形式:学生自主活动为主,教师引导为辅。

2. 实践形式。

(1)上网查阅和归纳;

(2)小组合作和交流;

(3)展示和总结。

### 五、课程准备

1. 学生准备:活动前查阅、收集与节能和开发新能源有关的相关信息,进行整理归纳,以备探讨发言。

2. 教师准备:新能源技术课件、教具及其他有关资料等。

3. 教具准备:新能源设备装置、多媒体教学设备及音响。

### 六、活动过程(总课时:2~3 课时)

1. (安全分享)活动要求。(3~5 分钟)

同学们,想不想愉快地亲自体验太阳能和风能是如何发电的呢? 为了保障本次实践活动愉快有序进行,老师想跟大家分享几点场馆要求。

(1)自由分组:我们按实验桌的摆放,男女生混合自动组成小组,每组选一个小组长,统筹本小组活动。

(2)爱护器材:我们场馆的所有设备和模块都是从新能源发达的国家以色列原装进口的,很贵重,希望大家在活动的时候轻拿轻放。

(3)禁止触摸:实验过程中一不允许触摸插槽里的 220V 电源;二不允许触摸强光灯外壳,以防烫手(需要移动光源请使用手柄);三不允许触摸风扇的叶片,以防伤手(需要移动风扇请使用手柄)。

(4)紧急按钮:大家把最左边的红色紧急按钮拉开,活动操作中如有任何问题,请立即按下,实验就会终止。请大家放心,只要大家遵守活动要求,就不会有任何伤害。

2. (看图说话)情景引入。(3~5 分钟)

先请同学们观看几张我们日常生活中非常熟悉的吃、住、行的图片。同学们,我们日常生活中吃、住、行都用到了什么能源? 请大家通过多媒体演示思考交流并自由回答。

引入:学生了解传统能源的两个知识点——传统能源的种类、传统能源的形成。

3. (看图说话)继续深入。(5~8 分钟)

再请同学们观看几组能源消耗的庞大数据。同学们,刚才大家总结了我们日常生活和生产需要煤、石油、天然气等,可是大家想不想知道,这些传统能源还能用多久? 同学们可以思考讨论。

老师通过多媒体演示答案(地球上的煤还可以维持 200 多年,石油只能用 40 多年,天然气大约用 50 多年),引入:我们正面临能源严重匮乏的危机!

4. (看图说话)再次深入。(5~8 分钟)

再次请同学们观看几张我国的能源消耗和污染现状的图片。

引入:我国正面临能源严重污染的危机!通过两次情景深入,总结出我们正面临两大能源危机:一是能源严重匮乏;二是能源严重污染。

提出第三个问题:面对两大能源危机,我们该怎么办?(学生通过多媒体演示思考交流并自由回答)

最后落实到本课程的主题:我们不要战争,不要污染;要想社会可持续性健康发展,我们只有两条路,一是节约能源,二是开发新能源。

5.(看短片说话)进入主题。(10~15分钟)

(1)探讨如何节约能源。

播放"节约能源从点滴做起"的小动画,强调我们每一个人都负有节约能源的社会责任。

在我们的日常生活中,有哪些浪费能源的生活方式? 通过多媒体演示引导同学们自由探讨发言:

冰箱放大量食品没及时食用,浪费电能;

空无一人的教室灯却没熄,浪费电能;

消防栓或水龙头的水白白外流,浪费水能;

自动扶梯在无人使用时依旧运转,浪费电能;

交通堵塞时,一些能源被浪费在汽车引擎空转或加速及刹车上,浪费能源;

大量的能源被用来制造日用品,生活用品的浪费也是一种能源浪费。

请同学们思考:如果有一天,没有了电,也没有了燃气,我们的生活将会怎样?我们应该如何节约能源呢? (通过多媒体演示引导同学们自由探讨发言)

(2)提出第四个问题。

同学们说的都很好,我们的生活离不开能源,节约能源很重要,但地球上的能源是有限的,要想从根本上解决能源问题,我们还要开发新能源。目前有哪些新能源?(学生通过多媒体演示思考交流并自由回答)

引入:新能源的种类和应用实例。

新能源的开发和利用将从根本上解决能源问题,并大幅减少污染,提高人们生活的质量,获得显著的经济和环保效益。

6.(实验探究)走进新能源。(90~100分钟)

为了开发利用自然能源,科学家想了很多方法。先请同学们观看一小段科学家们是如何开发太空太阳能电站的科教短视频。

在学生感到神奇的同时,赋予学生"小科学家"的角色,让学生自主动手探索。

第一步:太阳能或风能发电。

第二步:将获取的电能转换成机械能。

第三步:将获取的电能转换成光能。

第四步:将获取的电能转换成声能。

学生分组进行活动,按不同学龄段分别探索不同能源的获取和应用:小学探究太阳能;初中探究太阳和风能;高中探究太阳能、风能和生物能。

老师引导学生自主实践,大胆探究,并不断给予鼓励。

7.(小组展示)总结延伸。(15~20分钟)

(1)先让成功的小组展示实践成果,分享成功经验;对没展示的小组同学也要给予充分的肯定和鼓励。

(2)针对小学生,老师可以对实验设备的电能存储组件和转换组件分别进行简单的讲解;针对初、高中学生,老师可增加发电原理和实验设备上各插孔英文单词的讲解,加深学生印象。

(3)如果学生动作较快,在课程时间还充足的情况下可以继续以讨论、谈话的方式拓展探究影响太阳能发电的因素。针对初、高中学生可增加探究影响风能发电的因素。课程结束后引导同学们把用过的设备、工具和耗材还原,做到人走场清。

(4)最后希望还没尽兴的同学回去后,多上网查阅、收集和整理新能源的信息资料;多发现、多探索生活中新能源的应用,培养节约能源的意识和对新能源技术的兴趣,为社会的可持续发展做出自己的贡献。

**【课程分析与评价】**

本次活动围绕"新能源,新生活"这一实践主题,从社会的实际问题入手,让学生了解解决能源危机的办法。活动时应该把学习、了解的科技知识尽可能地融入学生身边的实际生活之中,让学生从生活中学习到科技知识,同时培养学生查找、收集资料来学习一些科学知识的意识和习惯。

在活动中应非常注重以下两点。

1. 在活动中采用以学生为主体的自主合作探究的学习方式,让学生自主合作,反复试验性地动手实践,教师不断鼓励,最后再让学生自己展示总结。自主、合作、探究学习是在新课程理念下学生的一种重要学习方式。有效的自主、合作、探究学习,能够让学生在探究中自主,在探究中合作与交流,在探究中快乐成长。

2. 在活动中让学生畅所欲言,如在提出不同问题时,老师总是问"你有什么想说的",每一个学生都有想说的欲望,设计多次自由发言这一环节,能让学生有很强的参与感。

总之,在这样自由、宽松的活动环境中,学生的表达能力、思维能力都得到了提高。他们在自主探究和畅所欲言中得到的启发,都会在后面的活动环节中体现出来,让课堂充满趣味性和创造性。学生在实践过程中逐渐形成的良好学习习惯和品质,会使他们终身受益。

**【思考探究】** 习总书记多次强调指出,绿水青山就是金山银山,要像对待生命一样对待生态环境,保护生态环境、建设美丽中国,这是我们共同的使命和担当。生物质能是重要的可再生能源,具有绿色、低碳、清洁、可再生等特点,是建设生态文明的重要力量。请你谈一谈,该如何落实习总书记"绿水青山就是金山银山"的总体要求。

# 体验绿色农业　感受劳动快乐

**【项目实施单位】**

天门市青少年学生活动中心

**【项目组专家】**

岳大伟

**【指导教师】**

樊钢

**【课程主题】**

体验绿色农业　感受劳动快乐

**【适用学段】**

小学、初中、高中

**【研学时间】**

3 天

**【线路安排】**

天门市植物园 → 长寿山冰雪生态度假小镇 → 三军菊花种植专业合作社 → 天门市知青农场 → 岳口十丰欢乐园 → 百丰生态园 → 东湖公园

**【课程特色】**

我国是世界上最早的农作物起源中心之一。古代劳动人民很早就对野生植物进行驯化选育,如水稻、小麦、谷子、大豆、高粱等都起源于我国。我国对世界农业的发展做出了巨大的贡献。天门市有两千多年的悠久历史,位于湖北省中南部、江汉平原北部,2015 年被认定为第三批国家现代农业示范区。天门市已形成优质粮、棉、油、无公害蔬菜、畜禽种养、名特水产等 6 大高效农业产业化基地195 处,总面积 1533 平方千米。

要在中小学恢复劳动教育,首先还是要让青少年懂得:幸福生活建立在辛勤劳动之上。当教育回归到实际的劳动实践,比如践行杜威和陶行知所主张的烹饪、缝纫、家用电器维修、农作物种植与培育、小制作、小发明等与他们的实际生活密切相关而又力所能及的实际操作,学生的成长也就与生活紧密地联系起来,他们的创造力被激活,他们的生命力被唤醒。

**【课程目标】**

1. 了解什么是有机食品,知道有机食品与人类生活的密切关系。

2. 培养劳动观念,激发劳动热情,体会劳动人民的艰辛。

3. 激发好奇心和求知欲,初步养成从事探究活动的正确态度;获得一些亲身探索的体验,培养提出问题、分析问题、解决问题的能力。

4. 培养知农、学农、爱农的思想,从而培养热爱家乡、爱护自然、热爱劳动的美好品德;让绿色农业的种子在心中生根发芽。

**【资源特色】**

### 天门市植物园

天门市植物园坐落于陆羽大道,其占地面积约为 40 万平方米,不仅可供观光游览,同时还是一处著名的爱国主义教育基地。这里风景如画,空气清新,尤其适合天门本地人放松心情,闲暇散步,同时也是外地人必来的一处天门景区。

天门植物园最值得一提的自然就是公园中的珍稀植物了,其中植物园一期工程所种植的中上层植物种类为两百余种,如广玉兰、三角枫、鸡爪槭、水杉、银杏等,还有水生及被子植物一百余种。这里分为 33 个小型区域,每一种区域都有具有其特色的植物,众多美丽的植物生长在一起让人赏心悦目。

### 长寿山冰雪生态度假小镇

省级自然保护区长寿山位于天门市东北部,海拔 147 米,共有森林面积 3.93 平方千米,森林覆盖率达 82%,保护区鸟类品种繁多,并有成片的果园和苗圃,农田、民居具有典型的田园特色。长寿山三面环水,水域面积 2.5 平方千米,湖光山色,蔚为壮观,具备乡村休闲旅游的良好条件。

天门市利用长寿山森林生态资源及其良好的环境进行旅游开发,打造森林生态度假区、"林家乐"休闲体验区、滨湖康体游乐区、商务会议养生区四大景区,开展森林生态观光、休闲、度假、滨湖康体游乐及"林家乐""农家乐"等活动,建成集观光、休闲、度假、养生于一体的森林生态旅游区。

### 三军菊花种植专业合作社

三军菊花种植专业合作社,投资 1410 万元,流转土地约 13.33 万平方米,建成 162 个智能温控大棚、250 吨容量冷库、2500 立方氧化循环蓄水池、4000 个喷灌带等生产设施,带领社员发展菊花产业,被评为天门市"创业明星"。其培育的"紫龙献爪""紫十八"分别荣获 2014、2015 年湖北省菊花擂台赛"花王"及"状元"称号。2017 年,创始人张三军又与河南、武汉等地专家合作培育了优香、早春白、白扇、金扇、神马五个系列的种苗。目前,合作社种植的菊花品种已达 2000 余种,产品畅销山东、甘肃、河南等 12 个省。在做大做强菊花产业的同时,合作社积极吸纳贫困户就业,为农村精准扶贫工作做出了贡献。

### 百丰生态园

百丰生态园农庄占地约 13.33 万平方米,利用葡萄、蜜桃、枇杷、柿子、枣树、梨树、草莓、有机稻、山羊、豪猪、山鸡、土鸡等特色种植养殖,发展乡村旅游,加大推进产业扶贫力度,带领村民增收致富。通过寻宝、捕鱼达人秀、吃葡萄大赛、采摘水果、烧烤、垂钓、唱歌、攀岩、游戏、看电影、唱歌、露营等项目吸引游客自主参与。

### 东湖公园

湖北省天门市中心城区第二大公园——东湖公园由武汉市园林建筑规划设计院设计,于 2013 年 10 月完工并对外开放。天门东湖水体面积 33 万平方米,是中心城区重要的湖泊。

东湖公园由北西东三块水面构成,分别规划为文化活动、滨水休闲、生态湿地、时尚生活四个区域,整体呈现 L 形。在东部湖面上,以生态道路连接 4 个小岛,岛上建有水榭、景亭,四周湖面保留水生植物,形成生态景观。

**【教学案例】**

| 时间 | 行程 |
| --- | --- |
| **第一天** | |
| 08:00—08:40 | 学校集合,研学启动仪式后前往天门植物园,在车上组织学生学习以"感受家庭温暖"为主题的感恩教育课程,同时进行以"我将如何回报家乡"为主题的责任及感恩教育 |
| 08:40—11:30 | 前往参观天门市植物园。<br>课程:叶脉探究,叶脉书签制作 |
| 11:40—13:00 | 中餐 |
| 13:00—16:30 | 前往长寿山冰雪生态度假小镇。<br>课程:我种植,我快乐,钻木取火,包饺子,野炊,插秧(任选其一) |
| 16:50—17:50 | 前往住宿地点 |
| 17:50—18:50 | 晚餐 |
| 18:50—19:20 | 分寝室、整理内务 |
| 19:20—21:00 | 观看励志电影 |
| 21:00—21:30 | 洗漱、就寝 |
| **第二天** | |
| 07:00 | 起床 |
| 07:30—08:30 | 早餐 |
| 08:30—09:10 | 前往三军菊花种植专业合作社,沿途倾听天门文化历史典故,了解天门历史,培养热爱家乡的思想感情 |
| 09:10—11:00 | 导师带领学生们有序参观三军菊花合作社<br>课程:认识菊花、菊花茶制作 |
| 11:00—11:30 | 前往进餐地点 |
| 11:30—12:10 | 午餐 |
| 12:10—13:30 | 乘车前往天门市知青农场 |
| 13:30—16:00 | 有序参观知青农庄<br>课程:我种植,我快乐,钻木取火,包饺子,野炊,插秧(任选其一) |
| 16:50—17:50 | 前往住宿地点 |
| 17:50—18:50 | 晚餐 |
| 18:50—21:00 | 篝火晚会,才艺展示 |
| 21:00—21:30 | 洗漱、就寝 |

（续表）

| 时间 | 行程 |
|---|---|
| **第三天** | |
| 07:00 | 起床 |
| 07:30-08:30 | 早餐 |
| 08:30-11:00 | 有序参观岳口十丰欢乐园<br>课程:我种植、我快乐,钻木取火,包饺子,野炊,插秧(任选其一) |
| 11:00-11:30 | 前往进餐地点 |
| 11:30-12:10 | 午餐 |
| 12:10-16:00 | 参观百丰生态园<br>课程:我种植、我快乐,钻木取火,包饺子,野炊,插秧(任选其一)<br>参观东湖公园<br>课程:剪窗花、无土栽培(任选其一) |
| 16:00 | 结束返程。由研学老师组织同学们畅谈研学旅行的感悟、收获 |

**【思考探究】**

1. 在没有火柴和打火机的古代,人们是如何"生火"的?

2. 菊花茶有哪些功效? 在制作菊花茶的过程中需要特别注意些什么?

3. 无土栽培的优点有哪些? 哪些蔬菜适合无土栽培?

# 探索自然奥秘 感受劳动乐趣

**【项目实施单位】**

　　咸安区青少年学生校外活动中心

**【项目组专家】**

　　陈进

**【指导教师】**

　　蔡俊生 杨柳

**【课程主题】**

　　探索自然奥秘 感受劳动乐趣

**【适用学段】**

　　小学、初中、高中

**【研学时间】**

　　1 天

**【线路安排】**

　　学校 → 桂花园风景区 → 星星竹海

**【课程目标】**

　　1. 了解咸安桂花的栽培历史,学习桂花糕的制作过程,培养热爱家乡的思想感情。

　　2. 学习非物质文化遗产——竹编的相关知识,动手制作竹编艺术品,传承中华传统文化。

　　3. 通过户外野营、拓展训练等体育活动,增强身体素质,培养热爱大自然的思想感情。

**【资源特色】**

## 桂花园风景区

　　咸安桂花已有 2000 多年的栽培历史,因其芳香四溢、树形丰满、秀丽多姿、四季常青而闻名于世。千百年来,人们种桂、食桂、赏桂,从神话传说到诗词歌赋,逐渐形成了独具特色的咸安桂花文化。全区现有桂花树 120 余万株,桂花品种达 32 个,其中金桂类 23 个,银桂类 2 个,丹桂类 3 个,四季桂类 4 个;现有产花和试花树 42 万株,年产鲜桂花 50 万公斤。1985 年 9 月,全国香料专家在浙江杭州会议上认定:咸安桂花瓣大、肉厚、留香持久,质量位居全国第一。据中国花协桂花分会统计,全国 15 个省市百年以上桂花古树有 2200 株,其中咸安就有 2000 株,最大树龄达 617 年。2000 年 6 月,经国家林业局和中国花卉协会审定,咸安被命名为"中国桂花之乡"。

　　咸安人喜桂爱桂、植桂赏桂、咏桂赞桂、采桂品桂,从古留传至今,文化内涵极为丰富。此地有中秋祭月拜嫦娥的文化传统,被中国民间文艺家协会授予"中国嫦娥文化之乡"、中秋节民俗文化传承地;有屈原贬谪江南途经桂花园写《九歌》的历史考证;有吴刚砍桂、桂枝落咸安的桂花传说。

桂花园风景区位于咸安区境内的桂花镇,历史悠久,桂花品种繁多,桂花文化源远流长。桂花园风景区紧邻金桂湖低碳示范区、鸣水泉景区、鄂南大竹海景区、刘家桥古民居等景区(点),规划面积 2.7 平方千米,核心区约 0.53 平方千米。核心古桂园、观桂园有百年以上桂花古树 200 多株,最大树龄达 400 多年。大屋雷因有"中秋祭月"民俗文化,被选为"湖北省民俗文化村"。

## 中国楠竹之乡——星星竹海

星星竹海风景区位于咸宁汀泗古镇境内,处咸宁、崇阳、赤壁三县(市)的交界处,海拔 731 米,既是联合国林业考察基地,又是湖北省最大的竹林风景区,总面积 10 万余亩,称"万亩竹海"。这里林茂、竹秀、松翠、石奇,环境优雅,气候宜人,是理想的旅游休闲和避暑胜地。主要景点有:奇石林、白鹭园、火山口、情人岛、竹林漫步等。1997 年被评为省级风景区,2003 年 10 月,星星竹海成功接待了中国第四届竹文化节所有到会的中外来宾,并被联合国环保组织指定为万巢招鸟基地,又被湖北省命名为自驾车旅游基地,野战基地,竹楼、竹娱乐基地。

星星竹海风景区内还有天坑悬降、峭壁攀岩、定向穿越、户外野营、拓展训练等项目,备受青少年的青睐。

**【教学案例】**

### 活动一　制作咸宁桂花糕

**一、活动导入**

咸宁桂花糕产自闻名全国的桂花之乡——湖北咸宁。桂花糕创制于明朝末期,糕质细软滋润,色泽洁白,具有浓郁的桂花清香,入口即化,口味清香。咸宁桂花糕的特点是配料独特,油润不腻,入口不涩,吞咽酥滑,甜中有咸,香里带凉。

**二、制作过程**

1. 准备好碗、筷、糖、椰浆、植脂奶油、牛奶、热水、鱼胶粉、桂花干等。

2. 取两个干燥的碗,分别放入鱼胶粉和糖,搅拌均匀。此做法是为了让鱼胶粉更好融化不起块。

3. 首先做白色部分,鱼胶粉和糖混合均匀后加入热水搅拌,待鱼胶粉和糖完全融化后加入剩余材料,再次搅拌均匀,用吸油纸吸去表面油脂。此做法是为了让桂花糕的口感更细腻嫩滑。

4. 然后做绿色部分,首先将桂花过筛,挑去桂花里的杂质。锅中放水煮沸,然后将桂花放于锅中搅拌,不用煮太久,待水再次沸腾 30 秒左右可熄火,盖上盖子焖大概 15～20 分钟,使香味更浓郁。将煮好的桂花水隔渣倒入搅拌好的鱼胶糖粉中搅拌,使其融化。此步骤完成后准备工作已经做完。

5. 根据自己的喜好用量杯量取一定量的白色部分倒入容器中,冰箱调至 3℃以下,冰冻 10 分钟左右直至凝结不粘手。等第一层白色部分凝结后量取同样分量的绿色部分倒在白色部分上,继续入冰箱至凝结。注

357

意,此时倒入的液体温度不能过高,否则会导致前一层融化。重复以上步骤,直到桂花糕达到你想要的高度。

6. 在等待的过程中,将隔出来的桂花再次注水煮沸,然后挑选出适量色泽、形状佳的桂花用于最上层装饰。一般层次越多、越薄,口感越细腻,可根据自身情况进行选择。制作最上层的时候要把桂花中多余的水分除去,先在量杯中加入桂花,然后再注入液体,加上桂花后分量跟之前的层次分量一样。倒入桂花后要注意将桂花拨至分布均匀,桂花过于密集口感会带微苦,桂花不足又不够美观。

7. 完全凝结后,用保鲜膜包好,将冰箱保鲜层调至 3℃左右,冷藏过夜,第二天将桂花糕取出倒扣在案板上切小块,即可食用。

### 三、课外拓展

同学们回家也可以自己动手做一做。

## 活动二　竹藤编制

### 一、活动导入

竹藤编制是我国的传统手工艺。民间艺人们用灵巧的双手,将大山里的竹子、藤蔓编成一件件篮、篓、筐、簸箕等,甚至编成一些精美的家具、工艺品。2008 年,竹编入选第一批国家级非物质文化遗产扩展项目名录。

### 二、研学过程

1. 第一步是选料、放料。选竹子很有讲究,竹龄一至两年的不能用,最起码要选三年以上的,并且最好是生长在竹园中间的竹子。

2. 第二步是劈篾,即将竹子加工成篾丝或篾片。劈篾要先洗干净竹子,绞平竹节疤。劈篾十分讲究技巧,手和刀要成一条线,双手用力要均衡。

3. 第三步是编织。有垂直经纬编、六角六方编、三角眼编、虎头眼编、多边钱眼编、转角立体编、回旋还原编、点缀装饰编等各种编法。

生活中,塑料、不锈钢、铝合金等材料的制品越来越多,竹制品已难觅踪影。想一想,怎样将"竹编"这门非物质文化遗产传承下去?

**【思考探究】**

# 乡伴水城 魅力童行

**【项目实施单位】**

沙洋县青少年活动中心

**【项目组专家】**

余安洪 李卫军

**【指导教师】**

田晓燕

**【课程主题】**

乡伴水城 魅力童行

**【适用学段】**

小学四至六年级,初中七、八年级

**【研学时间】**

1 天

**【线路安排】**

沙洋县青少年活动中心 → 沙洋油菜博物馆 → 兴隆水利枢纽工程 → 江汉运河生态景观带(中国桥梁展览带) → 纪山镇荆楚文化旅游区 → 潘集湖国家湿地公园(雷都樱花部落)

**【课程目标】**

1. 领略中国农谷的生态文明,了解沙洋的荆楚文化。

2. 通过游历沙洋历史古迹,学习先贤圣哲思想,培养敢于负责、勇于担当的品质,锻炼积极进取的人生态度。

3. 通过参观江汉大运河平原水利生态景观,感受祖国日新月异的发展变化,激发对未来的憧憬以及热爱家乡、热爱祖国的思想情怀。

**【资源特色】**

·中央专项彩票公益金研学实践教育支持单位·

## 沙洋县青少年活动中心

沙洋县青少年活动中心位于沙洋县汉津大道 21 号,是沙洋县唯一一所公办、公益性的校外教育机构。活动中心现有教师 10 人,占地面积 4000 平方米,建筑面积 5116 平方米。近年来,活动中心积极负起作为校外教育主阵地的责任,常年坚持开展"一圆梦"(圆梦蒲公英)、"三流动"(流动少年宫、流动科技馆、流动家长学校)等品牌公益活动,协调指导县域学生的研学实践活动,同时也致力于中小学生特长培训,致力于实践特色型、公益服务型中心建设,努力让活动中心成为孩子们"才艺学习的乐园、素质提升的舞台、梦想放飞的平台"。2016 年,活动中心被湖北省委组织部、省委宣传部、省教育厅、省科技厅等 8 部门授予"湖北省科学素质工作优秀组织单位"荣誉称号;2016 年和 2018 年,被省校外教育管理研究会授予"湖北省校外教育工作先进单位"荣誉称号;2018 年,被荆门市科协授予"荆门市科普示范场馆"荣誉称号。

## 沙洋油菜博物馆

沙洋油菜博物馆是目前世界上唯一的油菜博物馆,馆内有史海芸踪、生命之能、芳泽民生、金色沙洋四大主题。该馆集科普性、学术性、文化性、体验性于一体,被誉为"中国油菜产业的亮丽名片"。

## 江汉运河

江汉运河是新中国成立以来投资最大、开挖最长的人工运河,引长江入汉江,是南水北调中线的重要工程,全长 67.23 千米。江汉运河沿线分布着楚都纪南城、荆州古城、石家河考古遗址、熊家冢、龙湾遗址和黄歇古冢等历史文化景点。运河上架设了 59 座代表各个时期的形态各异的桥梁,是名副其实的"中国桥梁博物馆",与船闸、渠道一道构成独具特色的平原水利景观。其中运河之首的汉江兴隆水利枢纽,作为南水北调的四项补偿工程之一,综合发挥了蓄水、发电、灌溉、运航等效益。

## 纪山镇荆楚文化旅游区

素有"楚文化地下宝库"之称的纪山镇荆楚文化旅游区,古墓群连绵分布、气势磅礴,楚王陵园保存完好,出土有轰动于世的"郭店楚简"、国内最早的女湿尸和越王勾践剑等国家珍贵文物。

## 潘集湖国家湿地公园

潘集湖国家湿地公园总面积 5.03 平方千米,其中湿地面积 3.24 平方千米,包括浅水、滩涂、半岛、季节性洪泛草地等不同生态类型湿地。潘集湖国家湿地公园以一岛(中心岛)、两湖(东、西湖)、三园(水花园、农耕文化园、湿地风情园)为重点,打造"环境靓丽、功能齐全、古韵悠长"的生态园区。

# 樱花部落

"樱花部落"是以自然山水、原始部落、田园风光为特色的樱花专类园,既有原产自我国的特色樱花,也有引进于异国的珍贵品种。其景观配以水中红桥、赏花亭榭、小溪流水等,极尽壮观和浪漫,让人"望得见山,看得见水,记得住乡愁",从而体验人生,加深对"绿水青山就是金山银山"生态文明理念的理解。

## 【课程内容】

1. 传农耕文化,习油菜知识。

2. 行江汉运河,观水韵沙洋。

3. 走襄荆古道,品荆楚风韵。

4. 栖田园湿地,赏醉美山水。

## 【课程实施】

### 一、研学准备(在网上查阅相关资料)

1. 了解油菜的种植技术和油菜籽及其副产品的功用。

2. 了解引江济汉工程在我国国民经济和社会发展中发挥的重要作用,了解连通器及"虹吸现象"的原理。

3. 了解楚文化在中国上下五千年历史长河中的地位。

4. 了解保护湿地的重要性,了解潘集湖国家湿地公园国家级保护的野生动植物的种类。

### 二、研学流程

| 时间 | 具体安排 | 重点事项 |
|---|---|---|
| 07:30-07:40 | 开营仪式 | 1. 整队集合。<br>2. 主持、介绍活动项目。<br>3. 强调安全(教育为本,安全第一) |
| 07:40-08:00 | 沙洋县青少年活动中心 → 沙洋油菜博物馆 | 1. 分组、上车,要求按组就座、座位固定。<br>2. 工作人员按车辆乘车安排上车,不得随意更换车辆。<br>3. 各车人数清点。<br>4. 研学课程导入、互动 |
| 08:00-10:00 | 兴隆水利枢纽工程、江汉运河生态景观带 | 1. 按规定路线开展活动。<br>2. 参观兴隆水利枢纽工程,沿途参观江汉运河生态景观带。<br>3. 课程衔接,了解运河是集休闲、旅游、观光于一体的生态体验园 |
| 10:00-11:00 | 集体合影 | 有序集合排队、合影 |
| 11:00-12:00 | 纪山镇午餐 | 到就餐地点就餐 |
| 12:00-13:00 | 参观纪山镇荆楚文化古墓群 | 1. 上车出发。<br>2. 课程衔接、体验分组 |
| 13:00-15:00 | 游览潘集湖国家湿地公园或樱花部落(根据不同季节来选择) | 1. 进入景区。<br>2. 体验湿地生态文化。<br>3. 强调安全,告知集合时间、地点,自由活动 |

（续表）

| 时间 | 具体安排 | 重点事项 |
|---|---|---|
| 15:00—16:00 | 返程 | 1. 潘集湖国家湿地公园（或樱花部落）大门口集合。<br>2. 拍照。<br>3. 上车。<br>4. 工作人员按车辆乘车安排上车，清点人数后返程 |
| 16:00—17:10 | 返回沙洋县青少年活动中心院内 | 1. 下车集合。<br>2. 研学问卷调查及研学评价。<br>3. 发放纪念品、回收服装。<br>4. 活动结束 |

**三、研学综合素质评价等级标准建议**

1. 评价原则。

（1）参与性。学生只有参与研学旅行活动才能获得相应学分。如发现学生并没有参与研学课题的研究，没有达到规定的参观、体验、听取的时间，不能得规定学分。

（2）过程性。研学旅行的质量高低、实践的结果表现将会影响学生获得学分的多少。

（3）规范性。学分的认定由学生互评、课程指导教师考核、带队班主任或科任老师审核来共同决定。

2. 评定方法。

（1）分课时评价，全程结束评定。

（2）导师、班主任、带队老师的评价与学生的自评、互评相结合。

3. 评价等级说明。

本次研学旅行综合评价，每班由学生和教师共同评价学生研学旅行成绩。原则上每班"优（A）"级占班人数的20%，"良（B）"级占班级人数的60%，"合格（C）"级占班级人数的20%；"优秀班集体"占班级数的三分之一。

4. 学生评价表。

| 学校： | | 班级： | | 姓名： | |
|---|---|---|---|---|---|
| 事项 | 评分标准 | 自评 | 互评 | 师评 | 综合等级 |
| 穿着要求 | 佩戴活动中心统一配发的胸牌、帽子 | | | | |
| | 着装要舒适、轻便、得体，最好穿运动鞋或休闲鞋，保持良好形象 | | | | |
| 活动要求 | 有集体观念，活动期间听从研学导师的安排，不打闹嬉戏，牢记各项具体活动安排的注意事项 | | | | |
| | 在景点参观时保护文物古迹，不随地丢弃垃圾，不大声喧哗 | | | | |
| | 活动期间以小组为单位结伴而行，有序游览，不单独行动 | | | | |
| 安全要求 | 注意活动期间安全，不玩危险、刺激的游戏；不随意与陌生人讲话 | | | | |
| | 注意乘车安全，不把头、手伸出窗外，遵守公共卫生，垃圾一律扔进垃圾袋内 | | | | |
| | 注意食品安全，不食用来源不明或没有安全标识的食品 | | | | |
| | 注意景区活动安全，不攀爬高处，走安全通道 | | | | |

（续表）

| 学校： | | 班级： | | 姓名： | |
|---|---|---|---|---|---|
| 事项 | 评分标准 | 自评 | 互评 | 师评 | 综合等级 |
| 学习要求 | 在开营仪式、闭营仪式及报告讲座进行中,请将手机静音,不大声喧哗,注意会场秩序 | | | | |
| | 携带记事本和笔,记录有意义的事 | | | | |

**四、研学拓展**

1. 随着网络看世界。

（1）《油菜和它的博物馆》（《荆门晚报》数字版）

（2）《引江济汉工程》（荆州新闻网）

（3）《江汉运河,变化中的"捷径",沟通长江与汉江》（《中国国家地理》数字版）

（4）《水韵沙洋》（沙洋县情介绍专题片,优酷视频）

（5）《水脉》（中央电视台南水北调纪录片）

（6）《郭店楚简》（百度百科）

2. 跟着课本游沙洋。

（1）《葛洲坝工地夜景》（浙教版语文五年级上册）

（2）《赵州桥》（人教版语文三年级上册）

（3）《中国石拱桥》（茅以升,人教版语文八年级上册）

（4）《桥之美》（吴冠中,人教版语文八年级上册）

（5）《樱花赞》（冰心,人教版语文七年级上册）

（6）《春秋五霸和战国七雄》（人教版历史七年级上册）

（7）《液体压强》（人教版物理八年级下册）

**【思考探究】** 古老的沙洋,历史悠久,沉淀丰厚,让人感受到"千里花海,金色沙洋"的文化底蕴,体验到"两江明珠,魅力水城"的旖旎风光。请你结合此次研学旅行的所见所闻和语文、历史、物理等相关知识,以"有一堂课,叫沙洋"为题,写一篇不少于500字的研学报告。

# 课堂搬进美丽乡村　爱国爱市爱家乡

**【项目实施单位】**

　　老河口市青少年学生校外活动中心

**【项目组专家】**

　　杨雷

**【指导教师】**

　　牛学会　张水娥

**【课程主题】**

　　课堂搬进美丽乡村　爱国爱市爱家乡

**【适用学段】**

　　小学、初中、高中

**【研学时间】**

　　1 天

**【线路安排】**

　　老河口市青少年学生校外活动中心 → 张庄 → 仙风小镇 → 李家染坊村

**【课程导入】**

　　本课程是以老河口市文明村镇综合实践基地为依托、整合老河口地域研学资源的综合实践课程,让学生既感知了家乡的绿色美丽,又感受到了利用绿色资源改造自然、为家乡人民造福的重要性;既增长了历史知识,又感受了家乡文化底蕴的厚重;既拓展了素质,又增强了团队精神。

**【课程目标】**

　　1. 探究空气、水和植物与环境的关系,通过亲身体验实践,生动地理解科学课堂上学习的知识。

　　2. 了解生态农业和有机种植,知道利用绿色资源造福人类,激发学习动机,明确学习目标和方向。

　　3. 感知李家染坊村农耕文化的历史变迁与文化底蕴,通过参观老河口市地域文化长廊,了解农业、农村、农民历史变迁,感受家乡文化的厚重底蕴,培养对家乡的热爱。

　　4. 拓展素质,提升心理、意志品质和合作意识,通过"看、听、思、悟、说、写、忆"增强终身受用的学习能力,培养团队精神。

**【资源特色】**

·中央专项彩票公益金研学实践教育支持单位·

**老河口市青少年学生校外活动中心**

　　老河口市青少年学生校外活动中心位于有着"四城望心"美誉的湖北省生态农业示范基地王甫洲,是于 2003 年成立的教育局二级单位。成立十余年来,在教育局领导的直接关心下,中心各项工作取得了长足进步,先后荣获"湖北省校外活动中心先进单位""湖北省首批法治教育示范基地""襄阳市中小学生课外文体活动优秀基地"等多项称号。

中心占地约 11.27 万平方米(其中校园面积约 1.47 万平方米),现有在册教职员工 22 人,固定资产 600 多万元。中心以培养学生的社会责任感、创新精神和实践能力为己任,依托户外综合拓展设施、法治教育基地、室内游艺平台、特校爱心教育、周边生态农业、亚洲第一低水头发电站等资源,开展多彩的活动。

中心建成以来,初步形成日接待学生 300～500 名的接待能力,每年接待学生 10000 多人次。除日常接待学生活动以外,中心还多次举办了"科普报告荆楚行""圆梦蒲公英"暑期社会实践活动和老河口市青少年科技节等项目,并承担了学校校外活动辅导员培训等工作。

根据现实需要,中心将抓住难得的机遇乘势而上,力争在市委市政府和教育局领导的大力支持下,充分发挥优势,加快建设步伐,充分发挥职能作用,为我市的教育事业发挥应有的作用,让活动中心成为莘莘学子学习、成长的研学乐园。

## 老河口市青少年学生校外活动中心综合实践基地

老河口市青少年学生校外活动中心综合实践基地成立于 2002 年 8 月,坐落在素有千里汉江第一洲美誉的王甫洲(国家级生态农业示范园区),南临亚洲最大的低水头发电站王甫洲发电站,东倚碧水连天的 42 平方千米的梨花湖。有风光秀美的梨花湖,有汉江王甫洲低水头电站,有视野开阔的沙滩河道,校园面积约 11.27 万平方米,是极具开发前景的旅游胜地,也是独具特色的中小学研学旅行基地。

基地现有以下几个板块。

(1)室外素质拓展场地:占地 3800 平方米,设高、中、低空类,涵盖团队训练、个人挑战和游乐三大类共 26 个项目。

(2)地域文化长廊:涵盖老河口的历史沿革、名人传记、风土乡情、名胜古迹、古代传说、方言集锦、历史典故、寓言故事、活动中心发展历程等 24 个板块的图文并茂的文化长廊。

(3)法治教育基地:有灯光电实物俱佳的法治展室、真实案例体验的模拟法庭、播放法治教育短片的法治剧场和室外法治教育长廊。

(4)农耕园:有农具实物、农作物认知和可供学生体验的蔬菜种植基地。

(5)科普教育:有科技体验室和科技图书室。

## 张庄

张庄村位于老河口市李楼镇,距市区 7 千米,地理位置优越,生态环境优美,北有青山环抱,南有溪河长流,杨山一、二水库碧波荡漾,绿化率达 60%;人文遗迹丰富,老庙、古井、百年皂角树等文化古迹分布村庄各处;历史文化厚重,铁锁镇洪水、欧阳修剿匪的故事流传至今。

近年来,该村以建设绿色示范乡村为引领,以村庄绿化、美化、洁化、硬化、亮化为重点,坚持科学规划设计,如今实现了所有道路、渠道及堰塘周边绿化,"三园模式"(小果园、小菜园、小花园)建设日益成熟。目前,村内已栽植苗木 3.2 万余株,绿化道路与渠系 12.5 千米,全村绿化率达到 95% 以上。

张庄村与众不同。村里有路灯,每户门前都有木桩围起来的小花园,花草芬芳;整个村子都很干净,四处都有垃圾箱,还有专门的清洁员;村中央有木栏凉亭,水沟用木栏围起,既安全又美观,俨然一道亮丽的风景线。一排排、一栋栋的房子整齐划一,门前屋后都有小花园,户与户之间的道路均用砖铺成,花艳、草绿、景美。

如今,一个"村美、田美、路美、水美、人美、生态、和谐"的张庄,犹如一幅美丽画卷。除了环境美,该村还注重塑造人文美、引领社会新风尚。在农产中推行模范创建,开展道德模范、创业模范、环保模范、五好家庭等评比活动,引导村民做到文明礼貌、诚实守信、勤劳致富、爱岗敬业。从环境保护、社会治理、村风民俗等方面制定完善村规民约,并在村务公开栏张贴;及时制作画册发放至每家每户,有效引导村民遵规守纪、保护环境、移风易俗。

## 仙风小镇

仙风小镇位于老河口市城南新区与仙人渡集镇接合部,梨花大道穿村而过,交通便利,地理位置优越。仙风小镇生态农业旅游开发有限公司从 2016 年底开始谋划,以打造田园综合体为目标,计划投资 5000万元,占地 80 万平方米,打造休闲与观光相结合、旅游业与农业共发展、乡村与产业相促进的现代农业观光旅游综合示范区。

从 2016 年底开始,该镇边建设边运营,逐步构建绿色生态经营产业链,餐饮服务区、苗木培植区、采摘体验区、渔业垂钓区、产业扶贫区、民宿体验区、产品展销区这 8 个特色产业区已具雏形。由于毗邻汉江,仙风小镇建设有沙滩娱乐、浅池游泳、滨江水上乐园等娱乐项目,让客人尽情享受亲水之乐。客人来到这里,可以体验自主采摘的乐趣,如采摘草莓、葡萄、提子、仙桃等精品水果或其他绿色有机蔬菜;可以品尝当地特色农家菜,住极具农家特色的独立小院、茅草风情屋,享受不一样的农家民宿体验;还可以购买经公司加工、包装的土特产,送礼、自留两相宜。

## 李家染坊村

李家染坊村"春染绿,夏染赤,秋染黄,冬染褐",因织染而得名,2018 年入围湖北省首批美丽乡村典型示范村,从一个无人问津的小村庄华丽变身为炙手可热的特色旅游村。

李家染坊村位于老河口市仙人渡镇。全村有 3 个村民小组,4 个自然村庄,161 户,536 人。面积 2.5 平方千米,山林面积 0.47 平方千米,自然水面面积 0.05 平方千米。李家染坊村,与织染有着深厚的缘分。唐朝

时此村曾大量种植棉花,故纺织等相关手工业蓬勃兴起,一户李姓人家建起染坊,因质优重信远近闻名,村庄也因此而得村名——李家染坊。

走进李家染坊民俗村,笔直的柏油路直通村庄,道路两旁红蓝相间的骑行车道令每一个骑行爱好者心情愉悦。村庄绿树成荫,绿化率达到70%以上,道路两旁、房前屋后栽种着桂花、樱花、月季等苗木,还装点着格桑花、百日草、波斯菊,一到花期,竞相开放,美不胜收。

步入村庄,首先映入眼帘的是灰瓦白墙的建筑,古意盎然,透露着人们对过去的记忆和怀念。房屋的墙壁上绘着印染图画、历史传说图画,还有代表老河口特色的南派木板年画和充满现代气息的人物图画,让整个村子更具文化的气息。

李家染坊村还有老爷车博物馆、农家乐、豆腐坊、奇石展览馆,是周边研学交流的重要基地。

**【教学案例】**

### 张庄

**一、课程主题**

1. 参观新农村生态"小三园"(小花园、小菜园、小果园)建设。

2. 参观南水北调移民新村。

3. 参观始建于 1967 年的 U 型渡槽。

**二、研学目标**

1. 观赏新农村"小三园",贴近大自然,感受新变化;感受当地的生态环境、民俗文化以及"厕所革命"的新生活。

2. 实地观看移民新村的变迁,体会移民"舍小家、顾大家"支援国家重点工程建设的无私博大情怀。

3. 参观 U 型渡槽,了解张庄人当年艰苦朴素、顽强拼搏、因地制宜、因陋就简、战天斗地、敢于胜利的大无畏革命精神。

### 仙风小镇

**一、课程主题**

了解有机植物的种植及营养价值。

**二、研学目标**

1. 参观循环新农村种植业,如多肉、梨园、桃园、草莓大棚等,简单了解有机蔬菜的种类。

2. 品尝小镇特色农家菜,参观体验有农家特色的独立小院、茅草风情屋及农家民宿。

3. 开展户外拓展及联谊活动,如拔河、跳绳、老鹰捉小鸡等小游戏。

### 李家染坊村

**一、课程主题**

感受李家染坊村随时代变迁的历史。

**二、研学目标**

1. 了解李家染坊村历史沿革与时代变迁。

2. 参观农耕器具、纺织用具及农村老物件,重点掌握农耕文化的历史演变。

3. 参观老爷车博物馆,听每辆汽车背后的故事,培养尊重历史、珍惜时光、与时俱进、不断创新的精神。

**【行程安排】**

### A 线

08：00 学校，学生集合上车。

08：30-09：30 到达张庄，车停村庄外路上，研学时长1小时。

游览路线：荷花池→U型渡槽→游客接待中心→村委会→休闲文化广场→靳家岗民俗（生态居住区）→小三园（小花园、小菜园、小果园）→油牡丹基地→移民新村→农业景观游览区→休闲文化广场→移民农家乐→淘宝店（农家超市）。

10：30 集合上车，开赴仙风小镇，时间大约20分钟。

10：50 到达仙风小镇，研学时长1小时。

游览路线：餐饮服务区→苗木培植区→采摘体验区→渔业垂钓区→产业扶贫区→民宿体验区→产品展销区→沙滩娱乐→儿童乐园→草莓园、葡萄园、提子园、仙桃园等精品水果园→多肉植物园、绿色有机蔬菜园等→独立小院、茅草风情屋。

12：00 在仙风小镇餐厅午餐，午餐后稍作休息。

12：50 集合上车，开赴李家染坊村，研学时长3小时。

游览路线：道路两旁醒目的装饰→灰瓦白墙的建筑→老爷车博物馆→手工作坊馆（豆腐馆和染房染布馆→奇石馆→农耕文化馆→村史馆。

16：20 集合上车，返校，结束此次快乐研学之旅。

### B 线

08：00 学生在学校集合上车赴李家染坊村，研学时长3小时。

08：30 到达李家染坊村。

游览路线：道路两旁醒目的装饰→灰瓦白墙的建筑→老爷车博物馆→手工作坊馆（豆腐馆和染房染布馆→奇石馆→农耕文化馆→村史馆。

11：30 集合上车，开赴仙风小镇，时间大约20分钟。

11：50 到达仙风小镇，午餐；午餐后稍作休息。

12：40 午餐后参观仙风小镇，研学时长1小时。

游览路线：餐饮服务区→苗木培植区→采摘体验区→渔业垂钓区→产业扶贫区→民宿体验区→产品展销区→沙滩娱乐→浅池游泳→滨江水上乐园→草莓园、葡萄园、提子园、仙桃园等精品水果园→多肉植物园、绿色有机蔬菜园等→独立小院、茅草风情屋。

13：50 集合上车，开赴张庄，时间大约30分钟。

14：20 到达张庄，研学时长1小时。

游览路线：荷花池→U型渡槽→游客接待中心→村委会→休闲文化广场→靳家岗民俗（生态居住区）→小三园（小花园、小菜园、小果园）→油牡丹基地→移民新村→农业景观游览区→休闲文化广场→移民农家乐→淘宝店（农家超市）。

15：30 集合上车，返校，结束此次研学之旅。

1. 都说乡村空气好，你知道空气、水和植物与绿色环保的关系吗？

2. 遵循自然规律种植的食物更有利于人体健康，你学会种植哪些果蔬了呢？

3. 经过"看、听、思、悟、说、写、忆"的研学实践，哪些体验让你记忆深刻？

**【思考探究】**

# 传承天河农耕文化 体验现代电商科技

**【项目实施单位】**

郧西县青少年学生校外活动中心

**【项目组专家】**

郭建国

**【指导教师】**

刘静 卢桂花

**【课程主题】**

传承天河农耕文化 体验现代电商科技

**【适用学段】**

小学四至六年级

**【研学时间】**

2天

**【线路安排】**

神雾岭石斛基地→腾达农业观光园→天河口砂坝→双石沟民俗村→涧池乡下营村(淘宝小镇)

**【课程导入】**

此次研学路线的设计意图是让学生走出校园,走进自然,更直观地了解家乡的风土人情、历史遗迹,了解南水北调移民安迁工程;让学生在欣赏水光山色的同时,开拓视野,感受农民播种、收获的艰辛,领略现代农业的魅力,体验农家生活的悠然,享受采摘的乐趣,品尝劳动果实的甜美,畅想电商时代人们的美满幸福与祖国的繁荣昌盛……让研学旅行成为学生传承农耕文化、体验耕读生涯、学会合作包容、敢于实践创新的移动课堂。

**【课程目标】**

1. 热爱低碳生活,享受环保出行。

2. 了解基本的农业知识,体验采摘乐趣;领悟现代农业魅力,传承农耕文化。

(1)参观智能控温设施、智能控光设施、智能控湿设施、电动杀虫设施、X光杀菌设施、电动水循环设施、保鲜冻库设施等现代生产设施,感知现代农业的内涵,在体验中亲近自然、乐享农耕。

(2)学习无土栽培技术,立体种植技术,营养液、营养土配置技术,自动喷灌技术;观摩果蔬种植技术、果树西移及北移技术等现代农业技术。

(3)在油坊、酒坊、磨坊、豆腐坊中体验原始劳作;领悟神农尝百草、伏羲八卦占卜、燧人钻木取火、大禹治水等传说故事精髓,了解贾思勰所著农书《齐民要术》中的一些知识。

3. 了解砂坝的历史形成及现在的筑坝背景,参观南水北调安置房示范点,理解南水北调的重大意义。

4. 了解电子商务运营模式,尝试畅想未来电子商务将给人们生活带来的巨大变化。

【资源特色】

## 神雾岭石斛基地

神雾岭石斛基地属于郧西县招商企业,占地面积达 6 万平方米,产品主销东南亚。铁皮石斛适宜在凉爽、湿润、空气畅通的环境生长,多生于海拔达1600 米的山地半阴湿的岩石上,喜温暖湿润气候和半阴半阳的环境,不耐寒,一般是每年的春秋两季成熟,且春季优于秋季。性味功效:味甘,性微寒,生津养胃,滋阴清热,润肺益肾,明目强腰;对治疗肠胃疾病、心血管疾病、糖尿病,抑制肿瘤生长,提高人体免疫力具有显著效果。

## 腾达农业观光园

腾达农业观光园是以生态农业为依托,集生态观光、餐饮服务、会议接待、采摘体验为一体的多功能农业示范基地。园区占地面积 10 万平方米,主要有花果山、农科蔬苑、农根源、会艺厅、润韵苑、美食园、热带植物园等景点。在这里,学生们可以观赏农业景观,品味农耕文化,体验农村生活,品尝农家风味。

## 天河口砂坝

1967 年,为响应伟大领袖毛主席的号召,郧西人民发扬愚公精神,战天斗地,用了十几年的时间和不计其数的人力、物力,炸开了一座汉水边上的山脉,把天河中最美的一段河流从这古老的镇子前搬到了山后。天河口砂坝于 1986 年 11 月 30 日竣工,坝身全长 207 米,顶宽 15 米,底宽 140 米,坝高 23.1 米。因天河口砂坝坝体由 43 万立方米砂石料垒筑而成,居湖北首位,因此有"天下第一砂坝"的美誉。进入 21 世纪,中央实施南水北调战略,2009 年随着中线工程的进展,丹江口大坝加高,水位提升,天河口一带成了滑坡易发区,政府决定对天河口集镇上的居民实施整体外迁,天河口砂坝现坐落在移民新村村口,与村里的道路垂直,东抵太平岩,西接狮子头。

## 双石沟民俗村

郧西县观音镇双石沟以"天河水乡,百里画廊"景区建设为契机,建设美丽乡村,打造农旅融合的新农村,一栋栋民宿依山就势、错落有致地点缀在山水间,广场上的雕塑营造出浓浓的民俗文化氛围。新建的民俗博物馆收集了众多天河一带历史悠久的生活生产用品,学生在这里既可以了解民俗历史,又可以体验民俗文化。

# 涧池乡下营村

地处秦巴深山的郧西县涧池乡下营村，依托当地特有的绿松石和农副产品资源，近半数村民纷纷"触网"，积极发展农村电商，年销售额达 1.5 亿元，作为湖北唯一的"淘宝村"，堪称农村淘宝的"下营样板"。

2019 年 8 月 30 日晚，第七届中国淘宝村峰会论坛上，该村电商带路人蒋家明获得淘宝村"十年十人"杰出人物奖。下营村还建设了"荷塘月色景观""七夕文化长廊""淘宝村民俗文化馆""松石巷民居一条街"等旅游景点。阿里研究院对淘宝村的评价是："勤奋＋诚实＋沟通＝成功"，"发展电子商务，建设美丽乡村"。

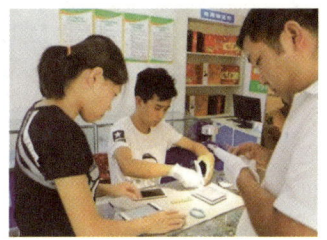

## 【行程安排】

| 时间 | 行程 |
| --- | --- |
| 第一天 ||
| 08:30－11:00 | 参观游览石斛基地，了解石斛的形态特征、生长习性、繁殖方法、栽培技术、田间管理、病虫防治、药用价值等 |
| 11:00－11:30 | 集合乘车赴腾达农业观光园 |
| 11:30－14:00 | 在郧西腾达农业示范基地美食园用中餐、午休 |
| 14:00－17:30 | 参观智能温棚、农科蔬苑、农根源、神农氏、热带果园，观赏立体栽培、热带果树，感受智能电控设施魅力 |
| 17:30－18:30 | 在郧西腾达农业示范基地美食园用晚餐 |
| 18:30－20:00 | 参加篝火晚会 |
| 20:00－21:00 | 召开研学心得分享会 |
| 21:00－22:00 | 洗漱、就寝 |
| 第二天 ||
| 07:00－07:30 | 起床、整理内务 |
| 07:30－08:00 | 早餐 |
| 08:00－08:30 | 乘车前往观音镇天河口 |
| 08:30－10:00 | 参观游览郧西移民搬迁安置房的示范点，观其别具一格的建筑风格——秦巴庸派设计，了解庹氏宗族一波三折的移民搬迁史；前往天河口砂坝，了解建造砂坝的历史背景，分组合影留念；到天河岸边的金沙滩自由活动 |

（续表）

| 时间 | 行程 |
| --- | --- |
| 第二天 | |
| 10:00—11:30 | 前往双石沟民俗村,观看充满乡土气息的各种建筑,了解当地农耕文化,欣赏当地打造的一系列传统手工艺品,体验各类传统作坊,领略新农村的乡村风情 |
| 11:30—12:20 | 在双石沟民俗村体验农村地道美食 |
| 13:00—13:30 | 乘车赴涧池乡下营村 |
| 14:00—16:00 | 参观了解电子商务,思考下营村的"致富秘诀" |
| 16:00—17:00 | 举行闭营仪式,对整个研学之旅进行回顾、归纳、总结 |
| 17:00—18:00 | 返程 |

【思考探究】

1. 你是否经常在淘宝买学习和生活用品呢？你是怎样选择淘宝店铺的？

2. 如果你自己在网上开一家淘宝店铺,你会怎样设计和经营？

# 走进新乡村　体验新农耕

**【项目实施单位】**

荆门市青少年活动中心

**【项目组专家】**

黎强　卢克宝　秦荆洲　田玉蓉

**【指导教师】**

李良斌　陈军　范良涛　彭远清　张磊　刘立　雍平　罗旭光　陈继兰　陈莉莉　李国钦　杨珩

**【课程主题】**

走进新乡村　体验新农耕

**【适用学段】**

小学、初中、高中

**【研学时间】**

1～3天

**【线路安排】**

学校 → 彭墩乡村世界 → 学校

**【线路特色】**

欣赏书画艺术(感受中国传统文化的魅力);和小动物一起玩耍,观看稀有珍禽(科普动物知识);感受乡村美景,看看新农村,了解农村变化(关注社会发展);了解农业科技,传播农耕文化,体验农村生活,动手采摘果蔬、捉鱼摸虾(亲近自然,爱护环境,提高动手能力和想象力,增强实践能力);户外攀爬,阳光运动,增强体质(提高身体素质)。

**【课程目标】**

1. 走出校园,亲近自然,体验"绿树村边合,青山郭外斜"的美景。

2. 了解农业知识,体验"种豆南山下"的乐趣。

3. 培养战胜困难的信心,增强合作意识和集体荣誉感;在快乐学习体验中放飞童心。

4. 认识彭墩新乡村:国家三产融合示范区、国家4A级旅游景区、中国田园古村落长寿小镇。

5. 感受新农耕:新产业、新科技、新环保。

**【资源特色】**

·湖北省中小学生研学旅行实践教育基地·

荆门市青少年活动中心

荆门市青少年活动中心、妇女儿童活动中心成立于2000年12月28日,隶属于荆门市教育局,属公益性校外教育事业单位,接受市妇联、团市委业务指导,简称"两个中心"。

　　"两个中心"位于象山大道120号,占地18140平方米,办公、教学业务用房9000平方米,内设机构有办公室、教育活动部、总务科、艺术幼儿园、保卫科。"两个中心"主要职能:制定并组织实施全市校外教育规划并对全市少年儿童校外教育进行实践指导;组织全市儿童参加教育、科技、文艺、体育、游艺等节假日专题教育活动,举办艺术培训学校,组织开展少儿校外艺术培训活动;为全市中小学生、幼儿提供校外教育阵地,开展青少年体育教育、社会实践活动、社团活动、夏(冬)令营、研学旅行活动等公益性社会教育活动;组织全市青年、妇女参加科普、技能竞赛、文化、教育等健康有益的活动。

　　"两个中心"自成立以来,积极履行校外教育职能,通过开展主题教育活动、特长培训、社会实践活动、学生艺术社团活动等公益活动,取得了良好的社会效益。目前开设有小提琴、钢琴、管乐、美术、书法、作文、跆拳道、截拳道、足球等二十多个特长培训项目,有少儿合唱团、少儿管弦乐团、阳光课堂、"小小爱飞客"航模社等学生社团,年参与培训和活动的学生达1万人次以上。开展的动物标本馆免费参观、关爱留守儿童、家长课堂、亲子活动、研学旅行等公益活动,受到广大未成年人的广泛欢迎和家长、社会的一致好评;每年举办的全市"小小爱飞客"航模竞赛、中小学生书法竞赛等活动,参加者踊跃,反响强烈。

　　"两个中心"经过近二十年的发展,先后荣膺"全国先进青少年宫""全国艺术教育先进单位""湖北省校外教育先进单位""荆门市文明单位""家庭教育先进集体"等荣誉。在市委、市政府的关怀下,新场馆将在2020年6月交付使用。新场馆建筑面积12000平方米,设有多功能演出大厅、天文馆、艺术、美术、体育、健身、维权等多种功能室,可同时容纳1500人开展活动,这将为更好地履行校外教育职能提供硬件条件的保障。

## 彭墩新乡村

　　彭墩乡村世界休闲农业观光景区,位于湖北省钟祥市石牌镇彭墩村,距荆门市中心城区以东15千米。2011年被农业部、国家旅游局授予"全国休闲农业与乡村旅游示范点",先后荣获"亚太旅游观察点""全国生态文化村""中国最美田园"等称号,现为国家4A级旅游景区。

　　彭墩村自然条件得天独厚,农耕历史文化丰富悠久。特别是2003年与湖北青龙湖农业发展有限公司实行"以企带村、村企共建"以来,以社会主义新农村建设为契机,通过"迁村腾地",集中兴建农民新居,大力推动农业种养业科学化、产业化、规模化发展,强化基础设施建设,同时加大休闲农业旅游设施建设投入力度,现已建成以农业休闲观光为主线,集休闲、观光、美食、采摘、垂钓、健身、拓展训练及会议培训于一体的综合性旅游目的地。

　　景区现有主要景点十多处:风格独特的彩虹乐园、水上十里长廊、孔雀园、玉兰园、阳光玫瑰葡萄采摘园、乡村美术馆、农民新居、农耕文化博览园、荷花池、果蔬采摘园、农家乐等。拥有能同时接待1000余人的会议、培训等的完善食宿配套设施,其中包括8套长寿民宿、7个40～600人的多功能会议(教学)厅。

随着湖北省委、省政府提出关于开展学习彭墩模式、推进乡村振兴的逐步深入,彭墩正着手描绘更加宏伟的新蓝图,一个美丽的明星乡村已成为荆楚大地上亮丽的旅游名片。

## 彭墩书画艺术展览馆

该馆一楼为书法展厅,四周悬挂名家书画作品,中间设有 12 米长的书画作品展示柜,陈列有书画、摄影等名家原作及其书刊作品。二楼四周悬挂名家书画、摄影作品,中间圆厅配有写字台、文房四宝,以便书画名家在这里为彭墩留下珍贵的墨宝。三楼为观光厅。

## 彭墩萌宠乐园

萌宠乐园掩映在绿树之中,于 2014 年 5 月建成并对外开放。这里圈养着 30 多只孔雀,游客可以尽情地观赏孔雀群飞的壮观场面,聆听孔雀高傲的叫声,也可以买上一份孔雀饲料与孔雀亲密接触,并与孔雀合影留念,当一次"孔雀王子"或"孔雀公主"。除此之外,孔雀园里还有两千只广场鸽、五百只兔子、五百只黑鸡等小动物。置身其中,可以时时感受到人与自然的和谐。

## 水乡十里长廊

水乡十里长廊也叫水上长廊,全长 5600 米,由 880 根 2.5 米高的实木圆柱支撑,上铺黛瓦,下榻青砖,九曲十折,古色古香。200 余幅国家级名家楹联、书法作品装点其中,而且其内容全部展示的是彭墩产业与风貌。远望长廊,犹如漂浮在水面上的丝带,舞姿婀娜;又像一条醉卧的巨龙,在碧波荡漾的青龙湖上势若腾飞。与岸边相连的九个出口,由南向北依次名为:神龙门、玉虾门、冲浪门、春潮门、海天门、追月门、金水门、赤鲤门、凯旋门。长廊腹部紧挨彭墩礼堂、名人蜡像馆,这里又成了独一无二的水上观礼台。"水上长廊连连看,十里烟波任鸟飞",凭栏远眺,烟波浩渺,水天一色,横无际涯,令人心旷神怡。

## 彭墩瓜果采摘园

彭墩瓜果采摘园内,一座座大棚绿色环保,培育着各种各样新鲜、无污染的时令瓜果。每逢收获季节,游客们可以在这里尽情采摘鲜美的瓜果,因为天然无污染,所以不用清洗,可直接品尝。这里的瓜果营养丰富,原汁原味,可以感受到大自然原生态的气息。

【研学内容】

**一、知识点准备及课题设计**

1. 你眼中的新农村美吗? 它是什么样的?

2. 你知道如何播种吗?

3. 如何辨别孔雀的雌雄? 孔雀为什么开屏?

4. 瓜果的种植需要注意什么?

5. 如何保护我们的生态环境?

6. 你对中国传统书画艺术了解多少?

**二、研学延伸拓展设计**

1. 介绍钟祥的美丽乡村——彭墩村。位于钟祥市石牌镇的彭墩村,版图面积 10.5 平方千米,是一个以突出农业产业化和新农村建设的新面貌、新气象为特色的休闲观光乡村旅游景区,目前形成的主要旅游资源有村容村貌、农民小区、农民公园、农业产区六大基地和彭墩古镇等。这里景色优美,也是人们休闲度假的好去处。彭墩村未来的发展规划,一是建设约 9867 万平方米的智慧农业种植板块;二是建设以长寿食品产业园为核心的农副产品加工全产业链板块;三是建设中国田园古村落彭墩长寿小镇,实现年游客达 400 万人次的大旅游板块;四是建设展示、商贸、金融、物流于一体的中国农谷 CBD(中央商务区)板块。通过介绍,号召学生保护生态环境,热爱家园。

2. 介绍什么是研学旅行。研学旅行是由学校根据区域特色、学生年龄特点和各学科内容需要,组织学生通过集体旅行、集中食宿的方式走出校园,在与平常不同的生活中拓宽视野、丰富知识、亲近自然和文化,增加对集体生活方式和社会公共道德的体验。研学旅行可以培养中小学生的自理能力、创新精神和实践能力。

**三、重点活动项目推介**

1. 彭墩书画艺术展览馆。

了解中国传统文化艺术、名家书画及摄影作品。

2. 走进彭墩萌宠乐园。

了解孔雀的饲养知识,例如如何辨别雌雄,孔雀为什么要开屏等。亲自动手喂鸽子。与动物面对面,感受人与自然的和谐。

3. 走进水乡十里长廊。

感受大自然的美景,体验美好的生态环境。

4. 农业知识科普。

在农业技术人员的指导下,了解种子的种植流程、种植技术,体验种植的乐趣。

5. 参观三产融合企业:葡萄酒庄园、豆粉厂。

6. 认识农耕文化园,了解农耕文化发展历程和现代农业经营模式的先进性。

7. 参观智慧大棚,体验新农耕。

8. 户外拓展训练。

通过野外的训练环境,体验合作精神,增强团队意识。增强抗压、抗挫折能力,培养自信乐观、认真踏实、积极进取的品质。

9. 彭墩瓜果园采摘。

感受现代农业种植的高科技、绿色环保,与大自然亲密接触,感受人与自然的融合。

10. 农业农事体验。

将农事活动、农耕文化与农业知识相结合,在传承农耕文明的同时,通过原乡、原俗的农事体验,展现农业生产劳动热烈场面,体验农业劳动生活,感受农业生产的乐趣。

11. 篝火晚会,学员交流和分享。

热闹的夜晚,明亮的繁星,灿烂的火光,做游戏、表演节目、分享白天的学习心得,度过一个难忘的夜晚。

**四、研学流程**

1. 08:30 抵达研学基地,集体合影。

2. 08:40–11:30 以下五项活动,可根据需要自由选择。

(1)参观彭墩书画艺术展览馆,了解中国传统文化。

(2)户外拓展训练、户外亲子活动。

(3)农事体验:拔土豆、拔红薯。

在泥土的芬芳中,挖地、播种、施肥、浇水,播撒希望的种子,做逍遥自在的小农夫。在实践中真实纯粹地感受农趣,深入了解"耕读""耕作"的农耕文化,亲眼见证农耕文化的发展与繁荣。同时也体验农民伯伯如何从翻地、耕地到收获,用心感受每一粒粮食的来之不易、劳动的艰辛及收获的快乐,从而更加珍惜粮食和现在的幸福生活。根据不同季节,进行不同的农事体验,如挖红薯、挖土豆、菜园耕种、耕地犁地、育苗、打糍粑、磨豆子、碾米、插秧等。

(4)农事体验:种菜。

彭墩乡村世界专门开辟了菜地,让学生们通过种植来接触自然,培养自己动手的能力,培养责任心和热爱劳动的积极性。

（5）农耕博物馆参观学习。

农耕博物馆是一个展示原生态的农具与农耕历史、宣传荆楚大地传统农业历史、提供传统农业劳作体验的平台，里面有老式农具、纺车、水车、各式作坊、摸鱼池、农耕情景展示厅及民间谚语、雕工精美的古床等。

3. 11：30—13：00 野炊。

野炊基地准备原味、原生态的野炊食材。彭墩厨房绿茵满目，溪水潺潺，炊烟袅袅。采绿色果蔬、取生态禽肉，学生和家长动手共同包饺子、炒菜，通力合作，享受自己的美食成果。

4. 14：00—15：00 彭墩瓜果园采摘。

5. 15：30—16：00 集合、合影、乘车返回学校。

1. 请你谈一谈本次研学活动的收获和感想。

2. 请你根据本次研学彭墩新乡村的体验和收获，调研一个乡村，写一篇研学报告。

【思考探究】

# 劳动最光荣　追寻中国梦

**【项目实施单位】**

梁子湖青少年研学基地

**【项目组专家】**

杨红波

**【指导教师】**

刘会荣　付巧

**【课程主题】**

劳动最光荣　追寻中国梦

**【适用学段】**

小学、初中、高中

**【研学时间】**

1天

**【线路安排】**

学校 → 梁子湖青少年研学基地 → 生态茶园 → 手作染坊 → 孝心饼屋 → 草木画室 → 田间地头 → 学校

**【课程特色】**

"五感教学":"听"农耕课,了解二十四节气与农耕文化;"看"农作物,识五谷、懂农具;"做"农间事,培土育苗、蔬果种植、茶园采摘等,在体验中收获劳动的乐趣;"品"农产品,制作胡柚饼、制茶品茶,品味劳动成果;"思"农乡情,回归田园生活,感悟家国情怀。

**【课程目标】**

1. 以"出力流汗"新课堂引导学生爱劳动,爱生活,知感恩。走出校园来到田园,在真实情景中识五谷、知节气,在切身体验中感知劳动乐趣。将劳动融入生活,促使学生热爱劳动、热爱生活、感恩父母。

2. 以课程化劳动驱动学生深度参与。劳动教育的实施需要系统思维,融合课内与课外、家庭与社会等多种资源。以课程化方式,通过任务驱动、情景探究、实践检验、协作分享等引导学生主动思考,交流感想,将理论与实践相结合,在提出问题和解决问题的过程中领悟劳动的价值、享受成功的乐趣。

3. 以激励性评价唤起学生劳动实践的兴趣。在劳动教育的评价方面,更多采用"激励性评价"的方法,关注学生在劳动情境中的任务解决过程,培养学生的发散思维。评价应关注学生的长远发展。

**【资源特色】**

·中央专项彩票公益金研学实践教育支持单位·

梁子湖青少年研学基地

梁子湖青少年研学基地位于鄂州市梁子湖区沼山镇,距鄂州市区、武汉、黄石、黄冈均一个多小时的车程,交通方便,环境优美。东连沼山森林公园,西距梁子湖东岸2~3千米,周边有著名书法家张裕钊文化园、谈胡周美丽乡村、峒山党性教育基地等景点。基地占地面积30多万平方米,投资1000余万元,是一个集劳动教育研学旅行、生态旅游、休闲娱乐、绿色养殖于一体的综合性基地。

基地被评为"湖北省中小学生研学旅行实践教育基地""湖北省生态农业标准化示范基地""湖北省沼山胡柚产业科普示范基地""湖北省乡村旅游后备箱工程示范基地"。

## 茶园

茶园坐落在沼山森林公园保护区内,西面紧邻湖北省第二大淡水湖——梁子湖。夹在高山与大湖之间的这块狭长地段,地势平坦,土壤肥沃,腐殖层深厚,酸碱度适宜。梁子湖水通过太白港直通茶园,茶树灌溉可直接使用天然纯净的湖水。沼山森林公园的气候属典型的大陆性暖温带半湿润季风气候,年降水量900毫米左右,雨量适中,日照充足,气候温和,春凉而多雾,冬暖而少雪,夏热雨水多,秋爽天气朗,特别适宜茶树生长。

## 胡柚园

胡柚是优良的柚子自然杂交品种,树势强健,叶色浓绿肥厚,枝叶繁茂,适应性广,耐粗放管理,抗寒性强。尤其是果实极耐贮藏,富含维生素C,具有降低血糖、祛痰镇咳、抗菌、解痉等作用。在2017年全国"商标富农和运用地理标志精准扶贫十大典型案例"评选活动中,沼山胡柚从3574件注册地理标志商标中脱颖而出,一举夺得十佳注册地理标志商标。

【教学案例】

| 时间 | 活动内容 | 备注 |
|------|----------|------|
| 08:30–09:30 | 学生抵达基地,有序开展活动 | 在参观学习的过程中,工作人员全程指导学生活动,并负责安全维护工作,且每次更换场地时都必须统计人数,确保无人脱离团队 |
| 09:30–10:00 | 茶园采摘 | |
| 10:00–10:30 | 观看制茶流程 | |
| 10:30–11:30 | 品茶、讲解茶文化 | |

（续表）

| 时间 | 活动内容 | 备注 |
|---|---|---|
| 11:30–12:30 | 午餐 | |
| 12:30–13:30 | 扎染 | |
| 13:30–14:30 | 农耕小课堂 | |
| 14:30–15:30 | 农耕体验（春耕、夏耘、秋收、冬藏） | |
| 15:30–16:30 | 植物手工贴画 | |
| 16:30–17:30 | 胡柚饼制作 | |
| 17:30–18:00 | 登车返程 | |

注：以上行程安排中各时间节点均为计划时间，具体时间以活动当天实际安排为准；以上各项活动以班级为单位，在各活动点串场进行，具体参与顺序可能会根据实际情况灵活调整，但内容不变；活动过程中，每个活动场地都有专职安全督导进行安全巡视。其中农耕体验课程根据当天季节气候实时变化。

【思考探究】

1. 研学实践报告：围绕一天的劳动实践，通过资料查找和实践所得，完成实践报告的撰写。

2. 主题班会：热爱劳动，感恩父母。

3. 户外实践：提高动手能力，培养劳动意识。

第十单元

科普教育

# 秘境神农架 物种基因库

**【项目实施单位】**

湖北神农旅游投资集团有限公司

**【项目组专家】**

马洪雁

**【指导教师】**

蔚培龙

**【课程主题】**

秘境神农架 物种基因库

**【适用学段】**

小学四至六年级、初中七、八年级

**【研学时间】**

6 天

**【线路安排】**

学校 → 神农坛 → 天生桥 → 官门山 → 天燕 → 大龙潭 → 神农顶 → 大九湖 → 学校

**【课程导入】**

神农架的物种非常丰富,有高等植物 4000 余种、低等植物 1100 余种,其中国家级保护珍稀植物有 26 种,是世界上保存尤为完好的北亚热带原始林区,也是世界上落叶树种类最多的地区。动物种类繁多,其中国家级野生保护动物 73 种。"物种基因库"的美誉让神农架成为学生们近距离感触、聆听神秘大自然的绝佳之地。神农架拥有"国际人与生物圈"保护区网成员单位、"世界自然遗产"和"世界地质公园"三张世界级名片;是"亚洲生物多样性永久性示范基地"以及"国家级自然保护区、国家森林公园、国家地质公园、国家湿地公园";拥有"神农文化、野人文化、生态文化、民俗文化、汉唐文化"五大文化及"神农传说、野人行踪、白化动物、原始森林、地质大断裂、金丝猴部落"六大谜团。

活动要学生们调动所有感官,观察地质景观和植物、动物。动手实践,解析大自然的秘密;传承体验非遗文化;挑战"华中屋脊",磨炼意志。在充分感受生命魅力的同时,用问题引导学生们训练创新思维,让思想与身体一起放飞。

**【课程目标】**

1. 穿行于神农架原始森林,探索生命起源的秘密。

2. 了解炎帝神农文化,了解神农采药地和神农八大功绩对世人的影响和意义,深入感受农耕文明对古老中国和新时代中国的重要性。

3. 了解神农架的地质变迁,感知地球亿万年的演变历程。

4. 了解神农架作为南水北调重要水源涵养地的重要生态意义,知道保护生态文明的重要性,增强生态保护的责任感和意识。

**【资源特色】**

# 神农架生态旅游区

独特的自然环境和人文历史,孕育了神农架极其丰富且异常珍贵的自然和人文景观,造就了神农架个性独具、奇幻壮丽的生态旅游环境。

神农架生态旅游区先后成功申创"中国十大研学旅行目的地""全国中小学生研学实践教育基地""港澳青少年内地游学基地"等研学品牌,在开展自然科普教育板块拥有无可比拟的资源优势,开展此类型研学主题活动具有引导性和唯一性。穿越北纬30°线来到这片古老的土地,让"自然学堂"带领学生体会人与自然的和谐相融,探寻生命的未知与神奇。

体验互动,知行合一,寓教于游,快乐成长!

神农坛:神农坛位于一个岩溶洼地的正中心,海拔1406米。神农像面向东北,高大伟岸,庄严肃穆,双目微闭,似乎在洞察世间万物。祭坛广场有大圆图案,代表天;圆心处是正方形,代表地;"天圆地方"是古代阴阳学说的体现。在正方形图案中,有五彩石分列,代表金、木、水、火、土五行。祭坛的两侧用八组壁画记录着远古神农氏的功德伟业,表达了子孙们的无限追恋。神农坛处处传递出中国朴素的哲学思想,是开展炎帝文化研学和农耕文明传承的理想场所。

天生桥:天生桥景区距209国道、神农坛3.8千米,20平方千米的景区沟谷深邃,天桥飞渡,是一个集奇洞、奇桥、奇瀑、奇潭等景色,溯溪、速降等户外运动于一体的生态旅游区,也是展现了巴人文化、巴人部落的人文景观区,包括岩厦、巢居、岩隙居、穴居、土司王府等,还有展现了民俗文化的戏台唐戏表演,以及面坊、豆坊、榨坊、酒坊等系列作坊,这些景点共同组成了绚丽多彩的山水人文画卷。

官门山:位于木鱼旅游度假区南郊的石槽河沿岸,是以生态环境物种、科研与人文展示为主的大型生态科普游览区,这里物种丰富,峰险林奇,山水相映,环谷幽深,地质景观丰富,原山原水原生态,景观迷人,尽显"以山为本、水为魂,山水交融"的特色。这里有自然博物馆、野生动物救护中心、野人洞、地下暗河、攀岩基地、昭君亲水休闲区等景点,建成了珍稀植物保育园、中药材园及梅花鹿园、蜜蜂园等多个动植物观赏园。是一间集动植物标本、民俗、地质、科考为一体的大自然博物馆,集聚神农架精华以4D影院的形式震撼表现神农架的沧桑变迁。

天燕:其因北有燕子垭、南有天门垭而得名,是国家级森林公园、亚洲生物多样性示范基地。天燕是以原始风光为背景,以神农氏传说和淳朴的山林文化为内涵,集奇树、奇花、奇洞、奇峰与山民奇风异俗为一体的以探秘为主题的原始生态旅游区,这一带也是野人目击事件多发地区。主要景点有金燕戏洞、佛光观世、飞天云瀑、云天飞渡等,建有野人科考馆,是开展考察、探险、攀岩、森林浴、山地自行车、观光猎奇、访古的理想天地。

大龙潭金丝猴科研基地:金丝猴是我国特有的珍稀灵长类动物,被列为国家Ⅰ级保护动物,也是一种极其漂亮和珍贵的动物。神农架金丝猴是我国分布最东端的金丝猴,是全国金丝猴种群中数量最少、遗传多样性最低、最具研究和保护价值的物种。大龙潭金丝猴科研基地是我国目前唯一能向学生有序开放的科普研学项目,同时也是联

合国 GEF(全球环境基金)项目资助项目和国家林草局设在神农架的重点科研基地、省级重点科研基地。

神农顶:神农架规模最大、生态最佳、景观最优的核心生态旅游区。这里有保存完好的北亚热带森林生态系统，以原始洪荒地貌和典型生物多样性为特质，能让人感受人与自然和谐相处的最高境界。海拔1500～3106.2 米,总面积 800 多平方千米的景区,森林覆盖率高达 98%,拥有高等植物 3900 多种、脊椎动物330 多种,其中国家重点保护动植物有 100 多种,景区水文地质景观丰富多样、风格迥异,绵延群峰构成了"华中屋脊"。

大九湖:大九湖位于神农架西端,因常常在雨季形成大小不一的九个湖泊而得名,是我国为数不多的典型亚高山湿地。历经亿万年发育的冰川堰塞湖和迷宫一般的地下漏斗奇观,造就了群山之中的平川和不时消长的湿地湖泊。这里湿地保存完好,湿地植物物种繁多,湿地动物群丰富。春来百花齐放,夏季草长莺飞,秋季五色斑斓,冬季银装素裹。

传奇神农印象中心:位于松柏镇东部入口区,布展面积 3500 平方米,建筑高度26.8 米,共 5 层,集游客接待中心、旅游体验馆、民俗文化馆、规划展示馆、自然博物馆等于一身。展示内容分"神农之谜、神农之秀、神农之文、神农之梦、神农之奇"五部分,利用创新多媒体技术,场景营造和实物结合,以情节曲折的叙事模式,循序渐进地讲述神农架"演变、畅游、咏怀、探索、共享"的故事,立体而丰满地支撑起"浓缩版"神农架的传奇篇章,给游客及参观者留下直观全面的神农架印象。

皮影戏:神农架林区下谷坪土家族乡的民间戏曲艺术之一。皮影选用牛皮制作,采用剪纸雕刻艺术,人物模仿戏剧生、旦、净、末、丑造型,涂染红、黄、绿、黑、白五色,是民间工艺美术与戏曲艺术巧妙结合而形成的独特艺术剧种,是融戏剧、音乐、美术、文学于一体的一种古老而奇特的戏曲艺术,道具简单,携带方便,有"一箱容下百万兵,一幕映照千员将"之美誉。下谷"皮影戏"俗称"皮打仔戏",因艺人在影幕后操纵"皮打仔"演出而得名,音乐多以悠扬的"小筒子"腔为主,唱腔以九板十三腔为主。

"下谷堂戏":神农架林区下谷坪土家族乡独具地方特色的传统民间戏曲,也是湖北省 37 个剧种之一,历史悠久,源远流长。相传,唐太子李显被贬房陵(今湖北房县),命大将薛刚屯兵大九湖,密谋反唐。太子见反唐将士垦荒种地、练兵习武时神情疲惫、士气不振,便敲锣打鼓,亲扮丑角供将士打斗演兵,故又称"唐戏"。

堂纺叠绣:历史可追溯至晚清时期,源于由江西迁来的杨氏家族的"湘绣"工艺。当时杨家人在神农架开"堂纺面铺"经营布匹及绣品,并将神农架民间刺绣工艺融进"湘绣",形成了独特的神农架民间叠绣——"堂纺叠绣"。"堂纺叠绣"大多使用绸缎面料,一般要在一个图案上将丝

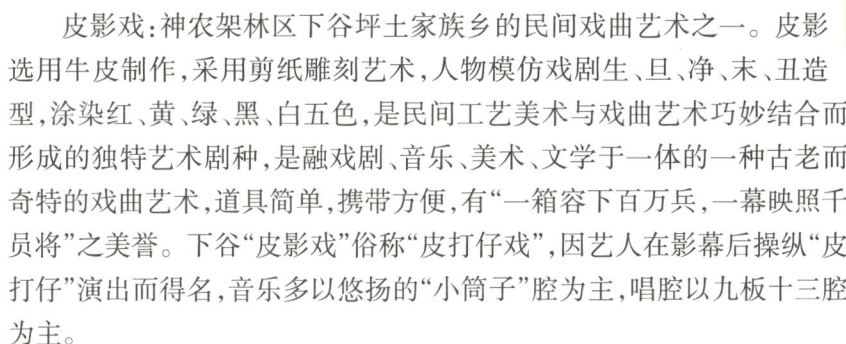

线叠绣最低三层,多者叠绣六七层,赋予图案立体感,让其栩栩如生。其内容包括传统吉祥图案、龙凤狮虎、花鸟鱼虫、四季蔬果、戏曲人物、成语典故以及字画楹联等。平面刺绣除少量的配制镜(边)框作为礼品或供观赏外,绝大部分制作成各种服饰、用品、玩具和工艺品等。

**【教学案例】**

| 时间 | 课程安排 | | 课程主题 | 课程链接及学习内容 |
|---|---|---|---|---|
| 第一天 | 全天 | 宜昌接团 | 四面八方来相会<br>东南西北共相识 | 安全出行知识,行前教育 |
| 第二天 | 上午 | 前往神农架 | 奔赴神农架<br>快乐研学行 | "主人与天使"活动 |
| | | 开营仪式 | 结识新同学<br>成长心洗礼 | 仪式之礼 |
| | 下午 | 神农坛景区<br>14:00-17:00 | 寻中医药文化<br>创始圣地<br>祭华夏始祖<br>炎帝神农 | 通过缅怀炎帝始祖,弘扬神农文化。通过"神农传奇"课程了解神农文化,熟知神农氏八大丰功伟绩;通过节气与农耕体验教学学习节气与农耕相关知识;通过在百草园中识百草课程认识四种以上名贵中草药;通过茶文化体验教学学习茶文化,了解采茶、制茶、品茶过程。<br>课程链接:《中国中药资源大典——神农架中药资源图志》《山海经·海内经》 |
| 第三天 | 上午 | 天生桥<br>08:00-11:00 | 参观传统作坊<br>感受巴楚文化 | 体验传统作坊,了解油坊、豆坊、酒坊、糖坊等制作形式,加深对传统文化的认知;基本了解巴人文化的特点。<br>课程链接:《巴人之谜》 |
| | 下午 | 官门山<br>13:00-17:00 | 发现生物多样性<br>了解地球变迁 | 探索生命起源、解密地球密码,认识叠层石相关知识,了解神农架的地质变迁史;通过植物课堂,认识神农架的生物多样性,进行标本制作 |
| | 晚上 | 篝火晚会<br>欢乐烧烤<br>户外露营 | 户外烧烤露营<br>夜观美丽星空 | 建立学生自信心,鼓励其大胆展示才华;培养生活自理能力和动手能力,通过搭帐篷学习野外生存技巧及常识 |
| 第四天 | 上午 | 大龙潭<br>08:00-11:00 | 知珍稀动植物<br>寻野生金丝猴 | 听科普老师介绍金丝猴,了解川金丝猴的特征、生活习性,以及生存环境和相关的社会学、行为学常识。<br>课程链接:《金丝猴王国》 |
| | 下午 | 神农顶<br>12:30-18:00 | 徒步森林秘境<br>解读石头天书 | 徒步森林秘境,将珍稀植物最为富集地区的科考路线融合到研学路线中,既锻炼了学生的意志,培养团队精神,又使学生学到了自然知识;走进板壁岩,解读石头天书,学习相关的岩石知识,以及地理地质知识 |
| | 晚上 | 研学课程指导 | 分组讨论课程<br>分享研学收获 | 指导学生完成研学课本 |

（续表）

| 时间 | 课程安排 | | 课程主题 | 课程链接及学习内容 |
|---|---|---|---|---|
| 第五天 | 上午 | 大九湖 07:00–11:30 | 小小科普家 | 参观大九湖湿地馆,实地考察大九湖湿地,了解大九湖湿地的形成与发展历程;学习湿地生态系统,认识到实地的生态地位和作用,弄清南水北调工程与神农架的关系;认识湿地植物 |
| | 下午 | 12:30–16:30 | 水源净化 | 学习处理野外水的新技能;进行水源净化实验,了解大九湖湖水(泥炭藓)净化原理 |
| | 晚上 | 研学课程指导 | 分组讨论课程 分享研学收获 | 指导学生完成研学课本 |
| 第六天 | 上午 | 闭营仪式 09:00–11:00 | 搭建梦想舞台 展现自我风采 | 回顾,总结 |
| | 下午 | 返程 | 依依挥手告别 浓浓情意长存 | 合影留念,返程 |

备注:以上课程路线为湖北省外版,省内可根据学校时间调整为3～5天。

【成果展示】

展示1:把你这次研学活动所拍的照片做成动感影集。

展示2:以小组为单位制作一份PPT,向家长或老师、同学展示你的研学收获。

展示3:以班级为单位制作黑板报或手抄报,给全校同学展示研学收获。

展示4:写一篇研学感言。

【思考探究】

1. 在神农坛认识药用植物,并对照解说牌掌握药用植物的功效。

2. 炎帝对中华民族的繁衍生息和发展做出了那些贡献?

3. "天圆地方"有什么讲究?生活中有哪些物品是按天圆地方来设计制作的?

4. 天生桥的得名及成因是什么?

5. 地表流水是如何塑造河谷的?

6. 黄豆是如何变成豆腐或豆制品的?传统油坊的出油原理是什么?

7. 常见的两栖动物有哪些?你在神农架看到了哪些两栖动物?

8. 简述一下神农架是如何通过地质运动而形成的。

9. 全球分布有几种金丝猴?分别是哪几种?

10. 神农架川金丝猴群的社会结构是什么样的?神农架川金丝猴的主要食物有哪几种?这些食物的分布海拔大约是多少?

11. 神农架亚热带原始森林有哪几大表现特征?它被誉为"地球之肺",其作用是什么?

12. 请尝试绘制大九湖湿地生态系统水循环图。

# 中国铁路与中国高铁成就

**【项目实施单位】**

　　武汉高速铁路职业技能训练段

**【项目组专家】**

　　吴恩强　黄明军

**【指导教师】**

　　王盛　郑磊

**【课程主题】**

　　中国铁路与中国高铁成就

**【适用学段】**

　　高中

**【研学时间】**

　　1～5 天

**【线路安排】**

　　学校 → 武汉高速铁路职业技能训练段 → 武汉二七纪念馆 → 学校

**【课程背景】**

　　近十年来,中国高速铁路的发展取得了举世瞩目的成就。截至 2018 年底,中国高铁运营里程已经超过 2.9 万千米,中国已成为世界上高速铁路运营里程最长、在建规模最大、运行速度最快的国家。中国高铁已经成为中国发展、中国成就、中国价值的一张独特而靓丽的"名片"。随着中国高铁"走出去"战略的不断深入,中国愿与世界各国共享高铁发展成就,实现互利共赢,共同发展,共同繁荣。

　　组织学生学习、了解中国铁路主要技术及成就,有利于他们更好地理解课本所学相关知识,激发他们对中国高速铁路发展成就和"中国制造""中国创造"的强烈认同感和民族自豪感。

**【课程目标】**

　　1. 近距离感受和领悟中国高铁发展主要成就,联系国家发展战略,树立"中国制造""中国创造"的民族自信心和自豪感。

　　2. 初步了解高铁主要技术,联系课本相关知识,巩固所学,树立远大理想,更好地做到学以致用。

**【资源特色】**

　　·教育部全国中小学生研学实践教育基地·

　　武汉高速铁路职业技能训练段

　　武汉高速铁路职业技能训练段作为全路唯一的高速铁路上网资格培训机构,秉承"实作型技能人才培训"的高标准要求,从实景、实训、实用、实效出发,配备了动车组司机、动车组随车机械师、高铁工务、高铁供电、高铁通信、高铁信号、高铁调度等岗位实训设备。既能模拟高铁现场主要岗位标准化作业流程和故障演练,又能实现多工种联合实训演练。研学资源丰富,有模拟驾驶、"高铁视界"展厅、室外铁道练兵场、实训设备等。

自 2015 年运营以来,武汉高铁训练段累计培训高铁主要岗位技能人才 11 万余人,同时,还接待了来自泰国、匈牙利、塞尔维亚、加纳、哈萨克斯坦等 23 个国家的铁路高管及工程技术人员 500 余人,进行交流培训,在高铁培训方面取得显著成绩,受到一致好评。

## 武汉二七纪念馆

武汉二七纪念馆是为纪念 1923 年京汉铁路大罢工及"二七惨案",在林祥谦、施洋等 39 位烈士牺牲的江岸地区修建的,1963 年对外开放。1987 年新馆建成开放。馆内的陈列厅详细地介绍了"二七"革命斗争的全过程,陈列了老一辈无产阶级革命家及当代党和国家领导人的题字、文章、画作,以及"二七"发源地继承和发扬"二七"传统、再创新业绩的各个时期的英模事迹。二七纪念馆周围还有毛泽东亲笔题写的"二七烈士纪念碑"、京汉铁路总工会旧址、林祥谦烈士就义的江岸车站、施洋烈士墓等纪念地。

【教学案例】

| | 课程内容 |
| --- | --- |
| 1 节 | 展厅观摩:通过现代影像技术,全面感受高铁运营的整体运行及各系统功能 |
| 2 节 | 铁道概论:学习铁路相关技术组成理论知识 |
| 3 节 | 武汉北站:了解铁路货运编组概况 |
| 4 节 | 铁路安全基础知识:通过学习案例及课程,感受铁路运行的安全常识 |
| 5 节 | 团队建设:通过游戏任务协作,感受高铁各专业系统的协作,增强团队精神 |
| 6 节 | 供电专业观摩:了解高铁供电系统设备及工作原理 |
| 7 节 | 信号专业观摩:了解高铁信号系统设备及工作原理 |
| 8 节 | 通信专业观摩:了解高铁通信系统设备及工作原理 |
| 9 节 | 车辆专业观摩:了解高铁动车组设备及工作原理 |
| 10 节 | 武汉动车段观摩:了解高铁动车组设备检修概况 |

（续表）

| 课程内容 | |
|---|---|
| 11 节 | 铁路电气化安全:系统地学习铁路电气化安全知识 |
| 12 节 | 动车组模拟驾驶体验:亲身体验驾驶,感受动车组驾驶及运营全过程 |
| 13 节 | 行车调度观摩:观摩高铁列车运行指挥系统原理及工作场景 |
| 14 节 | 武汉二七纪念馆参观:了解铁路革命历史 |
| 15 节 | 团队建设:通过游戏任务协作,感受高铁各专业系统的协作,增强团队精神 |
| 16 节 | 铁道线路观摩:了解高铁工务系统设备及工作原理 |
| 17 节 | 座谈,分享感悟 |

【思考探究】

1. 你与中国高铁有什么故事吗？请你说一说。
2. 如何让中国高铁的"国家名片"更闪亮？

# 领略科技生活　展望科技未来

**【项目实施单位】**

武汉青少年社会实践活动教育基地

**【项目组专家】**

付德保　王海峰

**【指导教师】**

付伟　方盛　付炳　肖波

**【课程主题】**

领略科技生活　展望科技未来

**【适用学段】**

小学、初中、高中

**【研学时间】**

5天

**【线路安排】**

武汉青少年社会实践活动教育基地 → 华中科技大学 → 武汉科学技术馆 → 烽火科技集团 → 中国光谷科技会展中心 → 武汉青少年社会实践活动教育基地

**【课程特色】**

1. 参观华中科技大学，了解华中科技大学的历史；与学长面对面交流；参观学校实验室，尝试动手制作机器人。

2. 在烽火科技集团进行参观学习；了解该集团在运动控制、自动化及机电一体化等领域的独特建树，感受现代化高科技企业的文化特色。

3. 在中国光谷科技会展中心进行参观学习，了解现代化展览中心；参观武汉科技馆六大主题展厅；进行污水净化实验。

4. 在武汉市红心教育基地进行水火箭发射、小木屋制作、奥运场馆制作、车模竞赛、团队浮桥、挑战机器人等实践项目体验。

**【课程目标】**

1. 运用所学科技知识，享受动手制作和体验科技产品的乐趣，培养热爱科学、热爱探究、乐于合作的精神。

2. 考察华中科技大学，认识名校，亲身体验大学生活，树立远大理想；了解华中科技大学"名人园"中的名人，学习他们的生平事迹与贡献；探讨分享"学在华科大"的美誉内涵，激发学习积极性，提升学习素养；领略前沿科技，培养科学兴趣，理论基础与动手实践相结合，激发科技创新潜能。

3. 参观考察武汉科技馆、烽火科技集团、中国光谷科技会展中心，在研学活动中拓宽视野、丰富知识，了解社会、亲近自然，增强社会责任感、创新精神和实践能力，促进身心全面发展。

**【资源特色】**

## 华中科技大学

华中科技大学（Huazhong University of Science and Technology）位于江城武汉，由原华中理工大学（前身为1952年建立的华中工学院）、同济医科大学（前身为1907年建立的上海德文医学堂）、武汉城市建设学院（前身为1898年建立的湖北工艺学堂）于2000年5月26日合并成立。

该校是中华人民共和国教育部直属的综合性研究型全国重点大学，中央直管副部级高校，国家首批"双一流""985工程""211工程""2011计划"重点建设高校，"卓越工程师教育培养计划""卓越医生教育培养计划""111计划""海外高层次人才引进计划""国家建设高水平大学公派研究生项目""教育部来华留学示范基地"入选高校，是21世纪学术联盟、中俄工科大学联盟、中欧工程教育平台、七校联合办学、国家海外高层次人才创新创业基地成员，与国家卫生和计划生育委员会共建医学院，是拥有国家实验室和国家大科学中心的四所大学之一，是与清华大学一同被美国制造工程师协会（SME）授予"大学领先奖"的两所中国大学之一。入选《Nature》评出的"中国十大科研机构"，被称作"新中国高等教育发展的缩影"。

## 武汉科学技术馆

武汉科学技术馆是一座集多功能、综合性、智能化于一体的特大型科普教育活动场所。大楼由原武汉客运港改造而成，总建筑面积约3万平方米。新馆分设"自然板块"的宇宙、生命、水展厅，"创造板块"的光、信息、交通展厅，另设了数学、儿童展厅，并联合有关单位打造室外"舰船世界"展区。展品数量达600余件，其中创新展品占展品总数的40%以上，还有选择地从国外采购了一批经典展品。数学展厅，以"数学的力量"为主题，讲述数学的发展历史、数学家的故事和数学的现实应用与影响；交通展厅，展示交通科技的发展历程，以及人类在追求速度、效率过程中的智慧、探索精神和思考，"九省通衢"武汉的交通成就在这里集中显现；信息展厅，展现动植物对信息的感知特性，展示信息技术的基本原理与发展以及对人类生存形态的影响，"智慧武汉"在这里重点展示；光展厅，展现绚丽的光学现象及光学的基本原理，揭示光与人类生活的紧密联系，以及对社会进步的重大影响，武汉光谷之光在这里熠熠生辉；儿童展厅，又名童"画"世界，让孩子在游戏中成长，并感受科学与艺术的魅力；生命展厅，通过人类对生命本质的不断追问，引导观众了解地球生命的发展史，积极探索生命的奥秘；序厅，标志性展项"天问之树"，借用屈原的《天问》，隐喻人类自古以来的求知精神，两千多个"科学之问"，将激发观众在科学王国中产生种种奇思妙想；宇宙展厅，展示自古以来人类不

懈探索宇宙取得的重要成就,带领观众遨游于模拟太空之中,激发探索宇宙奥秘的兴趣;水展厅,以"水科学"为主题,系统诠释水的特性,揭示水对人类生存和人类文明无可比拟的重要性,通过污水净化实验,让青少年了解到人类对水的探索和利用,了解到人类与水不可分割的关系,了解到我们美丽的江城与水的渊源,最终认识到人类应该珍惜水、保护水资源的道理。

## 烽火科技集团

烽火科技集团(FiberHome Technologies Group)是中国优秀的信息通信领域产品、解决方案与综合服务提供商,是"中国光谷"的核心企业,由直属国务院国有资产监督管理委员会管理。

1974年正式成立,经过30多年的发展,集团已形成覆盖光纤通信技术、BSV液晶拼接技术、数据通信技术与无线通信技术四大产业的发展格局,旗下拥有多家子公司。烽火科技集团的前身——武汉邮电科学研究院(WRI)是中国光通信的发源地,也是国内唯一集光通信三大领域(通信系统、光纤光缆、光电器件)的研究、开发、生产和销售于一体的科研与产业实体,是中国电子信息百强和软件百强企业。经国家批准为"国家光纤通信技术工程研究中心"

习近平主席来企业考察

"国家光电子工艺中心""国家高新技术研究发展计划成果产业化基地""亚太电信联盟培训中心",2006年被国家确定为103家创新型试点企业之一。

## 中国光谷科技会展中心

中国光谷科技会展中心位于武汉市东湖新技术开发区九峰一路以南、高新大道以北、光谷六路以西、驿山南路以东。整体建筑东西长约400米,地上3层,地下1层。中心由钢结构、金属格栅和玻璃幕墙相结合,又因主体形状为立方体,被称为"光立方"。中国光谷科技会展中心由武汉光谷中心城建设投资有限公司投资兴建,委托国采(武汉)会展运营管理有限公司管理运营。

中国光谷科技会展中心总建筑面积15万平方米,是光谷中心城重要的地标建筑之一。2017年10月11日,央视科教频道《走进科学》栏目对中国光谷科技会展中心进行了专题报道。

中国光谷科技会展中心先后承办了第二届中国光谷国际生物健康产业博览会、第十四届"中国光谷"国际光电子博览会暨论坛、中国光谷3551国际创新创业大赛总决赛、2017湖北人力资源就业创业博览会等大型展览、会议活动。

李克强总理来企业考察

【教学案例】

| 时 间 | | 活动内容 | 备 注 |
|---|---|---|---|
| 第一天 | 10:30－11:30 | 开营仪式 | 在参观学习的过程中,工作人员全程指导学生活动,并负责安全维护工作,且每次更换场地时都必须统计人数,确保无人脱离团队 |
| | 11:30－12:30 | 到基地餐厅用午餐 | |
| | 13:00－14:00 | 午休 | |
| | 14:30－17:30 | 前往活动场地,体验水火箭发射、小木屋制作、奥运场馆制作、车模竞赛、挑战机器人项目 | |
| | 17:30－18:00 | 到基地餐厅用晚餐 | |

（续表）

| 时　间 | | 活动内容 | 备　注 |
|---|---|---|---|
| 第一天 | 18:00-19:00 | 有序洗漱 | 学生晚间休息时,工作人员须不定时进行巡查,确保学生安全 |
| | 19:00-21:00 | 观看军事战争片《战狼2》或《惊天动地》 | |
| | 21:00 | 熄灯就寝 | |
| 第二天 | 07:00-08:00 | 起床、洗漱、整理内务、到基地餐厅用早餐 | |
| | 08:00-12:00 | 早餐后,登车前往预定活动地点,在研学导师的带领下参观华中科技大学,了解华中科技大学的历史;与学长面对面交流 | |
| | 12:00-13:00 | 在预定餐厅用午餐 | |
| | 13:30-16:30 | 参观学校实验室,动手制作机器人 | |
| | 16:30-17:20 | 集合登车,出发返回基地 | |
| | 17:30-18:00 | 到基地餐厅用晚餐 | |
| | 18:00-19:00 | 有序洗漱 | |
| | 19:00-20:30 | 以班级为单位学习中山舰历史事件,相互交流活动心得 | |
| | 21:00 | 熄灯就寝 | |
| 第三天 | 07:00-08:00 | 起床、洗漱、整理内务,到基地餐厅用早餐 | 在参观学习的过程中,工作人员全程指导学生活动,并负责安全维护工作,且每次更换场地时都必须统计人数,确保无人脱离团队。<br>学生晚间休息时,工作人员须不定时进行巡查,确保学生安全 |
| | 08:00-11:30 | 前往预定活动场地,参观六大主题展厅 | |
| | 12:00-13:00 | 在预定餐厅用午餐 | |
| | 13:30-16:30 | 进行污水净化实验 | |
| | 16:30-17:30 | 集合登车,出发返回基地 | |
| | 17:30-18:00 | 到基地餐厅用晚餐 | |
| | 18:00-19:00 | 有序洗漱 | |
| | 19:30-20:30 | 在各自房间休息,相互交流活动心得 | |
| | 21:00 | 熄灯就寝 | |
| 第四天 | 07:00-08:00 | 起床、洗漱、整理内务,到基地餐厅用早餐 | |
| | 08:10-11:40 | 在烽火科技进行参观学习,了解运动控制、自动化及机电一体化等领域的知识,感受现代化高科技企业的文化特色 | |
| | 12:00-12:30 | 到基地餐厅用午餐 | |
| | 12:40-14:20 | 参观中国光谷科技会展中心 | |
| | 16:30-17:30 | 集合登车,出发返回基地 | |
| | 17:30-18:00 | 到基地餐厅用晚餐 | |

（续表）

| 时　间 | | 活动内容 | 备　注 |
|---|---|---|---|
| 第四天 | 18:00—19:00 | 有序洗漱,准备晚会 | |
| | 19:30—21:00 | 文艺晚会 | |
| | 21:00 | 熄灯就寝 | |
| 第五天 | 07:00—08:00 | 起床、洗漱、整理内务,到基地餐厅用早餐 | 在学习科技文化的同时,要不断提高自身综合素质,继承传统革命精神,努力做一个有活力有思想的新时代青年 |
| | 08:00—11:30 | 前往活动场地,体验后羿射日、手榴弹投掷、团队浮桥、激光打靶项目 | |
| | 12:00—13:00 | 预定餐厅用午餐 | |
| | 13:00—14:30 | 结营仪式 | |
| | 14:30 | 返程,结束研学旅行 | |

　　注:以上行程安排中各时间节点均为计划时间,具体时间以活动当天实际安排为准;以上各项活动以班级为单位,在各活动点串场进行,具体参与顺序可能会根据实际情况灵活调整,但内容不变;活动过程中,每个活动场地都有专职安全督导进行安全巡视。

【思考探究】

　　1. 研学实践报告:围绕小组研学主题,结合所查找的资料和实践所得,完成实践报告的撰写。

　　2. 主题班会:高扬民族精神,树立文化自信。

　　3. 户外实践:提高动手能力,培养创新意识。

# 赏山川之奇　探科学奥秘

**【项目实施单位】**

远安县青少年学生校外活动中心

**【项目组专家】**

胡玉梅　张军

**【指导教师】**

胡玉梅　张军

**【课程主题】**

赏山川之奇　探科学奥秘

**【适用学段】**

小学、初中、高中

**【研学时间】**

4 天

**【线路安排】**

远安县青少年学生校外活动中心 → 布谷鸟研学基地 → 三峡林海蘑菇小镇 → 七彩苑 → 三峡水乡

**【课程特色】**

1. 布谷鸟研学基地：依托太清洞景区独特的喀斯特地质奇观和浓厚的老子文化底蕴，结合各学龄段学生的知识储备情况及成长特性，以点带面、由浅入深地设定"体验国学"课程。

2. 三峡林海蘑菇小镇：让学生亲近自然，了解蘑菇文化，提高动手能力。实地观察蘑菇种植，结合蘑菇田园了解蘑菇的科研过程、生长出菇过程及当地悠久的历史文化、田园文化。

3. 七彩苑：依托各种花卉苗木、园林景观资源，充分利用现代网络技术，增添科普元素，搭建校外科普课堂，打造集科普教育、青少年学生校外实践于一体的研学基地。

4. 三峡水乡：近距离观看水电站发电过程（听专业老师讲解发电相关知识），欣赏国家湿地公园美景，感受东干渠文化。

**【课程目标】**

1. 布谷鸟研学基地：以独特的大唇犀为点，以地理科学知识为面，逐步深入，探索实践学习，培养探究型学习习惯，增长知识；通过对物种灭绝的思考，懂得尊重自然、爱护自然。

2. 三峡林海蘑菇小镇：走出校园，亲近自然；了解蘑菇相关基础知识，体验参观、采摘的乐趣。

3. 七彩苑：认识景观植物，了解园林景观知识；体验树叶贴画、插花（对季节有要求）、种植小盆栽、嫁接（对季节有要求），开展科普课堂。

4. 三峡水乡：了解发电过程、发电需要具备的条件等相关知识；亲近自然，感受祖国的大好河山；体会劳动人民的伟大。

【资源特色】

·湖北省中小学生研学旅行实践教育课程资源单位·

·中央专项彩票公益金支持校外活动保障和能力提升项目单位·

## 远安县青少年学生校外活动中心

远安县青少年学生校外活动中心位于宜昌市远安县鸣凤镇解放路42号，建筑面积1200平方米。中心有乒乓球室、书法室、科技室、舞蹈室等活动室。

中心的主要职责是组织全县体育、艺术比赛,组织暑期公益培训,组织研学旅行活动。

主要特色项目如下。

1. 体育、艺术比赛:校园足球、羽毛球、乒乓球、篮球和田径运动会;钢琴赛、科技节和书法、绘画比赛等。

2. 远安县暑期公益培训:已开展6期,每期开设20~30个班,1000名左右学生参加培训,旨在让每个学生拥有一项音乐技能和两项体育运动技能。

## 布谷鸟研学基地

布谷鸟研学基地位于湖北省宜昌远安县花林寺镇木瓜铺村,由宜昌太清洞旅游发展有限公司申办出资建设,景区以三峡龙潭河为发展主轴,计划循环投资9.2亿元,规划"上善若水、仙峰道谷、太虚胜景"三大休闲游乐功能区,通过建设完善峡谷探险、溶洞奇观、温泉度假、特色民宿、户外拓展、山野徒步、特色种养、水上娱乐、冰雪世界、索道历险、科普研学等核心内容,形成"景观欣赏、休闲养生、田园劳作、科普实验"四位一体的基地研学旅行教育大格局。

## 三峡林海蘑菇小镇

三峡林海蘑菇小镇位于远安县茅坪场镇集镇,主要以蘑菇文化为特色,建设目标为全国研学旅游基地、4A级旅游景区、湖北特色示范小镇、宜昌康养目的地。

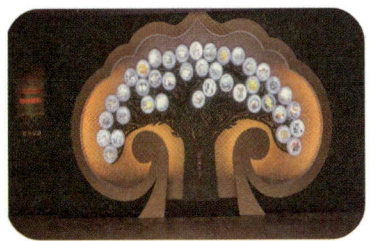

## 七彩苑

远安县七彩苑科普教育基地位于远安县鸣凤城区,景区建有高标准文洛式温室大棚。大棚内建有水景、假山、园路、小桥流水等园林小品数十余处,栽种有热带、亚热带各类植被,是宜昌市囊括地域性植被最多,同时也是唯一的室内植物园。

基地依托优势花卉苗木资源,搭建校外科普课堂,打造集科普教育、青少年学生校外实践、市民休闲为一体的园林园艺景观。

基地拥有专、兼职辅导员队伍,负责组织辅导青少年学生开展科普教育活动,已成为远安县、宜昌市、湖北省三级科普教育基地。

## 三峡水乡

三峡水乡研学旅行基地是宜昌市首批市级研学旅行基地之一,处于远安沮河国家湿地公园内,空气优良,生态环境优美,具有观赏、摄影、休闲、垂钓、采摘、运动、科普、研学等功能。基地设施健全,接待规模较大,交通便利,可进入性强,有专用生态停车场、观光车,食宿集中,环境整洁。研学教室及研学场地宽敞安全,有公共休息室、医疗室、警务室、接待中心等,基地配备专业的研学管理团队及专业研学教室。

【教学案例】

1. 课前准备:搜集老子的生平及思想主张,了解老子文化的主要内容及对中华文化的影响,讲一讲关于老子的小故事;了解蘑菇、园林景观、发电等相关基础知识,了解大禹治水文化,通过东干渠、渡槽、水力发电设施等了解水资源的利用,了解水质净化过程,培养爱护环境、节约用水的意识;体验农耕课程,动手实践,增强动手能力,感受粒粒皆辛苦的艰辛。

2. 参观访问:通过实地参观、近距离欣赏和景区人员讲解,体验大自然的神奇,体会老子文化的源远流长和博大精深,增强文化自信和文化认同;参观蘑菇小镇,了解蘑菇的科研过程、生长发育过程及其悠久的历史文化,丰富蘑菇方面的知识;走进七彩苑,认识景观植物,增长园林园艺景观知识;畅游三峡水乡,欣赏生态美景。参观九子溪电站,学习大禹治水文化,感受劳动人民的智慧,动手净化水质,了解水质净化原理,培育节约用水和环保意识;感受农耕文化,动手参与体验。

3. 科学探究:选择一个感兴趣的主题,查阅资料,写一篇研究小论文。

4. 课外拓展:对摄影、绘画作品进行评比,颁发奖品,填写研学手册。

**【课程实施】**

| 时间 | 课程内容 |
|---|---|
| 第一天 | 1. 从活动集结点布谷鸟研学基地开始,沿途结合实地讲解太清洞的岩石构成和地层、古生物、地质年代等相关知识,通过开展提问和互动活动激发学生对自然现象的好奇心。<br>2. 在太清洞,在老师的带领下沿着洞内安全规范的游步道路线沿途参观各种洞穴景观,并在一些开阔、安全的地方听太清洞洞穴成因、钟乳石成因、岩溶作用原理等相关知识的讲解。太清洞独特的大唇犀化石骨骼完整,可识别度高,是太清洞区别于其他岩溶洞穴的重要特色资源,通过观察和讲解,了解、掌握古生物化石的基本常识,并了解犀牛族群的有关知识。<br>3. 太清洞所在地区地质地貌特征非常典型、独特,观察周围现象,了解如太清洞的地理位置、地貌类型、构成该地貌的基础——岩石成分结构等 |
| 第二天 | 1. 参观蘑菇世界、蘑菇迷宫、蘑菇部落、蘑菇田园、蘑菇森林、蘑菇营地、蘑菇工厂、蘑菇广场等地,感受体验蘑菇的科研过程、生长发育过程。<br>2. 了解蘑菇文化及其悠久的历史文化、田园文化。<br>3. 参加食用菌种植、采摘实践活动,增加研学兴趣,体验劳动乐趣,培养生活情趣 |
| 第三天 | 1. 欣赏七彩科普园景观,了解园内植物生长特点及习性,了解园林景观知识,开展种植小盆栽等实践活动。<br>2. 利用科普园内各种各样的树叶开展贴画、叶脉书签创意制作等实践活动 |
| 第四天 | 1. 了解大禹治水故事,感受治水文化。<br>2. 参观九子溪电站机房、中控室、升压站,观看东干渠、渡槽,了解水能转换利用原理及过程。<br>3. 坐车参观北门电站、国家生态湿地公园,在生态湿地公园开展采风写生活动。<br>4. 评选出"环保卫士""优秀小组""文明游客""摄影大师"等。<br>5. 体验农耕乐趣,感受农耕文化 |

**【思考探究】**

1. 经过四天的游览参观,你对老子文化有了怎样的认识?我们今天该如何继承、发扬老子文化?

2. 太清洞地貌的形成原理是什么?你还知道哪些地方属于喀斯特地貌?如何保护、利用喀斯特地貌?

3. 水善于滋养万物,使万物得益,而又不与万物相争,遇圆则圆,遇方则方,总是能不断适应外部的环境,与外界融为一体,和谐相处。我们该怎样像水一样,从自己的能力和实际情况出发,流向自己的目的地?

# 考察襄阳生态文明　感受美丽自然风光

**【项目实施单位】**

湖北文理学院附属中学

**【项目组专家】**

刘汉青

**【指导教师】**

李改　杨艳艳　黄红珍

**【课程主题】**

考察襄阳生态文明　感受美丽自然风光

**【适用学段】**

初中、高中

**【研学时间】**

3 天

**【线路安排】**

学校 → 岘山 → 鱼梁洲 → 襄阳市规划展览馆

**【课程目标】**

1. 考察了解岘山植物及汉江两岸植物品种,感受汉江两岸美丽的自然风光,培养热爱家乡之情。

2. 通过考察探究,提升实践创新能力,并在团队互动中学会合作,学会礼让,学会认知新的自我。

**【资源特色】**

## 岘山

岘山自然资源极为丰富,有羊祜山、扁山、尖山、虎头山等 19 座山峰。岘山东临汉水,北望襄阳城,向南蜿蜒起伏、林木茂密、种类繁多,森林覆盖率达 93%,有着良好的生态系统,同时也分布着河流、湖泊、水库,是古城南部的自然生态屏障。

## 鱼梁洲

水落鱼梁浅,天寒梦泽深。鱼梁洲素有"汉江明珠"之美誉,三面环水,区位得天独厚,水质优良,四周的静态水面达 30 多平方千米,是汉江中的第一大岛。鱼梁洲的功能定位是"城市生态绿心",依托中央森林公园,发挥公园游憩、碳氧平衡、城市景观等多种绿心功能。为彰显城市绿心,全岛规划突出生态、旅游功能,建设用地规模不超过全岛总面积的 30%;岛上专类公园(滨江休闲公园、体育公园、汉水文化广场)、带状公园、防护绿地、生态绿地、水域等 5 类非建设用地占全岛面积的 71.13%,致力于将鱼梁洲打造成生态良好、洲水和谐、天人合一的生态旅游岛。

## 襄阳市规划展览馆

襄阳市规划展览馆是鄂西北地区最大的城市规划展览馆,建筑高度 19.8 米,总建筑面积约 13000 平方米,以寻梦山水、追梦天下、筑梦家园、圆梦襄阳四大篇章为设计主线,采用文字、图纸、照片、模型、实物、多媒体演示、数字沙盘和 4D 影院等形式,生动翔实地介绍了襄阳城市形成演变的历程,展示了当代城市规划建设的成果,展望了城市未来的发展蓝图。

【教学案例】

1. 体验岘山绿道之行,用心观察植物、土壤、水库、湖泊等的分布情况,思考岘山及其周边有机生态体的运作,以及它们对城市生态建设的意义。

2.游襄阳市生态绿心——鱼梁洲,从合理规划建设鱼梁洲生态湿地的角度,思考其建设着力点。

3.参观襄阳市规划展览馆,从城市规划的角度出发,感受襄阳市为建设生态文明城市作出的努力,培养关爱社会、关爱自然的人文精神。

4.撰写襄阳市生态文明建设可行性报告,学会研究性学习的方法,培养创新精神和实践能力。

**【思考探究】**

1.《与诸子登岘山》是唐代诗人孟浩然创作的山水诗。你知道诗人是在怎样的背景下创作这首诗的吗?

2.鱼梁洲是上苍赐予襄阳人民的一块"风水宝地",它不仅是汉水中最大的洲岛,而且历史悠久,文化底蕴深厚。请你讲一讲与它有关的流传至今的美丽传说。

3.襄阳市规划展览馆中有哪些展品见证着襄阳的科技发展?

4.参观襄阳市规划展览馆,可以在哪些展厅体验襄阳创造的新科技成果?

5.襄阳市总规大模型对襄阳的未来是如何规划的?

# 守护远古生命 保护生态环境 探秘恐龙世界

**【项目实施单位】**

郧阳恐龙蛋化石群国家地质公园

**【项目组专家】**

张蜀康

**【指导教师】**

胡永国

**【课程主题】**

守护远古生命 保护生态环境 探秘恐龙世界

**【适用学段】**

初中、高中

**【研学时间】**

3天

**【线路安排】**

学校 → 郧阳恐龙蛋化石群国家地质公园 → 郧阳明代大丰仓 → 樱桃沟 → 月亮湖农业生态园 → 郧阳博物馆、郧县人遗址 → 恐龙湿地公园 → 基地 → 学校

**【课程目标】**

1. 科学研究:研究恐龙如何在地球上生活;研究汉江梯级水库的变化;研究水源地生态环境;研究人类起源。

2. 问题探究:认识生物多样性,了解大自然的进化过程;学习地球生命的演变历史,知晓人类与自然的关系;感知地球生态系统面临越来越快的变化,培养保护家园的责任感。

3. 科学观察:观察"恐龙蛋化石""郧县人的形态"及埋藏环境;观察"大丰仓""樱桃沟村民居"的工程建设遗址与建筑;观察汉江生态环境;观察水源地的天空、天气、动物。

4. 行动创新:身体力行保护环境,不乱扔垃圾、不浪费食物;制作地图,列表记录创作科学成果;懂得"读万卷书,行万里路"的道理;锻炼身体,学习知识,加强实践。

**【资源特色】**

·湖北省中小学生研学旅行实践教育基地·

·教育部全国中小学生研学实践教育基地·

### 郧阳恐龙蛋化石群国家地质公园

郧阳恐龙蛋化石群国家地质公园研学基地坐落在南水北调中线源头的汉江之滨,位于湖北省十堰市郧阳区境内,福银高速及209国道穿基地而过,距离十堰市区23千米、武当山50千米,交通十分便利。总面积 45 平方千米,是全国唯一一家以恐龙蛋化石命名的国家地质公园,也是湖北省唯一的古生物化石遗址公园,同时也是我国重要古生物化石产地(2015 年)、国家级自然保护区(2001 年批准建立)、国家级地质公园(2005 年批准建立)、国家 3A 级旅游区(2009 年)、全国科普教育基地(2010 年)、国土资源科普基地(2011 年)、湖北省科普教育基地(2009 年)、湖北省中小学生研学旅行实践教育基地(2018 年)、全国中小学生研学实践教育基地(2018 年)。

基地内地质遗迹记录了地球 18 亿年来地质构造运动沧海桑田的变迁,特殊的地质和地理位置造就了地质公园境内地貌多姿、江河交融的生态环境。主要地质景观有:青龙山恐龙蛋化石群、弥陀寺、郧阳人遗址、韩家洲江心岛、红寨子五级阶地、土庙岭冲积扇、郧阳断陷盆地。

基地分科普游览区、综合服务区、观光体验区、生态保护区、地质遗迹区。主要有郧阳地质博物主题广场、恐龙蛋化石地质遗迹长廊遗迹展示园、白垩纪森林公园、生态地学科普馆、恐龙游乐园、农耕园等景点。

## 郧阳明代大丰仓

郧阳明代大丰仓位于汉江北坡半岛上的岗地,始建于明成化十三年(1477 年),属郧阳府治官方粮仓,用于贮存官府下拨的赈灾、军饷、官饷。2013 年 3 月,大丰仓被确定为全国重点文物保护单位。2019 年 12 月 1 日,湖北省十堰市郧阳明代大丰仓已完成主体修缮工程,修缮总面积 3960 平方米。

## 月亮湖生态农业园

月亮湖生态农业园是省级休闲农业示范点,位于郧阳区柳陂镇亮子湾村,由春华秋实、春花秋月、月亮湖、主题庄园板块构成。该项目是集旅游观光、农家美食、果蔬采摘、花卉观赏、民俗娱乐、农耕体验、科普展示为一体的生态农业观光园,是郧阳区最大的生态观光园单体项目。

## 郧阳博物馆

郧阳博物馆位于湖北省十堰市郧县城关镇郧阳路文化东巷 6 号,郧县文化广场北侧。郧阳博物馆是一座融陈列展览、宣传教育、社会服务、文物收藏与保护、考古发掘与研究等多种功能于一体的县级综合博物馆。馆藏文物及考古标本 5 万余件(包括南水北调出土文物和考古标本)。

## 郧县人遗址

郧县人遗址位于郧阳青曲镇弥陀寺村曲远河西边的学堂梁子上,1989 年和 1990 年曾出土两具距今约

80万年前的"郧县人"头骨化石,轰动了全世界。1992年,这里被确定为省级重点文物保护单位。

**【教学案例】**

| 时　间 | | 活动内容 | 活动地点 |
|---|---|---|---|
| 第一天 | 08:00 | 在郧阳恐龙蛋化石群国家地质公园开始研学活动的启动仪式,并发放研学教材 | 郧阳恐龙蛋化石群国家地质公园 |
| | 09:00–10:30 | 参观郧阳地质博物馆 | |
| | 10:30–12:00 | 参观郧阳恐龙蛋化石群国家地质公园地质遗迹点 | |
| | 12:00–13:30 | 午餐、休息 | |
| | 13:30–15:30 | 参观郧阳恐龙蛋化石遗址园 | |
| | 15:30–16:30 | 栽培"活化石"蕨类植物,开展"闯地质迷宫,学地质歌诀"活动 | |
| 第二天 | 08:00 | 集合前往郧阳明代大丰仓 | 郧阳明代大丰仓、樱桃沟、月亮湖农业生态园、郧阳博物馆、郧县人遗址 |
| | 09:00–11:30 | 参观郧阳城区及最美乡村樱桃沟 | |
| | 11:30–12:00 | 乘车前往月亮湖农业生态园 | |
| | 12:00–14:00 | 午餐、休息 | |
| | 14:00–17:30 | 参观郧阳博物馆和郧阳人遗址 | |
| 第三天 | 08:00 | 集合前往滨江新区、恐龙湿地公园 | 滨江新区、恐龙湿地公园 |
| | 12:00–13:30 | 午餐、休息 | |
| | 13:30–17:30 | 返回基地,聆听讲师研学主题活动总结讲座,编写研学报告 | |

【思考探究】　　　青龙山恐龙蛋化石群,是目前国内外已发现的自然属性强、保存最完好的恐龙蛋化石群。请你结合此次研学的所见所闻和所学的语文、历史、地理、生物、化学等相关知识,写一篇不低于500字的研学报告。

# 观正大现代农业　品汉唐特色文化

**【项目实施单位】**

襄阳市襄州区青少年学生校外活动中心

**【项目组专家】**

雷杰

**【指导教师】**

侯雪飞

**【课程主题】**

观正大现代农业　品汉唐特色文化

**【适用学段】**

小学三至六年级,初中一、二年级,高中一、二年级

**【研学时间】**

3～5天

**【线路安排】**

学校 → 正大集团 → 汉城 → 唐城 → 习家池 → 古隆中 → 学校

**【课程特点】**

1. 研学活动主题新颖。本次研学活动中的"观现代农业"主题,旨在让学生通过系统的参观、学习、感受,了解现代农业及生态农业知识、食品安全和营养健康知识。

2. 研学活动形式多样。本次研学活动集参观、讲座、调查、竞赛等多种形式于一体,增加研学活动的趣味性和学生的参与度。

3. 研学活动宣传渠道丰富。本次研学活动结合自身特色,以传统媒体和新媒体宣传相结合的模式,开展线上线下联合互动推广,通过省、市级日报、晚报,微博,微信及新媒体直播等媒体平台为研学活动做全面推广,扩大研学活动在全国的影响力。

**【课程目标】**

1. 通过正大之窗研学旅行,系统地参观、学习、感受,了解现代农业及生态农业知识、食品安全和营养健康知识;"参观一次,受益终身",成为家庭的"营养健康小管家"。

2. 参观汉城、唐城等历史文化景点,结合在课本上学习的文化知识与传统礼仪,进一步了解历史发展,接受文化熏陶;参与非物质文化遗产体验课堂,感受襄阳特色文化和传统文化的魅力,增强民族自豪感。

3. 以培养实践能力和创新能力为核心,体验集体生活,培养自强自立意识与动手能力,全面提高综合素质。

## 【资源特色】

**·中央专项彩票公益金支持校外活动保障和能力提升项目单位·**

### 襄阳市襄州区青少年校外活动中心

襄阳市襄州区青少年校外活动中心成立于 2005 年 6 月，是中央专项彩票公益基金支持的一所综合性、公益性的校外活动保障和能力提升项目单位，隶属襄州区教育局。襄州区青少年校外活动中心承担全区青少年研学旅行实践活动、科技创新活动、劳动教育实践活动、体育活动和未成年人心理健康教育等校外综合实践活动，是学校教育的延伸和有力补充，是坚持立德树人、培育和践行社会主义核心价值观、加强未成年人思想道德建设和推进素质教育活动平台和阵地。

### 正大集团

作为第一家进入中国的外资企业、世界 500 强的侨商企业，正大集团具有强大的产业集群（农牧食品、零售、电信、金融、地产、制药、工业等），其在现代农业和生态农业领域具有多项"世界第一"。正大集团在襄阳具有达到世界水准的现代化、规模化、标准化的养殖及食品加工基地，以及正大全产业链——用信息智能系统构建的全程可追溯的安全食品体系。正大集团已经完成了全产业链的转型，从种子、种植、饲料、养殖、屠宰、食品加工、冷链物流再到最后的食品终端销售，形成了一个完整的产业链。正大食品（襄阳）有限公司食品加工厂从 2016 年起，接待了包括中小学生在内的数以千计的世界各地的参观访问者。

### 汉 城

汉城位于东汉光武帝刘秀的故乡湖北省襄阳市枣阳市，核心区项目占地 120 万平方米，建筑面积 80 万平方米，是一个集汉代建筑精华与古典园林景观为一体的大型复古建筑群，由清华大学设计院依照历史文献和考古发掘资料而精心设计，大气磅礴，气势恢宏，外观高大宏伟、古香古韵。功能为影视拍摄、展示汉民族文化、旅游观光、市民休闲娱乐、弘扬佛学文化、完善城市功能等。外景基地占地 200 万平方米，规划为影视拍摄外景地、旅游休闲养生地和生态农业建设区。汉城以刘秀青铜塑像为核心，自西而东设"光武省亲、昆阳搬兵、真定喜宴、二十八宿"四组大型雕塑，是全国最大规模的青铜雕塑组团，全景再现东汉光武帝刘秀一生的重要节点，全方位展示东汉中兴的历史文化风采。汉城在 2018 年完成了研学旅行营地建设，除增加了适合中小学生的参观、学习、互动、野营、拓展诸多功能外，还具有同时为 1000 名学生提供优质的餐饮和居住服务的能力。

## 唐 城

唐城位于湖北省襄阳市襄城区中国唐城景区，依托襄阳建城 2800 年的厚重历史文化底蕴，将岘山、汉水、孟浩然、习家池等大批代表性襄阳文化元素注入景区，由唐城和唐人街两部分组成，分为城楼、宫殿、街市、宅邸、寺院五大片区，建有皇宫、明德门、千步廊、东市、西市、青龙寺等八大盛唐建筑，为游人呈现"一枕春梦，浪漫唐城"的极致之旅。唐城中还有花萼相辉楼、长生殿、御苑门等单体建筑，雄伟壮观，色彩艳丽。漫步其间，高大的古典建筑与粼粼汉水波光相映成趣，仿佛穿越时空梦回唐朝。

 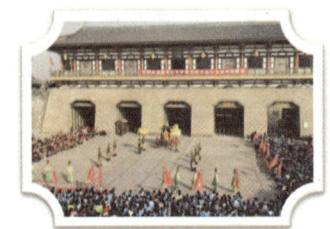 

## 习家池

习家池位于襄阳城南约 5 千米的凤凰山南麓，又名高阳池，建于东汉建武年间（25—56）。襄阳侯习郁依春秋末期越国大夫范蠡养鱼的方法，在白马山下筑长 60 步、宽 40 步的土堤，引白马泉水建池养鱼。习家池自汉晋以来就是襄阳南郊的旅游胜地，距今已有 1900 多年的历史，被《园冶》奉为"私家园林鼻祖"。东晋时，习郁的后裔习凿齿在此临池读书，登亭著史，留下《汉晋春秋》这一千古名作，成为名播后世的史学家，因而使习家池益负盛名。

## 古隆中

古隆中位于湖北省襄阳市以西 13 千米的西山环拱之中，是国家 4A 级风景名胜区，至今已有 1800 多年的历史。古隆中是三国时期杰出政治家、军事家诸葛亮青年时代隐居的地方，他隐居于此前后长达 10 年之久。古隆中是一个以诸葛亮故居为主体的风景名胜区，明代已经形成了"隆中十景"：草庐亭、躬耕田、三顾堂、小虹桥、六角井、武侯祠、半月溪、老龙洞、梁父岩、抱膝石。1949 年以后，又先后修建或新建了隆中书院、诸葛草庐、吟啸山庄、铜鼓台、长廊、观星台、棋盘石、琴台、孔雀寨、猴山等众多景点，近年又新建了"千古名相诸葛亮彩塑展"、上山滑道和山顶标志性建筑——腾龙阁，还有汉文化景区、龙泉居等既可赏景又能旅居的旅游风景点，形成了一个融观赏、度假休养于一体的风景名胜区。

**【教学案例】**

**一、知识点准备**

提前了解营养学以及人体需要的六种基本元素,并概括形成自己的观点,分别列举富含六种基本元素的代表性食物;查阅近年来出现的食品安全事故,形成对食品安全重要性的初步认识。

**二、课题设计**

课题一:如何正确地做到合理搭配膳食?

课题二:日常生活中如何注意食品安全?

课题三:汉城的传统文化。

课题四:中国的造纸术与印刷术。

**三、延伸拓展**

(1)研学前活动预热:召开主题班会,交流分享以前的研学成果,分享图片视频。

(2)研学后活动总结:召开主题班会,分享交流本次活动心得,并进行有奖征文大赛。

**四、活动项目**

正大集团的主要活动是参观基地、开展营养健康与食品安全课程、调查互动及数据采集、包饺子比赛等。整体参观后,开始对学生在营养健康和食品安全基本常识方面进行指导,并在此环节中通过互动讲解指导学生在官方微信填写个人相关资料信息及日常营养健康数据,最后通过包饺子大赛体验健康食品制作流程和提高学生动手能力。

汉城影视基地的主要活动是习汉礼、体验地动仪、欣赏书法作品、体验造纸术和活字印刷术,学习非物质文化遗产课程——枣阳粗布纺织技艺等,通过参观汉城等历史文化景点,结合课本学习文化知识与传统礼仪,使学生更加了解历史发展,接受文化熏陶;通过参与非物质文化遗产体验课堂,结合襄阳特色文化,感受传统文化的魅力,增强学生民族自豪感。

**五、安排建议**

第一天研学由正大集团统一安排车辆到学校接学生到正大基地,午餐、晚餐在正大集团食品厂食堂安排学生就餐,体验正大健康绿色产品,第一天晚上学生乘大巴统一到汉城酒店入住;第二天、第三天学生全部在汉城影视基地进行研学活动,食宿都在汉城;第三天晚上由统一的大巴送学生返校。(选择 4 天或 5 天研学旅行的学校另行安排。)

## 正大集团襄阳基地活动设计

**一、整体参观**(30 分钟)

1. 课程内容:学生抵达正大集团食品加工厂,正大集团相关负责人带领学生对正大食品厂整体情况进行讲解,让学生在参观的过程中真切感受正大绿色健康食品。

2. 课程目标:让学生直观地感受绿色健康食品的来源。

3. 课程需求:正大集团讲解员。

**二、营养健康课程**(20 分钟)

1. 课程内容:根据小学、初中、高中不同阶段研发不同的营养健康课程,包括营养健康基础知识、人体所需的营养素、合理膳食的搭配方法等。课程以理论讲解和互动为主,辅以有奖知识问答,活跃课堂气氛。

2. 课程目标:通过营养健康知识讲解,改变学生错误的饮食理念,使其了解合理膳食结构,增强其合理膳食意识,提升学生合理搭配日常饮食的能力。

3. 课程需求:研发适合不同阶段的课程包,前期对授课老师进行培训。

### 三、数据采集（20分钟）

1. 课程内容：结合前面营养健康课程的基本讲解，通过 PPT 演示数据采集阶段的内容，指导学生如何在微信公众号上填写相关个人信息和提交自己日常膳食营养结构的情况，如何获取数据，如何在日常生活中了解自己的营养搭配情况。

2. 课程目标：收集学生日常饮食结构和在食品方面的偏好等信息，为后期数据分析及评估做保障。

3. 课程需求：完善正大之窗研学旅行微信公众号，实现学生在线提交数据、收集学生信息的功能，形成完整的数据填写、提交、反馈等流程。

### 四、食品安全课程（20分钟）

1. 课程内容：根据小学、初中、高中不同阶段研发不同的食品安全课程，包括食品安全基本常识、健康食品与非健康食品、食物中毒等知识。课程以理论讲解和互动为主，辅以有奖知识问答，活跃课堂气氛。

2. 课程目标：让学生了解食品卫生安全知识，了解怎样的食品是绿色安全食品；认识食物中毒特征，提高自我救护意识，预防食物中毒；了解生活中常见的食品添加剂，树立安全健康的食品安全意识。

3. 课程需求：研发适合不同阶段的课程包，前期对授课老师进行培训。

### 五、包饺子大赛（40分钟）

1. 课程内容：包饺子大赛，让学生动手学做健康安全的食品。

2. 课程目标：让学生了解健康安全食品的制作过程，提高学生自我动手能力。

3. 课程需求：正大集团提供包饺子所用食材、定制的小厨师服，配备指导教师。

### 六、体验正大健康食品

品尝、体验正大集团健康食品。

## 汉城影视基地研学活动设计

### 一、逛汉城，习汉礼（2小时）

1. 课程目标：通过一系列形式多样的研学活动，让学生在沐浴汉代风尚、体验汉代民俗、接受汉文化洗礼的过程中增强民族归属感和自豪感。

2. 课程内容：观瞻汉宫、演习汉礼、追溯汉源、聆听光武故事、汲取文化正能量。

3. 课程流程。

（1）成童礼：盥洗礼，同学们清洁双手，怀着敬畏的心，跨过棂星门，焚香祭拜孔子，以表达对孔圣人的尊敬。同学们朗诵完千字文后，老师为他们点朱砂开智，朱砂一点，开启智慧的大门。

（2）光武登基大典：光武登基大典以光武帝刘秀登基为历史背景，还原再现当时的恢宏场面。演出人数共计153人，让游客身临其境地感受登基大典的神圣，庄严和震撼！

（3）光武帝校场阅兵：公元 25 年，光武帝刘秀于河北鄗南千秋亭登基称帝，为表刘氏重兴之意，仍以"汉"为国号，史称"东汉"。公元 36 年，刘秀经过长达十年之久的统一战争，先后平灭了关东、陇右、西蜀等地的割据政权，将分崩离析的中国再次归于一统。在此期间，光武帝刘秀麾下的云台 28 将，已先后离世 9 人。然生者奋然死者安息，为缅怀开国功臣及英烈，刘秀下旨召集云台 28 将中的其余各大将领及郡守，在羽林军校场举行了一场盛大的比武演练。

**二、灵台内体验地动仪和参观著名书法家的作品**（1 小时）

1. 课程目标：让学生能现场真实感受地动仪和古代书法家的作品，了解古代人民的才华与智慧，欣赏古代大家的书法魅力，培养他们的兴趣爱好，陶冶情操。

2. 课程内容：参观地动仪和书法作品。

灵台，是中国古代皇家观测天象的地方，也是研究自然科学的场所。东汉时期，著名科学家张衡曾长期执掌灵台，在此发明地动仪、浑天仪等。现在，我们利用现代科技，模拟地震条件，再现"火龙吐珠""山崩地裂"，生动地反映张衡地动仪的朴素原理。

**三、体验活字印刷术、造纸术**（1 小时）

1. 课程目标：现场体验古代造纸术与印刷术，亲身感受中国古代文明的魅力，提高学生的动手能力。

2. 课程内容：领队讲解古代造纸术与活字印刷知识；学生动手体验；作品展示。

古法造纸：蔡伦古法造纸技艺即利用麻头、破布、渔网和树皮制造植物纤维纸，发端于东汉元兴元年（105年），是我国古代四大发明之一。

活字印刷也是中国古代伟大的四大发明之一，为知识的广泛传播和交流创造了条件，促进人类科技教育的普及和发展，被称为"文明之母"。中国古代的雕版印刷和活字印刷，都是古人在生活中墨拓石刻和使用印章受到启发而发明的。

**【教学安排】**

| 天数 | 具体时间 | 行程安排 | 备注 |
|---|---|---|---|
| 第一天 | 08：00—12：00 | 学校出发，到达襄阳正大集团 | 集参观、调查、课程、互动、竞赛于一体 |
| | 12：00—13：00 | 午餐 | |
| | 13：30—14：00 | 参观正大集团 | |
| | 14：00—14：20 | 营养健康知识讲座 | |
| | 14：20—14：40 | 互动及数据采集 | |
| | 14：40—15：00 | 食品安全课程 | |
| | 15：00—15：40 | 包饺子大赛 | |
| | 15：40—16：00 | 正大研学总结 | |
| | 16：30—17：30 | 体验正大健康食品 | |
| | 17：30 | 出发到汉城住宿 | |

(续表)

| 天数 | 具体时间 | 行程安排 | 备注 |
|---|---|---|---|
| 第二天 | 09:30-11:30 | 逛汉城,习汉礼 | 需在汉城住宿一晚,随行教师注意学生安全 |
| | 12:00-14:00 | 午餐,午休 | |
| | 14:00-16:30 | 灵台内体验地动仪,参观著名书法家的作品 | |
| | 17:30 | 晚餐 | |
| 第三天 | 09:30-11:30 | 体验活字印刷术和造纸术 | |
| | 12:00-14:00 | 午餐,午休 | |
| | 14:00-16:30 | 观看汉城影视基地相关表演 | |
| | 17:30 | 晚餐后返校 | |
| 第四天 | 09:00-11:30 | 游览唐城 | 此部分为学校自选单元 |
| | 12:00-14:00 | 午餐,午休 | |
| | 14:00-16:30 | 游览习家池 | |
| 第五天 | 09:00-16:30 | 古隆中读三国书籍、颂三国诗篇、唱三国歌曲、观三国演出、走三国战场、论三国英雄、寻三国智慧 | 此部分为学校自选单元 |

**【教学评价】**

　　强化示范和自评、互评等反思教育的引领作用,在活动过程中、活动结束后,要求学生进行自我评价、互相评价,总结反思活动的成败得失,让评定活动积极分子的过程和自评互评的过程,成为学生德育提升、能力增强的过程。学校还应把学生参与活动的情况纳入学生的综合素质评价体系,计学生参与综合实践活动的相应学分,同时开展评选研学旅行先进班集体、先进个人活动。

正大之窗研学旅行等级评价表

| 评价指标 | | 评价方法 | | |
|---|---|---|---|---|
| 一级指标 | 二级指标 | 得分 | 一级指标评价等级 | 说明 |
| 参与研学旅行的态度 | 时间观念强,认真参加每一次活动 | | | 查阅考勤记录、小组讨论记录、活动开展过程记录等有关资料,考察活动过程中的表现,从而进行判断 |
| | 努力完成自己承担的任务 | | | |
| | 做好资料积累和分析处理工作 | | | |
| | 主动提出工作设想和建议 | | | |
| | 乐于合作,学会交流和分享信息、创意及成果,尊重、欣赏他人 | | | |

（续表）

| 评价指标 | | 得分 | 评价方法 | |
|---|---|---|---|---|
| 一级指标 | 二级指标 | 得分 | 一级指标评价等级 | 说明 |
| 在学习活动中获得体验的情况 | 善于质疑,乐于探究,勤于动手 | | | 通过学生的自我陈述、小组讨论记录、活动开展过程记录,以及活动过程中的行为表现和学习的结果等来反映 |
| | 体会科学对于自然、社会与人类的意义和价值,关心国家和社会的进步,关注人类与环境和谐发展,培养对社会的责任心和使命感 | | | |
| | 有认真、踏实、严谨、求实的科学态度 | | | |
| | 有实事求是、尊重他人想法与成果的科学道德 | | | |
| | 有不怕吃苦、勇于克服困难的意志品质 | | | |
| 研学中文明礼仪纪律的情况 | 文明乘车,文明参观 | | | 考察学生在整个研学过程中的文明礼仪、日常纪律等基本情况 |
| | 注重礼仪规范,与他人文明交往 | | | |
| | 听从指挥,遵守纪律 | | | |
| 创新意识和实践能力的发展情况 | 有求知的好奇心和探索、创新的欲望 | | | 考察学生在活动中从发现和提出问题、分析问题到解决问题的全过程所显示出的探究精神和能力,比较活动前后和几次活动的变化评价学生的发展状态 |
| | 独立思考,自主学习,敏锐地发现问题,主动地提出问题,积极地寻求解决问题的方法,探求结论 | | | |
| | 积极实践,发挥个性特长,施展才能 | | | |
| 研究性学习的结果 | 预期成果达到程度 | | | 通过对学习结果及其表达方式的鉴定、答辩进行评价 |
| | 成果的可信度、实际水平 | | | |
| | 成果陈述、展示 | | | |
| | 特别收获 | | | |
| 总分 | | | 等级 | |

评价标准:每个二级指标最高分5分,总分100分。A级:90—100分,非常优秀;B级:80—89分,优秀;C级:60—80分,合格;D级:小于60分,待合格。

【思考探究】

1. 正大集团在食品生产中有哪些新科技应用?
2. 正大集团在食品生产的流程中是如何体现智能化、自动化的?
3. 东汉时期我国有哪些领先世界的科技发明?

# 极客启航　飞天逐梦

**【项目实施单位】**

　　荆门爱飞客航空小镇

**【项目组专家】**

　　陶表扬　谢良宽　王文山

**【指导教师】**

　　盛杰　左瑞琪　向婷婷　吴传锡　邹险峰　余红　郑俊虎

**【课程主题】**

　　极客启航　飞天逐梦

**【适用学段】**

　　小学五至六年级、初中、高中

**【研学时间】**

　　3天

**【线路安排】**

　　学校 → 荆门爱飞客航空小镇 → 学校

**【线路特色】**

　　爱飞客航空研学旅行是一次集航空科普教育、航空飞行体验、爱国主义教育、理想前途教育于一体的特色活动。本次研学课程旨在点燃学生的航空梦想，开展航空科普教育，开阔学生眼界，帮助更多的青少年在探索飞行奥秘和航空世界的道路上，迈出航空梦想第一步！

**【课程目标】**

　　1. 了解航空科技知识，体验航空科技魅力，激发航空梦想。

　　2. 体验军旅生活，了解航空在军事、国防中的地位和在经济发展中的重要作用。

　　3. 增强爱国主义和集体主义精神，学会自尊、自强、自立，树立正确的人生价值观。

**【资源特色】**

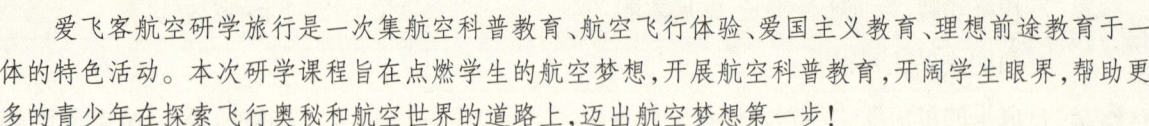

·教育部全国中小学生研学实践教育基地·

·中央专项彩票公益金研学实践教育支持单位·

·全国最佳研学基地·

·中国民航科普教育基地·

### 荆门爱飞客航空小镇

　　荆门爱飞客航空小镇位于湖北省荆门市漳河新区，毗邻漳河水库，规划总面积约2813万平方米,系全国首个通用航空综合体。规划以通用机场为龙头,以特种飞行器和通用航空器研发与制造为基础,以通用航空运营为依托,以航空展销和体验为特色,集聚发展通用航空全产业链,汇聚文化创意产业为一体,建设引领全国通用航空产业的特色小镇及国家通用航空产业综合示范区。航空小镇已成功举办了三次全国规模的"爱飞客飞行大会",拥有众多飞行体验项目:航空知识科普、360 度球幕影院、诺曼底军事抢滩登陆、三栖模型基地、实操"海陆空"模型、航模大讲堂、飞行营地拓展、30 多种 VR 设备体验……2018 年成功入选教育部"全国中小学生研学实践教育基地""全国首批特色小镇""全国最佳研学基地""中国民航科普教育基地"。

荆门爱飞客航空小镇包含通用航空产业园、特种飞行器产业园、爱飞客众创中心、爱飞客文化展示中心、航空科技馆、机场及 FBO(固定运营基地)、同行培训学校、爱飞客飞行社区、爱飞客航空极客公园、飞行体验中心、三国水游城、特色旅游组团、航空居住组团、航空房营地等先进设施。

## 荆门漳河机场

荆门漳河机场是位于湖北省中部荆门市漳河新区的一座通用机场,建于 20 世纪 70 年代,主要用于飞机科研、生产试飞。1992年,荆门通用航空公司对其进行了改造,现为主要供运 5 类飞机从事通用航空的专业飞机机场。

2014 年 2 月,荆门漳河通用机场改扩建工程获湖北省发展和改革委员会批复,同年 4 月项目进入征地拆迁环节。本期建设的目标年为 2025 年,通用航空年飞行小时预计将达 3404 小时,建设后跑道长 1800 米、宽 45 米,站坪共有 24 个停机位,机场设供水、供电、通信、供油等设备设施,可以满足西锐SR-20、小鹰 500 等飞机的起降要求。主要服务对象是农业播种、森林救火、应急救援、气象探测,通用为主、兼顾通勤。

## 漳河水库

漳河水库位于湖北省中部,东距荆门市城区 18 千米。漳河水库气候宜人,工程宏伟,水面宽阔,库内岛屿众多,库岸曲折幽长,库区群山起伏,湖光山色,风景如画,烟波浩瀚,是闻名遐迩的省级风景名胜区。风景区内人文景观与工程景观相映成趣,引人入胜,美不胜收。

## 荆门爱飞客文化展示中心

荆门爱飞客文化展示中心建筑面积 8000 平方米,是国内首屈一指的通用航空产业宣传平台,也是中国民航科普教育基地。爱飞客文化展示中心由军事科技体验馆、通航科普馆、青少年互动展区三部分组成。

**【行程安排】**

| 时 间 | 课程设置 | 课程内容 | 研学任务 |
|---|---|---|---|
| 第一天 | | | |
| 10:30—12:00 | 开营仪式 | 1. 授旗仪式、组织方代表致辞、基地管理代表致辞、学生代表讲话。<br>2. 安全第一课 | 1. 开营仪式将学生迅速带入研学旅行状态,开始一段自我约束、自我管理、自我提升的研学旅程。<br>2. 树立纪律、安全意识 |
| 12:00—13:00 | 午餐 | 1. 餐前礼仪教育,文明就餐,珍惜粮食。<br>2. 互帮互助,学做卫生 | 熟悉用餐礼仪,培养良好用餐习惯 |
| 13:00—14:30 | 开营第一课 | 在教官的带领下学习内务整理,按照部队统一标准做好内务 | 1. 学会整理内务,养成良好的生活习惯。<br>2. 互帮互助,增进同学之间的友谊。<br>3. 通过整理内务体会劳动带来的快乐。<br>4. 学会生活自理,学会感恩,体会父母的辛苦,回家主动承担家务 |

（续表）

| 时　间 | 课程设置 | 课程内容 | 研学任务 |
|---|---|---|---|
| **第一天** | | | |
| 14:30–16:00 | 航空文化馆探秘 | 1. 荆门漳河为桃花水母栖息地，认识水中"大熊猫"桃花水母，近距离接触和研究桃花水母。<br>2. 在研学导师的带领下参观爱飞客航空文化馆，通过导师的讲解，学习通航知识，了解航空领域的分类。<br>3. 在青少年互动体验区，利用现代化数字科技进行航空能力测试 | 学习、了解我国通用航空的发展与成就，激发科学探究的精神 |
| 16:00–17:30 | 模拟逃生 | 1. 导师介绍安-26飞机和机组成员。<br>2. 讲解乘坐通用航空的注意事项以及三大安全设备。<br>3. 现场教学飞机三大安全设备的使用方法。<br>4. 组织学生在规定时间内，使用飞机的逃生滑梯模拟逃生 | 通过学习飞机的三大安全设备和使用方法，并在规定时间内真机模拟逃生，给学生留下深刻印象，培养学生规范乘坐飞机、遇事不慌乱的行事作风 |
| 17:30–18:30 | 晚餐 | 餐前礼仪教育，文明用餐 | 熟悉用餐礼仪，培养良好用餐习惯 |
| 18:30–20:30 | 飞行电影 | 组织观看《空天猎》《冲上云霄》《中国机长》（三选一） | 通过观看电影，了解现代空军的强大和中国航空优秀飞行员的责任心和过硬的操作技术 |
| 20:30–21:30 | 晚点评，讲要求、讲纪律，洗澡、洗衣服 | 自己动手洗衣服 | 1. 总结分享当天活动收获，明确就寝纪律。<br>2. 培养学生独立生活的能力 |
| 21:30 | 熄灯就寝 | 教官吹响熄灯哨，各自回到营房就寝，教官不定时查寝 | 培养学生适应集体生活的能力，增强纪律性 |
| **第二天** | | | |
| 06:30–07:00 | 起床洗漱 | 教官吹响起床哨，督促学生按时起床洗漱，整理好内务 | 高标准，严要求，培养良好生活习惯 |
| 07:00–07:30 | 飞行员早操 | 教官带领做早操 | 以良好状态迎接新一天的研学 |
| 07:30–08:30 | 早餐 | 餐前礼仪教育，文明用餐 | 熟悉用餐礼仪，培养良好用餐习惯 |

（续表）

| 时 间 | 课程设置 | 课程内容 | 研学任务 |
|---|---|---|---|
| **第二天** | | | |
| 08:30-10:00 | 航模大讲堂 | 进入航模大课堂,学习航模相关知识及飞行原理;了解中国长征系列火箭的发展;在导师指导下亲手制作一架小火箭模型 | 通过制作航模,激发探索事物的兴趣,培养创造力、想象力和动手能力 |
| 10:00-11:30 | 航空文化探索 | 在研学导师带领下,参观极客公园真机展陈,真机包括:国宝级退役真机水轰五、大国利器 AG600、战斗机歼-10、战斗机歼-20、专业武装直升机武直-10 等。感受国防与飞机制造的飞跃;通过导师的讲解了解航空文化发展史 | 与真机零距离接触的同时学习了解中国航空事业的发展成就,激发航空报国之情 |
| 11:30-14:30 | 午餐及午休 | 餐前礼仪教育,文明用餐 | 熟悉用餐礼仪,培养良好用餐习惯 |
| 14:30-16:00 | 航空科技体验 | 置身360度幻境球幕影院,驰骋于祖国的大好山河,裸眼感受科技带来的视觉冲击 | 感受现代科技的独特魅力,通过研学导师的讲解,了解祖国名山秀水和相关地理及历史知识 |
| 16:00-17:30 | 攻防对战课 | 1. 教官实景演示对战要领和战术动作。<br>2. 换装,以红蓝军对战的模式进行真人 CS 对战。<br>3. 小组评比,教官总结 | 1. 引导学生正确对待竞争中的得失,认识团队协作的作用。<br>2. 提高军事素养,珍惜和平生活。<br>3. 传承红色精神,增强国防意识 |
| 17:30-18:30 | 晚餐 | 餐前礼仪教育,文明用餐 | 熟悉用餐礼仪,培养良好用餐习惯 |
| 18:30-20:30 | 联欢晚会 | 团队节目表演 | 1. 放松心情,展示风采。<br>2. 弘扬个性,展示特长,体验成功与快乐 |
| 20:30-21:30 | 晚点评,讲要求、讲纪律,洗澡、洗衣服 | 自己动手洗衣服 | 1. 总结分享当天活动收获,明确就寝纪律。<br>2. 培养独立生活的能力 |
| 21:30 | 熄灯就寝 | 教官吹响熄灯哨,各自回到营房就寝,教官不定时查寝 | 培养集体生活的能力,增强纪律性 |
| **第三天** | | | |
| 06:30-07:00 | 起床洗漱 | 教官吹响起床哨,督促学生按时起床洗漱,整理好内务 | 高标准,严要求,培养良好生活习惯 |
| 07:00-07:30 | 飞行员早操 | 教官带领做早操 | 以良好状态迎接新一天的研学 |

（续表）

| 时 间 | 课程设置 | 课程内容 | 研学任务 |
|---|---|---|---|
| 第三天 | | | |
| 07:30–08:30 | 早餐 | 餐前礼仪教育,文明用餐 | 熟悉用餐礼仪,培养良好用餐习惯 |
| 08:30–10:00 | 劳动课 | 1. 学习了解劳动工具。<br>2. 导师讲解不同农作物的生长过程和生长特性。<br>3. 组织参加田间劳动 | 1. 丰富对劳动工具的认知，了解更多农作物的生物特性。<br>2. 培养勤劳、肯吃苦的品格 |
| 10:00–11:30 | 阻力伞跑 | 1. 了解阻力伞的作用及原理。<br>2. 体验阻力伞的作用 | 1. 学习飞机起降时，空气阻力对飞行的影响。<br>2. 感受空降兵降落时的体会 |
| 11:30–13:30 | 午餐、收拾行李 | 午间休整，收拾个人行李物品,整理内务,打扫营房卫生 | 培养良好的生活习惯,提高责任心 |
| 13:30–14:30 | 结营仪式颁发勋章 | 活动回顾,举行颁奖仪式,获奖学员代表发言 | 总结研学收获 |

【思考探究】

1. 什么是"极客"文化？荆门高端装备制造实力体现在哪里？

2. 2015 年爱飞客创下的五个"第一"是什么？ AG600 的三大用途分别是什么？

3. 如果你将来想做一名国家航空科技员或飞行员,从现在起,你需要做哪些规划？

# 普及航空知识 体验飞行之旅

**【项目实施单位】**

　　荆门市东宝区青少年活动中心

**【项目组专家】**

　　贺云华　王小林

**【指导教师】**

　　陈艳春

**【课程主题】**

　　普及航空知识 体验飞行之旅

**【适用学段】**

　　小学高年级、初中

**【研学时间】**

　　2 天

**【线路安排】**

　　荆门市东宝区青少年活动中心 → 荆门爱飞客航空小镇 → 荆门市东宝区青少年活动中心

**【课程目标】**

　　本课程是以"普及航空知识，体验飞行之旅"为主题的研学实践课程，旨在让学生通过参观航空文化馆、真机的研习、观看运-5 情景剧、制作航模、职业体验等课程，了解中国航空航天发展历程，通过学习、总结、感悟、分享，树立自己的航空航天理想。

**【资源特色】**

**·中央专项彩票公益金研学实践教育支持单位·**

## 荆门市东宝区青少年活动中心

　　荆门市东宝区青少年活动中心是于 2002 年 11 月经东宝区人民政府批准成立的全民事业单位，位于荆门市美丽的象山脚下，占地面积 10000 余平方米。中心于 2004 年 3 月建成科技艺术大楼，占地面积 680 平方米，建筑面积 3201 平方米，共 6 层。

　　活动中心专、兼职管理干部和教师都是在职在岗的有教师事业编制的省、市名师和艺术教育精英。中心本着"让每一位青少年丰富情感体验，发展优势智能，凸现个性特长，为未来的工作和生活奠定坚实的基础"的办学宗旨，常年开设有艺术、体育、科技等各类项目培训，努力提高教学质量，真正引领学生进入艺术殿堂，充分启迪学生的艺术潜能和聪明才智。

近几年来,中心加大投资力度,配备了多媒体演播厅、合唱厅、舞蹈室、古筝室、美术室、科技室、图书室、微机室、塑胶操场等功能场地,为广大青少年创设了更好的学习活动平台;提供了更优质的培训服务,各类培训达 5 万多人次,有 200 余名学生在国家、省级拉丁舞大赛中获一、二等奖,900 余名学生在绘画、书法大赛中获国家、省级奖,更有一批学生古筝、二胡、小提琴、葫芦丝等乐器演奏的水平达到国家规定的优秀等级标准。

**【教学案例】**

### 一、课程内容

实地探秘航空知识,识别不同机种,感知航空文化;模拟飞行和战场拓展训练、实践航模制作放飞,体验飞行员生活;学习空气动力学、流体力学等科学知识,探究高科技机器人、3D 打印技术,感受飞行探秘者向小小飞行家的激情蜕变。

### 二、课程实施

1. 在出发前一天观看《荆门爱飞客航空小镇》《飞飞环游记》等宣传视频。

2. 收集古今中外航天小故事,了解世界航空的发展史。

3. 上一堂行前安全课,就交通出行、住宿、饮食、户外训练等提出要求。

**【行程安排】**

| 时间 | | 具体安排 | 课程内容 | 研学任务 |
|---|---|---|---|---|
| 第一天 | 上午 | 08:00—10:00 | 从学校出发前往极客基地 | 1. 零距离接触真实飞机,感受大国利器国防与制造的飞跃。<br>2. 了解我国通用航空的发展与成就,激发科学探究的精神,提升观察力和学习能力 |
| | | 10:20—10:30 | 开营仪式,分组建队 | |
| | | 10:30—11:00 | 参观水轰-5、AG 600、歼-20 等 27 架飞机或模型,研习飞机的种类和航空发展史,体验航空魅力 | |
| | | 11:00—12:00 | 参观幻境球幕影院 | 感受现代科技的独特魅力,了解祖国的明山秀水和相关地理及历史知识 |
| | | 12:00—13:00 | 午餐 | |

（续表）

| 时间 | | 具体安排 | 课程内容 | 研学任务 |
|---|---|---|---|---|
| 第一天 | 下午 | 13:00-14:30 | 参加航模大课堂,动手制作"雷鸟"航模飞机,了解飞行原理,并进行放飞展示 | 通过制作航模,培养探索事物的兴趣,提高创造力、想象力和动手能力 |
| | | 14:30-16:00 | 参观五大航空文化展馆 | 拓宽视野,提高探究意识,培养社会责任感和使命感 |
| | | 16:00-17:30 | 参观机库,听专业人员讲解飞机制作原理、流程、飞行原理,在车间近距离观看飞机装配过程,观察直升机和固定翼 | |
| | | 17:30-18:30 | 晚餐 | |
| | 晚上 | 18:30-20:00 | 观看航空主题电影 | 领略中国科技的飞速发展,提高整理内务的能力,培养良好的生活习惯 |
| | | 20:00 | 整理内务,洗漱就寝 | |
| 第二天 | 上午 | 07:00-07:40 | 起床 | 通过学习战术手语,锻炼纪律性、沟通能力和学习能力 |
| | | 07:40-08:30 | 早餐 | |
| | | 08:30-09:00 | 飞行员早操 | |
| | | 09:00-10:10 | 战术手语基础教学 | |
| | | 10:10-12:00 | 军事实战对抗 | 学会正确对待竞争中的得失,理解团队协作的能力;热爱和平生活,传承红色精神,维护国家安全 |
| | | 12:00-13:30 | 午餐 | |
| | 下午 | 13:30-14:00 | 各分队作研学总结 | 学有所思,研有所获 |
| | | 14:00-15:00 | 闭营仪式,表彰优秀小分队 | |
| | | 15:00 | 集合整队,返程 | |

【思考探究】 荆门爱飞客航空小镇研学旅行资源丰富,充分将航空科普、国防体育、研学旅行、红色党建等有机结合,形成了全面、素质化的教育模式。在这里,你收获的不仅仅是飞机及通用航空知识,还有智慧与智慧的碰撞、体能的锻炼,更能学到团结协作、互帮互助。请你结合本次研学的所见所闻、亲身体验和书本上的相关知识,写一篇不少于400字的研学报告。

# 第三篇
# 经 验 案 例

# 导语

　　中小学研学实践教育在中小学教育中的重要性不言而喻，但必须得到教育管理层的高度重视，才能使其落地。湖北省教育管理部门、各基(营)地、中小学校、在推进中小学生研学旅行课程的实施中，有哪些经验可以分享？本篇精心选取了教育管理部门、基(营)地、中小学校三个层面的经验案例，相信这些有益探索会给火热的研学旅行带来启示。

第一单元

教育局组织推进经验案例

# 让研学旅行成为立德树人教育新常态

自 2016 年 12 月,教育部等 11 部门印发《关于推进中小学生研学旅行的意见》以来,宜昌市教育局认真贯彻落实教育部、省教育厅要求,在全市范围内,推行"德育即生活"的工作理念,按照"建立完善机制,规范组织管理,打造精品线路,实施科学评价"的思路,把研学旅行作为贯彻党的教育方针、落实立德树人根本任务的重要抓手,全力推进,全面实施,有力促进了学生的全面发展,得到了家长和社会的充分肯定。

**一、成立工作协调小组**

市教育局牵头成立宜昌市中小学生研学旅行工作协调小组,协调市发改委、公安局、财政局、交通局、文化局、食药监、旅游、共青团、铁路等 11 个部门的分管领导参加,促进了各类资源有效整合,形成了齐抓共管局面,明确工作联络员,建立完善了小组定期会议制度,保障了工作快速推进。

**二、探索建立宜昌模式**

协调小组深入学校、研学旅行基地和旅行社实地调研,听取各方意见建议,确立了"1+4"宜昌研学旅行工作模式,即市研学旅行协调小组+ 学校、家长委员会、旅行社、研学基(营)地。市研学旅行协调小组统筹整体工作,定期研究、解决工作中的重难点问题;学校将研学旅行纳入学年(期)教学计划,制订教学方案;家长委员会联合学校确定研学线路、承办旅行社和收费标准;旅行社根据工作方案具体承办,做好交通、食宿等服务工作;研学基地组织课程实施,做好科学评价。各小组无缝对接,密切合作,合力保障研学旅行安全有效开展。

**三、制订实施方案**

协调小组制订了《宜昌市中小学生研学旅行试点工作实施方案》,明确了工作任务、职责分工和保障机制,为全面开展研学旅行奠定了坚实基础。

**四、选定研学旅行基(营)地**

市教育局联合旅游、文化等部门印发了《关于开展宜昌市中小学生研学旅行基地评选工作的通知》,在资质、课程、服务、设施、安全多方面提出具体要求,并以此来选定研学旅行基(营)地。首批挂牌的研学旅行基(营)地共 37 家,包括自然风景区、文博馆、综合实践基地、高新技术企业等多种类型,为学生开展研学旅行提供了丰富资源。

**五、遴选推荐优质旅行社**

市教育局联合市旅游委制订了《宜昌市中小学生研学旅行推荐旅行社遴选方案》,在旅行社资质条件、专业队伍、服务产品、合作单位、安全保障、收费标准等方面制订了细则,首批推荐 3A 及以上旅行社 15 家,确保学生在研学旅行期间的吃住行安全,享受优质服务。

**六、纳入学校课程计划**

市教育局结合研学旅行工作的实际,调整义务教育阶段学校的课程课时,将研学旅行纳入课程计划。各学校将研学旅行列入全年工作计划,根据校园文化特色和学生特点,制订工作方案,组织学生提前做好研学内容的收集整理,做到早谋划、早安排、早准备。

**七、完善家长委员会制度**

指导各学校分级成立家长委员会,进一步完善家委会工作制度。家委会成员和家长代表全程参与学校研学旅行工作,负责审定学校研学工作方案,确定研学线路,委托旅行社招标,确定收费价格,向全体学生和家长征询意见,安排家长志愿者随行,等等,以保障研学旅行组织管理公开透明,真正让家长放心、认同、支持。

### 八、研发研学旅行主题课程

组织市内教育、文化、旅游行业专家成立宜昌市中小学生研学旅行课程指导专家组,研究制订研学旅行课程方案,明确课程应包含课程名称、课程目标、课程简介、活动流程、研究问题、分享展示、总结评价等内容,为课程开发提供了依据,有效避免了研学旅行"只旅不学"或"只学不旅"的现象。市教育科学研究院牵头确立"宜昌市中小学生研学旅行课程体系研究"专项课题,组织骨干力量开展研究,分学段设计课程方案,研学旅行基地、旅行社深度参与,有效整合了学校教育优势、基地资源优势和旅行社服务优势,确保研学课程贴合学生实际,有效实施,形成了"三峡大坝—屈原故里""致敬杨守敬—探寻昭君村"等多条精品线路。

### 九、建立研学旅行评价体系

市教育局制订《宜昌市中小学生研学旅行课程评价方案》,明确了评价主体、评价方式和结果呈现等要素,评价结果纳入学生综合素质评价,计入中考总分,有效发挥评价杠杆作用,引导学生、家长、社会转变观念,关注学生全面发展。创建三峡宜昌研学旅行网,充分发挥网络评价功能,在宜昌参加研学的学生可凭身份证号登陆,查询研学评价结果,打印证书,作为学生参加研学旅行活动的证明材料。同时,将各基地和旅行社基本情况、服务产品、收费标准向社会公布,畅通投诉举报渠道,接受社会监督,规范研学旅行市场。

### 十、全面推进研学旅行

2017 年 11 月 7 日,宜昌市中小学生研学旅行启动会在市青少年实践教育基地隆重召开,标志着宜昌研学旅行工作全面启动。短短半年,各学校积极行动,据不完全统计,全市逾两万名学生走出校园,走近自然和社会,收获了书本以外的知识,体验了集体生活的快乐,获得了对人生成长的感悟,赢得了家长、社会的普遍支持和一致肯定。

下一步,宜昌市教育局将着力做好"六个一",推动研学旅行工作在宜昌持续健康发展。

(1)成立一个研学旅行指导中心。 以宜昌市青少年综合实践学校为龙头,成立宜昌市中小学生研学旅行指导中心,全面指导全市研学旅行工作。中心下设学校、基地、旅行社等多个联盟体,鼓励各单位共同发展,合作共赢。

(2)制订一套研学旅行工作手册。 根据学校、家长委员会、旅行社、基地职责的不同分工,确定具体的工作流程,着重规范性和可操作性,有效降低研学旅行工作中存在的安全风险和廉政风险。

(3)打造一批研学旅行精品课程。 集合研学旅行课题组和研学基地骨干力量,充分挖掘基地资源的教育内涵,精心设计符合学生年龄特点和认知规律的研学课程,着力提高研学旅行实效性。

(4)建立一个研学旅行监管体系。 联合市研学旅行工作协调小组成员单位,研究建立研学旅行过程的监督管理机制,广泛邀请家长参与,畅通举报投诉和信息共享渠道,确保研学旅行持续健康发展。

(5)构筑一个研学旅行城市共同体。 主动联系省内外兄弟城市,构筑研学旅行城市共同体,达成战略合作协议,开展双向研学旅行和交流研讨活动,为学生研学提供更广阔的空间和优质的服务。

(6)表彰一批研学旅行先进单位和个人。 积极总结推广研学旅行过程中的经验成果,挖掘一批典型案例,联合各类媒体广泛宣传,发挥引领示范作用,营造良好的社会氛围。

研学旅行是游中学、学中思,是学与思、学与行的深度融合,是培养学生核心素养、落实立德树人根本任务、发展素质教育的重要途径和长期实践。宜昌市将坚定不移地持续推进研学旅行工作,使之成为促进学生全面发展,培养学生社会责任感、创新精神和实践能力的教育新常态。

(作者系宜昌市教育局 翟秀刚)

# 行走的课堂 开放的教室

## ——湖北省宜昌市西陵区研学旅行工作分享

宜昌市位于长江的西陵峡口,是国家区域性中心城市、湖北省省域副中心城市和世界水电旅游名城。西陵区是宜昌市的主城区,全区总面积58.97平方千米,人口54.28万。作为宜昌市的政治、商贸、文化中心和旅游服务功能区、都市工业示范区,西陵区正在加速建成辐射渝东鄂西的区域性商贸服务中心、金融信息中心、旅游服务中心、科教文化中心和宜居、宜业、宜旅、宜学、宜养的"首善之区"。全区现有中学10所,小学21所,幼儿园39所,在校(园)学生(幼儿)36889人,在编教职工2118人。

近年来,西陵区先后获得全国"两基"工作先进单位、全国义务教育发展基本均衡区、全国中小学校责任督学挂牌督导创新区、全国语言文字工作示范区、湖北省学前教育示范区、湖北省校园安全工作成绩突出集体等荣誉称号。

作为新时代深化基础教育改革的重大举措,研学旅行是落实立德树人根本任务、实现中华民族伟大复兴的基础工程。面对新时期、新形势对人才培养的新要求,作为宜昌市中小学生研学旅行先行区,西陵区于2017年10月启动了研学旅行工作,站在国家和国际人才竞争的高度来规划研学旅行,积极探索新途径、新载体、新方法,本着"科学分类、有序推进"的原则积极推进研学课程的实施。自2017年秋季至今,我区中小学、幼儿园积极推进研学旅行,一批批学生走出校园,步入社会、自然大课堂,在研学中成长。一年多来,共有56489名西陵学子在340个研学课程中平安出行、满载而归,无一例安全责任事故,实现了中小幼研学旅行"全学段全覆盖"的目标。研学旅行工作初见成效,学生核心素养明显提升,研学旅行活动已逐渐成为宜昌市西陵区中小学、幼儿园的常规课程。

总结起来,我们主要从以下四个方面进行了探索与实践。

**一、高度认识,加强领导,统筹规划布全局**

思想是行动的先导,认识的高度决定着行动的力度。研学旅行工作是贯彻十九大精神,努力办人民满意教育,全面实施素质教育,切实培养社会责任感、创新精神和实践能力的一项重大举措,是学校教育和校外教育衔接的创新形式,是教育教学的重要内容。

西陵区教育局高度重视研学旅行工作,不断增强责任感和使命感,提高思想站位,成立了以局党组书记、局长为组长的西陵区中小学、幼儿园研学旅行工作领导小组,具体工作由分管副局长和基教科牵头,安全科、幼教科、校外活动中心配合落实。各校(园)分别组建了工作机构,建立了相关制度,制订了翔实的工作方案,定期总结,并将家长委员会代表纳入了组织管理机构成员,邀请家长全程监督。

加大培训力度,不断提升全区研学旅行管理水平。西陵区于2018年10月举办了为期七天的西陵区中小学研学旅行管理能力提升及课程资源开发专题培训班,组织中小学校长、研学负责人和相关科室负责人共40人赴山东青岛、曲阜、济南等地,通过专家讲座、主题研讨、实地观摩、课程体验等形式,学习了山东中小学研学旅行工作中课程资源与校内学科课程有效衔接、运行模式、部门联动、管理规程,以及安全保障等方面的措施与经验,进一步推进中小学研学旅行工作健康有序发展。同时,不断加强和完善研学旅行的组织及管理工作,将各校(园)的研学旅行实施情况纳入年度综合考评,有效增强了研学旅行的工作力度。

**二、突出课程,强化开发,多彩主题呈亮点**

课程是研学旅行的核心,是提高研学旅行质量的关键。课程设计是重点,西陵区致力于探索独具特色的

"西陵模式",以学生为中心,以课程为核心,亲近自然,体验社会。各校(园)根据校情、生情、不同学段的特点和目标,与校内的学科课程进行对接与深度融合,加强研学课题研究,做到以"研"为核心、以"学"为目的、以"旅"为载体、以"行"为实践,让学生在一个学段完成相关学业的同时,体验不同类型的研学旅行。目前全区已开发了国学礼仪类、水电文化类、革命传统教育类、自然生态类、科普创新类、人文历史类、职业体验类、军事拓展类、毕业旅行9大类研学课程,以满足不同年龄层次学生的多样化需求。

(1)国学礼仪类。小学低龄段:西陵区在小学一年级新生入校之初开展"国学礼仪—开蒙启智"研学课程,让孩子在正式入学前经历行拜师礼、朱砂启智、开笔破蒙、诵读《弟子规》、行拜父母礼、分发智慧笔六步,开启智慧之门,正式步入学堂,让孩子们在感受中华"礼仪之邦"魅力的同时,激励他们拿起智慧之笔,书写灿烂的人生新篇章。

小学高龄段至初中:以"弘扬中华优秀传统文化"为主题,通过拜访名人故居、聆听文人成长故事来感受中华传统文化的博大精深,传承中华优秀传统文化。孩子们走进秭归屈原故里、宜都杨守敬书院等基地,在经典诗词诵读中感悟成长,深刻了解宜昌名人屈原及其爱国主义思想和坚韧不拔的精神,进一步激发对本土文化的热爱和对家乡的自豪感。

(2)水电文化类。以"弘扬三峡精神、激发梦想力量"为主题,依托全国中小学生研学实践教育基地——三峡大坝的丰富教育资源,让学生在三峡大坝研学旅行中,通过游览坛子岭,参观截流纪念园、三峡大坝建设者文化馆、展览馆等课程内容全面深入了解"大国重器"三峡工程的历史、截流壮举及建设过程,感受父辈建设者的艰辛,进一步增强对中华民族的文化自信,用三峡精神引领青少年梦想前行,助力青少年的课堂从教室一隅、三尺书桌走向多彩世界、壮丽河山。

(3)革命传统教育类。走进湖南长沙、韶山,了解毛主席青年时期的学习精神,学习毛主席从小立志为人民服务的崇高理想,激励学生学习伟人品德的精神,树立正确的人生观、世界观、价值观;走进武汉辛亥革命纪念馆,重温历史,感悟赤子爱国情怀,传承革命精神,树立远大理想,感恩幸福生活。

(4)自然生态类。走进宜昌周边的三峡国家柑橘公园、东方年华等研学基地,亲近大自然,通过观赏优美自然景观、分享采摘烹饪经验、学习制作标本等活动,让学生在欣赏祖国大好河山、领略四方风土人情的同时磨炼意志、强健体魄,并在徒步旅行和农业采摘活动中感受农家田园风采,领略现代农业发展的无穷魅力。

(5)科普创新类。以科技创新为主题开展系列研学活动,带领学生走进宜昌市城市规划展览馆、美格创客教育基地,让学生认识宜昌,了解宜昌,感受家乡的飞速发展;走进武汉科技馆,学习摩斯密码并拼装发报装置,通过小组活动制作辽宁号模型并为其安装动力装置,利用纸箱制作纸船并下水进行载人实验,激发学生的科学兴趣和探究精神,不断提升学生的科学素养;走进荆门爱飞客小镇,身临其境体验飞行,普及航空航天知识,培养学生的创新能力、团队协作能力,提升实践与反思能力。

(6)人文历史类。走进山东孔孟之乡、荆州、宜昌三游洞、屈原故里等人文名胜,通过参观、体验等方式,让学生全面了解并感受中华传统文化的博大精深,激发学生热爱祖国、热爱家乡的情怀,继承与弘扬中华优秀传统文化,展现青少年积极向上、追求美好生活的时代精神。

(7)职业体验类。以"职业启蒙"为研学主题,依托宜昌三峡广播电视研学基地和西陵区黔宜阳光梦想城青少年校外综合实践基地开展各类体验活动,为学生提供职业认知启蒙、职业体验的课程。让学生在"乐中求知、玩中求智、动中创新、赏中养性",在职业体验中感受精彩人生,锻炼学生的动手能力和团队协作能力。

(8)军事拓展类。依托宜昌市青少年实践教育基地、进威军旅研学旅行基地、三峡国际青年营等基地开展各类军事体验活动,了解中国人民解放军的历史和伟大事迹,塑造军人形象,强健体魄,磨炼意志,挖掘潜能,提高生存技能,强化自我管理能力,增强团队协作意识。

(9)毕业旅行。将毕业典礼与研学旅行有机融合,带领学生走进北京、南京等城市,以体验式教育为载体,在毕业之际师生携手深度探寻古都之美,感知伟大祖国的飞速发展,在团队活动中回味同窗情谊,抒发人生理想;到中国香港、新加坡等地开展研学旅行活动,感受不同的地域文化和人文环境,增进学生对不同国家和地区、不同文化的认识和理解,拓展国际视野,丰富人生阅历。

为加强课程管理,我们还下发了西陵区研学旅行推荐课程目录,共收录了24个成熟的研学课程项目,对于指导学校选择高水平的课程有积极推动作用。

这些立意高远、目标明确、生动有趣、安全高效的研学课程使学生研有所思、学有所获、旅有所感、行有所成,在研学旅行中经历了与课堂学习不一样的实践学习,收获了团队合作,锻炼了实践能力和创新能力,达到了预期的育人效果。

**三、走实程序,构筑防线,制度落实保平安**

根据国家、省、市关于研学旅行工作的要求,宜昌市西陵区相继出台了关于中小学、幼儿园开展研学旅行工作和申报审批等文件,落实课程实施前的审核备案制,实行研学服务单位动态备案、各学校与家委会公开招标的制度,强化资质安全和过程监管,有力保障了全区研学旅行工作的稳步有序开展。

1. 服务单位动态备案

西陵区对研学服务单位实行动态备案制。凡是省、市认定的基地和旅行社等服务单位均可来区教育局按照研学旅行服务单位的各项标准进行资质备案。凡经服务单位自主申报、区教育局业务科室联合审核、区教育局党组集中审定的服务单位均可通过备案,可直接到区属学校接洽研学事宜,各学校不必再对备案单位的资质进行重复核查,以减轻学校核查的压力。同时,对承接学生研学旅行的基地、旅行社的资质和服务等进行有效监督,对资质逾期、服务质量不高或师生家长反馈差的,予以通报整改或取消备案。

强化年检,促使服务单位不断提升服务质量。自2019年起,我区对备案的服务单位进行了年检,根据资格条件、服务质量、过程评价等标准进行审查,目前共有29家研学基地和14家旅行社通过了年检,有4家基地和1家旅行社没有通过年检。年检工作为新一年学生的安全出行保驾护航。

2. 研学实施公开招标

局属各校(园)严格按照西陵区研学旅行申报工作通知中的相关要求履行报备手续,走实招标程序的每一步,在招标前对照西陵区中小学(幼儿园)研学旅行服务单位信息表,查验各服务单位法人授权研学负责人的身份信息,严禁非备案授权人员进入校园从事研学事宜。

课程招标确保学有所得。各校在招标前提供三个以上的研学课程供家长选择,并做好课程解读工作;各校家长委员会在学校推荐的课程中选择适合各年级学生的研学课程方案,向全体家长公示公开学生研学所需的总费用及各项服务费用清单。

服务招标确保师生满意。通过公开招标的方式遴选出实施该课程的服务单位,家长委员会全程参与并监督招标全过程,公示招投标所有信息,严格做到公正、公开、公平。中标服务单位对学校研学旅行服务作出承诺,制定切实可行的工作方案和安全预案,与学校签订《安全协议书》;每车至少安排1名符合资质的研学指导师和1名导游全程跟团,确保学生吃、住、行等各方面的安全。

3. 研学旅行行前审批

全区各校(园)在正式实施研学课程前,将相关资料报至区教育局相关职能科室:将研学课程方案、《致家长的一封信》、导游资质信息等材料报至教育科审核;将《学生集体外出审批表》《安全预案》、出行车辆及驾驶员详细信息报至安全科。区教育局分别向交警、交运部门和市旅游委员会导服中心致函,核查出行车辆及驾驶员、随行导游是否符合相关要求。如果在核查过程中出现不合格信息,责令服务单位迅速更换符合要求的车辆、驾驶员和随行导游。科室审核后报分管局长及一把手局长签字审批。

4. 研学课程过程监管

签订规范合同及《安全教育协议书》。中标服务单位必须与学校签订标准规范的《宜昌市中小学研学旅行合同》,出行前一周向全体家长发放《致家长的一封信》(纸质)。与家长委员会签订《安全教育协议书》(学校备案),并邀请家长代表参与课程实施,对全程活动进行监督。

加强安全教育。各校(园)制订切实可行的安全应急预案和详细的风险预估方案,找准预案启动节点,把课程实施中可能存在的安全风险告知学生和家长,同时加强对学生的安全教育,强化安全意识。

落实行前核对。各校(园)在获准出行前须进行四个核对:核对出行人员保险信息;核对报备车辆信息;核对报备驾驶员信息;核对报备导游信息。核对无误后方可外出实施课程。研学旅行过程中如实填写《西陵区中小学研学旅行过程监管单》,并于研学课程结束后两天内将其交至区教育局。

5. 评价考核促研学质量提升

各校(园)建立健全学生研学旅行评价机制。注重学生行为习惯、团队合作、活动设计与规划、组织管理与协调、问题探究与解决、信息收集与处理等方面的表现,并纳入学生综合素质评价和学校教育质量评价体系,逐步形成尊重个性差异、鼓励多元发展的科学评价体系。在研学旅行结束后,及时做好活动总结,不断创新形式,因地制宜开展研学报告(手册)展评、研学旅行征文评选、研学旅行手抄报(绘画)比赛、研学旅行摄影作品展、研学旅行演讲比赛等多种展示、观摩和评选活动,通过各媒体宣传研学旅行,推荐优秀成果作品,搭建平台,让学生充分交流所见所闻,展示所得所获,促进研学旅行质量不断提高,有效调动广大师生和家长对研学旅行工作的积极性。

同时,根据各校(园)将研学旅行纳入常规教育教学计划的实施情况,区教育局定期做好督导评估,将研学旅行课程实施情况纳入年度目标考评,逐步使研学旅行常态化、规范化;积极建立研学旅行奖励表彰制度,对研学旅行工作突出的学校和服务单位予以表彰,对表现突出的个人(教师、学生和家长)予以表彰,并做好典型推介。

利用调查问卷,全面评估研学质量。2018 年 12 月初,对全区所有中小学校管理者、中小学生、教师和家长分别进行了"学校版""学生版""教师版""家长版"的研学旅行问卷调查。就问卷中反映的工作亮点和暴露的突出问题及时与服务单位做好沟通,更好地促进研学课程质量和服务质量的不断提升。

**四、多方协调,高标管控,齐抓共建促提升**

开展研学旅行是一项社会综合活动,需要社会多个部门的通力协作,探索建立一套规范管理、责任清晰、多方合作、保障安全的常态化研学旅行协同配合机制,加大统筹协调力度,合力推进研学旅行工作。

宜昌市西陵区把保障学生安全作为研学旅行的第一要务,根据湖北省研学旅行服务规范中的相关要求,会同旅游、保险、食药监、交通、卫计等多个部门对相关旅行社和研学基地的备案资料进行严格审查,确保高信誉的优质服务单位为师生做好研学服务。

管好服务。会同旅游行业监管部门审核备案基地、旅行社等服务机构的资质条件,同时会同导游服务中心对旅行社在职导游的资质进行审核,不断提高服务标准和质量。

管好交通。会同公安、交通等部门把好"学生交通出行关",要求负责派出车辆的交通运输公司必须具备交运部门年度考核 2A 以上等级;出行车辆的保险和实时车况符合交通运输主管部门的要求;出行驾驶员在出行前一个月无违章记录,以保证驾驶员和车辆以最佳状态参与研学旅行。

管好吃住。会同卫计、食药监等市场监管部门把好饮食住宿安全关,加强住宿、餐饮等公共经营场所的安全监督,审核相关服务单位的《卫生许可证》《食品经营许可证》和《特种行业许可证》,为师生食宿提供强有力的保障。

管好保险。在湖北保监局宜昌分局的指导下,监控各服务单位为师生购买人身意外险、公共(安全)责任险情况,督促地方保险行业及服务单位提供并优化校方责任险、旅行社责任险等相关产品,真正为师生出行提供最全最优的保障。

"此地江山连蜀楚,天钟神秀在西陵",研学路上一山一水,一事一物皆有教育,研学工作永远在路上。我们相信,在省、市教育管理部门的指导下,我们将继续探索实践,不断丰富课程内涵,发掘育人功能,让研学旅行作为提升学生核心素养的重要抓手,让我们的学生"研"得有理、"学"得有趣、"旅"得快乐、"行"得安全,为全省研学旅行工作做出新的贡献!

(作者系宜昌市西陵区教育局 蒋葵林)

# 突出课程支撑作用　完善研学网络体系

黄冈市学生综合实践基地是 2013 年获得教育部和财政部审批通过的全国 150 所示范性综合实践基地之一,一期工程于 2015 年底竣工,随后投入运营。

在市教育局的重视和具体指导下,基地近年来围绕建设一流研学营地的总体目标,积极推进研学实践教育,服务黄冈广大中小学生,做了大量的工作,主要集中在以下几个方面。

**一、完善基地建设,创建研学营地**

近年来,黄冈市学生综合实践基地加大投入,不断完善研究性学习教学设备、生活设施、安全设备等条件,深化相关课程研究,开展丰富多样的研学实践活动,提升研学旅行工作品质。根据省教育厅关于研学实践教育营地建设的相关要求,基地积极创建、申报省级研学营地,经省教育厅审查,于 2018 年 11 月正式获批成为湖北省首批研学旅行教育营地。这是我们荣誉,更是对我们的鞭策。

**二、突出课程建设,建立支撑体系**

经过一年多的探索,黄冈市学生综合实践基地初步建立起完整的课程体系,包括 7 大模块 62 门具体课程,能满足小学、初中、高中不同学段及不同地区学校的不同研学实践需要。

课程体系包括以下内容:国防教育模块,含真人 CS、定向越野等 5 门课程;习惯养成教育模块,含面点制作等 3 门课程;生命安全教育模块,含交通安全等 3 门课程;青少年成才教育模块,含入团仪式、成人仪式等 3 门课程;素质拓展模块,含孤岛求生、团队浮桥、攀岩等 21 门课程;科学实践模块,含气象观测、趣味物理、创意机器人等 9 门课程;基地研学模块,含多彩黄冈、遗爱湖国家湿地公园等 17 门课程。

**三、营地基地联动,构成研学网络**

黄冈市学生综合实践基地积极发挥营地自身优势,广泛联系黄冈市辖区内及周边研学实践基地、场馆、企业,以及其他地理、历史、人文资源站点,构建了丰富、生动的黄冈特色研学资源网络。

黄冈城区有遗爱湖国家湿地公园、东坡赤壁、黄冈市博物馆、李四光纪念馆、大别山地质博物馆等研学站点,为广大中小学生了解历史、欣赏古典文学、了解地质理论、落实环保理念提供了难得的现实场景,黄冈市学生综合实践基地主动对接资源单位,为其设计课程及实施方案,将"营地 + 基地"的研学模式落到实处。

**四、争取政策支持,规范研学秩序**

经过一年多探索,市教育局在全市研学实施试点工作的基础上,总结经验,吸取教训,特别是针对部分学校好高骛远、只游不学等问题,出台了系列的规范性文件,大力推动向"营地 + 基地"研学模式的转变。

一是市教育局印发了《关于普及中小学生研学实践教育的通知》,除了详细规定研学对象、活动时间等内容之外,重点对领导、宣传、安全、示范、课程、评价、收费等 7 大现实问题作出了明确规定。

二是以教育风险领导小组名义印发《关于印发〈黄冈市研学实践保险工作方案〉的通知》,统一了研学实践基(营)地公众责任保险和学生意外伤害保险的费率和赔付标准,为研学实践教育加固了安全防护墙。

三是市教育局和市文旅局共同遴选市级研学实践教育基地和营地,截至 2019 年底,已授牌营地 8 个,基地 24 个,初步形成了覆盖黄冈全市的"营地＋基地"研学网络体系。"

**五、教育效果显著,社会反响良好**

2018 年,全年参与研学实践教育的中小学生过 10 万人,课程主要集中在红色文化研学、东坡文化研学、农耕文化研学等主题上。

红安红色足迹研学活动,以爱国主义为核心,以革命传统教育为重点,通过阅读革命传统故事、观看红色电影、重现革命场景、开展红色研学等方式,组织中小学生开展丰富多彩的寻访红色足迹活动,引导学生了解中国近现代史,特别是中国革命史和中国共产党历史,感受革命情怀,弘扬革命精神,坚定永远跟党走的理想信念;农耕文化主题研学活动,向同学们展现一个课本外的全新世界,让每一位学生亲近大自然、融入大自然,感知自然界春耕秋收的神奇,让生态意识和文化理念在心中扎根萌芽,让学生感受非物质文化遗产的魅力,增强学生对中国优秀传统文化传承的兴趣,在学习、观察、动手的实践操作中,激发学生们的创造灵感,培养集体合作意识和创新精神,在轻松愉悦的环境中完成知识与素质双重教育。

基地坚持以"启我智慧、巧我心灵、陶冶情操、健康成长"为指导思想,坚持思想品德教育和素质教育相结合的原则,坚持公益性和盈利性相结合的原则,以"传承、育德、启智、强身、审美"为教育理念,以"学生发展,家长放心,社会满意"为工作目标,深入推进研学实践教育,促进学生全面发展,得到了黄冈当地政府、相关部门及学生家长、广大学生的普遍认可,社会评价较高。今后,我们将更加努力,力争把我市学生综合实践基地办成全省乃至全国优秀研学实践教育营地。

(作者系黄冈市教育局 徐冬鸿)

# 麻城市国家级研学旅行试点工作实践

**一、背景与概况**

2015 年 10 月,麻城市被教育部基教一司确定为全国十个研学旅行试点单位之一。11 月,市教育局制订了《麻城市中小学研学旅行实验方案》,在全市选择了 9 所学校作为试点单位,开始了研学旅行实验工作。经过近两年的试点,麻城市根据"依托研发团队,立足四大文化(红色文化、绿色文化、孝善文化、民俗文化),注重课程建设,创新研学模式"的思路,摸索出了一套规范的操作流程,开发了系列研学旅行活动课程,并形成了"3+6"活动模式。

**二、过程与举措**

(1)确定主题。各校紧紧围绕"4610"德育活动确定阶段性研学旅行主题,制订研学计划。

(2)制订方案。学校组织家长代表考察确定合适线路,明确分工和责任,制订研学旅行活动方案和课程实施方案。

(3)申报审批。学校提交研学旅行活动申报表,由基础教育科、法制安全科、审计监察科共同审批。

(4)宣传收费。由家长委员会主导召开家长会,公布活动详细方案和收费标准,学生自愿报名参加,由家长和旅行社签订安全协议。学生费用收取和支出公开、透明,领队老师所需费用从学校公用经费中列支。

(5)组织活动。每车至少安排 2 名教师、1 名家长和 1 名导游全程参与,负责活动的安全、组织、评价等工作。

(6)反馈评价。活动结束后,组织教师、学生、家长和服务单位开展不同层面和形式的评价,检验活动效果,反思提升。

**三、特色与创新**

(一)开发了系列研学旅行活动课程

开发了以"基地＋研学点"为组织形式的"红色文化、绿色文化、孝善文化、民俗文化"四大系列特色活动课程。

(1)红色文化。以"天下将军第一乡"乘马镇红星英烈园、乘马会馆、王宏坤墓、王树声故居、幼安陵五个研学点为主,进行革命传统教育。

(2)绿色文化。以现代农业生产基地、五脑山国家森林公园、湿地公园、大别山地质公园和自然风景区为主要研学点,进行生产劳动和自然生态教育。

(3)孝善文化。结合"忠勇孝善"的麻城精神,挖掘移民文化、新农村建设等资源,以孝感乡都、移民文化公园、美丽乡村等研学点为主,进行中华传统美德、中华人文精神教育。

(4)民俗文化。利用丰富的民间游戏、民间技艺、传统制作工艺、风土人情和民俗艺术资源,开发了传统文化研究、设计制作,非物质文化传承等主题实践活动课程,进行热爱家乡、传承文化、实践创新教育。

(二)形成了"3+6"活动模式

1. 活动前——"三会""六备"

"三会":研学旅行联席会议(包括教育局等单位),学校校委会、班主任会和教师会等系列会议,家长听证考察会。

"六备"：备主题、备线路、备安全、备研学点、备知识、备问题。

2. 活动中——"三看""六感"

"三看"：跟团教师、家长要随时关注活动的每个环节及每位学生，一看学生的身体状况，是否有体力不支、掉队的情况；二看学生的活动状况，学生的参与积极性怎样，是否达到预期效果；三看服务单位的服务状况，关注周边环境，是否有安全隐患。

"六感"：研学活动中，要求学生动用所有的感官参与、体验、感悟，即用耳听、用眼看、用脑想、用口问、用笔记、用手拍(拍摄)。

3. 活动后——"三评""六展"

"三评"：一是学校层面评选优秀成果和优秀团队、个人；二是参加研学的学生、老师、家长对研学点和基地、线路进行评价；三是教育局评选研学工作先进单位、表彰优秀教师和优秀研学课例。

"六展"：通过六种方式进行反馈。一是"谈"，跟家长和朋友交流，找出最大的收获是什么。二是"写"，写体会，写感受。三是"讲"，每班择优让学生在国旗下讲话，跟全校同学分享心得体会。四是"画"，通过绘画的形式，将自己的见闻画下来，培养学生的审美情趣，提高创作能力。五是"编"，搜集活动中的照片和相关的文件资料，编手抄报、图册等。六是"晒"，晒心得体会、晒图画、晒照片，编制文集和图册，以年级为单位制作 PPT 在全校展示，与其他年级同学分享。

**四、成果与影响**

研学旅行工作开展以来，麻城市教育局多次在省级研学旅行工作会议上交流经验，汇报材料和活动简讯共有四篇在《湖北省校外教育工作简报》和《湖北省研学旅行工作简报》上发表。2017 年 12 月，研学旅行活动案例荣获教育部优秀案例。在全省校外教育首届优秀课程活动案例评选中，多名教师的活动案例获奖，麻城市教育局获优秀组织奖。

研学旅行活动的开展深受学生、家长和老师的好评。一是学生参与积极性高，在研学旅行中得到成长。从活动效果反馈来看，学生不仅增强了组织纪律观念和自理能力，还增强了自信心和表现欲。二是教师转变教学方式，在研学旅行中得到启发。在课程开发和组织实施过程中，教师们感触良多。班主任肖芳兰说："我们过去知道要把课堂还给学生。通过这次研学旅行活动，我认为应该把自然还给学生，学生们在游戏中、活动中真正地学到知识。"三是家长全程参与，在研学旅行中转变了思想。通过家长委员会的组织、参与和积极宣传，家长们不仅打消了顾虑，还纷纷表示，对今后的研学旅行活动充满期待。

**五、经验与反思**

1. 选好研学旅行基地是前提

为了保证研学旅行活动安全、有效，市教育局联合市旅游局，依据教育性、安全性、公益性、实践性的原则，制订评选标准，在全市范围内开展了麻城市中小学研学旅行基地评选活动。

2. 挖掘开发和组织实施课程能力是关键

如何挖掘研学点课程资源、将课堂知识与课外实践相结合，合理选择社会教育资源，如何在开阔的室外或立体的馆所中组织学生，这不仅要求指导教师熟悉本学段学生的教育目标，更要对研学地的教育资源充分了解，并有丰富的带领团队在移动中活动、学习和思考的经验。因此，组建团队研发活动课程，培训教师的课程实施能力是研学工作的关键点。

3. 形成基地活动联盟是今后发展的方向

在打造本地精品研学线路的基础上，要整合周边县市资源，与其他研学旅行实践基地合作，丰富活动课程内容，形成相互补充、积极互动的良好态势。

（作者系麻城市教育局）

# 拓展育人新境界　　做活研学大文章

　　黄梅，建县千年，处吴头楚尾，底蕴深厚，享有"四乡"（武术之乡、楹联之乡、诗词之乡和挑花之乡）、"三地"（佛教禅宗发祥地、黄梅戏发祥地、红十五军诞生地）之美誉。黄梅自古文风鼎盛，崇文重教。近几年，我县教育投入大、资源配置优、育人质量高，连续17年获得黄冈市高考质量特别优秀奖，在黄冈市首创"湖北省学前教育示范县"，获国务院"全国'两基'工作先进单位""全国义务教育发展基本均衡县"、省政府"义务教育均衡发展示范县"等荣誉称号。

　　2018年以来，我们积极寻求教育发展新的增长点，推进中小学生研学实践工作，为学生的全面发展搭建广阔舞台，引导学生从课堂走向校外，使其"身体和灵魂同时在路上"，达到学思结合、学行相融的育人效果。经过一年的探索与实践，研学旅行已成为黄梅学子的启智修身之行、求真尚美之旅。

　　**一、顶层设计：政府主导、完善机制，形成大保障**

　　（1）政府主导。我县研学旅行工作受到县委、县政府的高度重视，成立了由县委常委、宣传部部长任组长，分管教育副县长为副组长，14部门"一把手"为成员的领导小组，认真研读教育部、国家旅游局、省教育厅等部门下发的相关文件，科学评估我县开展此项活动的基础条件。在广泛学习、调研、研讨的基础上，县教育局等14部门联合印发了《黄梅县中小学生研学旅行工作实施意见》，成为我县研学旅行工作的制度保障；领导小组专门召开启动会、推进会，大力统筹推进。我县中小学研学旅行顶层设计的大框架科学、快速形成。

　　（2）责任部门主动作为。教育局成立研学旅行活动管理办公室，按照"活动有方案、行前有备案、应急有预案"的要求，对活动安全、课程质量、经费筹措、报批程序四个方面严格把关；市公安局、交通局、卫生局、食药监等部门安排工作人员全程参加每次活动；市发改委、文化和旅游局、物价局、共青团等部门积极支持，热情服务。

　　（3）学校主体实施。各学校是开展研学旅行活动的主体单位，以乡镇中心学校为单位对接所在地相关部门，建立校长主责、分管校长主管、家委会代表参与的学校领导工作小组，并组建安全、课程、经费三个工作专班，负责各项工作的推进落实。

　　**二、基（营）地建设：一主多辅、区域融合，构建大格局**

　　基（营）地是研学实践教育的基本保障，也是制约活动开展的一大难题。为解决这一问题，我县确立"突出黄梅戏曲特色，分片分区挖掘资源"的基本思路，积极遴选、打造研学旅行基（营）地。

　　（1）通过招商引资，建设向日葵青少年研学实践营地。该营地累计投入1.3亿元的一期项目基本建成，已经进行了试运营，效果良好。目前正规划建设黄梅戏主题公园、游泳场（馆）、运动场等。向日葵青少年研学实践教育营地已经被认定为省级研学旅行实践教育基地（营地）。

　　（2）根据本土资源，完善一批主题实践基地。在全面开发县级教育基地的同时，重点打造五个基地：突出革命传统教育的红十五军诞生纪念地，突出地方农耕文化的太白小镇，突出劳动实践教育的邢绣娘生态园，突出国防教育的丹桐拓展基地，突出植物生态科学教育的蔡山梅苑和龙感湖湿地保护区。

　　（3）实行区域融合，开发一批县外研学基地。如：蕲春李时珍纪念馆、黄石科技馆、黄石矿博园、安徽太湖五千年文博园，武汉、合肥等地的知名大学，等等。

　　经过一年的探索实践，我县逐步形成了"一主（向日葵营地）多辅（本县五大主题实践基地）、区域融合（开发县外实践基地）"的研学旅行网络体系。一年来，我县4万多名学生在这些基（营）地开展了研学旅行活动，并为周边县市区 7000 余名学生开展黄梅戏等研学活动提供了优质服务。不仅如此,各学校还充分利用周边"绿色""红色""古色""特色"资源,让学生就近全员研学,形成了黄梅学生研学实践普遍开花的格局。

### 三、课程开发:立足本土、目标管理,共享大资源

(1)课程是实现育人目标的载体。我们立足本土,组建专业团队开发和打造课程,研究扁平化管理模式,帮助学生在研学小组中落实课程学习。同时,将学生参加研学活动的情况纳入素质综合评价体系,并把学校参与活动的情况与年度工作绩效挂钩,确保研学课程开发取得实效。

(2)凸显地方文化,打造黄梅戏特色课程。在向日葵营地的黄梅戏小剧院、黄梅戏服展馆学戏看戏,在邢绣娘生态园参观古戏楼、聆听采茶戏,在太白小镇水上剧场欣赏原汁原味的黄梅戏小调,在蔡山梅苑观赏黄梅戏实景演出。加上小池镇即将建设的"黄梅戏小镇",我县逐步形成了以营地为中心,各基地相连通的三天两夜的"探寻黄梅戏"系列课程。

(3)围绕核心素养,分年级打造系列课程。一年来,我县由研学办牵头,立足教育性、突出实践性、加强融合性、确保安全性,经过多次研究论证,确定了按年级分别规划实施的红色记忆、绿色生态、科普创客、传统文化、创新实践、国防军事、职业规划七大研学旅行课程,并按照课程主题逐步开发了八条线路。根据线路挖掘文化内涵,组织编印了各年级的研学手册,使研学活动有计划、有载体,避免了"只旅不学"的现象。

(4)鼓励多元发展,基(营)地开发校本课程。在开发全县大课程的前提下,鼓励各研学营(基)地结合实际,自主开发校本课程,形成课程超市,供各学校自主选择使用。如向日葵青少年研学实践营地借鉴成功经验,集中优势"兵力",开发出了研学实践课程 90 多门,小学、初中、高中各不少于 30 门,并命名为"七彩课程"。太白小镇的农耕体验、邢绣娘生态园采茶品茶、丹桐拓展基地团队建设、梅苑基地植梅赏梅等系列课程逐步形成品牌,深受学生喜爱。我们还联合安徽太湖五千年文博园,打造编印了《行走中的国学课堂》研学旅行课本,真正实现了在校内开设不了的课程在校外开展实践。

### 四、组织实施:统筹推进、落实细节,确保大成效

经费、安全和服务单位的准入是制约研学旅行深入推进的难题。我们充分调研并经过党组会讨论,寻求到了解决问题的思路和办法。

(1)严格管理,确保安全。研学办宏观控制县外研学人数,每天不超过两所学校,总人数不超过 500 人。服务公司实时监控活动情况。行前,分析安全风险点、购买活动意外险、落实安全教育责任;行中,各学校配合属地公安、交通、卫生、食药监等部门随队人员落实监管责任,协助服务公司切实做到"三查七对",落实安全主体管理责任;行后,分享安全工作经验供兄弟学校学习。

(2)严肃纪律,规范收费。经费渠道落实"四个一点":县财政每年拨付一点、学校公用经费列支一点、社会公益资助一点、学生个人承担一点。费用收取做到"三个必须":必须召开家长委员会通过收费方案、必须征求家长意见自愿参加、必须公示收费标准(物价部门牵头召开价格听证会,精准核算费用,合理确定标准)。

(3)严谨遴选,优质服务。为了防范安全风险、竞争风险、市场风险、廉洁风险,提高研学实效,我们通过前期调研遴选,目前只确定一家资质合格、信誉良好的研学旅行服务公司,在试点期间为县外开展研学活动的学生提供服务,较好解决了市场竞争的混乱局面和腐败问题。

(4)严密组织,稳步推进。按照循序渐进的策略,我县采取部分学校、部分年级先行先试,具体操作是试点学校从县城向农村扩展,学段从小学到高中扩展,线路从县内向县外(100~200 千米)扩展。五年级、八年级、高中一年级学生每年到向日葵营地开展封闭式研学实践,四年级以下的低年级学生就地、就近研学,其他年级学生自行选择外出研学或前往本县基(营)地研学。有效避免了打乱仗、重复学的问题。

发展是永恒的主题,研学实践永远在路上。我们将坚持"立德树人"的初心不变,不断加强探索和实践,持续把研学实践与提升学生素养有机结合,发掘研学资源、丰富课程内涵、收获实践真谛,让学生探行一路、研学一程、受益一生!

(作者系黄梅县教育局　陈睿)

# 打造精品线路课程　创建红色研学品牌

　　红安是红色的土地。革命战争年代,这里打响了黄麻起义第一枪,是鄂豫皖苏区的中心,诞生了董必武、李先念两位国家主席和陈锡联、韩先楚、秦基伟等223位共和国高级军事将领,走出了红四方面军、红二十五军、红二十八军三支红军主力,为新中国的成立牺牲了14万英雄儿女,登记在册的革命烈士达22 552人,被誉为"中国第一将军县"。习总书记在红安调研时高度评价了红安对中国革命所做的贡献,他说:"红安过去叫黄安,为了中国革命的胜利牺牲了14万英雄儿女,这里的土地是烈士的鲜血染红的。"强调要"把红色资源利用好、把红色传统发扬好、把红色基因传承好"。为贯彻落实习总书记指示与精神,充分利用红安的红色资源,传承红色基因,落实立德树人任务,我们紧紧围绕"红色红安、红色营地、红色研学"作文章,确立了"传承红色基因,弘扬红色文化;践行素质教育,促进知行合一"的办学理念,努力打造"以红色教育为特色,坚持红色为主,多元融合;学生为主,兼顾成人;体验为主,知行合一"研学特色,开展了丰富多彩的红色研学旅行活动。主要做了以下工作。

## 一、精心搭建红色研学平台

　　借国家推进研学旅行的大好机遇,红安县教育局争取县委、县政府的重视和支持,将中小学研学旅行纳入全县经济社会发展规划,高标准、高速度建设研学旅行基地。红安青少年研学实践教育营地于2018年建成并投入使用。营地位于红安县经济技术开发区,一期建设总投入9000万元,占地约9.3万平方米,建筑面积1.8万平方米,营地设施完善,功能齐全,一次可接待1600名师生活动、住宿、就餐。营地紧邻武麻高速公路出口和高铁红安西站,交通十分便利,从武汉市区乘车,一小时内就可到达。为满足大批次研学旅行团队来到红安开展活动的需要,县教育局还投资480万元,对位于县城的马岗小学和七里坪镇的七里中学两个研学接待基地进行设施升级改造,使全县研学基地能同时接纳6000人。从2018年9月至今,营地共接待县内外中小学生和社会团队过16万人次。2018年,营地被命名为"湖北省中小学生研学旅行实践教育营地""全国中小学生研学实践教育基地"。

## 二、精心打造营地红色文化

　　红安青少年研学实践教育营地设立了"永远跟党走"大型钢雕一座,"领袖与红安"大型宣传牌6个,"红安精神"等大型墙体喷绘5幅,"红安开国将领"介绍灯箱20个,"红安为什么这样红"大型宣传栏11个,"诗词版红安红色研学景点介绍"宣传栏8个;与新华书店联合设立红色图书室1个,藏书5000册。学生到营地后,换装迷彩服或红军装,编成连队,活动和行进时呼喊革命口号,唱红色歌曲。晚上,组织学生观看红色影视片。营地形成了浓郁的红色文化氛围,增强了环境育人效果。

## 三、精心遴选红色研学旅行基地

　　红安是全国爱国主义教育基地,全国30条"红色精品线"和100个红色旅游经典景区之一。红安的革命文物和名胜古迹遍布全县,国家、市、县级以上文物保护单位有163处,其中革命遗址遗迹和纪念场馆110处,已成为革命传统教育的重要场所。我们组织专家、校长、教师,通过多次现场考察和论证,根据研学的需要、遗址(场馆)内容特色、交通条件等,选取了黄麻起义和鄂豫皖苏区纪念园、李先念故居纪念园、七里坪长胜街、董必武故居等20处作为开展革命传统教育、理想信念教育、爱国主义教育的研学旅行基地并挂牌。

**四、精心培训红色研学旅行导学员**

红色研学旅行重在效果,而研学旅行效果的取得需要高素质和专业的导学员。2018年暑期,县教育局组织开展了红色研学旅行导学员的培训、选拔工作,经过系统培训选定了68名同志为红安县首批红色研学旅行导学员,并积极选派教师参加全省"研学导师"培训,初步建立了红色研学旅行师资队伍。

**五、精心开发红色研学线路和课程**

线路和课程是红色研学旅行的基础性、先导性、关键性工作。县教育局组织武汉多所大学的专家、教授专门围绕"追寻红色足迹,传承红色基因"这一主题开发了6条红色研学旅行线路:"祭奠革命英烈,坚定理想信念"的英烈风骨之旅,"再现黄麻起义,感悟铜锣精神"的铜锣精神之旅,"瞻仰主席故居,缅怀伟人情怀"的领袖风范之旅,"探访将军故里,传承红色信念"的将军风采之旅,"探寻红军足迹,领略传奇红安"的红军传奇之旅,"重走红军路,永远跟党走"的红色体验之旅。同时还与周边车程1小时内的17处红色教育景点建立了合作关系,进一步拓展了研学活动空间。成立分管县长挂帅的红安县红色研学旅行课程开发领导小组,组织专家历时半年编写60万字的《红安县红色研学旅行课程》系列教材,分小学、初中、高中三个学段,共3本教材。每一条线路的介绍都包括活动主题、目的意义、参观景点、研学内容、活动建议、研学资料等内容,构建了具有红安特色的研学旅行活动线路及课程体系。

**六、精心组织红色研学活动**

我县学生研学旅行活动由教育局统一组织领导,活动中心统筹安排,营地具体承办。目前营地采取的是"3+2"模式,即每批学生在营内活动3天,两天到革命遗址和纪念场馆开展红色研学旅行。每次活动做到"活动有方案,行前有备案,应急有预案",提前与学校确定研学内容、目标要求、活动形式、时间安排、评估反馈、安全保障等事宜。每班配备1名导学员全程辅导,每到一个场所要求学生要学有所获,如学唱《黄安谣》《三大纪律八项注意》等歌曲,记住一个烈士或将军的名字,学讲一个革命故事等,增强红色研学旅行活动的体验性。在研学过程中设计了体验红军餐、重走红军路、攻占山头、抓特务等活动和游戏,做到教育性、实践性、趣味性有机结合。班主任和导学员及时将活动影像资料通过QQ群和微信与学生家长分享,邀请家长代表现场观摩结营仪式。同时做好安全工作,营地所有活动做到了安全零事故,服务零投诉,学校家长学生满意度高,社会评价好。

(作者系红安县教育局　张征　王剑平)

# 创新研学实践　　助推立德树人

蕲春县隶属黄冈市,位于湖北省东南部,是著名的"教授县",以人才辈出著称。今年以来,蕲春县深入学习贯彻习近平总书记系列重要讲话和党的十九大精神,按照全国教育大会的总体部署,秉承"创新、协调、绿色、开放、共享"的发展理念,通过将研学旅行纳入学生德育教育的课程,有计划地组织安排,通过集体旅行、集中食宿方式开展的研究性学习和旅行体验相结合的校外教育活动,创造性地落实立德树人根本任务,帮助中小学生在与平常不同的生活中拓展视野、丰富知识,加深与自然和文化的亲近感,增加对集体生活方式和社会公共道德的体验。同时,着力提高中小学生的社会责任感、创新精神和实践能力,让学校德育"动"起来、"活"起来、"实"起来。目前,全县参加研学旅行的学校达到 68 所,参加学生达到 21 800 人次。

## 一、调整德育规划,建设统筹协调的教育体系

根据中国学生发展核心素养的要求,蕲春县教育局组织中小学认真学习贯彻教育部等 11 部门印发的《关于推进中小学生研学旅行的意见》,对学校德育教育规划作出重大调整,及时印发《关于做好蕲春县中小学生校外综合实践研学旅行工作的通知》,将建设中小学研学旅行基地作为蕲春县"双年"(优质均衡年、规范管理年)建设和"双万双联"(万名教师访万家、联系家长联系社会)活动的重要内容,根据学段特点、地域特色和活动主题,逐步建立小学阶段以乡土乡情为主、初中阶段以县情市情为主、高中阶段以省情国情为主的研学旅行活动课程体系。

通过家长委员会、《致家长的一封信》或召开家长会等形式告知家长活动意义、时间安排、出行线路、费用收支、注意事项等信息,加强学生和教师的研学旅行事前培训和事后考核,让广大中小学生在研学旅行中感受祖国大好河山,感受中华传统美德,了解革命光荣历史,感受改革开放伟大成就;增强对坚定"四个自信"的理解与认同;同时,让学生学会动手动脑,学会生存生活,学会做人做事,促进身心健康、体魄强健、意志坚强,从而使学生形成正确的世界观、人生观、价值观,培养他们成为德智体美劳全面发展的社会主义建设者和接班人。

此外,还围绕"四个一"的工作目标,即开发一批育人效果突出的研学旅行活动课程,建设一批具有良好示范带头作用的研学旅行基地,打造一批具有影响力的研学旅行精品线路,建立一套管理规范、责任清晰、多元筹资、保障安全的研学旅行工作机制,实现活动设计全方位、学生参与全覆盖、活动过程全督导,探索中小学生广泛参与、活动品质持续提升、组织管理规范有序、基础条件保障有力、安全责任落实到位、文化氛围健康向上的研学旅行发展体系。

## 二、建设实践基地,创新立体生动的教育内容

蕲春是《本草纲目》的诞生地,具有丰富的中医药文化教育资源。根据研学旅行的育人目标,蕲春县结合域情、校情、生情,依托自然和文化遗产资源、红色教育资源和综合实践基地、大型公共设施等,遴选建设一批安全、适宜的中小学生研学旅行基地。

2018 年 4 月,蕲春县教育局招商引资,与湖北联投和湖北行动力教育科技有限公司共同创办蕲春县中小学生研学旅行综合实践教育基地。通过整合教育资源,投入资金 500 万元,将蕲春益才高中校园改造为研学培训营地和国防教育基地,建设有 3D 打印、人工智能、航空航海、心肺复苏、趣味物理五大体验馆,改造可容纳 900 名师生住宿的宿舍,有可供小学、初中、高中三个学段的学生实训的迷彩服马夹、生活服务用品各

1000套。同时依托自然资源,将赤龙湖国家湿地公园设为综合实践户外活动课程基地。重新修缮蕲艾小镇和李时珍纪念馆,将地方特色人文资源与旅游资源深度融合,开发有时珍文化(李时珍纪念馆)、传统制作工艺(管窑陶瓷馆课程)、传统文化(荆王府、国家珍礼课程)、蕲艾文化(蕲艾研习所课程、蕲艾博物馆)、医药文化(药膳馆课程、蕲州药铺制香包课程)五大文化课程,同时利用赤龙湖开设水上皮划艇课程和真人CS竞技体育课程。基地融合了综合实践课程,开发有学科知识向外延伸实践创新类课程,五大文化课程开发有培养学生团结协作、互帮互助精神,训练学生的身体协调能力和实践能力,调适学生心理素质的拓展类课程20多个。按照教育部《中小学生综合实践活动课程指导纲要》的总体要求,蕲春县紧扣"素质拓展、科学实践、生存体验、专题教育"四大板块,根据小学、初中、高中不同学段的研学旅行目标,从教育理念、活动意义、活动内容及活动效果四个方面统筹考虑,有针对性地开发自然类、历史类、地理类、科技类、人文类、体验类等多种类型的活动课程;从有利于中小学生人生发展、提高学习效率的角度,精心设计了系统性、知识性、趣味性和科学性的研学旅行项目,让学生在生命教育中感悟人生,在生态环境中体验和谐,在活动磨砺中锻炼意志,在生活体验中习得真知,在素质拓展中提升能力,在主题教育中学做真人,在游戏活动中分享快乐。

2018年5月18日,蕲春县中小学生研学旅行综合实践教育基地正式挂牌,招聘1名全国青少年综合素质培训导师,3名有管理经验的教官,5名师范类院校毕业专兼职教师,开展为期3个月的封闭式专业培训。同时,蕲春县教育局成立中小学综合实践研学旅行管理办公室,配备5名专职管理人员,全面启动基地建设工作。9月18日,县教育局邀请湖北省中小学校长协会校外教育管理专业委员会、黄冈市教育局、黄冈校外教育管理研究会等专家领导考察体验营地的基础设施、课程设计以及场地建设,就基地定位、课程设置、运营风险防控等方面征求意见。9月28日,举行基地启动仪式,同时举行了首期县级研学实践活动开营仪式。李时珍艾城研学旅行实践教育营地成为黄冈市首批市级研学旅行实践教育基地。

**三、拓展活动空间,优化合作教育模式**

研学是目的,旅行是载体。培养和锻炼学生的合作意识、团队意识、安全意识、自理能力等,是研学旅行实践教育的主要目标和重要内容。蕲春县制定中小学生研学旅行工作规程,做到"活动有方案,行前有备案,应急有预案"。

根据教育教学计划灵活安排研学旅行时间,一般小学安排在四到六年级、初中一到二年级、高中一到二年级,尽量错开旅游高峰期。学校把课堂搬出学校,让学生走出象牙塔,德育工作由"小温室"向"大自然"转型。通过组织学生们通过社会调查、参观访问、亲身体验、资料搜集等形式,用脚步丈量、用眼睛观察、用心灵感悟这个世界。同时在培养和锤炼学生抗击挫折的能力、吃苦耐劳的品行、团结合作的意识、家国天下的情怀上实现了有益的补充。在活动中,让学生亲近自然,体验农耕文化,开展拓展训练,融入集体生活。学生在研学过程中,感受文化、体验生活,参与实践、拓宽视野。在管理上确保做到前期准备充分,安全有保障;过程设计精心,活动有内容;后期发掘到位,体验有意义。基地从坐车纪律、排队纪律、进餐纪律、晚寝纪律、学习态度、合作精神、体能素质等多方面对学生进行考核,培养他们的团队精神、合作意识,真正实现德育教育活动化、实践化、科学化,搅动学校德育教育这池"春水",让学生在快乐中收获,在收获中成长,在成长中进步。每次活动,统一主题、统一安排、统一要求,在活动中强化自主体验、自主感悟、自主交流,形成"个个有研学、人人得发展"的研学旅行氛围。

与此同时,通过新闻媒体、教育网、微视频、现场展示等途径和方式,加强与社会和家长的沟通。培育、挖掘和提炼中小学生研学旅行典型经验,以点带面,整体推进,开拓家校共育的新领域,提升研学旅行的教育质量,真正实现了"研有所思、学有所获、旅有所感、行有所成"。2018年9月28日至10月22日,基地已完成5期共计3390人的研学培训任务,各学校教师、学生和家长制作发布研学旅行信息386条(篇),对研学旅行工作给予了高度评价。

研学旅行既是一种文化视野的拓展,也是一场人文道德素养的熏陶,是一次教育改革的创新,更是一种教育价值观的提升。蕲春县实验小学学生张某的家长在家长群中这样写道："从小习惯家人陪伴和父母照顾的儿子,今天能迈出'单飞'的第一步,仿佛一夜长大成人了。"

实践证明,蕲春县中小学生研学旅行综合实践教育基地已经成为全县中小学深化德育改革、创新德育模式、提升德育效果的首选基地。据基地负责人介绍,他们还将全面启动中小学研学旅行方案展评活动,深化研学旅行的内涵、定性和定位,加大示范性,促进广泛性,加强学术性,形成生态性。

（作者系蕲春县教育局 田祥喜）

# 注重顶层设计　完善制度建设

襄阳市襄州区教育局以立德树人为根本任务,认真贯彻落实《关于推进中小学生研学旅行的意见》和《中小学综合实践活动课程指导纲要》的文件精神,创新管理方式,规范研学实践,深入开展中小学生研学实践教育活动,形成了全覆盖、多形式、重规范、高质效的研学旅行新局面。

**一、注重顶层设计、树立正确的研学导向**

襄州区教育局按照全国教育大会的总体部署,结合自身实际,一是区教育局做好顶层设计,把握好研学旅行的正确导向,不忘教育初心,在创新实践的过程中,即便步伐慢一点,也不能偏离立德树人的根本目标,失信于民。二是提出了"四个"的基本要求,即开展研学旅行工作要以立德树人为根本目标,以确保安全为基本前提,以课程化研学为着力点,以创新实践活动为突破口,因地制宜开展研学旅行。三是探索形成中小学生广泛参与、活动品质持续提升、组织管理规范有序、基础条件保障有力、安全责任落实到位、文化氛围健康向上的研学旅行发展体系。树立正确的研学导向,让广大中小学生通过研学旅行增强对坚定"四个自信"的理解与认同;培养了学生的社会责任感、创新精神和实践能力。

**二、完善制度建设、建立规范的研学体制**

襄州区教育局出台《关于推进中小学生研学旅行工作实施意见》,从宏观上对我区研学旅行的目的、意义、原则、措施和要求提出了指导性意见。制定《襄州区中小学研学旅行管理办法》,对全区中小学校开展研学旅行工作的目标与任务、原则与范围、组织与管理、服务与安全、经费与保障、责任与权限等各个细节做出了具体的规定。制定《襄州区中小学综合实践课程实施办法》,对全区中小学校开展研学旅行的课程目标和要求、课程内容和计划、课程评价和总结等各个环节做出了具体的要求。制定《襄州区中小学生研学旅行服务单位基本条件》,对参与研学旅行的服务单位和基(营)地的专业性、服务性、安全性和公益性做出了具体的要求,并建立准入和退出机制,实行动态管理。规范的研学体制为我区研学旅行工作创设了健康的环境,提供了强有力的保障。

**三、创新管理方式、推行实效的研学活动**

(一)加强组织领导

为推动中小学生研学旅行工作顺利开展,区教育局成立研学旅行工作领导小组,负责全区中小学研学旅行活动的管理和指导,并将学校研学旅行检查考核情况纳入中小学校年度目标管理考核指标体系。区青少年活动中心负责统筹协调全区中小学生研学旅行工作,负责研学旅行服务单位的资格审查,同时建立服务单位的准入和退出机制,实施动态管理。同时,各中小学校也成立相应的研学工作机构,将研学旅行纳入中小学教育教学计划,开展研学旅行活动要进行审批备案,并明确管理职责和权限。

(二)强化课程管理

一是确立课程化研学的思想。就是要将研学旅行纳入中小学教育教学计划,整个活动有课程目标和要求,有课程内容和计划,有课程评价和总结。让学生在体验中尝试,在尝试中体验。二是突出主题和路线设计。为防止研学旅行走过场,流于形式,我区强调主题和路线设计。依据课程大纲内容、地理环境,将研学旅行资源概括为"五类",即历史类、自然类、科技类、人文类和爱国主义教育类。把"品味汉水文化,感受新发展"作为研学主题,把"悟浩然文化,养浩然正气"和"行走工业园,感受新发展"作为研学课程,设计了人文路线(汉城—

鹿门寺)、科技路线(正大食品工业园—市城市规划馆)的研学精品路线。三是创新方式。探索"菜单式"研学课程与学校教育有机融合模式。基地主导研发,分学段设计课程方案,教研室、学校、旅行社深度参与,聚合学校教育优势、基地资源优势和旅行社服务优势,加强研学课程研究,确保研学课程贴合学生实际,有效实施。

(三)注重业务培训

一是区教育局在每年的 3 月和 9 月定期召开全区校长、管理人员和研学导师的专题培训会,实现全区中小学全覆盖;二是组织 15 名镇(办)中心学校、局直学校的校长、管理人员参加湖北省校外教育管理专业委员会年会暨中小学研学旅行推进会;三是组织 12 名镇(办)中心学校、局直学校的校长、管理人员参加湖北省青少年校外活动保障与能力提升暨研学旅行课程资源开发专项培训班;四是组织 19 名研学导师参加全省研学导师的培训。通过一系列的培训、考察、交流,提升了我区研学管理人员的管理水平,为全区研学旅行的开展提供了强有力的保障。

(四)强化安全管理

一是制定《襄州区中小学研学旅行管理办法》,坚持按照"安全第一"的原则开展研学旅行工作,坚持"工作有计划、外出有方案、行前有备案、应急有预案、结束有评价"的"五有"工作模式。二是学校和服务单位应针对研学旅行活动,分别制定相应的安全管理制度,构建完善、有效的安全防控机制。学校要做好行前报备、家长委员会授权和安全教育等工作,做好行前、行中、行后的安全责任落实、事故处理、责任界定及纠纷处理,实施分级备案制度,层层落实,责任到人。三是学校协同服务单位为全体出行师生购买涵盖活动全程的责任险、意外伤害保险及交通责任险等,并与家长、研学旅行服务单位签订《安全责任书》。四是服务单位协调旅游、交通、公安、食品药品监管等部门要各司其职,分别对研学旅行开展涉及的企业,交通工具、住宿、餐饮等公共场所进行安全检查和监督,为研学旅行活动开展提供全面可靠的安全保障。几年来,实现了研学旅行零事故。

(五)整合基地资源

我区因地制宜,充分利用周边旅游资源,积极推动资源共享和区域合作,打造一批研学旅行基地,逐步形成布局合理、课程资源丰富的研学旅行网络。目前已有古隆中、习家池、鹿门寺、汉城、唐城、正大食品工业园、襄阳烈士陵园、石桥等传统艺术创作及工艺制作、程河柳编等非物质文化遗产、市科技馆、市城市规划馆、时代天街体验馆等研学基地,将为襄州区研学旅行活动提供多元的社会实践活动载体。同时对照《襄州区中小学生研学旅行服务单位基本条件》建立准入和退出机制,实行动态管理。

(六)注重活动评价

一是评价学校。区青少年活动中心把学校组织开展研学旅行的情况和成效、区教研室把学校开展研学旅行的课程实施情况和成效作为学校年度综合考评体系的重要内容。二是评价学生。学校要在充分尊重个性差异、鼓励多元发展的前提下,通过校评、自评和互评等方式,对学生参加研学旅行的情况和成效进行科学评价,并将评价结果逐步纳入学生学分管理体系和学生综合素质评价体系。三是评价服务单位。把服务单位组织开展研学旅行的情况和成效作为年度综合考评服务单位,实施动态管理的重要内容。四是家长评价。即在活动结束后,学校将组织开展研学旅行的情况和成效通过家长 QQ 群、微信公众平台、专题专栏报道等形式告知家长,让家长、社会来评价研学旅行的成效,提升研学旅行活动的社会满意度。

古有四方游学,今有研学旅行。今后,襄州区将推动研学旅行的发展,结合"不忘教育初心,坚决打赢质量提升攻坚战"的工作思路,把研学实践教育活动作为推动基础教育改革发展的重要途径,践行社会主义核心价值观的重要载体,为办人民满意教育作出应有的贡献!

(作者系襄阳市襄州区教育局 蔡继革)

# 创新管理方式 规范研学旅行

远安县根据国家、省、市教育部门的要求，积极推行中小学生研学旅行，2017年开展试点，2018年全面推行。在推行过程中，紧扣"规范"二字，不断创新管理方式，提高管理质效。

**一、抓培训，强队伍**

2018年，组织全县中学校长和相关管理人员参加了湖北省中小学校长协会校外教育管理专业委员会第六届年会暨全省中小学生研学旅行推进会，组织6名管理干部参加了全省青少年校外活动保障与能力提升暨研学旅行课程资源开发专项培训班，组织8名管理干部参加了松宜研学交流会，召开了全县研学旅行实操及展望研讨会，以及以研学旅行管理与组织为主题的教导主任培训会。通过专家讲座、实地考察、交流讨论等方式，提高了管理人员的管理水平，为做好研学旅行工作打下了良好基础。

**二、建制度，立规范**

制订《远安县中小学研学旅行活动指南》，从宏观层面对研学旅行的意义、原则及相关要求提出指导性意见。制订《远安县中小学研学旅行操作流程》，对组织研学旅行过程中的每一个细节做出具体规定。制订研学旅行基地动态管理办法，激励基地不断提升课程开发和实施质量，满足学生研学旅行的需求。制订旅行社招标管理办法，实行阳光操作，引导旅行社比态度、比服务。

**三、严管理，增实效**

加强对研学旅行每一个环节的管理，让研学旅行成为学生喜爱、家长满意的教育活动。

课程管理。一是学校根据本校实际情况，本着立德树人根本目标，围绕主题选择课程，制订研学旅行课程计划。二是对全县各学段课程范围做出规定，三个学段七个年级形成系列，避免重复无效的活动。三是在基地开展研学活动前，由教育局组织专班对基地课程进行检查验收。基地课程要遵循三个原则，即围绕基地资源打造核心课程，充分体现基地课程资源的独特性；全县一盘棋，体现差异性，避免课程内容的重复，建立课程体系；力求少而精，突出实践性，强化体验、动手、探究和呈现的能力。

基地管理。一是凡参与研学旅行的景区必须申报市级研学旅行基地，待市教育局验收授牌后方能开展研学旅行活动。二是旅游委牵头，组织相关部门定期对基地的活动设施、安全保障等开展全方位的检查评估，设施不到位、安全有隐患的立即整改，待整改合格后继续开展研学旅行活动。三是召开研学旅行年会，重点从课程和安全的角度组织基地开展交流、探讨和分享，以做到特色发展、抱团发展。四是实施动态管理。安全保障不到位、课程无特色的基地取消其举行研学旅行活动的资格。

过程管理。一是学校在组织研学旅行活动前，要制订详细的活动方案，报青少年学生校外活动中心审批。二是学校与基地反复磋商，完善课程安排和研学手册。三是充分发挥家长委员会的作用，由家长委员会选择基地、旅行社，收取研学费用，安排家长志愿者参加研学全过程。四是严格遵循《远安县中小学生研学旅行操作流程》，行前准备、行中管理、行后小结每个步骤都要落实到位。

安全管理。一是学校在开展活动前，组织教师和家长代表实地考察调研，制订详细的安全预案，报市教育局审查备案。二是行前认真做好分组工作，安排好带队领导和老师。带队领导和老师全程参与学生的安全管理工作。三是选择市教育局、市旅游委推荐的旅行社组织活动，旅行社必须制订安全保障措施，并按要求为每名参加活动的人员购买人身安全保险。四是行前做好学生的安全教育和纪律教育，提高学生的安全意识和自我保护能力。五是与学习小组建设有机整合,每个学习小组设立一名安全小组长,实现学生的自我管理。

评价管理。一是将研学旅行作为刚性任务纳入绿色质量评价体系,只有满分和零分,没有弹性分,督促学校必须让每个学生都能参加研学旅行活动。二是由研学导师和带队老师做好学生研学过程的评价,全方位评估学生参与研学旅行的态度、表现和成效。三是活动结束后,由学校组织学生以小组为单位,在班级和学校两个层面,以研学感悟、精彩视频、绘画、手工制作等多种方式,进行研学成果展示与评比。四是组织学生开展自评和小组互评,根据学生研学过程的表现和成果展示的情况综合评价学生,并以写实方式纳入学生综合素质评价系统。五是学校每学年将活动资料交青少年学生校外活动中心,由活动中心对学校开展活动的情况进行评比,教育局对活动开展得好的学校给予奖励。

规范的管理让研学旅行活动有序、有力、有效开展,实现了研学旅行立德树人的总要求,丰富了新形势下特色德育体系,让学生在活动中锻炼,在社会中成长。

(作者系远安县教育局　宋仕军　胡玉梅　张军)

第二单元

基（营）地经验案例

# 探索基地建设新模式　打造实践教育新名片

校外综合实践教育是基础教育的重要组成部分,是推进实施素质教育的重要渠道。近几年来,我市以习近平总书记系列重要讲话为指导,认真贯彻党中央、国务院关于深化基础教育改革、实施综合实践教育的方针政策,积极探索基地建设新模式,努力打造实践教育新名片,促进了教育的创新发展。我们的主要做法如下。

**一、探索一种模式,打造实践教育品牌**

荆门市(国家级)示范性综合实践基地(湖北省金色农谷青少年实践教育基地)是我市申报国家专项资金3000万,地方政府配套4000万,引入民间资本1个亿,共投资1.7亿元,由政府与企业按照"统筹规划、分块建设、产权明晰"的模式联合共建的教育创新品牌项目和中国农谷重点项目。

在教育部、省教育厅、市委、市政府各级领导的高度重视和关心支持下,基地于2014年6月开工建设,2016年1月建成并投入试运营,2016年10月正式运营。现已构建了涵盖生存体验、素质拓展、科学创新、专题教育、品行修为、农业实践六大主题,包含室内体验、户外拓展、周边研学100多个项目的实践课程体系,为我市及周边地区中小学生打造了一个环境优美、功能完善、服务优良的品牌实践阵地。

近三年来,基地成功组织了20多万余名中小学生开展各类实践,接待国家、省、市级领导专家视察观摩50多次,成功举办了全省校园足球江汉片区比赛等大型活动10余次,被授予全国青少年农业科普示范基地、全省校外教育工作先进单位等10余项荣誉称号,赢得了学校、家长、社会的广泛赞誉。

**二、突出两项建设,提升实践教育品质**

一是在实践课程上,突出地方特色课程建设。我们以教育部《示范性综合实践基地实践活动指南》为指导,除设置符合国家标准的课程外,还结合我市建设中国农谷和发展航空产业的战略,设置了学农实践、航空体验特色课程,积极打造学农、创客特色基地。我们充分利用农耕遗址、东方陶都、白鹿春、太子山、明显陵、漳河爱飞客等中国农谷得天独厚、资源丰富的生态环境、历史遗迹、工农企业、科研机构,开发了"探寻农耕起源""体验农谷文化""学习黑陶制作""参观科技企业""保护生态环境""关爱自然物种""辨识花木品种""探访世界遗产""实现航空梦想"等地方特色课程,正着手编写实践教育地方课程丛书。

二是在实践场馆上,突出专题场馆部门共建。为完善基地实践场馆,我市组织召开了部门共建协调会,明确了相关部门应履行的宣传教育职责和专题场馆共建任务。各相关部门以经费支持和专业指导的形式,积极开展共建工作。市禁毒委、市公安消防支队、市地震局现已分别完成青少年禁毒教育馆、消防教育体验馆、地震体验馆的共建工作,市纪委、市农业局、市环保局、市科协、市公安交警支队、市气象局等部门正开展青少年廉洁教育基地、农业实践园、环保教育基地、科普教育基地、交通安全教育基地、气象观测站等共建工作。这些部门共建的专题场馆,整合了社会资源,集聚了多方智慧,为中小学生打造了优良的专题实践教育基地。

**三、完善三大机制,强化实践教育保障**

一是完善组织领导机制。我们印发了《关于组织中小学生开展综合实践活动的通知》等文件,组织召开了各县市区分管局长会、全市较大规模中小学校长会,多次在全市教育工作会等会议上强调校外实践教育的重要性,积极推动相关工作的开展。全市各级教育行政部门、各中小学校成立了实践教育工作领导小组,明确了校长是开展本校学生实践教育的第一责任人,学校把校外实践纳入课程,保证课时,有计划地组织实施。

二是完善运行服务机制。市编委批准设立了基地机构编制,任命了管理人员,组建了专业师资队伍和优质服务团队;协调物价、财政部门核定了基地服务性收费标准,向市政府申请从明年起对学生实践活动费用给予财政补助;制订了实践活动组织细则和安全管理制度,严格执行活动申报审批制度,规范活动组织流程,落实各项工作环节,活动前征求家长意见,活动中发送活动实况,活动后收集反馈意见;严把交通、餐饮、住宿、消防安全关,落实各项安全应急预案,协调公安、交警、消防、食品药品监管等部门做好交通车况、司机资质、食品卫生、食宿场所安全排查,消除安全隐患,严格实行过程监控,确保学生安全。基地运行实现了"零投诉""零事故",学生实践活动效果良好,深受家长好评,多次被各级各类媒体宣传报道。

三是完善总结评价机制。坚持总结学生活动收获、心得体会,记录学生活动足迹;坚持总结活动组织、课程实施情况,改进实践教育方式方法;坚持做好学生活动表现考核评价,正着手建立学生综合素质考评体系,激励学生积极参与校外实践,促进学生综合素质和实践能力不断提升。

知行合一,实践育人。前不久,我市 11 个部门联合印发了《关于推进中小学研学旅行试点工作的通知》,对校外实践教育做了再动员、再部署。实践教育没有完成时,只有进行时;加强实践教育工作,我们在路上。我们将以推进研学旅行工作精神为指导,学习借鉴兄弟市州经验,为促进学生创新精神和实践能力的培养、推动教育改革创新做出新的更大的贡献!

(作者系荆门市示范性综合实践基地、金色农谷 侯凯)

# 宜昌市创建全国中小学生研学实践教育营地四大亮点

宜昌营地是宜昌市青少年开展综合实践教育的国家级示范性基地和宜昌市教育局直属的公办学校,也是宜昌地区中小学生研学实践活动的指导协调中心,占地约13.3万平方米,建筑面积3万余平方米,总投资1.5亿元,接待规模可达每日1200人,年接待量3万人次。基地设备设施齐全,师资队伍实力雄厚,课程设置科学完备,研学活动组织安全有序,受到国内外广大青少年的普遍欢迎。宜昌营地正在成为连接宜昌和国内国际中小学生研学实践交流的桥梁。"多""快""好""省"为宜昌营地四大亮点。

**一、两"多":政府关怀多,研学资源多**

几届市委市政府领导班子高度重视宜昌营地建设,为做强营地三易其址,选址距离城市中心越来越近,划拨的土地面积从6万多平方米到10万平方米,再到13.3万多平方米;投资由7000万元到9000万元,再到1.5亿元;城区寸土寸金,能划拨出13.3万多平方米用于青少年实践教育,足见宜昌市委市政府的战略眼光和教育情怀。2017年,为支持宜昌营地建设,政府又投资1000万在基地东区搬走了一座山,为研学实践车辆进出营地打通了通道。营地设置事业编制岗位20个,公益事业聘用编制岗位20个,在编人员经费由财政全额保障,其他服务岗位由政府购买服务解决。营地运转经费按照1200人规模学校生均公用经费标准予以了拨付。营地与社会共建,已先后与宜昌军分区、宜昌市地震局、市文明办、市司法局、市交警支队、市消防支队等部门建立了合作共建关系。

宜昌地处祖国版图的中心,是长江中上游的分界点,是举世瞩目的三峡工程和葛洲坝水利枢纽工程所在地,被誉为"世界水电之都"。宜昌人杰地灵,自然人文资源得天独厚,享誉全球。宜昌拥有一条江(母亲河长江)、两座世界级大坝(三峡大坝、葛洲坝)、四大历史文化名人(华夏母亲嫘祖、世界文化名人屈原、民族团结和亲使者王昭君、明末清初大学者杨守敬)、四大国家地质公园(长江三峡、清江画廊、柴埠溪、宜都奥陶纪石林)、五大5A级旅游景区(三峡大坝、屈原故里、三峡人家、清江画廊、三峡大瀑布)和19个4A级景区(4A、5A景区数量仅次于苏州,位居全国第二)、五大金字招牌(全国文明城市、社会治安综合治理"长安杯"、全国唯一的钢琴之城、全国唯一的诗歌之城、中国十佳食品安全示范城市)、六大革命纪念地(石牌抗战纪念馆、"砍头不要紧,只要主义真"的革命志士夏明翰事迹馆、"独臂将军"贺炳炎上将事迹陈列馆、襄西革命烈士纪念馆、东山革命烈士陵园、长阳资丘红六军七十七烈士纪念馆)。

**二、两"快":研学推动快,交通服务快**

湖北和宜昌两级教育行政部门对研学实践活动重视程度高,行动快,推进速度快。2017年3月,省教育厅把宜昌作为率先试点城市。宜昌市教育局行动迅速,组建领导小组和工作小组,负责全市中小学研学实践基地的遴选和体制机制建设,全面构建全市中小学生研学实践活动运行体系;同时,全面推动各基地研学实践教学活动的实施和评估,先后在宜昌营地召开全市研学旅行工作经验交流会和推进会。今年5月,全省中小学生研学实践推进会在宜昌举行,全省500多名会议代表到宜昌营地现场观摩,反响热烈。

宜昌是全国热点旅游城市，交通便利。宜昌东临荆州、西临恩施、重庆，南邻湘西，西北接神农架，形成了1条黄金水道、3条铁路、7条高速和1个区域性国际机场的"水公铁空"立体交通网络。宜昌营地地处宜昌市城区文体新区腹地，交通极为便利，区位优势十分明显。

### 三、两"好"：营地统筹协调好，新技术开发利用好

宜昌中小学生的研学实践活动组织实现了"1+N"（1个营地+N个基地）以营地为中心，辐射61个基地的研学实践服务网。宜昌营地作为全市研学实践的指导中心，成立了四个部门（协调指挥中心、活动组织管理中心、课程研发实施中心、后勤保障服务中心），在市教育局基础教育科的指导下统筹协调相关工作。以宜昌营地为核心，积极建设三峡研学基地联盟，制订研学服务规范，促进三峡地区研学实践事业的有序健康发展。

宜昌营地自主研发"三峡宜昌研学网"，通过"互联网+研学"网络服务与管理平台，统筹全市研学实践工作。我们已经初步实现了"研学网站选线路""网上超市选课程""研学评价大数据"等功能，为全市、全省乃至全国中小学生研学实践开展了卓有成效的探索，也为全国的研学营地在发挥统筹作用方面做出了示范。

### 四、两"省"：减免政策学生省钱，安保有力家长省心

宜昌研学实践活动努力追求办人民满意的教育，全心全意为学生服务，在推进研学实践活动中做到让学生省钱，让家长省心。宜昌营地和所有基地建立了学生研学实践收费承诺制度，取消研学点门票，降低收费标准，免除特困学生费用。宜昌营地通过研学网接待网上投诉，对各基地服务收费情况进行监督。同时，宜昌营地积极组织"研学+精准扶贫"活动，营地自筹经费近20万元，邀请湖北枝江、五峰、新疆等地共800名农村留守儿童来宜昌免费开展研学实践活动，产生了积极反响。

宜昌作为国家级旅游名城、全国社会管理先进城市和全国文明城市，城市管理现代化，安全保障好，到宜昌研学实践，家长们省心放心，孩子们开心而且刻骨铭心。

（作者系宜昌市综合实践学校　温敬东　潘连伟　乔仕文）

# 以营地教育为载体
# 助力培养有担当的下一代

研学实践教育发祥于中国,发展于欧美。我国古代教育家孔子带领众多弟子,周游列国,所进行的就是最早的研学实践教育。在我国古代就有"读万卷书,行万里路"一说,读万卷书是长知识,行万里路是长见识,是在实践中学习。知识是智慧的前提,从知识走向智慧,须知行合一。我国当代学校教育过于重视"读万卷书",忽视了"行万里路",导致学生"高分低能"。然而现代欧美地区的教育,却非常强调实践能力、思辨能力和创新能力,在欧美地区,营地教育就是培养这三种能力的重要途径之一。

营地教育其实就是通过体验式学习及富有创造性的营地活动,让青少年"有目的地玩"和"深度探索自己"。营地教育在帮助学生建立自信心、培养团队精神和领导力、培养实践和创新能力、提高社交能力和完善品格、解决青少年成长及教育问题等方面效果显著。可以说,营地教育已经影响了全世界一代又一代青少年人。

时至今日,让中国学生走出校门、走进自然、融入社会、动手实践、亲身体验,已经成为国家推动基础教育改革向纵深发展的一种意志与决策。开展营地教育,开展研学实践教育,已经成为落实立德树人根本任务的重要举措。

**一、以营地设施建设为基础,满足营地教育基本需求**

营地教育对培养有担当的下一代有不可替代的作用,为顺应时代和潮流发展的需要,我们于 2016 年创建了三峡国际青年营。

营地位于江汉平原腹地——湖北省宜昌市枝江安福寺镇,与湖北东方年华田园综合体融为一体。园区占地 660 多万平方米,总投资约 10 亿元。距呼北、沪蓉高速枢纽 3 千米,三峡机场 18 千米,宜昌东站 28 千米,三峡大坝 68 千米,交通畅达,换乘便利。

三峡国际青年营凸显研学实践教育的功能,以"助力培养有担当的下一代"为使命,以"终生难忘的美好回忆,终身受益的难得经历"为愿景,以"责任担当、知行合一"为核心价值观。秉承教育性原则,营区按功能设置了生态农业区、户外生存区、国防教育区、团队拓展区、主题教育区、生活服务区六大功能区。建有可日接待 1500 人食宿的营房和食堂,建有 6000 平方米的营地活动中心,建有生态教室、军事体验、素质拓展、团队建设等 100 多种体验项目设施。基本可以满足现阶段中小学生开展研学实践教育的需求。

**二、以营地课程开发为重点,构建营地教育课程体系**

研学旅行不是说走就走的旅行,不是一般意义上的夏令营,也不是中小学生一年一次的春游"放风",它是一个移动的课堂,是一种多元化的教育方式。因此,营地不能简单地成为学生休闲之所、游玩之地,它必须以课程为抓手,通过体验式学习、研究性学习和综合实践活动,培养学生的必备品格和关键能力。可见,课程建设是营地教育的核心与重点。

我们在学习国内外营地课程经验的基础上,基本形成了自己对营地课程的认识。我们认为:第一,营地课程应是跨学科综合课程,它不是语数外等学科课程的延伸,而是各门学科的综合应用与融合,现实生活问题的解决往往需要多种学科知识的综合运用;第二,营地课程应是问题导向课程,它应以解决现实生活中的问题出发,选择活动主题或研究课题,在探究、制作、试错、体验中实现深度学习和实践探索;第三,营地课程应是动态开放课程,它有规范的课程设计,但也应重视活动中随机生成的新问题,并根据新问题开展相应的教育,营地课程与校内学科课程相比充满更多不确定性与变化,这也恰是营地课程的魅力所在;第四,营地课程应以培养学生综合素质为指向,应面向学生的个体生活和社会生活,主张多元评价与综合考察,注重学生主动实践与创新。

基于这样的认识,结合中小学生身心发展特点,我们提出了以开展"五生"(即生命、生存、生活、生态、生长)教育,培养"五自"(即自重、自理、自强、自省、自律)能力为营地教育实施路径;我们以"五生"教育为统领,研发了适合各年龄特点的五大类"菜单式"研学实践课程 125 项(生命课程 14 项、生存课程 42 项、生活课程 22 项、生态课程 11 项、生长课程 36 项)。

我们在编印《小学研学课程手册》《中学研学课程手册》的基础上,还编写了《管理手册》《安全手册》《课程图谱》等,形成了较为完整的研学实践教育课程体系和管理体系。

### 三、以营地师资组建为关键,保障营地教育实施质量

营地教育是学校教育的延伸、拓展和提升,是学生综合实践活动的新要求。青年营创办之初,我们就意识到管理人才与营地导师是营地教育成功的关键。于是,我们充分发挥集团办学的人力资源优势,从全日制学校选调优秀管理干部与优秀教师专职从事营地教育。我们选拔了从事教育工作多年、具有研发能力的优秀管理者担任了三峡国际青年营负责人,从全日制学校选派了多名善于教书育人、性格阳光开朗、动手实践能力强、创新思辨能力强的骨干教师担任营地专职导师。我们还根据课程需要,不拘一格广揽人才,招聘了一批陆军作战部队原主官、海军陆战队原主官、省射击比赛冠军、土木工程建筑师等一批军事、运动、工程教练。

我们组织管理人员、导师、教练到北京、天津、上海、浙江等营地教育机构进行全程跟岗学习和系统培训,所有导师和教练必须获得国家体验教育师的资格后,方能上岗。我们积极与高校合作,为优秀的大学生提供实践平台,组建助教团队,培养后备师资。

好的团队一定要不断学习、不断实践和不断反思,我们通过课程研发、教学设计、活动研讨、参观考察、对话专家等系列活动,有针对性地开展师资培训,不断提升营地导师和教练的职业素养,以满足研学实践教育对导师和教练的专业化需求。

营地教育是一种形式,也是一种理念,它是家庭教育与学校教育的有益补充,是素质教育的重要组成部分。我们将充分借助三峡地区丰富研学资源、发挥民营企业的体制和机制优势,借助多年专业教育活动的积累,抓住国家重视研学实践教育的契机,加大基础设施和人力资源的投入,誓把三峡国际青年营打造成适合中小学生开展研学实践教育的专业教育营地,为培养有担当的下一代助力。

(作者系湖北东方年华三峡国际青年营 石少波)

# 切实发挥基地教育功效 保障研学旅行课程顺利实施

鄂州市国家级示范性学生综合实践基地是教育部、财政部支持鄂州市教育事业发展的重点项目,也是市委市政府实施的一项重大民生工程。

基地位于鄂州市鄂州大道与汉鄂高速、武黄高速交会处,交通便捷。地处秀丽的葛山风景区东南麓,占地面积12万平方米,总投资近2亿元,总建筑面积3.6万余平方米,可同时容纳1200名学生食宿。基地设有生活技能、生命教育、军事体验、科学实践、消防交通安全、心理健康、团队教育、防灾减灾和户外拓展等综合实践区,集教育、培训、实践、拓展等功能于一体,重在培养学生爱国情怀、团队意识、创新精神和实践能力,落实课程改革,推进素质教育。

鄂州市学生研学旅行活动于2016年12月正式启动,2018年9月正式全面实施,中小学生的研学实践活动逐渐成为鄂州教育不可分割的部分。虽然起步较晚,但我们有更多的学习和借鉴机会,能争取得到社会各界更多的支持和帮助。自活动开展以来,得到学生、老师、家长、学校和社会的一致好评。我们的研学旅行活动是依照四个原则开展:吃透文件精神;狠抓安全规范;紧密依托基地;把牢主体主动。

**一、吃透文件精神**

2016年,教育部等11个部门下发了《关于推进中小学生研学旅行的意见》;2017年,省教育厅等14个部门下发了《湖北省中小学生研学旅行试点管理办法》和《湖北省中小学生研学旅行试点实施意见》。我们根据上级文件精神,结合鄂州实际,2018年由鄂州市教育局牵头,联合市文明办、发改委、公安局、财政局、交通局、文体新广局、药监局、物价局、卫计委、旅游局、团市委、科协等13个部门出台了《鄂州市中小学生研学旅行工作实施意见》,成立了鄂州市中小学生研学旅行领导小组,在鄂州市学生综合实践基地设立了鄂州市中小学生研学旅行管理办公室。

根据鄂州市教育局等13个部门印发的《鄂州市中小学生研学旅行工作实施意见》的要求,将中小学研学旅行纳入中小学综合实践活动课程和社会实践活动计划,与学校课程有机融合,确保目的明确、学习有效,实现研究性学习与旅行体验的有机结合。中小学生研学旅行集中在每年3~5月和9~11月组织开展,课程计划小学高年级4~5天,以了解区情、市情为主;初中4~5天,以了解市情、省情为主;高中5~7天,以了解省情、国情为主。禁止在寒暑假及法定长假、小长假安排研学旅行。

**二、狠抓安全规范**

开展研学旅行,我们始终把安全工作放在第一位。为此,我们建立健全各项管理制度,全面落实高效管理。我们逐步建立健全了《鄂州市学生综合实践基地安全管理工作制度》《鄂州市中小学研学旅行工作管理办法》《鄂州市学生实践基地研学旅行活动审核备案制度》《鄂州市学生综合实践基地研学旅行安全应急预案》《突发事件处理预案》等制度,做到了分工明确,责任到人。

同时着力做好第三方服务机构之间的协调沟通工作,尤其是加强对第三方服务机构的管理工作。所有从业人员建档立卡,持证上岗;所有学生活动的场馆、场所都有专门的管理制度和具体负责人;所有的交通工具都有专门管理机构的即时检验证明,并建立相应的监督管理机制。

**三、紧密依托基地**

鄂州市中小学生研学旅行工作得到了鄂州市委市政府的大力支持,2019年鄂州市委市政府将鄂州基地基本费用纳入财政预算,为鄂州市中小学生研学旅行工作提供了坚强的资金保障。

鄂州市学生综合实践基地开发了贴近学生实际的综合实践课程130门,精品研学线路7条。根据不同学段制订有梯度的教学计划,依据教育性、实践性、安全性、公益性的原则,我们整合不同领域资源,推动资源共建共享,共建了湖北省红十字会生命安全健康教育体验中心、鄂州市防灾减灾教育馆、鄂州市地震科普馆、鄂州市消防安全教育馆、鄂州市禁毒馆等场馆。基地共有近30个学生活动场馆及户外拓展场地。鄂州市中小学生研学旅行紧密依托我们自己的基(营)地开展,探索"4+1"模式,即在基(营)地活动4天,外出到红色教育基地或绿色生态教育基地1天。鄂州学生综合实践基地利用区位优势,整合以鄂州基地为中心方圆100千米以内的优质教育资源,为学生提供优质的研学旅行服务。鄂州基地开发了"绿、红、蓝三色之旅",即小学绿色低碳之旅——"共建绿色生态、探索自然奥秘";初中红色圣地之旅——"追忆红色岁月,传承红色精神";高中蓝色畅想之旅——"探索太空奥秘"为主题的研学课程。

为了体现研学旅行课程实践性,我们通过开营、授旗、表彰、结营,四项流程,强化活动仪式感,增强学生团队意识和集体荣誉感。以"四个一",即一本研学教案设计、一本研学活动方案、一本研学管理日志、一本研学旅行手册,保证研学活动井然有序、正常运转,切实发挥基地的教育功效,保障研学旅行课程顺利实施。

同时基地还协助乡村少年宫开展校外教育工作,充分发挥领头羊的作用。对各区、乡镇学校教师进行专业培训,参与培训教师200余人;大力加强师资队伍专业建设,优化第二课堂,丰富校外主题教育活动形式,深化综合实践教育,引领乡村少年宫做好校外场馆建设以及能力提升等工作,努力将校外教育的触角延伸到我市的边远乡村,争取让每一位青少年学生都能感受到校外教育的乐趣。

**四、把牢主体主动**

鄂州基地始终把中小学生研学旅行工作牢牢把握在基地自己手上办。

1.通过招标,确定为研学旅行提供服务的第三方服务单位。

2.制订统一的、合理的、操作性强的课程计划和研学线路。

3.统筹安排。根据参与研学实践学生人数,按照公平、公正、相对平均的原则,指定服务单位。

通过这三项措施,有效地遏制了第三方服务单位之间的恶性竞争,突破了学生只游不学的瓶颈,最大限度地降低了学生交通安全、饮食安全、意外伤害安全风险。基地统一宣传、统一课程、统一收费、统一管理、统筹安排,将研学旅行活动的主体责任和主动权牢牢地把握在自己手上。

在各级部门的正确领导和大力支持下,鄂州市学生综合实践基地自2018年9月起到现在,共接待了本市中小学生3.5万余人(全市研学旅行参与率达98%),外省市学生2000余人。研学旅行活动得到市委市政府、社会、学校和家长的高度评价,截至目前研学旅行活动做到了零投诉。同时基地还开展了形式多样、丰富多彩的公益性活动。团市委、市教育局团委组织千名学生到基地参加"扣好人生第一粒扣子"为主题的表彰仪式;市教育局创建全国文明城市办公室组织全市万余名中小学生到基地参观;举办全市乒乓球比赛、全市软排球比赛、全国科普日、5·12防灾减震日等活动,有效推动了我市素质教育发展。

当然我们的研学旅行活动也存在着许多困难与问题:基地管理和运行工作尚处于起步和摸索阶段;管理制度需进一步健全,运行模式有待大力改进;地理位置远离城区、师资力量匮乏、场地使用受限,不能满足学生多样化活动的需求。今后我们将切实把"公益性、开放性、科学性"原则落到实处,力求课程丰富多彩、生动有趣。基地将继续在场馆建设、设备更新、课程和线路开发、活动组织、运行模式等方面进行积极探索,使广大青少年在形式多样、丰富多彩的研学活动中增长知识、开阔眼界、陶冶情操、提高能力、愉悦身心、健康成长。

我们将进一步脚踏实地、开拓进取,力争把鄂州市学生综合实践基地打造成青少年所向往的素质教育乐园。

(作者系鄂州市国家级示范性学生综合实践基地 吴初霞)

# 创研学旅行品牌　铸践行教育典范

孝感市中小学生综合实践基地是 2013 年 8 月经教育部批准成立的国家级示范性综合实践基地。实践基地的主要功能是承担全市中小学生的综合实践课程教学工作及中小学生研学旅行工作,培养学生的创新精神和实践能力。

在市教育局的正确领导下,我们以《教育部示范性综合实践基地实践活动指南》《关于推进中小学生研学旅行的意见》《孝感市中小学研学旅行工作实施意见》为指导,以立德树人、培养人才为根本目的,以预防为重、确保安全为基本前提,以深化改革、完善政策为着力点,以统筹协调、整合资源为突破口,因地制宜开展研学旅行,让广大中小学生在研学旅行中感受祖国大好河山,感受中华传统美德,感受革命光荣历史,感受改革开放伟大成就,增强对坚定"四个自信"的理解与认同;同时学会动手动脑,学会生存生活,学会做人做事,促进身心健康、体魄强健、意志坚强,促进形成正确的世界观、人生观、价值观。

2019 年,我基地共组织省内外 3.2 万余名中小学生参加综合实践和研学旅行活动,赢得了广泛的赞誉,取得了良好的社会效益。现将我基地硬件设施、课程特色、运营情况介绍如下。

**一、设施完备,有规划**

实践基地位于孝南开发区 107 国道旁,孝感至武汉城际轻轨从大门前穿越而过,孝感市区 4 路、21 路公交车直达校门,区位优越,交通便捷。实践基地占地 8 万平方米,分室内综合实践区、综合训练区、劳动实践区、生活区四个基本功能区。其中室内综合实践区由六大中心构成,分别是通用技术中心、孝感文化中心、安全教育中心、思维创意中心、多元技术中心、科学实践中心,共 37 个功能教室。综合训练区包含模拟中原突围场景的真人 CS 项目、高空项目、场地项目、水上项目,以及野外定向共五大类 35 个子项目。室外劳动实践区由果园、生态园和即将建设的现代农业园三个部分组成。生活区由学生公寓、教师公寓、食堂构成。实践基地建有 2400 平方米的风雨操场,可供学生雨天进行室外活动。实践基地现有教职工 46 人,外聘教官 26 人,能一次接纳 1600 名学生进行综合实践活动。

**二、课程丰富,有特色**

基地开发了一系列精品课程,课程结构涵盖生存体验、素质拓展、科学实践、专题教育四大领域,共 20 多个模块,100 多个活动项目,能满足小学、初中、高中三个学段不同年级学生开展综合实践活动的需要。在室内,有培养学生动手动脑能力的金工、木工、陶艺、糕点制作、手工制作、多米诺、沙雕、模拟驾驶、魔术揭秘课程;有对学生进行安全法制教育的公共安全教育、防空防灾教育、健康教育、国防教育、民主与法制教育、禁毒教育课程;有让学生感受现代科技、培养创新能力的 3D 打印、机器人、现代通信、智慧物联技术、益智创意、3D 创意、动漫创意课程;还有具有浓厚孝感地域特色的孝文化、孝感红色文化、孝感英模、孝感农耕文化、孝感民俗、孝感市情等课程。室外有"凝聚你我,共赢未来"为主题的户外拓展活动,有"磨砺意志、超越自我"为主题的国防教育活动,还有感恩与责任教育、理想与情感教育等主题实践活动。

今年年初,针对研学旅行工作,我们根据不同学段学生的年龄特点和认知规律,结合孝感地域特点,开发了一系列研学旅行线路,如"乡村学生看孝感"研学旅行线路,让农村学生感受孝感城市魅力;"寻访红色足迹"研学旅行线路,让学生在旅行中接受爱国主义和革命传统教育;"中小学生孝乡行"研学旅行线路,让学生感悟中华传统孝德文化;"现代农业之金卉庄园行"研学旅行线路,让学生体验劳动、感受现代农业技术;"白兆山李白文化"研学旅行线路,让学生感受"诗仙"风采,领略自然魅力。这一系列线路,丰富了我市中小学研学旅行课程内容。研学活动让学生们开阔了视野、丰富了知识、了解了社会、亲近了自然;生活技能、集体观念、团队精神得到培养;社会责任感、创新精神和实践能力得到了提高。

### 三、管理精细,有保障

在综合实践和研学旅行工作中,基地和参训学校采取多种方式加强沟通与协调,做到行前有备案,活动有方案,应急有预案。

活动前,基地与参训学校对接,拟定好研学旅行实践活动方案,通过家长委员会、《致家长的一封信》等形式告知家长活动意义、时间安排、出行线路、费用收支、注意事项等信息。了解参训学校的需求,掌握参训学校的学生人数、分班情况,提前做好课程、车辆、宿舍、就餐安排。

在活动中,我们始终把安全工作当作综合实践和研学旅行工作的头等大事来抓。坚持"安全第一,预防为主"的原则,在交通、住宿、食品安全等方面制订了一系列的安全管理措施,确保学生安全24小时有人负责。选用有资质的交通运输公司的车辆和有经验的司机接送学生,每辆车上配备一名教官,确保交通安全。加强对食堂、小卖部食品卫生安全检查,对留样、卫生、食品来源和使用情况做好记录,确保饮食安全。学生宿舍实行封闭管理,每个楼层配备一名教官,和学生同住宿,确保学生的住宿安全。教学过程中,每个功能教室和室外项目,都制订了安全注意事项,教师时刻提醒学生注意安全。每次研学旅行,由专人负责所有学生保险的投保工作,做到有备无患。这一系列措施,为学生综合实践和研学旅行的开展提供了安全保障。

### 四、活动新颖,有成效

实践基地充分体现"服务学生是宗旨,实践育人是核心,体验教育是途径,培养创新精神和实践能力是重点,设置学生喜闻乐见的实践课程是关键"的办学理念。以全面育人为目的,立足科学性,注重教育性,突出实践性,渗透趣味性,体现服务性,确保安全性,充分发挥综合实践全程育人的效能。通过以动手实践和感悟体验为重点,以主动参与、自主探究、积极获取为抓手,以学科知识整合、迁移、应用为途径,不断引导受训学生"在做中学,在学中做",让学生学会合作、体验感恩、乐于助人、勤于实践、敢于竞争、善于创新。

从2015底开始运营至今,在市教育局的正确领导下,本着教育性、实践性、安全性和公益性的原则,基地圆满完成了综合实践和研学旅行的组织工作,累计参加综合实践和研学旅行的学生人数达到10万人。除了来自孝感市内的市直、市高新区、临空经济区、双峰山旅游度假区、孝南、孝昌、云梦、安陆、大悟等地的学生外,还有来自台湾苗栗、新北,甘肃天水、甘谷,河南焦作、南阳、信阳,湖北武汉、宜昌、襄阳、荆门、荆州、黄冈、黄石、咸宁、随州、十堰、恩施、潜江、仙桃、天门等地的学生。

截至目前,基地已接待省外如内蒙古包头、河北邢台、安徽六安、江西新余、广西玉林、云南红河、湖南株洲和郴州等地教育主管部门或校外教育单位来基地参观交流(其间,江西新余、广西玉林市先后派20余名教师到我基地跟岗学习),我校还有6批次9名骨干教师受邀到江西新余、湖北保康、湖南株洲、广西梧州、山东潍坊等基地做专题指导,接待省内如武汉、鄂州、荆门、宜昌、襄阳、随州、麻城、远安等地相关部门领导和专家300多人次的参观交流。

创新的办学理念、高效的管理模式,使得孝感市中小学生综合实践基地的社会声誉不断提升,社会影响力不断扩大,先后三次获得"湖北省校外教育工作先进单位""孝感市最佳文明单位"等多项荣誉称号,七位教师获得湖北省校外教育首届优秀课程活动案例一、三等奖,基地被命名为"湖北省中小学生研学实践教育营地"。

我们坚信,在孝感市教育局的正确领导下,在社会各界的支持下,在实践基地和参训学校的共同努力下,我市的综合实践活动和研学旅行工作一定会再上一个新台阶。

(作者系孝感市中小学生综合实践基地)

# 精心谋划 全力推进中小学研学旅行

2017 年 5 月,湖北省教育厅确定荆州市为研学旅行试点市之一。两年来,公安县 28 个试点中小学校全面开展研学旅行,近万名学生走出校园,走进自然和社会,参加研学实践。全县研学旅行工作赢得了学生及家长、中小学校以及社会的广泛认可和一致好评。

**一、政府高度重视,是推进研学旅行工作的前提条件**

公安县传统的校外教育曾经是湖北省的一面旗帜。2010 年 1 月,荆州市中小学生社会实践基地成立,校外教育又添新亮点。自 2011 年起,实践基地以每年 12 000 人接待规模组织全县中小学生参加综合实践活动。校外教育是中小学教育有机组成部分,已经成为公安县教育人的共识;让学生走出校园,融入自然与社会,已经成为公安县中小学教育的常态。自 2017 年起,县教育局在中小学校年终绩效考核 B 级指标中增加了"研学实践"的考核内容,为推进研学旅行建立了导向机制和评价机制。

为统筹校外教育的发展,2018 年 5 月,根据县政府机构改革的意见,县青少年校外活动中心和市中小学生社会实践基地整合。由此,全县中小学生综合实践活动、研学旅行、乡村学校少年宫活动、公益性主题教育活动和各类赛事活动,以及夏(冬)令营等校外教育,全部归口荆州市中小学生社会实践基地,制订统一长远的规划,一体化运作管理。机构的整合为推进研学旅行等校外教育工作奠定了有力的管理机制保障。

公安县人民政府重视对教育的投入,在实践基地第一期建设投资 2400 万元的基础上,自 2016 年起,县财政在教育经费年度预算中增加了 200 万元专项经费用于校外教育,为开展综合实践活动和研学旅行提供了有力的经费保障。

党委政府的高度重视、主管部门的大力支持、校外教育的深厚氛围,是公安县研学旅行得以全力推进的重要的前提条件。

**二、规范运作过程,是确保研学旅行有序开展的迫切需要**

《公安县中小学研学旅行工作管理办法(试行)》的颁布,其目的就是规范学校研学旅行的组织和实施。

(1)规范研学形式。不允许学校自行组织开展研学旅行,原则上采取委托形式。研学服务单位必须具有组织研学旅行的资质,有专职的研学旅行师资(导游)队伍,有组织学生开展研学旅行活动的丰富经验。

(2)建立准入机制。政府责成旅游局对研学旅行承办服务单位进行审核和备案,重点审核相关资质、赔付能力、服务质量等内容。实行准入与退出相结合,实行动态管理,定期评估审核承办机构,建立优胜劣汰制度。

(3)坚持自愿原则。学校通过家长委员会宣传研学旅行的意义,确定研学旅行的内容、路线、费用等具体事宜,以家委会的名义发放《致家长的一封信》,学生自愿报名参加,由家长与承办机构签订协议,费用由家委会代收代付,并全程监督,确保研学旅行在阳光下进行。

(4)严格行前审批。学校提前两周将具体方案报实践基地审核。重点审核承办单位的资质、课程设计和安全预案,对资质问题和安全责任等重点问题说"不"。方案审核通过后报教育局基教科备案,由局领导签批。

(5)加强行中监督。家委会要派代表参与全过程,学校要派领导跟踪协助管理,加强学生的安全管理。实践基地有选择性地参与学校研学旅行,主要任务是关注研学课程的落实情况和研学承办单位的服务质量。

(6)落实行后评价。学校形成完整的研学旅行资料集。实践基地对研学旅行的质量进行评估,一是对研学服务单位、研学点及研学线路进行满意度调查;二是对学校组织工作进行评价;三是组织研学感悟作品、影集画册和小视频征集评选。

### 三、打造精品课程，是确保研学实践教育质量的关键

要突出研学旅行的育人功能，课程设计和课程建设是重点。根据校情、学情、不同学段的年龄特点和目标，坚持以课程为主导，以实践为载体，打造符合学生认知规律的研学旅行精品课程。

（1）"三峡大坝—屈原故里"宜昌研学。学生或游览坛子岭，或走进屈原故居，或领略"国之重器"三峡大坝，感受传统文化的博大精深，感受国家发展的日新月异。

（2）"感受伟人情怀，恰同学少年"韶山研学。走进伟人故居，步入岳麓书院，追寻伟人足迹，品味国学精粹，感悟毛氏家风，感受红色文化，吟诵经典诗词，学习少年英雄。

（3）"智游行走江城，探寻荆楚文化"武汉研学。登临黄鹤楼，感受江城历史文化之悠远与博大；登上中山舰，瞻仰首义广场的烈士雕像，坚定实现"中国梦"的理想信念；漫步武汉大学，感受孜孜不倦的求学氛围，树立为实现理想而读书的决心。

（4）"和乐少年，读行西安"古都研学。西安印记、丝路探究、科普教育……学生或追忆历史，或感受科技魅力，穿越古今，了解盛世中华的前世今生。

（5）"圆梦蒲公英——乡村孩子看古城"荆州一日研学。荆州中小学生社会实践基地创新推出综合实践活动"基地＋"模式，以农村留守、特困孩子为普惠对象，启动"4＋1"进一步推进研学旅行工作。即用 1 天时间，免费为乡村孩子提供高质量的实践研学活动，其意义是让农村留守、特困孩子走出乡村，走进古城，登临荆州古城，游览关公义园，参观楚王车马阵，深入了解荆楚文化，学习和传承荆楚文化瑰宝。

### 四、加强安全责任，是保证研学旅行长远发展的首要任务

（1）明确安全责任主体。研学服务单位是研学旅行的安全责任主体，所以研学旅行一定要由资质信誉良好的旅行社承办。研学服务单位必须为出行师生购买相关的意外险和责任险（额度不低于 60 万元）。过程中的所有安全问题都应该由研学服务单位负责。要强调的是：带队领导和教师在其中的身份应该是研学服务单位聘请的研学导师和工作人员。

（2）明确各自安全责任。研学服务单位虽然是安全责任的主体，但只有强化各方面的安全责任，才能确保万无一失。要通过学校、研学服务单位、家长三方签订安全责任书的形式，层层传导并压实安全责任，建立各负其责的安全保障体系。实践基地和教育局负责督促学校落实安全责任，审核研学旅行方案（特别是保险单信息）和突发事件应急预案。

（3）增派人员协助管理。学校首次研学旅行，由校长亲自带队，之后由分管副校长带队。学校领导主要是加强与研学服务单位的沟通，督促及时排查整改安全隐患，落实安全管理的细节。学校老师的身份虽然是研学服务单位聘请的研学导师和工作人员，但仍然对学生安全负有不可推卸的责任。

### 五、解决当前问题，是全面推进研学旅行的当务之急

历经一年多的研学旅行试点，公安县研学旅行工作取得了一定的成效，但在全力推进的同时，还存在一些制约研学旅行发展的实际问题。

（1）各部门之间协调不畅，保障机制不完善，亟待政府出面统筹协调。要成立由教育部门牵头，发改委、公安、财政、交通、文化、食品药品监督、旅游、保监和共青团等相关部门共同参加的中小学生研学旅行工作协调小组，对相关部门的职责以文件的形式进行明确。

（2）政府及相关部门为研学旅行提供的政策保障、经费支持力度不够。有待于探索建立政府、学校、社会、家庭共同承担的多元化经费筹措机制。

就全国研学旅行的现状来看，由教育部门"唱独角戏"推进研学旅行工作的情况都还不同程度的存在。只有按照教育部等 11 个部门印发的《关于推进中小学生研学旅行的意见》要求，社会各部门各司其职，各负其责，共同发力，研学旅行才能得到健康可持续的发展。

（作者系荆州市中小学生社会实践基地　李小平　刘怡）

# 深化研学实践教育　努力创建一流营地文化

2018年,荆门市(国家级)示范性综合实践基地围绕"实践场馆更加完善,课程建设凸显特色,研学线路不断延伸,专业团队成熟稳定,行业影响不断扩大"的总体目标,牢固树立质量意识、安全意识、服务意识和学习意识;切实加强文化建设,切实加强行业交流,保证了中小学生校外实践教育优质高效。全年进场7.5万人次,比2017年增加1.5万人次。基地被教育部命名为"全国中小学生研学实践教育营地",并跻身全国综合实践基地联盟,成为核心成员,被湖北省政府评选为"法治宣传教育基地",被荆门市科协授予"科普教育基地"称号;被评为"湖北省学校文化建设百强校";正式挂牌中共荆门市委党校农谷分校、中共荆门市委党校外训基地。2019年被荆门市委、市政府授予"教育创新奖"。

## 一、成功创建"全国中小学生研学实践教育营地"

2018年10月10日,教育部公示了2018年全国中小学生研学实践教育项目评议结果。荆门市(国家级)示范性综合实践基地(湖北省金色农谷青少年实践教育基地)成功入围,受到荆门市教育局通报嘉奖。

(1)管理体制得到明确。1月19日,荆门市政府的专题会议纪要明确了基地土地权属及出让、配套资金等问题,对基地现行的管理及运营体制给予了认定。荆门市(国家级)示范性综合实践基地与湖北省金色农谷青少年实践教育基地签订了正式合作协议书,按照"一套班子两块牌子"的体制运作,理顺了内部关系。10月,市教育局副局长张治鹏出席全国综合实践教育论坛,着重介绍了基地采取"体制公益化、运营市场化"的运行模式,最大限度地调动员工工作积极性,最大限度地挖掘市场潜力,最大限度地发挥社会效益,为中小学生提供最好的研学实践教学服务,每年为政府节省财政支出近1000万元,引起了与会代表的强烈共鸣。

(2)场馆建设再添亮点。落实"廉洁文化进校园",打造中小学生特色廉政文化。市纪委监委与市教育局共同投入130万元,兴建了荆门市青少年廉政教育馆。该馆采用先进的"任务驱动式项目导向"活动模式,设计了清风话廉、尚廉拒腐、思廉明志、廉洁宣誓四大活动板块,十余项体验项目。11月29日,荆门市纪委监委、荆门市教育局主要领导共同为该馆揭牌。市直部门与基地共建场馆8个,涵盖青少年毒品预防、防震减灾、模拟法庭、交通安全、消防、环境教育、科普教育等方面。

(3)申报工作做实做细。在接到省教育厅的申报通知后,由于时间紧、任务重,基地各部门严格按照申报要求,通力配合;工作专班认真负责,加班加点,连续作战,在不到一周的时间内完成了240多页的申报材料准备工作。申报资料的高质量和按时报送,受到省教育厅基教处相关领导的充分肯定。

## 二、倾力打造本土特色研学实践课程

基地按照年初提出的"提质增效创特色,内涵发展树品牌"规划,立足本地资源,凸显本土特色,以教育部《中小学综合实践活动课程指导纲要》等有关文件为指导,着力开发特色研学实践线路和校本教材,打造特色研学实践教育课程,不断摸索,逐步形成了以"研学屈家岭,寻耕六千年"为主题,独具一格的研学实践教学体系,受到业内同行和教育主管部门的充分肯定。在全国2018年综合实践活动论坛暨基地风采展示活动颁奖会上,执行董事朱振辉介绍了基地立足本地6000年的农耕文明、60年的农垦文化、6年来中国农谷的优质研学资源,开发本土特色研学课程,发展研学实践教育的经验和成效,引起了参会人员的广泛兴趣。

(1)打造特色课程体系。由市教育局牵头,基地与市教科所、屈家岭管理区教育局共同组织近100名骨干教师,组成研发团队,坚持高点站位、特色鲜明、同类领先,以"研学屈家岭,寻耕六千年"为主题,研发了包括生活体验、手工创意、科学探究、专题教育、素质拓展、品行修为、农业体验七大主题100多个实践活动课程,编著了《走进屈家岭》《小学研学实践课程指导用书》《中学研学实践课程指导用书》等近30万字研学实践教学用书,图文并茂地体现中国农谷的地方特色,形成了以"农耕—农垦—农谷"为主题的特色课程体系。

(2)开发特色研学线路。基地与研学单位合作,先后开发了华中地区规模最大的航空运动休闲体验中心及国家通用航空产业综合示范区——荆门爱飞客航空小镇;亚洲第一粒人工稻谷发现地——屈家岭古文化遗址;中南地区规模最大的梅花鹿繁殖基地——屈家岭白鹿春;中国农谷核心支撑项目、华中地区最大田园综合体及生态体验园——钟祥汇源农谷;"全国生态文化村"——钟祥彭墩乡村世界等多条精品研学线路,完善了"3+1+N"的研学实践组织形式,实现了从研学目标到研学内容再到研学评价为一体的研学实践操作范本。

### 三、深化研学实践教育

紧紧抓住国家推进中小学生研学旅行的良好契机,努力完善基地功能,为中小学生提供最优质的教学实践服务。为荆门市近3万名中小学生综合实践活动提供了服务,吸引了来自陕西和湖北武汉、孝感、荆州、襄阳、宜昌、黄石等地3万多名中小学生到基地参加研学实践活动。学生们来了不想走,走了还想来。与此同时,基地始终坚持把社会责任放在第一位,关心贫困家庭中小学生和农村留守儿童的社会实践教育,大力开展公益研学活动,为近千名中小学生提供了免费实践教育,减免费用10多万元。5月,组织旧口镇、屈家岭管理区500名农村贫困家庭中小学生和留守儿童开展了爱飞客航空科技研学旅行等公益研学活动。

### 四、努力创建一流校园文化

(1)强化办学宗旨、办学目标、文化主题、校风和核心价值观,打造一流校园文化,园区绿化、净化、美化、亮化,被评为"湖北省学校文化建设百强校"。

(2)建设文化阵地。按照"处处彰显特色文化"的要求,园区净化、美化、绿化、亮化,一批"农"字号文化景点建筑错落有致,与基地核心文化理念的标语、展牌等交相辉映。展示文化理念,规范言行举止,将核心价值观和文化理念延伸至学生活动、食宿环节中,以及员工办公的每一个区域,形成了园区处处皆文化的气氛。

(3)培育文化理念。利用"三八""五四""十一"等重要节日,开展员工培训、举办励志演讲、组织户外活动,教育和引导员工牢固树立质量意识、安全意识、服务意识和学习意识,深植了基地核心文化理念,凝聚了人心。

(4)加强文化宣传。坚持每周进行一次微信文章推送,每所学校拍摄并制作一个学生活动视频,加强基地文化宣传工作。全年出版反映基地成长的刊物《足迹》2期,修改、完善并重新印制了基地宣传册,推送微信文章70多篇,制作学生活动视频200多个,在国家、省、市级主流新闻媒体发表文章24篇。

### 五、切实加强营地内部管理

完善制度,规范管理,进一步完善制度体系。加强安全知识教育,强化安全责任管理,细化安全预案,定期进行安全隐患排查和安全预案演练。在安全保卫、宿舍管理、消防安全、场馆教学、食品卫生等方面,形成了较为严密的安全防护网。严格执行基地领导与部门负责人值班制,严格实行过程监控,确保视频监控覆盖营地每一个角落,安全巡逻24小时不间断,安全零事故。

(作者系荆门市示范性综合实践基地、金色农谷 朱振辉 李小芳)

# 创新发展——开创研学旅行新模式

2017年9月6日，湖北省教育厅等14部门关于印发《湖北省中小学生研学旅行试点管理办法》的通知，预示着湖北省将全面开展中小学生研学旅行工作，湖北洈水投资集团主动认真贯彻落实省教育厅等关于中小学生研学旅行的文件精神，充分整合资源，实现资源的二次开发与创新利用，培育新品牌，积极打造洈水运动休闲小镇研学营地。于2018年3月成立湖北洈水投资集团研学旅行办公室，克难奋进，开拓创新，下半年共接待研学人员5万余人，获得湖北省(省教育厅)首批示范研学营地的命名与授牌。

**一、高点定位，实施教旅(研学)崛起第一战略**

一年来，在省教育厅、省外校专业管理委员会、荆州教体局、松滋教体局大力支持和悉心指导下，湖北洈水投资集团在追求高质量发展的同时，坚持高点定位，以创新发展新理念引导企业实践，积极适应新时代、新形势、新要求，在着力转型升级传统产业的同时，坚持把教育(研学)放到全产业融合中谋划和推进，创新发展现代旅游＋教育产业，多元发展相关服务产业，实施全域旅游＋教育＋体育发展战略。

(一)在目标定位上突出"第一位"

2018年1月9日，洈水投资集团第一次党委会明确提出未来五年发展任务中，要重点抓好运动休闲小镇、研学营地等项目，要以洈水运动休闲小镇为载体，树立体育、旅游、教育三个国家标杆。并赴全国各地考察和参加论坛会议，向专家学习理论知识，和行业机构交流实践经验，充分调研，请省外校管理委专家现场指导，提出了以"景区＋营地＋课程＋"为一体的园林景观、无院墙景观式研学营地概念，把洈水研学打造成建筑风格独具楚风和洈水地方特色的研学旅行践行者和先行者，把洈水运动休闲小镇研学实践教育营地创建成全省乃至全国知名品牌。

(二)在组织领导上突出"一把手"

2018年3月初，成立了湖北洈水集团研学旅行工作领导小组，党委书记兼集团董事长亲自挂帅，下设研学旅行办公室，委派资深项目负责人，统筹推进研学旅行工作。

(三)在研旅运营体系上突出"一盘棋"

研学办自成立以来，坚持以"夯实基础、建章立规抓管理；立足现有资源、市场布局引生源；创新发展营地新模式"为指导思想，以"研学洈水，旅行华夏"教旅品牌为核心，以管理一盘棋为抓手，完善运营流程，推动队伍建设和升级。

经过大半年的研学旅行初步实践，研学旅行管理制度、研学导师、教官岗位职责，乘车乘船交通守则，餐饮安全守则，住宿安全守则，应急预案，形成了一套洈水研学营地运营手册。在今年开展的多次研学旅行活动中，学生和老师的满意度达98%，从未出现安全事故，组织安全保障有序。

1.强化管理，确保安全

研学营地逐步采取标准化的安全管理，为每一位研学学生提供安全保障。营地对吃、住、行、教学等各方面落实安全保障，指导教师根据定制化课程表进行安全培训、线路培训、应急培训，针对交通事故、食物中毒、消防等事故制订了相应的应急预案，杜绝安全隐患。在营地进行全方位监控，专业安全教官队伍24小时保护学生安全。

2. 因地制宜、增设课程

研学营地发挥洈水文化、自然资源优势，在打造出无院墙景观式研学营地的基础上，设计融合亚洲第一人工土坝、国家森林公园、国家湿地公园、人工淡水湖、五星汽车（房车）露营地、水电站、九岭岗红色文化、溶洞群等多种研学资源的课程，涵盖了自然、地理、人文、历史、科技、体验等多种研学旅行类型。营地构建荆楚印象、科技之光、生命华彩、我心飞扬四大领域课程体系共计 100 多门课程。各课程分设能力目标体系与年段目标体系，同一课程内容根据不同年度设置不同教学目标，打造内容纵横贯通、螺旋式上升的长、中、短线研学课程。丰富的趣味性课外体验、多元化的课程现场实践，帮助中小学生在研学活动中丰富课本之外的延展体验，增长社会实践能力，提高思考能力，成为既能适应社会又能促进社会发展的新一代。

3. 立章建制、形成规范

营地结合自身实际情况，有组织、分阶段地进行一系列的研学旅行标准化建设工作。对学生在研学旅行过程中的吃、住、行、寓、教、乐提出标准化要求，保证研学常态运营，有规有章可循。

4. 贯穿全程，保持效果

研学营地将研学旅行分为研前、研中、研后三个部分进行合理运营，严格管理，力求为中小学生提供最专业的课程和服务。开展研学之前，营地对学生们进行安全培训，同时，针对不同年级的学生，安排好课程，做好研学准备，进行一次有的放矢的研学之旅。研学过程中，为保障教育质量和学生的安全，由专业教官任研学安全教官，专业导师负责授课队伍，确保为学生提供专业的文化课程，安全的实践体验，贴心的生活指导。研学完成后，营地利用科学的评价体系对学生进行综合评价与反馈，并组织丰富多彩的研学后活动。

**二、高位谋划，构建人才发展第一格局**

研旅新业态的发展需要专业化、知识化，以人才作支撑，一方面挖掘集团内部有学习能力、有潜质、有志于研学旅行的人员进行专业培训，培养自己的研学专业队伍；另一方面引进专业教官、教练员、导师；第三，与其他机构合作共赢，实现人才合作等，建立研学旅行活动人才库，确保研旅活动安全高效开展，整个研旅运营正步入常态、有序、规范的发展中。2018 年 3 月研学办成立，设立了市场推广部、综合教学部、课程研发部、运营保障部，在注重人员培训，不断提高各岗位人员的业务水平，逐步专业化的同时，与长江大学、武汉体育学院、楚文化研究院、荆州博物馆、荆州武装部、松滋武装部等就洈水研学课程内容和授课、研学导师及教官共享工作进行了合作。

**三、多点造势，擦亮研学旅行第一品牌**

（一）开设研学旅行公众号

定期发布文章解读研学旅行政策文件，进行研学旅行行业介绍，对洈水研学营地运营情况等多个方面开展宣传报道。至今推送文章 100 余篇。据不完全统计，已有近 210 万人关注，得到省、市教育部门的关注，起到了很好的宣传推广效果。

（二）加强宣传造势

借力研学政策，整合省内自媒体、新媒体等各类传媒，达成合作，完成线上线下同步宣传推广，邀请媒体对现场活动进行宣传报道（如"江陵现场直播"），在松滋电视台、荆州日报、湖北日报等相关媒体上进行多种方式的宣传，制作了研学系列课程介绍 PPT，拍摄研学专题片，发放 5 万余份研学手册宣传资料，引爆洈水研学旅行概念，开展造势活动，扩大洈水运动休闲小镇研学营地的影响力。

（三）强化市场推广

在内抓管理保运营的同时，积极开展研学市场布局，以荆州区域为中心、周边 300 千米为中轴、1000 千米为杠杆，有效开展局企合作、校企联动，逐级拉动活动中心等资源方，加速生源引流。同步推进研学营地设施的规划与升级，与荆州区、沙市区、江陵、监利、洪湖、石首、公安，宜昌的西陵区、夷陵区、宜都市、当阳市、远安秭归，湖南的岳阳等地的教育部门、活动中心、综合实践教育基（营）地，达成了共建合作共识。

本着研学发展教育为主、公益扶贫为先的目的,制订了合理研学旅行、研旅扶贫价格体系,并实地参观荆州、宜昌、湖南等地的活动中心、有研学资质的 60 多家旅行社和培训机构,地方批准的基(营)地 30 多家,达成了合作意向。市场推广实现了整个荆州、宜昌地区教育部门全覆盖,夯实了研学旅行的市场基础工作,通过研学旅行概念的引爆"1+N""1+R"模式的推行,初步形成"小手牵大手"的增量趋势,为浣水旅游开辟新的增长点。

(四)完善的评价体系

设计制作了研学手册、研学旅行营旗、学生评价表、优秀学员证书、结业证书等,进一步完善了研学评价体系。

(五)加强交流和互动

省、市各级教育部门的大力支持与指导,是加快推进研学发展的基础,是浣水研学生源引流的有力保障。通过举办多期教育部门、校长、家长委员会共同参与的研学旅行浣水营地交流推介会,让学校、家长进一步了解浣水研学旅行活动各环节,进一步明确了研学旅行对学生的成长的重要性和必要性。

**四、深化研学探索之旅,创建研学第一标杆**

浣水运动休闲小镇研学营地地处荆楚文化、三国文化发祥地——荆州,以浣水风景区为依托,以运动休闲小镇为载体,创建研学营地新模式。近期开工的浣水研学营地二期以楚风为主题,结合浣水特色,分为生活区、教学区、体验区、运动区,一期营地联通,单次可接待 2000 人住宿,容纳 1500 人用餐,配备可供 1500 人使用的多功能会议室,2000 人使用的风雨操场,室内授课点可同时容纳千名学生。

"以前,书本是孩子的世界;现在,世界是孩子的书本。"研学旅行让学生走出校园,拓宽视野,丰富知识,加深了自然与文化的亲近感,课本上的知识变得鲜活了。学生在团队活动里,收获了友情,收获了关爱,收获了课本、教室中不一样的知识。研学旅行延续和发展了我国传统游学"读万卷书,行万里路"的教育理念和人文精神,是素质教育的新内容和新方式。研学旅行,"研学"是核心,"旅行"是载体,我们将继续积极探索研学旅行发展的新模式,助力学生核心素养提升,促进学生全面发展。在省、市、县各级教育管理部门的指导下,加大和荆州区域各级教育部门的合作,局企合作共建、共享、共创。校企深度联动,资源共享,加强研学精准扶贫力度,加速基(营)地间互动交流。下一步,将组建研旅教育旅行公司,将直接走进学校,为中小学生提供研学旅行活动一站式服务,减少中间环节,创造条件,让更多的学子来浣水研学旅行。

(作者系湖北浣水投资集团)

# 地球科学研学旅行的实践与探索

中国地质大学逸夫博物馆是一座展示矿物、岩石、古生物化石等地质标本的地质博物馆。作为首批"全国中小学生研学实践教育基地"和"湖北省中小学生研学旅行实践教育基地",逸夫博物馆为游客打开了地球 46 亿年沧桑巨变的宏伟画卷、地球生命 38 亿年进化的历史长廊,将地球科学的科学性、知识性、通俗性、趣味性有机融合。展陈技术上采用声光电技术、模拟及仿真技术,设计制作典型的地质景观和互动项目,寓教于乐,还开设了科普讲堂、化石挖掘、博物馆奇妙夜等一系列深受欢迎的科普活动,是公认的"地质世界之窗"。

近年来,逸夫博物馆发挥人才优势,充分挖掘展陈资源,突出在地质学、古生物学、岩石学、矿物学、宝石学等方面的馆藏优势和研究实力,以打造学生喜爱、学校满意的地学特色品牌基地为目标,设计开发了一系列适合不同年龄、寓教于游的研学课程,旨在激发学生了解自然、热爱自然的兴趣和热情,促使他们从小树立热爱自然、珍惜资源、保护环境的良好品德规范。自 2017 年以来,逸夫博物馆累计服务研学旅行学生超 5 万人,积累了丰富的研学旅行服务经验,取得了良好的地球科学科普成效。

## 一、开展地球科学研学旅行的意义

资源与环境是人类生存与发展的两大主题,树立正确的资源和环境意识,已成为当今乃至未来每一个人应具备的基本素质。资源与环境问题归根到底是人与自然的关系问题,要处理好这一问题,需要社会公众对我们赖以生存的地球有基本的了解,树立保护地球的意识,这突出了普及地球科学知识的重要性。地球科学知识的普及不仅有利于增进青少年对大自然的兴趣与感情,加深对自然界事物和现象的理解,还有利于青少年从小树立热爱自然、珍惜资源、保护环境的良好品德规范,树立科学的自然观和世界观,培养科学的工作态度和思维方法。

中小学生研学旅行是学校教育与校外教育衔接的创新形式,是综合实践育人的有效途径。通过组织学生到地质公园、地学科普场馆开展研学旅行,近距离接触和了解特色地质标本、形象生动的模型,通过不同的体验式学习来了解地质历史的久远、地壳运动的神奇和环境保护的紧迫现状,从而认识到人类与大自然和谐协调发展的重要性,认识到保护环境是每个人的神圣职责。

## 二、地球科学主题研学课程开发

中国地质大学逸夫博物馆是全国首家被认定为国家 4A 级旅游景区的高校博物馆,是国家三级博物馆、全国科普教育基地、全国青少年科技教育基地、全国古生物教育基地、全国中小学环境教育社会实践基地、国土资源科普基地、武汉市爱国主义教育基地、2017 年武汉十大博物馆。现馆藏各类地质标本 4 万余件,其中极为罕见的珍品近 3000 件,如著名的黑龙江东北龙、和平永川龙、鹦鹉嘴龙等恐龙骨架化石,以及各种珍贵的矿物、宝玉石、化石标本和磁悬浮地球仪等,被誉为"恐龙之家"和"珠宝玉石世界"。

中国地质大学逸夫博物馆始终坚持以"讲好地球故事,弘扬科学精神"为己任,围绕地球科学相关知识,结合中小学科学课程标准,做好研学课程开发和研学手册编写工作,现已开发 13 门研学课程,整理汇编了 12 个地球科学研学活动科普资源包,累计接待研学旅行中小学生超 5 万人,取得了较好的地球科学科普成效。

### 1. 主题鲜明,研学课程有内涵

中国地质大学逸夫博物馆主要展出矿物、岩石、古生物化石等地质标本,为观众打开了地球 46 亿年沧桑巨变的宏伟画卷、地球生命 38 亿年进化的历史长廊,展示了精美绝伦的珠宝玉石世界、五光十色的矿物岩石天地,以及与人类生存息息相关的地下宝藏。该馆在设计研学旅行活动课程时,对照《义务教育小学科学课程标准》和《义务教育初中科学课程标准》,始终注重科学性与知识性,突出地球科学主线,普及地球科学知识,加强环境教育。系统有趣的讲解能够让同学们认知已经发生过的地质事件,不仅可以帮助他们加深对自然界事物和现象的理解,还可以体验到这些地质事件所引起的环境变化等一系列问题,有利于学生从小树立自然界的生存意识、行为规范,树立科学的自然观和世界观。同时,在化石修复、初识矿物等体验式课程中融入了动手环节,有利于培养学生科学的工作态度和思维方法。

2. 层次递进,课程体系有梯度

在研学旅行活动课程设计开发中,不同学段的侧重点应该有所不同。本馆从科普形式和科普方法方面积极探索,开发了13门研学课程,分别为适合小学1~3年级的"探秘恐龙""一场远古的旅行""我的宝石博物馆",适合小学4~6年级的"与恐龙做邻居""岩石三兄弟""疯狂的玛瑙""化石小猎人",适合初中生的"小小李四光""矿冶考古""观鸟",适合高中生的"恐龙时代的海洋生物""地表水采样与水质分析""城市森林群落多样性调查与分析"(研学课程方案详见下表)。针对小学生的研学课程以主题科普课程(一般为30分钟)＋展厅主题式参观＋互动(手工、游戏、实验等),侧重体验和观察,获得对地球科学知识的感性认识,激发学生对大自然的热爱。针对初中生的研学课程则适当增加专业性,辅以少量探究性课题,提升对地质事件的认知能力,培养动手能力和团队合作意识。针对高中生的研学课程则设置了团队探究性课题,将学生分成若干个课题组,从查阅资料、取样研究到结题汇报,让学生完整地参与从确定选题到结题报告的科学工作,教授科学方法,培养科学思维,学习科学家严谨的科研态度,着重培养学生的综合能力。

中国地质大学逸夫博物馆研学课程一览表

| 序号 | 课程名称 | 适用学段 | 课程时长 | 内容简介 |
|---|---|---|---|---|
| 1 | 探秘恐龙 | 小学1—3年级 | 2.5小时 | 学习恐龙知识,完成趣味游戏,收获恐龙勋章 |
| 2 | 一场远古的旅行 | 小学1—3年级 | 2.5小时 | 学习地球演变历史,探索生命起源及进化,体验化石修复 |
| 3 | 我的宝石博物馆 | 小学1—3年级 | 2.5小时 | 观察和了解宝玉石,认识绚丽多彩的荧光矿物,制作宝石博物馆 |
| 4 | 与恐龙做邻居 | 小学4—6年级 | 14小时 | 夜宿恐龙化石旁,观看恐龙主题3D影片,体验化石翻模、化石修复 |
| 5 | 岩石三兄弟 | 小学4—6年级 | 3小时 | 认识地球地质结构,学习地球上三大类岩石的成因及特点,观察、记录三大类岩石 |
| 6 | 疯狂的玛瑙 | 小学4—6年级 | 3小时 | 认识玛瑙的成因,动手制作玛瑙饰品 |
| 7 | 化石小猎人 | 小学4—6年级 | 6小时 | 寻找四亿年前生活在武汉的"先民"——三叶虫,回溯生命起源和演化的历程,与化石零距离接触 |
| 8 | 小小李四光 | 初中 | 1天 | 透过岩石寻找亿万年前不一样的世界,探秘武汉四亿年沧海桑田的变迁,采集、制作沉积岩岩石标本 |
| 9 | 矿冶考古 | 初中 | 1天 | 探秘亚洲最大的矿坑,亲自采集矿石(铁矿石、黄铁矿)原石,制作矿物标本,学习矿山复垦知识,培养环保意识 |
| 10 | 观鸟 | 初中 | 1天 | 走进自然,认识武汉常见鸟类,学习鸟类观察、记录、分析的方法,培养科学研究的思维,同时强化环保意识,培养良好的环保行为 |

（续表）

| 序号 | 课程名称 | 适用学段 | 课程时长 | 内容简介 |
|---|---|---|---|---|
| 11 | 恐龙时代的海洋生物 | 高中 | 2天 | 参观生命起源与进化展厅,学习古生物知识,走进高校实验室,参观化石磨片制作过程,通过电子显微镜观察,探秘恐龙时代的海洋生物,培养科学研究的思维和方法 |
| 12 | 地表水采样与水质分析 | 高中 | 2天 | 走进高校实验室,参观科研仪器,学习水质检测、分析知识,锻炼动手实践、科学观察、科学记录、科学分析、科学表达能力 |
| 13 | 城市森林群落多样性调查与分析 | 高中 | 2天 | 登上南望山,认识武汉城市森林常见植物,开展城市森林群落多样性调查与分析,培养进行课题研究的逻辑思维能力及方法 |

3. 形式多样,满足不同需求

研学旅行最理想的实现方式是上述以研学课程为基础的研究性学习,但这类学习往往需要很长的时间,需要小班化教学,需要充足的材料,对于由学校统一组织的大型参观团队而言很难实现。针对这种情况,本馆设计编写了《科学探索活动手册》,以展厅参观引导为基本思路,根据关键知识点设置问题,通过让学生写一写、勾一勾、画一画,在参观中收获地球科学知识,同时还设置了拓展阅读栏目,鼓励有兴趣的学生继续探索地球的奥秘。

对于不满足于单一的"参观式研学"的学校,本馆还策划推出了"地球科普大讲堂"讲座,内容涉及地球、地质公园、恐龙灭绝、生物进化、火星科考、长江大保护等多个主题,主讲人有院士、大学教授、李四光先生的外孙女,以及地球科学专业的研究生。

对于暂时无法安排研学旅行的学校,该馆还主动将服务前移,提前为学生上"行前一堂课"。自2018年10月开始,该馆策划推出了系列恐龙主题公益科普讲座,走进了武汉的14所中小学校和幼儿园,在江城青少年中掀起了一股"恐龙热"。在每年的全国科普日、科技活动周、世界地球日、国际博物馆日等重要时间节点,本馆还带着科普展板、特色地质标本、科普讲座进校园,通过"流动博物馆"让学生接触和了解地学知识。

目前逸夫博物馆已经开始更广泛地开展科普巡展活动和系列科普讲座进校园活动,提高逸夫博物馆的知名度,大力宣传博物馆的研学课程;在中心城区学校开展小班试点,形成良好的口碑;广泛走访开展过地球科学研学旅行的学校,及时获取活动反馈,根据反馈调整研学课程内容和环节设置,打造更"接地气"、更强调自主性的课程内容,为湖北省研学事业的发展做出积极的贡献。

（作者系中国地质大学逸夫博物馆）

# 充分发挥国家基地优势　全面推进研学旅行工作

　　武汉植物园建于1956年,园区面积约173万平方米(磨山园区面积约59万平方米,光谷园区约74万平方米,江夏基地约28万平方米,肯尼亚植物园约12万平方米),是集科学研究、植物保护、科普教育于一体的综合科研机构及国家核心战略植物资源保育基地、世界亚热带植物多样性保护基地,是全国三大核心植物园之一。近20多年来,武汉植物园深耕科普教育领域,取得了长足发展,并获得了各级部门的肯定,仅获得国家授予的称号就有"国家科研科普基地""全国科普教育基地""全国青少年科技教育基地""全国中小学环境教育社会实践基地""全国林业科普基地""全国自然学校""国家旅游AAAA景区"等。立足于扎实的科普教育工作基础和丰富的工作经验,武汉植物园率先开展研学旅行工作,是第一批入选"全国中小学生研学实践教育基地"和"湖北省中小学生研学旅行实践教育基地"的单位之一。

　　做好研学旅行工作需要完善的人才队伍和有力的平台支撑,这不仅是开展研学旅行工作的基石,更是决定研学旅行工作成效的关键因素。武汉植物园非常重视人才队伍建设,从顶层设计上,成立了一支由30余名专家组成的园科普委员会,他们不仅是武汉植物园研学旅行工作的掌灯者,更奠定了研学导师的整体高度和水准。专职研学导师队伍由40余名专职科普工作者构成,他们获得了"全国科普先进工作者""梁希科普奖""优秀科普团队""科学营名家大师精彩报告""科普摘星人""最美生态道德教育园丁"等多项荣誉,是一支高学历、高能力、高素质、高水平的团队。此外,我们还组建了一支数量100余人、参与度高的"杉行科普志愿者"团队,作为研学导师的有力补充。在平台建设方面,武汉植物园保存植物资源12 000余种,建有16个各具特色的专类园和1个国家级资源圃、2个科学院重点实验室、1个省级重点实验室,还有占地18 000平方米的实验操作及科教平台,4000平方米住宿及生活平台。这些独特的资源让武汉植物园研学旅行工作覆盖人群更广、形式更加多样、内容更加丰富、过程更具亮点。

　　了解研学旅行的目的,掌握研学旅行对象的特点,满足不同层次学生的需求。研学旅行的目的是什么?回答好这一问题是开展研学旅行工作的先决条件。研学旅行是研究性学习和旅行体验相结合的校外教育活动,通过"学游合一"的方法和模式,拓展学生的视野、丰富学生的知识,加深他们与自然和文化的亲近感,增加对集体生活方式和社会公共道德的体验。研学旅行的重点在于研学,而非走马观花。为了做到让不同年龄层的学生都学有所得,武汉植物园充分研究了受众行为特点和心理特征,熟知各年龄段学生的知识水平和课标要求,为不同年龄段学生设计了不一样的研学旅行产品,以满足不同层次学生的需求。研学旅行产品形式非常丰富,包含定向体验学习、科学讲座、科学实验、科学探究、野外考察等方式,但在设计上,针对小学生会侧重凸显趣味性、体验性和启发性;中学生凸显科学性、体验性和探究性;高中生凸显探究性、系统性和创新性。著名的教育家叶圣陶曾说过,"教师之为教,不在全盘授予,而在相机诱导",实现因材施教、个性化学习也是武汉植物园研学旅行的目标和不懈追求。

　　基础和高端结合、短期和长期互补、市内和野外兼具,以此为基础,武汉植物园研发了一套系统化的研学产品体系。从类型上,武汉植物园研学产品分为基础研学课程和高端研学课程。基础研学课程依托园内丰富的植物资源,通过实地考察、科普讲座、科学实验等方式,学习植物背后的知识及科学现象,了解植物的价值和利用现状,感受大自然的生物多样性,增强生态环境保护意识。2019年,已有来自北京、河南、湖北、广州等地的 6000 多名中小学生参加了春季研学旅行活动。高端研学课程包括自然课堂、专题探究营、科学夏(冬)令营、高端科考营等。自然课堂,针对小学生开展,以"亲近自然、真实体验、探索科学、健康成长"为主旨,通过认知、体验、理解、探究等多种途径,力求让小学生在大自然中快乐学习、学有所得。自然课堂类型多样,包括单主题课堂、系列课堂及专家讲堂,自 2012 年推出至今,已成功举办近 150 期,累计约 10 000 个家庭参与。专题探究营,针对初高中生开展,特色为由植物专家带队,动脑与动手结合,兼具科学性与趣味性,培养学生的科学思维和动手能力。科学夏(冬)令营,为期 3~5 天,针对初高中生开展,是武汉植物园精心打磨后推出的定位高端、有深度、有内涵的研学旅行课程,一方面,内容翔实,主题涉及攀缘植物、药用植物、芳香植物、水生植物、珍稀濒危植物等植物类型;另一方面,科学性强,与科学研究结合紧密,学生能体验到科学家进行科学研究的完整过程,并撰写论文和报告。此外,学习研究员专题报告、走进公共实验平台操作大型仪器也增加了夏(冬)令营的体验性。科学夏(冬)令营有助于激发学生对科学的兴趣,培养学生的科学精神,鼓励学生立志从事科学研究事业,培养科技创新后备人才。高端科考营活动的神农架生态圈探秘之旅,时长 7 天,特色为由武汉植物园神农架"家底清查人"亲自带队,感受神农架瑰丽风光与神秘人文的同时,完成植物群落调查、水质检测、样方调查等科学任务,目前已成功举办多次,深受学生和家长好评。

在研发研学课程的同时,规范研学旅行工作的接待流程,保障各个环节均落到实处也是非常重要的工作。充分了解研学旅行团队基本情况和要求,合理安排行程与路线,提前辅助做好"行前一课",让学生在到达之前就对研学旅行充满了期待,提升了研学旅行的满足感,并确保了研学旅行的安全。此外,为每一位学生发放研学任务单、手册等资料,让学生带着问题开展研学,不断强化研学旅行的目的,有助于学生切实掌握研学知识。武汉植物园配备研学导师或辅助老师,全程带领学生学习体验并解答学生的各种疑惑。激发学生的科学兴趣、培养他们的科学思维和科学能力是我们研学的目标。

(作者系中国科学院武汉植物园园艺中心 程中平)

# 引领学生在研学旅行实践活动中追梦启航

立德树人是新时代发展中国特色社会主义教育事业的核心所在，是培养德智体美全面发展的社会主义建设者和接班人的本质要求。开展研学旅行，正是新时代落实立德树人根本任务的重要途径，而研学旅行的灵魂是实践育人。因此，我们在研学旅行活动中要始终坚持实践育人的原则，切实让中小学生在研学旅行实践活动中了解国情、热爱祖国、开阔眼界、增长知识，着力提高他们的社会责任感、创新精神和实践能力；激发对党、对国家、对人民的热爱之情；促进书本知识和生活经验的深度融合；培养核心素养和生存能力，养成良好的行为习惯。

**一、扎实推进研学旅行工作，让实践育人不再是空谈**

为了让"研学旅行"及"营地教育"的概念、意义、目标、任务、模式、课程等内容，被社会了解、学校知晓、家长清楚、学生明白，我们的主要做法如下。

（1）策划并印制了高质量、高标准的《应城市青少年研学实践教育宣传册》。

（2）活动前，针对不同年级学生的特点下发了《致家长的一封信》以及相对应年级的研学实践教育课程安排表。

（3）在营地微信公众平台上及时发布学生研学实践教育活动的相关报道。

（4）与时俱进，将教育部印发的《关于加强和改进普通高中学生综合素质评价的意见》《中小学综合实践活动课程指导纲要》《中小学德育工作指南》《关于推进中小学生研学旅行的意见》，以及《湖北省中小学生研学旅行课程指南》等文件精神，通过营地橱窗及时宣传。

（5）充分利用每期开营的时间，以讲座的形式，向学生宣讲教育部、省教育厅有关研学旅行的相关政策，以及指导意见、课程内容、课程目标、课程性质、课程特征等。

通过以上新形式的宣传和推进，让社会，由不了解到比较了解；让学校，由不理解到理解；让家长，由当初不让学生参加到现在要求学生参加；让学生，由当初不想参加到现在每年盼着参加。

**二、探索营地教育课程模式，让研学内容丰富多彩**

为了让学生在研学旅行实践活动中收获知识、收获快乐、收获成长，我们充分发挥应城市青少年研学实践教育营地的特殊功能，遵循"实践育人、课程要素、本质属性、时间规律"原则。在课程开发上下功夫，在"研学"二字上做研究，在育人模式上做探索。

根据学生特点和地域特色，紧扣立德树人的根本任务，结合营地教育课程的实践性、团队性、综合性、趣味性等特征，我们探索出了营地教育课程结构的新模式：营地课程＋研学旅行资源课程。

1. 小学阶段

营地课程＋乡情资源课程（指以应城市青少年研学实践教育营地为圆心，整合 10 千米半径内的乡情资源）。

课程目标：培养学生参与研学旅行活动的兴趣，激发好奇心、求知欲，初步学会在研学旅行中发现问题和提出问题，初步养成探究精神；了解并初步体验调查访问、实地观察、文献收集与整理、旅行观赏等基本方法，发展探究问题的初步能力；亲近并探究自然，热爱自然，初步形成自觉保护周围自然环境的意识和能力；考察周围的人文社会环境，初步形成反思、探究人文社会问题的习惯，自觉遵守社会行为规范，增强社会交往和人际沟通能力。

### 2. 初中阶段

营地课程＋市情资源课程(指以应城市青少年研学实践教育营地为圆心,整合 30 千米半径内的市情资源)。

课程目标:初步学会分析与综合、归纳与演绎、分类类比与比较等逻辑思维方法,经历问题探究的完整过程;初步学会实地研究与观察、社会调查与访问、文献收集与分析的基本规范,切实提高学生分析问题解决问题的能力,培养创新精神;增进学生对自然的了解与认识,通过感受祖国大好河山,逐步形成关爱自然、保护环境的生态意识和能力;增进学生对中华历史文化的了解,通过感受中华传统美德,了解革命光荣历史,感受改革开放伟大成就,增强对坚定"四个自信"的理解与认同;发展主动获得知识和信息的能力,养成主动探究的态度,发展信息素养和技术素养,学会学习;初步了解不同学科与领域的特点,积极寻找个人的兴趣爱好与发展方向。

### 3. 高中阶段

营地课程＋国情、省情资源课程(指以应城市青少年研学实践教育营地为圆心,整合 10 千米半径内的国情、省情资源)。

课程目标:引导学生在研学旅行过程中初步掌握各种逻辑思维方法、问题探究的方法及基本规范,切实提高发现问题、提出问题的能力,培养规划能力和总结能力;通过研学旅行,使学生了解科学对于自然、社会、人类的意义与价值;学会关心国家和社会进步,关注人类与环境的可持续发展,培养积极的人生态度、对社会的责任心和使命感;通过研学旅行,要使学生了解"四个自信"形成的历史文化背景和社会背景。形成牢固的社会主义核心价值观,进一步坚定"四个自信";了解不同学科与领域的特点,初步形成个人的兴趣,明确未来的发展方向。

根据地域特色和营地实际,结合不同学段学生的特点,一年来我们先后开发出了以下课程:科学探秘——"走进应城国家矿山公园博物馆"、风景欣赏教育——"走进湖北·楚珍园"、科学体验——"走进中国流动科技馆"、红色教育——"走进鄂中革命烈士纪念馆"、理想教育——"追梦启航"、孝德教育——"寻找身边最美孝心少年"、国情教育——"走进应城市人民防空教育基地"、生命安全教育——"走进应城市禁毒教育基地"、素质拓展——"挑战不可能"、劳动教育——"我劳动,我光荣"、榜样教育——"追寻将军的足迹"、养成教育——"自己的事自己做"、环保教育——"让和谐优美的环境因为我们更美好"、乡情教育——"走进美丽乡村,了解乡村文化"、徒步毅行——"走进应城市有名店生态林区"等。这一系列课程旨在突出营地教育功能,构建营地特色育人体系,形成校内教育与校外教育相结合、营地课程与研学旅行资源课程相融合的实践育人新模式。

### 三、加强营地师资队伍建设,让营地教育和谐发展

研学质量对于一个营地来说就意味着生命,提高营地教育的育人质量是营地所有工作的出发点和归宿。要想提升营地教育的质量,营地师资队伍建设是关键。

为了建设一支标准化、规范化和职业化的研学导师队伍,进一步提升营地研学实践教育服务质量,我们主要采取了以下五项举措。

(1)依据教育部及省教育厅有关研学旅行的文件精神,根据营地师资队伍的思想素质、纪律观念、业务水平等情况,进行一次为期 20 天的封闭式培训。培训结束后,经过严格的考核,获得营地颁发的"研学导师"证书者方能上岗。

(2)每期选送 3～5 名热爱校外教育、爱岗敬业的研学老师参加湖北省中小学校长协会校外教育管理专业委员会举办的研学导师培训班培训。

(3)根据营地研学导师星级工资的晋升制度,对每位研学导师从安全意识、道德品质、综合素养、教学能

力、合作精神、纪律观念等方面进行多元评价和量化考核,进行一次星级晋级评选活动,然后将星级等级与工资挂钩。

(4)坚持开展"一月一反思"的"把脉问诊"活动,总结经验,找出问题,及时整改。

(5)通过营地微信公众平台,在受训学生中开展"最美研学导师"评选投票活动,评出学生心目中的"最美研学导师"。

### 四、坚持研学旅行公益原则,让贫困学生免费参与

为了让贫困学生感受营地教育的大爱,分享校外教育的温暖,体验研学实践教育课程的魅力,对于特困学生,营地规定只要审批手续齐全,经核实准确无误,将免除研学实践教育活动的全部费用。2018年,共减免精准扶贫特困生149人的研学旅行实践活动费用,共计53 640元。

### 五、建构研学旅行评价平台,让评价机制科学有效

教育评价是教育教学工作的指挥棒,是教育体制改革的"牛鼻子",是教育事业发展的定盘星。习近平总书记在全国教育大会讲话中指出,要深化教育体制改革,健全立德树人落实机制,扭转不科学的教育评价导向,坚决克服唯分数、唯升学、唯文凭、唯论文、唯帽子的顽瘴痼疾,从根本上解决教育评价指挥棒问题。因此,落实立德树人根本任务,培养社会主义建设者和接班人,必须有科学的教育评价体系领路导航。

应城市青少年研学实践教育营地,作为校外教育的育人阵地、研学旅行实践活动的平台,对于学生研学实践教育的成效和情况必须及时准确做出评价,于是,我们在与各学校多次沟通、反复调研的前提下,根据营地具体情况,于2018年3月建立健全了中小学生参加研学旅行的评价机制,制作了《中小学生研学旅行实践教育综合素质评价报告单》。活动前,让学生知晓评价内容;活动中,依据评价内容监督引领;活动后,对照评价标准进行多元评价,对学生参加研学旅行的情况和成效进行科学评价,并将评价结果纳入学生学分管理体系和学生综合素质评价体系,及时向学生、学生家长、学校反馈;结营时给学生颁发研学实践教育学分证书。从而达到了"以评价促进步""以评价促成长""以评价促发展"的目的。

实践能力只有在实践中才能养成,创新精神只有在创新活动中才能培养。成长,没有完美答案,最好的成长在路上。研学旅行,让学生触摸真实的世界;研学旅行,让我们回归教育的本源。研学旅行在中国,立德树人行天下,让我们携起手来,引领学生在研学旅行的实践活动中追梦启航!

(作者系应城市青少年研学实践教育营地)

第三单元

中小学校经验案例

# 成长在路上

## ——湖北文理学院附中"追根溯源"研学旅行侧记

> 教育的最终目的不是传授已有的东西，而是要把人的创造力量诱导出来，将生命感、价值感唤醒。
>
> ——[德国]斯普朗格

2018年5月13日，带着湖北文理学院附中"五月诗会"的澎湃诗情，附中高一学子又踏上了"西安—延安"的旅行，最好的课堂永远在路上。

**一、费尽心思设计课程 衔接校内校外教育**

古诗词里寻长安，纪念馆里制陶俑，壶口瀑布放歌《黄河大合唱》，宝塔山下忆初心，张学良公馆里品悟人生……今年，附中高一学生感受了一场别样的研学旅行。

"前往西安前，语文老师胡傲然就让学生搜集与这座古城相关的古诗词。到了相关景点诵读古诗词时，孩子们的感受特别深刻。"英语老师李华楠说。附中已将研学旅行课程校本化，有些内容由语文、历史、地理老师一起设计，有些内容则是与旅行社共同开发。

在张学良公馆里，学生们主动去找寻自己记忆里最熟悉的历史。这群热血的"00后"们在了解到先辈们的历史事迹后感触颇深，引发了对历史的再思考。

研学旅行不是游山玩水，而是课堂的延伸，更是学校教育和校外教育衔接的创新形式。附中学生在出发前会领到一本资料手册，里面有研学旅行过程中每天的课程安排，包括预习、现场过程性学习、总结和考核等内容。"这本资料手册不是简单的记录本，而是扎扎实实的研学旅行作业本，老师要给予评判的。"学生朱奕如说。返校后的语文、历史、地理、政治学科测试中，有10%的内容与研学有关。同时，学校还会对学生的学习成果进行总结，比如把学生的原创诗歌结集成册、进行作业展览等。由于身体原因而无法参加研学旅行的学生可以"网游"，通过查阅资料来落实课程。年级主任张新安直言："教育仅靠课堂上的几本书是远远不够的，学生一定要体验生活，因为最好的课堂永远在路上。"

**二、事无巨细导师制管理 守住安全底线**

高一学生踏上"西安—延安"的研学旅行征程，这个线路并非随便挑选出来的，而是结合调研当地学习内容、交通情况和安全系数，经过两年的反复论证后，选出的最佳线路。2017年5月，附中确立"西安—延安"研学旅行路线，因为这里有黄河文明的源，有汉文化的根，有红色革命文化的基。

为确保活动安全有序，研学旅行途中，附中实行导师制，按照1：10的师生比例安排随队教师，每名随队教师对分管的10名学生进行全过程管理，所有细节都要做到无缝对接，小到每天行程中的交通、查房、教师在酒店门口的轮岗值班等。"从学生管理办法、随行干部教师安全管理责任书到研学旅行课程管理方案，从准备工作到动员，再到管理过程和总结，每一环节都必须按严格缜密的步骤来走。"附中分校校长梅昌黎说。"每到一处，老师最先了解的就是医院和药店的位置。"该校教导处黄红珍副主任表示，为了方便管理，在教师配备上学校也颇为用心,每组搭配了不同性别和不同学科的教师。

**三、研学旅行的路上学校与学生同成长**

一周的"行"告一段落,"研"的思考与实践刚刚开始,"行"前布置的课题等任务,返校后正式进入"实战",学校、老师、学生乃至家长更为忙碌。

对于学校而言,研学旅行既是机遇又是挑战。一名老师说:"研学旅行给了学校更大的教育空间、更全面的教育环境,把旅行变成课堂,把社会当成教材,把世界当成老师。""行走成为主要的学习方式,探究成为主要的学习特点,合作成为主要的学习模式。"高一(2)班的学生周强是这样思考的。在研学旅行过程中,知识呈现的方式有形或无形、单一或融合,然而无形总是多于有形,融合总是多于单一,学生如何在研学旅行中辨别、探究、思考、分类、归纳、总结、吸收,最终形成属于自己的能力,是值得老师和家长深思的问题。

班主任、英语老师徐雪琳深有感触地指出,研学旅行实行"前置学习、现场研学、总结反思",确保了该活动的科学性和系统性。

"纸上得来终觉浅,绝知此事要躬行。"吴永涛同学的家长说:"能力来自于实践。在研学旅行过程中,学生必须动手实践,在实践中学会思维辨析。实践后,通过总结提炼出知识,再经过下一轮实践,形成真正属于自己的能力。"经过三年多的探索与实践,附中在研学旅行之路上形成了独特的"幸福模式",呈现出别样的迷人风采,受到了学生的欢迎和家长的认可。

走出课堂,动手动脑。在做中学、学中做,学生把书本上死板的知识变成了生活中灵活的能力,把书本上固定的文字变成了心海里流淌的素养。深度的研学体验、难忘的美好回忆,每一次研学旅行都是对学生实践能力的全面培养与提升。

因为"研学",方才成就了春秋战国时代的百家争鸣,创造了华夏文明的一大高峰;因为研学,丰富了"二十而南游江、淮"的司马迁等两汉学子、士人的知识与阅历,才会成就《史记》等影响历史的巨著;因为研学、旅行学习之风,众多士子走出书斋,多作郊游、远行、交友、边塞之旅,才会有灿若星河的唐诗瑰宝留存;因为研学、书院文化盛行,士人旅行常规化,逐步形成了宋元乃至明清社会"读万卷书,行万里路"的风潮,让"出四方游学一遭"的价值观成为中华文明的基因传承。

走在路上,见证艰辛,见证虔诚,见证神秘,见证梦想,见证大美,见证温情,见证成长,懂得欣赏荒凉、辽阔、壮丽、神秘的美,内心会变得更加宽广、坚毅。

(作者系湖北文理学院附属中学校长　刘汉青)

# 最好的教育在研行

## ——安陆市府城德安初中研学旅行经验介绍

读万卷书,行万里路。2500多年前伟大的先贤孔子打破"学在官府"的传统,杏坛设教,周游列国,开启"体验式教学"和"行走式游学"的新格局,形成了以"道德践履、仁爱贵和、精思善疑、平等民主"为核心的游学思想,成为我国研学旅行的奠基人。

教育部有关研学旅行的政策出台后,研学旅行成为当代教育的一个热词。开展研学旅行是全面推进素质教育,培养学生核心素养,落实立德树人根本任务,促进学生全面发展,办好人民满意教育的必然趋势。我校已将研学旅行作为一门重要课程,纳入了学校教育教学工作的年度计划。经过几次研学旅行,我们深受其益,感触颇深。

### 一、精心组织,确保研学旅行的规范化

（一）成立专班,确定主题

接到市教育局组织研学旅行的通知后,我们迅速告知家长委员会,得到了家长委员会的认可,并成立了研学旅行领导小组,确定政教处配合家长委员会组织实施,总务处提供后勤服务保障,挑选责任心强、组织协调能力强的干部和教师担任领队,承担学生管理及安全保障工作。领导小组和家长委员会共同协商,多方征求意见,结合学校实际,明确了各年级研学旅行主题:七年级是"团队协作,磨炼自我,注重实践,动手创作",重点进行行为习惯的养成教育,让学生尽快适应初中学习生活;八年级、九年级是"劝学励志,我的理想我做主,我的人生我奋斗",重点进行劝学励志教育,让学生学会规划人生,树立远大理想,脚踏实地,勤奋学习。

（二）实地考察,广泛宣传

在市教育局的组织协调下,学校领导小组、家长委员会主要成员、班主任代表一起赴荆门、孝感、武汉实地考察了实践基地,了解了活动项目、课程安排、安全保障、行车路线等,确定了孝感市综合实践基地、荆门市金色农谷综合实践基地、武汉市学知修远研学旅行综合服务公司作为我校研学旅行承办单位。学校通过家长会、致家长信、家长微信群等方式,向所有家长告知了研学旅行的目的意义、出行线路、活动项目、课程安排、收费项目和标准及注意事项,得到家长、学生的普遍认可。家长的宣传是最好的方式,考察回来后家长们口口相传,并通过微信群广泛宣传,得到了全社会的广泛赞同,也提高了学生的参与率。学校坚持学生自愿原则,费用由家长委员会代收代付,增强了研学旅行工作的透明度。

（三）强化管理,确保安全

我们按照"活动有方案、行前有备案、应急有预案"的原则,精心组织,强化管理。学生报名后学校向承办单位提供参与学生名单和身份证号,承办单位在活动前购买学生活动期间平安保险,将保险单复印件交学校备案。学校跟承办单位、学生家长、班主任三方签订了安全责任书,并共同制订了《研学旅行活动安全应急预案》,预案有详细的安全保障措施。承办单位制订了详细的《乘车安全应急预案》,确保车辆营运手续完备,车况和安全性能良好,司机驾驶技术高、经验丰富,禁止超员、超载,并提前将司机的相关信息报学校备案。出发前学校进行了安全专题教育,强化师生安全意识,要求带队领导和老师全程跟班,对学生的吃、住、行、学、研等细节随时监督。

### 二、育人为本,提高研学旅行的实效性

(一)敢于放手,自主合作

学习是学生自己的事,放手就是教育,开放的程度决定教育的高度。只有开发了学生的潜能,让学生开口、开心、开怀,学生就一定会开窍。在活动中我们坚持放手放开、平等民主的原则,由教师提出目的要求和指导意见,让学生自主设计策划,自己组织实施,放手让学生自己去摸爬滚打,教师只负责指导和审核,师生平等相处,教学相长,既解放了学生,又解放了教师。研学课堂上学生人人参与,个个展示,全身心"动"起来了,有主动讨论,有独立思考,有团队合作,有小组竞赛;学生积极主动,情绪高涨,兴趣盎然,激情投入,生龙活虎,喜笑颜开,勇于表现,课堂焕发出生命的活力!研学课堂上学生失去了对老师的依赖,老师也绝不包办代替,学生相互交流切磋,形成团队合作,增进了情感交流,融洽了彼此关系,培养了学生处理人际关系、沟通协作的能力,形成了集体观念,增强了团队和责任意识。

(二)突出实践,知行并重

实践出真知,身体力行才是研究。在活动中我们注重学生生活学习相结合,室内室外项目相结合;从学生生活、学习、活动的具体细节抓起,突出实践体验,强调知行并重;引导学生自觉自律;让学生动口说、动手做、动脑想;让学生在切身体验、动手实践中转变思想,明白事理,磨砺意志,学会技能,培养思维能力、动手能力、创新精神和实践能力,养成自理自立、互勉互助、吃苦耐劳、艰苦朴素、文明礼貌等品质。注重启发学生精思善疑,质疑问难,引导学生相互合作,独立思考,在思考中质疑,在质疑中切磋,在实践中探究,在探究中发现,获得新的认识,形成自己见解,做到行中有学,学中有思,思中有得,真正让研学旅行的成果内化于心,外化于行,达到知行合一。

(三)强化训练,养成习惯

教育就是帮助人养成良好习惯。好的习惯是一个人最大的财富。我们从学生就餐、起床、穿衣、叠被、洗漱、整理物品、按时作息等方面抓起,培养学生良好的生活习惯;从学生集合、站队、走步、踏步、站姿、坐姿、鼓掌、口号、眼神、状态、注意力以及文明用语、师生见面问好、保持安静有序等方面抓起,培养学生良好的行为习惯。每一个细节、每一件事情、每一个动作都坚持高标准、严要求。如就餐时食堂内无一点嘈杂,宿舍里物品摆放整齐划一,上下楼梯、进场退场井然有序,集合站队前后左右一条直线,做操、踏步整齐一致,表情、动作行神合一,人人精神饱满,个个高度专注,全场千人一个动作,千人一个声音。

### 三、总结反馈,扩大研学旅行的影响力

(一)汇报表演,精彩震撼

七年级研学旅行回校后,承办单位跟踪服务效果。学校利用升旗仪式,邀请上级领导、全体学生家长和全校教师一起观摩了研学旅行汇报表演。学生喊口号激情满怀,斗志昂扬;动作整齐划一,铿锵有力。每一个学生都十分认真、十分专注、十分到位。整个程序如行云流水,一气呵成,让人赏心悦目、叹为观止!家长们纷纷用手机拍照,并发到各自的朋友圈中,引起了强烈的社会反响。八年级研学旅行回校后,学校利用大课间活动,举行了劝学励志教育暨中考百日誓师活动,极大地调动了学生学习的积极性,激发学生学习的动力,学生学习热情空前高涨。汇报表演充分展示了研学旅行的成果,展示了我校学生的风采,传递了研学旅行的正能量。

(二)科学评价,保持效果

为避免研学旅行流于形式,图一时之效果,我们制订了学生研学旅行发展性评价方案:一看学生研学旅行过程中的表现,如情感态度价值观、积极性、参与状况等,分等级记录,活动结束时及时给予奖励;二看学生学习成果,通过心得体会、作品鉴定、竞赛评比、演出展示等方式,作为学期末学生评定的重要依据。同时在学校所有活动中,坚持常态化管理,要求学生一如既往地保持研学旅行的状态。

(三)教师反思,启发新知

研学旅行在教师中引起了深刻的反思,老师们从内心里感叹:没有管不好的学生,没有教不好的学生,问

题是你如何去管、如何去教。为什么在那些教官手里，短短三天就能把学生管得服服帖帖，教得整齐划一，让学生脱胎换骨？难道我们的老师不如那些年轻的教官？众所周知，现在的教师都不愿管学生、不敢管学生，这是一种普遍现象。现在的学生失去了应有的童趣和天性，教育失去了应有的磨砺。我们的教育到底出了什么问题？值得我们每个教育工作者深思。

我们认为，新时代学校教育不能仅靠说教，必须以"行"为出发点，在"行"中去"研学"，靠"行"来检验。研学旅行是还原教育本真、学生喜闻乐见、对学生潜移默化、有利于激发学生学习兴趣、有利于学生身心健康的教育方式。将学生实际需求和学校课程需要，与课程改革有机结合，开发利用地域资源，从形式、内容、管理模式及评价方式上建立完整体系，有针对性地策划活动，坚持和完善研学旅行工作，努力将研学旅行打造成我校特色教育的亮丽名片，这是我们今后的工作思路。我们坚信，研学旅行是大势所趋，必将在当代教育的百花苑中落地生根，开花结果。

（作者系安陆市府城德安初中　刘云　冯坤）

# 科技创新让孩子们插上腾飞的翅膀

在诸葛亮成才出山的地方——湖北古城襄阳，有全国唯一一所以诸葛亮名字命名的学校——襄阳市诸葛亮中学。建校二十多年以来，学校秉承"育智慧学子，成多彩人生"的办学理念，坚持"质量立校、特色兴校、管理强校"的治校方略，大力实施素质教育，始终把"科技创新教育"作为学校教育的重要内容，逐步摸索出了一条科技创新的特色之路。截至目前，襄阳市诸葛亮中学学生参加国家、省、市、区机器人大赛，七巧科技、无线电制作、航模比赛，科技创新大赛等的获奖人数已达 2500 人，学生发明专利申请已达 6000 件，获国家专利局颁发发明专利授权证书的达到 849 项，居襄阳市各中小学之首、湖北省中小学前列。学校被授予"国家创新型学校""湖北省科普示范学校""襄阳市科普创新示范学校"等荣誉称号。那么，在当前"升学"和"安全"双重压力下，我们是如何坚持开展科技创新活动的呢？

**一、创设氛围，让学生拥有兴趣感**

（1）学校要有一个明确的目标、方案，并制订对应实施措施。具体到我校来说，科技创新工作的宗旨是面向全体，全员参与，立足科技，服务教学。科技工作的目标是培养学生的创新意识和实践能力，以科促教，以科促学，以科辅德，以科益美，把我校建设成为在全国具有一定影响的科技示范校。科技创新工作的行动指南是在合作中竞争，在探索中发展，在创新中飞跃。科技创新工作的实施方案为：七年级以七巧科技、航模比赛、无线电制作、科技发明为主；八年级以机器人大赛、科技发明为主；九年级以科技创新大赛、科技发明为主。依据学生兴趣，可以交叉学习。

（2）健全机构，开辟阵地。学校专门设置了"科技创新办公室"，由蹲点领导督查、学校中层领导专职负责、专职教师具体指导，帮助学生深入开展发明创造活动。学校投资创建了"学生科学院"，下设专业的"电脑制作室""交流活动室"。学生科学院里，学生自主探讨，共同钻研；电脑制作室里，学生可以浏览、掌握最新的科技动态，用计算机进行机器人程序设计等科技小制作；活动室中，学生可以"试驾"四驱车，也可以心无旁骛地钻研七巧板，琢磨无线电、小发明……

（3）完善制度，措施得力。为保障科技创新活动全面深入地开展，学校制订并完善了《襄阳市诸葛亮中学科学素质教育规划纲要》《襄阳市诸葛亮中学科技创新教育品牌建设规划及细则》《襄阳市诸葛亮中学科技创新专项奖励制度》《襄阳市诸葛亮中学科技节活动方案》《襄阳市诸葛亮中学学生科学院章程》等制度。把研究创新发明工作列入学校工作计划，真正把发明创造教育及专利工作列入学校工作的日程。为了让科技创新理念深入人心，学校在显眼位置设置宣传画廊，宣传创新发明知识及学校各项发明专利，为我校发明创新教育营造"鼓励发明创造、尊重知识产权"的校园文化氛围。

（4）开发课程，全员参与。学校把发明创造教育纳入教学内容，研究开发了校本课程。规定每年科技创新教学课程量在 32 课时以上，由国家级创新型名师、省级优秀科技教师为学生授课。为了让全体教师参与校本课程的开发，学校有计划地对全体教师开展校本培训，培养中青年优秀教师成为科技创新教育的辅导教师。组织教师参加国家知识产权远程培训，仅 2012 年 10 月就组织了 50 名教师参加，目前已有 9 名教师获得专利法结业证书。从 2003 年至今，先后派出 16 人参加国家、省、市以上科教创新培训。每年还为教师征订《中国知识产权报》和《发明与创新》杂志，让从事发明创新教育的教师提升专业素质、与时俱进。学校目前已拥有"优秀科技创新教师"10 人，包括生物、环保、机器人、数学建模、地球科学、科技英语等。

我们还将学生的专利申请量与班级考评和老师绩效工资挂钩。每年寒暑假都布置发明作业,由班级评选出最优秀的作业上交给科技创新办公室。再由科技教师进行一对一的重点指导,引导学生完善作品,及时向知识产权局申报专利。学校将学生专利授权数量记入班级量化管理得分中,制定了有关奖励政策,至今获此项奖励的教师达100多名。

(5)创办社团,自主管理。为了增强学生对科技创新的积极性,我校设立了"学生科学院"。科学院办院以"自理、自立、自学、自律"为管理原则,分设学部,下设人文与社会学部、科学与技术学部,设院长一名,副院长两名,各班均有学生加入学生科学院,并作为各班科技小分队的队长,带领班级开展各种科技活动。

**二、搭建平台,让学生获得成就感**

理想状态下的科技创新活动应该是科技教育的一种重要形式,应该面向全体学生,让所有学生都参与到科技活动中,动手动口又动脑,更好地激发和培养他们的科技创新意识。

我校青少年科技活动主要分为三类:国家级的竞赛项目;省、市、县一级的竞赛项目;学校组织的科技活动。学校组织的科技活动应该是内容最丰富、形式最多样、最具有个性化的活动。

为增强创新意识、提高科学素养,学校多方位搭建平台,为全校师生服务:一是每年邀请市、区科技局的专家到我校开办一到两场科技发明创造讲座,宣讲发明创造技法、指导选题研究;二是交流、转化学生发明专利,为学生创新提供原动力;三是建立专利成果展,目前我校正筹建智慧博物馆,并建立襄阳市诸葛亮中学创新成果孵化实验中心;四是学科渗透,如在数学、物理等基础学科课程中渗透发明创造知识,培养学生科学兴趣,提高动手实践能力,抓住探究结果学以致用,启发并引导学生进行创造和发明;五是组织教师学生参加每年全国、省、市青少年创新大赛和创意大赛,提高师生科学素质和科学技能;六是以科技节为主线,组建多个兴趣小组,如发明专利、机器人、无线电制作、七巧板、航模、车模、创意大闯关科技小制作、科幻绘画、科学DV、科学小论文、太阳能水陆两栖小车竞速创意制作、"低碳校园模型"创意制作等科技兴趣小组。

截至目前,我校已连续11年参加"湖北省青少年无线电制作竞赛",每届都有学生获一等奖,获一等奖学生21人,获奖率达70%;从2003年至今,学校已代表襄阳十次征战"湖北省'荆楚杯'无线电制作大赛",年年都获得一等奖;2005年,获首届"中国少年儿童创新能力竞赛(高士其创新大奖赛)"团体金奖和个人竞赛一等奖;2010年、2011年,参加了"中国青少年创意大赛",两次都荣获了"中国创新型学校"称号,代表队勇夺团体金奖;2014年,薛剑雯同学的发明专利"带提词的话筒"获湖北省一等奖;常迎虎同学的发明专利"自带熄灭装置的安全型孔明灯"获湖北省创新大赛一等奖;张鸣佳同学的发明专利:为色盲、色弱人士分辨红绿灯的"图形交警灯"获湖北省创新大赛二等奖;王家昕同学发明的"与手表组合的对讲机"获湖北省创新大赛二等奖;罗赫铭同学的发明专利"带防护网的窨井盖",已被广泛使用。从2003年至今,我校已有300多名同学获得政府专项资助奖金,总金额达10多万元。

学校先后获得2010年度、2011年度"中国创新教育学校"、第26届全国"青少年科技创新大赛基层赛事优秀组织奖"等奖项,连续四年被评为"湖北省青少年科技创新大赛优秀组织单位""襄阳市发明创造示范学校""襄阳市创新教育试点学校""襄阳市科普创新示范学校""襄阳市科技校园""樊城区科普工作先进单位"。连续多年在襄阳市科技节上被评为"优秀组织单位""襄阳市科技馆活动进校园优秀试点单位"等。

**三、多措并举,让学生具有安全感**

(1)学校要做好培训工作,提高辅导员的业务水平。学校要搞好科技创新工作,不但要选出优秀的科技辅导员,还必须要舍得投入。如组织辅导员参加省、市、县级的科技辅导员培训,订购相关的资料、书籍供他们查阅、学习。只有科技辅导员的素质提高了,学校科技创新工作才能够顺利开展。

(2)学校科技辅导员要掌握学生的生理、心理状态,担负起启蒙教育的责任,通过教给学生解决实际问题所需的技术知识、设计方法和制作技能,激发学生解决的好奇心和求知欲,培养学生学习科学技术的兴趣和热爱科学的激情。

(3)学校要开展内容丰富、形式多样的活动。如我校开展了"用我们的双手,美化我们的教室"活动、每年一次的"科技节"展示活动、"学生现场制作大赛"、科技活动主题演讲赛等,通过收集"金点子",征集小论文、科幻画等,提高学生的参与度及师生之间、生生之间的交流与合作。

(4)科技辅导员对于学生上交的作品应以鼓励为主,呵护他们每一次的灵感,用爱心、耐心、责任心、童心去引导、启发,与他们交流、互动,完成好每一件作品。只有这样,学生智慧的火花,才能被点燃。

总之,学校科技创新活动的开展,并不只是为了参加各种大赛从中获奖,而是为教学服务,为学生的发展服务。以科促教,以科促学,以科辅德,以科益美,是学校科技创新工作追求的目标。

### 四、相辅相成,让家长产生认同感

(1)参与面要广。很多学校开展科技活动并没有面向全体学生,而仅仅是通过兴趣小组的形式,参加科技活动的学生也只是极少数。而科技活动在某种意义上也变成了一种应试教育的工具,增强了功利性,减弱了科技活动本身所能带给孩子的价值和快乐。科技活动并不是游离于学校教育之外的、可有可无的活动,而是学校科技教育的重要组成部分,是每一个学生都应该体验、经历的学习方式,是打通学科界限,给学生运用所学知识解决问题的最好实践机会,是学生的知识存贮方式得以发生质变的最好方式。我国的教育是学科教学,知识大部分是以"仓储式"的方式存储的,因此学生习得的知识缺乏学科之间的联系,也缺乏运用知识创造性地解决问题的能力。而科技活动的学习方式与内容大部分是综合性的,可以给学生解决实际问题的机会。

(2)转变教师和家长观念,认识到新科技创新工作的重要性。首先,让教师和家长明白,科技活动是学校教育一个重要的组成部分,是素质教育的切入口,搞好科技创新活动不但不会影响教学质量,还对提高学生的综合素质有很大的帮助。因为,科技活动开展过程中查阅材料、师生之间的互动、学生之间的相互研究讨论,小论文的撰写,都融入了"思、说、听、议、写、评"的过程,可以说科技活动的过程,就是学生综合水平的螺旋升级过程。就学习习惯而言,通过调查发现,参加了科技活动的学生,较其他学生更善于安排时间,做作业不磨蹭,自主意识强,能较好地控制自己的思绪和行为,在课堂上不易分心。所以,科技活动的开展不但不会影响教学质量,相反还会提高教学质量。

(3)相辅相成、家长认同。就我校而言,在升学考试成绩上,我校连续11年中考成绩居襄阳市第一,每年以优异的成绩考入省级重点示范高中襄阳四中、襄阳五中的学生在50%以上,先后培养出12名全市中考状元。2011年从省级重点示范高中四中、五中考入国家一类重点大学的我校毕业生有90人,其中清华大学、北京大学2人;2012年从省级重点示范高中四中、五中考入国家一类重点大学的我校毕业生有131人,其中清华大学、北京大学5人;2013年从省级重点示范高中四中、五中考入国家一类重点大学的我校毕业生有165人,其中清华大学、北京大学5人。2014年,我校各项指标居襄阳市第一;2015年中考中夺得省级重点示范高中四中、五中指令性计划214人,位列全市第一。科技活动的学习不仅没有拉低学校教育水平,反而创造出更优秀的成绩。目前襄阳市诸葛亮中学已成为襄阳市初级中学中办学规模最大、师资力量优良、教学成果显著、人民群众满意的品牌学校。

(作者系襄阳市诸葛亮中学教育集团 樊竹)

# 丰富社会实践新内容　探索校外教育新模式

为了贯彻"创新、协调、绿色、开放、共享"的发展理念,培养学生自主、合作、探究的精神和"体验·生成"能力,帮助学生逐步养成"仰望星空、脚踏实地、知行合一"的优良作风,培养青少年正确的历史观、人生观和价值观,提高学习兴趣、培育核心素养;襄阳市田家炳中学在襄州区教体局的关心支持下"走出去",学习借鉴合肥、苏州、西安等地研学旅行的先进经验,开辟我校素质教育新途径,丰富社会实践新内容,探索校外教育新模式。近三年来,我校举办了"共创幸福成长之路,让生命绽放精彩"为主题的研学旅行系列活动,扎实推进"鹿门寺浩然文化""古隆中三国文化"研学旅行工作,使广大青少年学生研有所思、学有所获、旅有所感、行有所成。

**一、科学规划,课题研究,强力推进研学旅行工作**

(1)强化领导,明确职责。我校成立了研学旅行工作领导小组,由校长担任组长,由分管德育、教学、后勤、宣传工作的四位党委班子成员任副组长,主要负责制订研学旅行活动方案,传达学习各项会议精神,全员动员培训。成立四个工作小组:一是课题组,确定主题、策划、设计,时间安排(课程、课时)、方案拟定,小组分配、分工,研究课题拟定、研究成果搜集、评选、展示;二是安全组,开展安全教育,各类安全规则收集和宣传,各类研学旅行活动安全教育设计,安全隐患预估,安全防范预案,各类伤害自护自救知识宣传和演练,签订出行文明公约;三是后勤组,负责医疗救护,保险,交通工具审核,旅行景点、线路、旅行社的选择,住宿的安排;四是宣传组,负责研学旅行活动总结、宣传报道。

(2)科学设计,有序推进。有什么样的办学理念就会产生什么样的教育,有什么样的办学目标就会培养出什么样的学生。我校的研学工作正是在践行学校办学理念、落实办学目标的基础上开花结果、领跑襄阳的,更是新高考改革录取"两依据一参考"的必然要求。高一年级:开展鹿门寺浩然文化之旅、襄阳古城之旅。高二年级:开展隆中三国文化之旅、襄阳工业之旅。高三年级:开展民主法治之旅、职业生涯之旅。创新德育载体,推进素质教育,促进学生全面发展。

(3)课题研究,分段实施。我们根据研学旅行特点,分三个阶段稳步推进。

第一阶段:研学准备阶段(1月至3月)。高一、高二年级全体师生利用主题班会、阅读课及课余时间,到图书阅览室、电子阅览室搜集整理浩然文化、三国文化有关资料,并以电子稿的形式发送至高一、高二年级研学群。高一年级学生要完成"浩然文化研学旅行",了解鹿门地貌特色,研究鹿门风土人情,追寻鹿门禅林趣闻,探究浩然其人其事,初探山水田园诗,研究了解鹿门文化传承与创新等课题。3月份,语文组教师实地考察、集体研学,主讲"不踏苏岭石,虚作襄阳行"的公开课,并将相关资料编辑成册,资源共享。

高二学生阅读《三国演义》,借古隆中景点,师生共讲三国故事,主讲"三国智慧"公开课,普及三国历史文化知识。背诵、赏析《隆中对》和《诫子书》,观看中央电视台《法律讲堂(文史版)》的《诸葛亮之道》。举行一次"三国与襄阳"知识竞赛,学唱《梦襄阳》《望襄阳》等赞美襄阳家乡歌曲,增强学生对家乡的自信心、自豪感,为建设美丽襄阳建言献策。邀请湖北文理学院三国文化研学名家到校,举办"三国文化和襄阳历史发展"为主题的名家讲坛活动。各班进行"班级活动方案""班歌、班旗、班徽"设计评比。进行系统的安全、文明旅游教育,制订安全预案,发起文明旅游倡议。

第二阶段:探寻踏访阶段(4月至5月)。学校主动和鹿门寺、古隆中景区管委会沟通,推荐我校研学旅行主题活动,争取支持,共同研发,举行启动仪式,建立研学基地。学校组织学生踏访鹿门寺、古隆中,亲近自然,走访社区,欣赏沿途风光,感受风土人情、人文历史、社会变迁,实地考察,深入探寻浩然文化、三国文化。在游中学、学中研、研中思、思中行,研学并举,以行促知,学以致用。

第三阶段:成果展示阶段(5月至6月)。学校举行了鹿门寺、古隆中旅游公益宣传词征集和景区旅游开发与保护的"建言献策"评比活动,擦亮"千古帝乡,智慧襄阳"的文化名片;建立"田家炳中学研学旅行"展览馆;语文组老师编制《我心中的孟浩然》《智圣诸葛亮》美文集;创办《行·思》期刊;各班创办《让生命在行走中绽放精彩》的集书法、绘画、行后感等作品为一体的班级刊物;开设"田家炳中学浩然文化、三国文化名师讲坛",着力培养学生看、访、听、说、读、写、思、研、学的能力,着力提升学生综合素质和人文素养。

**二、做实过程,完善流程,精细研学旅行全程**

(1)充分做好研学旅行相关准备工作。我校多次召开研学旅行动员会、推进会、研讨会、专题会等,制订研学旅行具体方案(路线选择、日程安排等);拟定《研学旅行安全应急预案》《文明旅行公约》;发放《致学生家长的一封信》,召开家长座谈会,征集家长志愿服务者;充分发动学生,班内分组、课题分工,点燃研学热情,描绘旅行美景;明确带队领导、班主任、带队老师的工作职责和任务;实地踏访,举行研学旅行启动仪式,邀请媒体参与;做好成果展示、建档、存档工作;完善学分认定和综合素质评价工作;开发课程,编写研学旅行校本教材;进行总结表彰、建章立制。

(2)扎实做好研学旅行的安全保障工作。学校始终把安全工作放在研学旅行的首位。学校成立以校长为组长,各职能部门和全体班主任为成员的安全工作领导小组,带队教师为研学旅行课程实施的安全责任人,班级分组设立安全员,导游为研学旅行课程实施的安全宣传员。研学前的教育、研学中的监管、研学后的反思,构建起全天候、全覆盖、无死角、无盲区的网格化安全保障体系。

(3)全程跟踪报道,巩固研学成果。我校高度重视研学旅行活动的文字、图片及视频资料的搜集、整理、建档、存档。整合材料,选取优秀的研学旅行报告,经过教师修改润色,最终汇编成册,形成《田家炳中学研学旅行资料汇编》。一方面,充分激发了学生的参与热情,调动了学生的积极性;另一方面,为学校的教育教学工作留了珍贵的资料和经验,促进了研学旅行活动的进一步完善。充分利用"一站(广播站)一刊(校刊)一网(校园网)"对活动进行全程跟踪报道,积极与襄阳电视台、楚天报社、襄阳日报社、腾讯网、大楚网等媒体对接,进一步扩大研学旅行活动的影响力,也为师生提供了争先创优、展示自我的机会,促使研学旅行研有所思,学有所获,旅有所感,行有所成,成为学生成长中最亮丽的一道风景。

**三、共享幸福成长之路,培育学生核心素养**

(1)知行并举,激励学生不断前行。研学旅行寓教于乐,知行统一,带给学生很多正知、正念、正能量的激励。通过"共创幸福成长之路,让生命绽放精彩"主题系列研学旅行活动,学生之间交流变多了,班级更加具有凝聚力。学生在研学旅行中内生的班级文化对今后的互相学习很有帮助。通过同行、同吃、同研学、同旅行,教师与学生、学生与学生之间的感情变得非常融洽。平常有的学生因表现不好,教师不看重,但通过研学旅行活动,教师发觉这些学生优点很多,非常可爱。"亲其师,信其道",研学旅行让师生关系更加和谐融洽。

研学旅行中,以班级为单位将学生每6～8人分成一组,设组长1名,负责每次活动点名、带队、出现问题及时向带队老师反映,每个组长都很尽责。通过集体活动,培养了学生集体意识、关心他人意识,培养了团队精神。在古隆中参观时,因游人多,学生走散,组长自发找人;有的学生坐车晕车呕吐,同组学生帮助照顾;在体能拓展训练时,学生更是相互协作。就餐时自觉排队,文明用餐,观看演出,热情鼓掌。

(2)创新德育载体,培育核心素养。旅行者放眼观察世界,用心感受生活,用情抒写感想,乐学、博学、研学并集体验、感悟、成长于一体。以游促学,还学生一个体验和发现的空间,给全体师生带来一种创造和发现真善美的途径。研学旅行也让全体师生培育出一种在课堂上难以体会和获得的热爱生活、热爱学习、热爱祖国的至诚情怀。旅行是获得新知的开始,我们最大的收获、最深刻的体会是:学生在研学旅行中自发研学、自主设计、自觉遵守、自我体验、自我成长,让学生成为自己成长的力量。研学旅行既是视野的拓展,也是一场人文道德素养的熏陶;它是一次教育改革的创新,更是一种教育价值观的提升。学生知荣明耻、明辨是非,彰显了社会主义核心价值观。事实上,学生在研学旅行实践中所收获的课程价值远远大于我们的预期。

(3)让德育回归教育的本质和真谛。"没有分数就没有今天,只有分数就没有明天。"2016年的高考作文题漫画《奖惩之后》告诫教育人:分数不是唯一。学校教育不仅要弥补家庭教育的不足,更要尊重学生的成长规律,更应着眼于民族和国家的未来。出于安全等因素考虑,许多学校禁止组织学生集体出游。我校勇于破冰,敢为人先,尊重教育规律和学生身心发展规律,切实转变教育观念,贯彻落实新课程理念,以师生心为心,全力开展研学旅行活动。学生们展现出了积极向上、文明有序、互帮互助、永不放弃、勇于探索的精神风貌和优良品质。这不仅仅是一次旅行,更是一次特殊的教育与挑战,一次不平凡的体验与成长。教育要常态化、丰富化、多样化,要强化学科知识的研究性学习和社会综合实践的育人功能,将教育功能在研学旅行过程中的每一个环节充分发挥,让学生养浩然之气,塑健全人格,成栋梁之材。

(作者系襄阳市田家炳中学 王平杰)

# 第四篇
## 综合评价

# 导语

　　如何对作为实践教育重要组成部分的研学旅行效果进行评价？构建科学合理的评价体系，既是中小学研学旅行持续开展的制度保障，也是实践教育课程评价要研讨的课题。本篇以湖北省高中学段开展综合素质教育评价的具体实施办法为例，对研学旅行如何进入中小学生升学评价提供具体的思路。

　　按照湖北省新的中、高考实施办法，"综合素质"在升学考核中占有重要地位：中考录取总成绩＝初中学业水平考试成绩＋综合素质分数；高考录取总成绩＝高考＋高中学业水平考试成绩＋综合素质分数；"综合素质"评价由"思想品德""学业水平""身心健康""艺术素养""社会实践"五个方面组成，其核心是看德智体美劳的综合表现。研学旅行既是"社会实践"的有效途径，也是培养学生"思想品德""艺术素养""身心健康"的重要手段，因此在"综合素质"评价中占有举足轻重的地位。其中，"社会实践"重点考察参加实践活动的次数、持续时间、过程录像、活动图片、活动产品、创作作品、获得的证书和相关实践单位、服务对象、新闻报道等，而这些正是研学旅行课程实施中所要求的。

# 省教育厅关于印发
# 《湖北省普通高中学生综合素质评价实施办法》的通知

鄂教幼高〔2016〕3号

各市、州、县教育局：

为贯彻落实党的十八届三中全会关于深化考试招生制度改革的精神和要求,根据《国务院关于深化考试招生制度改革的实施意见》(国发〔2014〕35号)、《教育部关于加强和改进普通高中学生综合素质评价的意见》(教基二〔2014〕11号),我厅制定了《湖北省普通高中学生综合素质评价实施办法》,现印发给你们,请认真贯彻执行。执行中有何问题和经验,要及时报告我厅。

接本通知后,各市(州)、县(市、区)、普通高中学校要结合本地本校实际和特色,研究制定本地本校高中学生综合素质评价实施细则和工作方案,完善高中学生综合素质评价体系。2016年8月31日前,各市(州)要将本地市、县两级及各普通高中学校的工作方案、实施细则汇集成册后报我厅备案。

附件:《湖北省普通高中学生综合素质评价实施办法》

附件:

## 湖北省普通高中学生综合素质评价实施办法

为进一步完善和推进我省普通高中学生综合素质评价工作,根据《国务院关于深化考试招生制度改革的实施意见》(国发〔2014〕35号)、《教育部关于加强和改进普通高中学生综合素质评价的意见》(教基二〔2014〕11号),结合我省实际,特制定本办法。

**一、评价目的**

综合素质评价是对学生全面发展状况的观察、记录、分析,是发现和培育学生良好个性的重要手段,是深入推进素质教育、深化考试评价改革的一项重要制度。通过实施综合素质评价,促进学校深入推进课程改革,全面实施素质教育;促进学校把握学生成长规律,切实转变人才培养模式;促进学生认识自我、规划人生,积极主动地发展;促进评价方式改革,改变以考试成绩为唯一标准评价学生的做法,为高校招生录取提供重要参考。

**二、评价原则**

**方向性原则**。引导学生践行社会主义核心价值观,弘扬中华民族传统美德,逐步形成正确的世界观、人生观、价值观。

**指导性原则**。把握学生的个性特点,关注成长过程,激发每一个学生的潜能优势,鼓励学生不断进步。

**客观性原则**。如实记录学生成长过程中的突出表现,真实反映学生的发展状况,以事实为依据进行评价。

**公正性原则**。规范评价程序,强化有效监督,确保评价过程公开透明,评价结果可信可用。

### 三、评价内容

依据党的教育方针,反映学生全面发展情况和个性特长,注重考察学生社会责任感、创新精神和实践能力。

1. 思想品德。主要考察学生在爱党爱国、理想信念、诚实守信、仁爱友善、责任义务、遵纪守法等方面的表现。重点是学生参与党团活动、社团活动、公益劳动、志愿服务等的次数、持续时间,如为孤寡老人、留守儿童、残疾人等弱势群体提供无偿帮助,到福利院、医院、社会救助机构等公共场所、社会组织做无偿服务,为赛会保障、环境保护等活动做志愿者。

2. 学业水平。主要考察学生各门课程基础知识、基本技能掌握情况,以及运用知识解决问题的能力等。重点是学业水平考试成绩、选修课程内容和学习成绩、研究性学习与创新成果等,特别是具有优势的学科学习情况。

3. 身心健康。主要考察学生的健康生活方式、体育锻炼习惯、身体机能、运动技能、心理素质和生命安全意识等。重点是《国家学生体质健康标准》测试主要结果,体育运动特长项目,参加体育运动的效果,应对安全事故、困难和挫折的表现,等等。

4. 艺术素养。主要考察学生对艺术的审美感受、理解、鉴赏和表现的能力。重点是在音乐、美术、舞蹈、戏剧、戏曲、影视、书法等方面表现出来的兴趣特长,参加艺术活动的成果,等等。

5. 社会实践。主要考察学生在社会生活中动手操作、体验经历等情况。重点是学生参加实践活动的次数、持续时间,形成的作品、调查报告等,如安全事故应急逃生演练,与技术课程等有关的实习,生产劳动、勤工俭学、军训、国防、人防,参观学习与社会调查等。

高中学校要基于学生发展的年龄特征,结合当地教育教学实际,研究并细化《湖北省普通高中学生综合素质写实记录要点》(见附件1)中的"记录点",科学确定学生综合素质评价的具体内容和要求,做到综合素质评价的内容客观、具体,可以查证。

### 四、评价程序

普通高中学生综合素质评价贯穿于学生高中学习阶段的整个过程。

1. 写实记录。每学期结束前,教师要指导学生客观记录在成长过程中集中反映综合素质主要内容的具体活动,收集相关事实材料,及时填写《湖北省普通高中学生综合素质档案》(见附件2,以下简称"综合素质档案")。学生记录活动时,要结合各地、各学校在学生综合素质评价标准中明确的"记录点",记载相关活动的名称、内容、经过、成效以及证明材料等。活动记录、事实材料要真实准确、有据可查。一般性的活动不必记录。

2. 整理遴选。每学期末,教师要指导学生整理、遴选具有代表性的重要活动记录和典型事实佐证材料以及其他有关材料。对拟用于招生使用的材料,学生要签字确认。遴选材料时要突出重点,避免面面俱到、千人一面;有些活动项目学生没有参加或事迹不突出,可以空缺不选。

3. 公示审核。每学期末,学校要对学生遴选出来、拟用于招生使用的活动记录和典型事实证明材料在教室、公示栏、校园网等显著位置公示。公示时间不得少于10个工作日。

对公示期间的举报事项,学校要认真调查核实,给出处理意见。公示期结束后,班主任及有关教师要按时记载活动材料的公示、查核情况并签字确认。

4. 形成档案。每个学生的"综合素质档案"各自呈现。主要内容包括:基本情况;主要成长结果记录,包括学生在思想品德、学业水平、身心健康、艺术素养、社会实践等方面的突出表现记录;个人事实材料;其他材料;学生自我陈述;教师评语。

"基本情况"和"主要成长结果记录"应由学生或相关人员及时填写;"学生自我陈述"应简述自己高中三年来的主要成长进步与成绩,由学生在毕业学期填写;"教师评语"应简要、客观、准确地揭示每个学生的个性特点,由班主任商相关教师在学生毕业学期填写并签字;"个人事实材料"基于学生遴选出来的拟用于招生使用的典型材料生成;"其他材料"由学生或相关人员填写。

学校综合素质评价委员会要组织力量对本校毕业班学生的"综合素质档案"进行逐一审核并确认,最后由学校校长签字。该项工作在学生毕业学期完成。

形成的"综合素质档案",学生、教师、学校、教育行政部门等根据授权,可以查阅相关内容。

5. 材料使用。高中教师要充分利用写实记录材料,对学生成长过程进行科学分析,引导学生发现自我,建立自信,指导学生发扬优点,克服不足,明确努力方向。

学生的"综合素质档案"按高校招生工作要求提供给高等学校,由招生院校结合本校和相关专业对人才培养的特殊要求进行综合评议,作为招生录取的参考。

**五、组织和保障措施**

1. 明确主体责任。各地、各校要高度重视,加强领导,精心组织;加强指导,做好培训;加强督导,把综合素质评价工作作为评估下一级教育行政部门和高中学校工作的重要内容。

市、县两级教育行政部门负责本地区普通高中学生综合素质评价工作,主要责任是制定本地区实施普通高中学生综合素质评价工作的具体管理办法,对所属高中学校制定的综合素质评价方案进行审批,组织人员培训,检查监督学校综合素质评价实施过程,接受社会咨询,受理投诉举报,处理学校、校长和教师违规违纪行为。

普通高中学生综合素质评价工作由学校组织实施,学校校长是综合素质评价工作第一责任人。各学校要成立综合素质评价工作委员会,制定学校综合素质评价工作实施方案和细则;要充分发挥学校党团、学生组织和班主任、科任教师、学生家长在学生综合素质评价过程的作用,指导学生按要求收集相关材料,及时填写表格,完善评价档案,常态化实施综合素质评价;要及时研究解决评价工作中的困难和问题,对教师违规违纪行为进行处理。

2. 加强诚信管理。各级教育行政部门和高中学校要建立和完善诚信保障制度,切实加强诚信管理。学校要采取多种形式分别对学生开展诚信教育,塑造学生讲诚实、守信用的人格,引导学生以事实为依据记录成长档案,客观公正地开展综合素质评价活动。学校校长、教师要公开承诺客观公正的组织实施学生综合素质评价。各级教育行政部门要定期组织综合素质评价工作专项检查,对学校、教师的失信行为要纳入诚信管理,并追究"违信"学校校长和相关人员的责任。

3. 建立网络管理平台。省教育厅将进一步完善"湖北省普通高中学生综合素质评价管理系统",通过网络平台强化综合素质评价电子化管理手段,提高学生综合素质档案建设质量。新的网络管理平台将于2016年春季上线并在部分市(县)、学校试运行,2016年秋季全面运行。各高中学校要建设满足需要的校园网络,做好各类人员网络管理平台的使用培训和数据维护工作。

4. 加强评价工作研究。各级教育行政部门和学校要围绕学生发展性评价、诚信制度建设、网络管理、评价结果应用等重点、难点问题,采取项目研究、样本试验等方式,集中攻关,力求突破,不断提高综合素质评价工作水平。

5. 加强宣传。要加强综合素质评价工作宣传,使学生、家长和社会充分认识综合素质评价工作的意义,明确评价工作的要求,积极参与、主动监督,逐步形成公开、公平、公正实施综合素质评价的社会环境。

自2016年9月1日起,我省普通高中学生综合素质评价工作从高一年级新生开始全面执行本办法。

附件:1.《湖北省普通高中学生综合素质写实记录要点》
　　　 2.《湖北省普通高中学生综合素质档案》

附件1:

# 湖北省普通高中学生综合素质写实记录要点

| 评价内容 | | 主要"记录点" |
|---|---|---|
| 思想品德 | 思想修养 | 参加党团活动情况<br>参加社团活动情况<br>…… |
| | 品德表现 | 遵纪守法情况<br>参加公益活动情况<br>参加志愿服务情况<br>…… |
| 学业水平 | 学科成绩 | 各学科修习内容以及获得学分情况<br>学业水平考试成绩<br>…… |
| | 学业优势 | 研究性学习情况<br>制作竞赛获奖情况<br>小论文写作情况<br>优势学科修习及其获奖情况<br>…… |
| 身心健康 | 体育锻炼 | 参加学校组织的各类体育活动情况<br>体育运动特长及其获奖情况<br>…… |
| | 健康体质 | 体质健康测试结果<br>…… |
| | 健康心理 | 主动与父母、老师、同学交流情况<br>应对困难和挫折的表现情况<br>生命安全意识和应对安全事故的表现<br>…… |
| 艺术素养 | 艺术兴趣 | 参加艺术活动的情况<br>艺术兴趣(特长)<br>…… |
| | 艺术表现 | 作品创作及其获奖情况<br>…… |
| 社会实践 | 体验经历 | 参加安全事故应急逃生演练情况<br>参加军训情况<br>社会调查、参观学习情况<br>参加生产劳动情况<br>…… |
| | 实践成果 | 形成作品情况<br>…… |

说明:表中的主要"记录点"只是综合素质评价内容的举要,具体细则由各高中学校研究确定。学生根据学校确定的记录点填写时,要求内容具体,如"参加公益活动情况",要说明参加活动的内容、次数和持续时间等;"应对困难和挫折的表现情况",应有典型事例及相关材料佐证。

附件2：

# 湖北省普通高中学生综合素质档案

学生姓名 _____

所在学校(盖章)_____

所在市、县 _____

# 目 录

# 郑重承诺

　　本人提供的所有材料真实。若违信，因此产生的一切后果自行负责。

承诺人（签字）：

**一、基本情况**

| | | | | |
|---|---|---|---|---|
| 姓名 | | 曾用名 | | |
| 性别 | | 出生年月 | | |
| 民族 | | 政治面貌 | | 照片 |
| 特长 | | | | |
| 身份证号 | | | | |
| 学籍号 | | | | |
| 联系电话 | | | | |
| 通信地址 | | | 邮编 | |
| 总学分 | | 必修学分 | | |
| | | 选修学分 | | |
| 高中阶段在各级各类学生组织任职情况（限填3项以内） | | | | |
| 高中阶段校级以上（含校级）奖惩情况（限填5项以内） | | | | |
| 违信情况 | | | | |

说明：1."违信情况"由班主任填写；其他内容由学生填写，班主任审核确认。

　　　2. 任职情况包括任职时间（至少一学期以上）和担任职务。

　　　3. 奖惩情况包括奖惩时间、奖惩名称（等级）以及奖惩部门。

审核人（签字）：

**二、主要成长结果记录**

（一）思想品德

1. 党团活动

| 活动名称 | 活动内容 | 活动时间或次数 |
|---|---|---|
|  |  |  |
|  |  |  |
|  |  |  |
| …… |  |  |

审核人（签字）：

2. 社团活动

| 活动名称 | 活动内容 | 活动时间 | 本人承担的任务 |
|---|---|---|---|
|  |  |  |  |
|  |  |  |  |
|  |  |  |  |
|  |  |  |  |
|  |  |  |  |
| …… |  |  |  |

审核人（签字）：

3. 公益活动与志愿服务

| 类 别 | 活动名称 | 活动内容 | 活动地点 | 活动时间或次数 | 本人承担的任务 |
|---|---|---|---|---|---|
| 帮扶助残 |  |  |  |  |  |
| 义务劳动 |  |  |  |  |  |
| 环境保护 |  |  |  |  |  |
| …… |  |  |  |  |  |

说明：1."思想品德"项所涉表格由学生填写，班主任或相关教师审核。

2."公益活动"指有组织的集体活动；"志愿服务"指个体自觉自愿活动。

3."帮扶"主要指对孤寡、空巢老人，留守儿童等弱势群体提供较长时间的无偿帮助。

4.如有具体典型事例，其成果及证明材料可附在"活动内容"栏中。"证明材料"指能佐证典型事例的活动报告、作品和获奖证书等资料，以及服务对象、实践单位给出的鉴定或评价等，下同。

审核人（签字）：

(二)学业水平

1.国家课程学习情况

| 学科 | 平时考试成绩 | | | | | | | | | | | | 学分小计 | 学业水平考试成绩 | |
|---|---|---|---|---|---|---|---|---|---|---|---|---|---|---|---|
| | 高一 | | | | 高二 | | | | 高三 | | | | | 合格/不合格 | 等级 |
| | 上学期 | | 下学期 | | 上学期 | | 下学期 | | 上学期 | | 下学期 | | | | |
| | 成绩 | 学分 | 成绩 | 学分 | 成绩 | 学分 | 成绩 | 学分 | 成绩 | 学分 | 成绩 | 学分 | | | |
| 思想政治 | | | | | | | | | | | | | | | |
| 语文 | | | | | | | | | | | | | | | |
| 数学 | | | | | | | | | | | | | | | |
| 外语 | | | | | | | | | | | | | | | |
| 历史 | | | | | | | | | | | | | | | |
| 地理 | | | | | | | | | | | | | | | |
| 物理 | | | | | | | | | | | | | | | |
| 化学 | | | | | | | | | | | | | | | |
| 生物 | | | | | | | | | | | | | | | |
| 信息技术 | | | | | | | | | | | | | | | |
| 通用技术 | | | | | | | | | | | | | | | |
| 音乐 | | | | | | | | | | | | | | | |
| 美术 | | | | | | | | | | | | | | | |
| 体育与健康 | | | | | | | | | | | | | | | |
| 学分合计 | | | | | | | | | | | | | | | |

说明:1.本表由学校教务人员填写,教学管理部门负责人审核。

2.学业水平考试成绩按省统一开展的考试科目及成绩呈现方式填写。

填写人(签字):　　　　审核人(签字):

2. 地方(校本)课程学习情况

| 课程名称 | 修习学期 | 总课时数 | 成绩 | 学分 |
|---|---|---|---|---|
| 生命安全教育 | | | | |
| 心理健康教育 | | | | |
| …… | | | | |
| 学分合计 | | | | |

说明:1. 本表由学校教务人员填写,教学管理部门负责人审核。

2. 全省统一规定的地方课程和学校开设的 IB 课程、AP 课程等学习情况,均填入此表。

填写人(签字):　　　　　　审核人(签字):

3. 研究性学习情况

| 序号 | 题目 | 内容摘要 | 起止时间 | 担任组长或成员 | 承担任务 | 成果呈现形式 | 成绩 | 学分 |
|---|---|---|---|---|---|---|---|---|
| 1 | | | | | | | | |
| 2 | | | | | | | | |
| 3 | | | | | | | | |
| 4 | | | | | | | | |
| 5 | | | | | | | | |
| 6 | | | | | | | | |
| 7 | | | | | | | | |
| 8 | | | | | | | | |
| 9 | | | | | | | | |
| 10 | | | | | | | | |
| …… | | | | | | | | |
| 学分合计 | | | | | | | | |

说明:1. 本表由学生填写,指导教师审核。

2. 研究型学习课题(项目)不得少于三个;"内容摘要"500 字左右。

3. 如有具体典型事例,其成果及证明材料可附在"活动内容"栏中。

审核人(签字):

（三）身心健康

1.《国家学生体质健康标准》测试项目基本情况

| 年级 | | 高一 | | | 高二 | | | 高三 | | |
|---|---|---|---|---|---|---|---|---|---|---|
| 单项指标 | | 成绩 | 得分 | 等级 | 成绩 | 得分 | 等级 | 成绩 | 得分 | 等级 |
| 体重指数（BMI）（千克／米²） | | | | | | | | | | |
| 肺活量（毫升） | | | | | | | | | | |
| 50 米跑（秒） | | | | | | | | | | |
| 坐位体前屈（厘米） | | | | | | | | | | |
| 立定跳远（厘米） | | | | | | | | | | |
| 引体向上（男）<br>一分钟仰卧起坐（女）（次） | | | | | | | | | | |
| 1000 米（男）<br>800 米（女）（分·秒） | | | | | | | | | | |
| 标准分 | | | | | | | | | | |
| 加分指标 | | 成绩 | | 附加分 | 成绩 | | 附加分 | 成绩 | | 附加分 |
| 引体向上（男）<br>一分钟仰卧起坐（女）（次） | | | | | | | | | | |
| 1000 米（男）／<br>800 米（女）（分·秒） | | | | | | | | | | |
| 学年总分 | | | | | | | | | | |
| 等级评定 | | | | | | | | | | |
| 毕业成绩 | 得分 | | | | | | | | | |
| | 等级 | | | | | | | | | |
| 免于体质健康测试的情况<br>说明及相关佐证材料 | | | | | | | | | | |

说明：本表由体育教师或班主任填写，教学管理部门负责人审核。

填写人（签字）：　　　　　　　审核人（签字）：

2. 日常体育锻炼及参加体育活动情况

| 内容 | 高一 | | 高二 | | 高三 | |
|---|---|---|---|---|---|---|
| | 上学期 | 下学期 | 上学期 | 下学期 | 上学期 | 下学期 |
| 体育课出勤率 | | | | | | |
| 大课间活动出勤率 | | | | | | |
| 校内统一体育活动出勤率 | | | | | | |
| 日常课余体育锻炼项目、时间 | | | | | | |
| 掌握较好的体育运动项目及效果 | | | | | | |
| 校外运动会、体育节等参与情况 | | | | | | |
| 其他 | | | | | | |

说明:本表由学生填写,体育教师或班主任审核。

审核人(签字):

3. 其他有关情况(如应急处理方面等)

| 事件名称 | 内容 | 时间(或次数) | 地点 | 表现(或成果) |
|---|---|---|---|---|
| | | | | |
| | | | | |
| | | | | |
| | | | | |
| | | | | |
| | | | | |
| | | | | |
| | | | | |
| …… | | | | |

说明:本表由学生或相关教师填写,班主任审核。

填写人(签字):        审核人(签字):

（四）艺术素养

| 领域 | 名称 | 内容(项目) | 成果 |
|---|---|---|---|
| 音乐 | | | |
| | | | |
| 美术 | | | |
| | | | |
| 舞蹈 | | | |
| | | | |
| 戏剧或戏曲 | | | |
| | | | |
| 影视 | | | |
| | | | |
| 书法 | | | |
| | | | |
| 其他 | | | |
| | | | |

说明：1. 本表由学生选择自己最突出的艺术素养填写。

2. "成果"包括作品或作品取得的主要奖励及其证明材料。主要奖励指取得的比赛名次、正式发表作品、等级证书、荣誉称号、发明专利等。没有可不填。

审核人(签字)：

（五）社会实践

| 形式 | 名称 | 内容 | 时间(或次数) | 地点 | 成果 |
|---|---|---|---|---|---|
| 安全事故应急逃生演练 | | | | | |
| 与技术课程等有关的实习 | | | | | |
| 生产劳动 | | | | | |
| 勤工俭学 | | | | | |
| 军训与国防 | | | | | |
| 参观考察 | | | | | |
| 社会调查 | | | | | |
| 其他 | | | | | |

说明:1. 本表由学生填写,相关教师或班主任审核。

2. "成果"主要包括实践任务完成情况,获得的奖励、证书,形成的作品、调查报告,以及证明材料等。

审核人(签字):

### 三、个人事实材料

| 序号 | 材料 |
| --- | --- |
| 1 | |
| 2 | |
| 3 | |
| 4 | |
| 5 | |
| …… | |

说明：本表内容基于学生遴选的拟用于高校招生使用的材料生成。

审核人（签字）：

### 四、其他材料

| 序号 | 材料 |
| --- | --- |
| 1 | |
| 2 | |
| 3 | |
| 4 | |
| 5 | |
| …… | |

说明：1. 本表由学生填写，相关教师或班主任审核。

2. "其他材料"指"主要成长结果记录"未包括进去、高校要求提供的材料。如教师在学生毕业时撰写的评语或推荐信等。

审核人（签字）：

五、学生自我陈述

学生(签字)：

说明：本表由学生在毕业学期填写。自我陈述要基于事实，突出个性与特长，简述自己高中三年来的主要
　　　成长进步与成绩，一般不超过800字。

六、教师评语

班主任(签字):

说明:本表由高三年级班主任与相关教师在学生毕业学期填写。评语应基于事实,简要、客观、准确地揭示学生的个性特点与发展潜能。

七、学校综合素质评价委员会意见

校长(签字):

说明:本表在学生毕业学期完成。

# 《湖北省普通高中学生综合素质评价实施办法》答记者问

**1. 请简要介绍《湖北省普通高中学生综合素质评价实施办法》(以下简称"本办法")出台的背景和意义。**

答：2002 年，《教育部关于积极推进中小学评价与考试制度改革的通知》(教基〔2002〕26 号)首次提出在中小学实施综合素质评价；2010 年，教育部发布《国家中长期教育改革和发展规划纲要(2010—2020 年)》，要求"全面实施高中学业水平考试和综合素质评价"；2013 年，党的十八届三中全会《决定》进一步要求"推行初高中学业水平考试和综合素质评价"；2014 年，国务院发布深化考试招生制度改革的实施意见，提出"探索基于统一高考和高中学业水平考试成绩、参考综合素质评价的多元录取机制"；教育部印发《关于加强和改进普通高中学生综合素质评价的意见》(以下简称《意见》)，就规范和落实综合素质评价工作提出具体指导意见。

2009 年，省政府印发《湖北省普通高中课程改革实施方案(试行)》(鄂政办发〔2009〕63 号)，把开展学生综合素质评价作为高中课程改革的重要内容之一，全省高中学校全面开展学生综合素质评价工作。本办法的出台，是为了贯彻落实国务院关于深化考试招生制度改革的精神和要求，在原有工作基础上，进一步完善评价内容，改进评价方式，规范评价过程，保证评价程序公开透明、评价结果真实可信。

实施综合素质评价是促进学生德智体美全面发展、培养个性特长、扭转唯分数论的重要举措，意义重大。一方面，有助于推进素质教育走向深入，促进学生认识自我，规划人生，激发潜能，主动发展，实现自我的完善与进步；另一方面，有助于高校全面考察学生的综合素质及水平，扭转以考试成绩为唯一标准评价学生的做法，使人才选拔标准更加全面，方式更加科学，从只看"冷冰冰的分"到关注"活生生的人"，实现知行合一。

**2. 本办法政策性、针对性很强，请介绍一下研制的指导思想和研制过程。**

答：本办法研制的指导思想：一是坚决贯彻国务院、教育部的相关精神和要求，确保政策落实不走样；二是基于前期已有工作成果，减少主观评价，突出学生活动记录式客观性评价；三是基于问题导向进行评价改革设计，确保可操作性和评价结果真实可信；四是评价内容给出框架要求，凸显地域和高中办学特色。

本办法研制历时一年半，经历了广泛调研、文本起草、反复论证三个阶段。研制过程中，组织专业人员对相关基础理论、政策要求和实践操作等进行了认真的研讨；考察学习了部分先行先试兄弟省份开展综合素质评价工作的做法；广泛听取了高中学校的校长、教师、学生和家长代表，基层教育行政部门负责人和高校招生部门负责人等方面的意见；教育评价、心理学、教育教学等方面的专家和一线的高中校长、教师等直接参与了办法文本的研究和起草工作；十多次召开意见征求会，并报教育部审核把关，几经修改，数易其稿。

**3. 本办法对学生综合素质评价方法的最大特点是什么？与之前的评价工作有何区别？**

答：本办法对学生综合素质评价方法的最大特点是：学生只负责自身行为表现的客观写实记录，学校只负责对学生记录内容的真实性进行核实，招生院校负责对学生进行评价并将结果作为招生录取的参考。

与之前的评价工作相比较,本办法取消了学生自评、同学互评、教师评价等主观性评价方式,只在毕业学期由班主任对学生的个性特点简要给出评语,除此之外,学校、教师不再对学生给予主观性评价;改革了高中学校对学生给出评价结论、高校直接使用评价结果的工作模式,把对学生的综合评议、选择权留给招生院校,而高中学校只对学生记录事实的真实性进行核实;强化了诚信监管,学生可自主选择记录的内容,凸显个性化,但要为其真实性负责,学校(和相关教师)对其审核的学生记录的真实性负责。

### 4. 综合素质评价工作涉及诸多方面,应遵守哪些基本原则?

答:本办法强调了四个方面的基本原则:一是方向性原则,引导学生践行社会主义核心价值观,弘扬中华民族传统美德,逐步形成正确的世界观、人生观、价值观;二是指导性原则,把握学生的个性特点,关注成长过程,激发每一个学生的潜能优势,鼓励学生不断进步;三是客观性原则,如实记录学生成长过程中的突出表现,真实反映学生的发展状况,以事实为依据进行评价;四是公正性原则,严格规范评价程序,强化有效监督,确保评价过程公开透明,评价结果可信可用。

### 5. 综合素质评价的主要内容有哪些?是如何确定的?

答:本办法将学生综合素质评价的内容分为思想品德、学业水平、身心健康、艺术素养、社会实践五个方面,明确了每个方面的考察重点。重在考察学生五个方面的行为表现,以此反映学生全面发展情况和个性特长,尤其是学生在有关活动中表现出来的社会责任感、创新精神和实践能力。

五个方面的评价内容由教育部依据党和国家的教育方针而确定,我省按要求进行了进一步明确和细化。本办法给出了"湖北省普通高中学生综合素质写实记录要点",明确了学生综合素质评价最基本的、必要的共性考察重点内容,同时为各地、各高中学校凸显办学特色和自主创新留足空间。

"记录点"和记录要求的设定,用学生的行为表现说话,用活动时间说话,用活动效果说话,将抽象的素质变成具体的、可考察的指标。

### 6. "写实记录"主要记载什么内容?怎么记录?

答:本办法针对各记录要点设计了相关的记录表格,明确了学生参加各种类型活动需要记录的具体内容及要求。如思想品德方面的"公益活动与志愿服务"活动,需要记录活动类别、活动内容、活动地点、活动时间或次数、本人承担的任务以及佐证材料等,包括活动的报告、图片,服务对象或实践单位的证明、获奖证书、制作或创作的作品以及其他佐证材料等。

本办法要求"写实记录"必须由学生自己填写,并承担因填写内容不实所造成的一切后果;要求学校每学期组织、指导学生及时做好写实记录,对学生的记录内容进行审核,并在每学期末指导学生遴选出拟提供给招生院校的重点内容。同时提醒学生要注意写实记录的有效性,充分体现个性与特色,避免面面俱到和千人一面,用于招生使用的材料,要具有典型性、代表性。

### 7. 如何保证学生综合素质评价材料的真实性?

答:本办法从评价方式、评价内容、评价程序、组织管理等四个方面进行了一系列的设计。

第一,在评价方式上,基本用客观的写实记录取代了传统的主观性评价。

第二，在评价内容上，将学生成长过程中的突出表现作为考察重点，全方位展现学生的综合素质，使评价内容可考察、可比较、可分析。

第三，在评价程序上，强调记录内容有据可查、审核公示，实现谁录入谁负责，谁签名谁负责。学生写实记录要提供佐证材料；学生如实记录，班主任及有关教师审核材料，都要签字。每学期，所有写实记录材料都必须在学校显著位置公示，公示时间不得少于 10 个工作日。对公示期间被举报的记录材料，要求学校及时查核并公布结果。

第四，在组织管理方面，明确提出要建立健全四项监督制度，即材料公示制度，抽查制度，申诉与复议制度，诚信责任追究制度。对弄虚作假者按国家有关规定给予严肃处理，确保综合素质材料真实可靠。

### 8. 学生综合素质评价的结果如何呈现？将如何被使用？

答：学生综合素质评价的结果将以"湖北省普通高中学生综合素质档案"呈现。档案内容包括：基本情况、学生主要成长结果记录、个人事实材料、其他材料、学生自我陈述、教师评语、学校综合素质评价委员会意见等七项内容。

关于学生综合素质评价结果，本办法明确了两个主要的使用方向。一是用于促进学生发展。要求高中学校充分利用写实记录及相关事实材料，分析把握学生成长过程，指导学生发扬优点，克服不足，明确努力方向；引导学生通过成长事实记录，不断发现和提升自我，建立自信，促进学生全面发展。二是用于高校招生。按高校招生工作需求，学生的"综合素质档案"将被提供给高等学校，由招生院校结合本校和相关专业对人才培养的特殊要求进行综合评议，作为招生录取的参考。

### 9. 学生综合素质评价工作具有记录与核实任务重、经常性、记载内容个性化等特点，如何使工作高效有序？

答：省里搭建了统一的"普通高中学生综合素质评价管理系统"，学生综合素质评价的写实记录、整理遴选、公示审核、形成档案、材料使用等均在系统网络平台上完成。

"普通高中学生综合素质评价管理系统"与"学籍管理系统"、"学分管理系统"、学业水平考试系统等系统平台的数据相关联，部分数据将直接通过关联系统中自动生成，学生、学校只需阅读确认即可，减轻了数据重复录入负担，避免二次录入时发生信息录入的错误。学生"主要成长结果记录""自我陈述"等均可在指定的时间节点前随时录入；系统自动生成"湖北省普通高中学生综合素质档案"文档，可随时直接打印纸质档案。

使用系统平台，能基于常态化地记录，各自展现学生的综合素质，方便高校招生使用；能规范载入信息管理，保证评价数据的客观真实；能帮助教师、家长科学分析学生成长过程，研究对策，促进学生全面发展，彰显个性发展；能方便实时管理，推进课程改革，引导高中规范办学，贯彻落实党的教育方针。

### 10. 各地教育行政部门、学校、教师和学生在评价工作中有哪些责任和要求？

答：学生综合素质评价工作与各地教育行政部门、学校、教师、学生、家长和社会各方面都密切相关，各方都要承担起相关的责任。

各级教育行政部门主要负责学生综合素质评价工作的政策解读与宣传，本地评价工作的全面指导与监管，完善工作机制，联合相关部门、行业对学生综合素质评价实施过程中的违信行为进行追责。

各普通高中负责学生综合素质评价工作的组织实施,学校校长是综合素质评价工作的第一责任人。具体负责制定本校学生综合素质评价工作实施方案和细则,建立工作制度和机制,宣传和解读评价政策和细则,对教职工、学生及家长组织培训,组织、指导学生有序进行写实记录,对记录内容的真实性进行审核,对举报事项进行核查,对学校教职工在学生综合素质评价实施过程中的违信行为进行追责等。

我们呼吁并期待全社会,特别是学生家长积极配合和参与推进高中课程改革和素质教育,为学生参加社会实践活动、开展研究性学习创造条件,提供帮助;共建诚信社会,共同推进考试制度综合改革。

# 湖北省普通高中学校学分认定指导意见
# （试行）

根据教育部《普通高中课程方案（实验）》（教基〔2003〕6 号）、《教育部关于积极推进中小学评价与考试制度改革的通知》（教基〔2002〕26 号）和《湖北省普通高中课程设置方案（试行）》（鄂教基〔2009〕10 号）要求，为规范普通高中学校学分认定工作，制定本意见。

**一、学分要求**

普通高中学生每学年在每个学习领域都必须获得一定学分，三年中必修获得 116 学分，选修Ⅰ至少获得 22 学分，选修Ⅱ至少获得 6 学分，总学分达到 144 方可毕业。

必修 116 学分包括：语文 10 学分、外语 10 学分、数学 10 学分、思想政治 8 学分、历史 6 学分、地理 6 学分、物理 6 学分、化学 6 学分、生物 6 学分、信息技术 4 学分、通用技术 4 学分、音乐 3 学分、美术 3 学分、体育与健康 11 学分、研究性学习活动 15 学分、社区服务 2 学分、社会实践 6 学分。

学生修满毕业所要求的 144 学分之后，还可以根据个人兴趣、爱好和发展需要选修更多的模块，并获得更多的学分。

**二、学分认定**

（一）学分认定主体

学分由学校认定，校长是学分认定第一责任人。

（二）学分认定机构

学校课程指导委员会负责制定学分认定程序，并对学生学分进行认定；学校相关部门建立学生学分档案。

（三）学分认定办法

1. 学科类课程学分认定

学科类课程学分以模块为单元进行认定；同时满足如下三个条件，即可获得该修习模块规定的学分，否则不计学分。

（1）达到必要的修习学时

学生修习时间必须达到教育部《普通高中课程方案（实验）》规定课时的 5／6。修习学时不足的，必修模块必须补修补足学时，选修模块可补修补足学时或改修其他模块。

（2）修习过程表现符合要求

学生在模块修习过程中的学习态度、学习状态等方面符合要求；否则，不能或暂缓获得相应模块学分。

（3）模块考试（考查）合格

考试（考查）成绩不合格的可申请补考，补考合格即可获得相应学分。补考不合格的，必修模块必须重修，直到合格为止；选修模块可重修或改修其他模块。

2. 综合实践活动学分认定

（1）研究性学习活动学分认定

研究性学习活动学分以课题评价形式认定。学校应根据课题大小和难易程度，以及所需要的学习时间来确定学分。学生三年中的研究性学习课题以 3—5 个为宜。

认定研究性学习活动学分主要依据下列材料：开题报告和学习方案，包括课题名称、研究目的与计划、小组成员分工、活动步骤、学习活动场地与器材保障、预期成果等;课题研究记录,包括活动时间、学习态度、任务完成情况、收集材料及加工处理资料的记录等;课题研究成果,包括论文、研究报告、解决问题的方案、活动设计、实物设计等。

(2)社区服务学分认定

认定社区服务学分主要依据下列材料:时间,学生三年内参加社区服务不少于 10 个工作日;收获,包括个人小结、服务体会、自我评价等;证明材料,包括服务对象及其联系方式、服务时间、服务项目、认定签名等。

(3)社会实践学分认定

学生每学年按要求参加一周社会实践。由班主任或管理人员、指导教师根据学生的实践情况,填写社会实践记录表,经过学校课程指导委员会综合认定并给予学分。没有参加或参加时间不足,以及没有提供参与社会实践有效证明的学生不能认定学分。

3. 选修Ⅱ课程学分认定

高中学生三年至少修习选修Ⅱ课程 6 个模块(每个模块按 18 学时设计),模块修习同时满足如下要求可获得相应学分:

(1)达到规定课时数的 5/6。未达到必要修习学时的可补修补足学时或改修选修Ⅱ其他模块。

(2)学生在模块修习过程中有良好的学习态度和学习状态,否则,不能或暂缓获得相应模块学分。

(3)模块考试(考查)合格。模块考试(考查)不合格的可申请补考至合格或改修选修Ⅱ其他模块。

(四)学分认定程序

1. 学生每修完一个模块并通过考试(考查)或每完成一个研究性学习课题、每参加一次社会实践(社区服务)后,可向任课教师(指导教师)或班主任提出学分认定申请。

2. 任课教师(指导教师)或班主任综合学生的出勤情况、学习表现以及考试(考查)成绩等,提出学分认定的初步意见,报学校课程指导委员会审核、确认。

3. 学校按程序公示学生的学分认定结果,对未获得相应学分的学生应下达书面通知并说明原因。

4. 未获得相应学分的学生如对认定结果有异议,可于接到通知的 10 个工作日内向学校课程指导委员会书面申请复议。学校课程指导委员会应于接到学生复议申请的 10 个工作日内作出复议结论并书面通知学生。

5. 学校课程指导委员会将公示无异议结果和复议结论记入学生学分档案。

6. 学校不设奖励学分。学生学习成绩特别优秀或在某一方面表现特别突出,应在普通高中学生成长记录和综合素质评价中予以真实记录。

7. 我省普通高中学校相互承认学生所得学分。外省转入的学生,已获得的学分按照我省有关规定予以认定。

**三、学分认定管理**

(1)学校要建立并逐步完善学分管理制度

学校要根据教育行政部门的有关要求制定学分管理细则,建立学生学分档案,安排专人负责管理;建立学分管理诚信制度、社会监督制度以及技术支撑平台,确保学分认定工作公开、公平、公正。

(2)各级教科研机构要加强对学分认定的指导

教科研机构要适时抽检、评估学校学分认定的试题和考试(考查)成绩,以及活动类课程的学分认定资料,加强对学校学分认定的监测和指导。

(3)各级教育行政部门要加强对学分认定的管理

教育行政部门要对学校学分认定进行监督和评估。对学分认定工作做得好的学校予以表彰,对存在严重问题的学校及相关责任人追究责任。

# 第五篇
## 政 策 护 航

# ｜导 语｜

　　从 2012 年教育部等 11 部门关于推进中小学生研学旅行的意见颁布以来，关于研学旅行的相关政策和配套政策文件层出不穷，各省、地、市等相关部门也都颁发了有关的一些政策文件。这些各层级、全方位配套的政策文件，毫无疑问为中小学生研学旅行的顺利开展提供了重要的制度保障。

　　本篇集中梳理了这些重要文件。

# 教育部等 11 部门关于推进中小学生研学旅行的意见

## 教基一〔2016〕8 号

各省、自治区、直辖市教育厅(教委)、发展改革委、公安厅(局)、财政厅(局)、交通运输厅(局、委)、文化厅(局)、食品药品监督管理局、旅游委(局)、保监局、团委,新疆生产建设兵团教育局、发展改革委、公安局、财务局、交通局、文化广播电视局、食品药品监督管理局、旅游局、团委,各铁路局:

为贯彻落实党的十八大和十八届三中、四中、五中、六中全会精神,深入学习贯彻习近平总书记系列重要讲话精神,秉承"创新、协调、绿色、开放、共享"的发展理念,落实立德树人根本任务,帮助中小学生了解国情、热爱祖国、开阔眼界、增长知识,着力提高他们的社会责任感、创新精神和实践能力,现就推进中小学生研学旅行提出如下意见。

### 一、重要意义

中小学生研学旅行是由教育部门和学校有计划地组织安排,通过集体旅行、集中食宿方式开展的研究性学习和旅行体验相结合的校外教育活动,是学校教育和校外教育衔接的创新形式,是教育教学的重要内容,是综合实践育人的有效途径。开展研学旅行,有利于促进学生培育和践行社会主义核心价值观,激发学生对党、对国家、对人民的热爱之情;有利于推动全面实施素质教育,创新人才培养模式,引导学生主动适应社会,促进书本知识和生活经验的深度融合;有利于加快提高人民生活质量,满足学生日益增长的旅游需求,从小培养学生文明旅游意识,养成文明旅游行为习惯。

近年来,各地积极探索开展研学旅行,部分试点地区取得显著成效,在促进学生健康成长和全面发展等方面发挥了重要作用,积累了有益经验。但一些地区在推进研学旅行工作过程中,存在思想认识不到位、协调机制不完善、责任机制不健全、安全保障不规范等问题,制约了研学旅行有效开展。当前,我国已进入全面建成小康社会的决胜阶段,研学旅行正处在大有可为的发展机遇期,各地要把研学旅行摆在更加重要的位置,推动研学旅行健康快速发展。

### 二、工作目标

以立德树人、培养人才为根本目的,以预防为重、确保安全为基本前提,以深化改革、完善政策为着力点,以统筹协调、整合资源为突破口,因地制宜开展研学旅行。让广大中小学生在研学旅行中感受祖国大好河山,感受中华传统美德,感受革命光荣历史,感受改革开放伟大成就,增强对坚定"四个自信"的理解与认同;同时学会动手动脑,学会生存生活,学会做人做事,促进身心健康、体魄强健、意志坚强,促进形成正确的世界观、人生观、价值观,培养他们成为德智体美全面发展的社会主义建设者和接班人。

开发一批育人效果突出的研学旅行活动课程,建设一批具有良好示范带动作用的研学旅行基地,打造一批具有影响力的研学旅行精品线路,建立一套规范管理、责任清晰、多元筹资、保障安全的研学旅行工作机制,探索形成中小学生广泛参与、活动品质持续提升、组织管理规范有序、基础条件保障有力、安全责任落实到位、文化氛围健康向上的研学旅行发展体系。

### 三、基本原则

——教育性原则。研学旅行要结合学生身心特点、接受能力和实际需要,注重系统性、知识性、科学性和趣味性,为学生全面发展提供良好成长空间。

——实践性原则。研学旅行要因地制宜,呈现地域特色,引导学生走出校园,在与日常生活不同的环境中拓展视野、丰富知识、了解社会、亲近自然、参与体验。

——安全性原则。研学旅行要坚持安全第一,建立安全保障机制,明确安全保障责任,落实安全保障措施,确保学生安全。

——公益性原则。研学旅行不得开展以营利为目的的经营性创收,对贫困家庭学生要减免费用。

### 四、主要任务

1. 纳入中小学教育教学计划。各地教育行政部门要加强对中小学开展研学旅行的指导和帮助。各中小学要结合当地实际,把研学旅行纳入学校教育教学计划,与综合实践活动课程统筹考虑,促进研学旅行和学校课程有机融合,要精心设计研学旅行活动课程,做到立意高远、目的明确、活动生动、学习有效,避免"只旅不学"或"只学不旅"现象。学校根据教育教学计划灵活安排研学旅行时间,一般安排在小学四到六年级、初中一到二年级、高中一到二年级,尽量错开旅游高峰期。学校根据学段特点和地域特色,逐步建立小学阶段以乡土乡情为主、初中阶段以县情市情为主、高中阶段以省情国情为主的研学旅行活动课程体系。

2. 加强研学旅行基地建设。各地教育、文化、旅游、共青团等部门、组织密切合作,根据研学旅行育人目标,结合域情、校情、生情,依托自然和文化遗产资源、红色教育资源和综合实践基地、大型公共设施、知名院校、工矿企业、科研机构等,遴选建设一批安全适宜的中小学生研学旅行基地,探索建立基地的准入标准、退出机制和评价体系;要以基地为重要依托,积极推动资源共享和区域合作,打造一批示范性研学旅行精品线路,逐步形成布局合理、互联互通的研学旅行网络。各基地要将研学旅行作为理想信念教育、爱国主义教育、革命传统教育、国情教育的重要载体,突出祖国大好风光、民族悠久历史、优良革命传统和现代化建设成就,根据小学、初中、高中不同学段的研学旅行目标,有针对性地开发自然类、历史类、地理类、科技类、人文类、体验类等多种类型的活动课程。教育部将建设研学旅行网站,促进基地课程和学校师生间有效对接。

3. 规范研学旅行组织管理。各地教育行政部门和中小学要探索制定中小学生研学旅行工作规程,做到"活动有方案,行前有备案,应急有预案"。学校组织开展研学旅行可采取自行开展或委托开展的形式,提前拟定活动计划并按管理权限报教育行政部门备案,通过家长委员会、致家长的一封信或召开家长会等形式告知家长活动意义、时间安排、出行线路、费用收支、注意事项等信息,加强学生和教师的研学旅行事前培训和事后考核。学校自行开展研学旅行,要根据需要配备一定比例的学校领导、教师和安全员,也可吸收少数家长作为志愿者,负责学生活动管理和安全保障,与家长签订协议书,明确学校、家长、学生的责任权利。学校委托开展研学旅行,要与有资质、信誉好的委托企业或机构签订协议书,明确委托企业或机构承担学生研学旅行安全责任。

4. 健全经费筹措机制。各地可采取多种形式、多种渠道筹措中小学生研学旅行经费,探索建立政府、学校、社会、家庭共同承担的多元化经费筹措机制。交通部门对中小学生研学旅行公路和水路出行严格执行儿童票价优惠政策,铁路部门可根据研学旅行需求,在能力许可范围内积极安排好运力。文化、旅游等部门要对中小学生研学旅行实施减免场馆、景区、景点门票政策,提供优质旅游服务。保险监督管理机构会同教育行政部门推动将研学旅行纳入校方责任险范围,鼓励保险企业开发有针对性的产品,对投保费用实施优惠措施。鼓励通过社会捐赠、公益性活动等形式支持开展研学旅行。

5. 建立安全责任体系。各地要制订科学有效的中小学生研学旅行安全保障方案,探索建立行之有效的安全责任落实、事故处理、责任界定及纠纷处理机制,实施分级备案制度,做到层层落实,责任到人。教育行政部门负责督促学校落实安全责任,审核学校报送的活动方案(含保单信息)和应急预案。学校要做好行前安全教育工作,负责确认出行师生购买意外险,必须投保校方责任险,与家长签订安全责任书,与委托开展研学旅行的企业或机构签订安全责任书,明确各方安全责任。旅游部门负责审核开展研学旅行的企业或机构的准入条件和服务标准。交通部门负责督促有关运输企业检查学生出行的车、船等交通工具。公安、食品药品监管等部门加强对研学旅行涉及的住宿、餐饮等公共经营场所的安全监督,依法查处运送学生车辆的交通违法行为。保险监督管理机构负责指导保险行业提供并优化校方责任险、旅行社责任险等相关产品。

**五、组织保障**

1. 加强统筹协调。各地要成立由教育部门牵头,发改、公安、财政、交通、文化、食品药品监管、旅游、保监和共青团等相关部门、组织共同参加的中小学生研学旅行工作协调小组,办事机构可设在地方校外教育联席会议办公室,加大对研学旅行工作的统筹规划和管理指导,结合本地实际情况制订相应工作方案,将职责层层分解落实到相关部门和单位,定期检查工作推进情况,加强督查督办,切实将好事办好。

2. 强化督查评价。各地要建立健全中小学生参加研学旅行的评价机制,把中小学组织学生参加研学旅行的情况和成效作为学校综合考评体系的重要内容。学校要在充分尊重个性差异、鼓励多元发展的前提下,对学生参加研学旅行的情况和成效进行科学评价,并将评价结果逐步纳入学生学分管理体系和学生综合素质评价体系。

3. 加强宣传引导。各地要在中小学广泛开展研学旅行实验区和示范校创建工作,充分培育、挖掘和提炼先进典型经验,以点带面,整体推进。教育部将遴选确定部分地区为全国研学旅行实验区,积极宣传研学旅行的典型经验。各地要积极创新宣传内容和形式,向家长宣传研学旅行的重要意义,向学生宣传"读万卷书、行万里路"的重大作用,为研学旅行工作营造良好的社会环境和舆论氛围。

教育部 国家发展改革委 公安部

财政部 交通运输部 文化部

食品药品监管总局 国家旅游局 保监会

共青团中央 中国铁路总公司

2016 年 11 月 30 日

# 湖北省教育厅等 14 部门关于印发《湖北省中小学生研学旅行试点实施意见》的通知

## 鄂教基〔2017〕10 号

各市、州、县教育局、发展改革委、公安局、财政局、交通运输局(委)、文化局、食品药品监督管理局、物价局、卫生计生委(局)、体育局、旅游局(委)、宜昌保监分局、各保险行业协会、各财产保险公司省级分公司、团委、火车站:

为认真贯彻落实《教育部等 11 部门关于推进中小学生研学旅行的意见》(教基一〔2016〕8 号)文件精神,根据《省教育厅等 11 部门关于转发〈教育部等 11 部门关于推进中小学生研学旅行的意见〉的通知》(鄂教基〔2017〕2 号)要求,现结合我省实际,制定《湖北省中小学生研学旅行试点实施意见》印发你们,请遵照执行。

附件 1:《湖北省中小学生研学旅行试点实施意见》
附件 2:《湖北省中小学生研学旅行协调小组成员单位职责》

湖北省教育厅  湖北省发展和改革委  湖北省公安厅
湖北省财政厅  湖北省交通运输厅  湖北省文化厅
湖北省食品药品监督管理局  湖北省物价局
湖北省卫生和计划生育委员会  湖北省体育局
湖北省旅游发展委  湖北保监局  共青团湖北省委
武汉铁路局
2017 年 9 月 6 日

附件 1:

# 湖北省中小学生研学旅行试点实施意见

为深入贯彻国家和我省中长期教育改革和发展规划纲要(2010—2020 年)关于全面实施素质教育的要求,推进基础教育课程改革,全面提升中小学生综合素质,根据《省教育厅等 11 部门转发〈教育部等 11 部门关于推进中小学生研学旅行的意见〉的通知》精神,为切实做好我省中小学生研学旅行试点工作,确保试点工作安全稳妥顺利进行,特制定如下实施意见:

**一、指导思想**

深入贯彻落实党的十八大和十八届三中、四中、五中、六中全会精神,以立德树人为根本任务,以学校有计划、有组织地安排中小学生集体旅行、集中食宿的方式,组织中小学生开展研究学习和旅行体验,推进学校教育与社会实践结合,培育社会主义核心价值观,培养生活技能、集体观念、创新精神和实践能力,全面提升中小学生综合素质,为全省中小学生全面开展研学旅行工作探索方式、方法和保障机制,为加强中小学生综合素质评价体系建设提供支持。

**二、试点原则**

(一)教育性原则。研学旅行活动要体现中小学生的身心特点、接受能力和实际需要,突出生动直观、形象有趣、现场操作和现场体验,将教育性、知识性、科学性、趣味性融入其中,着力提升学生社会责任感、创新精神和实践动手能力。

(二)实践性原则。研学旅行要因地制宜,呈现地域特色,引导学生走出校园,在与日常生活不同的环境中拓展视野、丰富知识、了解社会、亲近自然、参与体验。

(三)安全性原则。坚持"安全第一",建立安全保障机制,明确安全保障责任,落实安全保障措施,做到"准备不充分不组织、条件不具备不组织",努力做到万无一失,保证学生安全。

(四)公益性原则。坚持研学旅行的公益性质,需要学生个人承担的费用,只能收取成本费,不得开展以营利为目的的经营性创收,对特困家庭学生要减免费用,保障每一个学生都享有均等的参与机会。

**三、试点内容**

(一)探索建立研学旅行管理机制。试点地区要依据有关法律、法规、政策和本地实际情况,建立健全政府主导、部门分工负责、多渠道全方位协作的研学旅行管理机制,形成完善的研学旅行管理制度体系和协同工作机制,为研学旅行顺利开展提供有力的组织和制度保障。

(二)打造一批研学旅行的精品课程。按照小学阶段以乡土乡情为主、初中阶段以县情市情为主、高中阶段以省情国情为主的要求和中小学生身心发展实际,在自然、历史、地理、科技、人文、健康体验等领域,研究一批立意高远、目的明确、活动生动、学习有效的研学旅行精品课程,并将其纳入学校教育教学计划,建立开放式、多元化的实践教学体系。

(三)打造一批研学旅行基地。根据研学旅行育人目标,结合自然和非物质文化遗产资源、红色教育资源、大型公共设施、知名院校、工矿企业、科研机构、综合实践基地等,遴选建设一批安全适宜的中小学生研学旅行基地(营地)。探索建立基地准入标准、退出机制和评价体系。

(四)打造一批研学旅行精品线路。根据课程设置需要,依托研学旅行基地,开发研学旅行线路,形成红色革命遗迹、历史名胜、博物馆、美术馆、科技馆、健康馆、高新企业和现代化工厂、著名大学、植物园、自然野外活动、国防教育、荆楚文化、非物质文化遗产、现代农业、传统艺术及传统工艺制作、志愿者体验等特色鲜明的研学旅行精品线路,逐步形成布局合理、互联互通的研学旅行网络。

(五)探索建立研学旅行组织模式。根据学校选择的自行开展或委托开展的不同模式,按照"活动有方案,行前有备案,应急有预案"的要求,探索建立中小学生研学旅行工作规程。建立健全研学旅行活动组织模式,由学校拟定活动计划,按管理权限报教育行政部门核查、备案,通过家长委员会、致家长一封信或召开家长会等形式告知家长活动相关内容和信息,与家长签订明确学校、家长、学生责任权力的责任书,委托开展的学校要与受委托单位签订委托合同或协议,根据需要配备一定比例的学校领导、教师及少数家长参与,制定各类应急处置预案,确保研学旅行在严密的组织保障下进行。

(六)探索建立研学旅行的经费保障机制。探索建立政府、学校、社会、家庭共同承担的多元化经费筹措机制,铁路部门要根据研学旅行需求在能力范围内积极安排运力,文化、旅游等部门要对中小学生研学旅行实施减免场馆、景区、景点门票政策并提供优质旅游服务,保险监督管理机构负责指导保险行业提供并优化校方责任险、旅行社责任险等相关产品,并建立保险费率浮动机制。鼓励通过社会捐赠、公益性活动等形式支持开展研学旅行。

(七)探索建立研学旅行安全保障机制。研究制订科学有效的中小学生研学旅行安全保障方案,建立健全安全责任落实、事故处理、责任界定及纠纷处理机制,落实安全主体责任和监管责任,实施分级备案制度。

教育行政部门按照管理权限负责督促学校落实安全责任,审查学校报送的活动方案(含保单信息)和应急预案;学校负责行前安全教育,负责确认出行师生购买意外险,必须投保校方责任险,与家长签订安全责任书,与受委托开展研学旅行的企业或机构签订安全责任书,明确各方责任。建立健全与旅游、交通、公安、食品药品监管、保险等部门的安全协调机制,督促其按规定落实各自职责。

(八)探索建立研学旅行科学评价机制。研究制定研学旅行活动的督导方式和评价标准,定期做好督导评估工作,探索将督导评估结果纳入学校考评体系和学生综合素质评价体系。

**四、方法步骤**

(一)制定试点方案。2017年5月上旬,开展研学旅行活动调研,研究制定《湖北省中小学生研学旅行试点实施意见》和《湖北省中小学生研学旅行试点管理办法》,各地制定试点工作方案。

(二)启动试点工作。2017年5月中下旬,召开省研学旅行协调小组成员单位会议,研究试点实施意见及管理办法。召开全省试点工作推进会。

(三)出台指导文件。2017年8—9月出台《湖北省中小学生研学旅行试点实施意见》和《湖北省中小学生研学旅行试点管理办法》,各地出台研学旅行试点实施方案和相关指导文件。

(四)进行检查督导。2017年10—11月,组织研学旅行协调小组成员单位对研学旅行试点地区的工作开展情况进行督导检查,发现问题,研究措施,推进工作。

(五)出台相关标准。2017年9月至12月,公布组织研学旅行活动旅行社准入标准,出台研学旅行活动课程设置标准。命名一批省级中小学生研学旅行基地,打造一批示范性研学旅行精品线路,开发一批多种类型研学旅行课程。

(六)总结试点经验,进行推广普及。2018年3—4月,召开研学旅行经验交流会,出台相关规范措施,在其他地区进行推广实施。

**五、工作要求**

(一)加强领导,统筹规划。我省中小学生研学旅行工作,在教学时间内用综合实践活动课时开展,一般情况下在3至5月、9至11月等6个月中进行。原则上每学年累计时间小学4至6年级4-5天,初中1至2年级5-6天,高中1至2年级5-7天,学校可根据教育教学计划、学生活动实际情况灵活安排。禁止学校在寒暑假及法定长假、小长假期间安排研学旅行。试点地区教育行政部门要成立研学旅行试点工作领导小组,加强对研学旅行活动的管理指导和统筹规划,与当地文化、旅游、交通等部门密切配合,发挥青少年校外活动中心的作用,加强对试点学校的指导,依据有关法律、法规和政策规定,结合当地实际,积极推进试点工作,确保试点任务按时完成。鼓励有条件的地区积极稳妥开展研学旅行试点工作。

(二)积极担当,整合资源。研学旅行试点工作涉及多个部门、涉及中小学生健康成长、涉及广大人民群众的切身利益,各级相关部门要坚持把安全和反腐倡廉工作放在首位,将其作为两条不可逾越的红线,切实担当起政治责任,把好事办好,坚决防止发生安全问题和侵害群众利益的腐败问题。要担当起与各部门、家长委员会的协调责任,建立健全完善的安全和经费保障机制,充分发挥协调小组各成员单位的作用,为研学旅行活动提供有力的保障,确保研学旅行活动顺利进行。

(三)科学评价,加强宣传。要注重探索研究与学校考核评价和学生综合素质评价挂钩的科学评价体系建设,将职责层层分解落实到相关部门和单位,定期检查工作推进情况,加强督查督办。省中小学生研学旅行协调小组办公室、省校外教育管理研究会共同定期编发《湖北省研学旅行工作简报》,定期通报全省研学旅行工作情况。各试点地区和学校要积极创新宣传内容和形式,向家长宣传研学旅行的重要意义,向学生宣传"读万卷书、行万里路"的重大作用,为研学旅行工作营造良好的社会环境和舆论氛围。在开展研学旅行活动工作中,要及时加强与电台、电视台、报刊以及新媒体的合作,及时宣传好典型、好主题、好经验,形成良好舆论氛围。

附件2(略)

# 湖北省教育厅等 14 部门关于印发 《湖北省中小学生研学旅行试点管理办法》的通知

## 鄂教基〔2017〕11 号

各市、州、县教育局、发展改革委、公安局、财政局、交通运输局(委)、文化局、食品药品监督管理局、物价局、卫生计生委(局)、体育局、旅游局(委)、宜昌保监分局、各保险行业协会、各财产保险公司省级分公司、团委、火车站：

为保障全省中小学生研学旅行试点工作规范健康发展，现将《湖北省中小学生研学旅行试点管理办法》印发你们，请遵照执行。

附件:《湖北省中小学生研学旅行试点管理办法》

湖北省教育厅 湖北省发展的改革委 湖北省公安厅

湖北省财政厅 湖北省交通运输厅 湖北省文化厅

湖北省食品药品监督管理局 湖北省物价局

湖北省卫生和计划生育委员会 湖北省体育局

湖北省旅游委 湖北保监局 共青团湖北省委

武汉铁路局

2017 年 9 月 6 日

附件：

# 湖北省中小学生研学旅行试点管理办法

### 第一章 总则

**第一条** 为落实立德树人根本任务,规范和引导中小学生研学旅行工作的组织与实施,促进我省中小学生研学旅行活动健康发展,根据《省教育厅等 11 部门关于转发〈教育部等 11 部门关于推进中小学生研学旅行的意见〉的通知》(鄂教基〔2017〕2 号)要求,制定本管理办法。

**第二条** 本管理办法所称中小学生研学旅行活动是指由教育行政部门和中小学校有计划地组织安排,通过集体旅行、集中食宿方式开展的研究性学习和旅行体验相结合的校外教育活动。

**第三条** 开展中小学生研学旅行必须遵循的基本原则

(一)教育性原则。研学旅行活动要体现中小学生的身心特点、接受能力和实际需要,突出生动直观、形象有趣、现场操作和现场体验,将教育性、知识性、科学性、趣味性融入其中,着力提升学生社会责任感、创新精神和实践动手能力。

(二)实践性原则。研学旅行要因地制宜,呈现地域特色,引导学生走出校园,在与日常生活不同的环境中拓展视野、丰富知识、了解社会、亲近自然、参与体验。

（三）安全性原则。坚持"安全第一"，建立安全保障机制，明确安全保障责任，落实安全保障措施，做到"准备不充分不组织、条件不具备不组织"，切实保证学生安全。

（四）公益性原则。坚持研学旅行的公益性质，需要学生个人承担的费用，只能收取成本费用，不得开展以营利为目的的经营性创收，对特困家庭学生要减免费用，保障每一个学生都享有均等的参与机会。

## 第二章　组织与管理

**第四条**　我省中小学生研学旅行工作由省中小学生研学旅行工作协调小组统一领导，各成员单位按照各自的职责分工，研究制定相关政策。省中小学生研学旅行试点日常工作由省中小学生研学旅行工作协调小组办公室牵头，各成员单位相关处室、省校外教育管理研究会指定专人参加。

**第五条**　各试点地区试点工作在教育行政部门统一领导下进行，成立中小学生研学旅行工作协调小组，办公室设在教育行政部门相关科室（处）（一般在基教科），负责细化试点工作方案，确定试点学校，对各学校上报的研学旅行主题活动方案和安全预案进行核查、备案，定期检查督导研学旅行工作开展情况，发现典型，总结经验，进行推广。各地青少年校外活动中心协助做好研学旅行相关工作。

**第六条**　各级中小学生研学旅行工作协调小组办公室要加强对研学旅行服务单位和接待单位的管理，对资质合格、声誉良好、组织严谨、服务到位、安全保证、收费合理的服务单位和接待单位（研学旅行基地、营地）可授予相应称号并给予命名挂牌，供中小学校在开展研学旅行活动时优先选择。建立服务单位和接待单位的准入和退出机制。

**第七条**　各试点学校要成立研学旅行试点工作领导小组，由校长担任组长，学校德育室（大队部）、教导室、医务室、安保室人员及教师和家长代表为成员；每学期要制定研学旅行计划，确定研学旅行主题活动方案和安全预案，并认真组织实施；要认真做好工作总结和过程性资料的收集整理归档工作；加强研学旅行的宣传工作，及时上报工作进展情况和重要信息。

**第八条**　服务单位（指资质完备、社会信誉度高、无安全责任事故的旅行社、校外教育基地、旅游名镇名村、休闲农庄等）要按照中小学生研学旅行试点的相关文件精神、根据研学旅行内容的具体要求，制定科学合理的研学主题活动方案和安全保障方案，确保研学旅行过程中吃、住、行等方面的安全。

**第九条**　接待单位（指研学旅行学生所到达的目的地，如实践基地、现代企业、主题景区、特色院校、旅游名镇名村、特色农庄、体验场所等）要精心组织，确定主题，突出研学特色，编印介绍材料；要选派优秀讲解人员，按照不同年龄段学生特点和接受能力，注重知识的难易程度，区别讲解；要尽可能为学生在现场提供亲身体验和交流互动的项目和机会。

**第十条**　加强中小学生研学旅行审查管理。坚持属地管理原则，学校组织研学旅行活动应提前制订活动方案，报所在县市区教育行政部门审查。各试点地区市县教育行政部门，要探索研学旅行检查考核机制，将研学旅行检查考核情况纳入中小学校年度考核指标体系，对违规违纪行为进行严肃查处。

## 第三章　内容与形式

**第十一条**　我省开展研学旅行试点的主要内容包括参观红色革命遗迹、历史名胜、博物馆、美术馆、科普馆、健康馆、著名大学、高新企业和现代化工厂，进行自然和野外活动、国防教育、现代农业、传统文化、传统艺术创作及工艺制作、非物质文化遗产等方面的体验。研学旅行试点要循序渐进，试点期间，原则上以在当地进行为主。

**第十二条**　合理安排研学旅行时间。我省中小学生研学旅行试点工作利用教学时间或综合实践活动课时开展，一般情况下在 3 至 5 月、9 至 11 月等 6 个月中进行。原则上每学年累计时间小学 4 至 6 年级 4-5 天，初中 1 至 2 年级 5-6 天，高中 1 至 2 年级 5-7 天，学校可根据教育教学计划、学生活动实际情况灵活安排。禁止学校在寒暑假及法定长假、小长假期间安排研学旅行。

**第十三条**　研学旅行要坚持学生全员参与的原则，并通过整年级、整班集体行动的方式进行。如学生确因自身原因不能参加者,必须由家长出具请假条,经同意后,由家长切实履行监护人的责任,在确保安全的前提下妥善安排该生的学习生活。

第十四条 各学校要因地制宜、因校制宜,结合中小学生的生活经验和生活背景,积极动员社会力量,充分挖掘社会优质公共资源,创新活动载体,拓展活动空间,丰富活动内容,构建研学旅行活动的长效工作机制。学校可自行组织或委托服务单位、接待单位共同组织实施研学旅行活动,同时可邀请家长代表、有专业技能的志愿者随行,共同做好研学旅行活动过程中的相关工作。

### 第四章 服务与安全

第十五条 各试点学校要坚持按照"安全第一"的原则开展研学旅行工作,坚持工作有计划、外出有方案、应急有预案、行前有备案、结束有总结的"五有工作"模式。各试点学校每次组织研学旅行活动要由校级领导带队,研学旅行工作领导小组相关人员参与,按年级或班级统一行动,要为每班配备不少于三人的随行教师,要安排校医或聘请医护人员随行。有条件的学校要安排掌握应急知识技能人员随队保证安全。要有针对性地对教师和学生进行安全教育,帮助他们了解有关安全规章制度,掌握自救互救知识和技能;服务单位的工作人员应具备应急知识技能,如遇突发事件能及时实施救援。保险监督管理机构负责指导保险行业提供并优化校方责任险、旅行社责任险等相关产品,并建立保险费率浮动机制,建立完善的中小学生研学旅行人身安全保险制度。

第十六条 参与研学旅行服务工作的运输企业应当具备合法有效的营运资质,参与研学旅行服务的交通运输工具应当具备合法有效的资质和营运证件,参与研学旅行的交通运输从业人员应当具备合法资质和有效的从业资格证明;司乘人员具有丰富的行车经验,掌握应急知识技能,具有处理突发事件的经验,服务规范,文明服务。

第十七条 各学校要高度重视研学旅行活动过程中的食品安全工作。服务单位必须选定安全卫生合格的餐饮单位、选购卫生安全达标的食品;家长要协助做好监督监管工作。如有安全事故发生,应及时展开救援,并立即通知相关单位和事发地的110、120,在第一时间通知公安、卫生、食品等行政主管部门,依法依规追究当事人责任。

第十八条 要切实安排好集体住宿,服务单位和接待单位要确保住宿的卫生达标和安全防范措施到位,必须具备应急通道、应急标识、应急工具,合理建立逃生安全区。

第十九条 接待单位要有接待方案和安全预案,科学合理安排接待工作,按照接待规模做到容量控制、分组体验,不得超员接待;要有合理醒目的安全提示标志,配备安全设施设备,如需要隔离时,要装配安全隔离设施,并安排专人提醒,严防学生跨越隔离设施发生意外;医务室、警务室要保证满员上岗,能及时处理突发事件。

第二十条 在研学旅行过程中,如遇突发事件,要按照政府应急响应机制开展救援工作,救援现场必须做到三个第一:第一时间实施现场救援,第一时间上报主管部门,第一时间请求事发地的110、120支援。如有需要医疗救治的人员,其费用应由保险公司(如遇重大事故,保险公司应加快理赔时效,预付部分赔款)、服务单位、接待单位等按照约定先行垫付医疗费,待善后工作结束后,再按照事故责任进行追偿,如有刑事责任,责任人交由公安机关依法处置。

第二十一条 如遇到不可抗力(如地震、泥石流、滑坡等地质灾害)或恶劣天气(如台风、大雨、大雪、雾霾、冰雹等)时,应及时取消或中断研学旅行活动(在安全区驻留、返回校园或延期出发),待条件允许时再择日安排活动。

第二十二条 责任界定及纠纷处理实行安全责任交接制度,试点学校要在研学旅行全过程中担负安全监管责任。学校在学生上车前应与服务单位履行签字交接制度(内容含学生人数、学生名单、交接责任),按保险合同约定,学生出校门上车前安全责任由学校和所承保的保险公司承担,上车后直至学生返校学校签字交接前相关安全责任由服务单位、接待单位和所承保的保险公司承担。关于安全事故责任,依据相关法律法规,由相关职能部门调查意见和相关责任协议进行协商,涉及民事赔偿有异议由法院裁定。

## 第五章 经费与保障

**第二十三条** 探索政府、学校、社会、家庭共同承担的多元化经费筹措机制,学生在研学旅行中产生的费用,要通过家长委员会征求学生、家长同意后,由服务单位收取,学校要监督服务单位,本着节俭原则,对于活动过程中吃住行等费用要做到精准核算,并进行公示。

**第二十四条** 各试点市教育行政部门要探索对家庭经济困难学生参与研学旅行活动的优惠政策。教育行政部门、试点学校、服务单位、接待单位应共同担当责任和义务,想方设法为家庭经济困难学生排忧解难,确保他们参与研学旅行活动。

**第二十五条** 各试点学校会同服务单位、接待单位在确定研学旅行主题活动方案后,要通过家长委员会及时向全体学生家长进行宣传,告知活动方案、安全举措和收费项目及标准等,取得学生家长的充分理解和大力支持,确保研学旅行活动顺利进行。

**第二十六条** 服务单位设计的研学旅行活动要主题鲜明、线路科学、费用合理,对家庭经济困难的学生要给予一定的减免;接待单位如涉及收费,应研究调整收费标准,所制定的收费标准要低于现有学生票价和旅游团队票价的最低限额,给予研学旅行活动特别的优惠。

## 第六章 任务和要求

**第二十七条** 省校外教育管理研究会、各级中小学生研学旅行协调小组、综合实践基地、相关接待单位要高度重视中小学生研学旅行理论研究和课程开发工作,确立课程标准,打造一批精品课程,供学校选用。市县教育行政部门要将研学旅行工作纳入常规教育教学研究范畴,努力形成高质量、高水平科研成果。

**第二十八条** 各试点学校要建立档案管理制度,档案资料包括:学校工作计划,研学旅行工作方案,委托合同或协议,研学旅行会议记录,照片影像资料,总结材料,教师优秀文稿,学生优秀文稿,研学旅行目的地人文资料,研学旅行专家学者授导词,评选表彰资料,家长反馈资料,对服务单位、接待单位服务的评价资料等。各学校要及时向当地教育行政部门报送研学旅行工作进展情况。

**第二十九条** 要注重学生研学旅行成果的积累,把研学旅行成果纳入学生综合素质评价体系,逐步在过程性评价和终结性评价中给予体现。各试点学校在完成研学旅行主题活动后,必须及时将研学旅行工作总结、研究报告、心得体会、图片资料报上级研学旅行工作协调小组办公室。优秀资料将入选我省中小学研学旅行资料汇编,省中小学生研学旅行工作协调小组办公室将根据实际需要适时召开经验交流会、推进会、现场观摩会等。

**第三十条** 进一步加强研学旅行宣传工作,扩大研学旅行的社会影响力,推动全社会关注和支持研学旅行工作。各级中小学生研学旅行协调小组各成员单位和中小学校,在开展研学旅行活动工作中,要及时加强与电台、电视台、报刊等新闻媒体的联系沟通与合作;要充分发挥 qq 群、微信公众平台和网站的作用,形成经常性的信息交流机制;协调电台、电视台加强研学旅行专题专栏报道,及时宣传好典型、好主题、好案例,形成良好的舆论氛围。

**第三十一条** 建立健全情况通报制度。省中小学生研学旅行协调小组办公室、省校外教育管理研究会要定期编印研学旅行工作简报和情况通报,推介工作经验,通报存在问题,推进研学旅行工作安全、健康发展。

## 第七章 附则

**第三十二条** 本办法适用于湖北省中小学生研学旅行试点管理工作。

**第三十三条** 各试点地区可根据本办法,结合区域具体情况,制定本地实施细则。

**第三十四条** 本办法由省教育厅负责解释。

**第三十五条** 本办法自发布之日起试行。

# 省教育厅、省旅游委、省文化厅关于印发《湖北省中小学生研学旅行服务单位基本条件》的通知

## 鄂教基〔2018〕1 号

各市(州)、县(市、区)教育局、旅游局(委)、文化局,各有关单位:

为全面贯彻党的教育方针,落实立德树人根本任务,创新实践育人方式,积极推进我省研学旅行工作,根据《教育部等 11 部门关于推进中小学生研学旅行的意见》(教基一〔2016〕8 号)和我省 14 部门联合制定的《湖北省中小学生研学旅行试点实施意见》(鄂教基〔2017〕10 号)及《湖北省中小学生研学旅行试点管理办法》(鄂教基〔2017〕11 号)等相关文件精神,进一步明确研学旅行工作要求,规范研学旅行服务行为,提高研学旅行服务质量,确保中小学生研学旅行安全,现将《湖北省中小学生研学旅行服务单位基本条件》印发给你们,请在组织研学旅行工作中严格执行。

附件:《湖北省中小学生研学旅行服务单位基本条件》

湖北省教育厅 湖北省旅游委 湖北省文化厅

2018 年 1 月 10 日

附件:

# 湖北省中小学生研学旅行服务单位基本条件

### 一、教育部门选择提供研学旅行服务的旅行社基本条件

1. 依法注册且达到《湖北省旅行社等级的划分与评定》(DB42/T 537-2009)3A 级及以上等级管理及服务标准的旅行社。研学旅行服务流程符合《旅行社国内旅游服务规范》(LB/T 004-2013)、《旅行社服务通则》(LB/T008—2011)和《研学旅行服务规范》(LB/T 054—2016)的要求。近三年内无 5 万元及以上较大数额罚款的旅游行政处罚,无不良诚信记录,无重大安全责任事故,有效投诉率不超过当年组织和接待人次万分之二。

2. 人力资源配置。应有专业的研学旅行部门,有专门人员从事研学旅行工作,建立和培养专业的辅导员队伍,有专职培训教师、场地、教材和经费保障,应与参与研学旅行服务的员工签订劳动合同并缴纳社会保险。

3. 研学产品配置。旅行社应积极依托研学旅行基地,开发研学旅行线路,形成科普教育、历史文化、荆楚文化、国防教育、红色革命遗迹、农耕体验等特色鲜明的研学旅行精品线路。

4. 安全保障服务。旅行社应重点强化研学旅行安全管理,严格选购经相关部门认可的交通、餐饮和住宿等服务产品。旅行社从业人员(含研学旅行辅导员)上岗前应进行安全风险防范及应急救助技能培训。旅行社应对学生进行风险提示,开展安全培训,应有应急人员随行。旅行社应成立专业的应急处置部门,安排专人负责协调处置突发事件。从事研学旅行的旅行社应购买国家旅游局与中国保监会共同推广的统保示范项目的旅行社责任险,旅行社应主动提高旅行社责任险保额,旅责险每次人身伤亡赔偿限额不低于 60 万元,全年

累计赔偿限额不低于1000万元。旅行社应履行提示参加研学旅行的师生购买人身意外伤害保险的责任。

5. 价格优惠服务。旅行社应制定相对低廉的研学旅行服务收费标准,积极协调风景名胜区、自然保护区、文物保护单位等研学旅行目的地,商定统一的中小学生研学旅行的优惠价格,优惠价格原则上不得高于旅游团队和学生票的价格。

6. 其他服务事项。应具有规模100人以上的旅行团队接待经验,并能提供可供查询的资料台账。同等情况下,受到国家、省、市旅游部门表彰的诚信、文明旅行社等优质旅行社优先考虑。

**二、教育部门选择提供研学旅行服务的教育实践基地的基本条件**

1. 各地现有的爱国主义教育基地、国防教育基地、革命历史类纪念设施遗址、优秀传统文化教育基地、科技馆、博物馆、纪念馆、生态保护区、自然景区、美丽乡村、特色小镇、科普教育基地、科技创新基地、示范性农业基地、高等学校、科研院所、知名企业、各类青少年校外活动场所、大型公共设施、重大工程基地等资源单位都可以成为中小学生研学旅行教育实践基地。

2. 是独立法人单位,具备承接中小学生开展研学实践教育的能力,管理规范,无行政处罚、重大质量投诉和不良诚信记录,口碑良好。

3. 有一支为研学旅行服务的队伍。应设立专门的研学旅行服务部门和专职人员,且有人数达标、结构合理、专业合格、分工具体、责任明确的研学旅行管理团队,具备符合研学旅行需要的领队、研学导师、安全员和讲解员等相关专业人员,服务能力和服务态度都能满足研学旅行活动开展的需要。有承接100人以上旅游团队的经验。

4. 具有一定的课程资源和课程资源开发能力。能提供一定数量和质量的研学旅行课程,有适应学生需要的实践体验项目,能够结合资源单位特点,设计开发适合不同学段学生、与学校教育内容相衔接的课程,有适合中小学生需要的课程资源介绍,满足中小学生研学旅行的需要。

5. 有安全保障。构建有完善的安全防控体系和安全防控队伍,安全防控设施设备和安全管理制度健全、有效。配备有医务服务设施和人员,能为学生提供及时的医疗救助。能按规定为学生购买保险。具备食宿条件的基地单位必须保证食品卫生安全和消防安全,认真执行相关行业标准,取得有关管理部门的许可和检查达标,为学生提供安全、健康的住宿和饮食服务。

6. 对中小学生前往开展研学实践教育活动有门票减免等优惠措施。

# 省教育厅关于印发《湖北省中小学生研学旅行课程指南（试行）》的通知

## 鄂教基〔2018〕5 号

各市、州、直管市、神农架林区教育局，各有关单位：

为推进我省中小学生研学旅行工作，规范研学旅行课程开发建设，我厅研究制定了《湖北省中小学生研学旅行课程指南（试行）》，现印发给你们，请遵照执行。

附件：湖北省中小学生研学旅行课程指南（试行）

湖北省教育厅<br>2018 年 11 月 8 日

附件：

# 湖北省中小学生研学旅行课程指南
## （试行）

为全面贯彻落实党的教育方针，充分发挥研学旅行课程在立德树人中的重要作用，根据《中小学综合实践活动课程指导纲要》《教育部等 11 部门关于推进中小学生研学旅行的意见》（教基〔2016〕8 号）和《湖北省教育厅等 14 部门关于印发〈湖北省中小学生研学旅行试点工作实施意见〉的通知》（鄂教基〔2017〕10 号）等相关文件要求，切实推进我省中小学生研学旅行课程的开发与实施工作，特制定本指南。

**一、研学旅行课程理念**

（一）课程性质

研学旅行是研究性学习和旅行体验相结合的校外教育活动，是综合实践活动课程的重要内容和载体。研学旅行课程注重实践体验和旅行感受，引导学生从社会生活和与大自然的接触中，获得关于自我、社会、自然的真实体验，注重对知识技能的综合运用，提高学生创新的实践能力，促进学生必备品格的形成和核心素养的全面提升。

（二）课程特征

与其他课程相比，研学旅行课程应具有以下显著特征：

1. 实践性。研学旅行以"实践学习""旅行体验"为主要特征。其课程具有鲜明的实践性，通过引导学生亲临实景实地、亲身经历各种实践的学习方式，在"调查""考察""参观""探究""设计""操作""制作""观赏"等一系列活动中获得人生体验，发现和解决问题，积累和丰富经验，自主获取知识，引导学生在实践中发展，在实践中创新。

2. 开放性。研学旅行课程超越封闭的学科知识体系和单一课堂教学的时空局限，面向学生的整个生活世界,学生走入大千社会,走进大千自然,把一切有益资源转化为课程内容,其课程目标和内容具有开放性。研学旅行课程强调富有个性的学习活动过程,关注学生在这一过程中获得丰富多彩的学生体验和个性化的表现,培养学生的全球视野和开放心态。

3. 团队性。研学旅行以集体出行和集体住宿为基础,在发挥学生自主性的同时,要指导学生开展团队合作探究和体验活动,增强学生团队意识、沟通能力和协作精神。课程设计与实施计划充分考虑以班级或小组开展活动,用多种形式展现学生互动成果和合作精神。

4. 综合性。研学旅行课程的内容来源于学生生活和自然、社会等方面的实际问题,是个人、社会、自然等领域的综合。一方面需要对以往所学的各学科知识加以综合运用,体现了科学、艺术、道德的内在综合,另一方面,也需要多种能力的综合和多种方法的综合运用,去解决以综合形态呈现在学生面前的各种问题,注重培养学生的理性思维和科学精神。

5. 趣味性。研学旅行课程将探究和旅行有机地结合,将学习、参观、调查、考察、制作、创造、观赏和体验等愉悦地融合在一起,极大地增强了活动的趣味性和吸引力,使学生在旅行中学习探究,在愉快中接触自然、了解社会、体验生活,增强学生参加社会实践活动的积极性和人文情怀。

(三)基本理念

研学旅行的课程开发与实施基于如下基本理念:

1. 立足实践育人,不忘立德树人根本。研学旅行课程要坚持育人为先,以润物细无声的方式,引导学生在研学旅行过程中树立正确的世界观、人生观、价值观,培养良好的行为习惯和品德修养,提高学生的核心素养和实践能力,促进学生德智体美劳全面发展。

2. 突出学生主体地位,引导学生主动探究。把学生作为课程的主体,一切从学生的实际出发,尊重学生的兴趣、爱好和需要,发挥学生在研学旅行活动过程中的主动性和积极性。研学旅行的课程开发与实施要以学生的直接经验或体验为基础,将学生的需要、动机和兴趣置于核心地位,鼓励学生主动参加研学,积极开展活动,在活动中培养学生的社会责任和担当意识。

3. 面向学生社会生活领域,为学生提供开放的个性发展空间。研学旅行的课程开发与实施要面向学生的社会生活领域,密切联系现实的社会生活,促进学生与生活的联系,为学生的个性发展提供开放的空间。研学旅行超越书本或体系化的教材,超越单一的、封闭的课堂时空,引导学生从社会生活或自然生活中提出具有生命力的鲜活的活动主题或项目,面向自然、面向社会、面向学生的生活和已有经验,在开放的时空中促进学生生动活泼地发展,增强学生对自然、对社会和对自然的认知,通过社会生活的锻炼形成良好的行为习惯和健全的人格。

4. 注重学生亲身体验和积极实践,发展创新精神和实践能力。研学旅行的课程开发与活动实施强调学生乐于探究、勤于动手和勇于实践,注重学生在研究性学习和旅行活动过程中的感受和体验,要求学生超越单一的接受学习,亲身经历研学实践过程,体验研学旅行活动,实现学习方式的多元化,发展学生的创新精神和实践能力。

**二、研学旅行课程目标**

(一)课程总目标

通过开展研学旅行,帮助中小学生了解国情、热爱祖国、开阔眼界、增长知识,着力提高他们的社会责任感、创新精神和实践能力;促进学生培育和践行社会主义核心价值观,激发学生对党、对国家、对人民的热爱之情;推动全面实施素质教育,创新人才培养模式,引导学生主动适应社会,促进书本知识和生活经验的深度融合;引导学生发现和挖掘个人特长与兴趣,为学生制定职业规划和发展方向提供参考;加快提高人民生活质量,满足学生日益增长的旅游需求,从小培养学生核心素养和生存能力,养成良好的文明行为习惯。

(二)各学段目标

1. 3-6年级研学旅行课程目标:

——培养学生参与研学旅行活动的兴趣,激发好奇心、求知欲,初步学会在研学旅行中发现问题和提出问题,初步养成从事探究活动的态度。

——了解并初步体验调查访问、实地观察、文献收集与整理、旅行观赏等基本方法,发展探究问题的初步能力。

——亲近并探究自然,热爱自然,初步形成自觉保护周围自然环境的意识和能力。

——考察周围的人文社会环境,初步形成反思、探究人文社会问题的习惯,自觉遵守社会行为规范,增强社会交往和人际沟通能力。

2. 7-9 年级研学旅行课程目标:

——初步学会分析与综合、归纳与演绎、分类类比与比较等逻辑思维方法,完整经历问题探究的过程。

——初步学会实地研究与观察、社会调查与访问、文献收集与分析的基本规范,切实提高学生分析问题解决问题的能力,培养创新精神。

——增进学生对自然的了解与认识,通过感受祖国大好河山,逐步形成关爱自然、保护环境的生态意识和能力。

——增进学生对中华历史文化的了解,通过感受中华传统美德,感受革命光荣历史,感受改革开放伟大成就,增强对坚定"四个自信"的理解与认同。

——发展主动获得知识和信息的能力,养成主动探究的态度,发展信息素养和技术素养,学会学习。

——初步感受不同学科与领域的特点,积极寻找个人的兴趣爱好与发展方向。

3. 普通高中研学旅行课程目标:

——引导学生在研学旅行过程中初步掌握各种逻辑思维方法、问题探究的方法及其基本规范,切实提高发现问题提出问题的能力,具有规划能力和总结能力。

——通过研学旅行,使学生了解科学对于自然、社会、人类的意义与价值。学会关心国家和社会进步,关注人类与环境的可持续发展。形成积极的人生态度,培养对社会的责任心和使命感。

——通过研学旅行,要使学生了解"四个自信"形成的历史文化背景和社会背景。形成牢固的社会主义核心价值观,进一步坚定对"四个自信"的理解与认同。

——了解不同学科与领域的特点,初步形成个人的兴趣和未来的发展方向。

各中小学应根据地方特点和学校实际,结合不同年段学生的特点,进一步细化学校研学旅行课程目标,提高课程实施的有效性。

**三、研学旅行课程内容**

(一)内容范围

研学旅行课程内容,既可以由学生协商确定,也可以由教师提供选题建议;可以是对自然现象的研究、历史文化的研究,也可以是对现代化建设成果和科技发展成就的参观,还可以是对社会问题和人生问题的探讨。但无论选择哪个方面的内容,都必须围绕学生身心健康成长、必备品格的形成和核心素养的提升进行开发。对于同一个问题或主题,不同的学生可以根据自己的兴趣爱好和能力水平,选择不同的研究角度和范围。

研学旅行课程内容按照资源类型可分为自然景观类、科技知识类、历史文化类、体验考察类、励志拓展类。

1. 自然景观类:通过观赏地质地貌景观(主要包括山脉、河流、湖泊、海岸、溶洞、瀑布、冰川等)、自然现象(海浪潮汐、日食月食、天际星空、日出日落、冰雪雨雾、花开叶落等)或参观考察自然资源(森林、草原、沙漠、海洋、土地、矿产等)、自然遗产(地质公园、湿地公园等)、自然类博物馆等而开发的研学旅行课程内容。

2. 科技知识类:依托各种类型的科技博览会、科技馆、科技主题展览、大学校园、动物园、植物园、科研场所、自然保护区等而开发的研学旅行课程内容。

3. 历史文化类:通过参观考察历史文化遗迹、人文景观、非地质文化遗产项目、历史博物馆、民族风情、美术馆、演艺影视城等而开发的研学旅行课程内容。

4. 体验考察类:通过体验考察各种现代农业基地、生态农庄、健康馆、工业生产制作基地、传统艺术创作及工艺制作基地、综合实践基地、研学基地和营地、野外科学考察、各类主题公园等而开发的研学旅行课程内容。

5.励志拓展类:通过参观体验红色革命遗迹、红色教育基地、大型现代建筑工程、工业园区、国防教育基地、素质拓展基地、军营等而开发的研学旅行课程内容。

(二)内容选择与组织原则

1.重视研学与旅行相结合。研学旅行内容的选择要做到立意高远、目的明确、活动生动、学习有效,既不能"只旅不学"也不能"只学不旅"。必须根据研学旅行课程资源设计课程目标、课程内容、实施路径和评价方式。

2.重视与学生个人经验的联系。研学旅行内容的选择应该与学生的学力水平和个性特点相适应。在选题内容上,要关注学生的生活经验和兴趣爱好,既要有趣味性,也要逐渐重视社会性。在研究范围上,要在考虑可行性的基础上逐步扩展。

3.重视与社会生活实际的联系。研学旅行内容的选择要引导学生从生活实际出发,发现和提出问题。从自然现象到社会生活,从身边小事到国家大事,从现实世界到历史和未来,都可以是研学旅行课程的内容。

4.重视与现代科学发展的联系。研学旅行内容的选择要通过创设情境让学生了解一些当代科技发展的最新成就,如航空航天、生物工程、计算机技术、环境保护、新材料新能源等,并把这些内容与现实生活结合起来,以满足学生的探究需要和兴趣,启迪思维。

5.重视与各科知识的联系。研学旅行内容的选择要注意创设各种情境和条件,加强与各科知识内容的联系。要注意从学科知识的拓展和应用中生成研学旅行的内容。在研究和解决问题时,要引导学生有效地利用各科知识。

6.要重视核心素养的培养,发展学生的核心素养主要是学习应具备的、能够适应终身发展和社会需要的必备品格和关键能力。其核心内容为人文底蕴、科学精神、学会学习、健康生活、责任担当、实践创新六大要素,只有在研学旅行的过程中加强核心素养的培养,学生走向社会后的生存和发展才会有保障,所以,在开发研学旅行的课程时,一定要紧扣核心素养的相关内容。

7.重视湖北特色资源的挖掘。"灵秀湖北"旅游资源有其独特魅力,已经形成了"一带、两极、三廊道"(即长江旅游带;武汉、宜昌极点;鄂西山水民俗旅游廊道、汉江国脉探秘旅游廊道、鄂东红绿经典旅游廊道)旅游资源格局,红色旅游资源、楚文化、孝文化、农耕文化、三国文化、道教文化等全国闻名。研学旅行课程资源开发必须立足湖北资源,打造精品课程。

(三)课程开发基本要求

1.课程目标明确。课程开发要有明确的研学旅行教育目标,形成特色鲜明的研学旅行活动主题。课程目标应该从知识技能、过程与方法、情感态度和价值观等方面详细描述。课程目标的表述必须规范、具体、准确。

2.课程内容切实。课程内容必须切合研学旅行课程特点,兼具开放性、探究性和趣味性。课程内容必须既有研学探究价值,又有旅游体验价值。课程内容一般应有实物场景(情景)、说明(介绍)材料、讲解演示(展示)内容、活动体验(操作)内容、互动交流的问题与活动设计等基本内容,特殊的课程内容还应有相应的活动内容设计方案。

3.教学要素齐全。研学旅行课程开发除有切实的内容以外,还必须要有专门的指导教师。指导教师必须对课程内容深入了解,能做到清晰讲解、答疑解惑、引导互动,有效组织教育活动。

4.实施计划周密。研学旅行课程的开发必须有一套实施计划。实施计划一般应有明确目标任务、讲解演示(展示)、操作、活动体验、互动交流等基本环节。实施计划对课程实施的各环节要有周密的安排并有应急的预案。

5.课程环境安全。课程资源场所通过有效组织要能够容纳一定规模的学生分班或分组开展活动。交通到达顺畅,汽车停靠方便。转场有引导人员并有安全保障。互动和体验生活要有足够的场地和安保措施。

6.双向评价有效。研学旅行课程开发必须有双向评价环节,一方面是课程开发方对研学旅行实施效果的评价,另一方面是组织方对课程开发质量的评价。评价主体要多元化。评价方式要多样化。评价指标要清晰、可行、有效。

#### 四、研学旅行课程实施

（一）研学旅行课程实施过程

研学旅行课程实施过程可分为活动准备、活动实施、活动总结等阶段。各个阶段应有相对明确的活动任务和活动目标。

1. 活动准备阶段。主要任务是学生在指导教师的指导下提出问题，师生讨论，确定研学旅行活动主题；组建活动小组，明确活动目标，制定活动方案；准备必要的活动条件等。

活动准备阶段是研学旅行的基础阶段，也是最关键的阶段，必须认真仔细做好准备工作。

2. 活动实施阶段。主要任务是依据活动方案开展研学旅行活动，学生运用已有的知识技能和经验，尝试探寻解决问题的方法，在特定实践情境中开展研学活动，在旅行活动中学习，在旅行活动中发展。

活动实施阶段，指导教师要加强对学生探究引导和互动组织，调动学生学习的积极性和主动性。主办学校要强化过程管理，加强对研学服务机构服务承诺落实的监督和课程供应方课程质量保证的监督，对活动中吃、住、行、购等细节都要提出明确要求。学生原则上在研学点就近的研学营地集中食宿，确保学生食宿安全。随行老师和导游要全程跟团活动，每车至少安排 2 名教师和 1 名导游。研学服务机构要做好课程实施过程中的各项保障工作。

3. 活动总结与交流阶段。主要任务是引导学生对研学旅行活动过程、活动结果、活动体验、活动方法等方面进行总结、交流与反思。在总结与交流的过程中，要注意实事求是，深化体验，提升感悟。活动结果的表达方式应多样化。

（二）研学旅行课程实施组织形式

研学旅行课程实施应体现研学旅行的团队性特点，通过开营、结营、授旗、表彰等形式，强化活动的仪式感，增强学生团队意识和集体荣誉感，必须保证研学旅行课程安全。一般可采取两种组织形式：

1. 班级活动。班级活动是研学旅行课程最基本的组织形式。因研学旅行课程时间集中、主要在校外活动，安全保障要求高，班级集体活动是一种安全有效的组织形式。在活动准备阶段的主题研讨、目标制定、方案形成等环节，活动实施阶段的吃、住、行等环节，活动总结阶段的总结交流、反思提升等环节都适合班级整体活动组织形式。

2. 小组活动。小组活动是研学旅行课程经常运用的组织形式。为增加研学活动的有效性，根据研学旅行课程的需要，在活动的实施阶段，鼓励 7-9 年级学生和高中学生以小组合作的形式开展一些研学旅行活动。小组的构成由学生自己根据共同的观察、体验项目或是共同探究的问题，协商确定小组单元，教师进行适当的引导。学校在制定研学旅行方案时，应给小组活动留出足够的时间，并给予足够的活动指导和安全关注。

#### 五、研学旅行课程评价

（一）研学旅行课程评价基本原则

1. 注重整体评价。研学旅行活动应注重对学生进行整体评价。注重对学生在活动的各个环节进行综合评价，将学生在研学旅行活动中的各种表现和活动成果（如研究报告、作品等）作为评价学生发展状况的依据。

2. 突出多元评价。研学旅行的评价强调多元评价。首先，评价主体多元。对学生发展的评价不仅由指导教师来完成，还应积极鼓励学生自主评价、相互评价，有效利用学生家长的评价、社会有关人员的评价等。第二，评价标准灵活。不仅允许对问题的解决可以有不同的方案，而且呈现结果的形式也可以丰富多样。第三，评价方式多样。尽量使用学生能理解的语言描述学生的表现，实事求是地指出学生在活动过程中存在的问题。避免将评价简化为分数或等级。

3. 关注过程兼顾结果。研学旅行活动的评价应处理好过程与结果的关系。要重视学生活动过程的评价，突出对学生活动体验和收获的评价。应注重评价学生在活动过程中的表现以及他们是如何解决问题的，而不仅是针对他们得出的结论，重视方法、态度和体验的评价。

(二)研学旅行课程评价方式

1.对学生的评价。通过观察、记录和描述学生在活动过程中的表现,并以此作为评价学生的基础,这是研学旅行活动各种评价方式运用的基本要求。

学生的研学旅行活动评价一般采用"研学旅行记录评价"方法。"研学旅行记录评价"包括活动主题与目标、活动过程记录、活动效果呈现、自我评价、班(组)同学评价、家长评价、教师评价等内容。

"活动主题与目标"记录研学旅行活动的主题和目标,以及学生自己制定的学习目标。目标表述应具体、准确。

"活动过程记录"用于记录学生研学旅行活动的全部过程和内容。

"活动效果呈现"主要记录学生收集和观测结果、动手制作作品、活动的心得体会、学习研究成果等。对体积较大的标本或制作的作品等,可呈现照片,篇幅较大的小论文、设计方案等也可另附文稿。

"自我评价"是学生自己对研学旅行活动的评价。应从态度、主动性、参与度、活动效果等方面做出评价,并找出存在的问题。

以上项目应由学生个人填写。教师要指导每个学生完成自己的研学旅行活动记录,准备描述(呈现)活动效果,以便使学生充分展示研学旅行收获,深入了解和肯定自己的能力,并能与其他人分享自我探索的体会以及进步的喜悦。

"班(组)同学评价""家长评价"和"教师评价"分别由班(组)长、家长和教师填写。在运用评价语句时,要注意肯定学生的成长进步,准备指出学生活动令人满意或需要改进的地方。

"研学旅行记录评价"一般以档案卡的形式,表格呈现。学生每人一卡,存入学习档案。

2.对教师的评价。对教师的评价,侧重于教师开展研学旅行活动的规划、组织、管理、指导的能力、实效,以及研学旅行课程开发、研究、建设的成果等方面。

3.对学校的评价。对学校的评价,侧重于学校落实研学旅行活动课程状况的评价,包括研学旅行活动的课时、师资、课程资源的开发与利用、学校对研学旅行活动课程实施的管理等方面的评价。

4.对研学服务机构的评价。研学服务机构包括旅行社、研学基地(营地)、资源单位等。侧重于管理水平、服务质量和安全保障等方面的评价。包括专业团队、研学课程和线路等资源开发、活动课程实施、组织管理、安全举措等方面的评价。

**六、研学旅行课程管理**

(一)课程开发管理

课程开发要全面落实党的教育方针,培育和践行社会主义核心价值观,坚持立德树人。各级教育部门、研学服务机构等都可以开发研学旅行课程,并对课程质量负责。在学校开发研学旅行课程力量不足、条件不够的情况下,研学服务机构应发挥自身资源和专业团队优势,积极开发研学课程,并成为研学课程和线路开发的主体,研学服务机构向学校提供适应不同年龄段学生特点和需求的研学课程"菜单",供学校根据需要选择。教育行政部门应发挥教研部门作用加强对研学课程开发的指导。

(二)课程实施管理

各中小学校可单独或协同配合研学服务机构组织研学旅行课程实施。学校应按要求将研学旅行纳入学校课程计划并组织实施。各市(州)、县(市、区)教育行政部门对归口管理的学校实施研学旅行课程情况进行督导评估。

(三)课程评价管理

各市(州)、县(市、区)教育行政部门负责对学校的评价,学校和研学服务机构负责对教师的评价,研学服务机构和教师负责对学生的评价,教师和学生负责对服务机构的评价。研学旅行活动中对学生的评价要作为学生综合素质评价的内容,对教师的评价要作为业绩考核的内容,对学校的评价要作为学校综合考评的内容。对研学服务机构的评价要作为今后选择研学旅行服务机构的重要参考条件。

具体办法由各市(州)、县(市、区)教育行政部门制定。

# 第六篇
# 安 全 保 障

# 导语

　　做好研学旅行实施中的安全保障工作，是学校整体安全防控体系中的组成部分，更是研学旅行工作中重要的基础与前提。本篇选取教育部、湖北省等相关部门近年出台的有关学校安全方面的政策规定及安全事故处理办法，特别是教育部等五部门 2019 年颁发的《教育部等五部门关于完善安全事故处理机制 维护学校教育教学秩序的意见》（教政法〔2019〕11 号），为中小学研学旅行安全保驾护航。

# 教育部等五部门关于完善安全事故处理机制维护学校教育教学秩序的意见

## 教政法〔2019〕11 号

各省、自治区、直辖市教育厅（教委）、高级人民法院、人民检察院、公安厅（局）、司法厅（局），新疆生产建设兵团教育局、新疆维吾尔自治区高级人民法院生产建设兵团分院、新疆生产建设兵团人民检察院、公安局、司法局：

为贯彻落实全国教育大会精神，完善学校安全事故预防与处理机制，形成依法依规、客观公正、多元参与、部门协作的工作格局，为学校（含幼儿园）办学安全托底，解决学校后顾之忧，维护老师和学校应有的尊严，保护学生生命安全，根据教育法、治安管理处罚法、刑法等法律法规和《国务院办公厅关于加强中小学幼儿园安全风险防控体系建设的意见》等有关规定，现提出如下意见。

**一、健全学校安全事故预防与处置机制**

1. 着重加强学校安全事故预防。各级教育部门要依法加强对学校安全工作的督导、检查，会同、配合有关部门加强对学校校舍、场地、消防、食品安全和传染病防控等事项的监管，指导学校完善安全风险防控体系，完善学校安全管理组织机构和责任体系，健全问责机制。各级各类学校要树立预防为先的理念，落实安全标准，健全安全管理制度，完善安全风险排查和防范机制，压实安全责任，加强学生的安全教育、法治教育、生命教育和心理健康教育，建立并严格执行学校教职工聘用资质检查制度，从源头上预防和消除安全风险，杜绝责任事故。健全学校安全隐患投诉机制，对学生、家长和相关方面就学校安全存在问题的投诉、提出的意见建议，及时办理回复。

2. 规范学校安全事故处置程序。各级教育部门要指导、监督学校健全安全事故处置机制，制定处置预案、明确牵头部门、规范处置程序，完善报告制度，提高工作规范化、科学化、专业化水平。安全事故发生后，学校应当立即启动预案，及时开展救助。发生重大事故，要建立由学校主要负责人牵头的处置机制，必要时由当地人民政府或者学校主管部门、其他相关部门牵头处理。学校应当建立便捷的沟通渠道，及时通知受伤害者监护人或者近亲属，告知事故纠纷处理的途径、程序和相关规定，主动协调，积极引导以法治方式处置纠纷。学校要关心受伤害者，保障受伤害者及其监护人、近亲属的知情权和依法合理表达诉求的权利。

3. 健全学校安全事故处理的法律服务机制。司法行政机关应当组织法律援助机构依法为符合条件的学校安全事故受伤害者提供法律援助，指导律师事务所、公证机构等为当事人提供法律服务，指导律师做好代理服务工作，引导当事人依法、理性表达意见，合理提出诉求。有条件的地方可以设立学生权益法律保护中心，以政府购买服务等方式，聘请法律专业服务机构或人员，为学生提供法律服务。纠纷处理过程中，需要鉴定以明确责任的，由双方共同委托或者经当事人申请，由主持调解的机构、组织委托司法鉴定机构进行鉴定。

4. 形成多元化的学校安全事故损害赔偿机制。学校或者学校举办者应按规定投保校方责任险,有条件的可以购买校方无过失责任险和食品安全、校外实习、体育运动伤害等领域的责任保险。要通过财政补贴、家长分担等多种渠道筹措经费,推动设立学校安全综合险,加大保障力度。要增强师生和家长的保险意识,引导家长为学生购买人身保险,有条件的地方可以予以补贴。学校可以引导、利用社会捐赠资金等设置安全风险基金或者学生救助基金,健全救助机制。鼓励有条件的地方建立学校安全赔偿准备基金,或者开展互助计划,健全学校安全事故赔偿机制。

**二、依法处理学校安全事故纠纷**

5. 健全学校安全事故纠纷协商机制。学校安全事故责任明确、各方无重大分歧或异议的,可以协商解决。协商解决纠纷应当坚持自愿、合法、平等的原则,尊重客观事实、注重人文关怀,文明、理性表达意见和诉求。学校应当指定、委托协商代表,或者由法治副校长、学校法律顾问等专业人员主持或参与协商。协商一般应在配置录音、录像、安保等条件的场所进行。受伤害者亲属人数较多的,应当推举代表进行协商,代表人数一般不超过5人并相对固定。双方经协商达成一致的,应当签署书面协议。推动学校建立专业化的安全事故处理委员会,统筹学校安全事故预防与处置。

6. 建立学校安全事故纠纷调解制度。教育部门应当会同司法行政机关推进学校安全事故纠纷调解组织建设,聘任人大代表、政协委员、法治副校长、教育和法律工作者等具备相应专业知识或能力的人员参与调解。建立由教育、法律、医疗、保险、心理、社会工作等方面专业人员组成的专家咨询库,为调解工作提供支持和服务。市县两级行政区域内可根据需要设立学校安全事故人民调解委员会,对学校难于自行协商或者协商不成的安全事故纠纷实现能调尽调。司法行政机关应当会同教育部门、人民法院加强对学校安全事故人民调解委员会的指导,帮助完善受理、调解、回访、反馈等各项工作制度,加强人民调解员队伍建设和业务培训,确保调解依法、规范、公正、有效进行。地方教育部门根据需要可以直接组织行政调解。区域内的高等学校可以加强合作,联合建立事故纠纷调处机制。

7. 依法裁判学校安全事故侵权责任。人民法院对起诉的学校安全事故侵权赔偿案件应当及时立案受理,积极开展诉讼调解,对调解不成的,要按照《中华人民共和国侵权责任法》和相关法律法规,参照《学生伤害事故处理办法》等规章,明确划分责任,及时依法判决;对学校已经依法履行教育、管理职责,行为无过错的,应当依法裁判学校不承担责任。诉讼调解、裁判过程中,要切实保护双方权利,杜绝片面加重学校赔偿责任的情形。最高人民法院通过发布指导性案例等方式,加强审判指导。人民法院在诉讼过程中应当加强法律宣传教育,并做好判后释疑工作。

8. 杜绝不顾法律原则的"花钱买平安"。学校安全事故纠纷处理过程中,要坚守法律底线,根据事故客观事实和法律法规规定,明确各方责任。责任认定前,学校不得赔钱息事。经认定,学校确有责任的,要积极主动、按标准依法确定赔偿金额,给予损害赔偿,不得推诿塞责、拖延不办。学校负责人或者直接管理者有责任的,学校主管部门应当依法依规及时处理、严肃问责。学校无责任的,要澄清事实、及时说明。任何组织和个人不得非法干涉纠纷处理。坚决避免超越法定责任边界,片面加重学校负担、"花钱买平安",坚决杜绝"大闹大赔""小闹小赔"。原则上,公办中小学、幼儿园人身伤害事故纠纷涉及赔偿金额请求较大的,应当积极引导当事人通过人民调解等方式解决。各地可以根据实际,规定公办中小学校、幼儿园协商赔偿的限额。

**三、及时处置、依法打击"校闹"行为**

9. 及时制止"校闹"行为。学校安全事故处置过程中,如发生家属及其他校外人员实施围堵学校、在校园内非法聚集、聚众闹事等扰乱学校教育教学和管理秩序,侵犯学校和师生合法权益等"校闹"行为的，学校应当立即向所在地公安机关报案，提供当事方人数、具体行为、有无人员受伤等现场情况，并保护好现场，配合公安机关做好调查取证等工作。公安机关到达前，学校保卫部门可依法采取必要的措施，阻止相关人员进入教育教学区域，防止其干扰教育教学活动。公安机关接到报案后应当立即组织警力赶赴现场，维持现场秩序，控制事态，协助有关部门进行疏导劝阻，防止事态扩大。对现场发生的违法犯罪行为，要坚决果断制止，对涉嫌违法犯罪人员依法查处。

10. 依法惩处"校闹"人员。实施下列"校闹"行为，构成违反治安管理行为的，公安机关应当依照治安管理处罚法相关规定予以处罚：（1）殴打他人、故意伤害他人或者故意损毁公私财物的；（2）侵占、毁损学校房屋、设施设备的；（3）在学校设置障碍、贴报喷字、拉挂横幅、燃放鞭炮、播放哀乐、摆放花圈、泼洒污物、断水断电、堵塞大门、围堵办公场所和道路的；（4）在学校等公共场所停放尸体的；（5）以不准离开工作场所等方式非法限制学校教职工、学生人身自由的；（6）跟踪、纠缠学校相关负责人，侮辱、恐吓教职工、学生的；（7）携带易燃易爆危险物品和管制器具进入学校的；（8）其他扰乱学校教育教学秩序或侵害他人人身财产权益的行为。"校闹"行为造成学校、教职工、学生财产损失或人身伤害，被侵权人依法追究"校闹"人员侵权责任的，应当予以支持。同时，可以通过联合惩戒机制，对实施"校闹"、聚众扰乱社会秩序的人员实施惩戒。

11. 严厉打击涉及"校闹"的犯罪行为。实施"校闹"行为涉嫌构成寻衅滋事罪、聚众扰乱社会秩序罪、故意毁坏财物罪、非法拘禁罪、故意伤害罪和聚众扰乱公共场所秩序、交通秩序罪等，需要追究刑事责任的，公安机关要依法及时立案侦查，全面客观地收集、调取证据，确保侦查质量。人民检察院应当及时依法批捕、起诉。人民法院应当加快审理进度，在全面查明案件事实的基础上依法准确定罪量刑。对故意扩大事态，教唆他人实施针对学校和教职工、学生的违法犯罪行为，或者以受他人委托处理纠纷为名实施敲诈勒索、寻衅滋事等行为的，依法从严惩处。

师生、家长或者校外人员因其他原因在校内非法聚集、游行或者实施其他影响学校正常教育教学秩序行为的，参照上述规定予以处置。

**四、建立多部门协调配合工作机制**

12. 加强学校及周边安全风险防控。各地要加强校园周边综合治理，在城镇幼儿园、中小学周边全面实行学生安全区域制度。教育部门应当会同公安机关指导学校建立健全突发事件预警应对机制和警校联动联防联控机制，提高应对突发事件的现场处置能力。公安机关要加强校园及周边警务室建设，加强校园周边巡逻防控，及时受理报警求助。

13. 有效应对涉及学校安全事故纠纷的舆情。学校要做好安全事故的信息发布工作，按照规定主动、适时公布或者通报事故信息；在处置预案中明确接待媒体、应对舆情的部门和人员，增强舆情应对的意识和能力。对恶意炒作、报道严重失实的，学校要及时发声、澄清事实。对有较大影响的安全事故事件，属地教育部门应在党委、政府统一领导下，会同相关部门做好舆情引导工作。对于虚假报道引起社会不良影响的，学校应当向有关部门反映或提起诉讼，追究其侵权责任。

14. 营造依法解决学校安全事故纠纷的社会氛围。推动学校安全法律制度建设，鼓励各地制定或修改、完善学校安全方面的地方性法规。司法行政机关要协调指导有关部门加强法治宣传教育，增强社会公众的法治意识，培养尊法学法守法用法的社会氛围，推动形成依法理性解决学校安全事故纠纷的共识。要通过家长学校、家长委员会等多种方式拓宽学生父母或其他监护人参与学校管理和监督的渠道，加强对学生父母或其他监护人的法治宣传，形成和谐家校关系。学校要切实树立依法治校、依法办学理念，通过法治思维和法治方式化解矛盾纠纷，不得为防止发生安全事故而限制或取消正常的课间活动、体育活动和其他社会实践活动。

15.建立学校安全工作部门协调机制。各地、各有关部门要深刻认识保障学校安全的重要意义，加强组织领导与协调配合，形成工作合力。地方教育部门应当积极协调相关部门建立联席会议等工作制度，定期互通信息，及时研究解决问题，共同维护学校安全，切实为学校办学安全托底，解除学校后顾之忧，保障学校安心办学、静心育人。

各地可以结合实际，制定贯彻实施本意见的具体办法。

教育部 最高人民法院

最高人民检察院 公安部 司法部

2019 年 6 月 25 日

# 省人民政府办公厅关于加强
# 中小学幼儿园安全风险防控体系建设的实施意见

## 鄂政办发〔2018〕16 号

各市、州、县人民政府,省政府各部门:

为认真贯彻落实《国务院办公厅关于加强中小学幼儿园安全风险防控体系建设的意见》(国办发〔2017〕35 号)精神,加强我省中小学、幼儿园(以下统称学校)安全风险防控工作,把学校建成最阳光、最安全的地方,经省人民政府同意,现就建立健全学校安全风险防控体系提出如下实施意见。

**一、总体要求**

以习近平新时代中国特色社会主义思想为指导,认真贯彻落实党的十九大精神和党中央、国务院关于学校安全工作的决策部署,坚持"统筹协调、综合施策,以人为本、全面防控,依法治理、立足长效,分类应对、突出重点"的原则,深入改革创新,完善机制制度,构建党委领导、政府负责、社会协同、公众参与、法治保障、科学系统、全面规范、职责明确的学校安全风险预防、管控与处置体系,有效解决影响学校安全的突出及难点问题,切实保障师生安全,维护校园平安及社会和谐稳定。

**二、完善学校安全风险预防体系**

(一)完善学校安全教育机制。落实《生命安全教育》《心理健康教育》课程教育及应急疏散演练活动,适当增加反欺凌暴力、反恐怖行为、防网络沉迷、防针对未成年人的犯罪等教育内容。按照标准建设学校心理辅导室,配备专兼职教师,建立学生心理健康普查及档案制度,开展心理咨询、监测和危机干预工作。在开学初和放假前召开学生主题班会,指导合理安排学习生活,强化安全教育。将安全教育融入班(团)工作及学生实践活动,纳入教师培训内容。相关部门要组织专门力量积极参与学校安全教育,鼓励社会组织为学校开展安全教育提供支持,设置安全教育实践场所。社区、家庭要经常对青少年开展安全教育。

(二)建立学生安全区域制度。学校选址要避开建筑阴影区和自然地质灾害易发地带,保证学校场地、校舍、设施等符合安全标准。学校周边禁止建设有污染、危险等影响学生身心健康的企业和设施。学校外墙或场地外缘 200 米内禁止设置娱乐、上网服务、彩票点、油气站等场所,50 米内禁止设置集贸市场、垃圾站和地上公共停车场等场所。通信、电气油等公共管道铺设不得穿越学校,并控制安全距离。公安机关要在学校周边设立"护学岗",建立日常巡逻防控和高峰勤务制度,优先布设视频监控系统,在学校周边交通路段设置警示标志、信号灯、减速带等设施,加强上学、放学时段交通秩序管理。

(三)健全安全隐患排查机制。各地每学期要组织相关部门对学校及周边环境、校园校舍及设备设施、食品卫生等进行大排查,建立整改清单,对重点问题挂牌督办。学校要建立常态化安全隐患排查制度,及时消除各类安全隐患。

(四)健全家校联系机制。完善家长学校、家长会、家访等制度,搭建便捷交流平台,畅通家校联系。组织学校、学生、家长签订安全责任书,落实学生监护责任。

(五)健全风险预警和评估机制。教育部门要会同相关部门对可能影响学校的公共安全事件、自然灾害等风险及时评估和预警,指导学校做好防范工作。采取政府购买服务方式,引导支持专业机构(组织)提供教育部门安全风险预防、安全教育、管理标准等相关服务或产品,帮助学校开展专项安全演练、预防和转移安全风险等工作。

**三、落实安全风险管控责任**

（一）履行安全管理主体责任。教育、公安部门要指导、监督学校健全安全管理制度和应急机制。学校是校内安全管理的责任主体，要健全校内安全工作领导机构，明确岗位职责，制定各类规章制度及应急预案，强化日常管理，主动联系所在地乡镇（街道）、社区及相关部门共同做好校园及周边安全工作。中小学校外活动场所、以学生为主要对象的培训机构和课外班等，由所在地政府统筹协调审批部门承担安全监管责任。

（二）落实部门日常管理责任。相关部门要担负学校安全管理和指导职责。卫生计生部门要加强学校卫生防疫和卫生保健工作的监督指导，及时指导对学校疫情或群体性健康问题采取措施。食品药品监管部门要加强学校食堂和学校采购给学生使用的食品、药品的监督检查，指导、监督学校落实责任，保障食品、药品符合相关标准和规范。住建部门要加强学校工程建设监管，指导学校危房监控、鉴定及校舍安全排查和隐患消除工作。环保部门要加强学校及周边大气、土壤、水体环境安全的监管。交通运输部门要加强对提供学生集体用车服务企业的监管，合理规划城市公共交通和农村客运线路，为学生提供安全、便捷的交通服务。质监部门要对学校特种设备实施重点监督，配合教育部门加强学校采购产品的质量监管，在学校建立产品安全风险信息监测采集机制。公安消防部门要加强学校消防安全检查，消除火灾隐患。综治、工商、文化、新闻出版、城市管理等部门要落实职责，加强校园周边经营服务场所、经营活动的管理，消除安全隐患。

（三）落实人防物防技防标准。按照标准配备学校保安员和宿舍管理员，设置警务室和报警点，落实"一校一警"巡查护校制度。在校园重点区域安装视频图像采集装置，有条件的要安装周界报警装置和一键报警系统。各地要将校园视频监控及报警系统接入公安部门监控平台，并与公共安全视频监控共享平台对接，逐步建立校园安全网上巡查系统。安防条件不达标的新申办学校，不得审批设置。

（四）防控多发易发安全风险。各地要高度重视做好学生溺水防控工作，定期组织防溺水隐患排查，广泛宣传防范知识，发布警示信息，在危险水域和事故多发水域设置警示牌，告知防护措施，为学生提供公益性游泳培训与指导服务，同时强化家长的监护责任。健全早期发现、及时干预的校园欺凌防控工作机制，探索建立责任民警实施训诫制度。改革专门教育制度，健全学生接受教育矫治的工作程序及专门学校管理体制、运行机制。网络管理部门发现网络传播校园欺凌事件，要及时管控并通报相关部门。健全校车运行规范，加强接送学生车辆交通违法整治力度。强化群体性安全事故预防措施，严防火灾、水灾、中毒、疾病传播、地质灾害、房屋倒塌、集体踩踏、周边有害气体泄漏等群体性学生伤亡事故。

（五）打击危害学校和学生的违法犯罪行为。健全学校周边治安形势研判预警机制，对涉及学校、学生安全的违法犯罪行为及团伙，及时打击整治。对非法侵入学校扰乱秩序、侵害生命财产安全等违法犯罪行为，公安机关要专案专人、坚决处置和打击。教育部门要健全学生权利保护制度，对体罚、性骚扰等侵害学生身心健康的行为，及早发现处理和从严问责；对达到违法犯罪的，由公安司法部门依法严惩。

（六）构建学生安全保护网络。学校要构建对侵害学生人身权利行为的监督查处机制，公布举报信箱和电话。相关部门要与学校、未成年人保护组织、家长加强衔接配合，共同构建对受伤害学生和涉嫌违法犯罪学生的心理疏导、救助和矫正机制。注重发挥群团组织的作用，共青团要完善维权热线，提供法律咨询、心理辅导等服务；妇联要加强家庭教育指导，开展未成年人家庭保护法律法规宣传和组织落实工作。鼓励和支持律师协会、政法院校等专业组织和单位，设立未成年学生保护公益组织，利用和发展未成年人保护志愿律师网络，为学生维护合法权益提供法律服务。

**四、健全安全风险化解机制**

（一）健全事故应对机制。学校发生重特大安全事故，地方政府要第一时间启动应急处理预案，统一领导，及时处置。发生重大自然灾害、公共安全事故，要优先对受影响的学校开展救援。学校要建立安全事故处置预案及事故报告、处置、协调机制。教育教学活动中发生安全事故，学校要及时组织教职工参与抢险、救助和防护,保障学生身体健康和人身安全。

(二)完善事故处理支持体系。健全新闻发言人制度,在中小学推广法律顾问制度,提升舆情应对能力。健全县(市、区)党委领导、政府主导、部门参加的事故处理工作机制。对造成师生伤亡的安全事故,要依法认定事故责任,学校有责任的,要严肃追究;学校无责任的,要澄清事实、及时说明。司法机关要加强案例指导,引导社会认识相关责任,明确监护人职责。建立学校安全事故人民调解委员会,在学校与家长协商无法达成一致时,由司法部门引导进入调解程序。经反复调解无效的,引导向人民法院诉讼。对围堵校园、殴打辱骂教师、干扰学校正常秩序的行为,公安部门要及时依法制止。

(三)建立事故风险分担机制。学校举办者要为学校购买校方责任险。有条件的地方,应积极探索与学生利益密切相关的食品安全、实习和社会实践活动、体育运动伤害等领域的责任保险。保险监管部门要加强对涉及学校保险业务的监督管理,会同教育部门依法规范保险公司与学校的合作,严禁违规推销保险产品。提升师生和家长的保险意识,引导家长根据自愿原则投保学生平安保险,分担学生在学校期间的意外和疾病风险。鼓励社会组织设立学校安全风险基金或学生救助基金,健全学生意外伤害救助机制。

**五、健全安全保障机制**

(一)加强组织领导。各市、州、县人民政府要将学校安全纳入经济社会发展重要指标和社会治理目标责任考核体系,建立党委领导、政府主导、相关部门和单位参加的学校安全风险防控体系建设协调机制,定期研究、及时解决学校安全工作中的突出问题。相关部门要根据职能制定具体工作细则或办法,加强沟通协调,形成各司其职、齐抓共管的工作格局。

(二)加强基础保障。教育、公安部门要明确学校安全风险防控专门机构,完善组织体系与工作机制,配强工作力量。编制部门要优化编制结构,适当向教育、公安部门负责学校安全风险防控的机构倾斜。财政部门要将学校安全风险防控经费纳入一般公共预算,保障合理支出,任何单位和个人不得挤占、挪用。民办学校举办者要保障本校安全工作专项经费足额落实到位。

(三)加强督导考核。各级政府教育督导机构要加强对政府及相关部门、学校落实安全风险防控职责的监督检查。对重大安全事故或产生重大影响的校园安全事件,组织专项督导并向社会公布督导报告。对学校安全事故频发地方,要以约谈、挂牌督办、通报等方式督促限期整改。教育部门要将安全风险防控工作的落实情况,作为考核学校依法办学和学校领导班子的重要内容。

2018 年 4 月 20 日

# 湖北省教育厅中小学幼儿园安全告知教育及责任书签订参考模板

## 中小学秋(春)季学期安全告知书

尊敬的家长:

欢迎您的孩子入校,为了让每一个孩子的学习生活平安、健康、快乐,现就有关安全事项告知如下,请您仔细阅读,指导督促、共同保护孩子的安全。

**一、上下学安全**

1. 不迟到,不早退,未按时到校或提前离校要请假;不去网吧、酒吧、歌舞娱乐场所。

2. 过马路走斑马线、天桥或地下通道,不闯红灯,不翻越隔离栏;不在马路上、车辆周围玩耍。

3. 乘校车到校要及时下车,乘校车回家时不见家长不下车;不坐三轮车、农用车等无客运资质的车辆,不顺搭陌生人的车辆。

4. 未满12周岁不骑自行车,未满16周岁不骑电动自行车;行走或骑车时不看手机、不听音乐,不在机动车道骑车。

5. 遇到暴雨、雷电、冰雹等恶劣天气和易发泥石流、滑坡、塌方等灾害路段,要避开或绕行。

**二、在校安全**

6. 认真学习安全知识,参与学校组织的应急疏散演练和安全教育活动,树立安全意识,提高防范技能。学生身体有疾病隐患等特殊情况要及时告知老师。

7. 上下楼梯、通行楼道要靠右慢行、不推拉,在礼堂、食堂等人多场所不拥挤,讲究秩序,避免踩踏。

8. 不攀爬楼梯、走道、水池等区域的护栏设施,不到无护栏的平台玩耍,避免坠落。

9. 不吃"三无食品"、过期食品,不买无证小摊小贩的食品;讲究个人卫生,个人餐具要及时清洗;生病或身体不适要及时告知老师和家长。

10. 遵守寄宿规定,不用电器、不用明火,不留他人住宿,保持寝室干净通风,熟知逃生通道,会用消防器材;小学低年级一般不寄宿。

**三、防溺水安全**

11. 不在河边、亲水平台、工地水坑等区域玩耍。

12. 不捡拾掉入河道等水域的物品,不在河道边洗东西、抓水草、鱼虾、青蛙等。

13. 不私自下水游泳,不擅自与他人结伴游泳,不在无家长或教师带领的情况下游泳。

14. 不到无安全设施、无救援人员的水域游泳,不到不熟悉的水域游泳。

15. 发现同伴溺水,立即呼喊大人帮助,不下水施救,要智慧救援。没有大人前来施救时,可在岸上用树枝、竹竿、绳索、木板等施救。

**四、心理健康安全**

16. 积极乐观,多与老师、父母、同学沟通交流,多参加体育锻炼和学校集体活动。

17. 坚持良好的学习习惯,提高课堂学习效果,不盲目参与社会辅导机构。

18. 遇到问题尽力自己解决,解决不了的问题要学会请他人帮助,心中有想不通的事情要学会向家长和老师倾诉,遇到挫折不气馁,提高自信心和抗挫折能力。

19. 不打架斗殴、欺凌他人,不抽烟、喝酒、打牌、吸毒,不玩色情、暴力、自残等游戏,不沉迷手机、网络。

20. 不轻信网络信息,不传谣言,不参与迷信、邪教、传销等非法活动,不与陌生网友见面。

小学(中学)

年　月　日

# 中小学秋(春)季学期安全责任书

我校已于月日召开家长会,将《中小学秋(春)季学期安全告知书》认真讲解并交给各位学生家长,要求学生家长认真履行监护责任,共同保护学生的安全。

学校:

班级:

班主任老师签名:　　　　,电话:

年　月　日

学校老师已通过家长会将《中小学秋(春)季学期安全告知书》讲解并交给我。我已认真阅知相关内容。我们将按要求认真履行监护责任,确保孩子安全。

家长签名:　　　　,电话:

年　月　日

学校已通过班级主题班会和我的家长将《中小学秋(春)季学期安全告知书》认真讲解并交给我。我已认真阅读理解了全部内容。我将严格要求自己,保护好自身安全。

学生签名:　　　　,电话:

年　月　日

本责任书一式两份,学校留存一份,家长、学生留存一份。

# 幼儿园秋(春)季学期安全告知书

尊敬的家长：

　　欢迎您的孩子入园,为了让孩子的学习生活平安、健康、快乐,现就有关安全事项告知如下,请您仔细阅读,共同保护孩子的安全。

　　1.孩子在家及接送途中,家长应始终保持孩子在自己的视线与监管范围内,不可无人照管、放任自流。

　　2.随时检查家中电源、燃气、用水的安全,对孩子进行相关教育,防止出现触电、煤气中毒、溺水、烫伤等事故。

　　3.若家住楼房,应作好阳台等区域的安全隐患排查。教育孩子不向楼下抛扔东西,不要攀爬阳台、门窗或其他高处,谨防摔伤、坠落。

　　4.将易燃、易爆、易碎、有毒、锋利、带电、高温或其他对孩子不利的玩具、物品以及家中药品保管好,不要让孩子接触或玩耍。教育孩子不要随意把东西放进嘴、耳、鼻、眼中。不要随意把东西套在头上和脖子上。

　　5.不让孩子食用不符合卫生要求的饮食,少吃冰冻饮食,不暴饮暴食。

　　6.教育孩子与小朋友玩耍时友好相处,不能抓、咬、打同伴。

　　7.教育孩子不要让其他人看、拍摄、触摸自己的隐私部位。

　　8.外出时,和孩子一起遵守交通规则、乘车规则,注意交通安全。不可让孩子独自在水边、马路边等危险区域玩耍。教育孩子不要逗打狗等动物。

　　9.教育孩子若在公共场所与家人走散,应留在原地不动或向警察求助。不要接受陌生人给的饮料、糖果等食物或礼物。被陌生人强迫带走时要大声呼救并向人群密集处逃跑。

　　10.教育孩子知道自己的姓名、园名、家长姓名、电话、单位、家庭住址,会表达清楚。不要把家庭住址、电话号码告诉陌生人。

幼儿园

年　月　日

# 幼儿秋(春)季学期安全责任书

　　我园已于　月　日召开家长会,将《幼儿园秋(春)季学期安全告知书》认真讲解并交给幼儿家长,要求家长认真履行监护责任,共同保护幼儿安全。

幼儿园：

班级：

班级教师签名：　　　　　　,电话：

年　月　日

　　幼儿园老师已通过家长会将《幼儿园秋(春)季学期安全告知书》认真讲解并交给我。我已认真阅知相关内容。我们将按要求认真履行监护责任,确保孩子安全。

家长签名：　　　　　　,电话：

年　月　日

　　本责任书一式两份,学校留存一份,学生家长留存一份。

# 第七篇
# 资 质 查 询

# 导语

　　作为校外教育的中小学生研学旅行课程教学工作,研学点的选择至关重要。本篇编选了教育部研学基(营)地名单、湖北省教育厅研学基(营)地名单以及湖北省中小学研学资源点名单,为中小学校开展研学活动提供参考。

第一单元

教育部研学基(营)地名单

# 教育部办公厅关于公布第一批全国中小学生研学实践教育基地、营地名单的通知

## 教基厅函〔2017〕50 号

各省、自治区、直辖市教育厅（教委）、新疆生产建设兵团教育局，有关部门（单位）教育司（局）：

根据《教育部办公厅关于商请推荐"全国中小学生研学实践教育基地"的函》（教基厅函〔2017〕24 号）、《教育部办公厅关于开展 2017 年度中央专项彩票公益金支持中小学生研学实践教育项目推荐工作的通知》（教基厅函〔2017〕25 号）精神，在国家有关基地主管部门和各省级教育行政部门推荐基础上，经专家评议，营地实地核查及综合评定，现命名中国人民革命军事博物馆等 204 个单位为"全国中小学生研学实践教育基地"（附件 1），河北省石家庄市青少年社会综合实践学校等 14 个单位为"全国中小学生研学实践教育营地"（附件 2）。

国家有关基地主管部门和各省级教育行政部门要高度重视，坚持"谁推荐谁负责"的原则，全面加强预算管理和绩效管理，履行监管责任，指导本地本行业基地、营地做好项目实施工作，加强资金使用与管理，实现项目支出绩效目标；开发一批育人效果突出的研学实践活动课程，打造一批具有影响力的研学实践精品线路；建立一套规范管理、责任清晰、多元筹资、保障安全的研学实践工作机制，构建以营地为枢纽，基地为站点的研学实践教育网络。各省级教育行政部门要指导各地各校充分利用研学实践教育基地、营地，组织开展丰富多彩的研学实践教育活动，帮助广大中小学生感受祖国大好河山，感受中华传统美德，感受革命光荣历史，感受改革开放伟大成就，激发学生对党、对国家、对人民的热爱之情，提高中小学生的社会责任感、创新精神和实践能力。

各中小学校要结合当地实际，把研学实践纳入学校教育教学计划，根据教育教学计划灵活安排研学实践时间，一般安排在小学四到六年级、初中一到二年级、高中一到二年级，尽量错开旅游高峰期。各地要建立健全中小学生参加研学实践的评价机制，把中小学组织学生参加研学实践的情况和成效作为学校综合考评体系的重要内容。学校要在充分尊重个性差异、鼓励多元发展的前提下，对学生参加研学实践的情况和成效进行科学评价，并将评价结果逐步纳入学生学分管理体系和学生综合素质评价体系。

附件：1. 第一批"全国中小学生研学实践教育基地"名单

2. 第一批"全国中小学生研学实践教育营地"名单

教育部办公厅

2017 年 12 月 6 日

附件 1

# 第一批"全国中小学生研学实践教育基地"名单

## 中央有关部门推荐

**中央军委**

中国人民革命军事博物馆      31699 部队雷锋纪念馆

中国海军博物馆      中国航空博物馆

空军航空大学航空馆      天安门国旗护卫队

**工业和信息化部**

北京航空航天大学(航空航天博物馆、"月宫一号"综合实验装置)

上海无线电科普教育基地

**公安部**

中国消防博物馆

**国家安全部**

河北西柏坡中央社会部旧址暨国家安全教育馆      陕西延安中央社会部旧址

**国土资源部**

中国地质博物馆      李四光纪念馆

**环境保护部**

北京学生活动管理中心(北京教学植物园)

**住房和城乡建设部**

黄山风景区

**交通运输部**

大连海事大学

**水利部**

水利部丹江口水利枢纽管理局丹江口工程展览馆      黄河小浪底水利枢纽风景区

中国水利博物馆      水利部节水灌溉示范基地

水利部科技推广中心华东智慧灌溉科技推广示范基地

**农业部**

全国农业展览馆      中国水产科学研究院东海水产研究所

**国务院国有资产监督管理委员会**

鞍钢集团博物馆      中华航天博物馆

中国海洋石油工业展览馆      中国核工业科技馆

**文化部**

故宫博物院      中国国家博物馆

**国家质量监督检验检疫总局**

中家院(北京)检测认证有限公司      中国检验检疫科学研究院

上海市质量监督检验技术研究院　　　　　国家医学媒介生物监测检测重点实验室（辽宁）

**国家旅游局**

中关村智造大街　　　　　　　　　　　西柏坡纪念馆

平遥古城　　　　　　　　　　　　　　临汾市黄河壶口瀑布风景名胜区

内蒙古玉龙沙湖国际生态文化旅游区　　沙家浜风景区

杭州西溪国家湿地公园　　　　　　　　武钢工业文化区

重庆南川金佛山景区（第二课堂科技营地）　邓小平故居

华蓥山旅游区　　　　　　　　　　　　遵义 1964 文化创意园

西藏自然科学博物馆

**中国科学院**

中国科学院上海植物生理生态研究所　　中国科学院南京地理与湖泊研究所

中国科学院西双版纳热带植物园　　　　中国科学院青海盐湖研究所

中国科学院武汉植物园　　　　　　　　中国科学院华南植物园

**中国工程院**

中国工程院

**中国地震局**

国家地震紧急救援训练基地　　　　　　北京国家地球观象台

山东省防震减灾科普馆　　　　　　　　5·12 汶川特大地震纪念馆

**中国气象局**

中国北极阁气象博物馆　　　　　　　　广州市花都区气象天文科普馆

贵州省黔东南州气象台

**国家国防科技工业局**

中国航天三江集团公司　　　　　　　　中国航发贵州黎阳航空发动机有限公司

哈军工纪念馆

**国家海洋局**

国家海洋博物馆　　　　　　　　　　　青岛鲁海丰海洋牧场

琼海市博鳌镇　　　　　　　　　　　　厦门大学附属科技中学

**国家文物局**

湖南韶山毛泽东同志纪念馆　　　　　　拉萨布达拉宫历史建筑群

曲阜孔庙、孔林和孔府

**三峡工程建设委员会**

中国长江三峡集团公司

**南水北调工程建设委员会**

南水北调中线干线北京市房山区大石窝镇惠南庄泵站

南水北调中线干线河南省郑州市温县孤柏嘴穿黄工程

**共青团中央**

全国青少年延安革命传统教育基地　　　全国青少年长白山革命传统教育基地

全国青少年井冈山革命传统教育基地　　平型关大捷纪念馆

杭州（国际）青少年洞桥营地　　　　　北京昌平砺志国防教育培训学校

北川三秒应急安全体验中心　　　　　　山东北海湿地鸟类教育基地

江苏省民防教育体验馆

**全国妇联**

中国妇女儿童博物馆

江苏省妇女儿童活动中心

吉林省妇女儿童活动中心

新疆儿童发展中心

**铁路总公司**

沈阳铁路局大安北蒸汽机车陈列馆

郑州铁路局洛阳机务段"中共洛阳组"诞生纪念馆

上海铁路博物馆

中国铁道科学研究院院史馆

中国铁道博物馆

武汉铁路局武汉二七纪念馆

昆明铁路局云南铁路博物馆

**中国科学技术协会**

中国科学技术馆

**宋庆龄基金会**

中国宋庆龄青少年科技文化交流中心

## 各省级教育行政部门推荐

**北京市**

中国人民抗日战争纪念馆

宋庆龄故居

**天津市**

周恩来邓颖超纪念馆

平津战役纪念馆

**河北省**

晋察冀军区司令部旧址

涉县青少年活动中心

马本斋烈士纪念馆

保定市清苑区冉庄地道战纪念馆

**山西省**

中国煤炭博物馆

山西祁县乔家大院民俗博物馆

八路军太行纪念馆

昔阳大寨

**内蒙古自治区**

王若飞纪念馆

开鲁县青少年学生校外活动中心

阿拉善沙漠世界地质公园

**辽宁省**

沈阳"九·一八"历史博物馆

抗美援朝纪念馆

抚顺市雷锋纪念馆

辽沈战役纪念馆

**吉林省**

长春中医药大学

吉林省自然博物馆

靖宇县杨靖宇将军殉国地

**黑龙江省**

五大连池风景名胜区

金上京历史博物馆

黑龙江凉水国家级自然保护区

东北烈士纪念馆

**上海市**

上海交通大学钱学森图书馆

上海中国航海博物馆

上海四行仓库抗战纪念馆

**江苏省**

侵华日军南京大屠杀遇难同胞纪念馆　　　　周恩来纪念馆

新四军纪念馆　　　　淮海战役烈士纪念塔

中国人民解放军海军诞生地纪念馆

**浙江省**

绍兴市鲁迅故里景区　　　　浙江横店圆明新园

嘉兴南湖革命纪念馆　　　　浙江省兰溪市诸葛八卦村

**安徽省**

黟县徽黄西递旅游开发有限公司(西递景区)　　　　天长市中小学生现代农业研学基地

安徽名人馆

**福建省**

福州市中国船政文化景区　　　　福州市三坊七巷·严复翰墨馆

福建土楼(南靖)青少年社会实践活动中心　　　　福建闽越王城博物馆

**江西省**

南昌八一起义纪念馆　　　　瑞金中央革命根据地纪念馆

吉州窑博物馆　　　　庐山西海风景名胜区

**山东省**

孟庙孟府孟林景区　　　　山东博物馆

台儿庄古城景区　　　　蒙阴岱崮地貌拓展服务中心

**河南省**

中国文字博物馆　　　　林州市红旗渠

兰考焦裕禄纪念园

**湖北省**

辛亥革命武昌起义纪念馆　　　　中国地质大学逸夫博物馆

长江三峡旅游管理区　　　　神农架生态旅游区

潜江市龙虾产业发展服务中心

**湖南省**

湘潭市博物馆　　　　长沙市博物馆

**广东省**

广东省博物馆　　　　广东科学中心

广州神农草堂中医药博物馆　　　　广东韶关丹霞山国家级自然保护区

孙中山故居纪念馆

**广西壮族自治区**

广西崇左白头叶猴国家级自然保护区　　　　百色起义纪念公园

广西民族博物馆　　　　凭祥友谊关

宁明县花山岩画　　　　南宁青秀山风景区

**海南省**

文昌航天主题乐园(航天科普中心)　　　　中国(海南)南海博物馆

海南鹦哥岭省级自然保护区　　　　坡心互联网农业小镇

**重庆市**

重庆三峡移民纪念馆

重庆科技馆

重庆红岩革命历史博物馆

国家技术标准创新基地重庆师范大学研究中心

**四川省**

成都大熊猫繁育研究基地

中国两弹城

四川广汉三星堆博物馆

四川博物院

攀枝花中国三线建设博物馆

**贵州省**

遵义会议纪念馆

安顺市平坝区天龙屯堡古镇

黄果树风景名胜区

中国天眼景区

**云南省**

丽江市古城区青少年学生校外活动中心

**西藏自治区**

拉萨市青少年示范性综合实践基地

**陕西省**

陕西历史博物馆

西安半坡博物馆

富平县爱国主义教育基地

延安革命纪念馆

中国兵器工业试验测试研究院研学部

**甘肃省**

甘肃地质博物馆

张掖湿地博物馆

天水市博物馆

会宁红军长征胜利纪念馆

民勤县防沙治沙纪念馆

**青海省**

格尔木市青少年活动中心

**宁夏回族自治区**

宁夏回族自治区科学技术馆(宁夏青少年科技活动中心)

**新疆维吾尔自治区**

新疆维吾尔自治区博物馆

吐鲁番博物馆

八路军驻新疆办事处纪念馆

**新疆生产建设兵团**

新疆生产建设兵团第十师一八五团

附件2

# 第一批"全国中小学生研学实践教育营地"名单

河北省石家庄市青少年社会综合实践学校

山西省晋中市中小学示范性综合实践基地

内蒙古自治区呼伦贝尔市海拉尔区素质教育实践学校(北师高级中学)

黑龙江省伊春市中小学生综合实践学校

上海市青少年校外活动营地——东方绿舟

安徽省铜陵市示范性综合实践基地

福建省泉州市示范性综合实践基地

山东省临沂市青少年示范性综合实践基地

山东省潍坊市中小学生示范性综合实践基地(潍坊市实验学校)

河南省济源市示范性综合实践基地

湖南省长沙市中小学素质教育实践基地岳麓营地(长沙市示范性综合实践基地)

广西壮族自治区玉林市示范性综合实践基地

陕西省西安市中小学校外综合实践活动基地

新疆维吾尔自治区乌鲁木齐市青少年综合实践教育中心

# 教育部办公厅关于公布 2018 年全国中小学生研学实践教育基地、营地名单的通知

## 教基厅函〔2018〕84 号

各省、自治区、直辖市教育厅（教委），新疆生产建设兵团教育局，有关部门（单位）教育司（局）：

根据《教育部办公厅关于商请推荐"全国中小学生研学实践教育基地"的函》（教基厅函〔2018〕44 号）《教育部办公厅关于开展"全国中小学生研学实践教育基（营）地"推荐工作的通知》（教基厅函〔2018〕45 号）要求，在中央有关部门和各省级教育行政部门推荐基础上，经专家评议、营地实地核查及综合评定，现命名中国人民解放军海军南海舰队军史馆等 377 个单位为"全国中小学生研学实践教育基地"（见附件 1），北京市自动化工程学校等 26 个单位为"全国中小学生研学实践教育营地"（见附件 2）。

国家有关基地主管部门和各省级教育行政部门要高度重视，坚持"谁推荐谁负责"的原则，全面加强预算管理和绩效管理，履行监管责任，指导本地本行业基地、营地做好项目实施工作，加强资金使用与管理，实现项目支出绩效目标。基地、营地要开发一批育人效果突出的研学实践活动课程，打造一批具有影响力的研学实践精品线路；建立一套管理规范、责任清晰、筹资多元、保障安全的研学实践工作机制，构建以营地为枢纽、基地为站点的研学实践教育网络。各地各校要在当地教育行政部门的指导下充分利用研学实践教育基地、营地，组织开展丰富多彩的研学实践教育活动，着力在坚定理想信念、厚植爱国主义情怀、加强品德修养、增长知识见识、培养奋斗精神、增强综合素质上下功夫，提高中小学生的社会责任感、创新精神和实践能力，促进学生德智体美劳全面发展。

附件：1. 2018 年"全国中小学生研学实践教育基地"名单

2. 2018 年"全国中小学生研学实践教育营地"名单

教育部办公厅

2018 年 10 月 31 日

附件1

# 2018年"全国中小学生研学实践教育基地"名单

## 中央有关部门推荐

**中央军委**

中国人民解放军海军南海舰队军史馆　　　　　杨业功纪念馆

中国人民解放军军事科学院军事医学研究院　　国防科技大学校史馆

**安全部**

江苏国家安全教育馆

**生态环境部**

环境保护部宣传教育中心

**农业农村部**

中国农业科学院农业环境与可持续发展研究所　　中国农业科学院衡阳红壤实验站

中国农业科学院农田灌溉研究所　　　　　　　　中国农业科学院(万庄)国际农业高新技术产业园

中国热带农业科学院热带作物品种资源研究所　　中国热带农业科学院香料饮料研究所

中国水产科学研究院黑龙江水产研究所　　　　　北大荒开发建设纪念馆

广东广垦热带农业公园(广东广垦热带农业公园有限公司)

**文化和旅游部**

中央芭蕾舞团　　　　　　　　　中国儿童艺术剧院

恭王府博物馆　　　　　　　　　国家图书馆

国家京剧院

**工业和信息化部**

哈尔滨工业大学博物馆哈工大航天馆　　北京理工大学光电创新教育实验基地

广东省爱飞客公益基金会　　　　　　　广东风华高新科技股份有限公司

浪潮集团有限公司　　　　　　　　　　重庆科技学院科技探索体验中心

中航通飞华北飞机工业有限公司　　　　新疆维吾尔自治区经济和信息化委员会

**公安部**

中国警察博物馆

**自然资源部**

青岛海洋地质研究所　　　　　　　中国极地研究中心

中国测绘宣传中心　　　　　　　　中国地质调查局国土资源实物地质资料中心

中国地图出版社　　　　　　　　　国家海洋局厦门海洋环境监测中心站

中国地质科学院地质研究所　　　　国家海洋局海岛研究中心

国家海洋环境监测中心　　　　　　国家海洋技术中心

**住房城乡建设部**

宁德市屏南县甘棠乡漈下村中小学实践教育基地(屏南县甘棠乡漈下村民委员会)

三明市建宁县客坊乡水尾村中小学实践教育基地(建宁县客坊乡水尾村村民委员会)

宁德市屏南县熙岭乡龙潭村中小学实践教育基地(屏南县熙岭乡龙潭村民委员会)

三明市建宁县溪源乡上坪村中小学实践教育基地(建宁县溪源乡上坪村委会)

## 水利部

黄河水利文化博物馆

白起渠水情教育基地(襄阳市三道河水电工程管理局)

重庆白鹤梁水下博物馆

西安汉城湖景区(西安汉城湖实业有限公司)

长江文明馆(武汉自然博物馆)

驻马店市防洪博物馆

北京市节约用水管理中心

江苏省泰州引江河管理处

长江水利委员会长江博物馆

铁心桥水科学与水工程实验基地(水利部交通运输部国家能源局南京水利科学研究院)

## 水利部(原南水北调办公室)

陶岔渠首枢纽工程 (南水北调中线干线工程建设管理局)

沙河渡槽工程 (南水北调中线干线工程建设管理局)

漕河渡槽工程 (南水北调中线干线工程建设管理局)

淇河倒虹吸工程 (南水北调中线干线工程建设管理局)

## 国家卫生健康委员会

中国医学科学院药用植物研究所

## 国务院国有资产监督管理委员会

沈飞航空博览园

中国一拖东方红农耕博物馆

中国化工博物馆

山东航天科技展馆

铁道兵纪念馆

中建钢构有限公司

## 国家市场监督管理总局

中国质检出版社

## 中国气象局

山西省长治市气象局

中国气象局气象宣传与科普中心

渭南市气象局

温泉县气象局

河北省涿州市气象局

北京市气象探测中心

济南市气象局

## 中国科学院

中国科学院植物研究所

中国科学院近代物理研究所

中国科学院动物研究所

中国科学院沈阳应用生态研究所

中国科学院地理科学与资源研究所

中国科学院微电子研究所

## 国家林业和草原局

北京西山国家森林公园

湖南省森林植物园

杭州市余杭区长乐国营林场(杭州长乐青少年素质教育培训有限公司)

重庆仙女山国家森林公园(重庆市武隆区仙女山国家森林公园管理处)

上海辰山植物园

福建福州国家森林公园

安徽合肥滨湖国家森林公园(合肥印象滨湖旅游投资发展有限公司)

云南野生动物园(云南野生动物园有限公司)

陕西牛背梁国家级自然保护区(陕西牛背梁国家级自然保护区管理局)

北京市海棠国家林木种质资源库(北京胖龙丽景科技有限公司)

**国家文物局**

| | |
|---|---|
| 北京鲁迅博物馆 | 南京博物院 |
| 湖南省博物馆 | 河南博物院 |
| 湖北省博物馆 | 浙江省博物馆 |
| 辽宁省博物馆 | 山西博物院 |
| 大明宫遗址 | 殷墟 |

**国家粮食和物资储备局**

| | |
|---|---|
| 安徽青松食品有限公司 | 天津利金粮油股份有限公司 |
| 湖南粮食集团有限责任公司 | 江苏宿迁国家粮食储备库 |
| 桓台华夏粮仓博物馆(山东长江粮油仓储机械有限公司) | |
| 重庆红蜻蜓油脂有限责任公司 | |

**国家国防科技工业局**

| | |
|---|---|
| 中核秦山核电有限公司 | 中核二七二铀业有限责任公司 |
| 东华理工大学 | 淮海工业集团有限公司 |
| 山东特种工业集团有限公司 | 泸州北方化学工业有限公司 |

**中国地震局**

| | |
|---|---|
| 合肥市防震减灾科普教育馆 | 唐山地震遗址纪念公园 |
| 兰州市地震博物馆 | 上海地震科普馆(上海市地震局佘山地震基准台) |
| 鞍山市地震局 | 吉林省长白山保护开发区管理委员会地震局 |
| "5.12"汶川特大地震映秀震中纪念馆 | |

**中国共产主义青年团**

| | |
|---|---|
| 全国青少年北戴河活动营地 | 山东省山青世界青少年实践活动中心 |
| 天津市红领巾凤凰山营地 | 兴安职业技术学院阿尔山基地 |
| 八路军一二九师纪念馆 | |

**中华全国妇女联合会**

| | |
|---|---|
| 中国儿童中心 | 山东省妇女儿童活动中心 |
| 青岛市妇女儿童中心 | 河南省妇女儿童活动中心 |

**铁路总公司**

| | |
|---|---|
| 中国铁路哈尔滨局集团有限公司尚志教育培训基地 | 中国铁路沈阳局集团有限公司沈阳铁路陈列馆 |
| 成昆精神教育基地 | 海南铁路博物馆 |
| 哈尔滨铁路博物馆 | 党史及口岸文化教育基地 |
| 中国铁路武汉局集团有限公司武汉高速铁路职业技能训练段 | |

## 省级教育行政部门推荐

### 北京

| | |
|---|---|
| 北京生存岛文化传播有限公司 | 北京乐园星光文化传播有限公司 |
| 北京汽车博物馆(丰台区规划展览馆) | 中国园林博物馆北京筹备办公室 |
| 北京花乡世界花卉大观园有限公司 | 北京黄花城长城旅游开发有限责任公司 |
| 北京市黄垡苗圃 | 北京陶瓷艺术馆 |

北京天文馆

**天津**

天津博物馆　　　　　　　　　　　　天津自然博物馆

天津美术馆　　　　　　　　　　　　中国空间技术研究院天津基地（管理委员会）

天津市蓟县中上元古界国家自然保护区（管理中心）

**河北**

石家庄市规划馆　　　　　　　　　　蔚县青少年校外活动中心

晋察冀边区革命纪念馆　　　　　　　吴桥杂技大世界旅游有限公司

河北楷彤影视传媒有限公司　　　　　启行营地（北京）教育科技有限公司

丰宁满族自治县青少年活动中心　　　迁西县喜峰口旅游开发有限公司

中国人民抗日军政大学陈列馆　　　　河北张家口市青少年冰雪运动综合实践基地

河北柳江盆地地质遗迹国家级自然保护区（管理处）

**山西**

山西皇城相府文化旅游有限公司相府景区（管理处）　　黎城太行山黄崖洞旅游发展有限公司

汾阳市贾家庄腾飞文化传播有限公司　　洪洞大槐树寻根祭祖园有限公司

山西晋韵砖雕艺术博物馆　　　　　　八路军文化园（山西红星杨旅游发展有限公司）

山西凤凰山生态植物园有限公司

**内蒙古**

世界反法西斯战争海拉尔纪念园　　　呼伦贝尔民族博物院

达茂旗明安镇青少年德育教育基地　　阿尔山市青少年活动中心

呼和浩特市赛罕区青少年素质教育活动基地

**辽宁**

朝阳市鸟化石国家地质公园　　　　　阜新市中小学生示范性综合实践学校

辽阳市宏伟区中小学生社会实践基地　朝阳庙子沟滑雪有限公司

格物（大连）文化发展有限公司　　　铁岭市学生综合实践中心

营口市鲅鱼圈区望儿山风景名胜区（管理委员会）

**吉林**

吉林省博物院　　　　　　　　　　　伪满皇宫博物院

吉林省科技馆　　　　　　　　　　　吉林省智成农业科技有限公司

吉林省临江市四保临江战役纪念馆　　吉林大学博物馆

吉林省红石国家森林公园（有限公司）　图们市石岘镇水南村村民委员会

吉林省同人分享慢山里农业休闲度假有限公司

**黑龙江**

东宁市要塞博物馆　　　　　　　　　青冈县青少年综合实践基地

大庆铁人王进喜纪念馆　　　　　　　大庆市博物馆

黑河市瑷珲历史陈列馆　　　　　　　佳木斯日军侵华罪证陈列馆

哈尔滨莱特兄弟飞行技术有限公司龙塔分公司

**上海**

上海博物馆　　　　　　　　　　　　上海科技馆

中国共产党第一次全国代表大会会址纪念馆　　龙华烈士纪念馆(上海市龙华烈士陵园)
上海电影博物馆(上海电影艺术发展有限公司)　上海鲁迅纪念馆
中共四大纪念馆　　　　　　　　　　　　　　上海市黄浦区青少年艺术活动中心
上海淞沪抗战纪念馆　　　　　　　　　　　　上海纺织博物馆

江苏
常熟市青少年综合实践学校　　　　　　　　　江苏省连云港未成年人社会实践基地
江苏省淮安市青少年综合实践基地管理中心　　扬州市中小学素质教育实践基地
泰州市青少年综合实践基地　　　　　　　　　南京中国科举博物馆
无锡博物院　　　　　　　　　　　　　　　　徐州博物馆
常州博物馆　　　　　　　　　　　　　　　　启东江天生态农庄有限公司

浙江
舟山市定海区干览镇新建社区村民委员会　　　余姚市河姆渡遗址博物馆
长兴县新四军苏浙军区纪念馆　　　　　　　　衢州孔氏南宗家庙管理委员会
温州矾矿矾文化基地　　　　　　　　　　　　宁波市保国寺古建筑博物馆
"Do都城"少儿社会体验馆(杭州青少年活动中心)　长兴太湖龙之梦乐园投资管理有限公司
中南百草原集团有限公司　　　　　　　　　　浙江天台山旅游集团有限公司

安徽
曹操地下运兵道景区　　　　　　　　　　　　安徽盛农农业集团有限公司
黄山市徽州呈坎八卦村旅游有限公司　　　　　毛集实验区焦岗湖湿地公园(管理处)
新汴河景区研学基地

福建
福州市林则徐纪念馆　　　　　　　　　　　　厦门科技馆
漳州东南花都　　　　　　　　　　　　　　　泉州市晋江市五店市传统文化旅游区
泉州市洛江区中小学生综合实践基地　　　　　三明市泰宁世界地质公园研学实践基地
南平市建阳区卧龙湾生态旅游开发有限公司　　龙岩市古田旅游集团有限公司
福鼎市中小学劳动实践基地
福建农业职业技术学院相思岭中小学研学实践教育基地(福建慕农农业科技有限公司)

江西
庐山白鹿洞书院文化交流中心　　　　　　　　景德镇中国陶瓷博物馆
安源路矿工人运动纪念馆　　　　　　　　　　江西省鄱阳湖生态经济区规划馆
江西省革命烈士纪念堂　　　　　　　　　　　江西省龙虎山旅游文化发展(集团)有限公司
江西省科学技术馆　　　　　　　　　　　　　江西凤凰沟生态产业发展有限公司
南昌市滕王阁(管理处)

山东
蓬莱仙境戚继光文化管理有限公司　　　　　　山东沂蒙红色文化产业有限公司
青岛蓝树谷文化传媒旅游集团股份有限公司　　山东景芝教育投资有限公司
齐文化博物院　　　　　　　　　　　　　　　广饶县孙子文化旅游区(管理委员会)
山东省科学技术宣传馆　　　　　　　　　　　山东莱阳白垩纪国家地质公园(管理处)
国家中印科技国际创新园(临沂市拓普网络股份有限公司)
中国水准零点景区(青岛银海国际游艇俱乐部有限公司)

**河南**

郑州市大河村遗址博物馆

黄河博物馆

淮阳县太昊陵

灵宝市函谷关历史文化旅游区

鄂豫皖苏区首府革命博物馆

汤阴县岳飞纪念馆

洛阳博物馆

**湖北**

随州炎帝故里（炎帝故里风景名胜区管理委员会）

隆中文化园（湖北襄阳隆中文化园投资有限公司）

黄石矿博园（黄石文旅地博园经营管理有限公司）

三国赤壁旅游区（湖北三国赤壁旅游股份有限公司）

荆门爱飞客航空小镇（鄂旅投荆门爱飞客投资有限公司）

屈原故里文化旅游区（湖北省三峡平湖旅游发展有限公司）

郧阳恐龙蛋化石群国家地质公园（湖北华袤旅游开发有限公司）

黄冈市东坡赤壁文物所

红安县青少年学生校外活动中心

**湖南**

中国人民抗日战争胜利受降纪念馆

湘潭盘龙生态农业示范园有限公司

湖南党史陈列馆

湖南雨花非遗文化传播有限公司

胡耀邦故里管理局

湖南省立第一师范学校旧址

红军营景区(平江起义纪念馆管理处)

**广东**

揭阳产业转移工业园中小学生综合实践活动教育基地

广东德诚科教有限公司

毛泽东同志主办农民运动讲习所旧址纪念馆

广东省遂溪县气象局

遂溪县金龟岭休闲农场（湛江市绿保现代农业发展有限公司）

广州货币金融博物馆

鸦片战争博物馆

中国热带农业科学院南亚热带作物研究所

广东中医药博物馆

**广西**

红军长征突破湘江烈士纪念碑园

广西弄岗国家级自然保护区

坭兴陶文化创意产业园（钦州市开发投资集团有限公司）

桂林理工大学地质博物馆

南宁市三峰能源有限公司

广西合浦儒艮国家级自然保护区

广西桂林花坪国家级自然保护区

广西壮族自治区中国科学院桂林植物园

广西壮族自治区药用植物园

南宁昆仑关战役遗址

**海南**

定安县母瑞山革命根据地

文昌市航天科普馆（文昌航天科技文化发展有限公司）

海南热带野生动植物园（有限公司）

海南槟榔谷黎苗文化旅游发展有限公司

海南呀诺达圆融旅业股份有限公司

海南火山口公园有限公司

海南兴科兴隆热带植物园（开发有限公司）

儋州东坡文化旅游区建设有限公司

**重庆**

重庆自然博物馆

重庆邮电大学

重庆市乐和乐都旅游有限公司

友军青少年综合实践科普教育基地（重庆品有农业发展有限公司）

重庆中国三峡博物馆

重庆抗战遗址博物馆

重庆市乐其农业发展有限公司

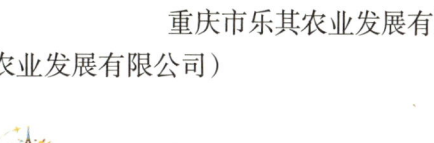

**四川**

成都金沙遗址博物馆　　　　　　　　成都杜甫草堂博物馆

成都武侯祠博物馆　　　　　　　　　成都博物馆

朱德故居管理局　　　　　　　　　　剑门关旅游开发股份有限公司

四川省唐家河国家级自然保护区管理处　四川卧龙国家级自然保护区管理局

成都市植物园　　　　　　　　　　　成都市郫都区唐昌镇战旗村村民委员会

**贵州**

修文阳明文化管理有限公司　　　　　贵阳孔学堂文化传播中心

息烽集中营革命历史纪念馆　　　　　贵州十二背后旅游开发有限公司

**云南**

石林彝族自治县青少年活动中心　　　云南省红河州蒙自市青少年活动中心

盈江县青少年学生校外活动中心　　　祥云县青少年学生校外活动中心

麻栗坡县青少年校外活动中心　　　　马龙区青少年学生校外活动管理中心

石屏县青少年校外活动中心　　　　　思茅区青少年校外活动中心

**西藏**

日喀则市青少年示范性综合实践基地　昌都市革命历史博物馆

谭冠三纪念园(西藏职业技术学院)　　林芝市青少年校外活动中心

西藏军区拉萨八一学校(中国工农红军西藏军区八一红军学校)

大学生德育体验中心(西藏大学思想政治理论部)

**陕西**

秦岭国家植物园　　　　　　　　　　陕西华清宫文化旅游有限公司

陕西省党家村景区管理委员会　　　　陕西省西咸新区泾河新城城市综合服务有限公司

渭华起义教育基地管理办公室　　　　延川县文安驿镇梁家河行政村村民委员会

安吴青年训练班纪念馆　　　　　　　西安碑林博物馆

汉中秦巴民俗村有限责任公司　　　　汉阴县三沈纪念馆

**甘肃**

会宁县青少年学生校外活动中心　　　西峰区青少年校外活动中心

临夏市青少年校外活动中心　　　　　永昌县青少年活动中心

甘肃省博物馆

**青海**

西宁市少年宫　　　　　　　　　　　大通回族土族自治县青少年学生校外活动中心

海东市乐都区青少年校外活动中心　　民和回族土族自治县青少年校外活动中心

互助土族自治县青少年校外活动中心　贵德县青少年学生校外活动中心

海西州德令哈市青少年活动中心

**宁夏**

哈巴湖生态旅游区　　　　　　　　　宁夏博物馆

宁夏水洞沟景区　　　　　　　　　　宁夏固原博物馆

盐池县博物馆　　　　　　　　　　　西北农耕博物馆

**新疆**

乌鲁木齐市博物馆(乌鲁木齐市革命历史纪念地管理中心)——毛泽民故居

哈密市伊州区红军西路军进疆纪念园　　　　北庭故城遗址(吉木萨尔县北庭学研究院)
阿克苏地区博物馆　　　　　　　　　　　　新疆维吾尔自治区科学技术馆
新疆古生态园(新疆野马文化发展有限公司)　新疆文化出版社

附件2

# 2018 年"全国中小学生研学实践教育营地"名单

北京:北京市自动化工程学校

山西:大同市示范性综合实践基地

内蒙古:包头市中小学社会综合实践教育中心

辽宁:盘锦市示范性综合实践基地　　　　　大连金普新区素质教育活动中心

吉林:四平市中小学社会实践教育中心　　　白城市示范性综合实践基地

黑龙江:大兴安岭地区中小学综合实践学校

上海:金山区青少年实践活动中心

江苏:南京市未成年人社会实践行知基地　　镇江市青少年活动中心

浙江:衢州市中小学素质教育实践学校　　　杭州市萧山区青少年素质教育实践基地

安徽:滁州市示范性综合实践基地

福建:龙岩市示范性综合实践基地

江西:吉安市示范性综合实践基地

湖北:荆门市示范性综合实践基地　　　　　宜昌市青少年实践教育基地

四川:广元市示范性综合实践基地　　　　　泸州市教育实践基地

陕西:渭南市示范性综合实践基地

甘肃:兰州市中小学综合实践基地　　　　　张掖市示范性综合实践基地

青海:海东市互助县中小学生社会实践教育中心　西宁市中小学生社会实践教育中心

新疆:阿勒泰地区福海县青少年活动中心

第二单元

湖北省教育厅研学基(营)地名单

# 湖北省教育厅办公室关于公布第一批 湖北省中小学生研学旅行实践教育 基地和营地名单的通知

## 鄂教基办函〔2018〕4 号

各市、州、县教育局：

　　为贯彻党的十九大精神，全面落实立德树人根本任务，推动我省中小学生研学旅行工作健康发展，根据《湖北省教育厅等 14 部门关于印发湖北省中小学生研学旅行试点实施意见的通知》（鄂教基〔2017〕10 号）和《省教育厅办公室关于开展中小学生研学旅行实践教育基地推荐工作的通知》（鄂教基办函〔2017〕7 号）要求，经单位申报，各市、州、县教育局推荐，省级专家审核和公示，确定辛亥革命武昌起义纪念馆等 34 个单位为第一批"湖北省中小学生研学旅行实践教育基地"，武汉中小学校外教育活动中心等 21 个单位为第一批"湖北省中小学生研学旅行实践教育营地"，现将名单予以公布（见附件 1，附件 2）。

　　各研学实践教育基地和营地要对照《湖北省中小学生研学旅行服务单位基本条件》和《湖北省中小学生研学旅行课程指南（试行）》对标检查，进一步完善设施，加强制度建设，开发特色课程，配齐配强专职研学旅行指导教师和服务人员，全面兑现中小学生开展研学旅行实践的优惠承诺，确保学生安全，提高研学旅行实效。研学实践教育基地和营地将实行动态管理，建立退出机制，对于不认真开展研学旅行工作、管理规范、研学课程建设效果不佳、安全措施不落实、优惠承诺不兑现、发生严重安全事件的研学实践教育基地（营地），将取消省级研学实践教育基地（营地）称号。

　　各地教育行政部门要加强对中小学研学旅行工作的领导，履行监管责任，指导本地研学实践基地和营地做好研学旅行实践教育工作，构建以营地为枢纽，基地为站点的研学实践教育网络。要指导中小学校充分利用研学实践教育基地和营地，组织开展丰富多彩的研学实践教育活动，帮助广大中小学生感受祖国大好河山，传承中华传统美德，学习革命光荣历史，体验改革开放伟大成就，激发学生对党、对国家、对人民的热爱之情，提高中小学生的社会责任感、创新精神和实践能力。

　　各中小学校要认真落实研学旅行制度规定，结合当地实际，把研学旅行纳入学校教育教学计划，根据教育教学计划灵活安排研学旅行时间，组织开展好研学旅行教育活动，并做好中小学生研学旅行教育的评价工作，确保研学旅行工作安全顺利。

　　附件一：第一批"湖北省中小学生研学旅行实践教育基地"名单
　　附件二：第二批"湖北省中小学生研学旅行实践教育营地"名单

湖北省教育厅办公室
2018 年 11 月 14 日

附件1

# 第一批"湖北省中小学生研学旅行实践教育基地"名单

**武汉市**：辛亥革命武昌起义纪念馆　　　　　　湖北省博物馆

武汉市黄陂区田田素质教育培训中心　　中国科学院武汉植物园

武汉天下先现代农业发展专业合作社　　武汉科学技术馆

中国地质大学逸夫博物馆　　　　　　　武汉海昌极地海洋世界

武汉市蔡甸区知音健康谷青少年实践教育基地　　武汉凤娃古寨

武汉市新洲区海帆素质教育培训中心　　武汉花博汇

**黄石市**：黄石矿博园

**十堰市**：郧阳恐龙蛋化石群国家地质公园

**襄阳市**：湖北汉城青少年研学基地　　　　　　湖北力帆农业科技实践教育基地

**宜昌市**：屈原故里研学旅行基地　　　　　　　昭君故里

宜昌百里荒生态农业实践基地　　　　　宜昌梦想城青少年校外综合实践基地

**荆州市**：荆州古城　　　　　　　　　　　　　荆楚非物质文化遗产技能传承院

**荆门市**：大洪山国家级风景区青少年实践基地　　荆门爱飞客航空小镇青少年实践基地

彭墩乡村世界

**鄂州市**：梁子湖绿色食品开发基地

**孝感市**：安陆市白兆山李白文化园

**黄冈市**：黄冈市东坡赤壁（东坡赤壁文物所）　　童玩谷生态园研学基地

**随州市**：随州市博物馆　　　　　　　　　　　随州炎帝故里

**恩施州**：恩施州华盾克瑞斯户外教育培训基地

**潜江市**：潜江市龙虾产业发展服务中心

**神农架林区**：神农架青少年实践教育基地

附件2

# 第一批"湖北省中小学生研学旅行实践教育营地"名单

**武汉市**：武汉中小学校外教育活动中心　　　　武汉青少年社会实践活动教育基地
　　　　黄陂农耕年华青少年素质教育拓展培训学校　武汉国防野战园

**黄石市**：黄石市龙凤山中小学校外教育活动中心

**十堰市**：武当山国际武术学院

**襄阳市**：襄阳隆中文化园（襄阳古隆中）

**宜昌市**：宜昌市青少年综合实践学校　　　　　三峡大坝青少年实践教育基地
　　　　湖北东方年华三峡国际青少年营

**荆州市**：荆州市中小学生社会实践基地　　　　湖北洈水运动休闲小镇研学营地

**荆门市**：荆门市示范性综合实践基地

**鄂州市**：鄂州市学生综合实践基地

**孝感市**：孝感市中小学生综合实践基地

**黄冈市**：黄冈市学生综合实践基地　　　　　红安县青少年学生校外活动中心
　　　　黄梅向日葵研学实践教育营地

**咸宁市**：湖北三国赤壁研学营地　　　　　　湖北当代研学旅行营地

**潜江市**：潜江市校外教育中心

第三单元

湖北省研学资源点

# 湖北省中小学研学资源点及地址

## 武汉市

**武汉市武昌区教育局青少年科技辅导站**
地址:湖北省武汉市武昌区大成路 45 号

**汉口新四军军部旧址**
地址:湖北省武汉市江岸区胜利街 332–352 号

**八七会议会址纪念馆**
地址:湖北省武汉市江岸区鄱阳街 139 号

**武昌农民运动讲习所旧址纪念馆(武汉市革命博物馆)**
地址:湖北省武汉市武昌区红巷 13 号

**八路军武汉办事处旧址纪念馆**
地址:湖北省武汉市江岸区长春街 57 号

**武汉国民政府旧址纪念馆**
地址:湖北省武汉市江汉区中山大道 708 号 3 层

**宋庆龄汉口旧居纪念馆**
地址: 湖北省武汉市江岸区沿江大道 162 号

**毛泽东同志旧居**
地址:湖北省武汉市武昌区都府堤路 41 号

**湖北省美术馆**
地址:湖北省武汉市武昌区东湖路三官殿 1 号

**武汉钢铁公司中小学教育处青少年科技中心**
地址:湖北省武汉市青山区红钢城 16 号街 25 号

**武汉硚口区青少年科技辅导站**
地址:湖北省武汉市硚口区营房二街 50 号

**武汉市江岸区青少年科技活动中心**
地址:湖北省武汉市江岸区黄石路 40 号

**武汉市洪山区青少年科技辅导站**
地址:湖北省武汉市洪山区珞狮路 397 号

**武汉市汉阳区青少年活动中心**
地址:湖北省武汉市汉阳区马沧湖路 236 号

**武汉市青少年宫**
地址:湖北省武汉市江岸区解放大道 1435 号

**武汉市青山区青少年宫**
地址:湖北省武汉市青山区沿港路 23 号

**武汉市江汉区青少年宫**
地址:湖北省武汉市江汉区民主一街 21 号

**武汉市硚口区青少年宫**
地址:湖北省武汉市硚口区武胜西街 6–19 号

**湖北省博物馆**
地址:湖北省武汉市武昌区东湖路 160 号

**武汉市博物馆**
**武汉市文物考古研究所**
地址:湖北省武汉市江汉区青年路 373 号

**辛亥革命博物馆**
地址:湖北省武汉市武昌区彭刘杨路 258 号

**汉阳区妇女儿童活动中心**
地址:湖北省武汉市汉阳区拦江堤路 197 号

**武汉市妇女儿童活动中心**

地址:湖北省武汉市东西湖区金山大道金银湖国家城市湿地公园

**武汉市黄陂区博物馆**

地址:湖北省武汉市黄陂区前川大南街 172 号

**武汉市江夏区博物馆**

地址:湖北省武汉市江夏区纸坊兴新街 269 号

**武汉市蔡甸区博物馆**

地址:湖北省武汉市蔡甸区蔡甸街龙家巷 17 号

**新洲区青少年活动中心**

地址:湖北省武汉市新洲区 109 省道东

**新洲博物馆**

地址:湖北省武汉市新洲区博物大道 309 号

## 黄石市

**中国青少年宫**

地址:湖北省黄石市黄石港区南京路 9 号—副 2 号

**黄石市博物馆**

地址:湖北省黄石市团城山开发区广会路 12 号

**大冶市博物馆**

地址:湖北省黄石市大冶市湛月路 2 号

**阳新县博物馆**

地址:湖北省黄石市阳新县陵园大道 11 号

## 十堰市

**十堰市青少年宫**

地址:湖北省十堰市人民南路 120 号

**十堰博物馆**

地址:湖北省十堰市茅箭区北京北路 91 号

**十堰市茅箭区青少年学生校外活动中心**

地址:湖北省十堰市大川镇大川村五组

**张湾区青少年学生校外活动中心**

地址:湖北省十堰市张湾区黄龙镇小峡路 10 号

**十堰市青少年校外活动中心**

地址:湖北省十堰市丹江口市呼北线

**郧县青少年校外活动中心**

地址:湖北省十堰市郧阳区沿江大道 174 号 2

**郧西县青少年学生校外活动中心**

地址:湖北省十堰市郧西县城关镇郧西天河景区职业技术学校东北

**竹溪青少年校外活动中心**

地址:湖北省十堰市竹溪县城关镇幸福路 391 号

**十堰市妇女儿童活动中心**

地址:湖北省十堰市燕林新村 23 号楼

**郧县青少年科技活动中心**

地址:湖北省十堰市解放路 103 号

**竹山县青少年活动中心**

地址:湖北省十堰市竹山县县门街 61 号

**房县青少年活动中心**

地址:湖北省十堰市房县武当路 66-6 号

**东风汽车公司艺术团青少年宫**

地址:湖北省十堰市张湾区公园路 108 号

## 荆州市

**荆州市青少年宫**

地址:湖北省荆州市沙市区江津中路 238 号

**荆州博物馆**

地址:湖北省荆州市荆州区荆州中路 166 号

**荆州市荆州区青少年校外活动中心**
地址:湖北省荆州市荆州区人民路 8 号

**荆州市沙市区青少年活动中心**
地址:湖北省荆州市沙市区解放路 33 号

**荆州市青少年科技中心**
地址:湖北省荆州市沙市区江津中路 253 号

**洪湖市青少年活动中心**
地址:湖北省洪湖市文泉东路 52 号

**松滋市青少年活动中心**
地址:湖北省荆州市松滋市飞利浦路 1-8

**石首市青少年学生校外活动中心**
地址:湖北省荆州市石首市南岳山大道 87 号

**石首市博物馆**
地址:湖北省荆州市石首市南岳山大道 178 号

**监利县周老嘴湘鄂西革命根据地纪念馆**
地址:湖北省荆州市监利县周老嘴镇老正街 96 号

**公安县青少年校外活动中心**
地址:湖北省荆州市公安县斗湖堤镇广电巷 45 号

## 宜昌市

**宜昌市青少年宫**
地址:湖北省宜昌市滨湖路 2 号

**宜昌博物馆**
地址:湖北省宜昌市伍家岗区柏临河路

**宜都市青少年科技活动中心**
地址:湖北省宜昌市宜都市工农路与长江大道交叉口西 100 米

**宜都市博物馆**
地址:湖北省宜昌市宜都市陆城园林大道 29 号

**当阳市青少年活动中心**
地址:湖北省宜昌市当阳市环城东路 32 号

**枝江市青少年校外活动中心**
地址:湖北省宜昌市枝江市沿江大道

**枝江博物馆**
地址:湖北省宜昌市枝江市马家店镇南岗路 50 号

**点军区青少年校外活动中心**
地址:湖北省宜昌市江南路 124 号

**宜昌市妇女儿童活动中心**
地址:湖北省宜昌市东山大道 128 号

**伍家岗区青少年校外活动中心**
地址:湖北省宜昌市夷陵大道 161 号

**秭归县屈原纪念馆**
地址:湖北省宜昌市秭归县茅坪镇滨湖社区凤凰山

**兴山县青少年宫**
地址:湖北省宜昌市兴山县昭君路 10 号

**远安县青少年校外活动中心**
地址:湖北省宜昌市远安县解放路 42-1

**长阳土家族自治县青少年校外活动中心**
地址：湖北省宜昌市长阳土家族自治县廪君大道 157 号

**长阳土家族自治县博物馆**
地址:湖北省宜昌市长阳土家族自治县秋潭路 2 号

**五峰县青少年学生校外活动中心**
地址:湖北省宜昌市五峰县南北路 36 号

**葛洲坝青少年宫**
地址:湖北省宜昌市石子岭路 19 号

## 襄阳市

**襄阳市青少年宫**

地址:襄阳市樊城区大庆西路

**樊城区青少年活动中心**

地址:湖北省襄阳市樊城区长虹北路辅路

**襄州区青少年活动中心**

地址:湖北省襄阳市襄州区张湾街道航空路 72 号

**襄阳市青少年活动中心**

地址:湖北省襄阳市长征路 11 号

**襄阳博物馆**

地址:湖北省襄阳市襄城区北街 1 号

**老河口市青少年校外活动中心**

地址:湖北省襄阳市老河口市鄋阳街道王府洲村三组

**老河口市博物馆**

地址:湖北省襄阳市老河口市北京路 288 号

**枣阳市青少年活动中心**

地址:湖北省襄阳市枣阳市人民路 45 号

**宜城市青少年学生校外活动中心**

地址:湖北省襄阳市宜城市自忠路 133 号

**宜城市博物馆**

地址:湖北省襄阳市宜城市中华大道 9 号

**南漳县青少年学生校外活动中心**

地址:湖北省襄阳市南漳县苗圃路 28 号

**南漳县博物馆**

地址:湖北省襄阳市南漳县城关镇徐庶路 5 号

## 鄂州市

**鄂州市青少年宫**

地址:湖北省鄂州市寒溪路 11-2 号

**鄂州市博物馆**

地址:湖北省鄂州市鄂城区寒溪路 7 号

## 荆门市

**荆门市青少年活动中心**

地址:湖北省荆门市东宝区象山大道 120 号

**荆门市博物馆**

地址:湖北省荆门市象山大道 19 号

**荆门市掇刀区青少年活动中心**

地址:湖北省荆门市长坂坡路 49 号

**钟祥市青少年活动中心**

地址:湖北省荆门市钟祥市黄梗东街 43 号

**钟祥市博物馆**

地址:湖北省荆门市钟祥市莫愁湖路 28 号

**屈家岭青少年活动服务中心**

地址:湖北省荆门市京山市屈岭侧路

**京山市博物馆**

地址:湖北省荆门市京山市新市镇峰西路 10 号

**沙洋县青少年活动中心**

地址:湖北省荆门市沙洋县汉津大道 21-24 号

## 黄冈市

**黄冈市青少年校外教育活动中心**

地址: 湖北省黄冈市黄州区城东新区 302 县道黄冈中等职业学校东北侧 350 米

**黄冈市青少年活动中心**

地址:湖北省黄冈市体育路 17 号

**黄冈市博物馆**

地址:湖北省黄冈市黄州区明珠大道 110 号

黄冈市李四光纪念馆

**黄州区博物馆**
地址：湖北省黄冈市黄州区体育路 21 号

**黄州区妇女儿童活动中心**
地址：湖北省黄冈市栖霞路 8 号

**红安青少年学生校外活动中心**
地址：湖北省黄冈市红安县金都大酒店西北 90 米

**浠水县青少年校外活动中心**
地址：湖北省黄冈市浠水县双桥路 153-3 号

**闻一多纪念馆**
地址：湖北省黄冈市浠水县红烛路 1 号

**浠水县博物馆**
地址：湖北省黄冈市浠水县新华正街 349 号

**蕲春县青少年校外活动中心**
地址：湖北省黄冈市蕲春县体育路 15 号蕲春县幼儿园附近

**李时珍纪念馆**
地址：湖北省黄冈市蕲春县时珍路 168 号

**黄梅县青少年校外活动中心**
地址：湖北省黄冈市黄梅县黄梅大道 81 号

**黄梅县博物馆**
地址：湖北省黄冈市黄梅县五祖大道 134 号

**麻城市青少年活动中心**
地址：湖北省黄冈市麻城市西环路与金桥大道交叉口东北 200 米

**麻城博物馆**
地址：湖北省黄冈市麻城市陵园路 46 号

**武穴市科技馆**
地址：湖北省黄冈市武穴市窝陂塘路 30 号

**武穴市博物馆**
地址：湖北省黄冈市武穴市玉湖路 239 号

## 孝感市

**孝感市青少年学生校外活动中心**
地址：湖北省孝感市玉泉路 69 号

**孝感市博物馆**
地址：湖北省孝感市孝南区乾坤大道
**孝感市孝南区青少年校外活动中心**
地址：湖北省孝感市孝南区建设路 143 号

**孝昌县博物馆**
地址：湖北省孝感市孝昌县北京路西 592 号

**大悟县革命历史博物馆**
地址：湖北省孝感市大悟县阳平镇城关镇河东广场后巷 2 号

**云梦县青少年学生校外活动中心**
地址：湖北省孝感市云梦县城关镇建设东路 16 号

**云梦祥山博物馆**
地址：湖北省孝感市云梦县龙岗大道 1 号

**应城市青少年校外活动中心**
地址：湖北省孝感市应城市粮贸街 18 号

## 咸宁市

**咸宁市青少年宫**
地址：湖北省咸宁市咸安区金桂路 167 号

**咸安区青少年学生校外活动中心**
地址：湖北省咸宁市大畈西路东咸安区实验中小学附近

赤壁市青少年学生校外活动中心
地址：湖北省咸宁市赤壁市陆水湖大道 1 号

赤壁市博物馆
地址：湖北省咸宁市赤壁市陆水湖大道 229 号

嘉鱼县青少年活动中心
地址：湖北省咸宁市嘉鱼县鱼岳镇人民大道 40 号

通山县青少年活动中心
地址：湖北省咸宁市通山县洋都大道 89 号

通山县博物馆
地址：湖北省咸宁市通山县通羊大道 50 号

## 仙桃市

仙桃市青少年活动中心
地址：湖北省仙桃市流潭公园北侧

## 潜江市

江汉油田青少年宫
地址：湖北省潜江市五七大道 1 号

## 恩施土家族苗族自治州

恩施土家族苗族自治州博物馆
地址：湖北省恩施市金桂大道恩施州文化中心内

鹤峰县博物馆
地址：湖北省恩施土家族苗族自治州鹤峰县段德昌路 7 号

## 天门市

天门市青少年学生活动中心
地址：湖北省天门市东湖路 89 号附近

## 随州市

随州市阳光青少儿活动中心
地址：湖北省随州市曾都区五眼桥小区门口 2 楼

随州市妇女儿童活动中心
地址：湖北省随州市乌龙巷 3 号

曾都区青少年校外活动中心
地址：湖北省随州市曾都区烈山大道 240 号附近

广水市中小学生校外活动中心
地址：湖北省随州市广水市军民二路与聂家湾西路交叉口西南 50 米

# 《湖北省中小学生研学旅行课程资源指南》
## 基(营)地版图、主题课程线路推荐

准　入　标　准

　　为贯彻落实《教育部等11部门关于推进中小学生研学旅行的意见》(教基一〔2016〕8号)、《湖北省教育厅等14部门关于湖北省中小学生研学旅行试点实施意见》(鄂教基〔2017〕10号)、《省教育厅关于印发〈湖北省中小学生研学旅行课程指南(试行)〉的通知》(鄂教基〔2018〕5号)文件精神,根据中央专项彩票公益金支持中小学生研学实践教育项目推荐工作的有关要求,《湖北省中小学生研学旅行课程资源指南》相关准入标准如下。

　　一、坚持自愿性原则。符合资质条件的教育部、省教育厅命名的全国、全省和各市县教育部门批准命名的"基地""营地""青少年活动中心",以及在各市县区教育主管部门登记备案(或正在争创基地、营地)的有过接待学生经验的旅游景区、景点、田园综合体或其他符合条件的资源单位(包括服务机构)自愿申报,专家评审入选。

　　二、坚持服务性原则。愿意接纳学生在有关场馆(所)内开展各种研学实践活动,对中小学生有优惠参观的票价政策,愿意与所在地区附近的学校形成有效的联动机制、开展各类共建共享活动。

　　三、坚持实践性原则。课程目标明确,有鲜明特色的研学旅行活动主题,课程目标表述规范、具体、准确;课程内容具有开放性、探究性和趣味性;教学要素齐全;实施计划周密;课程环境安全;评价主体多元,评价方式多样,评价指标可纳入综合素质评价体系,具有湖北特色。

　　《湖北省中小学生研学旅行课程资源指南》基(营)地版图、主题课程线路将发布到全省各教育主管部门、中小学校、第三方服务机构参考使用。

《湖北省中小学生研学旅行课程资源指南》编纂委员会

湖北省中小学校长协会校外教育管理专业委员会

# 后　记

　　在教育部、湖北省中小学研学旅行协调小组、湖北省教育厅相关领导专家的关怀指导下，由湖北省中小学校长协会校外教育管理专业委员会，武汉市新课程教育教材研究中心，全省各市州县区教育局、青少年活动中心、基（营）地的专家和学者组成编委会，通过调研、研讨，历时一年多时间，《湖北省中小学生研学旅行课程资源指南》（以下简称《指南》）一书，终于与广大一线研学实践教育工作者见面了。这是自教育部等 11 部门《关于推进中小学生研学旅行的意见》、湖北省教育厅等 14 部门关于《湖北省中小学生研学旅行试点实施意见》《湖北省中小学生研学旅行试点管理办法》《湖北省中小学生研学旅行服务单位基本条件》《湖北省中小学生研学旅行课程指南（试行）》等文件发布后，对全省各地文件落实情况的一次阶段性总结，也是全省近三年基（营）地建设、课程资源开发、活动开展等方面的首次成果大展示。本书的出版，对指导全省下阶段研学实践的全面推进具有重大的历史与现实意义，是当前及今后一个时期全省研学实践工作的行动指南。

　　《指南》汇集了国家相关部委、教育部、湖北省大力推进中小学研学实践的文件，并提供了具体详细的政策解读。《指南》围绕"历史文化""荆楚文明""红色足迹""自然课堂""爱国教育""成长实践""走进高校""工业体验""劳动教育""科普教育"10 个板块，精选了近百条精品课程线路，为全省中小学校、基（营）地、第三方服务机构提供了各类课程范式，为研学课程进入中小学教育教学计划提供了多种选择，为研学实践教育质量的提高提供了可靠的保障。

　　《指南》在编辑出版过程中得到了教育部，省政府青少年学生校外教育联席会议各成员单位，省中小学研学旅行协调小组各成员单位，省教育厅，省财政厅及各市州县区教育局、青少年活动中心、研学实践教育基（营）地、各入选资源单位等的大力支持，特别是教育部教育发展研究中心研学旅行研究所所长王晓燕同志欣然为本书作序，并对湖北的研学旅行推进工作给予了高度评价。省教育厅王洪波巡视员、基教处邹德智处长多次对本书质量提出了严格要求，省教育厅调研员刘驰同志对全书结构、内容选择、文字质量提出了很好的建议，湖北教育出版社陈冬新总编辑还参与了部分篇目的编写，在此一并表示真挚的感谢。

　　编辑《指南》是一项开创性的工作，由于我们水平有限，也缺乏经验，加之时间仓促，尽管做了很大努力，仍有些不尽人意之处，可能存在一些错漏，请广大读者指正，以便再版时修正。